10.00

Malek Chebel
Die Welt der Liebe im Islam

Malek Chebel

Die Welt der Liebe im Islam

Eine Enzyklopädie

Erotik, Schönheit und Sexualität
in der arabischen Welt,
in Persien und der Türkei

Verlag Antje Kunstmann

*Aus dem Französischen von
Ursula Günther, Wieland Grommes,
Reinhard Hesse und Edgar Peinelt*

Für die freundliche Unterstützung der Übersetzung danken wir
dem Auswärtigen Amt, Bonn, und
dem Ministere de la Culture, Paris

Erste Auflage 1997
© für die deutsche Ausgabe: Verlag Antje Kunstmann GmbH, München 1997
© der Originalausgabe: Editions Payot, Paris 1995
Titel der Originalausgabe: Encyclopédie de l'amour en Islam.
Erotisme, beauté et sexualité dans le monde arabe, en Perse et en Turquie
Umschlag: Michel Keller, München
Satz: Reinhard Ammann, Aichstetten
Druck & Bindung: Pustet, Regensburg
ISBN 3-88897-173-x

Für Samia und Mikaïl

المحبة ، العلاقة ، الهوى ، الصبوة ، الصبابة ، الشغف ، المقة ، الوجد ، الصَّلَت ، اليتَم ، العشق ، الجَوَى ، الدَّنَف ، الشجو ، الشوق ، الخِلابة ، البلابل ، التباريح ، السَّدَم ، الغَمَرات ، الوَهَل ، الشَّجَن ، اللاعج ، الاكتئاب ، الوَصَب ، والحُزْن ، الكَمَة ، اللَّذْع ، لِحُرَق ، الشَّهُد ، الأرَق ، اللَّهَف ، الحنين ، الاستكانة ، التباله ، اللَّوعة ، الفُتون ، الجُنُون ، اللَّم ، الحَبَلُ ، الرَّسيس ، الداء المُخامِر ، الوُد ، الخُلَّة ، الحِلْم ، الغرام ، الهُيام ، التدْلية ، الوَلَهْ والتعبُّد .

Das Arabische verfügt über mehr als hundert Ausdrücke für die Liebe.
Hier die fünfzig wichtigsten.
(nach Omar Ridha Kahhala)

Liebe und Erotik in der islamischen Kultur

Aus der Liebe sind wir hervorgegangen.
Der Liebe entsprechend sind wir gemacht.
Nach der Liebe streben wir.
In der Liebe gehen wir auf.
Ibn ᶜArabi, Traité de l'amour

Definition eines Themas

Die Liebe und die mit ihr einhergehenden Befindlichkeiten zu bezeichnen, verfügen die Araber über mehr als hundert verschiedene Begriffe. Zu einem Großteil stammen diese voneinander ab, bei anderen liegt die etymologische Herkunft völlig im Dunkeln, wieder andere sind ungebräuchlich, unpräzise oder vieldeutig.
Dennoch bleibt die Zahl beeindruckend. Sie erklärt sich zum Teil daraus, daß die Liebe, jene so wandelbare menschliche Empfindung, eine solche Vielzahl von Ausdrucksformen kennt, unterscheidbar nur als Resonanzen zartester Tonfolgen und -nuancen.
Gegenstand dieser Arbeit ist also die Liebe in all ihren Erscheinungsformen – ihr Wesen, ihre Entwicklung, ihre Verfeinerung und ihre Wechselfälle. Ob unbestimmte Galanterie oder unkontrollierte Leidenschaft; ob sie sich in die seelenruhigen Sphären sufistischer Philosophie erhebt oder in die Bacchanale einer Taverne hinabsteigt, deren Gäste sich sorglos ihren unerlaubten Vergnügungen hingeben – die Liebe soll hier stets mit der gleichen Sorgfalt verhandelt werden.
Den allgemeinen Rahmen dieser Untersuchung bilden der islamische Glaube[1] und seine Zivilisation, seine historischen Begleiterscheinungen, seine Ethik, die Praxis seiner täglichen Riten, seine Verbote.
Die im 7. Jahrhundert n. Chr. entstandene islamische Religion hat sich von Anfang an universell und egalitaristisch verstanden. Sie schaffte die Sklaverei ab, reformierte das Recht zugunsten der Frauen und ermöglichte so eine soziale Entwicklung, die sonst womöglich erst sehr viel später eingesetzt hätte. Der islamische Glaube hat das Leben in etlichen Bereichen verändert, so auch in dem der sexuellen Beziehungen. Die Polygamie etwa wurde auf eine legale Anzahl von jeweils vier Frauen begrenzt, wo vordem die wohlhabenden Patriarchen nahezu beliebig viele Frauen heiraten konnten, um sie, einzig der Laune des Augenblicks gehorchend, zu behalten oder zu verstoßen. So sehr allerdings die Reformen des 7. Jahrhunderts die vorherrschende Mentalität revolutionierten – sie führten doch nicht zu jener unverzichtbaren Umgestaltung, die eine an den Zielen von Gleichheit und Harmonie orientierte Gesellschaftsordnung erfordert. Einen solchen Durchbruch hätte wohl das System des Kalifats herbeiführen müssen, das

sich mehr als zwölf Jahrhunderte lang zunächst in Damaskus, dann in Bagdad und Kairo etablierte und schließlich im Maghreb und in Andalusien die Zeit seiner höchsten Blüte erreichte.

Gewiß hat jede einzelne Periode strukturelle Anpassungen und Veränderungen hervorgerufen; doch meist begünstigten die jeweiligen Neuerungen nur eine soziale Klasse: die der Herrscher. Deren Frauen wurden materiell allmählich besser versorgt, während die Männer leichteren Zugang zu Konkubinen bekamen, wenn ihre Gattinnen verausgabt oder unfruchtbar waren – keine dieser Vorkehrungen zielte jedoch auf das Interesse der großen Mehrheit. 1400 Jahre lang haben sich die Sitten und Gebräuche unter dem Einfluß der islamischen Religion nicht wesentlich verändert; es bedurfte erst des 20. Jahrhunderts mit seinen rasch aufeinanderfolgenden Umwälzungen, damit die arabische Welt und der Islam sich die entscheidenden Fragen ihrer Anpassung an die Moderne stellten. Das allerdings taten – und tun – sie in einer Rückwärtsbewegung, manchmal nur unter Zwang, getrieben vor allem von einer Jugend, die von jener Modernität mit ihren Vieldeutigkeiten und ihren unausgesprochenen Grundsätzen förmlich zerrissen wird.

Dennoch war der Islam stets Stütze und Träger einer ausgedehnten, reichen und komplexen Vorstellungswelt des Sexuellen und der Liebe. Es geht in diesem Buch also auch darum, einige Grundzüge herauszuarbeiten, um die Liebe, die Eifersucht (und ihre Finten), die Verführung (und ihren Zauber) einzuordnen in das Gefüge der islamischen Zivilisation, oder, wenn man so will: jener der muslimischen Araber, der Berber, Perser, Afrikaner und Türken. Die vorliegende Arbeit stützt sich intensiv auf das poetische Werk dieser Völker und ihre gemeinsamen Bräuche – in dem Bestreben, nicht nur bloßer Essay oder Definitionsversuch zu sein, sondern auch eine Anthologie der wichtigsten lyrischen und literarischen Texte, eine Art Brevier der Lebensweisheiten und der volkstümlichen Redewendungen, welche die Liebe zum Gegenstand haben. Ebenso wollen wir einige grundsätzliche Überlegungen anstellen zum Stellenwert des Eros im muslimischen Universum.

Schließlich bemüht sich das vorliegende Handbuch um eine möglichst vollständige Darstellung der technischen Begriffe und der Sprache der Liebe – auf so unterschiedlichen Gebieten wie der Medizin, der Hygiene, der Rechtsprechung, der Liebespsychologie, der Erotik, der Ästhetik, der Literatur, der Ethik oder der Dogmatik.

Zweifellos ist das Gefühl der Liebe der bedeutendste Farbton auf der Palette menschlicher Psychologie. Unter diesem Motto haben wir versucht, nicht nur die Weisheit der muslimischen Länder zu behandeln, jener des Mashreq* wie des Maghreb unter Einschluß des Iran und der Türkei; sondern ebenso die Philosophie der ethnischen und religiösen Minderheiten in diesem Raum: der Kurden, Tuareg, Schlöch, Kabylen sowie der Beduinen aus der Wüste der *Arabia Deserta*, aus dem Süden des Iran und der südlichen Türkei.

Die vorliegende Studie sucht zu beweisen, daß ein gläubiger, die Heilige Schrift achtender Muslim, der nach den Regeln der herrschenden Sozialordnung in der islamischen Glaubenswelt lebt, keineswegs ein Feind der fleischlichen Lust sein muß. Als Ibn Sina, genannt Avicenna, der größte arabische Mediziner des

10. Jahrhunderts (980-1037), in seinem berühmten *Lehrgedicht der Medizin (Urdjuza fi'l-tibb)* die Freuden der Liebe als Heilmittel gegen eine Reihe physischer wie psychischer Leiden empfahl, tat er das nicht nur als praktizierender Arzt, sondern als Mann gesunden Verstandes, bei dem Glaube und Wissenschaft sich in vollkommenem Einklang befanden: »Laß den jungen Leuten freien Lauf in der Sexualität, dann geschieht ihnen kein Übel ...« *(Watliq al-djima^c lil-ahdathi, liyaslamu bidhaka min ahdathi ...)*

Die Pädagogik der Liebe

Liebesleid mit einem Mehr an Liebe zu heilen, den Herzen der Liebenden recht geben, statt sie zu unterdrücken, weil die Liebe ein ebenso lebensnotwendiges Bedürfnis ist wie Ernährung oder Bewegung – eine solche Pädagogik erfordert große Gelassenheit. Die islamische Lehre lieferte diese Großzügigkeit in hohem Maße; so sehr übrigens, daß das muslimische Imperium schließlich darüber zusammenbrach, als einmal der Verfall der Sitten und der politischen Gesellschaft, die zunehmende Zügellosigkeit ihrer beherrschenden Kräfte ihr Werk getan hatten. Doch bis es dazu kam, feierte das Wissen Triumphe. In den Häusern der Gelehrsamkeit von Bagdad, später in Kairo, oder an den großen Höfen des Maghreb und des muslimischen Spanien, waren die Naturwissenschaften, die Medizin und die Jurisprudenz angesehene und einflußreiche Disziplinen. Wenn ein Mediziner eine Lehrmeinung veröffentlichte oder eine Behandlungsmethode verfocht, wenn ein Theologe ein Rechtsgutachten, eine *fatwa*, ausarbeitete, oder wenn ein Politiker, Fürst, Provinzgouverneur oder Militärkommandant eine Anweisung erteilte, geschah dies stets auf der Grundlage von hohem Sachverstand, Intelligenz und Kalkül. Unredlichkeit und wissenschaftlicher Unterschleif wurden scharf kritisiert.

Indem er das Leid der Liebenden mit eben dem Quell ihres Schmerzes zu bekämpfen empfahl, also mit der Liebe selbst, befand sich Avicenna übrigens durchaus in Übereinstimmung mit den religiösen Vorschriften jener Zeit. Denn Sexualität und Liebe waren damals keineswegs von der theologischen Exegese ausgenommen, sondern vielmehr fester Bestandteil der Diskussionen innerhalb der religiösen Instanzen: »Für den Muslim genügt es, wenn er sich von den Dingen fernhält, die Allah – Preis sei Ihm! – verboten hat, und nicht willentlich solche Sünden begeht, für die er am Tag der Auferweckung zur Rechenschaft gezogen werden wird. Doch schön zu finden, was schön ist, sich von der Liebe hinreißen zu lassen, ist eine natürliche Regung, die vom heiligen Gesetz nicht geboten noch verboten ist«, heißt es bei Ibn Hazm (994-1064), einem der angesehensten Autoren sowohl auf dem Gebiet der Theologie wie auf dem der Wissenschaft von der Liebe, dessen Werk *Tauq al-hamam (Das Halsband der Taube)* uns im übrigen beim Abfassen dieser Arbeit sehr inspiriert hat.

Wie in Ovids Rom konnte man in jener Zeit vom »Liebesleid« sprechen, ohne daß es schwülstig klang. In diesem glanzvollen 10. Jahrhundert christlicher Zeitrechnung (dem 3. islamischer Zeitrechnung), wurde die Liebeskunst eines Stammes aus der längst überwundenen Epoche der vorislamischen *djahiliya* (5. bis

7. Jh.) wiederbelebt – der Banu al-ᶜUdhra, von denen al-Masᶜudi, der irakische Enzyklopädist des 10. Jahrhunderts, schrieb, sie seien ein »Beduinenstamm, dessen Angehörige bei der Liebe sterben«, besser gesagt: *Sie starben, weil sie liebten, und sie konnten nur so lieben, daß sie daran starben!*
Es war die Zeit, da die Sexualität für die großen Meister der Orthodoxie integraler Bestandteil der Glaubenswelt war – vorausgesetzt, sie wurde nicht allzu offen zur Schau gestellt oder allzu ausschweifend gelebt. Vorausgesetzt vor allem, sie fand in dem dafür vorgesehenen Rahmen statt, dem der Ehe *(nikah)*. Waren diese Bedingungen erfüllt, behandelten die Orthodoxen all die mit der Sexualität, dem Verlangen und der Lust verbundenen Fragen, welche die Jugend überall und zu allen Zeiten beschäftigt haben. Dabei legten die großen Denker eine ungeheure Weitsicht an den Tag, bemühten theoretische und praktische Erfahrungen, deren Wahrheit und Gültigkeit oft erst Jahrhunderte später erwiesen werden sollte.
Zwar fehlte es an Institutionen, die auf die sexuelle Erziehung spezialisiert gewesen wären – wie sie etwa auf dem Gebiet der Wissenschaft in Gestalt der berühmten »Häuser der Gelehrsamkeit« *(bayut al-hikma)* existierten, oder in der Theologie mit den *Madrasen**. Doch wurde dieser Mangel weitgehend kompensiert durch jene diffuse und informelle, doch allgemein verbreitete Kultur der Alkoven, die für Stolz und Erfindungsgeist stand, für Humor und Lebensfreude, und Theologen und Gelehrte, Reisende und Philosophen gleichermaßen zum öffentlichen Wohl beitragen ließ.
Hasan ibn Mohammed al-Wazzan (1483-1554), besser bekannt unter dem nach seinem Übertritt zum Christentum angenommenen Namen Leo Africanus, beschreibt die entsprechenden Usancen eindringlich:
»Es gibt auch viele Dichter daselbst [in Fes], die Gedichte über allerlei Gegenstände, besonders über Verliebte verfertigen. Einige beschreiben darin ihre Liebe gegen Frauenzimmer, andere ihre Liebe gegen Knaben und sind oft so schamlos, daß sie sogar den Namen ihres geliebten Knaben einschalten.« *(Beschreibung Afrikas, S. 120)*
Andere Chronisten, Historiker, Sprachforscher beschreiben intensive Einführungsgespräche poetisch-amouröser *(makamat*)*, mitunter sexueller Art, die in den Serails der Türkei, den Palästen von Isfahan und den großen Häusern der Gelehrten von Damaskus das Publikum erfreuten.
Wir kennen das Bild als wiederkehrendes Motiv persischer Miniaturen: Politiker, hohe Staatsfunktionäre, Diplomaten, Literaten, Höflinge und Kurtisanen, Bajaderen und Konkubinen, entspannt unter einem Belvedere des königlichen Palastes die Vorzüge der Liebe und den natürlichen Charakter der Sexualität diskutierend. Derlei Gesprächsrunden waren auch ein gebräuchliches Stilmittel der belletristischen Literatur, nicht nur bei dem berühmten Hariri (1054-1122), der es in diesem, erst kurze Zeit zuvor von al-Hamadhani (968-1008) eingeführten Genre zur Meisterschaft brachte.
Manche der in diesen Kreisen geführten Reden fanden ihren Niederschlag auch in den Predigten der Moscheen. Auch konnte es durchaus vorkommen, daß ein weniger sittenstrenger Imam sich ein Herz nahm und einen öffentlichen Kurs in sexueller Erziehung hielt. Wenn dieser Scheich zufällig eine Begabung zum

Schreiben verspürte, würde er es sich nicht nehmen lassen, sich in der erotisch-sexuellen Literatur zu verewigen; so entstanden wahre Perlen der Dichtung, die sämtliche Aspekte des Liebeslebens erfaßten – denn in seiner religiösen Amtsführung mußte der Scheich ja dafür Sorge tragen, stets auf der Höhe der Zeit zu sein. Der lebendige und scharfe Geist der *makamat** prägte die gesamte erzählerische Literatur, allen voran die *Erzählungen aus den Tausendundein Nächten*, dergestalt, daß ein jeder der großen Schriftsteller sich verpflichtet fühlte, das bereits vorhandene Werk anzureichern – und mithin auch die verschiedenen Bereiche des Wissens, der Lebensart im allgemeinen und der Liebeskunst im besonderen.

Über mehrere Jahrhunderte hinweg (vom 6. bis zum 15.) haben Scharen von Scheichs, Theologen, Gelehrten, gewissenhaften Medizinern, Astronomen und eine große Zahl von Dichtern sich mit der Quintessenz der Liebe befaßt. Am Anfang ging es den meisten um nicht mehr als um ein einfaches *ghazal**, eine Poesie der Liebe, ohne theoretisch-kritischen Anspruch. Doch nach und nach setzten sich die immer zahlreicher werdenden Rationalisten mit ihrem Interesse an Kodifizierung gegen die Spontaneität der Beduinen, ihrer Dichter und Barden durch. Jedenfalls ist die Sprache der Liebe dort und zu jener Zeit zur höchsten formalen Blüte gereift. Eine Bibliothek all dieser Definitionen der Liebe mit ihren Verästelungen im Menschlichen und Übermenschlichen (s. **Göttliche Liebe**) hätte es nach der Anzahl ihrer Titel ohne weiteres mit einer Sammlung der Werke über die Bestimmung des Menschen, das wahre Wesen der koranischen Offenbarung und des Göttlichen aufnehmen können.

Die Minne

Wir wollen also vor allem den erstaunlichen Reichtum der Arbeiten darlegen, die während jener knapp sechzehn Jahrhunderte entstanden sind, die uns von den Dichtern des Hedjaz trennen, dem mutmaßlichen Entstehungsort des *ghazal*, der poetischen und amourösen Galanterie, wie sie den Beduinen des Nedjd und des Hedjaz eigen war. Denn wenn auch die Verherrlichung der reinen Liebe angeblich in jenen Weiten der arabischen Wüste ihren Anfang genommen hat, wissen wir doch heute, daß die Staffette andernorts übernommen wurde, parallel zum Wachstum des arabisch-muslimischen Zweiges überall dort, wo der Baum Wurzeln geschlagen hatte: »Erst in der arabischen (orientalischen und spanischen) Welt«, schreibt René Nelli in *L'Erotique des troubadours* (Bd. I, S. 89), »nimmt der Gedanke Gestalt an, daß der sexuelle Akt der Lohn – und nicht die notwendige Vorbedingung – vollkommener geistiger Vereinigung ist.« Das war der eigentliche Ursprung des Geistes der Minne.

Schon im 12. Jahrhundert hatte Ibn ᶜArabi, der große andalusische Mystiker, es in sehr deutlichen Worten formuliert:

Ich bin der Gnade unterworfen
Die Gott mir gewährt hat. Deshalb ist es in der Liebe
Wünschenswert, daß Ihr erobert seid.

Der Augenblick der Liebe ist jener der Verzückung
Und jener der Einheit. Eßt also und trinkt!
Wo endet die starke Liebe? Wo beginnt die Krankheit?
Und wo die Leidenschaft? Seid Ihr nicht verwirrt?
Jene Geliebte, deren Gewand rein bleibt, ist verborgen.
Doch kann sie sich mit niemandem vereinigen!
(*Traité de l'amour*, S. 97)

Dreihundert Jahre zuvor, im 9., spätestens aber im 10. Jahrhundert, hatten sich die persische Dichtung und die geistige Kreativität Persiens – jenes Landes, das einen Hafiz hervorgebracht hat, einen Saᶜdi, einen Firdausi – in der gesamten muslimischen Welt durchgesetzt. Aus Persien wirkten Hunderte von Gelehrten: Mathematiker, Literaten, Erfinder, Schriftkundler, Sprachforscher, Grammatiker und natürlich Dichter.
Persien schöpfte ja nicht nur aus dem Reichtum seiner jahrtausendealten Zivilisation, sondern stand auch unter dem starken Einfluß des Islam und vor allem der arabischen Sprache, die nach und nach, über die Verbreitung des arabischen Alphabets, zu einem der Träger der persischen Kultur wurde. Durch diese wechselseitigen Anleihen konnte ein beiden Sprachen, dem semitischen Arabisch und dem indo-europäischen Persisch, gemeinsames Lexikon der Liebe entstehen; die Sprache der Liebe wurde neben der des Islam und jener der Wissenschaft zur dritten *lingua franca* der Araber und der Perser. Dabei spielte natürlich eine Rolle, daß die Gelehrten wie die Dichter und Gottesmänner häufig Arabo-Perser waren, das heißt, sie waren Perser von Geburt und Abstammung, jedoch Araber der Kultur nach. Vor allem aber waren sie polyglotte Gelehrte, denen engstirniger Patriotismus so fremd war wie missionarischer Eifer.
Zahlreiche Traktate, die in Arabisch oder Persisch abgefaßt waren, wurden in die jeweils andere Sprache übersetzt. Mitunter wechselten die Autoren auch ohne Vorankündigung von einer Sprache in die andere, da sie ihre Zweisprachigkeit als natürlich empfanden – das Publikum, an das sich diese Veröffentlichungen wandte, griff derlei sprachliche Innovationen bereitwillig auf. Das Beispiel des Sharif-addin Rami, der auf Persisch eine kleine Schrift über die bildlichen Begriffe zur Beschreibung der Schönheit (*Anis al-ᶜUshshaq*) bei den Arabern und den Persern verfaßte, belegt die wechselseitigen Anleihen der beiden Sprachen, Ausdruck einer wahrhaftigen gegenseitigen Akzeptanz der beiden Welten, die heute gern heruntergespielt wird. In Andalusien waren es gar drei Kulturen, die miteinander koexistierten: die christliche, die jüdische und die muslimische. Und hätte es nicht die politischen Begehrlichkeiten der einen gegeben und den Willen der anderen, die usurpierten Territorien zurückzuerobern, dann wäre aus jener Epoche mehr als das eine *Halsband der Taube* des Ibn Hazm überliefert – das sich im übrigen auf alle drei Glaubensgemeinschaften bezieht – und mehr als jener *Schwanengesang* des jüdisch-arabischen Arztes und Philosophen Maimonides (1135-1204) alias Abu ᶜImran Musa Ibn ᶜUbaid-allah ibn Maimun al-Qurtubi.
Ebenso hat, an der gegenüberliegenden Spitze des islamischen Halbmondes, die türkische Poesie Nutzen gezogen aus den vielfältigen Berührungspunkten eth-

nisch weit auseinanderliegender Völker, die sich von Glauben und Geisteshaltung her so nahe waren. Einige, und nicht die geringsten, der türkischen Dichter waren sogar arabischer Herkunft: Pir* Sultan Abdal (hingerichtet um 1560) war zwar im türkischen Sivas geboren, entstammte jedoch einer jemenitischen Familie; der berühmte Fuzuli (gestorben 1556) war in Bagdad geboren, doch zählt er heute zu den größten türkischen Nationaldichtern. Darüber hinaus kann er als Prototyp der angewandten Mehrsprachigkeit gelten, denn seine Gedichte waren in drei Sprachen abgefaßt: Arabisch, Persisch und Türkisch. Fuzuli ist das stolze Produkt dessen, was das Osmanische Reich in seiner Glanzzeit hervorzubringen imstande war.

Wenn ihre Werke auch um das Universelle kreisten, die Semantik bereicherten und zweifellos auch theologisch oder philosophisch Bahnbrechendes zuwege brachten, blieb die nationale Dichtung doch fest verankert in der jeweiligen Folklore.

Jede einzelne der Nationen, die den *Dar al-Islam** bildeten, hat dank ihres eigenen historischen, intellektuellen und emotionalen Erbes eine originäre wie im Zusammenspiel komplementäre Wahrnehmung von Liebe und Sexualität, und keineswegs sollen hier die Unterschiede eingeebnet oder die Widersprüche abgemildert werden. Tatsächlich erscheint es sinnlos, allzu große Ähnlichkeiten zu suchen zwischen dem Liebesleben eines Berbers aus dem marokkanischen Hochatlas und dem eines Fischers aus der Golfregion, zwischen der Einfühlsamkeit eines Beiruti und den Vorlieben eines Bewohners von Djerba oder des Jemen.

Ein komplexes Empfinden

Gegenstand dieser Untersuchung ist in erster Linie das gelebte Gefühl der Liebe – so viel es auch zu sagen gibt zu den Projektionen dieses Gefühls in die Welt der Rede und in jene der Vorstellung. Es gilt also einerseits, den Schaden der Verfremdung zu begrenzen, der durch die Übersetzung der islamischen Realität in europäische Sprachen entstanden ist, und das »begriffliche Kostüm« zu verdeutlichen, in das dieses Gefühl, seine Sinnlichkeit und sein Ungestüm gekleidet sind. Wenn aber das Terrain, auf dem die Alchimie dieser Liebe statthat, unverletzbar bleiben muß und für uns ein Ort sehr starker Inspiration ist, dann kann eine solche Rückübertragung in die Welt der Wörter niemals eindeutig sein. Nur bleibt die Liebe bei aller Unterschiedlichkeit der Ausdrucksformen auch dann *wahr*, wenn sie in ein Gedicht einfließt, in eine Romanfolge, eine Erzählung, eine sprichwörtliche Wendung oder eine Koransure.

Doch ob nun gedankenlose Kaprice oder gebändigte Erregung – niemals läßt sich die Liebe denken als statische Geometrie oder als Wachsfigur im Zwischengeschoß eines Museums. Gegenüber der Liebe als gelebtem, folglich kodifizierbarem Empfinden behauptet die Emotion ihre *Un*vernunft in der Freisetzung eines profunden, möglicherweise instinktiven Wissens. Wenn wir also von der Liebe sprechen, sind wir zwangsläufig gehalten, uns sowohl über ihre Grundlagen als auch über ihr Nichtgesagtes zu äußern.

Wir haben deshalb, über jene Koransuren und Hadithen* hinaus, die von Inzest, Keuschheit, Frauen, von der Liebe sowie allen damit zusammenhängenden und verwandten Phänomenen handeln, versucht, ihre gesamte Begriffswelt zu erfassen, namentlich:
1. Begriffe der puren erotischen Ästhetik: Galanterie *(ghazal)*, glühende Liebe *(ᶜishq)*, Leidenschaft *(gharam)*, Sehnsucht *(shawwaq)*, Schönheit *(djamal)*, verliebter Blick, Verführung, Verlangen;
2. juristische oder moralische Begriffe: Heirat *(zawadj)*, Unzucht, Ehebruch *(zina')*, Verstoßung *(talaq)*, Gesetz der Vergeltung, Anstand, Scham *(ᶜaura)* etc.;
3. philosophische oder religiöse Konzepte: göttliche Liebe, Enthaltsamkeit, *dhikr*, Purifikation;
4. literarische Ausdrücke und Anspielungen: *aghzal min Imru al-Qais, nahnu qaumun li'l-gharami khuliqna;*
5. ein medizinisch-psychologisches Vokabular: Anaphrodisie, Androgynie, Nymphomanie.

Darüber hinaus fanden wir es nützlich, dieser Liste der Begriffe einige bio- und bibliographische Angaben über all jene Gelehrten und Künstler anzufügen, die das Thema der Liebe, ihr Wesen und ihr Folgen verhandelt haben.
So sind unter dem Stichwort **Theologen der Liebe** entweder durch Erwähnung oder durch Zitate aus ihren Werken die großen muslimischen Meister aufgeführt – al-Dailami, Ibn ᶜArabi, Omar ibn al-Farid, al-Ghazali, Ibn Hazm, Ibn Dawud, Djalal-addin Rumi, Farid-addin ᶜAttar, Shabistari, Ruzbihan – wie auch die großen Dichter: Omar ibn Abi Rabiᶜa, Omar Khayyam, Hafiz, Saᶜdi, Abu Nuwas, Ibn Zaidun, die Dichter des alten Arabien, die maghrebinischen Barden und auch einige zeitgenössische Autoren.
In dem von uns untersuchten Gebiet der islamischen Kultur finden wir die Koexistenz zweier Typen der Leidenschaft: die profanen, von der körperlichen Liebe getriebenen Leidenschaften, welche die Beziehungen zwischen den Geschlechtern prägen; andererseits die mystischen Leidenschaften, die hier in ihrem Verhältnis zur Versenkung in Gott *(dhikr)* betrachtet werden, wie sie einzig von den Sufis betrieben wird (**s. Göttliche Liebe**).
Im Koran, Sure 3, Vers 31 heißt es: »Sag: Wenn ihr Gott liebt, dann folgt mir, damit auch Gott euch liebt und euch eure Schuld vergibt!« Dieser Koranvers christlichen Nachklangs – denken wir an den Ausspruch des Heiligen Augustinus: »Die Liebe ist fleischlich bis in den Geist und geistig bis ins Fleisch« – wird gleich mehrfach bekräftigt, sowohl im Koran als auch in den Aussprüchen des Propheten. Daher ist es nicht verwunderlich, wenn der Begriff der »Gottesliebe« in den Kreisen der Sufis entscheidende Bedeutung erlangt: Sie finden darin eine geeignete Grundlage, um ihre (bis ins »Fleischliche« gesteigerte?) Bindung an eben diesen Gott zu beschwören. Für den marokkanischen Mystiker Ibn ᶜAdjiba (um 1746-1809) etwa erschließt die *mahabba*, die Liebe, die Gesamtheit der sufistischen Lehre, während das Wort Schönheit *(djamal)*, im Gegensatz zur »Erhabenheit« *(djalal)*, vorwiegend die profane Dichtung inspiriert. Ein anderes Beispiel bieten die Elegien des Halladj (857-922), jenes großen persischen, von den Abbasiden* verfolgten und schließlich hingerichteten Mystikers: Dort wird die

Verehrung Allahs zu solchem Extrem getrieben, daß sie sowohl auf eine spiritualistische Poesie gründet wie auf eine leidenschaftliche Liebe, die man heute wohl als verrückt kennzeichnen würde.

In diesem Sinne muß man jenen von al-Bukhari überlieferten Hadith* verstehen, der als *qudsi* gilt (also als von Gott selbst, außerhalb des Koran, offenbart – im Unterschied zu den normalen Hadithen, die Gedanken eines menschlichen Wesens, Mohammed, sind): »Mein Diener [fraglos der Prophet selbst] entbietet mir unablässig über jeden Zweifel erhabene Gesten der Hingabe, auf daß Ich ihn liebe; und wenn Ich ihn liebe, bin Ich das Gehör, mit dem er hört, das Augenlicht, mit dem er sieht, die Hand, mit welcher er streitet, und der Fuß, mit dem er geht.«

Doch wollen wir uns nicht übermäßig aufhalten bei diesem einen Aspekt der islamischen Philosophie, die ja nicht die Liebe allgemein heiligt, nicht jene des Schülers für seinen Meister und, über diesem, für den allmächtigen Gott, sondern ganz einfach die alltägliche Liebe der Menschen – in all ihrer Schwäche, die so weit reichen kann, daß sie die Beschwörung einer so paradigmatischen Macht wie der Allahs zu überlagern sucht. Und als Präambel zu dieser »bodenständigen« Liebe haben wir ein Zitat von Abu Ali Miskawaih (um 932-1030) gewählt, aus seinem *Tahdib al-akhlaq wa tathir al a'raq* (*Traktat über die Ethik*), in dem er die verschiedenen Arten der Liebe nach ihren jeweiligen Topoi und ihren Zweckbestimmungen unterscheidet:

»Es gibt so viele Muster, zu lieben, wie es Arten der Liebe gibt, namentlich:
1. die Liebe, die rasch entsteht und rasch vergeht;
2. die Liebe, die rasch entsteht, doch mählich vergeht;
3. die Liebe, die mählich entsteht und rasch vergeht;
4. die Liebe, die mählich entsteht und mählich vergeht.«

Und weiter:

»Es sind nicht mehr als diese vier Arten, denn die Ziele, welche die Menschen in ihren Vorhaben und in ihrem Verhalten verfolgen, sind deren drei, die in der Kombination ein viertes ergeben. Es handelt sich um den Genuß, das Gute, das Nützliche und das Kompositum, welches sie bilden.«

Lassen wir die letzten drei Bestimmungen beiseite (das »Gute«, das »Nützliche« und das »Kompositum«) und befassen wir uns mit der erstgenannten, dem Genuß *(ladhadha, maladhdha).*

Der Ansatz des Moralisten ist, per Definition, global; doch wer wollte tatsächlich behaupten, daß die Liebe, welche rasch entsteht und ebenso rasch vergeht, die einzige Erscheinungsform des liebenden Verlangens *('ishq)* oder der Liebe *(hubb)* sei? Leider reichen die vier oben beschriebenen Phasen des liebenden Empfindens kaum aus für eine auch nur annähernde Synthese der entsprechenden Manifestationen der Liebe. Der Iraker Amr ibn Bahr al-Djahiz (ca. 776-868/9) hat die Abgrenzung von Liebe und Verlangen in seine Definition des *'ishq* einfließen lassen, die, zumindest für den arabischen Bereich, bis heute gültig bleibt (**s. Begehren**). Im Kern dieser Formel steht ein schlichtes, aber wesentliches Binom: die körperliche Liebe, bezeichnet durch das *'ishq*, und die Liebe als Gefühl, Hingabe und Leidenschaft, dargestellt durch das *hubb*.

Das *hubb* wäre in diesem Sinne dem griechischen *agape* vergleichbar. Doch in beiden Begriffen ist kein Platz für die Wollust, denn basierend auf der räumlichen Trennung der Geschlechter, haben die arabischen Sitten in gewisser Weise ihr eigenes Gegengift produziert: die Sublimierung. Auf allen Ebenen funktioniert die Liebe zunächst als *Schaffung von Distanz*: Man sublimiert die jungfräuliche Frau, die entfernte Frau, die schöne Frau, die Geliebte, die Frau im Bad, die Frau in ihrem Harem, die Frau im Palast, die unerreichbare Frau. Bei all diesen Frauen bevorzugt man die idealisierte Darstellung, ein allgegenwärtiges, lichtvolles Bild, das allerdings im Augenblick des Zusammentreffens in aktive Wechselwirkung mit der Realität tritt.

Zudem wird die Frau erst im Zuge einer gewissen »Vernünftigung« zum leibhaftigen Menschen, denn einmal erobert, verwandelt sich die bis dahin als wirkliche Person völlig Unbekannte in eine Partnerin, die nicht mehr jene Verstörungen des Voyeurismus hervorruft, deren Objekt sie bis dahin war. So wird die abwesende Frau heftiger gepriesen und besungen als die eroberte, in Besitz genommene, die Konkubine, die Gemahlin, die Sklavin. Selbst im Innern des Harem erregt die Konkubine das erotische Interesse ihres Herrn mehr als die Gattin, wogegen die Unterwürfigkeit der Sklavin diese geradezu prädestiniert für jene »besonderen Dienste«, die zu verlangen ihr Herr sich im allgemeinen bei seiner legitimen Ehefrau nicht leisten kann (**s. Liebschaften mit Mägden**). Wir nehmen nichts vorweg, wenn wir sagen, wie sehr, in der Vorstellungswelt, die Konkubine die Antithese der Ehefrau ist, während die noch nicht eroberte Frau, und sei sie eine Prostituierte, ein größeres erotisches Versprechen darstellt als die Konkubine oder die Ehefrau. In diesem endlosen Wirbel der Erwartungen und Befriedigungen werden Prostituierte, Konkubine, Sklavin und Ehefrau abwechselnd zu Alibis des Begehrens – selbst wenn eine fein abgestimmte Hierarchie jede von ihnen in einer überkommenen Rolle festhält, der sie nur schwer entrinnen können.

Tatsächlich versprechen sie als Produkte einer ausgedehnten männlichen Phantasiewelt gemeinhin mehr, als sie im Einzelfall halten können, und der Mann schätzt ihren Wert desto höher, je unzugänglicher sie ihm bleiben. Es ist die *Distanz*, welche die Frau erschafft, nicht ihre *Anatomie*. In dieser Hinsicht sind die Orientalen unverbesserliche Troubadoure, womöglich gar »Fetischisten der Distanz« – denn sie lassen ihre Lust mehr oder weniger bereitwillig zügeln von der großen Zahl der Schranken und Verbote, die sie eingrenzen.

Erotik und Poesie

Wenn nun, um das Wort eines Pierre Van der Meer de Walcheren aufzugreifen, die Poesie der »Gesang einer Entbehrung« ist, sind die Araber und die Perser dessen authentische Interpreten – denn, wie wir gezeigt haben, sind *Entbehrung* und die *Sprache*, welche sie besingt, die fruchtbarsten Bestandteile ihrer Mündlichkeit. Das ist übrigens nicht verwunderlich, bedenkt man, daß das Universum, in dem diese Poesie entsteht, eine feindliche Umwelt ist: die Weiten der Wüste, endlose Steinfelder, über die mächtige, launische Winde hinwegfegen. Die Wüste hat schon immer das Verhältnis des Menschen zur Natur zu dramatisieren vermocht und dabei auch die Beziehungen der Menschen untereinander geprägt: Wo sämtliche Empfindungen bis auf ihre äußerste Spitze getrieben werden, findet auch das rüde Gesetz der Vergeltung bis heute Beachtung. Der Krieg selbst erscheint als eine Zeremonie des Überlebens, der übersteigerte Versuch eines Stammes – zunächst moralisch und dem Prestige nach –, die Oberhand über einen anderen Stamm zu gewinnen. Ein gleiches gilt übrigens für das Leben im Zelt, das nicht wirklich ein Leben ist, sondern bereits ein Vorgeschmack auf das Überleben. Dieselbe ursprüngliche Spannung regiert den Neid wie die Aufteilung des Wassers, aber auch das weibliche Schamgefühl, die Ehre der Familie, die Gesetze der Gastfreundschaft.

Die Liebe ist integraler Bestandteil dieses Zusammenspiels. In einer solchen Einöde ist die einzig mögliche Spannung die zwischen Menschen; nur logisch also, daß eine Liebe, die hier entsteht, der Kodifizierung bedarf und sich den Zwängen des übergeordneten gesellschaftlichen Projekts zu unterwerfen hat.

Der amouröse Wortschatz der arabisch-persischen und türkischen Poesie, aber auch jener der Beduinen, ihre Semiotik und philosophische Bedeutsamkeit sind von verblüffendem Reichtum. Man beginnt, sich Verbindungen vorzustellen, Austausch, Prägungen und wechselseitige Abfärbungen zwischen Nord und Süd – sagen wir: zwischen Arabern, Muslimen und Mauren und den Christen Spaniens.

Gewiß führt der Vergleich zwischen den beiden Vokabularien nicht allzu weit, jenem der westlichen Minne, dem *fin'amor* im Sinne der »vollkommenen Liebe«, wie sie etwa Glynnis M. Cropp im *Vocabulaire courtois des troubadours de l'époque classique* präsentiert, und jenem der an die Virginalisten erinnernden arabischen Dichter des 6. und 7. Jahrhunderts, deren Werk uns über das muslimische Spanien erreicht hat. Doch wagte man den Vergleich dennoch, würde man die Offensichtlichkeit, wenn nicht einer lexikalischen Kontinuität, so doch zumindest einer merkwürdigen Verwandtschaft zwischen den beiden Sprachkörpern erkennen. In beiden Fällen finden wir die beherrschenden Themen der entfremdeten, unglücklichen Liebe und der Minne:
– Benennung der Dame;
– Definition des amourösen Bandes, das sie mit dem Dichter verbindet;
– besondere Eigenschaften der Geliebten (Herkunft, körperliche Schönheit, Temperament);
– die Abhängigkeit des Liebenden (demütiges Werben, Aufregung um Nichtigkeiten, Kühnheit des Einsatzes, sein Verstummen, Leiden, Themen wie Exil und Tod);
– den tragischen Charakter seines Bittens, Schweigens, seiner Rückzüge und all der Hindernisse, auf die er trifft, bis sich die Vereinigung vollzieht;
– schließlich: die Unverhältnismäßigkeit der Flamme, die beide verzehrt, unverhältnismäßig angesichts des immer wieder aus dem Horizont entschwindenden, eigentlich unerreichbaren Ziels.

Was die formelle Subjektivität angeht, welche die beiden poetisch-amourösen Codes kennzeichnet, fallen offenkundige Parallelen auf:
– dieselbe Melancholie des Abschieds,
– dieselben Qualen des Wartens,

– derselbe Kummer des Verlassenwerdens,
– dieselbe bebende Freude des Wiederfindens,
– schließlich dieselben Gunstbezeugungen und Belohnungen bis hin zur Übereinstimmung in der kurzen, aber heftigen Sinnlichkeit im Falle einer schließlich doch erreichten Vereinigung.

Schritt für Schritt nimmt die Poesie die Terminologie der Liebenden auf, mit einem wiederkehrenden, personifizierten und zugleich deifizierten, allumfassenden Leitmotiv: dem der Schönheit.

Was sonst ist es, das André Le Chapelain, einen der großen Meister der Minne des 12. Jahrhunderts und Zeitgenossen der meisten in dieser Enzyklopädie zitierten arabischen und muslimischen Autoren, sagen läßt, »die Liebe [sei] eine natürliche Leidenschaft, geboren aus dem Anblick der Schönheit des anderen Geschlechts und aus dem nicht mehr nachlassenden Gedanken an diese Schönheit«? Bis dahin, daß »wir schließlich vor allem anderen wünschen, die Liebkosungen des anderen zu erlangen, und begehren, daß in diesen Liebkosungen, durch gemeinsamen Willen, sämtliche Gebote der Liebe befolgt würden« (*Traité de l'amour courtois*, S. 47).

Die am häufigsten wiederkehrenden Wörter sind, ungeordnet:
– das Geheimnis *(al-kitman, al-sirr)*,
– das Weinen *(al-buka')*,
– die Vorhaltungen *(al-mulawama)*,
– der Abschied *(al-firaq)*,
– die Wiederkehr *(al-rudju^c)*,
– die Krankheit *(al-marad)*,
– der Wahn *(al-djunun)*,
– der Tod *(al-maut)*.

Ungeachtet unterschiedlicher gesellschaftlicher Ausdrucksweisen finden wir diese Themen allesamt auch in der westlichen Minne, selbst wenn zahlreiche westliche Autoren darin immer noch eine nur zufällige Ähnlichkeit sehen. Einer der besten Kenner des arabischen Korpus, Henri Pérès, zweifelt nicht im mindesten an der Übereinstimmung und schreibt in *La Poésie andalouse en arabe classique au XIe siècle* auf S. 425:

»Der Kult der Frau ist also von den Andalusiern sehr weit getrieben worden; man darf mit Recht annehmen, daß die Dichter lediglich die Ideen ihrer Zeit wiedergaben. Und wenn viele ihrer Zeitgenossen unterschiedliche Lebensentwürfe hatten, konnten sie doch, unter dem Einfluß dieser ständig verfeinerten Literatur, ihre Haltung gegenüber der Frau ändern, indem sie in sich jene natürlichen Eigenschaften kultivierten, die sie dazu anhielten, zartfühlend und maßvoll zu sein, um nicht zu sagen: exquisit höfisch.«

Dabei fragt er sich, »ob wir das Recht haben, angesichts dieses ritterlichen Respekts gegenüber der Frau das Wort *Courtoisie* zu gebrauchen?« Pérès zufolge waren die grundlegenden Elemente der Minne in dieser Poesie vorhanden, es fehlte ihnen nur die mit der höfischen Liebeskunst des westlichen Mittelalters einhergehende Dekadenz und Verwässerung:

»Gewiß finden wir etliche konstitutive Elemente des Höfischen, wie sie M. Dupin (…) in einer Studie analysiert hat: freundlicher Empfang und Gastfreund-

schaft, Loyalität und Treue, Sanftheit, Freude, Liebe; doch sucht man vergeblich nach dem Gegensatz zwischen höfisch und ungehobelt, wie er im christlichen Mittelalter existierte. Gute Manieren sind im muslimischen Spanien nicht den privilegierten Klassen vorbehalten; sie sind überall verbreitet; sie werden spontan an den Tag gelegt, nehmen hier den Ton unschuldigen Spottes an, dort den einer niemals unterwürfigen Zuvorkommenheit. Und tatsächlich haben die Andalusier kein anderes Wort, diese Liebenswürdigkeit und den natürlichen Hang zur Freundlichkeit zu bezeichnen, als *zarf* oder *adab* [Anstand, A.d.Ü.].«
Hingegen ist die Sprache der flammenden und stets aufs neue begonnenen Poesie das gemeinsame Gut der Liebenden. Das war es, was den persischen Dichter Zahiruddin (gest. 1201), einen begabten Panegyriker und Verfasser sehr zarter *ghazal*, zu schreiben veranlaßte:

Eines Abends, unterm Zelt der ursprünglichen Schöpfung [des Himmelsgewölbes] sprachen wir von deiner Schönheit, unerschöpflicher Stoff.
Jede Einzelheit beschrieben wir deines Gesichtes, deines Haars:
hier welcher Glanz, dort nur schmückende Reifen und Schleifen!
Es schien, als müßte die spiegelfarbene Himmelskugel den Augen bieten deiner Züge Widerschein.
Wieviele Herzen gebrochen vom Zauber deiner Färbung!
Wieviele Geister verwirrt durch deine Moschuslocken!
Der Verstand sieht das Leuchten des Wahns vor Liebe zu dir und findet den Vorwand vorzüglich, in den Wahn sich zu stürzen. (...)
Doch dich zu sehr zu lieben, du Springquell meiner Wonnen, überschwemmen Ströme von Tränen meine Wangen.
In meinem Herzen schür' ich noch das Feuer meines Leids, tauche in Blut die Franse meiner Wimpern...
Auf solche Wunde streichen Balsam nur deine Augen
für gleiche Krankheit sind deine Lippen die Latwerge.
(Safa, *Anthologie de la poésie persane*, S. 177)

Ein weiteres Mal das Thema der Schönheit, in diesem Gedicht des Shirazer Poeten Hafiz (gest. 1390):

Vor Ewigkeit, als deine Schönheit sich zeigte schleierlos,
Entstand die Liebe, welche Feuer rings in die Schöpfung goß.
Den Glanz um ihre Wangen schaute der Engel und blieb kalt;
Im Zorne zu dem Menschen wandte sich ihre Glutgewalt.
Anzünden an den Funken wollte sein Lämpchen der Verstand,
Ein Blitz der Eifersucht erglänzte, die Welt geriet in Brand.
(...)
Den Freudenbundesbrief der Liebe schrieb Hafiz an dem Tag,
Als mit des Griffels Strich er tilgte des Lebens Lustertrag.
(zit. nach der Übers. von Friedrich Rückert, in: Schimmel [Hg.], *Orientalische Dichtung*, S. 100f.)

Um dem Geist und vor allem der charakteristischen Spannung dieses poetischamourösen Werkes gerecht zu werden, enthält die vorliegende *Enzyklopädie der Liebe im Islam* mehrere Einträge, in denen solche »Öffnungen« des Verschlossenen (*maqsura*, Mashrabiya, Verschleierung/Entblößung) thematisiert werden. Weitere Begriffe einer Ästhetik der Liebe sind: Liebe auf Entfernung, Erwartung, Bote, Homosensualität, *qana*ᶜ (das Prinzip der Genügsamkeit), Prüfung, Nostalgie. Dabei liegt die Betonung auf dem wahrscheinlich diskretesten, aber auch konstantesten Kennzeichen der Liebe in dieser geographischen und kulturellen Region: dem Transfer von Intimität.

Wir haben bereits von der Schaffung einer Distanz zur Geliebten gesprochen, von deren Sublimierung und der Dimension des Betrachtens, die durch die urbanen Verkehrsformen erzeugt wird. Ohne jenen Begriff des »Intimitätstransfers« jedoch ist es schwer, das Paradox jenes grotesken Verhaltens zu verstehen, das immer wieder mit wahren Obszönitäts-Schwällen das Tabu des Schamgefühls durchbricht. Ohne diesen Schlüssel zum Verständnis könnten die Entjungferung der Frau in der Hochzeitsnacht (**s. Hochzeitsnacht**) und das Vorzeigen des blutbefleckten Lakens (**s. Defloration**) erscheinen wie willkürliche Gewaltakte – völlig losgelöst von jenem äußerst kodifizierten Universum, das den sexuellen Vorstellungen zugrunde liegt.

Beispiele einer so reduzierten Wahrnehmung ließen sich beliebig auflisten; sie legen dem wenig geschulten Beobachter mit schöner Regelmäßigkeit falsche oder ungenaue Interpretationen nahe. Hier mag der Hinweis genügen, wie hilfreich jener Begriff des »Intimitätstransfers« zur Erklärung einer paradoxen oder schwer verständlichen sexuellen Situation sein kann.

Erotik und Religion

Doch die einschneidendste Veränderung wurde nicht von der Ästhetik ausgelöst, sondern von der Spiritualität. In dem Maße, wie der Islam zur Liebe ermuntert, wurde der alte terminologische Grundstock des präislamischen Heidentums gewissermaßen angereichert durch die neue Phraseologie. Dies vor allem in der abstrakten Dimension, denn die göttliche Liebe erfordert diesbezüglich einen unendlich größeren Fundus als die irdische Liebe. Allerdings mußte das Wesentliche erhalten bleiben. Die Liebe zur Dame war gewiß frei von jedem göttlichen Aspekt, man opferte seinem eigenen Gott und hatte genug mit den materiellen und unmittelbaren Schikanen zu tun, die sich zwischen Liebenden aufbauten. Aber ab dem ersten oder zweiten Jahrhundert der Hidjra*, das heißt: im 8. und 9. Jahrhundert unserer Zeitrechnung, wurde das Motiv der Gottesliebe zu einem bestimmenden Moment der Jenseitsvorstellungen und aller göttlichen Manifestation. Wir sollten hier vielleicht von einer Mystik der Besitzergreifung sprechen, der Begriff der *Erotisierung* scheint angemessener als jener der *Erotik*.

Tatsächlich mag der Alltag des Muslimen in seinem Ablauf karg, mitunter auch streng erscheinen. Und doch gibt es in ihm keinen einzigen zeitlichen oder räumlichen Abschnitt, der nicht seine sinnliche Entsprechung, sein erotisches Pendant hätte. Nehmen wir einige bezeichnende Beispiele:

Die strikte Hygiene wurde im Badehaus (s. **Hammam**), wo sie mit einer ausgesprochen erotischen und auto-erotischen Tendenz ausgelebt wurde, zum Genuß. Ohne eine bewußte Erotisierung zu sein, stellt sich die regelmäßig wiederholte Waschung als eine Huldigung dar, die der Gläubige sich selbst schuldig ist – als wäre der Trieb unendlich viel stärker als die Verdrängung, die gewöhnlich mit dem religiösen Dogma einhergeht (s. **Reinigung**).

Auch die Ehe wird mehr oder weniger listenreich ausgelegt und den Bedürfnissen angepaßt (s. **Ehe** und Varianten).

Die »Homosensualität« wird zum Ersatz der Homosexualität (s. **Homosensualität**).

Das strengste Verbot, das des Visuellen (s. **Schleier**), ist den unglaublichsten, mitunter äußerst phantastischen Beugungen (s. **Nacktheit, sexuelle Perversionen**) unterworfen.

Die Geschlechtertrennung schließlich hat die Erotisierung des anderen bloß verschärft, und der Schleier, gedacht, zu verhüllen und zu entziehen, hat – die Don Juans des Orients wissen das sehr genau – die weiblichen Verführungskräfte nur um subtile Effekte bereichert, die nicht-verschleierte Frauen erst nach langer Übung erlernen (s. **Verführung, Schleier**).

Die von der Sexualität handelnden Koranverse lassen sich durchaus als eine getreue Niederschrift der drängenden gesellschaftlichen Probleme zur Zeit der mohammedanischen Verkündigung lesen. Der koranische Korpus ist zugleich Bilanz des Kenntnisstands der Epoche, Übertragung der Fragestellungen, denen sich die Zeitgenossen Mohammeds gegenüber sahen, wie auch häufig ein offener und direkter Versuch, darauf die angemessenen Antworten zu geben. Dabei leistet der heilige Text auf zwei oder drei Gebieten auch wertvolle Fortschritte. Er regelt die Gebräuche (Polygamie), mildert ihre schädlichen Auswirkungen (Verstoßung, ungleiche Verteilung des Erbes), erklärt gewisse Praktiken für unrechtmäßig (die aus zahlreichen Quellen überlieferte Praxis, kleine Mädchen nach der Geburt lebendig zu begraben; Klitorisbeschneidung) und bekräftigt die ordnende Funktion gewisser Tabus wie des Inzests: »Verboten sind euch *(hurrimat ᶜalaikum)* eure Mütter, eure Töchter, eure Schwestern, eure Tanten väterlicherseits oder mütterlicherseits, die Nichten, eure Nährmütter, eure Nährschwestern, die Mütter eurer Frauen, eure Stieftöchter, die sich im Schoß eurer Familie befinden und von euren Frauen stammen, zu denen ihr eingegangen seid ...« (Koran, 4, 23).

Die Vorstellung des Halladj von einem liebenden Gott, der selbst *Objekt der Liebe* seiner Kreatur ist, zieht sich Stück für Stück durch die gesamte mystische Exegese (s. **göttliche Liebe**).

Eine paradoxerweise vom Klerus selbst vorgenommene – es sind oft die Scheichs, die über Erotik schreiben (s. **Theologen der Liebe**) – Typologie der sexuellen Grenzbereiche, die als *zina'* (Unzucht) gelten, ist überreich kommentiert: Analverkehr *(ubna, faᶜil)*, lesbische Liebe *(sihaq)*, Sodomie *(wahshiya)*, Onanie *(istimna', nikah al-yad)*, Kuppelei *(qawwada, qawwad)*, Päderastie *(liwat)*. Hermaphroditen gelten als unrein und dürfen das gemeinsame Gebet nicht leiten (Mawerdi); ebenso verunreint die Frau während der Menstruation – ein Tabu nach Lesart des *fiqh** – alles, was sie berührt.

Koran, Hadith* und ihre Geheimnisse, die Jurisprudenz und ihre Anwendungen, der Sufismus und seine praktischen Entsprechungen, selbst die unmittelbar erotologische Literatur fungieren so als Elemente einer äußerst ausgeklügelten und doch kaum sichtbaren sozialen Kontrolle.

Für sich allein genommen jedoch, ist die islamische Jurisprudenz furchterregend: Ihr Anspruch, sämtliche Bereiche des privaten und öffentlichen Lebens zu reglementieren, vom »heiligen Krieg« um die Rechtgeleitetheit *(djihad)* bis hin zu den Ritualen der Reinigung *(tahara)*, ist allgemein bekannt. Noch umfänglicher ist ihr Korpus, wo es um die Liebe und die sexuellen Beziehungen geht. Dabei besteht ihre wesentliche Funktion in der Ausübung moralischen Zwanges durch Reglementierung, Einschüchterung und Tadel.

Alle Sinnlichkeit – laszive Gesten, innige Küsse, lustvolle Zärtlichkeit, begehrliche Blicke, verführerische oder verlockende Haltungen, Obszönität der Worte oder der Gesten – ist hier verboten oder weitgehend stigmatisiert. Der in diesem Zusammenhang am häufigsten gebrauchte Begriff ist *zina'*, ein Wort, das im Französischen mit der ebenfalls recht alten, aus dem 12. Jahrhundert datierenden Vokabel »fornication« (vom lateinischen *fornicatio,* von *fornix* – der Prostituierten) übersetzt wird, der »Unzucht«. Da sich der Sinn nur den Alphabetisierten erschließt, bleibt die Wirkung des Stigmas allerdings begrenzt.

In einem der von *zina'* handelnden Hadithen* ist die Rede von der Unzucht der Organe (Auge, Zunge, Mund, Hände ...), welche der orthodoxe Islam mit derselben wortreichen Härte verbietet wie die Unzucht der Handlungen. Ibn Abbas wird die Äußerung zugeschrieben:

»Ich habe nichts gesehen, das die liebevollen Berührungen besser bezeichnet als die laut dem Propheten von Abu Huraira gelieferte Beschreibung: ›Gott hat die Fälle bestimmt, in denen der Sohn Adams gewiß Unzucht beginge: Jene, die mit dem Blick begangen wird, oder die Unzucht des Auges; jene, die mit dem Wort begangen wird, oder Unzucht der Zunge; denn die Seele erfährt Begierden und Lüste, ob die geschlechtlichen Organe sich ihnen nun hingeben oder nicht.‹« (Bukhari, Bd. 4, S. 219)

Die am weitesten entwickelte Kontrolle der Libido im Islam findet sich in der Mystik. Die Mystiker, anscheinend wegen ihrer wollenen Kleidung *(suf)* oder ihrer Angewohnheit, sich in Reihen *(saff)* aufzustellen, »Sufis« genannt, waren stets eine eigene Art Muslime. Hatten sie womöglich christliche Vorläufer, Mönche aus Syrien oder dem Irak, Kopten aus dem Niltal? Man weiß es nicht mit Gewißheit. Es ist jedoch wahrscheinlich, daß die verschiedenen Gruppen von Mystikern einander sehr stark beeinflußt haben, und sei es nur durch das Predigen der unterschiedlichen Kulte in demselben Landstrich und die daraus folgende Konfrontation der Ideen.

Sie alle verstehen die körperliche Liebe als eine unstatthafte Übertragung der authentischen göttlichen Liebe auf die Erde. Demgegenüber wird die göttliche Liebe eher in der Überwindung der menschlichen Triebe empfunden und nicht nur – wie die anerkannten Hagiographen und sonstigen Verherrlicher von Allahs Paradies behaupten – als Belohnung für den Gläubigen. »Die Begierde des Auges ist das Sehen«, schreibt al-Hudjwiri (gest. um 1075), der berühmte Mystiker aus Ghazna, »die des Ohrs das Gehör, die der Nase der Geruch, die der Zunge die

Sprache, die des Gaumens der Geschmack, die des Körpers die Berührung und die des Geistes der Gedanke. Es ist ratsam, daß der Gott Suchende – der Sufi – sein gesamtes Leben, Tag und Nacht, darauf verwendet, sich von diesen Anreizen zur Begierde zu befreien, welche die Sinne ihm vermitteln«.
(*Kashf al-Mahdjub – Somme théologique*, S. 249)
Manche Forscher glauben in diesem Widerstand der Sufis gegen die Versuchungen ihrer Sinne eine Art inkarnierten, Fleisch gewordenen göttlichen Kult gefunden zu haben, »den Kult der Seele im Tempel des Fleisches«, um den Ausdruck eines englischen Autors aufzugreifen. Tatsächlich ist die gesamte arabisch-persische und türkische – wenn man so will und sofern man den Begriff rein kulturell verwendet: die muslimische – erotische Literatur aus der Kreuzung zwischen Poesie und Mystik entstanden, zwischen Entbehrung und Befriedigung, zwischen Libido und Liebe.

Tausendundeine Nacht

Wenn die *Erzählungen aus den tausendundein Nächten* in sämtlichen Ländern, auf die sich unsere Untersuchung bezieht, von den Klerikern so gefürchtet werden, so liegt das daran, daß ihr Inhalt auf alle moralischen Konditionierungen, insbesondere die reaktionären Reglementierungen, geradezu zersetzend wirkt. Tatsächlich sind Liebesgefühl, fleischliche Beziehungen, Verführung, anstößige Liebe, Erotik und Ausschweifung *(mudjun)* in diesen Geschichten nicht nur handliches Beiwerk: Sie sind Teil ihres Wesens. Leser und Zuhörer werden mit Dutzenden wollüstiger Beschreibungen des weiblichen oder männlichen Körpers und ihres Zusammenspiels unterhalten. Es ist durchaus wahrscheinlich, daß die Verfasser dieser Geschichten, die bis in unsere Tage anonym geblieben sind, sich auf das gesamte Gebiet verteilen, von dem die *Tausendundein Nächte* erzählen: den indischen Subkontinent, Persien, Mesopotamien, Syrien, Ägypten, Jemen, die afrikanischen Küstenländer Sudan, Äthiopien, Somalia und Tripolitanien; der Maghreb wird durch seine Reisenden erwähnt, ebenso wie das saharische Afrika durch seine Mauren. Was die Kontroverse um die wahrscheinlichen Ursprünge der *Tausendundein Nächte* betrifft – die nicht Gegenstand unserer Untersuchung ist –, so schließen wir uns dem an, was einer der Übersetzer dieser Geschichten, Joseph-Charles Mardrus, um die Jahrhundertwende in der *Revue blanche* geschrieben hat:
»Weitere Legenden, keineswegs persischen Ursprungs, wieder andere, die rein arabisch waren, bildeten das Repertoire der Erzähler. Schließlich spiegelte sich die gesamte muslimische Welt, von Damaskus bis Kairo und von Bagdad bis Marokko, in den *Tausendundein Nächten* wider. Wir haben es also nicht mit einem bewußten Werk zu tun, einem Kunstwerk im ursprünglichen Sinne, sondern mit einem Werk, dessen allmähliche Wirkung von sehr verschiedenartigen Umständen abhing, und das sich in der reinen islamischen Folklore entfaltet hat. Ein arabisches Werk, trotz seiner persischen Anfänge, das sich, ins Persische, Türkische und Hindustanische übersetzt, im gesamten Orient ausbreitete.«
Kommen wir auf einen essentiellen Punkt zurück: Sind diese Verfasser, die stän-

dig mit der maskulinen Pluralform bezeichnet werden, wirklich Männer, oder handelt es sich um Frauen, welche die große Langeweile der Serails, in denen sie für gewöhnlich untergebracht waren, umkehrten, um jene deftigen Streifzüge auszuhecken, aus denen sich die Träume speisen? Ist es, am Ende, nicht Scheherezade, eine Frau, die diesen Prozeß von Anfang bis Ende leitet? Sind es nicht ihre Vorstellungskraft, ihre Kultur und ihre Schönheit, die den unterdrückerischen König in Atem halten?

Welches sind die erotischen Themen, die in den *Tausendundein Nächten* behandelt werden? Sie sind mannigfaltig und von erstaunlicher Präzision. Tatsächlich werden wir bereits ab dem Prolog der Rahmenhandlung Zeugen einer glühenden Erotik, wobei nur die verschlungenen Pfade des Erzählens den stürmischen Handlungsverlauf etwas abmildern. Zunächst die Prinzessin, die Schehrijâr mit einem Sklaven betrügt, und Schâhzamân, der den Niedergang seines Bruders als Linderung seines eigenen Schmerzes zu betrachten beliebt – Szenen, welche die ganz normalen Abweichungen darstellen, die den gesamten urbanen Zyklus der Erzählungen durchziehen, jenen der Paläste und ihrer Bewohner. Darin laufen sie der vom Koran gepredigten Moral zuwider.

Anschließend finden wir, verteilt über den gesamten Zyklus, Szenen der Sodomie, der Bigamie, der Polygamie, des Inzests, der Nymphomanie, der Nekrophilie, des Sado-Masochismus... Die meistbehandelten Themen sind zweifellos Erotik, Homosexualität, Pädophilie, Travestie, Narzißmus, Exhibitionismus, Fetischismus und Liebesmagie.

Die außergewöhnliche Fülle der erotischen Beschreibungen und die Begeisterung der Verfasser für das Detail haben einen recht einfachen Sinn, bedenkt man die soziale Dichotomie, welche die Geschlechter voneinander trennt und die das Verbotene bis ins Innere der Harems trägt: Es geht darum, den Lesern zu ermöglichen, im Geist das Universum der Geschichten zu errichten.

Dabei ist festzuhalten, daß die prachtvollsten und präzisesten Beschreibungen dem weiblichen Körper gewidmet sind, zu Lasten des männlichen, der eher im Zusammenhang seiner sexuellen Darbietungen erwähnt wird. Doch das erotische Argument der *Tausendundein Nächte* kreist nicht um sich selbst – es hat zur Aufgabe, das Feld des Vergleichs zu eröffnen und aus der Inspiration der Erzählerin auf die Schönheit sämtlicher zu jener Zeit bekannter Rassen zu schließen: von der hitzigen Wollust der Griechen bis zu den amourösen Tugenden der Ägypter; von der scheuen Arglosigkeit der Franken zur vollendeten Wissenschaftlichkeit der Inder; vom Taktgefühl der Chinesen zum Kenntnisreichtum der Perser; von der vermeintlichen Erfahrenheit der Zirkassierinnen zur leidenschaftlichen Begierde der Nubierinnen oder zur Koketterie der Frauen des Jemen.

All diese vertraulichen Geständnisse und intimen Einblicke in das amouröse Wissen der verschiedenen Nationen verfolgen nur ein Ziel: zu unterweisen und zu verführen. Zahlreiche Autoren haben herausgearbeitet, daß die weitreichende Kontinuität in der Entwicklung der *Tausendundein Nächte* darauf beruht, wie präzise sie das Leben bei Hofe in Bagdad, Damaskus und Kairo widerspiegeln und, von dort ausgehend, das der verschiedenen Stände: Könige, Fürsten und Prinzessinnen, Fischer, Seeleute, Gelehrte, Händler, Juweliere, Kaufleute, Pagen, Sklaven, Prostituierte, Juristen und Theologen, Eunuchen, Höflinge und Kurtisanen, Reisende und Pilger. »Die erotische Vision, die in *Tausendundein Tagen* [so der damals gebräuchliche Titel] zutage tritt«, schreibt Enver F. Dehoi, »zählt zu den vollständigsten, die eine Zivilisation je hervorgebracht hat. Mit nie nachlassendem Feuer, mit einer Überhöhung des Bildes, des Rhythmus und des Wunderbaren integriert der auf dem Siegeszug befindliche Islam die Erotik in das Leben.« *(L'Erotisme dans les Mille et Une Nuits)*

Genuß und Sinnlichkeit

Wir haben auf den vorhergehenden Seiten gesehen, daß in der islamischen Welt eine poetisch-literarische Tradition existiert hat, in der Mystik, Wein und jugendliche Sinneslust kundig miteinander verquickt wurden. Diese freizügige Kulturproduktion ist charakteristisch für das Leben bei Hofe; die farbenfrohe Oberflächlichkeit, die uns in all ihren Verwicklungen geschildert wird, hauptsächlich Sache der Fürsten. Im Lauf der Jahrhunderte entstand ein veritabler Kult des Genießens. Zwar vielschichtig und von einer Epoche zur anderen die Gestalt wechselnd, liefert dieser Kult doch dem Geschichts- und Sexualforscher von heute solide Grundlagen für eine umfassende Betrachtung dessen, was man »orientalische Sinnlichkeit« nennen könnte. Über alle Gattungsgrenzen hinweg finden wir einen wahren Areopag von Lobrednern dieser Sinnlichkeit, die einander im Schwärmen für die Schönheit überboten – alles nach dem Prinzip: Die Schönheit mag über das Wort hinausreichen, doch die Kunst der Rede adelt die Schönheit (Belkheir).
In demselben Zusammenhang muß die Bedeutung der Fleischlichkeit in Erinnerung gerufen werden, die auch das Denken der Theologen der Liebe durchdringt, selbst das der Rigoristen und der eifernden Prediger – so sehr, daß auch der prüdeste religiöse Diskurs im Islam der Fleischeslust ihren Platz einräumt, und sei es nur, um sie zu verurteilen.
Andere Kategorien (Sexualität, Schönheit, Traumwelt, aus der Unerreichbarkeit des Partners entstehende Phantasien, Homosensualität, Lebensart im allgemeinen) fließen in eine solche Philosophie des Genießens ein, welche die Gesamtheit der sozialen Klassen und beide Geschlechter umfaßt, denn auf solchem Gebiet darf die Frau nicht hintanstehen. Mehr noch: Die sexuellen Gelüste der Frauen haben stets so sehr fasziniert, daß sie zu einem der häufigsten Motive der arabischen Erotologie und der darauf aufbauenden Geschichtsschreibung wurden. Ob als Handelnde oder als Opfer – die Frau bleibt ein zentrales Element des erotologischen und literarischen Apparats. Das ist so offenkundig, daß man den Eindruck gewinnt, die Frau mache auf den beiden Feldern, die der Mann nicht beherrscht, der Liebe und der Sexualität, jene untergeordnete Position wett, in die sie vom islamischen Recht gezwängt wird.
Es geht hier also darum, ein philosophisches und ästhetisches System einzurichten, in dem die Liebe, vom ersten Bogenstrich über die Zuckungen der Leidenschaft und die Qualen des Herzens bis zu ihren körperlichen Grenzen, ihren Platz findet – den Ort, an dem sie auch im Schatten der herrschenden Moral aufblühen kann.

Das Problem der Definition von Begriffen dürfte sich in einem solchen System ab dem Moment nicht mehr stellen, da seine Integration in eine großzügigere, menschlichere Vision der islamischen Zivilisation gewährleistet ist – das Primat der Göttlichkeit Allahs bliebe davon unberührt. Doch was bedeutet es, von der Liebe bei den Arabern und ihren Nachbarn zu sprechen, in einer Welt, die den Tendenzen der Uniformierung, der Verflachung der Sitten und der kulturellen Nivellierung immer stärker unterworfen ist?

Nun ist die Liebe zwar in ihrem Wesensgehalt einmalig, doch in ihren Ausformungen verschiedenartig: *ghazal, nasib, mulaʿaba, mu'anasa, ʿishq, hubb, mahibba, shauq, gharam*... Auf diese Darstellungs- und Erscheinungsformen soll unsere Untersuchung einiges Licht werfen, womöglich einen Schlüssel liefern, der es uns erlaubt, leichter Zugang zu finden zur »Carte du Tendre« einer Zivilisation voller Geheimnisse, einer arabisch-islamischen, orientalischen und mediterranen, kurz: einer komplexen Zivilisation mit einem so feinteiligen Mosaik an Bevölkerungen, wie wir es in allen großen Zivilisationen finden.

Der wahre, authentische Mann, dessen Nähe die Frauen suchen – und der von den Männern respektiert wird –, definiert sich durch den Status seiner Männlichkeit. Ein Eunuch als Vorbeter ist ebenso unvorstellbar wie ein Jüngling als politischer Führer oder ein Androgyne als Musterbeispiel der Väterlichkeit. Es herrscht also eine Übereinstimmung zwischen der sozialen Rolle eines Mannes (oder einer Frau) und seiner sexuellen Funktion – wobei in letzter Instanz die Sexualität bestimmend ist. Gewiß ist das amouröse Universum der Muslime nicht auf dieses Verhältnis reduziert. Doch sind etwa die Bedeutung, die man in dieser Kultur der Zahl der Nachkommenschaft beimißt, die Unterdrückung sexueller Minderheiten, die Billigung, ja, das Segnen des legitimen, will heißen: ehelichen, sexuellen Aktes mit seinen Begleiterscheinungen Polygamie und Konkubinat (die freilich von der Zeit überholt worden sind) wie auch die nachgeordneten sexuellen Äußerungen (Kultur des Voyeurismus, Kuppelei, Prostitution) Zeugnisse für eine Wertschätzung der Sexualität, die um so gewichtiger erscheint, als der körperlichen Liebe auch in den kanonischen Texten, allen voran Koran und Hadith*, offen gehuldigt wird.

Hinter dieser Wertschätzung jedoch gewinnt die Frage der Fruchtbarkeit an Bedeutung – Sterilität und Impotenz gelten als verachtenswert –, die der Vaterschaft und des Namens. Der Sockel, auf dem der Gott Eros steht, ist stets prosaischer, als die fieberndste Apologie der Liebe ahnen läßt. Aus der Bindung kristallisiert sich jene Liebe, die ein Antoine Furetière, in seinem *Dictionnaire universel*, schon im 17. Jahrhundert definiert hat als eine »gewaltige Leidenschaft, welche die Natur in den jungen Menschen verschiedenerlei Geschlechts hervorruft, daß sie sich vereinen, um die Art fortzuerhalten«.

Fazit: Über die Ästhetik der Liebe

Das Interesse der Muslime für die Dinge der Liebe hat sich entwickelt wie der Verlauf einer Sinuskurve: Als die Liebe im Mittelpunkt der Philosophie der Banu al-ʿUdhra stand, jenes liebestrunkenen heidnischen Stammes Zentralarabiens, hat der islamische Glaube die Ausbreitung dieses Interesses einen Augenblick lang gebremst, um ihm eine spiritualistischere Wendung zu geben. So entstand die Gottesliebe der Mystiker und der Derwische. Anschließend, im Lauf der auf die mohammedanische Verkündigung folgenden Jahrhunderte (7.-8. Jh.) und bis zum Zenith der islamischen Zivilisation im 10. und 11. Jahrhundert, gedieh die Liebe im Windschatten der sozialen Fortschritte, die unter den verschiedenen Dynastien, in den verschiedenen Regionen des großen Kreisbogens erzielt wurden, den der Islam seinerzeit bezeichnete – von Granada bis nach Isfahan, auf dem Weg über sehr reiche kulturelle Zentren wie Kairo oder Bagdad. Seither befinden sich die Kunst, die Lebensart, die Kultur des Bettes und die Poesie der Liebe in unablässigem Niedergang. Darin folgen sie allen anderen Elementen der arabisch-islamischen Zivilisation – selbst wenn das Osmanische Reich ihr noch einmal optimale Bedingungen bot für eine kurze Renaissance. Die blieb unglücklicherweise auf Istanbul begrenzt und war so vergänglich, daß sie zu Beginn unseres Jahrhunderts gänzlich verschwand, in dem Moment, da der Niedergang der Hohen Pforte einsetzte, des Symbols der letzten, brüchigen Bastion des geeinten sunnitischen Islam.

Heute beginnt das kleine Pflänzchen der Liebe sich allmählich zu erholen: Angefochten von immer unverhohleneren Zensurbestrebungen, widersteht die Liebe als Thema der Dichtung und der Kunst im allgemeinen bislang den scheinheiligen Moralaposteln und läßt sich auch, entgegen aller eifernden Reden fanatischer Prediger, nicht aus der öffentlichen Diskussion verbannen. Dennoch muß die Frage des persönlichen Glücks in der Liebe und der Sexualität stets aufs neue gestellt werden, und, noch drängender, jene der unabdingbaren Renaissance einer Ästhetik der Liebe als Antwort auf die soziale Einschüchterung und die individuelle Desintegration.

Letztlich zielt diese Arbeit darauf ab, das amouröse, erotische und sexuelle Universum der Muslime bis in alle seine Verästelungen zu beschreiben und dabei eine offenherzige Lektüre über das Andere anzubieten: großzügig in den Absichten und doch in jeder Hinsicht vom Respekt gegenüber einer jahrhundertealten kulturellen Tradition geleitet – in der Liebe und Lebensfreude stets einen vorzüglichen Platz eingenommen haben.

Paris-Puteaux-Skikda 1994

1 Im vorliegenden Text wird durchgängig unterschieden zwischen der »islamischen Religion« und dem »Islam« als einer Zivilisation.
* Sämtliche mit einem * gekennzeichneten Begriffe werden im Glossar ab S. 470 erklärt.

ABDEKER. Die Pariser *Bibliothèque nationale* führt ein seltsames Buch mit dem Titel *Abdeker, ou l'art de conserver la beauté*, verfaßt von anonymer Hand wohl im Jahr 1168 der Hidjra*, also in der Mitte des 18. Jh.s unserer Zeitrechnung. »Das Werk, das wir hier der Öffentlichkeit zugänglich machen«, schreibt im Vorwort der französische Herausgeber, »ist die Übersetzung eines arabischen Manuskriptes, das Diamantes Ulasto, Leibarzt des türkischen Botschafters, 1740 nach Paris brachte. Die Übersetzung wurde von einem in der *République des Lettres* wohlbekannten Gelehrten besorgt.«

Das Anliegen des ursprünglichen Verfassers, der, wie es heißt, im 15. Jh. als Sohn medizinisch versierter Eltern in Mokha geboren wurde, ist eine komplette Abhandlung über die Schönheit – all dessen, was sie bewahren, zerstören oder steigern kann. Es ist die Rede von Ölen, Salben, Pudern, Tinkturen, verschiedenen Destillaten, duftenden Pastillen, mehr oder minder seltenen Essenzen, Parfums und magischen Kräutern. Kern der Handlung ist die sehr naturalistisch geschilderte Romanze der Fatmé, einer Odaliske aus Georgien, dem Landstrich, der »die schönsten Frauen der Welt« hervorbringt. Am Rande wird der Leser Stück für Stück in die Fragen der, vor allem weiblichen, Schönheit eingeführt: Definition der Schönheit, Lob der Schönheit, Toilette, Üppigkeit, Magerkeit, Bäder, Bleichen der Haut usw.; darauf folgt eine Vielzahl von Rezepturen zur Bewahrung der geheimnisvollen Schönheit.

Handelt es sich hier um eine wirkliche Übersetzung, oder haben wir es mit einer Fälschung zu tun? Das Werk wurde 1755 auch in englischer Sprache verlegt: *Abdeker or the Art of Preserving Beauty*.

Lit.: Abdeker.
Siehe auch: Kosmetik, Parfum, Schönheit.

ABSCHIED / WIEDERSEHEN (*bana, al-bain, wada^c*: »Abschied«; *tafriq, faruq* auf Berber; *mulaqah*: »Wiedersehen«, »Treffen«; *subh al-bain wa yaum al-bain*; »Morgendämmerung und Tag der Trennung«). Das ist ein zentrales Motiv im Zusammenhang mit Liebe in der muslimischen Welt, sei sie bedui-nisch, wie die Lieder der Minnesänger des alten Arabien, oder städtisch wie die Literatur von Sa^cdi (ca. 1213/1219-1292) oder Omar Khayyam (gest. 1123).

In den alten Nomadenstämmen waren die Liebespaare ständigen Trennungen unterworfen, oftmals über einen langen Zeitraum, bevor sie sich anläßlich eines Marktes oder eines neuen Weide- und Lagerplatzes wiedertrafen. Abschiede und Wiedersehen zogen sich früher also durch Leben und Liebe als fester Bestandteil, bis es zu einer stabilen Verbindung kommen konnte. Der Wechsel von Unterbrechung und Wiedersehen gibt der Liebesbeziehung eine größere Spannung und fungiert manchmal auch als Test, wie tief die Zuneigung des anderen wirklich ist. Baha-addin Zuhair schreibt im 12./13. Jh. in seinem *Diwan*:

Wie lange noch, oh, wie lange werde ich zwischen Verlassenheit und
                                                    Trennung sein?
Was für ein Unglück sind Gleichgültigkeit und Trennung!
Beide sind mir feind, und es ist, als ränge ich mit dem Mißgeschick,
oder besser noch mit zwei Arten von Mißgeschick.
(Rikabi, S. 227)

Der Zwang, den Abschiede und Trennungen über eine Liebesbeziehung werfen, ist vielleicht auch ein Geheimnis ihres Erfolges:

Hind verkündete mir die morgendliche Trennung.
Ich hatte diese Trennung befürchtet
und sorgte mich, sie werde lange dauern.
Doch Hind sandte mir einen gemeinsamen Freund, der sagte:
»Komm zu deiner Geliebten. Sie ist da!
Wisse, ein Mensch, der dich liebt, wird dich besuchen,
sobald Blicke und Augen von ihm abgewandt sind!«
(Omar ibn Abi Rabiᶜa, zit. nach Blachère, *HLA*, S. 689)

Geh ein wenig des Wegs mit mir, Freund, ohne mir vorzuwerfen,
daß ich zu Rabab gehe, um vor der Abreise Adieu zu sagen.
(*Sir qalilan wa la talumni khalili liwadaᶜi al-Rababi qabla al-rahili.*)
(Petit/Voisin, S. 53 und 232)

Scheich Saᶜdi (ca. 1213/1219-1292) aus Schiraz (Persien) schreibt zu Recht:
»Nur wer in den Ketten der Liebesleidenschaft gefangen ist, weiß, wie lange es dauert, bis nach einer Nacht der Trennung der Morgen graut.« (Safâ, S. 233)
Der Kabyle Mohand-u-Mohand versichert: »Trennung ist so bitter wie das Grab.« (Mammeri, *ISM*, S. 263)
Ibn Hazm (994-1064) widmete dem Thema »Trennung« ein Kapitel in seinem Buch *Das Halsband der Taube*. Wenn die Trennung schmerzhaft ist, so Ibn Hazm, kann das Wiedersehen verhängnisvoll sein; das kann so weit gehen, daß die Liebenden es in einigen Fällen vorziehen, ihr Wiedersehen zu verschieben:
»Wahrlich, die Heimkehr nach einer Trennung, über die die Seele der weiten Entfernung wegen verbittert ist und bei der sie an der Rückkehr fast verzweifelt, löst einen Schock aus, wie er größer nicht sein könnte, und mitunter wirkt er sogar tödlich.« (*Das Halsband der Taube*, S. 107)
Lit.: Blachère, Ibn Hazm, Pérès, Petit/Voisin, Rikabi, Safâ.
Siehe auch: Bündnis unter Liebenden, Geduld.

ABSTINENZ (ᶜ*iffa, waraᶜ, hasr*: sexuelle Enthaltsamkeit – Johannes der Täufer (Yahia) wurde auch *al-hasur* genannt). Die Abstinenz unterscheidet sich von der Empfängnisverhütung darin, daß sie eine prinzipielle Ablehnung bedeutet, den sexuellen Akt zu vollziehen. Deshalb wird sie von den Arabern nur höchst ausnahmsweise praktiziert; einzig die rituelle, von der Religion auferlegte Abstinenz ist bei ihnen statthaft, wie natürlich auch der gebotene Verzicht infolge physiolo-

gischer Gegebenheiten bei der Frau (Monatsblutung, Niederkunft, Krankheit). Im übrigen verlangt die »natürlich« genannte Empfängnisverhütung eine Abstinenz, die bestimmte Grenzen nicht überschreiten darf, denn im islamischen Glauben ist Keuschheit nicht vorgesehen.
Siehe auch: Empfängnisverhütung, ʿIffa, Keuschheit, Mäßigung, Orgasmus.

ABTREIBUNG (*isqat, idjhad, ikhfaq; uchuf* in Targi, nach Foley). Der Koran verbietet die Abtreibung, zumindest sofern sie von der verstoßenen Frau nach der Scheidung vorgenommen wird: »Und es ist ihnen nicht erlaubt, zu verheimlichen, was Gott in ihrem Schoß geschaffen hat« (Koran, 2, 228). Die Mehrzahl vor allem der bevölkerungsreichen muslimischen Staaten hat sich andererseits bemüht, Programme zur Eindämmung der Geburtenrate durch medikamentöse Empfängnisverhütung oder auch das Einsetzen von Spiralen in Gang zu setzen. Man weiß (nach al-Bukhari), daß der *coitus interruptus* (ʿ*azl*) zur Zeit des Propheten von dessen Waffenbrüdern praktiziert wurde und daß die arabischen Ärzte die Techniken der Empfängnisverhütung, etwa die Benutzung von Präservativen oder Wattebäuschen, verfeinert haben, welche bereits die Pharaonen entdeckt hatten. Doch die geburtenorientierte Mentalität der islamischen Lehre, die Bedeutung der Familie in der muslimischen und arabischen Kultur sowie der Umstand, daß die Nachkommenschaft hier immer noch als Reichtum – nicht als Belastung – empfunden wird, behindern in gewissem Maße die Kampagnen zur Empfängnisverhütung. Ebenso geht die Tendenz bis in unsere Tage dahin, die Strafen für Abtreibung eher zu verschärfen als zu lockern. Abtreibung ist in den meisten islamischen Ländern statthaft, wenn sie eine zur Rettung des Lebens der Mutter oder zur Abwehr schwerer Gefahren für ihre Gesundheit unabdingbare therapeutische Maßnahme darstellt und von einem Arzt oder Chirurgen vorgenommen wird. In solchen Fällen wird sie auch von anerkannten Schriftgelehrten, etwa der Kairoer Azhar-Universität, gebilligt, die allerdings der Frau das Recht zur Selbstbestimmung über ihren Körper und ihre Leibesfrucht nachdrücklich absprechen.
Lit.: Avicenna, Bertherand, Bousquet, Bukhari, Foley, Ghazali, Lalu, Musallam, Saadaoui.
Siehe auch: Empfängnisverhütung, Fruchtbarkeit/Sterilität, Geburt, »Schlafendes Kind«, Schwangerschaft.

ABU NUWAS / ABU NAWAS (Hasan ibn Hami al-Hakami), wahrsch. 757-814. Einer der berühmtesten arabisch-persischen Dichter und einer der modernsten. Aus der iranischen Provinz Khuzistan stammend, war Abu Nuwas ein Freund des Harun al-Raschid, an dessen Hof er lange ein- und ausging. Er wurde geboren in Ahwaz, verbrachte sein Leben zwischen Kufa und Bagdad zur Glanzzeit der Abbasiden* und wurde zum Vertrauten zweier großer Kalifen: Harun al-Raschid und al-Amin. Die Freizügigkeit des Tons, mit dem er, in seinen *Khamriyat*, bacchantische und amouröse Themen behandelte, sucht noch immer ihresgleichen. Niemand hat es besser verstanden als er, die Süße des Lebens mit Wortspielen und schönen Bildern zu besingen. Der Gebrauch fein geflochtener Metaphern machte ihn zum Dichterfürsten: ein unvergleichlicher Genießer, einer der berühmtesten unter den freien Denkern Arabiens.

Ich habe die Mädchen gelassen und mich den Knaben zugewandt
und ich ließ vom klaren Wasser für alten Wein.
Weitab vom rechten Weg schlug ich unverwandt,
denn er ist mir lieber, den der Sünde ein.
Ich kappte die Zügel und ohne mich zu grämen
warf ich den Zaum samt der Kandare ab.
(Abu Nuwas, hier zit. nach *Le Vin, le vent, la vie*, S. 91)

Ein Vierzeiler über das Leben, vom Dichter verfaßt, als er einen schönen Sklaven um einen Verstorbenen weinen sah:

Er weint, und seinen Augen entspringen Perlen
die Rose [das Gesicht] schlägt er mit Beeren [den Fingern]
Beweine nicht den Toten, den wir in sein Grab hinabgelassen
Beweine lieber den, den du eben tötetest, hier an der Pforte.
(Zit. nach Pareja, S. 872)

Lit.: Abu Nuwas, Pareja.
Siehe auch: »Liebe der Liebe«, Mignon, Trunkenheit, Wein.

ABWEISEN (arab.: *istiya*; pers.: *qahr kanfan*; im Maghreb: *ghadban*). Entgegen verbreiteter Vorstellung ist die Frau in der islamischen Kultur keineswegs bloßes Sexualobjekt des Mannes; tatsächlich wenden sich die einschlägigen Vorschriften aus Koran und Überlieferung vor allem an den Mann, welcher der Frau sexuell gefällig zu sein hat. Auch die einschlägigen Äußerungen im *Duftenden Garten* des Scheich al-Nafzawi (»...andernfalls vermag es der Frau nicht zu gefallen«) weisen in diese Richtung. So ist es der Frau zwar – mit Ausnahme gewisser Beduinenstämme (**s. Ehebruch**) – nicht gestattet, ihren Mann wegen dessen Impotenz zu verlassen; wohl aber kann sie ihn abweisen, sei es aus Gründen der Müdigkeit oder des Mißbehagens. Ein solches »Abweisen« der sexuellen Gelüste des Mannes kann durchaus endgültig sein und ist von verschiedenen Autoren als Erklärung für die Polygamie der Muslime herangezogen worden.
Von dieser sexuellen Verweigerung zu unterscheiden ist das »Schmollen« *(harad, harida)*. Dieses gehört, nicht nur unter den Bedingungen einer die Frau unterordnenden Kultur zu den typischen Verhaltensweisen der Umworbenen, den um ihre Liebe Buhlenden abzuweisen, sobald sie sich der Bedeutung ihrer Abwesenheit bewußt ist. Unter gegebenen Voraussetzungen wird sie sich im sicheren Umfeld des Harem verborgen halten, oder im väterlichen Zelt; wann immer sie ihm auf dem Weg zu ihren notwendigen Verrichtungen begegnet, wird sie ihm ausweichen; sie wird ihm kein Lebenszeichen geben, und wenn sie sich ihm aus Unachtsamkeit gegenüber sieht, wird sie ihm ein verdrießliches, abwesendes Gesicht machen. Diese Haltung ist Produkt einer sexuellen Erziehung, welche die Frau lehrt, daß sie so lange Herrin des Spiels der Liebe bleibt, wie die Liebenden im Anfangsstadium der Beziehung sind und es nur auf ihre Einwilligung ankommt. Diese Haltung haben, spielerisch, die Bajaderen ebenso übernommen wie die Prostituierten oder die Hetären bei Hofe; Launenhaftigkeit und Koketterie sind nicht selten ein wesentlicher Motor dieser Insze-

nierung des »Die-kalte-Schulter-Zeigens«, welche ihre Wirkung auf den Freienden selten verfehlt:

Meine Geliebte, was hat sie nur,
Gestern noch, da war sie mir zu eigen.
Was hat sie nur, mich so abzuweisen?

klagt Bna-Msayeb (gest. 1768), Verfasser erotischer Poesie in der Sprache des Maghreb. (Zit. nach Belhalfaoui, S. 72 f.)
Lit.: Belhalfaoui, Hafiz.
Siehe auch: ᶜAzria, Eitelkeit, Prostitution, Sängersklavin, Vorspiel.

ADAM UND EVA. Adam ist der Urvater der menschlichen Art, der allen gemeinsame Patriarch, die Inkarnation des göttlichen Wesens, denn dieses ist allmächtig. Adam und Eva sind das ursprüngliche Paar und, in der Folge, die erste Liebe. In einer von Wasif Boutros Ghali überlieferten, volkstümlichen arabischen Erzählung wird das Paar mit sehr menschlichen, einander vorzüglich ergänzenden Zügen geschildert:
»Als Gott den Adam erschaffen wollte (Heil Ihm!), hieß er den Gabriel, den Michael, den Israfel und den Israel, auf die Erde hinabzusteigen und sechzig Staubkörner verschiedener Farbe und Zusammensetzung zu holen (...). Als dieser Staub dem Allerhöchsten gebracht wurde, sagte Er: ›Aus diesem Staub wird der Vater der menschlichen Art geboren werden. Mischt die Körner und formt sie. Es ist nötig, daß die Söhne Adams aus demselben Stoff gemacht werden, auch wenn dabei Weiße und Schwarze herauskommen müssen, Gelbe und Rote, Zarte und Rauhe, Harte und Weiche, Sanfte und Schroffe, Schwere und Leichte, nichtswürdige Wesen und wertvolle Wesen (...).‹ Als er [Adam] schlief, nahm Gott eine seiner Rippen und schuf daraus Eva, von gründlicherer Schönheit als der Mann, von reinerer Farbe, zarteren Gesichtszügen und schlankeren Fesseln, feineren Füßen und Händen, mit einer fülligeren und seidigeren Haarpracht.«
(*Les Perles éparpillées*, S. 1f. und 5)
Nach der Heiligen Schrift (Genesis, III) werden Eva zwei wesentliche Attribute zugeordnet: die Sünde und die Nacktheit. Eva ist es, die Adam den Wein einflößt, der ihn dazu verleitet, das von Gott gesetzte Verbot zu übertreten, und sie ist es auch, die ihm die Bedeutung der Nacktheit nahebringt. Der große Koran-Kommentator und Historiker Mohammed ibn Djarir al-Tabari (839-923) hält dazu in seinen Annalen fest:
»Adam aß ein wenig von den Früchten des Paradieses, dann übermannte ihn der Schlaf. Doch im Paradies schläft man nicht wirklich, seine Seele blieb wach. Gott schuf anschließend Eva nach dem Bilde Adams, indem er, um sie zu formen, von diesem eine seiner Rippen der linken Seite nahm. Als Adam die Augen aufschlug, sah er Eva auf seinem Bett (...). Er war erstaunt und fragte sie: Wer bist du? Sie antwortete ihm: Ich bin deine Frau; Gott hat mich geschaffen aus dir und für dich, auf daß dein Herz Ruhe finde.« (*Ta'rikh al-rusul wa'l-muluk*, hier zit. nach *Chronique traditionelle*, Bd. 1, S. 78)
In diesem Zeugnis gibt al-Tabari das herrschende Denken wieder: die Frau als Nebenprodukt des Mannes. Sie ist sogar seine schlechtere Seite (die linke), was

erklärt, daß sie von Natur aus fehlerhaft ist, geboren, um zu dienen, und nicht, um bedient zu werden.
Lit.: Bibel, Boutros Ghali, Koran, Tabari.
Siehe auch: Berühmte Liebespaare, Ehe.

ADOLESZENZ *(sinn al-murahaqa, futuwa)*. Im Orient gilt die Adoleszenz als das richtige Alter für die Liebe, obwohl das Mädchen sie häufig mehr erleidet, als daß sie sie ersehnt. Es ist die Zerbrechlichkeit, die sie so begehrt macht, ebenso wie ihr männliches Gegenüber (**s. Mignon, Ephebe, Schöner Jüngling**). Nehmen wir nur das Beispiel der Erzählungen aus *1001 Nacht*, in denen die Jünglinge und jungen Mädchen nach Hunderten zählen und der Heranwachsende das Ideal von Anmut und Grazie verkörpert. Diese Verherrlichung des Ephebismus ist kennzeichnend für die reiche und dem Müßiggang frönende Gesellschaft jener Zeit. Zugleich ist sie Statussymbol der höheren sozialen Klassen, denn für diese ist es unmittelbarer Bestandteil ihrer Lebensweise und ihres Umgangs, sich derlei »Sexualobjekte« mühelos aneignen zu können. Darüber hinaus waren es die mit irdischen Freuden übersättigten Könige, Fürsten, Dichter, die Pädophilen und andere Lüstlinge der untergegangenen muslimischen Dynastien, die bei der Jugend ihr höchstes Glück und ihre Befriedigung fanden.
Einer der Gründe schließlich, die jene Vorliebe vor allem für das junge Mädchen am besten erklärt, ist der Wunsch der Männer, ihr die Jungfräulichkeit zu nehmen, bevor sie Gelegenheit hatte, sie dem zu schenken, zu dem ihr Herz sie geführt hätte. (**s. Ius primae noctis, Jungfräulichkeit, Sexuelle Initiation**)
Lit.: Abu Nuwas, *1001 Nacht*.
Siehe auch: Ephebe, Fata, Ius primae noctis, Jungfräulichkeit, Mignon, Schöner Jüngling, Sexuelle Initiation.

»AGHZAL MIN IMRU' AL-QAIS« (»Galanter als Imru' al-Qais«). Literarische [*aghzal* ist die Steigerung von *ghazal:*, wörtl.: »liebespoetisch«; A.d.Ü.] Anspielung auf Imru' al-Qais (gest. um 540), den »rastlosen Fürsten« und bekanntesten Dichter der vor-islamischen Zeit *(djahiliya)*. Der Mann, der die Genüsse, den Wein, die Frauen, das Spiel und die Epheben in so modernem wie nostalgischem Ton besang, war zugleich Fürst und Dichter. Seine berühmtesten Verse ergötzen noch heute die Gymnasiasten, die sie auswendig lernen und bei Gelegenheit ihrer eigenen amourösen Eroberungen rezitieren:
»Haltet an ihr beiden Freunde eure Tiere, auf daß wir weinen in Erinnerung an eine Geliebte und eine Wohnstätte am Abhang des gekrümmten Sandhügels zwischen ad-Dakhul und Haumal.
Und Tudhig und al-Miqrat; noch unverwischt ist ihre Spur, wenn auch kreuz und quer über sie dahinfuhr Süd und Nord.« (*Die Muᶜallaqa des Imrulqais*, S. 10 f.)
Lit.: Schmidt.
Siehe auch: Galanterie, Ghazal, Imru' al-Qais.

ÄGYPTEN *(misr)*. Neben seinem Landsmann Plutarch, dem Verfasser von *Isis und Osiris*, war es unter den Geschichtsschreibern vor allem Herodot, der früh darauf hingewiesen hat, wie hoch entwickelt die Ägypter in vielen Bereichen waren, nicht zuletzt was die Sitten und Gesetze anging, die das Privatleben regelten. Nachdem er die Beschneidung, die Reinlichkeit, die Nahrungsgebote und die Kleidung beschrieben hat, kommt Herodot auf einen Phalluskult zu sprechen, der dem Dionysoskult nicht unähnlich ist. Die Verwendung von Statuetten mit aufrechtem Glied hält er jedoch nicht für einen ursprünglich ägyptischen Brauch, sondern er glaubt, daß die Pelasger (die in der Ägäis und in Thessalien siedelten) ihn zuerst eingeführt haben. Herodot berichtet auch, daß in Ägypten »die Frauen auf den Markt gehen und Handel treiben, und die Männer zu Hause sitzen und weben.« Und: »Die Frauen lassen ihr Wasser im Stehen, die Männer im Sitzen.« (*Historien*, S. 114). Die Tabus, die sich auf sexuelle Handlungen an heiligen Orten beziehen, nennt Herodot eine ägyptische Errungenschaft: »Auch sind die Ägypter die ersten, die die Sitte beobachten, sich nicht im Tempel zu begatten und nicht von einem Weibe kommend in den Tempel zu gehen, ohne zu baden. Außer den Ägyptern und Hellenen nämlich begatten sich fast alle Völker innerhalb der Heiligtümer und gehen, wenn sie bei einem Weibe gelegen haben, ohne zu baden ins Heiligtum. Sie halten den Menschen eben für nichts anderes als ein Tier.« (Herodot, *Historien*, S. 127)

Diese Themen finden sich auch bei Plutarch:
»Von den Gliedern des Osiris habe Isis nur das Schamglied nicht finden können, denn es sei gleich in den Fluß geworfen worden und der Lepidotos-, der Phagros- und der Oxyrynchosfisch hätten davon gefressen, von denen sich die Ägypter unter den Fischen am meisten fernhalten; doch Isis habe anstatt des Schamgliedes eine Nachbildung hergestellt und den Phallos geweiht, dem die Ägypter auch jetzt noch eine Festfeier begehen.« (Plutarch, S. 9)

Cénac Moncaut, Verfasser einer *Geschichte der Liebe in der Antike, bei den Hebräern, den Orientalen, den Griechen und Römern* (1862) kommt zu dem Schluß, daß Liebe und Ehe im alten Ägypten in bewundernswerter Weise geregelt gewesen seien; er schreibt dazu: »In der Priesterkaste und in den Mittelschichten war die Monogamie, die Ehe mit nur einer legitimen Gattin, allgemeine Regel. Das Konkubinat mit Sklavinnen und Dienerinnen war dabei üblich, wie bei den Bibelvätern. Allerdings bedeutet dieses Element der frühen Familienformen durchaus keinen Zerfall der Sitten, sondern diente im Gegenteil ihrer Bewahrung, da die Konkubine stets der Ehefrau unterworfen war.« (Moncaut, S. 47)

Lit.: Brown, Cénac, El Mary, Erman/Ranke, Herodot, James, Moncaut, Plutarch, Schott, Sélima, Tahtawi, *1001 Nacht*, Vial.
Siehe auch: Harem, Konkubinat/Konkubinen, Penis, Polygamie, Sexuelle Tabus, Sperma, Urin.

ÄGYPTISCHE VENUS. Andere Bezeichnung für Hathor, die Göttin der Liebe im alten Ägypten. Ihr griechisches Pendant ist Aphrodite. Ihre Darstellung als Frau mit Kuhohren und -hörnern (die »goldene Kuh«), manchmal auch in Gestalt einer Kuh, ist typisch für die religiöse Kunst Thebens der Zeit um ca. 2000 v. Chr. Gelegentlich wird sie als Sonnenscheibe (um das Gesicht von Rê) dargestellt. Sie ist auch die Schöne, die Einzige, das Gold, die Himmelsgöttin, die Göttin der Frauen, die Herrin des Westens (Schott).
Lit.: Schott.
Siehe auch: Ägypten, Hathor.

AHAL (pl. *Ahallen,* aus dem Tamaschek, der Sprache der Tuareg). Zirkel der galanten Poesie, bei dem ein Vortragswettstreit der Männer ausgetragen wird. Die Frau ist bei dieser Gelegenheit die »Königin«, in zweierlei Funktion: als Spielerin des *imzad,* eines alten, einsaitigen Instruments aus einem Kürbiskörper, und als Verführerin, wenn man so will: als Hauptdarstellerin dieser amourösen Zeremonien. Tatsächlich sind die *ahallen* die Gelegenheit für die Tuareg-Jugendlichen, das komplexe Spiel der Liebe zu erlernen, also nichts weniger als eine Initiation. Doch bei genauerem Hinsehen handelt es sich um viel mehr als eine bloße Möglichkeit des Zusammentreffens und des Flirtens. Die *imzad,* auf der gespielt wird, ist eine Laute, die gestrichen wird und einen sehr charakteristischen Klagelaut hervorbringt. In der Welt der Tuareg, in der Männer und unverheiratete Frauen einander ungehindert treffen können, bereitet der *ahal,* der zugleich Ort des Lernens und des Werbens ist, die Jugend auf ihre Erwachsenenrolle vor. Die jungen Leute nutzen die Stimmung im Hof eines Anwesens, vor dem Zelt, am Lagerfeuer oder unter dem Sternenhimmel, um die Bekanntschaft des begehrten Partners zu vertiefen, bevor sie mögliche Heiratsabsichten kundtun. Doch ist auch hier, wie anderswo, der Liebesschmerz zu heftig, als daß er sich verschweigen ließe:

Zur Stunde, da die Menschen schlafen, singe ich meine Liebesgesänge.
Ein Gedanke, stets derselbe, hält mich gefangen.
Ohn' Unterlaß treibt mich tödliche Angst,
denn sie gebiert Gedanken so schlecht
wie die Ratschläge eines falschen Freundes (...).
Das Haar jenes Mädchens, gleißend vom Öl,
gleicht einem Garten im Gewitterregen.
Aus der Tiefe meines Herzens möcht' ich
einen Schrei der Wonne ausstoßen. Sie hat mich getroffen
mit vergiftetem Pfeil, und überließ mich meinem Schmerz und meinen
                   Wunden.
(Casajus, S. 133)

Lit.: Casajus, Foucauld.
Diskogr.: *Tuareg Music of the Southern Sahara,* Ethnic Folkways.
Siehe auch: Dassine, Galanterie, Imzad, Liebesleid, Liebeslieder.

ᶜ**AHD** (Versprechen, Vereinbarung). Schwur der Liebenden, ihre gegenseitige Verlobung.
Siehe auch: Liebespakt.

AISCHA. Die jüngste und von ihm am meisten geliebte der Frauen des Propheten, **s. dort.**

»**AISCHA RADJUL**« (wörtl.: »Aischa ist ein Mann«). Redensart über Frauen, die in ihrer Erscheinung und ihrem Benehmen männlich wirken. In der nordafrikanischen Folklore Typ des »Mannweibs«.

AKHBAR AL-NISA' (wörtl.: »Frauen-Nachrichten«). In manchen arabischen Ländern geläufiger Begriff für schlüpfrige Anspielungen. Sofern sie auf das Intimleben der Frauen abheben, sind diese »Nachrichten«, als Werke männlicher Autoren, Zeugnisse der Hochzeit der arabischen »höfischen Literatur« (7.-9.Jh.).
Siehe auch: Frau und Varianten.

ALAUN *(shabb)*. In den Frisiersalons für Herren wird der Alaunstein als blutstillendes Antiseptikum verwandt. Alaun ist ebenfalls Bestandteil des *kuhl* (**s. dort**) und eines Rezeptes zur Epilation (**s. Epilation**). Bekannt ist auch seine desodorierende Wirkung.
Siehe auch: Epilation, Kuhl.

ALCAHUETA (aus dem Arabischen: *al-qawwada;* wörtl.: die Kupplerin). Das Wort hat einen Bedeutungswandel erfahren. Heute bezeichnet es eine dem Tauschhandel unterworfene Frau, will heißen: eine Prostituierte.
Siehe auch: Prostitution.

ALF LAILA WA LAILA (wörtl.: *Tausend Nächte und eine Nacht*) s. **Tausendundeine Nacht**.

ALKOHOL s. Wein.

ALME (vom arab. ʿ*alima,* wörtl.: »Gelehrte«). Gérard de Nerval beschreibt in seiner *Reise in den Orient* diese Tänzerinnen als »verführerische Gestalten«: »Sie verblüfften mich auf den ersten Blick durch die goldglitzernden Käppchen, die sie auf ihrem geflochtenen Haar trugen. Ihre auf den Boden hämmernden Absätze, deren harte Stöße die Arme wiederholten, brachten Glöckchen und Ringe zum Klingen: die Hüften zitterten in wollüstiger Bewegung; die Taille war nackt unter dem Musselinteil zwischen der Weste und dem lockeren, reich verzierten Gürtel, der gleich dem Cestos der Venus sehr weit herabfiel.« *(Reise in den Orient, S.167)* Nerval räumt allerdings ein verbreitetes Mißverständnis ein: »Ich habe sie mit dem Namen *Almen* bezeichnet und dabei, um deutlicher zu sein, den Irrtum der Europäer beibehalten. Die Tänzerinnen heißen in Wirklichkeit *Ghawasi,* und *Almen* sind eigentlich Sängerinnen. Die Mehrzahl dieses Worts wird *Awalem* ausgesprochen, und die von der muselmanischen Moral geduldeten Tänzer heißen *Chawals.*« (a.a.O., S.169) Der *Larousse du XIXe siècle* bezeichnet die Alme als ägyptische Tänzerin, deren lasziver Tanz von Liedern untermalt wird. Dagegen werden in Paul Dufours *Weltgeschichte der Prostitution* aus dem späten 19. Jh. Reiseschriftsteller zitiert, die den Almen recht umfängliche Kenntnisse attestieren:
»In Aegypten giebt es gewisse Tänzerinnen, die sich ausser ihren Künsten andere angenehme Kenntnisse und Fertigkeiten zu erwerben suchen. Man nennt diese Sängerinnen Alme oder Gelehrten, und diese Alme nehmen keine unter sich auf, die nicht eine liebliche Stimme hat, eine gewisse Kenntnis der Sprache und der Regeln der Dichtkunst besitzt, und aus dem Stegreif dichten oder auf gegenwärtige Personen und Umstände Verse machen kann. Eben diese Alme wissen die

schönsten Gesänge auf die Unfälle von Liebenden oder auf den Tod von Helden auswendig, durch deren Absingung sie die harten Türken bis zu Thränen rühren können.« (Dufour, Bd. 6, S. 204 f.)

Lit.: Dufour, *Larousse du XIXᵉ siècle*, Nerval.

Siehe auch: Bajadere, Bauchtanz, Ephebe, Hermaphrodit, Mannweib, Prostitution, Transvestismus.

ALMOSEN (»DER AKT DER FLEISCHESLUST IST EIN...«). Von dem Propheten Mohammed wird überliefert, daß er gesagt habe: »Mit jedem Akt der Fleischeslust gebt ihr ein Almosen.« Damit wird der Vollzug der Sexualität, wohlgemerkt: im Rahmen der Ehe, nicht nur als gottgefällig angeordnet, sondern gar zu den »geheiligten Werken« gezählt. »Wenn er [der Ehemann] sich mit ihr [seiner Gattin] vereinigt, so schweben die Engel um sie von der Erde bis zum Himmel«, heißt es in einem anderen Hadith*, »und die Wollust und das Verlangen haben die Schönheit der Berge«. Auf diesem Hintergrund kann sich die wissenschaftliche, theologische und künstlerische Behandlung der Erotik während der gesamten vierzehn Jahrhunderte des muslimischen Zeitalters mehr oder weniger als Gebot Gottes definieren. Doch stehen der Preisung des legalen, also ehelichen Verkehrs, harsche Verbote jeglicher »Unzucht« *(zina')* gegenüber, wie auch der Auftrag an den guten Muslim, sich fern der Versuchung zu halten, besser noch: ihr nicht nachzugeben. So, wie es in Vers 14 der dritten Sure *(Die Sippe ᶜImrans)* des Koran geschrieben steht:

»Den Menschen erscheint es herrlich, all das zu lieben, wonach man Lust hat: Frauen, Söhne, ganze Zentner von Gold und Silber, markierte Pferde, Vieh und Saatfelder. Das alles ist aber nur für den kurzen Gebrauch im diesseitigen Leben bestimmt. Doch bei Gott gibt es dereinst eine schöne Einkehr.«

Lit.: Bouhdiba, Koran.

Siehe auch: Frau, Koitus, Mäßigung, Shahwa.

ALOE s. Parfum.

ALPHABET *(alif-ya)*. Mehrere Buchstaben des arabischen Alphabets – das auch für das Persische gilt und bis zur Laizisierung durch Mustafa Kemal Atatürk für das Türkische benutzt wurde – sind immer wieder von den klassischen Dichtern oder in *1001 Nacht* bemüht worden, um die Schönheit der Frau zu beschreiben. *Alif* (persisch und türkisch: *elif*): der erste und wichtigste Buchstabe des Alphabets. Er bezeichnet die Einheit Gottes, doch darüber hinaus auch Schlankheit, Zerbrechlichkeit, erhabene Haltung. Oft wird mit diesem Buchstaben die Figur eines jungen Mannes oder einer Jungfrau assoziiert. In der persischen Dichtung wird die »Zypresse« (grazile Figur) häufig mit einem *alif* verglichen.

Karacaoglan, anatolischer Dichter des 17. Jh.s, assoziiert den Namen seiner Geliebten mit dem arabischen Buchstaben und schreibt:

Feiner Schnee fällt und hüllt
Deinen Namen in feinen Staub, *Elif.*
Dies arme Herz ist außer sich
Wandert rastlos und singt *Elif!*

Das Kleid von *Elif* ist goldgesäumt,
Ihre Augen spiegeln das Himmelszelt.
Und alle Blumen auf dem Hochland
Danken ihren Duft dem Teint von *Elif.*

Elif runzelt ihre schönen Brauen
Und ihr Grübchen zerreißt mir das Herz.
In ihren weißen Händen kreischt die Feder
Und schreibt in schwarz *Elif Elif…*
(Zit. nach Arzik, *APT*, S. 27)

In einem bekannten Beispiel aus *1001 Nacht* haben zumindest zwei der deutschen Übersetzer, Felix Paul Greve und Enno Littmann, eine Analogie zum lateinischen Alphabet herzustellen versucht:
»An der Rückseite der Halle aber stand ein Lager aus Wacholderholz, mit Edelsteinen besetzt, über dem ein Baldachin schwebte aus rotem Atlas, der mit Perlen aufgesteckt war, so groß wie Haselnüsse und größer noch. Darinnen zeigte sich eine Dame, von erlesener Schönheit, mit herrlichem Antlitz, bezaubernden Augen und weisen Mienen, von Aussehen so lieblich wie der Mond; und ihre Brauen waren gewölbt wie Bogen, ihr Wuchs war aufrecht wie ein I [im arab. Original: »wie der Buchstabe *alif*« – der, weil geschwungener, die Metapher vollkommener ausdrückt – A.d.Ü.], ihr Atem hauchte Ambra (…). Ihres Gesichtes Glanz beschämte die strahlende Sonne…« (*1001 Nacht*, Bd. I, »Die Geschichte des Lastträgers und der drei Damen«, S. 100)
Die anderen Buchstaben des Alphabets, die von den Dichtern am häufigsten zur Beschreibung weiblicher Schönheit herangezogen werden, sind, in alphabetischer Reihenfolge:
djim: der fünfte Buchstabe des arabischen Alphabets. Bezeichnet das Haar (**s. Haar**). Ebenso:
sad: der vierzehnte Buchstabe des arabischen Alphabets (**s. Haar**). Der erste Bogen des Buchstabens kann auch das Auge bezeichnen.
ghain: der neunzehnte Buchstabe des arabischen Alphabets. Bezeichnet, wegen seines doppelten Bogens, ebenfalls das Haar (**s. Haar**).
lam: der dreiundzwanzigste Buchstabe. Poetisches Bild des Haars (**s. Haar**).
mim: der vierundzwanzigste Buchstabe des arabischen Alphabets. Bezeichnet häufig den schönen Mund (**s. Mund**).
nun: fünfundzwanzigster Buchstabe des arabischen Alphabets, der aufgrund seiner bauchigen Form als poetisches Bild dient, um wohlgeschwungene Brauen zu beschreiben (**s. Augenbrauen**).

Und deine Braue gleicht dem Nûn, dem schön geschriebnen;
Dem Sâd dein Augenstern, den der Allgüt'ge schuf.
(*1001 Nacht*, Bd. III, S. 387)

waw: siebenundzwanzigster Buchstabe, ebenfalls benutzt, um lockiges Haar zu beschreiben (**s. Haar**).
Mitunter sind die in der Dichtung benutzten Buchstaben auch die Anfangsbuchstaben, Teile des Namens der Geliebten oder dessen Anagramme: »Mohammed

Belkheir weiß wohl das *mim* und das *ha* zu gewärtigen und zu ehren«, schreibt Mohammed Belkheir (1835-1905) in *Étendard interdit*, wobei *mim* und *ha* jeweils der erste und letzte Buchstabe des Vornamens Melha sind. An anderer Stelle schreibt er: »*Kha, ya* und *ra*, diese Buchstaben haben mein Leid gemehrt« – diese drei Konsonanten bilden den Vornamen Khaira.
Lit.: Arzik, Belkheir, Khatibi/Sijelmasis, Rami, *1001 Nacht*.
Siehe auch: Augen, Augenbrauen, Haar, Kunst, Mund, Nase.

ALTE JUNGFER (ᶜ*anis*). Trotz der zunehmenden Emanzipation der Frau in vielen Bereichen hält sich die negative Vorstellung von der »alten Jungfer« hartnäckig und beunruhigt manche Gemüter auch heute noch. Der Konflikt zwischen den gesellschaftlichen Erwartungen und den geltenden Sitten bedeutet für das heiratsfähige Mädchen eine Art Quadratur des Kreises: Frauen sehen sich dem Dilemma ausgesetzt, den gesellschaftlichen und familiären Anspruch zu erfüllen, verheiratet zu sein, gleichzeitig verbietet ihnen die religiöse Moral, die Initiative zu ergreifen, um einen Partner zu finden. Verführung (**s. dort**) ist und bleibt Sache des Mannes. Eine Frau muß also auf eine glückliche Fügung warten, um im Hafen der Ehe zu landen, was um so problematischer erscheint, als das ideale Heiratsalter für eine Frau zwischen 18 und 24 Jahren liegt, d.h. entsprechende Eile geboten ist. Natürlich wird sie versuchen, die Aufmerksamkeit des Mannes ihrer Träume auf sich zu ziehen, dennoch ist oft die Mithilfe einer ganzen Familie, manchmal sogar einer Heiratsvermittlerin (**s. Ehestifterin, Kuppler[in]**) nötig, bevor es zur Heirat kommt.
Das Motiv der »alten Jungfer« taucht in literarischen und volkstümlichen Geschichten häufig auf. Sie ist dem Spott ihrer Rivalinnen ausgesetzt und gilt als suspekt, in noch stärkerem Maße als eine Witwe, denn der Grund, weshalb sie ledig geblieben ist, liegt meist nicht offen zutage. »Ihr Blut ist gestockt«, behauptet der Volksmund und spricht vom zerbrochenen Krug oder einer verhexten Suppenschüssel. Auch in *1001 Nacht* ist mehrfach die Rede davon, daß eine Frau keine Jungfrau bleiben, sondern sich vermählen sollte:
»Im Islam gibt es keine Möncherei, und die Ehe gehört zu den Verordnungen des Propheten, über denen der Friede sei! Und die Frauen sind nur für die Männer geschaffen.« (*1001 Nacht*, Bd. V, S. 491)
»Doch die Prinzessin lachte vor allen Anwesenden laut auf und erwiderte: ›O Mutter, was fragst du mich da? Glaubst du denn, man könnte im Lande der Muslime Jungfrau bleiben? Und weißt du nicht, daß in den Büchern der Muslime geschrieben steht: Im Islam soll keine Frau als Jungfrau alt werden ...‹«
(*1001 Nacht*, M, Bd. XI, »Histoire du jeune Nour«)
Lit.: *1001 Nacht*.
Siehe auch: Ehe, Ehestifterin, Jungfrau, Jungfräulichkeit, Kuppler(in), Verführung, Witwe.

AMAZONEN (*amazuniya*, Pl. *amazuniyat*). Die Figur der Amazone ist der arabischen Kultur nicht geläufig. Die seltenen Bezüge, die wir hier und dort finden, lassen darüber hinaus eher an das mythische Personal der griechisch-römischen Antike denken. Von den Übersetzern der *1001 Nacht* verwendet nur Joseph von Hammer-Purgstall den Begriff der »Amazonen«, und zwar in der Geschichte des

Hasan von Basra, der auf der Suche nach seiner Geliebten auf den »Wakwak-Inseln« landet, nach allgemeiner Annahme eine Umschreibung der Araber für Japan:

»Die Amazonen trafen in großer Anzahl ein, um sich zu baden, und da sie den jungen Hassan für eine Prinzessinn hielten, so legten sie ohne alle Umstände ihre Kleider ab, um sich im Flusse zu baden. Die Mutter der Häßlichkeit ließ den Armeebefehl bekannt machen, daß die ganze Armee sich baden sollte, indem sie hoffte, daß Hassans Gemahlinn sich vielleicht mit unter denen befinden möchte, welche sich badeten. Welche Schönheiten zeigten sich hier nicht Hassans Augen, allein er war gegen alles dieses unempfindlich, denn seine Gattinn war nicht dabey. Indessen glaubte er auf einen Augenblick, sie in einer Dame zu erkennen, die sich, begleitet von zehn Kammerfrauen und dreyßig Sklavinnen, dem Ufer des Flusses näherte. Diese Begleiterinnen trugen Kleider von einem bewundernswürdigen Gewebe, das ganz eine Arbeit der Dschinnen war.«

(*Märchen aus Hundert und Einer Nacht, Das Mährchen von Hassan von Baßra*, übers. von Joseph von Hammer-Purgstall, S. 210 f.)

Jener Volksstamm der Amazonen, auf dessen tatsächliche Existenz nichts hindeutet, wird auch in einer Episode der *Wunder Indiens* erwähnt. Es sind dies Seefahrergeschichten, die ein persischer Kapitän namens Burzur ibn Shahridjar auf seinen Reisen gehört und zu einem Buch namens ʿAdjaʾib al-Hind zusammengestellt hatte – die eigentliche Quelle der berühmten Geschichten von Sindbad dem Seefahrer. An dieser Mischung aus Seemannsgarn und den Legenden und Weisheiten verschiedener Völker läßt sich recht gut nachvollziehen, wie manche Legenden die geographischen Grenzen überschritten und sich mit autochthonen Überlieferungen vermengten. Die kriegerischen Frauen werden in dieser Sammlung folgendermaßen beschrieben:

»Als der Fremde geendet hatte, verbreitete sich Freude auf dem Schiff, die Unruhe legte sich, die Furcht erstarb, man aß und trank. Und siehe, der Wind legte sich, und das Meer glättete sich, und sie näherten sich der Insel bei Sonnenaufgang. Als sich der Himmel aufgehellt hatte, gewahrten sie das Land, dessen Anblick sie mit Freude erfüllte. Das Schiff legt an, alle Mann wollen von Bord, sie werfen sich in den Sand, wälzen sich leidenschaftlich auf dieser geliebten Erde, und keine Menschenseele bleibt auf dem Schiff. Doch während sie sich noch ihren freudigen Gefühlen hingeben, taucht plötzlich aus dem Innern der Insel eine große Menge von Frauen auf, so viele, daß Gott allein sie zählen könnte. Sie fallen über die Männer her, tausend Frauen oder mehr auf jeden Mann. Sie schleppen sie in die Berge und machen sie dort zum Werkzeug ihrer Lüste. Unablässig flammen neue Kämpfe zwischen ihnen auf, und der Mann gebührt der stärksten. Die Männer starben einer nach dem andern vor Erschöpfung; und jedesmal, wenn einer starb, stürzten sie sich nochmals nach Belieben auf ihn. Ein einziger überlebte, das war der Spanier – ein Andalusier, um der Wahrheit die Ehre zu geben –, den eine einzelne Frau mit sich genommen hatte. Er hielt sich in der Nähe des Meeres versteckt, und Tag für Tag brachte diese Frau ihm zu essen. Endlich drehte sich der Wind und begann in die Richtung des Landes Indien zu blasen, aus dem das Schiff abgelegt hatte. Der Mann holte sich das Beiboot, *feluʾ* genannt, und stattete es über Nacht mit Wasser und Proviant aus. Die Frau, sei-

nen Plan erkennend, führte ihn an einen Ort, da sie die Erde beiseite räumte und eine Mine von Goldstaub freilegte. Gemeinsam luden sie und er davon so viel auf das Boot, wie es fassen konnte. Dann legten sie beide ab, und nach zehn Tagen erreichten sie den Hafen, von dem das Schiff gekommen war.«
(ᶜAdja'ib al-Hind, Les Merveilles de l'Inde, S. 22-25)
Lit.: Djahiz, Les Merveilles de l'Inde, Marçais, Samuel, 1001 Nacht.
Siehe auch: Liebes- und Sexualsymbolik, Nymphomanie, 1001 Nacht, Wunder.

AMBRA s. Parfum.

AMULETT (hirz, hidjab) s. Talisman.

ANALVERKEHR (liwat, faᶜil: »aktiver Part«, mafᶜul bihi: »passiver Part«, ubna: »passive Penetration«). Analverkehr (liwat) gilt seit jeher als eine »widernatürliche« Liebesverbindung eines Mannes mit einer Frau (wataᶜa fi duburiha) oder mit einem anderen Mann. Die islamische Hölle sieht den ersten Platz unter den sieben Sorten der von Gott verfluchten Menschen für »denjenigen, der Analverkehr ausübt und seinen Komplizen« vor (Alric, S. 179). Einige frühe medizinische Abhandlungen bezeichnen – gleichwohl mit moralisierendem Unterton – den ersten Typus von Analverkehr (Mann/Frau) mit dem Begriff »stellvertretender Analverkehr«, da er sozusagen nur vorübergehend die Vagina ersetzt, was als verzeihlich gilt. In der arabischen Welt wird diese Art von Beziehung jedoch seitens der religiösen Instanzen einhellig verurteilt. Ghazali mahnt:
»Analverkehr ist immer ein solcher, und das Verbot, mit dem er belegt ist, wiegt weitaus schwerer, als wenn es sich um eine (normale) Beziehung mit einer menstruierenden Frau handeln würde.« (LBUMM, S. 87)
Ibn Hazm (994-1064), der die gesamte Jurisprudenz seiner Zeit wiedergibt, beschreibt mehrere Fälle, in denen derjenige, der Analverkehr hatte, halbtot geschlagen oder gesteinigt wurde. Abu Bakr soll demnach einen Päderasten unter dem Vorwand, »daß man sich seines Hintern wie des Geschlechts einer Frau bedient habe«, bei lebendigem Leib verbrannt haben (CC, S. 215). Doch es kommen auch andere Varianten vor, wie die folgende kleine Geschichte berichtet:
»In meinem Viertel lebte eine hübsche Person, die einen liebenswürdigen Mann heiratete. Nach drei Jahren verstarb der Mann, ohne Kinder hinterlassen zu haben. Wie es Sitte ist, verheirateten die Eltern die Witwe mit dem Bruder des Toten, damit er mit ihr erbberechtigte Kinder zeuge.
Die erste Hochzeitsnacht verlief sicher sehr unangenehm, denn der Frischvermählte beklagte sich am nächsten Morgen bei der Familie seiner Frau. Drei weitere Nächte verweigerte sie sich noch den Werbungen ihres Mannes. Dieser, inzwischen ungeduldig, sagte schließlich zu ihren Eltern: ›Sie muß verhext sein oder einen Luftzug zwischen den Beinen haben, denn immerhin war sie drei Jahre verheiratet und müßte wissen, wie ein Glied in der ersten Hochzeitsnacht und auch den folgenden Nächten aussieht!‹
Die wutentbrannte Familie ließ die Witwe kommen und warf ihr ihr Verhalten vor, sie jedoch schrie: ›Mutter, Mutter! Das Schwein wollte mich von vorne!‹

Ihr verstorbener Mann hatte immer nur von der anderen Seite zu ihr gesprochen, so erlebte ihr zweiter Mann eine Witwe, die drei Jahre lang verheiratet und immer noch Jungfrau war.« (Boisson, Bd. 4, S. 234)
»Da er im Islam streng verboten ist, wurde der *wataʿa fi duburiha* zu einem unerschöpflichen Thema mehr oder weniger obszöner Witze:
Ein Mann hatte einmal zu seiner Frau gesagt:
›Erlaube mir, daß ich mich mit dir im Fundament (Anus) vereine.‹
Darauf antwortete sie:
›Ich laß mein Fundament nicht zur Nebenfrau meiner heißen Zone (Vagina) machen, auch wenn beide gute Nachbarn sind.‹« (Tifashi, S. 247)
In Wirklichkeit dürfte der Analverkehr in den islamischen Ländern, so diskret man dies offiziell zu verschweigen pflegt, gerade zwischen jungen Männern und Frauen durchaus beliebt sein, da auf diese Art die Jungfräulichkeit, die die Frau in der Hochzeitsnacht nachzuweisen hat, nicht angetastet wird.
Der zweite Typus von Analverkehr (Mann/Mann) ist die Basis der klassischen homosexuellen Beziehung. Hinweise finden sich regelmäßig in allen Reiseberichten, vor allem aus der Feder von westlichen Reisenden. Der anonyme Autor (zweifellos ein Araber) der *Relation de la Chine et de l'Inde (Bericht aus China und Indien)* schreibt ohne Umschweife:
»Die Chinesen geben sich dem Analverkehr mit jungen, extra dafür vorgesehenen Sklaven hin, die die Rolle von Prostituierten der Götzen spielen, d.h. Bajaderen.« (S. 24)
Lit.: Alric, Boisson, Bouhdiba, Ghazali, Ibn Hazm, Qairawani, *Relation de la Chine et de l'Inde*, *1001 Nacht*, Tifashi.
Siehe auch: Anus, Bajadere, Homosensualität, Koitus, Päderastie, Pädophilie, Podex.

ANAPHRODISIE *(ʿadjz)*. Das Nachlassen oder vollständige Verschwinden des sexuellen Verlangens, aus pathologischen oder anderen Gründen. Nicht zu verwechseln mit Frigidität oder Impotenz – es sei denn, diese sind Folge eines Traumas oder einer klinischen sexuellen Appetitlosigkeit –, doch können beide Beeinträchtigungen die A. herbeiführen oder komplizieren. Wenn auch die A. (der Aphrodisie oder Erotik entgegengesetzt) zumindest teilweise mit Erschöpfung oder den subjektiven Lebensbedingungen der Liebenden zu tun hat, bietet die arabische Kultur doch ihrerseits hinreichende Gründe für die Entstehung von A., namentlich bei Frauen (**s. Lust [sexuelle]**). Ruhe, Klimaveränderung und bestimmte Stärkungsmittel werden zur Abhilfe empfohlen, doch spielt, so betonen die verschiedenen Autoren, Suggestion eine große Rolle (**s. Liebeszauber**). Die heilende Wirkung von Pflanzen wird als Remedur erwähnt, wie jenes Rezept gegen die männliche Impotenz zeigt, das de Lens in seinen *Pratiques des harems marocains* erwähnt:
»Der Mann gehe in den Hammam, sich zu reinigen. Danach nehme er eine Mixtur zu sich aus Ingwer, Nelken, Muskatnuß, Saharanüssen, Aristolochia, wildem Lavendel, welche zusammen gekocht werden müssen. Am nächsten Morgen schneide ihm die Frau des Hauses in die Lenden und setze auf diese Stelle einen Schröpfkopf mit einem kleinen Topf, um das böse Blut abzusaugen. Dann gebe sie dem Kranken in Wasser gekochte Petersilie, damit umwickele er, in einem

guten Verband, sorgfältig, was umwickelt werden muß. Er erneuere den Umschlag während dreier Tage und trinke die Arznei.« (Lens, S. 37)

Lit.: Goichon, Lens.

Siehe auch: Aphrodisiaka, Ataraxie, Gewürze, Impotenz, Knabenkraut, Liebesleid, Liebeszauber, Lust (sexuelle).

ANDROGYNIE (von gr.: *andros,* »Mann«, und *gyne,* »Frau«). Eigentlich die wohl bei allen Menschen anzutreffende körperlich-seelische Mischung beider Geschlechter in einer Person, bezeichnet das Wort auch den Zustand des Menschen, der organisch beiderlei Geschlechts ist (androgyn, hermaphroditisch, *khuntha*). In der islamischen Kultur zumeist gebräuchlich für den Mann, bei dem die weiblichen Züge übernatürlich stark entwickelt sind (Androgynie, *khunthawiya*).

ᶜ**ANTAR UND ABLA** (6. Jh.). Die vorislamische amouröse Dichtung wird beherrscht von der überragenden lyrischen Statur des Paares ᶜAntar ibn Shaddad al-ᶜAbsi, 525 n. Chr. als »Frucht der Schande« im Nedjd geboren, und seiner Geliebten Abla.
Seine Mutter Zabiba (»Rosine«), eine abessinische Sklavin, stand im Dienste des Shaddad, eines beduinischen Ältesten vom Stamme der Banu-ᶜAbs. ᶜAntar war beider illegitimer Sohn. Als Bastard lange der väterlichen Anerkennung beraubt, erwarb sich der Sohn dennoch eine beneidenswerte Stellung – dank seines kriegerischen Mutes, den er gelegentlich der Feldzüge zur Verteidigung seines Stammes unter Beweis stellte.
Ganz anders die Abkunft von Abla, seiner Cousine aus einem rivalisierenden Stamm. Diese unerreichbare Cousine von edler Herkunft stand im Zentrum des poetischen Schaffens des ᶜAntar (oder auch: ᶜAntara). Die Beziehung zwischen dem »Plebejer« und der Prinzessin konnte nicht gleichgültig lassen, wenn man weiß, daß zu jener Zeit sämtliche Lebensbereiche von einem unerschütterlichen beduinischen Kodex geregelt wurden, einer einschnürenden Moral, einem übersteigerten Sinn für Ehre **(s. Ehre, Gesetz der Vergeltung).** Es dauerte also nicht lange, bis Schande und Ehrlosigkeit diese »widernatürliche« Verbindung bedrohten, doch es brauchte mehr, den ᶜAntara von der Verfolgung seiner Wahnvorstellung abzubringen. Doch allmählich gewann der Liebeswahn die Oberhand über das Gesetz der verbotenen Lieben – die Poesie des tapferen Ritters sprengte beispielhaft die Fesseln, welche die Gesellschaft jener »unmöglichen« Vereinigung angelegt hatte. Die Idylle blieb bis zur Heraufkunft des Islam im Gedächtnis der Araber, wurde Thema einer Muᶜallaqa*: »Ich fühlte mich bey unserer ersten Unterredung an sie gefesselt, hatt' ich gleich im Kriege ihre Landsleute erschlagen!« Doch was erst, als die Eroberung gelungen war:

Da verwundete sie dir, Antara, das Herz mit ihren schön geglätteten
weißen Zähnen, deren Kuß einen bezaubernd süßen Geschmack gewährte.
Wenn du die Lippen dieses liebenswürdigen Mädchens küssest, weht dir
aus ihrem Munde, wie aus einer Räucherbüchse, ein Moschusgeruch entgegen,
Gleich dem Duft einer blühenden Laube, deren immer grüne Pflanzen
frey von aller Befleckung bleiben.

Jede von Hagel glänzend weiße Morgenwolke hat sie mit einem Regenguß
getränkt und kleine Löcher in der Erd' zurückgelassen rund und glänzend wie
Silbermünzen.
In heftigen Güssen steigt sie herab, und jeden Abend bricht der Strom
durch sie unaufhaltsam schnell.
Fliegen bleiben darin zurück, deren unaufhörliches Gesumse dem
Gesange eines Menschen gleicht, den der Wein begeistert hat.
Wenn sie ihre dünnen Schenkel an einander schlagen, entsteht ein
Getöse, dem Getöse eines Kiesels gleich, aus dem der
arbeitsame Mann Funken mit einem Arme schlägt.
(*Das Gedicht von Antara*, zit. nach *Moallakat*, übers. von Anton Theodor Hartmann, S. 147 ff.)

Lit.: Antara, Berque, Labid Ibn Abi Rabika, *Merveilles de l'Inde*.
Siehe auch: Berühmte Liebespaare, Ehre, Gesetz der Vergeltung.

ANTILOPE *(zaby)* **s. Gazelle.**

ANTIMON s. Kuhl.

ANUS *(dubr:* im Koran verwendeter Begriff; *al-sharadj:* medizinischer Begriff; *makhradj:* »Ausgang«, »Endpunkt«; *zukk:* pejorativ; *al-bi'r:* »der Brunnen«, auf dem Lande gebräuchlicher Begriff; *bab al-kurr:* das »Brunnentor«, in der Sahara üblich; *bab al-dar:* marokk.) **s. Hintern, Podex.**

»ANZIEHENDE KÖRPERTEILE«. Gemeint ist ein Körperteil, der besonders mit Schönheit in Verbindung gebracht wird, die Stelle beim Partner, die den Geliebten anzieht. Man spricht von der Anziehungskraft der weiblichen Rundungen (Brust, Schenkel, Po) oder des Oberkörpers eines Mannes. Es kann sich jedoch auch um einen sanften Blick oder eine bestimmte Kopfhaltung handeln. Jede Körperpartie kann eine solche Anziehungskraft ausüben, zum »Sitz der Schönheit« werden, den geliebten Menschen, ja alles Liebenswerte quasi »personifizieren«. Ibn Hazm schreibt:
»Ich kenne einen Menschen, dessen Lieb einen etwas kurzen Hals hatte und der darum später an keinem Mann und keiner Frau mit schlankem Hals Gefallen fand. Weiter kenne ich jemand, dessen Zuneigung einem Mädchen galt, das etwas zu klein war, und der sich deshalb später nie in eine große Frau verliebte. Mir ist ferner jemand bekannt, der ein Mädchen liebte, dessen Mund ein wenig groß war und der darum jeden kleinen Mund ekelhaft fand, ihn zu tadeln pflegte und von einem wahren Abscheu wider ihn beseelt war. (...) Von mir will ich dir erzählen, daß ich mich in meiner Jugend einmal in eine Sklavin von mir mit blondem Haar verliebt habe, und seit jener Zeit habe ich nie mehr an einer Schwarzhaarigen Gefallen gefunden, und wäre sie der Sonne gleich oder das Bild der Schönheit selbst gewesen.« (*Das Halsband der Taube*, S. 39f.)
Der erste Schritt der Verführung besteht darin, diese »anziehenden Körperteile«, diese außergewöhnlichen Stellen nicht zu beschreibender Schönheit, ins rechte Licht zu rücken.

Omar ibn Abi Rabiʿa, vom Stamm der Quraish aus Mekka, (gest. 718), beschreibt mit dem Porträt seiner Geliebten Thurayya deren anziehende Körperteile:

Ihre Schönheit hat mein Herz bezaubert: ihr klarer Gazellenhals, von einer Perlenreihe gesäumt,
Diese feine Taille, die in wunderbare Rundungen mündet, Wölbungen, Hügeln gleich.
Ihr strahlendes Gesicht, wahrhaftig die Sonne zwischen den Wolken,
Die bei anbrechendem Abend erhaben versinkt,
Ihre nicht zu eng stehenden Zähne in einem Mund mit dunkelrotem, samtenen Zahnfleisch,
Kostet man ihn, kein Geschmack kommt diesem gleich.
Ganz zart, du Schwester des Wildesels, wer etwas an dir beanstanden möchte, wird keinen Makel finden.
Das ist, was ich von ihr erblickt habe;
Was verborgen blieb, darüber könnte ich nichts sagen.
(Petit/Voisin, S. 30)

Lit: Chebel *(LS)*, Hafiz, Ibn Hazm, Petit/Voisin, Rami, Vadet.
Siehe auch: Blinde Liebe, Geschmack, Leberfleck, Liebe, Schönheit, Verführung.

APHRODISIAKA *(naʿuz, muthir al-shahwa, madda muhayyidja li'l-shahwa, muqawin al-nafs).* Den Aphrodisiaka haben die Araber einen veritablen Kult errichtet. Abu Hamid al-Ghazali (1058-1111) zitiert eine Episode aus dem Leben des Propheten, in der dieser sich beim Erzengel Gabriel über eine Schwäche beim Geschlechtsverkehr beklagt habe: »Er riet mir zu Harissa.« Harissa ist eine Paste aus roten Pfefferschoten, die in mehreren arabischen Ländern hergestellt wird – keine jedoch erreicht die Qualität der tunesischen. In einem Artikel über die Sexualität im Islam berichtet Charles Pellat von einem anonymen Werk mit dem Titel *Nuzhat al-nufus wa daftar al-ʿilm wa raudat al-ʿarus*, das sich in 10 000 Versen ausschließlich den Aphrodisiaka, der Physiognomik und deren Nutzen bei der Liebe widmet. Inzwischen enthält jede Untersuchung über die arabische Erotik zwangsläufig ein eigenes Kapitel über die Aphrodisiaka. Scheich al-Nafzawi (16. Jh.) behandelt das Thema ausgiebig in seinem *Duftenden Garten*, und auch in *1001 Nacht* ist immer wieder von jenen »Wegbereitern der Freude« die Rede. So werden in *Des Barbiers Erzählung von seinem sechsten Bruder* seitenlang die Genüsse eines – freilich gewissermaßen virtuellen – Gastmahls beschrieben, schließlich auch jene Süßigkeiten und Aromen, denen immer schon aphrodisierende Wirkung nachgesagt wurde:

»Da rief der Mann: ›Tragt ab und bringt die Süßigkeiten!‹ und zu meinem Bruder sprach er: ›Nimm davon, es ist vortrefflich! Iß von diesen Waffeln; bei meinem Leben, iß diese Waffel da, ehe der Sirup von ihr abläuft!‹ ›Möge ich deiner nie beraubt sein, guter Herr!‹, erwiderte mein Bruder und fragte ihn nach der Menge des Moschus in den Waffeln. ›So lasse ich sie immer machen‹, versetzte er; ›man tut in jede Waffel ein halbes Lot Moschus und ein viertel Lot Ambra.‹ Während all dem bewegte mein Bruder immer Kopf und Mund und schob die Kiefern hin und her. Jener sagte noch: ›Iß von diesen Mandeln und sei nicht

schüchtern!‹ Doch mein Bruder antwortete: ›O mein Herr, ich bin wirklich satt, und ich kann kein Stück mehr essen.‹ Darauf der Hausherr: ›O mein Gast, wenn du essen und dir zugleich diese schönen Dinge ansehen willst, so bleibe doch – o Gott! o Gott! – nicht hungrig!‹« (*1001 Nacht*, Bd. I, S. 398 f.)
Der besondere Reiz der Aphrodisiaka in der islamischen Welt gründete sich auf zwei wesentliche Umstände: Zum einen war der Rohstoff, dem aphrodisische Eigenschaften zugesprochen wurden, in der Flora und den örtlichen Produkten überreichlich vorhanden – Mandeln, Ingwer, Rosen- und Sandelholz, Rosenblüten, Zimt, Kardamom, Kolanuß, Muskatnuß und -blüte, Schwarzkümmel, Anis, Sesamkörner, Absinth, Galgantwurzel, Minze, Zitronengras, Eisenkraut, Hyazinthe, Jasmin, Oregano, Mohn, Pfeffer, Phosphor. Zum andern gelten die drei von männlichen Tieren abgesonderten Geruchsstoffe, die seit je her zum Angebot auf den Basaren des Orients gehören (Moschus: Sekret vom Moschustier des Himalaya; Zibet: das Sekret aus einer neben den Geschlechtsteilen gelegenen Drüse der tibetanischen Zibetkatze; grauer Amber: Sekret des Pottwals), als ebenso aphrodisisch wie einige Zutaten zur Fermentation von Rezeptmischungen wie der Harissa.
Diesen Substanzen werden außerdem gefäßerweiternde Eigenschaften nachgesagt, die – womöglich mangels hinreichender wissenschaftlicher Argumente – niemals dementiert wurden. Auch deshalb sind diese Sekrete bei all denen heiß begehrt, die auf der Jagd nach sexuellen Heldentaten sind. Unter den gängigen Aphrodisiaka werden in der arabischen Nomenklatur mehrere Klassiker genannt: die Harmel- oder syrische Steppenraute *(Peganum harmala),* deren Öl, *zait al-harmal* genannt, dank seines Hauptbestandteils Harmin aphrodisisch wirken soll; ferner Orchidee, Mohn, Qat, Mandragora, Haschisch, Liebstöckel, Lorbeer, Henna, Lotus und Honig, der bereits im alten Ägypten zur Behandlung von Impotenz, Ermüdungserscheinungen und Koitusschwäche Verwendung fand. Omar Haleby erwähnt den *khamis,* der in Syrien, im Irak und in Smyrna vorkommt und dem algerischen *tirfas* gleicht; tatsächlich handelt es sich um eine Trüffelart: »Diese Art schlauchförmiger Pilze von hervorragendem Duft und besonderem Geschmack erleichtert den Verkehr durch seine das Kleinhirn stimulierende Wirkung und seine das gesamte Nervensystem stärkenden Kräfte. Es ist also nützlich, *khamis* und *tirfas* zu essen, wenn man sich zum Verkehr bereit macht.« (S. 78)
Verschiedene, wenngleich nur selten glaubwürdig bestätigte Rezepturen von Salben *(maᶜdjun),* aus Zutaten wie Honig, Eigelb, Ingwer, Knoblauch, Zimt, Muskatnuß, Kardamom, Safran und einer Vielzahl weiterer belebender Ingredienzien gemischt, werden von den Liebenden zubereitet und angewendet – häufig von Männern, weil diese Mittel dem männlichen Glied größeres Vermögen verleihen sollen. Die materiellen Voraussetzungen trafen auf günstige objektive Bedingungen, namentlich die Wertschätzung der Araber für die Medizin auf der einen und die Erotik auf der anderen Seite. Die Formeln für etliche Heilmittel, welche die sexuelle Begierde wecken, werden ängstlich gehütet und so begehrt, daß einige Berufszweige daraus ein einträgliches Geschäft gemacht haben.
Eines dieser – vorgeblich medizinischen – Rezepte, das die sexuelle Potenz des

Mannes erhöhen soll, verdanken wir dem ᶜArib ibn Saᶜid al-Katib al-Qurtubi (918-980), der empfiehlt:
»Man nehme ein *ratl*˙ Ziegenmilch, die man mit der gleichen Menge Wasser zum Kochen bringe, bis das Wasser verdampft; zwei Teelöffelchen dieser Milch füge man zwei Löffelchen Kuhbutter und dieselbe Menge Honig und Gerstenzucker hinzu. Das ganze ist drei Tage lang einzunehmen; anschließend esse man Mannstreu und kandierte Nüsse; nähre sich von aphrodisischen Speisen wie Fleisch von Jungtieren, leicht süßem Wein, in Wasser geschlagenem Eigelb, Garum in geringen Mengen, Spargel, Karotten, weißen Rüben, Rosinen, in Milch eingeweichten Datteln, *djudhaba* [Spezialität aus feinem Grieß und gezuckerter Milch], *harissa*, Feigen, Trauben, Kresse, Minze, Pinienkernen mit Zucker, fetter Brühe; oder aber man koche zehn weiße Zwiebeln mit schwarzen oder weißen Kichererbsen, bis man einen Brei erhält; esse diesen und trinke die Flüssigkeit; man esse gekochtes Huhn mit Kichererbsen, frischen Fisch mit Kokosnüssen; wenig Aderlaß und keinerlei Anstrengung.« (Zit. nach Sournia, S. 87)

Hier ein weiteres Rezept, das bewirken soll, die Vagina zu verengen *(mudayyiq al-qabil)* und so die Kopulation angenehmer zu machen:
»Man nehme: Pfeffer, Ingwer, Myrobalane, Safran, Gallapfel, Blätter der Myrte, des Granatapfels, der Zitrone, *sukk*. Von jedem nehme man vier *mithqal*˙ und fünf *ratl*˙ Wasser von der Weidenwurzel. In einem Kupfertopf kochen, zwei *ratl* Sesamöl und dreieinhalb *ratl* Milch hinzufügen; was übrig bleibt, durch ein sehr engmaschiges Leinentuch in einen Krug von grüner Emaille seihen; die Frau trage die Tinktur von außen und von innen auf: das macht die Geschlechtspartien geschmeidiger und hilft, so Gott will, gegen alle ihre Erkrankungen.« (a.a.O., S. 91)

Eine aphrodisische Pflanze, genannt *surnag* oder *sarmak*, der *Atriplex dimorphotegius*, in der Beschreibung des Leo Africanus (1483-1554):
»Man sagt hier, sie stärke das männliche Glied und mache zum häufigen Beischlaf tüchtig, wenn man sie als Paste genieße. Man erzählt auch, der Penis versteife sich sogleich, wenn er zufälligerweise Harn auf die Wurzel gelassen habe.« *(Beschreibung Afrikas, S. 56)*

Eine weitere interessante Pflanze ist die Orchis aus der Familie der Orchidazeen. Dem Volksglauben des Aurès (Gebirgskette im Osten Algeriens) zufolge, wirkt diese zweiwurzelige Pflanze in ebensolchem Maße aphrodisisch wie anaphrodisisch **(s. Knabenkraut)**.

Im 19. Jh. beschrieb Omar Haleby in seinem *Ktab des lois secrètes de l'amour* die Pistazien, die Mandeln Südeuropas, Zwiebeln und Knoblauch als »aufheizende Substanzen«:
»Auch rät man den Impotenten, Eier zu essen, Seefisch, *tirfas* [Trüffeln], Linsen, mit Fenchel gekochten Hammel, Kreuzkümmel und Anis, die Hoden von Stieren, Hähnen und Igeln. Doch was man vor allem empfiehlt, gemäß dem Ausspruch des Engels Gabriel, ist der Gebrauch von *héricâh* [harissa], dieser wertvollen Speise, welche die Potenz von vierzig Mann in sich birgt.« (S. 226)

Derlei Rezepte veranschaulichen exemplarisch die erotischen Mythen, welche über die Mechanismen der Begierde verbreitet werden: Man nehme ein Pülverchen hier, ein Pülverchen da, mische sie, trinke ein Gebräu, um in der Vorstellung oder tatsächlich jenen Zustand äußerster geschlechtlicher Erregung zu erreichen, von dem so manche Liebespaare träumen.

Lit.: Alpin, Bourke, Gaudry, Haleby, Leo Africanus, Legey, Pellat, Sournia, *1001 Nacht*.

Siehe auch: Anaphrodisie, Entfesselter Koitus, Erethismus, Erotik, Gewürze, Haschisch, Henna, Impotenz, Knabenkraut, Koitus, Liebeszahlen, Mann, Männlichkeit, Opium, Parfum, Penis, Sarmak, Serailpastillen, Trunkenheit, Urin, Wein.

ARM *(sa^{c}id)*. Motiv für eine – begrenzte – Anzahl erotischer Bilder, von denen arabische und persische Dichter poetischen Gebrauch gemacht haben. Die berühmtesten Beispiele finden sich im *Anis al-^{c}Ushshaq* des Sharif-addin Rami, einer beinahe lexikographischen Arbeit, welche die Begriffe der Schönheit in der persischen Kultur beschreibt. Dem Arm werden dabei assoziiert: Elfenbein, Silber, rotfarbenes Kristall, die Farbe des Granatapfels *(rumman)*, Amulett.

Lit.: Rami.
Siehe auch: Frau, Körper, Schönheit.

ASMAR/AL-ASMAR (braun, der Braune). Begriffe aus der weiblichen Poesie. Sie verweisen auf das männliche Schönheitsideal, das bis vor einigen Jahrzehnten der braune Mann verkörperte. Aufgrund der äußeren, vor allem europäischen Einflüsse wandelt sich dieses Ideal in letzter Zeit hin zur Hellhäutigkeit. In jedem Fall allerdings hat der Mann mit blauen Augen jenseits des Mittelmeers stets Gefallen erregt.

Siehe auch: Schönheit.

ASSAF (oder **ISAF**) **UND NAILA** s. Wunder.

ASTROLOGIE *(kaukab,* Pl. *kawakib:* Stern). Zwar untersagt der Koran Sterndeutung, Magie, Hexerei und Okkultismus. Doch haben Astrologen, Magier, Alchimisten und Wahrsager **(s. Wahrsagerin)** immer wieder Wunderformeln erdacht, um eine Verbindung zu retten oder zu versuchen, einen abwesenden Partner zurückzuholen. Die Suche nach den Geheimnissen der Erotik bietet ein weites Feld für den Schwindel der Scharlatane und die Experimente der Astrologen. Davon zeugt auch jenes Lehrbuch der islamischen Magie, das im Mittelalter fälschlicherweise dem »al-Madjriti« (»der Madrider«) genannten andalusischen Mathematiker und Astronomen zugeschrieben und unter dem Titel *Picatrix* schon im 13. Jh. für Alfons den Weisen ins Lateinische und noch im 18. Jh. ins Deutsche und Französische übersetzt wurde: *Ghayat al-hakim wa ahaqq al-natidjatain bil-taqdim (Das Ziel des Weisen und diejenige der beiden Konklusionen, die es verdient, vorangestellt zu werden)*. Daraus die Anleitung für einen »Talisman, um Liebesbeziehungen zwischen Männern und Frauen herzustellen«: »Man macht einen Talisman in der Gestalt eines Mädchens aus einem kalttrockenen Metall im Aszendenten der Jungfrau, während Merkur in ihr steht und zum Gipfel seines Apogeums aufsteigt, so daß er dessen Regiment innehat. Man beginnt in der Stunde des Merkur, bis sie zu Ende ist, und bedient sich dabei der Hilfe von Handwerkern. Dann macht man einen zweiten Talisman in der

Gestalt eines Mannes, wenn Merkur wieder in der Jungfrau steht oder in den Zwillingen. Nimm dich in Acht, daß nicht das falsche Tierkreiszeichen Aszendent ist, so daß etwa Merkur in der Jungfrau steht, wenn die Zwillinge Aszendent sind, oder umgekehrt. Laß die beiden Bilder sich umarmen und lege die Hände des einen auf den Rücken des anderen. Das ganze Werk [muß] in der Stunde des Merkur [geschehen]; achte ja auf die beiden Aszendenten, Zwillinge bzw. Jungfrau. Schnüre die beiden [Bilder] mit etwas, was zu ihrer Art gehört (d.h. wohl: mit einem »merkurischen« Stoff), zusammen und vergrab sie auf der belebtesten Straße der Stadt; dann werden Frauen und Männer in Liebesbeziehung zueinander treten. Dasselbe macht man für zwei Einzelpersonen und vergräbt es an einem Ort, wo beide oft hinkommen.«
(Picatrix, Das Ziel der Weisen von Pseudo-Madjriti, S. 94 f.)
In der Poesie und Literatur sind die Sterne eines der Bilder, auf das die frühen Autoren regelmäßig zurückgreifen. So ist das Zusammentreffen zwischen männlicher Schönheit und Sternbild Gegenstand von vier Gedichtstrophen aus *1001 Nacht:*

Der Sterndeuter schaute einst, da erschien ihm in der Nacht
Der liebreizende Jüngling in seiner Schönheit Pracht.
Ihm hatte Saturn gegeben sein wunderbar schwarzes Haar
Und ihm die Farbe des Moschus geschenkt für sein Schläfenpaar.
Mars hatte sich beeilt, die Wange ihm rot zu schmücken,
Und der Bogenschütz ihm gesandt die Pfeile aus seinen Blicken.
Merkur hatte ihm verliehen den allerschärfsten Verstand,
Der Große Bär von ihm die Blicke der Neider gewandt.
(*1001 Nacht*, Bd. I, »Die Geschichte des Lastträgers und der drei Damen«, S. 192)

Lit.: Picatrix, *1001 Nacht.*
Siehe auch: Mond, Sonne, Wahrsagerin.

ASWAD / AL-ASWAD (Pl. *sud, sudan:* schwarz, Schwarzer, Schwarze, »Neger«). Häufig pejorativ benutzter Begriff, wenngleich nicht in dem für Europa oder Nordamerika geläufigen Sinne. Der Staat »Sudan« etwa *(bilad al-sudan – Land der Schwarzen)* verdankt seinen, keinesfalls abwertend gemeinten Namen der Hautfarbe seiner Bewohner; und auch im erotischen Kanon der orientalischen Künste gilt Dunkelhäutigkeit einer Frau oder eines Knaben oft als durchaus begehrenswert. In *1001 Nacht* allerdings bezeichnet der Begriff vor allem diejenigen als »Sklaven«, die durch die Launen einer vereinsamten Prinzessin in den beneidenswerten, aber sehr oft tödlich endenden Stand des Liebhabers erhoben worden sind.
Siehe auch: Sklaven, Schwarz/die Schwarzen.

ATARAXIE *(rahat al-damir, tumanina).* Philosophische (gr. *ataraxia:* »Abwesenheit von Unruhe«) Bezeichnung der vollständigen Seelenruhe, der Ruhe des Gewissens, des beinahe apathischen Zustands, den der stoische Philosoph anstrebt, wenn er die höchsten Stadien seiner Weisheit erreicht hat. Der Begriff kann auch verwandt werden, denjenigen zu bezeichnen, dessen Seele bis zur Leblosigkeit

gelitten hat. Bei den arabischen Dichtern findet sich diese Gemütsverfassung – in der man dem Tode nah ist, ohne tot zu sein, dem Leben fern, ohne völlig vom Leben entfernt – häufig beschrieben.
Siehe auch: Anaphrodisie.

ATEM *(rihat al-fam)*. Wohlriechender Atem ist abhängig von sorgfältiger Mundhygiene und Zahnpflege. In den arabischen Ländern ist es eine Frage der guten Sitten, bestimmte Gemüse (Zwiebeln, Knoblauch, Rettich) nicht roh zu zu essen, weil sie einen üblen Nachgeschmack und schlechten Geruch hinterlassen. Allgemein gilt der Atem als intime Angelegenheit, als ein Aspekt der Harmonie zwischen den Liebenden, die sich einstellt, wenn ihre Ausdünstungen sich vermischen. Man pflegt also seinen Atem, und Männer wie Frauen kauen häufig bestimmte Pflanzen und Gummistoffe *(siwak* oder *suwak,* **s. dort)** um ihrem Atem einen angenehmen Duft zu verleihen, bevor sie sich zu Bett begeben.
Siehe auch: Duft, Mund, Parfum, Suwak/Siwak/Miswak.

AUFHEBUNGSEHE *(zawadj al-hall)*. Ursprung der Aufhebungs- oder Freigabeehe ist ein Sexualtabu, das sich auf Frauen bezog, die von ihrem Mann verstoßen worden waren, aber in die eheliche Gemeinschaft zurückkehren wollten: Nach alter Sitte konnte die Ehe erst dann erneut vollzogen werden, wenn die Frau zuvor einen anderen Mann geheiratet hatte (**s. Genußehe**). Die rechtlichen Bindungen an den ersten Gatten mußten vollständig gelöst sein, um dann, im Wege der Verstoßung durch einen anderen, den *muhallil* (wörtl.: »der Freigebende«), erneut geknüpft zu werden. So heißt es bei Bukhari:
Wenn man ᶜAbdallah, den Sohn ᶜOmars, in dieser Angelegenheit befragte, so gab er stets zur Antwort: »Wenn du dreimal die Verstoßung gegen deine Frau ausgesprochen hast, so ist sie dir nicht mehr erlaubt, so lange, bis sie einen anderen als dich zum Gatten genommen hatte.« (Bukhari, *TI*, Bd.3, S. 637)
Allerdings wurde es schon bald üblich, diese Aufhebungsehe als eine Art Tauschgeschäft zu behandeln. Die verstoßene Frau konnte auch ohne die – oft nur zum Schein geschlossene – Ehe mit einem anderen wieder mit ihrem früheren Gatten zusammenleben: Man traf eine Abmachung mit einem vertrauenswürdigen Mann (meist einem Greis oder einem Diener), um das Ritual von Heirat und Verstoßung möglichst am selben Tag zu erledigen. In den Erzählungen aus *1001 Nacht* gibt es zahlreiche amüsante Geschichten über solche Wechselspiele, wobei die »Freigebenden«, jene Söldner der Liebe, deren Rolle eine ungewollte Folge des islamischen Rechts war, in der Regel nicht allzugut wegkommen.
Ursprünglich ein feudaler Brauch, hat die Vorschrift der Aufhebungsehe auch zu zahlreichen magischen Praktiken geführt, die dazu dienen sollen, diesen Zwischenschritt zu übergehen. Besonders seltsam mutet das Verfahren an, eine verstoßene Frau in einen Fluß zu legen, der sie – gewissermaßen als Gatte – umfangen soll. Es kommt auch vor, daß eine verstoßene und soeben neu verheiratete Frau zu ihrem früheren Gatten zurückkehren will, noch bevor ihr neuer Ehemann die Ehe mit ihr vollzogen hat. Ein solcher Fall wurde bereits dem Propheten vorgetragen:

»Die Frau von Rifaʿa al-Qurazi kam zum Gesandten Gottes und sagte: ›O Gesandter Gottes, Rifaʿa schied sich von mir, und die Scheidung trat in Kraft. Ich heiratete anschließend ʿAbdurrahman ibn az-Zubair al-Qurazi. Aber er ist impotent!‹ Der Gesandte Gottes sagte: ›Du willst wohl zu Rifaʿa zurück? Nein, das ist nicht möglich, bevor du deine Ehe mit ʿAbdurrahman nicht vollzogen hast!‹« (Bukhari, *Nachrichten von Taten*..., S. 366)

Lit.: Bukhari, Ghazali, *1001 Nacht*.

Siehe auch: Ehe, Genußehe, Verstoßung.

AUFREGUNG *(qalaq, infiʿal, hiyadj)*. Einer der typischen Zustände des Liebenden, die Ibn ʿArabi (1165-1241) in seinem *Traktat über die Liebe* beschreibt. **S. Ibn ʿArabi.**

AUGE *(ʿain, ʿainan:* »Paar«, *basira, muqla, nazira. Muqlat ʿainiya:* mein Augapfel; Plural *muqal*: Bezeichnung für die Augen, den Blick). Im Koran wird das Verb sehen, *basira*, synonym mit verstehen verwendet. Blindheit hingegen, *al-ʿaman*, bedeutet Verwirrung, Unglaube oder Heuchelei. Andere Bilder sind in der koranischen und mystischen Sprache genauso üblich wie in der Sprache der Liebe. So sind z.B. Ausdrücke wie *qurrat al-ʿain*, »Augentrost«, oder »Augapfel«, *ʿain al-qalb*, bei Dichtern und Mystikern gleichermaßen geläufig.
In den Ländern, in denen die Frauen normalerweise einen Schleier tragen, werden in erster Linie die Augen zur Verführung eingesetzt. Einer weit verbreiteten Überzeugung zufolge spiegelt das »Feuer« der Augen das innere Leben wider, deshalb gibt man Frauen mit großen Augen auch gern den Beinamen ʿAina, in Anlehnung an *hauraʾ* (ausdrucksstarke Augen) **(s. Huri)**.
Dichter preisen immer wieder die Augen, am beliebtesten sind schwarze Augen *(ʿuyun sud)*. In diesem Zusammenhang muß auch die unglaubliche Begeisterung für *Kuhl* **(s. dort**, pulverisiertes Antimon zum Schminken) gesehen werden, mit dem die Frauen im Orient gern die Augen betonen und der sich seit einiger Zeit auch im Okzident wachsender Beliebtheit erfreut. Hören wir, was Sharif-addin Rami (15. Jh.) zum Thema Augen zu sagen hat:
»Scharfsinnige Menschen schreiben dem Auge der Herrin vierzig Eigenschaften zu, die folgenden dreizehn sind gängige Ausdrücke im Arabischen: *abhar*: Narzisse; *nardjis* (dasselbe); *muqayyim*: beständig; *ʿalil*: schwach; *tamra*: dattelförmig; *khamri*: goldbraun; *mukhammar*: betrunken; (...) *fatin*: verführerisch; *zudjadji*: gläsern und *djuzʾ*: Muschel.« (*Anis al-ʿUshshaq*, S. 30)
Manchmal benutzen die persischen Dichter die entsprechenden arabischen Begriffe. Natürlich haben sie auch spezifisch persische Ausdrücke: Narzisse, Mandel, schlummernd, in die Einsamkeit zurückgezogen, wie ein Mann aussehend, chinesisch, aus Turkistan kommend, verletzt, Gerstenkorn, mit magischen Mitteln täuschend, babylonischer Brunnen, mörderisch, blutdurstig, Männer vertreibend, Männer verwirrend, Bogen, der Strahlen (Wimpern) schleudert, Gazelle, wie eine Gazelle täuschend, Rehaugen, Löwen verfolgend, Löwen nehmend, halbtrunken, trunken, jedoch nicht von Wein, berauscht, krank, matt.
Im Zusammenhang mit der Liebe wird dem Auge eine dreifache Funktion zugeschrieben:

– die Überwachung (der Aufpasser, *raqib*; er hat einen schlechten Ruf, ist aber – wie der Bote – unentbehrlich);
– die Eroberung (verstohlener Blick, Zwinkern);
– die Verwünschung (böser Blick).
Die Funktion der Überwachung entspricht der des Boten oder der Botin. Der Geliebte wird bei jedem Schritt, den er macht, überwacht. Die Geliebte hingegen wird überwacht und zusätzlich von einer Anstandsdame begleitet. Manchmal werden ihre Verabredungen und Schritte im nachhinein noch kontrolliert.
Die Funktion der Verwünschung wird am berühmten bösen Blick, *al-ᶜain al-hasud*, deutlich, einer im Bereich des Liebeswahns sehr wirksamen Praxis.
Lit.: Abela, Boudot-Lamotte, Chebel *(DSM, LS)*, Pérès, Rami, Sabbagh.
Siehe auch: Blick, Bote, Huri, Kuhl, Ohr, »Qurrat al-ᶜain«, »Winken mit den Augen«, Verführung.

AUGENBRAUEN *(hadjib).* Mohammed Belkheir (1835-1905), ein algerischer Dichter aus den westlichen Hochebenen, schreibt über die Schönheit seiner Liebsten:
»Ruhm sei Gott, dem Meister der Formen, der die Augenbrauen mit zwei *nun* (**s. Alphabet**) geschrieben hat.«
Ferner:
»Die Augenbrauen sind zwei *nun*, die mit Tinte über die rosigen Backenknochen gezogen sind.« (Belkheir, S. 60 und 61)
Doch es werden, besonders in der Poesie, noch andere Metaphern verwendet:
– *nitaq:* Gürtel;
– *mihrab:* Nische in der Moschee, die die Gebetsrichtung (Mekka) anzeigt;
– *qibla:* Gebetsrichtung nach Mekka, nach der der *mihrab* ausgerichtet ist;
– *qaus:* Bogen;
– ᶜ*ain:* Name des gebogenen, achtzehnten Buchstabens des arabischen Alphabets;
– *naᶜl:* Hufeisen, wahrscheinlich wegen der Form;
– *hilal:* Halbmond.
Nach Sharif-addin Rami (15. Jh.), dem Autor von *Anis al-ᶜUshshaq (Der Gefährte der Liebenden)*, bedienen sich die persischen Dichter folgender Bilder: Mond, Halbmond, Regenbogen, Wölbung, Qibla* und Mihrab*, Hufeisen, die beiden Buchstaben des arabischen Alphabets *kaf* und *nun*, Brandzeichen (wird für die Stirn verwendet), Kammerherr (am Hof der Schönheit) und Hoheitszeichen *(tughra)*.
Augenbrauen können sich berühren *(muttasilan)* oder sich nicht berühren *(munfasilan)*; man vergleicht sie auch mit der aufgehenden Sonne: *hadjib al-shams*, wörtl.: »die Augenbraue der Sonne« (Thaᶜalibi).
Nach volkstümlicher Überzeugung sind dichte Augenbrauen, die über der Nase zusammenwachsen, ein Zeichen für einen eifersüchtigen Mann (**s. Eifersucht**). Wer eine starke Behaarung hat, wird von Frauen und seinen Freunden verspottet. In der Liebesdichtung jedoch sind dichte Augenbrauen von Frauen gern gesehen, die schönsten sind unbestritten wie ein *nun* (**s. Alphabet**) geschwungene Augenbrauen.
Lit.: Belkheir, Boudot-Lamotte, Chebel *(CTM)*, Rami, Thaᶜalibi.
Siehe auch: Alphabet, Eifersucht, Gesicht.

AULAD-NAIL *(Nailiyat).* Stamm in Algerien. Die Nailiyat stehen im Ruf freizügiger Sitten. Das wurde von den Autoren der Kolonialzeit so weidlich ausgeschlachtet, daß ihre Aussagen heute mehr den Wert von Legenden haben. Emile Dermenghem, ein angesehener Autor, bezweifelt, daß angeblich freizügige und noch jungfräuliche Mädchen die Kolonialsoldaten zu Orgien eingeladen hätten: »Entgegen einer teilweise verbreiteten Meinung ist es unwahr, daß die Frauen der Aulad-Naïl vor der Ehe normalerweise der Prostitution nachgehen. Es gibt keine Parallelen zu den Sitten im Tempel der syrischen Göttin, wie sie Lukian beschreibt. Die meisten Frauen gehen als Jungfrauen in die Ehe, die meisten Ehefrauen sind ehrsam und die Ehemänner eifersüchtig.« (*PA*, S. 72)
Lit.: Dermenghem.
Siehe auch: ʿAzria, Bauchtanz, Eifersucht, Jungfräulichkeit, Orientalismus, Prostitution, Sexuelle Freiheiten.

AUSPEITSCHUNG *(djald, saut, tassawut).* Im Koran wird die Auspeitschung lediglich in einem Vers der Sure *Das Licht* erwähnt, als Strafe für diejenigen, die Unzucht treiben: »Wenn ein Mann und eine Frau Unzucht begehen, dann verabreicht jedem von ihnen hundert Peitschenhiebe! Und laßt euch im Hinblick darauf, daß es um die Religion Gottes geht, nicht von Mitleid erfassen (...)« (24, 2). Der hanbalitische Rechtsgelehrte Ibn Taimiya (1263-1328) erläutert: »Die Auspeitschung *(djald),* die das Gesetz vorsieht, soll mit einer Peitsche mittlerer Dicke und ohne übermäßige Heftigkeit ausgeführt werden.« (Zit. nach Laoust, H., S. 121)
Es geht hier um eine Körperstrafe und keineswegs um jene besondere Form der sexuellen Perversion, von der in der erotischen Literatur gelegentlich die Rede ist.
Lit.: Koran, Laoust (H.).
Siehe auch: Sexuelle Perversionen, Theologen der Liebe.

AUSSCHEIDUNGEN *(ifraz; hadath,* Plur.: *ahdath; rashh* im Mashreq*, *djanaba:* wörtl.: »große rituelle Unreinheit«; *biraz:* Exkrement) s. **Ehe, Unreinheit.**

AUTOEROTIK. Der Masturbation im engeren Sinne übergeordneter Begriff, der sich gleichermaßen auf die Geschlechtsteile (Onanie) bezieht wie auf den Rest des Körpers. Dabei verlängert sich die Eigenliebe in das Reich des Geistigen – in Traum, Phantasien und Einbildung. Der muslimische *fiqh** verurteilt die unfreiwillige Berührung der eigenen Geschlechtspartien nicht; es bestehen aber, wie al-Qairawani (*Risala,* S. 29) betont, unterschiedliche Rechtsauffassungen darüber, ob solche Handlungen die Pflicht zur Waschung nach sich ziehen, der einzigen Möglichkeit, die Reinheit des Gläubigen im kanonisch erforderlichen Sinne aufrechtzuerhalten. Jede absichtliche Manipulation jedoch, ob von einer Ejakulation gefolgt oder nicht, ist mit Sanktionen belegt – zumindest insofern, als sie zu gründlichen und ordnungsgemäß vorgenommenen Waschungen verpflichtet.
Lit.: Bousquet, Ghazali, Qairawani.
Siehe auch: Masturbation, Waschungen.

ᶜAZRIA (Pl. ᶜazriyat). In früheren Zeiten aurassische Frau von losen Sitten, die am Rande der Gesellschaft lebte und unverhüllt ihre Reize zu Markte trug. In einem Gedicht aus dem Aurès findet sich folgende Selbstdarstellung:

Ich bin die ᶜAzria, die Schöne
Ich bin die ᶜAzria, die Untreue
Ich bin die zarte Frucht
Eines üppig tragenden Baumes. (…)
Jedermann schenk ich ein Lächeln,
Ich hasse die Ehe
Und um keinen Preis
mach ich zur Sklavin mich.
Ich trage keinen Schleier
Ich hasse alles Tuch. (…)
Mein Glück ist gemacht
Aus Schönheit und Jugend,
Meine schwarzen Augen
Mit dem geheimnisvollen Blick
Haben die Macht,
Mir die Verliebten untertan zu machen.
Mein Gesicht wie das der Königin Kahena
Ist mehr als eine Verlockung,
Mein Mund ist aus Honig
Von vollkommener Süße.
Wer ihn einmal hat probiert,
Des öfteren der wiederkehrt.
Meine schmucken Brüste
Ziehn die heiligsten Blicke auf sich.
Unterhalb meines Gürtels,
Von der Natur geschaffen,
Ist ein heiliger Tempel,
Wohin die Gläubigen kommen zu sündigen.
Mein Herz, in Liebe entbrannt,
Wird häufig als Lügner erkannt.
Ich bin die ᶜAzria, frei von Gewissensbissen,
Möcht' nicht den Schwachen noch den Starken missen,
Ich bin die ᶜAzria ohne Sorgen.
Mein Leben ist so, von heut' auf morgen,
Mein Stolz rührt von meiner Freiheit
Mein Leben ist fröhliche Tollheit,
Vom Edelsten zum Niedersten
Sind meine Liebhaber ohne Zahl.
Ich bin die ᶜAzria, die Tänzerin,
Die der Frauen Neid erweckt,
Ich bin die Sängerin,
Ich bin das Wiegenlied,

Meiner Stimme schöner Klang
Öffnet mir noch jeden Gang.
(Kerhuel, S. 18 f.)

Die wohldosierte Verbindung explosiver Themen wie Prostitution, lasziver Tanz, verbotene Gesänge sowie die unterstellte Vorliebe für Orgien machen die ͨazria zur Antifrau par excellence, zur unverhüllten Dirne, die »ganz im pulsierenden Ungestüm ihrer siebzehn oder zwanzig Jahre« (Kerhuel) von ihren weiblichen Reizen lebt. In dieser Hinsicht ähnelt sie teilweise dem anderen Prototyp der freien Frau, der Aulad-Nail vom Stamm der *nailiya*.

Lit.: Dermenghem, Goichon, Kerhuel.

Siehe auch: Aulad-Nail, Busen, Ehe, Eifersucht, Honig, Mund, Prostitution, Sängersklavin, Schleier, Sklavische Liebe.

BAD s. Hammam.

AL-BAGHDADI (Ali) (wörtl.: »der aus Bagdad«). Ägyptischer Autor des 14. Jh.s, in Europa bekannt vor allem durch sein von René Khawam entdecktes und unter dem Titel *Les fleurs éclatantes dans les baisers et l'accolement* (etwa: *Die aufgehenden Blüten in der Umarmung und der Vereinigung*) veröffentlichtes Manuskript, in dem zahllose weibliche Finessen beschrieben werden:
»Ich wollte über diese Frauen [die Herrinnen des Schleiers, die Frauen, denen ein ganzes Arsenal von Kniffen eigen ist, von Täuschungen und Schwindeleien] ein Buch schreiben, in dem nach Möglichkeit aufgelistet werden sollten: der Scherz, die Streiche, die verbotenen Spiele und die Szenen der Unordnung – damit sich ein lebensnäherer Blick werfen lasse auf die Berechtigung und die Weisheit der volkstümlichen Sprichwörter, und auch um zu zeigen, wie diese Geschöpfe sich mit ebenso unmittelbaren wie angemessenen Antworten aus kritischen Situationen zu retten vermögen.«
Lit.: Baghdadi.
Siehe auch: Hahnrei.

BAJADERE (vom portug.: *bailadera*, »tanzen«). Die Figur der indischen Tempeltänzerin findet sich in der arabischen und islamischen Welt in verschiedenerlei Erscheinungsformen, die an anderer Stelle, u.a. unter den Einträgen »Alme«, »ᶜAzria«, »Tanz«, (**s. dort**), besprochen werden. Zwar betrachtet bereits die vorislamische Überlieferung, wie in der Legende von Isaf und Naila veranschaulicht (**s. Wunder**), die erotische Besetzung sakraler Orte als strafwürdig. Doch so, wie die Bajaderen in Hindustan eine allmähliche »Säkularisierung« ihrer Funktion erfuhren, schließlich im 19. Jh. »bei Gastmahlen reicher Privatpersonen, bei Familienfesten, bei Empfang und Bewirtung eines Fremden, kurz, bei der geringsten Veranlassung erscheinen, um die Gesellschaft durch ihre Künste und Reizungen zu vergnügen« (Dufour, *Weltgeschichte der Prostitution*, Bd. 2, S. 202 f.) und in diesem Zusammenhang durchaus, gegen Bezahlung und Geschenke, einem einzelnen Mann »bis am folgenden Morgen ... zu Gebote« standen (ebd.), tritt die Bajadere im islamischen Orient vor allem als Palastdame in Erscheinung, deren Bedeutung im Serail in dem Maße zunimmt, da sie die Gunst des Hausherrn zu erwerben vermag. In diesem Sinne ist sie den Sängersklavinnen *(qiyan)* vergleichbar, welche ebenfalls für musikalischen Kurzweil sorgten – mit dem Unterschied freilich, daß jene häufig in besonderem Maße auch die Vertrauten ihrer jeweiligen Herren waren (**s. Sängersklavin**).
In der islamischen Populärkultur indes, die religiöse und profane Anlässe immer schon recht munter miteinander vermengte, wurde der Auftritt von Bajaderen bald zum unverzichtbaren Bestandteil jeder Art von Festlichkeit. So zitiert Dufour aus »Reise-Fragmenten« über die Tänzerinnen in Ägypten:

»Mit der Tonkunst vereinigt sich die des Tanzes, wenn auch nur in der Ausübung durch öffentliche Tänzerinnen, welche wie die indischen Bajaderen, weder zu religiösen Festlichkeiten, noch bei den Fantasias fehlen dürfen. Wenn schon zu der ausgebreiteten Korporation der öffentlichen Ghawoyehs (Freudengeberinnen) gehörend, bilden diese Dienerinnen der Terpsichore doch eine höher stehende Kaste (...) und werden in Anerkennung der Kunst von den Frauen, wegen ihrer Körperreize von den Männern, überall gern gesehen, daher das doppelte Gewerbe von Tanz und Pornie ein so überaus lukratives wird, um diese Mädchen in den Stand zu setzen, sich reich zu kleiden, mit Juwelen zu schmücken und gewöhnlich noch ein Kapital zurück zu legen.« (Dufour, Bd. 2, S. 181)
Der Vergleich drängt sich auf zu den bis heute gültigen Gepflogenheiten des ägyptischen Bauchtanzes, der – wiewohl tief in der Volkskultur verwurzelt und den Mädchen gewissermaßen »angeborene« Fertigkeit – seinen Stars zu beachtlichen Reichtümern verhilft, so daß die »Grandes Dames« des Tanzes wie Fifi Abdu oder Soad Husui zu den Wohlhabendsten der Gesellschaft gehören.
Lit.: Dufour.
Siehe auch: Alme, Aulad-Nail, ᶜAzria, Bauchtanz, Sängersklavin, Wunder.

BAKHKHARA (beräuchern). Von *bukhur,* Weihrauch. Hier: ein Zimmer, ein Kleid oder Gäste »beweihräuchern«.
Siehe auch: Parfum, Räucherwerk, Weihrauch.

BAQURI (*baguri, ba'uri,* umgangssprachl.: »nach Art der Rinder«; von: *baqara:* die Kuh) **s. Stellungen beim Koitus.**

BART (*lihya;* pers.: *rish; fata ghir:* junger Bart; ᶜ*adjuz mutakhallif:* ein alter Bart). Schnauz- und Vollbart gelten im Orient, ähnlich wie in anderen patriarchalisch strukturierten Gesellschaften, als Symbole der Männlichkeit. Sich einen Bart stehen zu lassen, sagen manche Strenggläubige (wie in heutigen Tagen die militanten Fundamentalisten), sei ein Gebot Gottes – ohne daß es dafür freilich einen religiösen Beleg gäbe. Indes galt Bartlosigkeit lange Zeit als Ausweis der – zwar verbreiteten, aber verpönten – Homosexualität. Der Bart ist ebenso instandzuhalten wie die anderen äußeren Attribute des Rechtgläubigen: Kleidung, Erscheinung, Hygiene. Der Prophet trug einen dichten Bart, der jedoch stets aufs rechte Maß gestutzt, geglättet und gekämmt wurde. Außerdem wurde er reichlich parfümiert, wie uns seine Lieblingsfrau Aischa berichtet:
»Ich bestäubte den Gesandten Gottes mit den wohlriechendsten Düften, die ich finden konnte; solange, bis ich die Essenzen auf seinem Haupt und seinem Barte glänzen sah.« (Bukhari, *TI,* Bd. 4, S. 126)
Bärten, Schnurrbärten und männlicher Körperbehaarung wird überdies eine aphrodisische Wirkung auf Frauen nachgesagt. So belehrt in *1001 Nacht* eine Frau ihre Nachbarin über die Vorzüge des behaarten Mannes:
»›O du Törin‹, erwiderte die andere, ›ist nicht der Baum nur dann schön, wenn er Laub trägt, und die Gurke nur dann, wenn sie Stachelflaum hat? Hast du je etwas Häßlicheres in der Welt gesehen als einen Kahlkopf, dem der Bart ausfällt? Weißt du nicht, daß der Bart für den Mann das gleiche ist, was die Schlä-

fenlocken für die Frau sind? Was für ein Unterschied besteht denn zwischen Schläfe und Kinn? Weißt du nicht, daß Allah, der Hochgepriesene und Erhabene, im Himmel einen Engel erschaffen hat, der da spricht: Preis sei Ihm, der die Männer mit Bärten geschmückt hat und die Frauen mit Schläfenlocken? Wären die Bärte den Locken an Schönheit nicht gleich, so hätte er sie nicht zusammen genannt! Du Törin, wie könnte ich daran denken, mich unter einen Knaben zu betten, der eilig sein Werk tut und schnell erschlafft? Und von einem Manne zu lassen, der, wenn er Atem holt, mich umfaßt; wenn er eindringt, gemach handelt; wenn er fertig ist, wiederkehrt; wenn er sich bewegt, vortrefflich ist; und sooft er sein Werk beendet hat, wieder von neuem beginnt?‹ Ihre Worte waren eine Mahnung für die Geliebte des Knaben, und so sprach sie: ›Ich schwöre meinem Geliebten ab, beim Herrn der heiligen Kaaba!‹« *(1001 Nacht,* Bd. III, »Die Geschichte von den beiden Frauen und ihren Geliebten«, S. 592 f.)
Lit.: Bukhari, Chebel, *1001 Nacht.*
Siehe auch: Bartlos, Flaum, Haarlos, Schnurrbart.

BARTLOS *(amrad, bila-lihya).* Bei Männern gilt die Bartlosigkeit ebenso als Makel wie eine dichte oder unregelmäßige Körperbehaarung bei Frauen – eine ›stille Übereinkunft‹, die seit langem Bestand hat. Schon der Prophet Mohammed soll nachdrücklich betont haben, daß der gute Muslim seine Haare und besonders seinen Bart pflegen müsse. Des Propheten eigener Bart ist von den Zeitgenossen so gerühmt worden, daß er zum klassischen Vorbild wurde, dem alle nachzueifern hatten.
Siehe auch: Bart, Ephebe, Flaum, Glatte Haut, Mignon.

BASAR *(suq).* Der Basar oder *suq,* Zentrum der *medina**, wo sich unzählige Menschen der unterschiedlichsten Naturelle und Altersstufen tummeln, gehört zu den Orten, wo der erste Blickkontakt eines zukünftigen Liebespaares ganz diskret stattfinden kann. Er wirkt also wie eine Hülle, die die aufblühende Liebe schützt und Verbindungen erleichtert, ohne sie freilich zum Ziel zu führen. Damit ist der Basar Teil eines Ganzen, das Hammam, Brunnen, Moschee, Friedhof und einige andere öffentliche Orte miteinschließt, die einer Art »sexuellen Privatisierung« Vorschub leisten. Elie Faure schreibt:
»Der Suk ist nicht nur ein Markt. Er ist Parlament, Theater, Promenade und ein Forum, auf dem im Vorbeigehen diskutiert wird.« (Faure, S. 78)
Die Düfte, die aus den benachbarten Läden entweichen, besonders den kleinen Parfum- und Gewürzläden, mögen ihr aphrodisierendes und luftiges Moment beitragen **(s. Aphrodisiaka)** und denjenigen recht geben, die behaupten, Verführung sei den Schnittstellen einer orientalischen Stadt quasi eingeschrieben.
Lit.: Chebel *(LS),* Faure, *1001 Nacht.*
Siehe auch: Aphrodisiaka, Früchte, Gewürze, Hammam, Parfum, Verführung.

BASHSHAR UND ʿABDA (8. Jh.). Bashshar ibn Burd, arabischer Dichter aus Basra, war Autor von Liebesgedichten, Elegien und deftigen Satiren, die ihm zu gehörigem Ruhm verhalfen, ihn aber schließlich (783) auch den Henkern der Abbasiden* auslieferten.

Sein berühmter Vers: »O ihr Leute! Mein Ohr hat sich in jemanden verliebt, und manchmal begehrt das Ohr, bevor das Auge begehrt« wurde zu Recht nicht nur als Hinweis darauf verstanden, daß Bashshar ibn Burd von Geburt an blind war. Allenfalls hat man das körperliche Gebrechen – wie etwa im 20. Jh. bei dem, ebenfalls erblindeten, großen ägyptischen Dichter Taha Husain – als eine Befähigung zu besonderer literarischer Sinnlichkeit gedeutet. Denn Bashshar ibn Burd rühmte sich nicht nur einer Vielzahl von Erfolgen bei den Frauen, sondern er verfaßte vor allem große arabische Texte, in denen der Einfallsreichtum der Sprache mit der syntaktischen Reinheit und der metrischen Strenge wetteifert. Einer Sklavin namens Fatima, die der Autor in einer Taverne singen hörte, widmete er die folgenden Verse:

O du Perle des Meeres, verborgen in deiner Schatulle,
die der Händler gewählt hat aus all den anderen.
Fatima erstaunte, als sie mich sie beschreiben hörte,
wie können erloschene Augen beschreiben?
O laßt mich bei ihr, gute Frau, und in der Einsamkeit
wollen wir unsere Sehnsucht stillen.
O ihr, die ihr schlaft, erhebt euch, ihr Unglücklichen,
und laßt euch sagen, wie lieblich die Schlaflosigkeit ist.
(Zit. nach Vadet, *ECO*, S. 172.)

Nichts jedoch ist seiner Leidenschaft für ᶜAbda vergleichbar, der er so viele Stücke erhabener Poesie zueignete: »ᶜAbda hat einen wesentlichen Teil seines uns erhaltenen Werkes inspiriert«, bemerkt André Roman in einem Artikel über das berühmte Liebespaar (**s. Berühmte Liebespaare**). »Ihr gelten 1169 der 6628 Gedichte seines Diwan*; ferner 48 Stücke nebst einiger Fragmente, *nasib* oder *madih* [Lobgedichte, A.d.Ü.]; ein beinahe einzigartiges Ganzes (…). ᶜAbda kann also durchaus als Idealtypus der Frau in der orientalischen Minne begriffen werden.« (Roman, *Un poète et sa dame*, S. 327)
Mit anderen Worten: Wir haben es mit einer großen Auswahl an kurzen Texten zu tun, einer sehr feinen psychologischen Zeichnung und einer starken poetischen Inspiration.

Ihr Bild hat dich im Traum besucht?
Und ob sie dich im Traum heimsuchen wird!
Sind die Frauen so schön, daß sie keines Zierats bedürfen,
wird ihre Liebe zur brennenden Last. (…)
Was, denke ich, können sie dafür –
eine Frau mit üppigen Brüsten kommt so schön des Wegs,
in Seide gehüllt, mit wiegendem Gang.
Berühmt ist sie für die Schönheit ihrer Wangen;
unverschleiert, zieht sie Blicke auf sich von ganz andrer Art.
Schamhaft, hat sie keine Worte wider den,
der sich ihr in zu großer Kühnheit nähert,
noch erhebt sie sich bei Tagesanbruch, das Abenteuer zu suchen…
(Zit. nach Roman, *BSEC*, S. 130)

Meisterhaft auch die Selbststilisierung als Jäger, der in der Liebe selbst zur Beute wird:

Gazellen geh'n in die Falle.
Doch sie ist vor Netzen gefeit.
Es verfehlt sie mein Pfeil, wenn ich schieße.
Sie ist eine Schützin voll Kunst.
So trifft mich, hat sie geschossen,
ins Herz ihr verläßlicher Pfeil.
(zit. nach Bürgel, *Allmacht und Mächtigkeit*, S. 303)

Lit.: Bashshar ibn Burd *(Diwan)*, Blachère *(HLA)*, Bürgel, Roman, Vadet *(ECO)*.
Siehe auch: Berühmte Liebespaare, Blick, Gazelle, Höfische Liebe, Liebe.

BASILIKUM s. Flaum, Gewürze.

BAUCH *(batn)*. Der arabische Begriff *batn* bezeichnet den Bauch im anatomischen Sinne wie auch das Bild eines geschlossenen und unzugänglichen Ortes, wie man es annähernd im Ausdruck »der Schoß der Erde« findet. Das Okkulte und Geheime heißt *al-batin*, wörtl.: »das Verborgene«, »das Unsichtbare«. Auch Gott wird mit diesem Begriff beschrieben: »er ist deutlich erkennbar (w. sichtbar) und zugleich verborgen *(al-zahir wa'l-batin)*« (Koran, 57, 3).
In der Symbolik der Erotik wird der Bauch teils mit einer vollen Schale, dem runden Mond, mit Elfenbein oder dem Hügel einer Düne verglichen: »(...) und einen Leib mit Falten so zart wie ein koptisches Gewebe von ägyptischer Art, gewirkt mit einer Faltenzier gleich dem gekräuselten Papier. Der schließt sich an einen schlanken Rumpf, undenkbar mit menschlichem Verstand, über Hüften gleich Hügeln aus Wüstensand.« (*1001 Nacht*, Bd. II, S. 373f.)
Als erotisches Zentrum spielt der Bauch eine relativ wichtige Rolle. Man verbindet ihn vor allem auch mit dem legendären Nabel **(s. dort)**, der wie ein Edelstein in seiner Fassung anmutet.

Lit.: *1001 Nacht*.
Siehe auch: Bauchtanz, Nabel, Nacktheit.

BAUCHTANZ. Die traditionelle Form des weiblichen Solotanzes (*raqs al-baladi* oder *raqs al-sharqi*) ist in den unterschiedlichsten Varianten in Nord-Afrika bis zum Mittleren Osten verbreitet. Charakteristisch für ein westliches Publikum sind die Hüftbewegungen, die dem Tanz in Europa seinen Namen gaben und diesen Begriff und der Kunst selbst zu Beginn des 20. Jh.s zu großer Popularität verhalfen. Die Bewegungsabläufe sind allerdings weitaus komplexer und beziehen den ganzen Körper mit ein, denn es gilt, die einzelnen Körperteile isoliert voneinander zu bewegen und dabei anmutig zu bleiben, was viel Körperbeherrschung seitens der Tänzerin erfordert.
Ursprünglich stand der Bauchtanz – wie die meisten Tänze – im Zusammenhang mit Ritualen und Zeremonien zur religiösen Verehrung und wurde schon seit frühesten Zeiten gepflegt; manche Autoren bringen ihn mit indischen Tempeltänzerinnen und Fruchtbarkeitsriten in Verbindung. Dieser Tanz erfuhr im

Laufe der Zeit eine Wandlung vom religiösen Ritus zur weltlichen Unterhaltung. Die Popularität in Europa zu Beginn des 20. Jh.s muß auch vor dem Hintergrund des »Orientalismus«, eines in der Malerei bereits seit der zweiten Hälfte des 19. Jh.s fest etablierten Genres, betrachtet werden, insofern als die Bauchtänzerin erneut zum Symbol orientalischer Sinnlichkeit stilisiert wurde. Doch auch die europäische Wahrnehmung war ambivalent, es herrschten unterschiedliche Vorstellungen über das vermeintliche Ziel dieser Kunst. So ist der Bauchtanz für Bertholon und Chantre, zwei Ethnologen aus der Kolonialzeit zu Beginn unseres Jahrhunderts, »nichts anderes als ein stilisierter Akt der Prostitution« und eine »Mimik von eindeutiger Symbolik«, die eine entfernte Reminiszenz der antiken Tempelprostitution sei (*Recherches anthropologiques dans la Berbérie orientale*, S. 633). Für Jérôme und Jean Tharaud ist der Bauchtanz eine »Darstellung lüsternen Begehrens«, »eine ekstatische Raserei, getarnt unter einer in Rausch versetzenden Verschämtheit« (*La Fête arabe*, S. 52). Étienne Dinet und Sliman ben Ibrahim heben wiederum die ambivalente Art der Tänzerinnen hervor, die durch das Mimen bestimmter Gesten angeblich das rasende Klopfen ihres Herzens zu tarnen versuchten: »In ihren Gesichtszügen verriet nichts die Emotionen, von denen ihr Herz durchzuckt wurde; allein das Klopfen dieses Herzens, das sie nicht zu unterdrücken vermochten und das ihre Arme und ihren Körper in rhythmische Zuckungen versetzte, verriet, wie gewaltig es war« (*Khadra, danseuse Ouled Naïl*, S. 23).

Jules Rouanet, dessen Artikel über die arabische Musik in seiner *Encyclopédie et dictionnaire du conservatoire* als Muster an Ausgewogenheit und Bildung gelten kann, schreibt dagegen: »Es gibt jedoch auch Tänze, die nichts mit der bewußt pornographischen Intention jener degenerierten Ausdrucksform zu tun haben, und der Bauchtanz, wie er von bestimmten professionellen Künstlerinnen mit hohem Respekt vor der Tradition praktiziert wird, hat etwas Hieratisches, beinahe Religiöses, worin der Gedanke von Lust und Sinnlichkeit den Sinn und die Kraft eines Rituals, gleichsam einer Verehrung jener Gottheit annimmt, die über der Liebe als der Urquelle des Mysteriums Leben waltet.« Und mit mehr als ironischem Spott über die »fetten Odalisken«, die sich einbilden, sie würden den Abendländerinnen die Kunst des Bauchtanzes nahebringen, fügt er hinzu: »Dabei muß man freilich das banale Spektakel jener fetten und verbissenen Odalisken vergessen, die, verloren in den geblähten Weiten ihrer Seidenhosen und beladen mit einer Last schwerer Geschmeide an Armen und Beinen, ständig träge und schläfrig in den Kasbahs der maghrebinischen Küste oder auf den europäischen Jahrmärkten so tun, als würden sie ihr Publikum in die Kunst des arabischen Tanzes einweihen. Dazu fehlt ihnen jedoch die nötige Einstellung und Haltung: Sie produzieren sich lediglich mit kreisenden Bewegen des Unterleibs und zynisch tierhaften Gesten, die in Bälde anöden und nicht selten Ekel erregen.« (S. 2831) Andere Beschreibungen des Bauchtanzes finden sich davor bereits bei zahlreichen europäischen Reisenden des 18. und 19. Jh.s, u.a. bei Flaubert und Nerval, die insbesondere die Kunst der ägyptischen Ghawazi rühmten. »Sie scheinen alle die Fähigkeit zu haben, jeden Teil ihres Körpers frei zu bewegen, geradeso wie Menschen mit den Ohren wackeln können; und es ist wunderbar, wie sie Stunden um Stunden jeden Muskel heftigst und rasend schnell bewegen und von Kopf bis Fuß wie elektrifiziert zucken, ohne im mindesten ermüdet zu sein und, was unglaublich ist, ohne zu schwitzen ... Am Anfang jeden Tanzes bewegen sich die Ghawazi einfach nach der Musik und schwingen ihren Körper weich hin und her. Dann werden Wellenbewegungen gemacht, die den Körper von Kopf bis Fuß durchlaufen, und über diese Wellen gleiten mit unglaublicher Geschwindigkeit Schauer und Kräuselwellen, wie beim Anblick einer großen Welle im Wind, die aussieht wie ein kleineres Meer, das von tausend winzigen Wellen durchfurcht ist.« (Leland, S. 131)

Seit den letzten 10 bis 15 Jahren erfreut sich der Bauchtanz in Europa und den USA wachsender Beliebtheit, man kann geradezu von einer Modeerscheinung sprechen. Die Gründe, weshalb so viele westliche Frauen die Kunst des Bauchtanzes erlernen, sind vielfältig; so erscheint der Bauchtanz häufig als ein geeignetes Mittel, die eigene Sinnlichkeit und Weiblichkeit fern von gesellschaftlichen Vorgaben (wieder) zu entdecken.

Lit.: Bertholon/Chantre, Chebel, Dinet/Ben Ibrahim, Hafiz, Khayyam, Leland, Nerval, Rouanet, Tharaud, Thesiger.

Siehe auch: Frau, Körper, Kunst, Orientalismus, Prostitution, Tanz, Transvestismus.

BEGEHREN (ʿishq, raghba, hawa, shahwa, bugha, shauq). Im Islam wird zwischen mehreren Arten des Begehrens unterschieden:
1. ʿishq, dem profanen Begehren mit seinen Abstufungen wie hawa (leidenschaftliches Begehren) und siban (wahnsinniges Begehren).
2. shauq, dem mystischen Begehren, das den Menschen auf seiner verzweifelten Suche nach seinem göttlichen Ursprung lenkt, wie Thirmidi sich ausdrückt, der diese Form des Begehrens als »eine von der Höhe des Viel-Geliebten in die Tiefe des Herzens herabgelangte Süße« definiert.

Nach Louis Massignon ist das Begehren beim Menschen eine unbefriedigte Unruhe. Wenn diese über den Koitus hinaus fortbesteht, kann sie über den Bereich des Sexuellen und Materiellen hinausgehen und sich, so Hamdan Lahiqui, zu einer Krankheit der Seele entwickeln, die dem Körper zur Gefahr wird. Der Mystiker al-Halladj (858-922) wurde vor Gericht gestellt und zum Tode verurteilt, weil er erklärte, er sei ʿishq dhati, das essentielle Begehren an sich, in leibhaftiger Form, womit er praktisch Gott mit einer Form von Geisteskrankheit assoziierte. (Massignon, *Opera Minora*, Bd. 2, »La notion de l'Essentiel Désir«).

Der Begriff Begehren schließt zwar die Dimension des Fleischlichen ein, den Bereich des Gefühls, genannt *hubb*, jedoch nur zum Teil, obwohl an dessen Anfang das Begehren steht. Außerdem ist in dem Ausdruck *anbagha* auch das Wort *bigha'* enthalten, das »Prostitution« bedeutet; ebenso in *ana anabaghik* (wörtl.: »Ich begehre dich«), einer Wendung, die der junge Araber benutzt, um sein erotisches Interesse zu bekunden. Oder auch in einem anderen Ausdruck, der im Koran, Sure 12, verwendet wird: *laqad hammat bihi wa hamma biha* (wörtl.: »Sie begehrte ihn und er könnte sie begehrt haben«). Gemeint ist hier das fleischliche Begehren der Frau des Statthalters Potiphar, die sich in Joseph verliebte (**s. Joseph und Suleika**).

Das fleischliche Begehren ist durch eine gewisse innere Heftigkeit, ja Gewalt gekennzeichnet: Dies trifft auf den ersten begehrenden Blick und die begehrende

Umarmung ebenso zu wie auf die Ekstase und Befriedigung der Lust. In der arabischen Stadt von heute kann man typische Verfolgungsszenen beobachten, bei denen die Frau, momentan ausschließlich als Objekt der Begierde betrachtet, von einem oder mehreren jungen Männern buchstäblich wie ein Stück Wild gejagt wird. Noch häufiger äußert sich das männliche Begehren im Austausch von Blicken, dem »Winken mit den Augen« (**s. dort**), und schließlich in einer Fülle anderer versteckter Gesten, die dem Alltagsleben Farbe und Glanz verleihen.

Daneben kennen die Muslime auch eine philosophische und spekulative Dimension des Begehrens innerhalb der Grenzen von Keuschheit und Mäßigung. In diesem Sinn hat niemand das Begehren so eingehend definiert wie ᶜAmr ibn Bahr al-Djahiz (780-869) in seiner berühmten *Risalat al-Qiyan (Die Sängersklavinnen)*:

»Ich will dir nun den *ᶜishq* beschreiben, damit du die Definition dafür kennenlernst: Er ist eine Krankheit, die die Seele befällt und durch Ansteckung auf den Körper übergreift, so wie ein angegriffener Körper auf die Seele einwirkt und Erschöpfung, (moralische) Schwäche mit sich bringt. Die Krankheit des *ᶜishq* und ihre Verbreitung über den ganzen Leib wird durch den Rang bedingt, den das Herz unter den Körpergliedern einnimmt, und die Schwierigkeit ihrer Heilung rührt von der Verschiedenheit ihrer Ursachen her. Diese Krankheit setzt sich nämlich aus allen möglichen Arten von Elementen zusammen, wie das Fieber, das aus Kälte und Schleim besteht; und wer einen der beiden Bestandteile zu behandeln versucht, kann die Aussicht auf Heilung (des Fiebers) verringern, weil er die Krankheit des anderen Bestandteils vermehrt, denn der Stärke seiner Elemente entspricht ihre unverminderte Dauer und die Verzögerung ihrer Auflösung. Was den *ᶜishq* anbelangt, so setzt er sich aus Liebesempfindung *[hubb]*, Begehren, Gleichartigkeit und Vertrautheit *[mushakala]* zusammen; er beginnt, steigert sich, hält auf seinem höchsten Grad an und sinkt dann in der Zeit des Überdrusses bis zur gänzlichen Auflösung herab. (...) Es kann auch sein, daß *hubb* und *hawa* vereinigt sind, ohne jedoch das zu bilden, was man *ᶜishq* nennt; dieses doppelte Empfinden kann ein Kind, einen Freund, ein Land, ein Art Kleidung, Mobiliar oder Reittiere zum Gegenstand haben, aber man hat niemals gesehen, daß einer davon aus Liebe *(hubb)* zu seinem Sohn oder zu seinem Land an seinem Körper siech wird oder seinen Verstand verliert, wenn er auch bei der Trennung von Schmerz getroffen und verzehrt wird. (Dagegen) haben wir viele gesehen und von vielen erfahren, die nach langer Qual und nach langem Gram an der Krankheit des *ᶜishq* zugrunde gegangen sind. Man weiß, daß, wenn zu *hubb* und *hawa* die Gleichartigkeit – ich meine damit die natürliche Gleichartigkeit – hinzukommt, das heißt die Liebe *(hubb)* der Männer zu den Frauen und die Liebe der Frauen zu den Männern, die allen Männchen und Weibchen von den Tieren innewohnt, dann der wahre *ᶜishq* eintritt ...«
(Pellat, *Arabische Geisteswelt*, S. 422f. u. 424)

Und Hudjwiri, der bekannte Mystiker des 11. Jh.s aus Ghazna, schreibt dazu: »Derjenige, bei dem jede Handlung vom Begehren abhängt und der sich darin gefällt, ist fern von Gott, mag er sich auch mit euch in einer Moschee befinden; wer ihm jedoch entsagt hat, der ist nahe bei Gott, auch wenn er sich nicht in einem

Gotteshaus befindet (...). Denn es heißt: ›Das Begehren ist dem Lehm Adams beigemischt; wer ihm entsagt, wird ein Prinz, und wer ihm folgt, wird zum Gefangenen. So wurde Suleika, indem sie ihrem Begehren als Prinzessin gehorchte, zur Sklavin; Joseph aber wurde, da er ihm widerstand, aus einem Gefangenen in einen Prinzen verwandelt.‹« (*Somme théologique*, S. 247f.)
Daneben hat Hudjwiri auch die folgende Frage überliefert, die Djunaid (gest. 910) einmal gestellt wurde: »Was ist Einssein mit Gott?« – Djunaids Antwort: »Verzicht auf das Begehren.« (Ebd., S. 248)

Lit.: Arkoun, ᶜAttar, Bousquet, Chebel *(ES)*, *Encyclopédie de l'Islam*, Ghazali, Hudjwiri, Ibn ᶜArabi, Djahiz (Pellat), Massignon, Pérès.

Siehe auch: Begierde (Wollust), Derwische, Djunaid, ᶜIffa, Joseph und Suleika, Keuschheit, Leidenschaftliche Liebe, Liebesleid, Prostitution, Scham, Tödliche Begierde.

BEGIERDE (WOLLUST) *(ghulma, shabaq, shahwa mutlaqa)*. Im Bereich der Liebe muß zwischen der ungezügelten Fleischeslust *(concupiscentia effrenata)* als rein triebhafter Form des Begehrens und einer sei es selbst ins Extrem getriebenen Sinnlichkeit unterschieden werden. Man könnte die Wollust auch als eine enthemmte Form der Liebe definieren, deren einziges Ziel die sofortige Befriedigung eines rein sexuellen Begehrens ist, so daß der Körper die Position an sich reißt, die in der Sinnlichkeit wie in der Liebe normalerweise der Geist einnimmt: »Und als die junge Frau ihn erblickte, begann sie ihm lächelnde Blicke zuzuwerfen und beeilte sich, die Tür zu schließen, die man offen gelassen hatte. Dann nahte sie sich meinem Bruder, ergriff seine Hand und zog ihn zu sich auf den Diwan aus goldenem Samt. Es erübrigt sich, im einzelnen zu schildern, wie mein Bruder und die erblühende Jungfrau einander mit Kopulationen, Küssen, Bissen, Karessen, Rutenstößen, Windungen und Verrenkungen in Variationen auf die eine, zweite, dritte und andere Art verwöhnten.« (*1001 Nacht*, M, »Histoire d'El-Aschar, le cinquième frère du barbier«)

Manche Autoren betonen in diesem Zusammenhang den Aspekt der »Tortur« bzw. »Folter«, die die Besessenheit oder gar »Monopolisierung« eines bestimmten Körperteils (Auge, Hoden, Penis) bewirkt, sowie den flüchtigen Moment des Glücksgefühls, sobald der Drang gestillt und die Spannung gelöst ist. Während die *concupiscentia* in der katholischen Kirche zu den verwerflichsten Sünden zählt, denkt der Islam in diesem Fall anders: In beiden Religionen ist die ungezügelte Wollust zwar in gleicher Weise verboten, aber im Islam ist dieses Verbot mit keinerlei Schuldgefühl oder objektiver Schuldhaftigkeit verbunden, sondern er will die ungezügelte Entfaltung der Lust ausschließlich auf den Bereich der Ehe konzentrieren. Absolut verwerflich ist die Wollust dagegen im Bereich der Homosexualität. Die Koranverse 27, 54f. sind im übrigen die einzigen, wo diese erwähnt wird:
»[Lot zu seinen Leuten:] ›Wollt ihr denn gegen eure bessere Einsicht etwas (so) Abscheuliches begehen? Wollt ihr euch in Sinnenlust wirklich mit Männern abgeben, statt mit Frauen?‹«

Lit.: Conte, Ghazali, Hudjwiri, Ibn ᶜArabi, Koran, *1001 Nacht*.
Siehe auch: Begehren, Blickverbot, Entfesselter Koitus, Freßlust, Homosexualität, Joseph und Suleika, Lust (sexuelle), Orgasmus.

BEIN (*saq*). Das Wort ist arabisch, wird aber auch im Persischen verwendet. Nach Sharif-addin Rami sind es zwei Farben, die in der Beschreibung der Beine eine Rolle spielen: Rotbraun und Weiß. Während die Araber die rotbraunen Beine schätzen, ziehen die persischen Dichter die weißen vor. Farid-addin ᶜAttar führt in einem Vers die (rote) Farbe der Jujuba-Früchte an:

In Schwäche hingestreckt hat mich dein Bein (weil es die Leidenschaft in mir geweckt);
Nie will ich die jujubafarbne Säule lassen (damit sie meine Stütze sei).
(Zit. nach Rami, *Anis al-ᶜUshshaq*, S. 90)

Einem anderen Autor kommt dagegen der Kristall in den Sinn:

Ein Türke von blendender Schönheit, mit Armen und Beinen von Kristall, stand hinter uns, den Becher in der Hand.
(Farrokhi, zit. nach Rami, ebd.)

Ein weiterer Vers, von Modami, einem persischen Dichter aus Isfahan; hier haben die Beine die Farbe des Silbers:

Der Mundschenk hat mich verstört durch sein silberfarbenes Bein;
und jagen wir nicht alle dem Silber nach?
(Ebd., S. 91)

Der Dichter Saif-addin Aᶜradj wiederum hat die Beine mit rotem Tropenholz *(baqqam)* verglichen.

Die Beine markieren den Übergang des massiven, statischen Rumpfes in die Beweglichkeit. Der Anblick eines schönen Beins, seiner langen und anmutig geschwungenen Linien und wohlgeformten Gelenke kann immer wieder entzücken. Wie die Füße oder die Unterwäsche sind auch die Beine Gegenstand fetischistischer Neigungen.

Lit.: Rami.
Siehe auch: Fetischismus, Körper, Schönheit.

»BEINE ANEINANDERSCHLAGEN«. Eine Formulierung im Koran (24, 31), die besagt, daß es den Frauen verboten sei, die Aufmerksamkeit der Männer auf ihre Gegenwart oder ihre verborgenen Reize zu lenken, indem sie den Schmuck an ihren Fußgelenken zum Klingen bringen – gedacht ist an die Situationen, in denen Frauen bis zu den Füßen verschleiert auftreten oder sich hinter einem Paravent aufhalten. **S. Füße**

BERÜHMTE LIEBESPAARE. Wie Romeo und Julia, Laura und Petrarca, Héloise und Abälard, Tristan und Isolde, Hero und Leander oder auch Simson und Dalila – Zeitgenossen die einen, entfernte Vorgänger die anderen –, sind die Paare berühmter Liebender im Islam Legion. Für sich genommen, spiegeln sie die Bedingungen der Entstehung des liebenden Empfindens, also: Vergänglichkeit, Maßlosigkeit, Wandelbarkeit, Unwägbarkeit. Die berühmten Liebespaare, deren Geschichten uns vor allem dank der verschiedenen Gedichtsammlungen, der Diwane*, überliefert sind, begleiten so die Entwicklung der arabischen und islamischen Sitten. Das Wagnis des Unstatthaften verleiht diesen Liebesbeziehungen einen Beigeschmack der Ketzerei, des Wahns und der Rebellion gegen den immer engherzigeren Sitten-Konformismus des Kalifats.

Wer sind nun diese berühmten Dichter der verrufenen Liebschaften, wer die Paare, deren beispielhafte Liebe besungen wurde? Djamil und Buthaina im 7. Jh., Bishr und Hind (6.-7. Jh.), Madjnun und Laila (7. Jh.), Bashshar und ᶜAbda (zwischen 6. und 8. Jh.), Salomo und Balkis, ᶜAntar und Abla (6. Jh.), Khusrau und Shirin (6. Jh.), ᶜUrwa und ᶜAfra zur Zeit der Umayyaden*; die Poeten Omar Abi Rabiᶜa (644-718) und seine Geliebte Thurayya, Kuthayyir (gest. um 723) und seine Angebetete ᶜAzza, Qais (gest. 687) und Lubna, im 11. Jh. Ibn Zaidun und Wallada, sowie natürlich Joseph (Yusuf) und Suleika, deren auch im Koran überlieferte Geschichte in die Zeit der Pharaonen zurückreicht, ja, in gewisser Hinsicht eine Projektion zurück zu den ersten Schritten der Menschheit ist. Schließlich war es auch ein berühmtes Paar, Adam und Eva, das die menschliche Art gebar und dem in mehreren legendären Berichten Wesenszüge nachgesagt werden, die uns heute recht vertraut erscheinen.

Im allgemeinen sterben diese berühmten Liebespaare jung, und da es in diesen Fällen selten zur glücklichen Vereinigung kommt, hinterlassen sie keine Kinder. Zahiri von Samarkand schrieb:

»Unter solchen Umständen hat man gesagt: ›Die Liebenden haben ein kurzes Leben‹, denn die Abwesenheit des Geliebten und der Schmerz der Trennung richten ihre zerbrechlichen Seelen zugrunde, die sich in Tränen erschöpfen und in Seufzern aushauchen. So zerfällt allmählich das Wesen. Bei den Arabern sind alle großen Liebenden in der Blüte ihrer Jahre gestorben wie der von seiner Laila entfernte Madjnun, wie Kuthayyir aus Liebe zu ᶜAzza starb oder Wameq wegen seiner Azra. Eines Tages fragte man einen jungen Mann vom Stamme der Banu Tamim: ›Warum sind jene von euch so jung gestorben, die geliebt haben?‹ Und er sagte: ›Weil unsere Herzen sich leicht entflammen, und unsere Frauen schamhaft sind.‹« (*Le Livre des sept vizirs*, S. 120)

Lit.: Diwane der genannten Dichter (vgl. Literaturverzeichnis), Blachère *(HLA)*, Dermenghem, Pareja, Petit/Voisin, Roman, Schmidt, Zahiri von Samarkand.

Siehe auch: die genannten Namen; Begehren, Fatan, Galanterie, Ghazal, Liebe und Varianten, Persische Miniaturen, Tod.

BERÜHRUNG *(lams, malmas)*. Im Orient sind Berührungen unter Erwachsenen völlig normal und unterliegen keinem Tabu wie in anderen Kulturen. Dieses Element des sozialen Lebens der Araber und anderer Gemeinschaften in der Region hat nichts mit einem verstohlenen Tätscheln oder gar Grapschen in sexueller Absicht zu tun. Ein Blick in die zahlreichen von Europäern verfaßten Reiseberichte bestätigt allerdings den Verdacht, daß die Angewohnheit, sich in der Öffentlichkeit zu berühren, bei den Reisenden falsche Vorstellungen geweckt haben muß, denn sie heben gerade dieses Phänomen besonders stark hervor, deutlich befremdet oder gar voller Abscheu. Elie Faure z.B. ereifert sich:

»In den orientalischen Städten herrscht eine ständige sexuelle Obsession. Sie schwelt in den himmelschreienden Intrigen des Harems, dort stachelt der Müßiggang sie an. Sie zeigt sich auf der Straße in den Anbiederungen, zweideu-

tigen Vertraulichkeiten und Gesten der Männer, im Gang, den verstohlenen Blicken, dem Tuscheln der Frauen. Der Schleier, der Lidschatten steigern sie noch ins Unermeßliche. (...) Eine deutliche Obsession, mit der kein Gefühl verbunden ist, aus der nichts Geistiges erwächst.« (Faure, S. 90)
Natürlich gibt es verschiedene Arten von Berührung. Wenn Jünglinge Hand in Hand spazierengehen oder sich an den Schultern fassen, läßt das nicht etwa auf Päderastie schließen (**s. Homosensualität**), auch wenn eine solche Zärtlichkeit, die anfangs rein freundschaftlicher Natur ist, manchmal in eine oder mehrere Erfahrungen homosexueller Natur mündet (Masturbation zu mehreren, sexuelle Spielereien, Verführungsspiele). Die kulturelle Basis dieser Berührung und ihre wirkliche Bedeutung stammen aus einem Bereich jenseits von Sexualität, wie alle Aktivitäten in der Gemeinschaft, bei denen körperliche Nähe normalerweise weder strafbar, noch mit Schuldgefühlen verbunden ist, wie z.B. Paradieren vor den Mädchen, freundschaftliche Klapse (**s. dort**), Gesellschaftsspiele in überfüllten Cafés, Handeln im Basar usw.
Die Geschichte einer Berührung voller Überraschungen erzählt *1001 Nacht* von der schönen Zumurrud, die sich als König verkleidet hatte, und ›Alî Schâr, der den vermeintlichen König massieren wollte:
»Und als er mit dem Essen und Trinken fertig war, sagte sie: ›Komm zu mir auf das Lager und knete mich!‹ Er begann ihre Füße und Schenkel zu kneten und fand, daß sie weicher als Seide waren. Nun befahl sie: ›Geh höher hinauf mit dem Kneten!‹ Doch er entgegnete: ›Verzeihung, mein Gebieter, bis zum Knie, doch nicht weiter!‹ Sie rief: ›Wagst du mir zu widersprechen? Das würde eine Unglücksnacht für dich werden! (...) Nein, es liegt dir ob, mir zu gehorchen. Ich will dich zu meinem Liebling machen und dich zu einem meiner Emire ernennen.‹ ›O größter König unserer Zeit,‹ fragte 'Alî Schâr, ›worin soll ich dir gehorchen?‹ Und als sie antwortete: ›Löse deine Hosen und leg dich auf dein Gesicht!‹ rief er: ›Das ist etwas, das ich noch nie in meinem Leben getan habe! Wenn du mich dazu zwingst, so werde ich dich dessen vor Allah am Auferstehungstage anklagen.‹ (...) Da tat er es, und sie stieg ihm auf den Rücken; und er fühlte, was weicher war als Seide und zarter als Sahne. Da sagte er sich: ›Dieser König ist mehr wert als alle Frauen.‹ (...) Dann legte sie sich auf den Rücken, nahm seine Hand und führte sie zu ihrem Schoß. Den fand er weicher als Seide, weiß, rund und ragend, heiß wie die Hitze eines Warmbades oder eines liebenden Herzens, das die Leidenschaft verzehrt.« (*1001 Nacht*, Bd. III, S. 256f.)
Lit.: Faure, *1001 Nacht*.
Siehe auch: Homosensualität, Klaps, Vagina.

BESCHNEIDUNG (*tahara, khitana, khifadh,* türk. *sünnet*). Die Beschneidung, d.h. Entfernung der Vorhaut (ᶜ*udhra*) bei Jungen vor der Pubertät ist eine wichtige Operation, die von Arabern, Persern und Türken in großem Umfang vorgenommen wird. Obwohl vom Koran nicht vorgeschrieben, ist dieser Eingriff in der Praxis ein von allen großen theologischen Schulen, darunter ganz besonders von den Schafiiten, stark empfohlener Brauch (*sunna mu'akkada*). In der Türkei wird die Beschneidung als *sünnet* und der Beschneider als *sünnetçi* bezeichnet. Tradition, Hygiene, Vervollkommnung des Mannes, Opfergabe für die schützende Gottheit,

Initiation in das Erwachsenenalter und sogar der Aspekt der Schönheit (denn die Beschneidung wird z.b. in Mauretanien als *tazyin*, »Verschönern«, bezeichnet) wurden zur Erklärung des Ursprungs der Beschneidung angeführt.

Keiner dieser Gründe reicht jedoch für sich allein aus, um die vielschichtige Bedeutung dieses Brauches zu erfassen. Es handelt sich um ein sehr komplexes Ritual, das der Exzision der Mädchen entspricht. Symbolische Korrespondenzen zu diesem Opferritual sind in der Tonsur der Mönche, der Tätowierung sowie in vielen anderen kulturbedingten Eingriffen in den menschlichen Körper zu finden.

Nicht nur über ihre Ursachen, sondern auch über die Auswirkungen der Beschneidung herrschen gegensätzliche Meinungen. Obwohl dies für die Mehrheit der Muslime nicht maßgeblich ist und alle Ärzte diesen Eingriff aus hygienischen Gründen und zur Therapie einer Phimose (Vorhautverengung) befürworten, werden zuweilen auch ablehnende Stimmen laut, die ihren Sinn überhaupt bestreiten.

Frauen, die einem islamisch geprägten Kulturkreis entstammen – mit Ausnahme derer, die andere Länder bereist haben oder die in Ländern leben, wo die Mehrheit der Männer unbeschnitten ist –, ziehen im allgemeinen einen beschnittenen Mann einem unbeschnittenen vor (s. Chebel, *Histoire de la circoncision des origines à nos jours*). Beschnitten zu sein, ist für den muslimischen Mann ein Zeichen von Männlichkeit, denn der Anblick einer faltigen Vorhaut könnte zumindest theoretisch negative Auswirkungen auf das sexuellen Begehren seiner Partnerin haben. So wird das festliche Ereignis der Beschneidung des Kindes sorgfältig vorbereitet und erregt bei den dazu eingeladenen Gästen, zumindest bei den weiblichen, große Freude.

Lit.: Qairawani, Chebel *(HC)*, Bukhari, Erlich, Pesle.
Siehe auch: Exzision, Genitalien, Klitoris, Nacktheit, Penis, Sexualität.

BIGAMIE *(idrar, madarra)*. Im Orient ist die Bigamie nur ein vorübergehendes Surrogat, das der echten Polygamie vorausgeht. Die Polygamie (des Mannes) wird von der islamischen Religion toleriert, freilich nicht im Range einer allgemeinen Vorschrift und – gegenüber den vorislamischen Gebräuchen – beschränkt auf die Anzahl von vier Ehefrauen pro Mann (**s. Polygamie**).
Ferner ist die Bigamie ein literarisches Motiv, wie in der *Geschichte von der Frau und ihren beiden Liebhabern* aus *1001 Nacht* (Bd. IV, S. 272 ff.), in der es um eine bigamische Frau geht, die sich mit einer List aus der Lage rettet, da sie von ihren beiden Männern ertappt wird. Der bigamische Mann steht höher in der Achtung und taucht häufiger in der Geschichte und Literatur auf – unter anderem in Gestalt des berühmten Kalifen Harun ar-Raschid (**s. dort**), des stilisierten Helden im bekanntesten arabisch-persischen Erzählreigen, den *Erzählungen aus den Tausendundein Nächten*.

Lit.: *1001 Nacht.*
Siehe auch: Ehe, Harun ar-Raschid, Polygamie.

»BINT HALAL«/»BINT HARAM« (ein wohlgeborenes, gesundes, reines Mädchen, aus guter Familie/ein Mädchen mit schlechtem Lebenswandel, unrein, lasterhaft). Ausweitung des Gegensatzes zwischen *halal* (erlaubt, legitim) und *ha-*

ram (verboten, illegitim, unrein) auf Frauen; die Wendungen werden analog für die männliche Form gebraucht: *walad halal, walad haram,* nur ist damit weniger das Sexuelle gemeint als sozial abweichendes Verhalten.
Siehe auch: Ehe, Endogamie, Unzüchtige (der, die), ›Zina‹.

BISEXUALITÄT *(thuna'iyat al-djins, takhannuth).* Der Status des Bisexuellen, des Transvestiten und der anderen »gemischten« Orientierungen hat in der Zeit wie im Raum eine Entwicklung erfahren, den Bereich des Randständigen dabei jedoch nie verlassen können. Betrachtet man die Bisexualität einzig unter räumlichen, das heißt, die Geschlechter trennenden Aspekten, so läßt die arabisch-persische Welt, und etwas weniger streng auch die türkische, den gemischten Orientierungen keinerlei Platz. Die islamische Zivilisation mag, wie in der Polygamie, mehrere Partnerschaften durchaus zulassen; was das Rollenverständnis angeht, ist sie streng »monotypisch«. Offenkundige Homosexualität soll vom Propheten selbst scharf verurteilt worden sein: In einem Hadith* wird überliefert, daß er davon absah, ein Haus zu betreten, in dem sich ein von Männern geliebter Knabe aufhielt, mit der ausdrücklichen Begründung, er werde keinen Ort aufsuchen, an dem ein Lustknabe *(ghulam)* und ein Hund sich befinden. Erst im klassischen Zeitalter der islamischen Zivilisation, namentlich zur Zeit der Abbasiden*, kommt die Knabenliebe auch gesellschaftlich zur Geltung.

In welcher Hinsicht nun unterscheidet sich Bisexualität von der »einfachen« Knabenliebe? Zum einen ist die islamische Geschichte – wie die anderer Zivilisationen auch – reich an Beispielen, in denen zweigeschlechtliche Orientierungen bloß vorgespielt wurden, um die eigentliche, homosexuelle Neigung zumindest mit dem Anstrich einer »Auch-Normalität« zu versehen: Der Dichter Abu Nawas, der sich lange als »bisexuell« ausgab, mag in dieser Hinsicht Beispiel für ein lebensgeschichtlich spätes »Outing« sein **(s. Abu Nawas).** Eine andere, bedeutsamere Antwort liefert der Koran selbst, der die menschliche Bisexualität durchaus glückverheißend nennt, sie aber auf das semantische Gelände des Paradieses verlegt: »Und Burschen *(ghilman,* Pl. von *ghulam),* die sie bedienen, so vollkommen an Gestalt, als ob sie wohlverwahrte Perlen wären, machen unter ihnen die Runde« (Koran 52, 24). An anderer Stelle heißt es: »Ewig junge Knaben *(wildan,* Pl. von *walid,* Junge, Kind) machen unter ihnen die Runde. Wenn du sie siehst, meinst du, sie seien ausgestreute Perlen (…). Die Seligen haben grüne Gewänder aus Sundusbrokat übergezogen, und andere aus Istabraqbrokat, und sind mit Armbändern aus Silber geschmückt. Und ihr Herr gibt ihnen reines Getränk zu trinken.« (76, 19 ff.) In Sure 56, Vers 17 bis 22, werden den Seligen sowohl »ewig junge Knaben« verheißen wie auch »großäugige Huris« **(s. Huris).** So findet der Kult, den die »dekadenten Prinzen« der Abbasiden* und Umayyaden* den schönen Knaben errichtet haben, eine zusätzliche Rechtfertigung. In der Folge hat die urbane Kultur, ohne sich je auf den Koran zu berufen, den Epheben *(mukhannath)* und Lustknaben *(ghulam),* den Mundschenken *(saqin),* die als »glattrasiert«*(amrad, mahluq)* beschrieben werden, ebenso – und oft parallel zu jenen – gehuldigt wie der ganzen, weiblichen Schar von Sängersklavinnen *(djariya,* häufig im Pl.: *djawarin, qaina)* und Prostituierten *(baghaya).*

In der Ästhetik stellt der Lustknabe eine Art Projektionsfläche zwischen dem Gläubigen und seinem Schöpfer dar: Bursche und Knabe *(ghulam* und *walad)* werden in den Tavernen und Spelunken der großen Städte auf ihre Weise ebenso gefeiert wie im Koran, wo sie als »wohlverwahrte Perlen« gelten (**s. Ephebe**). So wurde um den Kult des Lustknaben ein formidables Gebäude der Gelehrsamkeit errichtet: Die strengsten der muslimischen Rechtsgelehrten haben die Distanz sehr genau kodifiziert, die es unter allen Umständen gegenüber dem jungen Mann oder jedem anderen bartlosen *(amrad)* oder rasierten *(mahluq)* Wesen einzuhalten gilt, um Verwicklungen zu vermeiden. Damit legten sie freilich ein klares Geständnis unbewußter Pädophilie ab – so, wie es in jüngster Vergangenheit auch ein für seine Sittenstrenge bekannter ägyptischer »Fernseh-Scheich« tat, als er die Versuchung, die für den Mann vom schönen Knaben ausgeht, für ungleich größer erachtete als die von einer Frau ausgeübte. Unfähig, die mehrgeschlechtlichen Orientierungen oder auch nur die synkretischen Vorlieben der Ästheten, ihre Verherrlichung der Jugend – also vergleichsweise universelle und konstante menschliche Neigungen – auszumerzen, hat die islamische Jurisprudenz handliche Ausflüchte gefunden, sich gegen diese Tendenzen zu wappnen: Man schafft das Problem aus der Welt, indem man es mit geschlechtlich doppeldeutigen Namen benennt – wie ja auch die »Huris« des verheißenen Paradieses in ihrem Geschlecht nicht eindeutig festgelegt sind – oder, beispielsweise, durch bloße Umbenennung aus einem Lustknaben eine Sängersklavin *(djariya)* macht. Ein gleiches gilt für die Dichter, die sich in erster Ehe einer Frau des Clans vermählten, um sich hernach um so freudiger den nächtlichen – ausschließlich männlichen – Treiben der Taverne hinzugeben. Der Serail hat seinerseits den Griff nie gelockert, mit dem er die atypischen Vergnügungen, wie auch immer ihre Größenordnung, niederhielt, und damit gesellschaftlich vorgegeben, was bis heute Realität in der islamischen Zivilisation ist: Solange der Vorrang der Trennung der Geschlechter nicht in Frage gestellt wird, läßt sich die Wirklichkeit bisexuellen Verhaltens, das keineswegs über die Maßen verurteilt wird, auf den öffentlichen Raum gesellschaftlicher Marginalität begrenzen.

Lit.: Bouhdiba, Bousquet, Bukhari, Chebel *(ES),* Koran, Mawerdi, Qairawani, *1001 Nacht.*
Siehe auch: Abu Nawas, Ephebe, Homsensualität, Homosexualität, Huri, Mignon, Schöner Jüngling, Transvestismus.

BISHR UND HIND (6.-7. Jh.). Einer der arabischen Prototypen der unglücklichen, außergewöhnlichen Liebe, die sich nicht denken läßt ohne ihre letzte Erfüllung, den Tod. Bekanntlich war das Thema der Liebenden, die vor Liebe sterben, in Arabien geläufig, dem mutmaßlichen Ort seiner Entstehung, es taucht aber auch im Jemen und im Irak auf, später sowohl in der Poesie als auch in den Erzählungen und, ab dem 9. Jh., in der Dichtung der arabischen »Minne«. Margaret Sironval, die diesem Gegenstand eine eigene Arbeit gewidmet hat, faßt das legendäre oder wahre Thema der Leidenschaft, die Bishr und Hind füreinander empfanden, folgendermaßen zusammen: Bishr, einer der ersten Liebenden in der islamischen Kultur, ist ein frommer junger Mann, der es zu etwas gebracht hat. Auf dem Weg von seiner Wohnstatt zu der Moschee, die er stets pünktlich aufsucht, liegt das Haus der Hind. Sie sieht ihn täglich zu den Gebetszeiten vorübergehen und verliebt sich heftig in ihn. Doch Hind ist verheiratet, und Bishr darf ihr also nicht nachgeben. Hind erkrankt, und ihr Zustand verschlechtert sich. Nach wiederholten Schicksalsschlägen wird Hind von ihrem Mann verstoßen und will nun mit dem sie Liebenden zusammentreffen. Bishr, der sich bis zum Irrsein in sie verliebt hat, mit einer ihn verzehrenden Leidenschaft, kann nicht mehr warten. Hind erscheint in dem Augenblick, da ihr Liebhaber im Sterben liegt. Ungestüm schließt sie ihn in die Arme, er stößt nur noch einen letzten Schrei aus und stirbt in ihren Armen. Als sie ihn so sieht, kann Hind dem Kummer nicht mehr widerstehen, der sie alsbald dahinrafft. Bishr und Hind werden in einem gemeinsamen Grab beigesetzt, das seither das »Grab der Liebenden« heißt. (Sironval, S. 13 f.)

Auch in *1001 Nacht* wurde das Motiv des an unglücklicher Liebe sterbenden Paares aufgegriffen, in der *Geschichte von ᶜAli ibn Bakkâr und Shams en-Nahâr* (der Lieblings-Odaliske des Kalifen Harun ar-Raschid):

Der Bote mein soll dir jetzt Kunde von mir bringen;
Solang du mich nicht schaust, genüge dir sein Wort.
Mit Leidenschaft für dich hast du dein Lieb erfüllet;
Sein müdes Auge muß nun wachen immerfort.
So will ich mit Geduld das schwere Leid ertragen –
Ein Mensch greift niemals in den Lauf des Schicksals ein.
Sei froh; denn du wirst nie aus meinem Herzen weichen
Und keinen Augenblick fern meinen Augen sein!
Sieh, wie dein Leib verzehrt ist; denk, was ihm geschehn.
Und aus den Zeichen schließ, wie mir es mag ergehn! (...)
Denn mir ist, als hätte ich nie von Freude gewußt,
und als wiche die Sorge nie aus meiner Brust;
als hätte ich nie auf etwas Fröhliches geblickt
und sei niemals durch ein heiteres Leben erquickt.
Ach, mir ist, als sei mein ganzes Wesen nur
Leidenschaftlichkeit
und Liebeskummer und bitteres Leid. (...)
Nun wünsche ich, daß du mir ein Wort von dir senden möchtest, durch das ich mich trösten kann. Dir aber geziemt es, rechte Geduld zu üben, bis Allah Hilfe gewähre. Und damit Gott befohlen!
(*1001 Nacht,* Bd. II, S. 314)

Lit.: Sironval, *1001 Nacht.*
Siehe auch: Berühmte Liebespaare, Höfische Liebe (Minne), Märtyrer der Liebe.

BISMILLAH (wörtl.: »Im Namen Gottes«). Kurzform der islamischen Redeeröffnung: »Im Namen Gottes, des Barmherzigen und Gnadenreichen« *(Bismillah al-rahman al-rahim).* Eine Formel, die der gläubige Muslim vor jeder, profanen oder rituellen, Handlung des täglichen Lebens spricht: vor der Aussaat, dem Pflügen, den Opferungen, den Waschungen, dem Gebet, vor dem Überschreiten der Schwelle eines Hauses, vor dem Zubettgehen und, unbedingt, vor dem Vollzug der Liebe: »Ibn Abbas berichtet, der Prophet habe gesagt: Wenn ihr zu euren

Frauen geht, dann sagt: ›Im Namen Gottes! O Gott, schütze mich vor dem Teufel, und schütze auch das vor dem Teufel, was du für uns bestimmt hast!‹ Und wenn es euch beschieden ist, daß ihr ein Kind bekommt, so wird der Teufel ihm niemals schaden können!« (al-Bukhari, *Nachrichten...*, S.348.) Und in den *Geheimen Gesetzen der Liebe im Islam (Les Lois secrètes de l'amour en islam)* schreibt der ismailitische *Hodscha** Omar Haleby (19. Jh.) mit erfrischender Offenheit: »Es ist nützlich, in dieser Nacht wie in jeder anderen, im Augenblick, da der *dhakar* in die Vulva eindringt, die heiligen Worte zu sagen: ›Im Namen Gottes, des Barmherzigen und Gnadenreichen!‹ So vertreibt man die Dschinnen und bösen Geister« (Haleby, S. 39). Abu Hamid al-Ghazali, der große Theologe aus Murcia (1058-1111), zählt dazu eine Fülle übereinstimmender Einzelheiten auf (**s. Koitus**). Glaubt man manchen Ethnographen (z.B. Herber), ließen sich einige Prostituierte in Benghazi das *bismillah* auf den Schamberg tätowieren. Damit rückten sie einen ansonsten von der islamischen Lehre gutgeheißenen Akt gleich zweifach ins Unrecht: indem sie den heiligen Namen Gottes in Verbindung brachten mit der unterstellten Schandbarkeit des Freudenhauses und sich darüber hinaus unzüchtig der Fleischeslust hingaben (**s. Tätowierung**).
Lit.: Bukhari, Ghazali, Haleby, Herber.
Siehe auch: Koitus, Tätowierung.

BISTAMI (Abu Yazid Taifur), in der Türkei und in Persien »Bayazid« genannt (gest. 874). In Bistam im iranischen Khorasan als Abkömmling einer zoroastrischen, d.h.: den Lehren Zarathustras anhängenden, Familie geboren, gilt dieser Sufi als von der göttlichen Eingebung »trunkener« Mystiker, der im Augenblick tiefster Versenkung sogar mit der Stimme Gottes in der ersten Person zu sprechen vorgab. Sein berühmter, vorgeblich von Gott selbst inspirierter Ausruf *(shath):* »Ruhm sei mir!« *(Subhani!)* wurde häufig auf eine Stufe gestellt mit dem Ausspruch des Halladj: »Ich bin das Recht!« *(Ana al-haqq).* »Anfangs bildete ich mir ein«, sagte Bayazid über den Zusammenhang zwischen göttlicher Liebe und der Liebe zu Gott, »ich gedächte Seiner und kennte Ihn und suchte Ihn. Am Ende aber sah ich, daß Er meiner eher gedacht hatte als ich Seiner, daß Seine Kenntnis meiner Erkenntnis vorausging, daß Seine Liebe früher war als meine, und daß Er mich gesucht hatte, bevor ich Ihn suchte« (zit. nach Schimmel, *Gärten der Erkenntnis,* S. 32). Weiter sagte er über die Liebe: »Die Sehnsucht ist der Palast der Liebenden. In diesem Palast ist ein Thron aus der Strafe der Trennung aufgestellt und ein Schwert von dem Schrecken des Getrenntseins gezückt und ein Narzissenstengel der Vereinigung in die Hand der Hoffnung gelegt. Nun sind siebentausend Jahre vergangen, und noch ist die Narzisse grünfrisch, denn die Hand keines Hoffens hat sie je erreichen können.« (ebd.)
Lit.: Schimmel, Pareja.
Siehe auch: Göttliche Liebe, Liebe der Mystiker.

BITTERKEIT DER LIEBE. Die Übertreibung ist ein konstantes Merkmal der arabischen Poesie (**s. Emphase**). So ist es nicht verwunderlich, daß auch die Beschreibung der durch die Liebe hervorgerufenen Bitterkeit nicht frei von

übertreibender Verallgemeinerung ist. »Die Ruhe der Liebe ist Erschöpfung, ihr Beginn eine Krankheit und ihr Ende der Tod«, schreibt Ibn al-Farid (1181-1235), einer der bedeutendsten muslimischen Mystiker (zit. nach Dermenghem, *LPBTA*, S. 272).
Derselbe Stil ist in der persischen Literatur zu beobachten und in gewissem Maße in der Ausdrucksweise der gesamten Region.

Lit.: Ibn al-Farid, Pérès.

Siehe auch: Anaphrodisie, »Hukm al-hubb«, Joseph und Suleika, Liebe, Liebesleid, Shaghaf, Sklavische Liebe.

BLICK *(nazar, nazra, ibsar)*. Der Blick, noch bedeutsamer als das Zwinkern, oftmals sogar eindeutiger als dieses, spielt eine entscheidende Rolle in der Liebe im Orient. Er gilt als die Waffe der schönen Frau schlechthin, als der perfide Pfeil der Kokotte und als Mordwaffe der Verführerin. Der Algerier Mohammed Belkheir (gest. 1905) beschreibt den Blick folgendermaßen:

Augen, Gewehr mit doppeltem Lauf,
für einen ausgezeichneten Schützen, unversöhnlich und jähzornig.
Feuerblitze zucken am Himmel,
Wenn sie ihr rechtes Lid hebt.
Trifft mich ihr Blick, so finde ich keinen Namen für meine Glut
                                       und meine Freude.
(Belkheir, S. 62)

Es gibt fast kein leidenschaftliches Liebesgedicht, in dem nicht wenigstens ein oder zwei Verse dem Blick gewidmet sind. Manchmal genügt schon ein Halbvers, um seine Anziehungskraft und Faszination zu verdeutlichen. Thami al-Mdaghri, ein marokkanischer Dichter aus dem 19. Jh., schreibt:
»Bis ich meine Mörderin traf, diese Frau mit dem verführerischen Blick. Von da an war ich gefangen und brannte zwischen Pulver und Abzug ihres Gewehrs. Meine Verletzung stammt von ihrem Blick. Ich sagte mir: ›Das ist meine Perle!‹ Das Pulver, das ihre Augen verschießen, brennt viel stärker als das Pulver eines englischen Gewehrs, aus dem die Flamme sticht. Es ist das *ghundj*-Pulver [Puder für die Augen], das aus Zauberaugen kommt.« (Zit. nach *L'Islam et l'Occident*, S. 344)
Der beste Vers, der dem Blick gewidmet wurde, ist zweifelsohne der des Prinzen Ibn al-Mu'tazz (10. Jh.): »Mit meinem Blick verletzte ich ihre Wange, sie jedoch rächte sich, indem sie ohne Unterlaß mein Herz verletzte« (Zit. nach Martino/Bey Saroit, S. 173).

Lit.: Belkheir, Chebel *(LS, ES)*, *L'Islam et l'Occident*, Martino/Bey Saroit, Pérès.

Siehe auch: Auge, Raqib, Verführung, »Winken mit den Augen«.

BLICKVERBOT. In der islamischen Kultur, die der Geschlechtertrennung mit all ihren verhaltensbestimmenden psychologischen und moralischen Folgen – Schamhaftigkeit, Verschleierung, Schüchternheit, Inzest – eine so hohe Bedeutung beimißt, spielt natürlich das ›Blickverbot‹ eine wichtige Rolle. Ein besonders gelungener Kommentar zu diesem Thema findet sich in al-Qairawanis *Risala*, einem Werk über die Sittengesetze nach der malekitischen Rechtsschule:

»Zu den von Gott gegebenen Verpflichtungen zählen die folgenden: in Gegenwart von Frauen, mit denen die Heirat nicht erlaubt ist, den Blick zu senken. Wirft man jedoch einen ersten Blick auf sie, ohne schuldhafte Absicht, so ist dies keine Sünde. Es spricht auch nichts dagegen, eine unansehnliche Frau zu betrachten, die kein Verlangen erregt, und man darf sogar eine junge und hübsche Frau anblicken, wenn man nur einen stichhaltigen Grund dafür hat – etwa wenn man Zeugnis über sie ablegen soll oder dergleichen. Auch wer einen Heiratsantrag macht, hat dieses Recht.« (Qairawani, S. 295)

Die islamische Rechtsprechung leugnet nicht nur die Wirklichkeit – daß sich das Verlangen gegen alle äußeren Zwänge immer wieder geltend macht –, sie zeigt sich auch grundsätzlich hilflos in ihren formalistischen Versuchen, menschliche Gefühle wie die sexuelle Anziehung zu kodifizieren. Schließlich kommt es auf den Blick des Betrachters an: Eine unscheinbare Frau kann sehr wohl die heftigsten Leidenschaften erwecken, und ebenso kann eine junge und hübsche Frau den Betrachter gleichgültig lassen. In ihrer paternalistischen und oft frauenfeindlichen Haltung haben die Religionsgelehrten stets vor allem das Zusammentreffen junger Menschen behandelt und verfügt, daß bei solchen Gelegenheiten der Mann die Frau nicht anblicken darf – vom umgekehrten Fall, daß eine Frau einem Mann einen begehrlichen Blick zuwirft, ist gar nicht erst die Rede. Das Blickverbot ist das Gegenstück zum Voyeurismus, und es bildet selbst eine Art von Perversion: Das mißtrauische Spähen nach Anzeichen der Liebe fördert ein Klima der Heuchelei.

Lit.: Chebel *(ES)*, Qairawani, *1001 Nacht*.
Siehe auch: Misogynie, Schleier, Voyeurismus.

BLINDE LIEBE *(al-hubb al-aᶜma)*. Das mit dem sprichwörtlichen Ausdruck »Liebe macht blind« benannte Thema wird in einer Anekdote des Farid-addin al-ᶜAttar, eines persischen Mystikers des 13. Jh.s, anschaulich behandelt: »Ein junger Mann, tapfer und wild wie ein Löwe, war fünf Jahre lang in eine Frau verliebt. In einem Auge seiner Angebeteten befand sich ein kleiner Fleck, doch der Mann sah ihn nie, wenn er ihre Schönheit bewunderte. Wie könnte ein so verliebter Mann einen winzig kleinen Makel entdecken? Doch nach und nach begann seine Liebe zu schwinden, und er erlangte die Herrschaft über sich selbst zurück. Nun entdeckte er auch den Fleck und fragte sie, wie er entstanden sei. Sie antwortete: ›Er tauchte in der Zeit auf, als deine Liebe abzukühlen begann. Als deine Liebe zu mir beschädigt wurde, wurde mein Auge unvollkommen für dich.‹« *(Mantiq at-tair, dt.: Vogelgespräche, S. 111)*

Der Sinn dieses Bildes besteht darin, dem unglücklichen Liebenden verständlich zu machen, daß seine eigenen Fehler nicht fortwährend sichtbar sind (Blindheit, arab.: ᶜaman, dalal; pers.: kurane), während die der anderen in dem Moment, da man sie nicht mehr in vorteilhaftem Licht betrachtet, ungeahntes Ausmaß annehmen können. *1001 Nacht* und andere orientalische Erzählungen überliefern eine Vielzahl komischer Situationen, da, im Schutze der Nacht, manchmal auch dank des Schleiers, der gutgläubige – besser noch: der düpierte – Liebende einer Verwechslung der Partnerinnen aufsitzt. Dies zum Beweise, daß die wahre Liebe sich erst dann wirklich zeigt, wenn sie eine große innere Blindheit auslöst – so, wie es die Volksweisheiten aller Länder zum Ausdruck bringen (siehe zum Beispiel F.-J. Abela, *Proverbes populaires du Liban-Sud,* oder J.-L. Burckhardt, *Arabic Proverbs).*

Volkstümliche Redewendungen aus Ägypten und dem Libanon:
»Der, den das Herz gesehen hat, bevor das Auge ihn sah«. *(Yalli shafu al-'alb 'abl ma tshufu al-ᶜain* – Abela, PPLS, Bd. I, S. 231)
»Das liebende Auge ist blind.« *(ᶜain al-hubb ᶜamiya* – ebd., S. 251)
»Die Liebe verdeckt die Fehler (dessen, den man liebt).« *(al-hubb sattar al-ᶜuyub* – a.a.O., Bd. 2, S. 62)
»Deine Liebe liebst du, und wäre sie ein Affe.« *(hbibak man tahubbu wa lau kan qird* – Burckhardt, S. 72)
Lit.: Abela, ᶜAttar, Burckhardt, *1001 Nacht.*
Siehe auch: Liebe und Varianten, Liebeszauber, Liebesleid, Shaghaf, Sklavische Liebe, Talisman.

BLUT *(dam).* Die mit Blut verbundene Faszination wird in der arabisch-beduinischen und berberischen Welt vor allem in drei Bereichen offenkundig:
1. dem Talionsrecht, einer alten Praxis unter Beduinen, die heute nicht mehr existiert (oder im Verschwinden begriffen ist), es schrieb vor, daß eine Blutschuld wiederum mit Blut vergolten wird (**s. Gesetz der Vergeltung**).
2. dem Beweis der Jungfräulichkeit durch eine mit Blut verbundene Begegnung. Der allmächtige Mann überreicht dem Kreis der Frauen des Clans, die sich zur Feier dieses unsichtbaren Kultes versammelt haben, die Trophäe, das blutbefleckte Laken (**s. Defloration**).
3. dem Opferblut, das man beim Schlachten eines Schafes anläßlich des Großen Festes *(al-ᶜid al-kabir)* oder Bairams gewinnt.
Siehe auch: Defloration, Gesetz der Vergeltung, Jungfräulichkeit.

BOCKSHORNKLEE s. Üppigkeit.

BORDELL *(makhur, bait al-bigha',* wörtl: »Haus der Begierde«). Schon in *1001 Nacht* macht der »Wachthauptmann von Kairo« Erwähnung von »Häusern der Unzucht« (*1001 Nacht,* Bd. III, S. 313); ist doch auch in der islamischen Zivilisation die Prostitution ein ebenso lukratives wie gesellschaftlich geächtetes Gewerbe. Eduard Hildebrandt berichtet in seiner *Reise um die Erde* 1867 anschaulich:
»In der Nähe dieses grossen Centrums des Menschenverkehrs und Warenumsatzes hat sich die Prostitution von Alexandria angesiedelt. Nichts verwehrt dem Vorübergehenden den Einblick in die Erdgeschosse; hier gilt der Grundsatz der antiken Welt: naturalia non sunt turpia. Die Mehrzahl der Priesterinnen besteht aus Töchtern des Landes, ägyptischen Frauen und Negerinnen, doch ist kein Mangel an Weibern kaukasischer Rasse. Eine polizeiliche Ueberwachung findet nicht statt.« (Hildebrandt, Bd. 1, S. 20)
Dennoch ist die Einrichtung des Bordells – des verschlossenen oder den diskreten Begegnungen vorbehaltenen Hauses – in den Ländern des südlichen Mittelmeerraums weniger verbreitet, als das Ausmaß der gewerblichen Prostitution vermuten ließe: Allzu provokativ wirkten solche Häuser im Umfeld einer Religion, die

der Sexualität zwar huldigt und den Männern das Konkubinat, mithin: die Prostitution im eigenen Haus, gestattet, die Unzucht *(zina')* der Frauen jedoch scharf verurteilt. Gleichwohl sind bis heute vor allem in den Garnisons- und Hafenstädten ganze Stadtteile der Prostitution vorbehalten, wie etwa das, durchaus wörtlich zu verstehende, »Rotlichtviertel« am Rande der Medina von Tunis. Für die homosexuelle Prostitution sind es vielfach gewisse, entsprechend beleumdete Badehäuser, die der Funktion eines männlichen Bordells entsprechen.

Die männlichen Autoren sprechen nicht gern über diese Einrichtungen, selbst wenn sie eben dort ihre ersten sexuellen Erfahrungen gesammelt haben. Einer der wenigen Zeitgenossen, die sich in aller Offenheit zu diesem Thema äußern, ist der Schriftsteller Mohammed Choukri, der als Tagedieb im marokkanischen Rif aufgewachsen ist und die folgende wie auch viele andere Szenen autobiographisch aus Tanger beschrieben hat:

»– Aber heute ist nichts in der Stadt wie sonst.
– Dort gibt es außer den Bordellen noch viele Lasterhöllen.
Ihr weißes, rosa geflecktes Knabengesicht hatte die Form eines Herzens. Ich schloß meine Augen und ließ meinen Kopf an ihre nackte, warme Brust fallen. Ein Kissen aus Fleisch, dachte ich, das heftig pocht. Dieses Kissen wird mir meine Kopfschmerzen lindern. Ihre Finger gruben sich zärtlich in mein buschiges Haar. Meine Hand tastete blind nach ihrem Kopf. Ich hatte vergessen, daß er rasiert war. Ihre Stoppeln kitzelten mich in der Handfläche. Wenn ich ihr von der Stirn nach dem Hinterkopf strich, standen die Stoppeln auf. Er muß wirklich eifersüchtig sein, wenn er ihr Kopf und Brauen rasiert. Ich liebkoste ihre Brust, die feste Mitte im Weichen. Es kitzelte sie mehr, wenn ich an der linken Brust saugte. Sie hielt lachend ihre Hand davor. Sie will mir die rechte geben, ich will die linke haben. Und in dem Spiel zwischen der rechten und der linken beginnen sie alle beide zu kitzeln. Wir spielen ein wenig. Und unterdessen sind wir zwei Kinder geworden.

Ihre Hand machte sich an den Knöpfen meines Hosenschlitzes zu schaffen. Aufgerichtet erschien er in ihrer Hand. Ihre Hand wanderte von der Eichel bis zur Wurzel. Sie rieb ihn an ihrer Schamlippe. Ihre Scham war schwarz, von einem rauhen Flaum bedeckt, von Stoppeln wie die auf ihrem Kopf. Ich drängte, wollte eindringen, doch sie wollte reiben. Sie drückte ihn, würgte ihn, nahm mit der Hand seine Maße, während er abnahm und zunahm. Ich zählte die Wirbel ihrer Wirbelsäule. Ich zog ihn aus ihrer Hand. Wir vereinigen uns. Wir trennen uns. Sie umfängt mich mit Beinen und Armen. Ich sage lautlos zu ihm: Zeig deine Stärke bei ihr! Sei ihrem Ding ein Freund, mein Blinder!«
(Choukri, *Das nackte Brot*, S. 127 f.)

Lit.: Bouhdiba, Bousquet, Choukri, Djahiz, Hildebrandt, Larguèche.
Siehe auch: Bismillah, Hammam, Homosexualität, Kuppler(in), Prostitution, Sängersklavin.

BÖSER BLICK *(al-ᶜain al hasud)* s. Auge.

BÖSES WEIB *(mumiss)*. Das Gegenstück zu jenem Idealbild der Frau, das die klassischen Autoren zeichnen und dem letztlich nur Traumgestalten und Paradiesjungfrauen entsprechen (**s. Huri**), ist das ›böse Weib‹, die Frau als Summe

aller schlechten Eigenschaften, ein Wesen, gegen das der Mann sich mit aller Kraft verwahren muß. Es besteht eine reichhaltige mündliche Überlieferung, in der diese Haltung deutlich wird: Flüche, Schimpfworte, beleidigende und blasphemische Formeln. Oft werden solche Begriffe auch von Frauen benutzt, um andere Frauen – eine Rivalin, eine Nebenfrau, oder einfach nur die Nachbarin – zu verfluchen: *kahlusha* (›Schwarze‹), *ᶜaura* (Einäugige), *khashaba* (›Brett‹), *barmil* (Faß).

Verbreitet sind auch Anspielungen auf Tiere und ihre unangenehmen Eigenschaften: *kalba nibaha* (kläffende Hündin), *qirda mamsukha* (häßliche Äffin), *khunfussa kahla'* (schwarze Kakerlake), *ᶜalaqa fi'l-bir* (Blutegel im Brunnen), *nacdja mahrara* (Mutterschaf mit Durchfall), *hallufa fi-l-kafr* (Wildschwein im Weiler), *karish al-baqara* (Kuhpansen). (Zit. nach Jouin, S. 368)

Bestimmte persönliche Merkmale, charakterliche und vor allem auch körperliche Eigenheiten, werden in den Beschimpfungen immer wieder gern aufs Korn genommen, das gleiche gilt für Makel der sozialen Herkunft oder des sittlichen Betragens – ob solche Unterstellungen wahr sind, spielt dabei keine Rolle:

– *qahba* (Hure), *qahba bila qawwada* (Hure, die nicht einmal eine Kupplerin hat [Marokko: Jouin]), *fasida* (verdorben, liederlich), *fadjira* (zügellos), oder sogar *kharidjiya* (wörtl.: »die sich Abwendende): damit ist sowohl die Auflehnung, wie die Ausgrenzung einer Frau bezeichnet; der entsprechende männliche Begriff (*kharidji*) meint den ›gewerbsmäßigen Zuhälter‹ (Marçais);

– *djifa ᶜifa* (widerliches Luder), *khanza kif al-madjran* (stinkend wie eine Kloake), *buwwala ᶜala fakhadik* (eine mit bepißten Schenkeln);

– *bint al-sahhara* (Tochter der Zauberin), *bint al-tarafiya* (Tochter der Vorstadt [Jouin]).

Ghazali berichtet:

»Ein Araber sagte: ›Sechs Arten von Frauen gibt es, die ihr nicht heiraten sollt, keine *annana*, keine *mannana*, keine *hannana*, ferner keine *haddaqa*, keine *barraqa* und keine *shaddaqa*.‹ Die *annana* ist eine solche, die immerfort seufzt und klagt und jeden Augenblick eine Binde um ihren Kopf wickelt; eine Frau zu heiraten, die immer kränkelt oder krank tut, führt aber nicht zum Guten. Die *mannana* ist eine, die immer dem Mann vorrechnet und spricht: ›Ich habe für dich oder deinetwegen das und das getan.‹ Die *hannana* ist eine, die immer nach ihrem früheren Gatten jammert oder nach einem Kind, das sie von einem früheren Gatten hatte. Auch das darf nicht vorkommen. Die *haddaqa* ist eine, die auf alles ihren ›Augapfel‹ wirft und es haben möchte und ihren Mann drängt, es zu kaufen. *Barraqa* kann auf zweifache Weise erklärt werden: entweder ist darunter eine solche zu verstehen, die den ganzen Tag ihr Gesicht glättet und putzt, (…) oder eine, die über das Essen sich ärgert (…) und der das, was sie bekommt, immer zu wenig ist. (…) Die *shaddaqa* endlich ist eine, die viel schwätzt …« (Ghazali, *Von der Ehe*, S. 57)

Persische Redensart: »Ein loses Weib macht, was es will, da hilft auch kein gläserner Käfig.« (Rezvanian, S. 97)

Lit.: Baghdadi, Fekkar, Ghazali, Jouin, Marçais, *1001 Nacht*.

Siehe auch: Ehestifterin, Hahnrei, Huri, Listen und Intrigen, Prostitution, Treue, Weiblichkeitsideal.

BOTE *(rasul, marsul, mubashshir, mabᶜuth)*. Der Bote ist eine emblematische Figur: ein Meister im Knüpfen von Verbindungen, zugleich der Hüter der Erinnerung. Ibn Hazm (994-1064) berichtet:
»Oder die Liebenden verwenden Frauen, die einen Beruf ausüben, durch den man an die Leute herankommt, also Frauen wie Heilkundige, Baderinnen, Trödlerinnen, Auktionsverkäuferinnen, Haarpflegerinnen, Klageweiber, Sängerinnen, Wahrsagerinnen, Lehrerinnen, Aufwärterinnen, Frauen, die als Spinnerinnen und Weberinnen arbeiten und dergleichen, oder einen, der mit dem Empfänger der Botschaft verwandt ist und ihm deshalb keine Unannehmlichkeiten bereitet.« (Ibn Hazm, *Das Halsband der Taube*, S. 47 f.)
Und Muhand-wa-Muhand, ein Dichter des 19. Jh.s aus der Kabylei, klagt:

Gibt es denn keinen Boten,
der ihr die Nachricht bringen kann,
der ihr zustellt den Brief von meiner Hand?
(Mammeri, *Les Isefra*…, S. 247)

Und sein Zeitgenosse Mohammed Belkheir (1835-1905), der nur wenig weiter östlich lebte, formuliert eine Art von Antwort:

Mein treuer Bote wird zu dieser Schönen gehn
Und das geheime Zeichen mir berichten.
(Belkheir, S. 63)

In der älteren Liebesdichtung (Ghazalen) und in den überlieferten Legenden und Geschichten spielt der Bote meist eine sehr freundliche Rolle, obwohl seine Aufgabe heikel ist und allerlei Schurkenstreiche denkbar sind:
»Eine verlassene Geliebte sprach in drohendem Ton: Gesandter, du hast dem, den ich liebe, falsche Botschaft gebracht, als du sagtest ›Sie wird dir ihre Gunst nicht länger gewähren‹.« (Abès, S. 326)
In der Dichtung Andalusiens, und ebenso im Maghreb und Mashreq, ist der Bote, ähnlich wie der Wächter *(raqib)*, eine zentrale Figur.
Lit.: Abès, Belkheir, Ibn Hazm, Mammeri.
Siehe auch: Auge, Raqib.

BRAUTENTFÜHRUNG s. Ehe, Hochzeitsnacht.

BRAUTJUNGFER / BRAUTFÜHRER. Bei jeder traditionellen Hochzeit spielen Brautjungfern und Brautführer eine unverzichtbare Rolle. Oft handelt es sich um ältere Freunde des Bräutigams oder der Braut, denen schon deshalb eine wichtige Aufgabe zukommt, weil junge Neuvermählte als gänzlich unerfahren in der Liebe gelten. Tatsächlich geht wohl kaum ein junger Mann unberührt in die Ehe, wenn er nicht gerade ernste Probleme mit seiner Männlichkeit hat. Pflicht des Brautführers ist es also eher, über das sittliche Betragen des jungen Ehemanns zu wachen, ihn in einfachen praktischen Fragen zu unterstützen und als Mittelsmann zwischen allen Personen zu dienen, die mit der Heirat zu tun haben. In manchen Berberdörfern Marokkos bringen die Brautführer *(imesnayn* oder *isnayn* genannt) die Braut aus ihrem Elternhaus in ihr neues

Heim (s. Laoust, E., S. 101 f.). Für die Brautjungfern gelten etwas andere Regeln, ihre Rolle ist nicht so verantwortungsvoll, aber deutlicher umrissen: Sie müssen vor allem für das Auftragen von Henna auf die Hand der Braut und auf den kleinen Finger des Bräutigams und seiner Freunde sorgen. Diese Zeremonie findet im Haus des Bräutigams statt, sobald die Braut dort eingetroffen ist, und sie muß sehr sorgfältig durchgeführt werden, weil das Henna als besonderer Glücksbringer (s. *baraka**) und als symbolisches Zeichen des Eintritts in den Ehestand gilt.

Lit.: Laoust (E.).
Siehe auch: Ehe, Henna.

BRAUTPREIS *(mahr)* s. Ehe.

BRUST (*sadr*, wörtl.: »Ehrenplatz«, Verbindung zwischen Ehre und dem Sitz des Herzens, unseres wichtigsten Organs). Die in der arabischen Literatur gebräuchlichsten Metaphern für Brust sind folgende: *harir* (Seide), *ᶜadj* (Elfenbein). Die Begriffe *nahd* (Busen) und *kuᶜb* (runde Brust) bezeichnen die noch nicht ganz ausgebildete Brust einer pubertierenden Heranwachsenden. Sharif-addin Rami schreibt in seinem Buch *Anis al-ᶜUshshaq* (S. 75), daß die Brust mit dem Bauch des Hermelins verglichen werde und man sie mit Hilfe zahlreicher allgemeiner Begriffe, die den Körper betreffen, beschreibe. Neben »Elfenbein« und »Seide« kommen besonders in der persischen Dichtung vor allem die Worte »Feh« *(sindjab)*, »Heckenrose« *(nasrin)* und »Rose« *(gol)* vor.

Die Brust gehört zu den Körperteilen einer Frau, die mit Scham behaftet sind und für die der Koran Verschleierung vorsieht:

»Und sag den gläubigen Frauen, sie sollen ihre Augen niederschlagen, und sie sollen darauf achten, daß ihre Scham bedeckt ist, den Schmuck, den sie am Körper tragen, nicht offen zeigen, soweit er nicht sichtbar ist, ihren Schal sich über den vom Halsausschnitt nach vorne heruntergehenden Schlitz des Kleides ziehen *(wal yadribna bikhumutihinna ᶜala djuyuihinna)*.« (Koran, 24, 31)

Lit.: Rami.
Siehe auch: Busen, Frau und Varianten, Haut, Keuschheit, Nacktheit, Scham, Schleier.

BUDUR (weibl. Figur in *1001 Nacht*) s. **Tausendundeine Nacht.**

BUQALA-SPIEL. Ein Spiel, das zu Hause gespielt wird. Es ist vor allem bei den Frauen der unteren Schichten in den Städten Algeriens beliebt, seine Anfänge verlieren sich in der Vorgeschichte.

Das Spiel besteht darin, aus einer bis zum Rand mit Wasser gefüllten *buqala* (einem Tontopf mit zwei Henkeln) die Zukunft zu lesen, nachdem zunächst die Leiterin des Spiels oder ihre Assistentin ein selbstverfaßtes Gedicht vorgetragen hat, in dem eine konkrete Weissagung enthalten sein soll. Durch die Interpretation einer Reihe solcher Gedichte ergeben sich die *bawaqal* (pl. von *buqala*). Bei diesem Spiel der Wahrsagung werden gewisse Vorsichtsmaßregeln getroffen: Es darf nur an vertrauten Orten und ausschließlich unter Frauen gespielt werden.

Außerdem gibt es eine Reihe begleitender Rituale, wie das Abbrennen von Räucherwerk *(bukhur)* um den Topf oder die Anrufung einer Schutzheiligen *(daʿwa)*. Das Ganze dient dazu, die Begegnung mit einem Geliebten herbeizuführen.
Siehe auch: Liebesspiele, Wahrsagerin.

BUSEN (*hidn*, Plur.: *hudun* oder *ahdan*, *sadr*: »männliche oder weibliche Brust; *buzz*, Plur.: *bizaz*, im Mashreq*; *bazzul*, Plur.: *bazazil*, im Maghreb; *ziza* im Sinne von »Brustwarze«); *fallaka*: »runde Brüste haben«; siehe auch die Wortverwandtschaft mit *falak*: »Kosmos«; *kuʿb*: »weibliche Brust, rund, schön gewachsen«; *kaʿab*; *hashwa*: »falscher Busen, hinzugefügt«). Die Klassiker der arabischen erotischen Literatur betonen besonders die verschiedenen Brustformen, ihre Schönheit, ihre Jugend, ihre Kontur und die verschiedenen Arten, die Brust zu kräftigen, wenn es erforderlich ist (Dagorn, S. 180). Ferner gibt es marokkanischen Quellen zufolge auch Praktiken jüngeren Datums, wie z.B. »sich sieben Mal mit den Pantoffeln eines unverheirateten Mannes auf die Brust zu schlagen«, was die Brüste wachsen lassen soll (Lens, S. 84). Einen ähnlichen Effekt soll stärkehaltiges Gemüse erzielen, das im Wasser quillt (wie dicke Bohnen), wenn man die Brust damit einreibt. Die Anziehungskraft von Brüsten basiert auf ihrer Doppelfunktion. Als Inbegriff der Weiblichkeit können sie wie ein Liebeszauber wirken. Mohammed Belkheir (1835-1905) drückt dies in *L'Etendard interdit* metaphorisch aus:

Deine Brust, Taubenei in einem roten Käfig,
ruht in einem erholsamen Wald.
(S. 65)

Die zweite Funktion ist die der Mutterschaft, d.h. der nährende Aspekt. Der Begriff *thady* oder *thadan* bezeichnet die Brust, die den Säugling stillt. Da der Islam dem Kinderreichtum einen hohen Stellenwert beimißt und die wichtigste soziale Rolle der Frau die der Mutter ist, gilt es als Gottessegen, wenn die Brüste einer Mutter viel Milch geben.
Verhaltensforscher und Dichter sprechen gleichermaßen von dieser zweifachen Bedeutung. Liebende denken sich ihren Teil bei dieser Einteilung und befassen sich in erster Linie mit dem körperlichen Glücksgefühl, das ihnen aus den zärtlichen Berührungen dieses empfindsamen Körperteils erwächst. Das lesen wir auch in verschiedenen Variationen in einigen Geschichten aus *1001 Nacht*: *Die Geschichte von Kamar ez-Zamān und seiner Geliebten*, *Histoire compliquée de l'adultérin sympathique* (M, Bd. XIII). Hier werden Brüste mit Granatäpfeln verglichen (**s. Granatapfel**) oder mit reifen Früchten (**s. Früchte**) sowie mit Geschmeide, das genau die Größe einer Hand mißt. Natürlich werden die Brüste von jungen Frauen am meisten besungen. Es ist erstaunlich, daß, obwohl sich in ʿ*Anis al-ʿUshshaq* auch eine Studie zu den poetischen Begriffen der Perser für Schönheit findet, der Autor Sharif-addin Rami die Brüste mit keinem Wort erwähnt.
Lit.: Belkheir, Dagorn, Gasselin, Lens, Rami, *1001 Nacht*.
Siehe auch: Adoleszenz, Früchte, Granatapfel, Liebe, Vorspiel.

BUTHAINA (7. Jh.). In der Liebesliteratur bekannt gewordene Frau, der die verzweifelte Liebe des Djamil galt, eines der großen Dichter des frühen Arabiens. **S. Djamil und Buthaina.**

CHARME (ZAUBER) *(ruqya, sihr, djamal, fitna)*. Nach Ibn Hazm (994-1064) ist der Zauber, der von einer Person ausgeht – wir würden heute Charme sagen –, der Gipfel aller Schönheit:
»Der Zauber ist das ›Etwas‹, wofür die Sprache kein anderes Wort besitzt, um es auszudrücken. Die Seele vermag ihn jedoch wahrzunehmen, und alle Menschen erkennen ihn, sobald sie ihn sehen. Er ist wie ein Schleier, der das Gesicht umhüllt, ein Strahlen, das die Herzen so sehr anzieht, daß die einhellige Meinung es selbst dann als schön empfindet, wenn es daneben keine schönen Züge besitzt. Wer immer ihn bei einem Wesen gewahrt, ist verzückt, bezaubert, seinem Bann unterworfen, und doch könnte er, wenn er jeden einzelnen Zug des Gesichts gesondert betrachtet, nichts Hervorstechendes darin erkennen (...). Dies (der Zauber) ist der höchste Grad der Schönheit.« (Ibn Hazm, *Épître morale*, S. 65f.)
Lit.: Ibn Hazm.
Siehe auch: Schönheit.

COITUS INTERRUPTUS *(ᶜazl)*. Im Islam hat die unter dem lat. Begriff *coitus interruptus* bekannte Art der Empfängnisverhütung, wie Ghazali (1058-1111) berichtet, zu heftigen Polemiken geführt. Er selbst vertritt dabei den Standpunkt, daß sie zulässig sei. Unter Berufung auf die Ansicht der Theologen seiner Zeit schreibt er:
»Über die Erlaubtheit oder Verwerflichkeit des coitus interruptus sind die Meinungen der Gelehrten geteilt, und zwar lassen sich im ganzen vier Ansichten unterscheiden: Die *erste* erklärt es für schlechthin erlaubt, die *zweite* für schlechthin verboten; nach der *dritten* ist es erlaubt mit Einwilligung der Frau, ohne diese aber nicht; die Vertreter dieser Ansicht verbieten also die Schädigung der Frau, nicht die interruptio coitus an sich. Nach der *vierten* Ansicht ist es nur bei einer Sklavin erlaubt, nicht aber bei einer Freien.« (*Von der Ehe*, S. 94)
Das authentischste Zeugnis, das die Technik des *coitus interruptus* befürwortet, die bereits im Ägypten der Pharaonenzeit (neben der Verwendung des Diaphragmas), in Rom, Persien und bei den Juden bekannt war und praktiziert wurde, scheint von Djabir zu stammen. Es wird in vollem Wortlaut auch von Muslim (816-873) und al-Bukhari (810-873) in ihren Sahihs zitiert:
»›Zur Zeit des Propheten, während der Koran erst offenbart wurde, pflegten wir auf die Technik des ᶜazl zurückzugreifen‹, sagte jener Gefährte. ›Dem Propheten kam dies zu Ohren, aber er verbot es nicht – sie zu praktizieren.‹ Djabir sagte: ›Zur Zeit des Propheten pflegten wir uns vor dem Erguß zurückzuziehen (dies war die Zeit, wo die Offenbarungen des Koran gerade erst einsetzten, und das bedeutet, daß es erlaubt war).‹« (Bukhari, *TI*, Bd. 3, S. 594)
Auch ein Dutzend weiterer, damit übereinstimmender Zeugnisse tendiert dazu, zu beweisen, daß weder der Prophet noch der Koran der natürlichen Empfäng-

nisverhütung völlig ablehnend gegenüberstanden, obwohl man der Geburtenförderung den Vorzug gab, und zwar nach dem Grundprinzip, das der Prophet selbst verkündet hatte, wonach »jede Seele, die am Tage der Auferstehung existieren soll, bereits auf Erden existiert haben« müsse.
Lit.: Bousquet, Bukhari, Ghazali, Muslim, Musallam.
Siehe auch: Fortpflanzung, Fruchtbarkeit/Sterilität, ᶜIffa, Koitus, Mäßigung.

CUNNILINGUS. »Berührung der weiblichen Geschlechtsorgane, insbesondere der Klitoris, mit der Zunge« (Guiraud, *Dictionnaire érotique*). Die klassischen Autoren pflegen sich eher in Schweigen zu hüllen, sobald es um die Darstellung des weiblichen Orgasmus geht, der auf anderem Wege als durch den Koitus herbeigeführt wird. Obwohl die Erzählungen aus *1001 Nacht* wenig zur Prüderie neigen, wird dieses Thema darin kaum berührt, wenn ihre verschleierten Formulierungen auch häufig erahnen lassen, daß Freizügigkeiten zwischen Liebenden durchaus erlaubt sind. Die Ausnahme zu dieser Regel bildet die Kunst der Buchillustration. Die gewagtesten persischen, vor allem aber indischen Miniaturen zeigen Liebesstellungen in invertierter Position, wobei der Mund des Mannes die weiblichen Geschlechtsorgane berührt und umgekehrt. Diese Position, die berühmte Stellung »69«, wird jedoch weder im *Duftenden Garten des Scheich Nefzaui*, noch in der *Anleitung des Einsichtigen* von Ibn Falita beschrieben.
Lit.: Forberg, Guiraud, Ibn Falita, Nafzawi, *1001 Nacht*.
Siehe auch: Fellatio, Koitus, Stellungen beim Koitus.

AL-DAILAMI (Abu'l Hasan Ali ibn Ahmad), 950-ca. 1030. Al-Dailami ist der bekannte Verfasser des ältesten arabischen Essays über die Liebe. Darin versucht der Autor, die »sakrale Liebe und die profane Liebe« philosophisch miteinander in Einklang zu bringen sowie eine vollständige Entstehungslehre der Liebe zu entwerfen. Eine Übersetzung dieses mystischen Hauptwerks, ᶜAtf al-alif al ma'luf ila'l-lam al-maᶜtuf (etwa: *Die Bindung der Neigung des Alif an das geneigte Lam*) wurde 1962 von Jean-Claude Vadet in Kairo unter dem Titel *Le Livre de l'inclinaison de l'Alif uni sur le Lâm incliné* vorgelegt. Louis Massignon zufolge waren sowohl die Wahl des Titels [offenbar eine Anspielung auf die Buchstabenfolge »l-a« in der Floskel »La-illahi-ila'llah« (»Es gibt keinen Gott außer dem Herrn«), die Teil des muslimischen Glaubensbekenntnisses ist – A.d.Ü.] für dieses Traktat als auch dessen innere Struktur unmittelbar von den mystischen Erzählungen des Husain ibn Mansur al-Halladj (857-922) geprägt. Außerdem verfaßte al-Dailami eine Biographie des strengen Asketen (und Halladj-Verehrers) Abu Abdallah ibn Khafif.
Lit.: Dailami, Massignon.
Siehe auch: Begehren, Göttliche Liebe, Halladj.

DALAL / TADLIL. Zärtlichkeiten, Liebkosungen, Verwöhnungen. Das Verhalten des Liebenden gegenüber seiner Geliebten, vergleichbar mit dem der Mutter gegenüber ihrem Lieblingskind. **S. Verführung, Vorspiel.**

DASSINE (ult Ihemma). Große Virtuosin auf der *imzad* (einem einsaitigen Streichinstrument) sowie bedeutende Persönlichkeit der zeitgenössischen Historiographie in der südalgerischen Ahaggar-Region (1885-1938). Noch heute werden in Tamanrasset, Djanet, Tit oder in Abelessa, ihrem angeblichen Geburtsort, die zahlreichen Schicksalsschläge ihres Liebeslebens in Verehrung dieser Grande Dame der Tuaregs besungen, die aus dem Adel der Kel Ghela stammte. Aber Dassine war eine so bezaubernde Schönheit, daß sie auch das Interesse der Märchenerzähler erweckte. Überdies sind mehrere ihrer Männer bekannt, darunter auch Mussa ag Amastane, der lange Zeit ihr glühender Verehrer und später der *amenokal* (Führer) der Konföderation der Tuaregstämme war.
Lit.: Camps, Foucauld.
Siehe auch: Ahal, »Scheherazade-Komplex«.

DEFLORATION (*iftiraᶜ, fadd al-bakara; iftaraᶜa al-bakara:* »deflorieren«; alger.-arab. *mqasra, mfasda, mfalga:* wörtl. »die Zerstörte, Zugrundegerichtete«; berber.: *tfelleg*). In der muslimischen Volkskultur hat der Kult um das Hymen zur Schaffung komplexer Schutzrituale geführt, während die Entjungferung der Ehefrau nach einem unumstößlichen Ritual erfolgt, dessen Ursprung wesentlich älter ist und bis in das Dunkel der Vorzeit zurückreicht.

Bereits Ende des 16. Jh.s weist Leo Africanus darauf hin, wie wichtig die Jungfräulichkeit zu seiner Zeit war, und er erwähnt dabei den auch heute noch gepflegten Brauch, das mit dem Blut der Jungfrau befleckte Laken vorzuzeigen: »Sobald sie (die Braut in das Brautgemach) hineingetreten ist, setzt der Bräutigam seinen Fuß auf den ihrigen, und sie schließen sich ein.
Unterdessen bereitet man ein Gastmahl im Hause. Vor der Kammertür bleibt eine Frauensperson stehen, und dieser wird vom Manne nach Vollziehung der Ehe ein mit Blut beflecktes Tuch gereicht, mit demselben eilt sie zu den Hochzeitsgästen und schreit mit lauter Stimme, die Braut sei als Jungfer befunden worden. (...) Ist aber die Braut nicht als Jungfer befunden worden, so gibt der Bräutigam sie ihren Eltern zurück. Man hält dies für die größte Schande, und alle Anwesenden entfernen sich, ohne zu essen.« (*Beschreibung Afrikas*, S. 114)
Die erwünschte Defloration (in der Ehe) wie die unerwünschte (durch Vergewaltigung oder Unfall) der jungen, noch unberührten Frau ist eine Ehrensache, die sämtliche Mitglieder der Familie betrifft. In der Hochzeitsnacht muß die junge Braut noch heute ihre Jungfräulichkeit nachweisen. Eine akzidentelle, d.h. unverschuldete Defloration wird jedoch in vollem Umfang akzeptiert und bedeutet keinerlei Hindernis für eine Verehelichung. Die in früheren Zeiten gebräuchliche sakrale Defloration ist heute nirgends mehr zu beobachten außer in einigen Marabut-Heiligtümern, wo noch gelegentlich die Defloration zum Zweck der Insemination praktiziert wird.
In bestimmten Regionen geht der Hochzeitsnacht eine Art rituelle Defloration voraus. Sie wird manuell oder durch schamanische Rituale ausgeführt. Eine manuelle Defloration wird nur dann vorgenommen, wenn das Hymen zu widerstandsfähig ist, und kommt daher nur selten vor. Die schamanische Defloration, d.h. das Lösen der schützenden ›Panzerung‹ (*tasaffuh* oder *safh*), ist dagegen noch relativ weit verbreitet, vor allem im Maghreb. Hierbei wird mit Hilfe magischer Formeln sichergestellt, daß die Vagina bis zum effektiven Vollzug der Ehe vollkommen verschlossen bleibt. Das Wort *safh* ist schwer zu übersetzen und bedeutet wörtlich etwa »Panzerung«, »Beschlagen«, »Verschließen« oder »Eindämmen«. Das Ritual als solches besteht darin, daß man an einer Stelle des Oberschenkels die Haut einritzt, so daß ein Tropfen Blut hervorquillt. Dies ist ein Moment von entscheidender Bedeutung, und das Mädchen muß dabei sieben Mal die Formel »Der Mann ist nur ein [weicher] Faden, ich dagegen bin eine Mauer« (*Walad al-nass khait wa ana ha'it*) sprechen. Am Abend vor der Hochzeitsnacht muß die Matrone (Magierin), die diese »Panzerung« einst vorgenommen hatte, ihre Patientin wieder »aufschließen«, d.h. das Ritual wird im umgekehrten Sinn vollzogen, wobei die Braut die gleiche Formel, nur unter Vertauschung der Begriffe »Faden« und »Mauer«, sprechen muß: »Der Mann ist eine Mauer, ich dagegen ein Faden« (*Walad al-nass ha'it wa ana khait*) (Belguedj, S. 140). In Tunesien wird das im Norden des Landes übliche »Beschlagen« am meisten geschätzt. Es wird genau wie in der Region um Constantine praktiziert, nur taucht hier die junge Frau drei Rosinen oder Weizenkörner in ihr Opferblut und verzehrt sie anschließend. (Dubouloz-Laffin, S. 258)

Als Herausgeber der *Noces berbères* von Émile Laoust weist Claude Lefébure daneben auf eine manuelle Defloration hin, die er als »artifizielle Defloration« bezeichnet und die nach seinem Zeugnis überall in der arabischen Welt und sogar in den islamischen Ländern praktiziert wird: »Dabei wird das Hymen mit einem dünnen und scharfkantigen Goldstück durchstoßen. In Rabat und Fez wird dieser Eingriff mit einem Rasiermesser vorgenommen. Die in dieser Form operierte Frau wird *safha* genannt. In Sous, wo Vermählungen zwischen jungen Mädchen und alten Männern keine Seltenheit sind, wird dieser Brauch als *kbu wadat* bezeichnet. Er wird jedoch vor allem in den Fällen praktiziert, wo die Vagina durch eine knorpelig verhärtete Membran verschlossen ist, was die Defloration auf natürlichem Wege erschwert.« (S. 193f.)

All diese Beispiele beweisen, welche entscheidende Bedeutung der Entjungferung in der Sexualkultur der Orientalen noch heute zukommt, da man sie dort mit der vorehelichen Keuschheit der Frau nicht nur im physischen, sondern auch im moralischen Sinn assoziiert.

Lit.: Belguedj, Chebel *(ES)*, Dubouloz-Laffin, Makal, Laoust (E.), Leo Africanus, *1001 Nacht*.

Siehe auch: Analverkehr, Ehe, Freudentriller, Hochzeitsnacht, Hymen, Ius primae noctis, Jungfräulichkeit, Salutschuß, Sexualmythen, Sexuelle Initiation, Sexuelle Tabus.

DERWISCH (arab.: *darwish*). Der Begriff ist vermutlich persischen Ursprungs mit der Bedeutung »arm«, die eigentliche Etymologie ist allerdings unbekannt. Im Zusammenhang mit der Liebe im Islam spielen die Derwische eine bedeutende Rolle, denn zahlreiche Theoretiker und Dichter der Liebe waren entweder selbst Derwische oder aber stark von diesen beeinflußt.

In der arabischen Welt versteht man unter einem Derwisch ein Mitglied einer religiösen Bruderschaft, im Persischen und Türkischen bezeichnet der Begriff eher einen religiösen Bettler (arab. *faqir*). In Marokko und Algerien findet vor allem der Begriff *ikhwan* (Bruderschaft) Verwendung. Diese Bruderschaften oder *turuq* (Plur. von arab. *tariqa*: wörtl.: »Weg« oder »Methode einer Initiation«) kann man als eine organisierte Form des religiösen Lebens im Islam betrachten. Ursprünglich bestand eine solche Gruppe aus einem Lehrer und den Schülern, die dieser um sich scharte; sie existierte teilweise selbst noch eine oder zwei Generationen nach dem Tod des Lehrers weiter. Die ersten kontinuierlich existierenden Gruppierungen tauchten im 12. Jh. auf. Die Qadriten, von Abdal Qadir al-Dailami (gest. 1166) gegründet, gelten als erste Sufibruderschaft.

Historische Ursprünge müssen von Legenden, die sich um spezielle Rituale und Quellen ranken und die eine entscheidende Rolle für die Identität der Gruppe spielen, getrennt werden. Die Ursprünge des Sufismus werden auf den Propheten Mohammed zurückgeführt, und jeder Derwisch muß die sogenannte *silsila* seines Ordens kennen, das ist die Kette der Meister bis hin zum Propheten und zu Gott. Sie verläuft über den persönlichen Lehrer *(shaikh, murshid, ustadh, pir)*, der einen jungen Derwisch in die Bruderschaft einführt. Der Glaube, der durch den Orden gelehrt wird, gilt als esoterischer Kern des Islam, die damit verbundenen Rituale des jeweiligen Ordens haben einen hohen Stellenwert, vergleichbar mit der Bedeutung des fünfmaligen Gebets *(salat)* für einen Muslim, der keinem Orden angehört. Jede Bruderschaft hat ihre eigene Interpretation der Religion, die Züge von asketischem Quietismus bis hin zu pantheistischem Antinomismus tragen kann. Die Unterschiede sind z.T. so erheblich, daß es in Persien sowohl Derwische gibt, die als *ba-sharᶜ* galten, d.h. dem islamischen Gesetz folgend, als auch als *bi-sharᶜ*, d.h. ohne Gesetz, weil sie das rituelle und moralische Gesetz völlig ablehnen.

Derwischrituale betonen das emotional-religiöse Leben und zielen darauf ab, hypnotische Phänomene und ekstatische Zustände herbeizuführen, um Gott und die Verbindung zu ihm unmittelbar zu erleben. Der *dhikr* (**s. dort**), den alle Bruderschaften abhalten, hat die Funktion einer Art Gottesdienst. Es gibt Bruderschaften, wie z.b. den Khalwatiyya-Orden, die von ihren Mitgliedern einen jährlichen Rückzug in die Einsamkeit mit Fasten und ständigem Rezitieren religiöser Formeln fordern. Hypnose oder Trance (**s. dort**) werden z.T. als Methoden angewandt, mit deren Hilfe sich ein Derwisch in ekstatische Zustände zu versetzen vermag, sie können aber auch als Folgeerscheinung einer religiös-mystischen Verzückung oder Ekstase von allein auftreten. Dabei entstehen bestimmte körperliche Zustände und Phänomene, die im Westen dazu führten, manche Derwische als heulende (Rifaᶜi-Orden) oder tanzende (Maulawi- oder Mevlevi-Orden) Derwische zu bezeichnen.

Gerade die »Tanzenden Derwische«, d.h. der Maulawi-Orden, sind im Westen weithin bekannt, sicherlich nicht nur wegen ihres Sufitanzes, sondern auch wegen ihres Gründers: Djalal-addin Rumi (**s. dort**), der als einer der berühmtesten und bedeutendsten Dichter der Liebe und der mystischen Liebe im besonderen gilt. Die geistlichen Übungen der Maulawi beinhalten vor allem das Drehen um die eigene Mitte, das mit einem langsamen Kreisen beginnt und sich allmählich bis zur Ekstase steigern kann.

Die Saᶜdi-Bruderschaft benutzt die *Dausa'*-Zeremonie, eine Art Trampeln, um sich in Ekstase zu versetzen. Sie ist heute in Ägypten verboten. Saᶜdis, Rifaᶜis und Ahmadis begehen besondere Feste, und je nach Bruderschaft werden glühende Kohlestücke, lebende Schlangen, Skorpione oder Glas geschluckt, oder sie stechen sich Nadeln in den Körper, ohne sich dabei zu verletzen. Phänomene dieser Art lassen sich nicht nur mit irgendwelchen vermuteten Tricks erklären, es scheint erwiesen, daß Menschen in hypnotischen Zuständen zu unglaublichen Dingen in der Lage sind.

Neben einer kleinen Zahl von Ordensmitgliedern, die in einer Art Kloster *(khanqah, ribat, zawiya, takiyya oder taya)* leben oder Bettelmönchen wie z.B. den Qalandari, einem Orden, dessen Mitglieder sich zur ständigen Wanderschaft verpflichten, gibt es zahlreiche Laienbrüder, wie sie in der christlichen Welt von den Franziskanern oder Dominikanern bekannt sind. Früher genossen die Orden hohes gesellschaftliches Ansehen, heute blicken Rechtsgelehrte und Theologen, aber auch Traditionalisten und Rationalisten verächtlich auf sie herab. Seit neuester Zeit üben die Regierungen eine gewisse Kontrolle auf die Orden aus, der sich nur die Sanusis, die sich in die Wüsten Nordafrikas und Arabiens zurückgezogen haben, entziehen konnten. Diese Kontrolle geht in manchen Ländern, wie z.B. im Iran, bis zur Verfolgung der Derwische; da sie die offizielle Interpretation des Islam nicht teilen, gelten sie den Machthabern als gefährlich für die öffentliche Ordnung oder gar Moral.

Da Frauen im Islam denselben religiösen Status wie Männer besitzen, gibt es auch weibliche Derwische. Diese Frauen führten im Mittelalter oftmals ein zurückgezogenes Leben in eigenen Konvikten.
Lit.: *EI.*
Siehe auch: Dhikr, göttliche Liebe, Liebe, Liebe der Mystiker, Trance.

DHAKAR (Penis). Dieses Wort entspricht dem lateinischen *vir* und wurde in der alten arabischen Liebeskunst häufig verwendet, denn seine doppeldeutige Etymologie (es bezeichnet sowohl das männliche Glied als auch den scharf geschliffenen Säbel) prädestiniert es geradezu für die Verknüpfung zu einer Fülle sprachlicher Bilder. Noch Mitte des 19. Jh.s verwendete Omar Haleby dieses Wort in seinem *Kitab des lois secrètes de l'amour*, einem Werk, das Ende des vorigen Jahrhunderts erstmals in europäische Sprachen übersetzt wurde.
Lit.: Haleby, Ibn Falita, Nafzawi.
Siehe auch: Koitus, Penis, Stellungen beim Koitus.

DHAKAR BINTA (wörtl.: »Mädchenknabe«) s. Transvestismus.

DHARIF (wörtl.: »wohlgeboren«, »wohlerzogen«). Bezieht sich auf Männer mit Geschmack, feinsinnige Wesen und verliebte Adlige. S. Eleganten (Die).

DHAWQ (Geschmack) s. Geschmack.

DHIKR (Meditation). Initiatische Zeremonie, in welcher der Sufi Gott, dem Einzigen, seine Verehrung erweist. Während dieser Zeremonien, die gewöhnlich nur den Mitgliedern ein und derselben Sufi-Bruderschaft vorbehalten sind, fällt der Körper in Trance und reagiert auf eine Art, die an erotische Ekstase erinnert. Dieser Vergleich wurde von zahlreichen Beobachtern gemacht, aber auch ohne dieses körperliche Verhalten der Meditierenden stellt sich die Frage, wie man durch Darstellungen und Inhalte spiritueller Natur zur Lust gelangen kann. Diese Frage haben drei bedeutende muslimische Ordensbruderschaften jeweils auf ihre Art beantwortet: die Gnawa aus Südmarokko, die eine mystisch-therapeutische Trance praktizieren, die »Tanzenden Derwische« aus Konya in der Türkei (die Adepten des von Djalal-addin Rumi gegründeten Mevlevi- oder Maulawiya-Ordens) und schließlich die Qawwali aus Pakistan.
Siehe auch: Göttliche Liebe, Derwische, Qawwali.

DIENERIN s. Sklave.

DIN AL-HAWA (wörtl.: »Kult der Liebe« bzw. »Religion der Liebe«). Ein Ausdruck, der in der arabischen Liebesliteratur zur Zeit des islamischen Andalusien gebräuchlich war.
Lit.: Pérès.
Siehe auch: Höfische Liebe, Sklavische Liebe, Sultan al-Hawan.

DINAZAD. Die »jüngere Schwester« der Scheherazade (Schehrezâd) aus *1001 Nacht*. Beide sind die Töchter des Großwesirs von König Schehrijâr, der, um seinen Rachedurst zu stillen, erst alle unberührten Mädchen seines Reiches tötete, bevor er seiner Befreierin Scheherazade begegnete.
Siehe auch: Budhur, Scheherazade, *1001 Nacht*.

DJAMAL s. Schön, Schönheit.

DJAMI (Nur-addin, Abdul Rahman, 1414-1492). Einer der berühmtesten Sufis des Naqshbandi-Ordens seiner Zeit. Daneben zählt er zu den klassischen Dichtern und gilt als einer ihrer besten, wenn nicht gar als ihr letzter überhaupt (vgl. Safâ). Im folgenden Beispiel wendet er sich nach Art von Halladj (858-922) an Gott:

Ohne Blick für seine Gefangnen ging der Freund vorbei.
Unser Klagen rührte nicht sein grausam Herz.
Wir machten uns zum Staub der Straße,
die er nähme, um noch besser seine Füße ihm zu küssen.
Doch verächtlich, eitel nahm er einen andern Weg.
Was nützen unsre Tränen, fahl wie Silber,
unsre Gesichter, gelb wie Gold,
wenn ihn dieses Silber, dieses Gold nicht rührt?
Um mir noch strenger zu verbieten, sein Gesicht zu schaun,
wendet er das Haupt nach einer andern Seite,
sowie er mich irgendwo gewahrt.
Im Staub der Straße ward nie sein feiner Fußabdruck
von einem Herz mit klarem Blick entdeckt,
das ihn für seine Augen nicht zu Kuhl zerrieb.
(Zit. nach Safâ, S. 274)

Lit.: Safâ.
Siehe auch: Göttliche Liebe, Liebe der Mystiker.

DJAMIL UND BUTHAINA (7. Jh.). Berühmtes Liebespaar, das einander in leidenschaftlicher Liebe bis in den Tod verbunden war, ohne daß einer den anderen jemals berührt hätte. Der Dichter Djamil (gest. 687 oder 699) wurde nach seinem Tod zum Archetyp von *ᶜudhri*, der höfischen oder jungfräulichen, weil keuschen Liebe. Régis Blachère bemerkt dazu in seiner *Histoire de la littérature arabe des origines à la fin du XVe siècle* (Bd. 3, S. 653f): »Die Djamil-Mode als elegische Haltung tritt bereits gegen Ende des ersten Jh.s der Hidjra (7. Jh.) bei einigen Laiendichtern des Hedjaz, den Musikern und Komponisten Medinas sowie beim weiblichen Publikum gesichert in Erscheinung; von da an dürfte sich diese Modeströmung nach Kufa und Bassora bewegt haben, wo die Neugier der ›Logographen‹ sie – ähnlich wie Zubair Ibn Bakkar in Mekka – auch durch Geschichten zu untermauern neigte, die in den Kreisen der udhritischen Beduinen erzählt wurden. So entstand in einem komplizierten Zusammenspiel unterschiedlichsten Interesses an diesem Thema eine Strömung, die Djamil zu einem der ›höfischen‹ Helden machte, die an Berühmtheit mit einer Vielzahl anderer konkur-

rierten. Diese Konzeption der sogenannten ›udhritischen Liebe‹ [oder ›keuschen Leidenschaft‹], worin platonische Elemente und eine Sinnlichkeit der Entsagung miteinander verschmelzen, hat sich unbestreitbar aus dem Vorbild dieser Person entwickelt.«
Im 14. Jh. schrieb Ibn Battuta, ein Reisender aus Tanger, anläßlich eines Besuchs dieser Region:
»Danach brachen wir auf und schlugen auf der Straße, die von Mekka nach Bagdad führt, in Adjfur [›die Brunnen‹, plur. von *djefr*] unser Lager auf. Dieser Ort verdankt seine Berühmtheit den beiden Liebenden Djamil und Buthaina.«
Lit.: Blachère, Ibn Battuta, Vadet.
Siehe auch: Berühmte Liebespaare, Höfische Liebe.

DJANABA. Befleckung durch Samenerguß, sei es absichtlich, zum Beispiel nach dem Koitus, oder unabsichtlich, durch Pollution im Schlaf. In jedem Fall gilt ein solches Vorkommnis als Störung der ehelichen Harmonie und erfordert unverzüglich ein Reinigungsritual.
Siehe auch: Nächtlicher Samenerguß, Reinigung, Sexuelle Tabus, Waschungen.

DJANBI (wörtl. »die Seitliche«) **s. Stellungen beim Koitus.**

DJARIYA (pl. *djawari*). Sklavin, Bajadere.
Siehe auch: Bajadere, Konkubinat/Konkubinen, Sängersklavin.

DJASSA, YADJUSSU (befühlen, das Befühlen). Aus Bildern und Beschreibungen der Sklavenmärkte weiß man, wie beliebt es war, vor dem Kauf den Schenkel einer Sklavin oder die Wade eines Sklaven zu befühlen – ein kleiner Übergriff, aber ein Akt der Inbesitznahme gegenüber einer Person ohne Entscheidungsfreiheit. In der Liebe kann diese Art des Befühlens vielerlei bedeuten, und der eigentliche Sinn ist nicht immer der vermeintlich offensichtliche: Was als eine einfache Reaktion auf die Nähe der fremden Haut verstanden wird, kann die Achtung vor dem Körper des anderen ausdrücken, aber insgeheim auch eine Art von Schändung sein.
Siehe auch: Berührung, Sexuelle Tabus.

DJAZIYA (11. Jh.). Während des Kriegszugs der Bani Hilal nach Westen, der in der Literatur auch als Bani-Hilal-Heldenlied bekannt ist, wob sich ein ganzer Kreis von Legenden um die Gestalt der schönen Djaziya, einer Schwester von Scheich Hasan ibn Sarhan, dem Oberhaupt der Bani Hilal. Djaziya wurde entführt, gewaltsam verheiratet, anschließend befreit und erneut, diesmal jedoch auf freier Basis, verheiratet, und dies warf natürlich eine Fülle von Fragen über ihr Intimleben auf. Noch heute ist sie eine bedeutende Figur in der tunesischen Historiographie.
Lit.: Camps.

DJUNAID (Abu al-Qasim ibn Mohhamed al-, gest. 910). Neben al-Dailami, Ibn ᶜArabi, Ghazali, Bistami, Quraishi, Halladj und einigen anderen wird auch der sufische Mystiker al-Djunaid in den Werken, die sich mit der göttlichen Liebe

und ihrer Beschaffenheit auseinandersetzen, häufig zitiert. Die Lehren dieses frühen sufischen Meisters, der aus Bagdad stammte, sind von seinen Schülern und anderen Gelehrten bewahrt worden.
Die folgende Episode hat Abu Bakr al-Kattani berichtet:
»An einem Feiertag führte man in Mekka einen Disput über die Liebe *(al-mahabba)*, und die Ältesten tauschten ihre Meinungen über dieses Thema aus. Al-Djunaid war unter ihnen der jüngste. ›Laß uns deine Meinung hören, o Iraker‹, sagten sie zu ihm. Al-Djunaid senkte das Haupt, seine Augen füllten sich mit Tränen, und er sprach: ›Ein Sklave, der sich ganz aufgegeben hat, der sich dem Gedenken an seinen Gott widmet, seine Pflichten gegen Gott erfüllt, ihn mit seinem Herzen anschaut. Das Licht des göttlichen Seins hat sein Herz versengt, und der Trank ward gereinigt im Gefäß seiner Hingabe. Der Herrscher hat sich ihm entdeckt, hinter den Schleiern seiner Abwesenheit. Wenn er redet, so durch Gott. Spricht er ein Wort, so gilt es Gott, schweigt er, so ist es Gottes Wille. Bleibt er tatenlos, so geschieht es mit Gott. Er ist nur durch Gott, für Gott und mit Gott.‹ Die versammelten Ältesten weinten und riefen: ›Mehr kann man nicht sagen! Gott helfe dir, o Krone der Schauenden!‹« (Dermenghem, *PBTA*, S. 250)
Lit.: Dermenghem, Massignon.
Siehe auch: Göttliche Liebe, Liebe, Liebe der Mystiker.

DSCHINN *(djinn,* plur. *djinnun)* **s. Zauber.**

DSCHINNIYA *(djinniya).* Weibliche Gestalt der Dschinn*, jener Dämonen, die in den Erzählungen aus *1001 Nacht* immer wieder ihr Unwesen treiben. Die Dschinniya tritt bald als sympathische Koboldin, bald als gefürchtete Hexe und unheilvolles Wesen in Erscheinung.
Siehe auch: *1001 Nacht,* Wunder.

DUFT *(riha, ra'iha).* Es ist seit langem bekannt, daß der Duft eines Körpers aphrodisierend wirkt. Der frische Geruch des Liebesvorspiels bis hin zum Duft, der dem Orgasmus vorausgeht, zeigt dem Partner den Grad der Erregung des anderen und steigert oft die eigene Sinneslust. Der Duft der Frau, die den Hammam verläßt, der Duft des Geliebten im Bett, der Duft der Felder, der Duft plätschernden Wassers, der trockene Duft der Dünen sind sehr beliebt und vielbesungen. Der Duft von verbrauchtem Wasser, ein Furz (**s. dort**), übelriechende Ausdünstungen, Schleimauswürfe und der Gestank düsterer Orte dagegen sind verpönt, man versucht, sie zu beherrschen oder zu meiden.
Allgemeine Darstellungen von Düften im Islam finden sich weder im Koran noch in der späteren exegetischen Tradition. Verstreute Andeutungen finden sich in den Hadithsammlungen*. Sie basieren auf der weitverbreiteten Annahme, daß ein Gläubiger, d.h. ein Muslim, keinen Körpergeruch ausströme und absolut reinlich sei, einem Ungläubigen hingegen unterstellt man unschicklichen Geruch. In diesem Zusammenhang wird dem Propheten folgender Ausspruch zugeschrieben: »Der Mundgeruch eines Fastenden ist Gott angenehmer als Moschusduft« (Bukhari, *TI,* Bd. 4, S.127). Im Geruch der Heiligkeit zu stehen verpflichtet, deshalb beschmutzt sich ein guter Muslim nie!

Im Unterschied zum Duft hat man sich der Beschäftigung mit Parfum weitaus intensiver und gründlicher gewidmet:

»Der Unterschied zwischen einem tugendhaften und einem boshaften Freund ist so groß wie der Unterschied zwischen einem Mann, der Parfums besitzt, und dem Blasebalg eines Schmieds, soll der Prophet in einem *isnad** gesagt haben, den Abu Musa überliefert. Zwei Dinge wirst du auf jeden Fall mit Parfumbesitzern erleben: Entweder kaufst du ihm Parfum ab oder du riechst daran. Der Blasebalg des Schmieds wird entweder deinen Körper und deine Kleidung verbrennen, oder du riechst nur einen widerlichen Geruch.« (*TI*, Bd. 2, S. 21)

Djahiz (780-869) schildert eine besondere Geruchsaversion:

»Was schlechten Geruch betrifft, so habe ich noch nie einen ekelhaften Geruch eingeatmet als den von mit Teer überzogenen *[muqayyar]* Latrinen, wohin sich die Eunuchen *[khisyan]* zum Urinieren begeben; diese Latrinen werden, wenn überhaupt, nur unregelmäßig mit Wasser besprengt. Durch das andauernde Urinieren überlagert sich der Harn; der Teergeruch, die Miasmen, die diesen Ort umkreisen und ihn einhüllen, die Ausdünstungen, die der Abortgrube selbst entweichen, all das breitet sich ganz allmählich aus, ist extrem stechend und dermaßen abstoßend, daß es einen beeinträchtigt, weniger was die Auswirkungen auf den Körper betrifft, sondern vielmehr wegen der Übelkeit, die unserem innersten Bereich, der Seele und dem Herzen, zugefügt wird.« (*CM*, S. 241)

Lit.: Belguedj, Bouhdiba, Bukhari, Djahiz, Koran, *1001 Nacht*.

Siehe auch: Furz, Hammam, Parfum, Räucherwerk, Reinigung.

EHE (*zawadj, nikah, ᶜaqd al-nikah,* im Iran: *ezdevadj, ᶜarusi, nekah*). In der arabischen Welt wird die Ehe vor allem als ein Rechtsverhältnis zwischen Mann und Frau gesehen, ein Vertrag, in dem das Zusammenleben und die Gründung eines Hausstands festgelegt wird – mit Liebe hat das wenig zu tun. Häufig scheint sich jedoch mit der Zeit zwischen den Gatten eine besondere Form der Zuneigung einzustellen, die ihre Verbindung festigt. Früher wurde Heiratspolitik zwischen den Stämmen gemacht, heute sind es in der Regel die Familien, die eine Heirat beschließen. Damals wie heute erhält die Frau eine Mitgift *(mahr),* die nach dem Gesetz ihr persönliches Eigentum bleibt. Die verbreitete Vorstellung vom ›Brautraub‹ ist kaum zu erhärten, vielmehr müssen beide Gatten ihren Bund aus freien Stücken schließen – diese Einwilligung der Ehepartner hat eine sehr lange Tradition. Der Islam befürwortet die Ehe, weil sie den Kern der geheiligten Institution der Familie bildet. Ein bekannter Sinnspruch besagt, sie sei genau halb so wichtig wie die Religion. Bis heute ist die Hochzeit jedenfalls ein Akt von hohem sozialen Rang: Sie muß sorgfältig vorbereitet werden, und oft dauern die Feiern eine ganze Woche. Der muslimische Mann ist gehalten, sich zu verheiraten, zugleich bestehen strenge Regeln, die ihm die Verbindung mit bestimmten Frauen untersagen (**s. Inzest**).

Abgesehen von dieser Einschränkung wird den Muslimen im Koran empfohlen: »... heiratet, was euch an Frauen gut ansteht, ein jeder zwei, drei oder vier«. Aber zugleich heißt es: »Und wenn ihr fürchtet, so viele nicht gerecht zu behandeln, dann nur eine ... So könnt ihr am ehesten vermeiden, unrecht zu tun.« (Koran, 4, 3)

Ehehindernisse ergeben sich auch aus verschiedenen medizinischen Befunden, nicht zuletzt aus unheilbaren oder erblichen Geschlechtskrankheiten – was damit im Einzelnen gemeint ist, wird bereits in Bertherands bedeutender Arbeit über ›Medizin und Gesundheitsfürsorge der Araber‹ von 1855 genannt: »Das Einspruchsrecht (d. h. das Recht, eine Ehe fortzuführen, oder ihre Auflösung zu verlangen) ist an das Auftreten der folgenden Fälle geknüpft:

1. *baras,* das heißt, wenn sich weiße (Vitiligo) oder braune (Lepra, Elephantiasis) Flecken auf der Haut zeigen;
2. ebenso gilt das Auflösungsrecht, wenn große, fühlbare Muttermale oder deutliche Sommersprossen vorhanden sind;
3. und ebenso, wenn eine Krankheit bewirkt, daß der von ihr Betroffene während der geschlechtlichen Vereinigung Kot durch den Anus absondert;
4. Ausbruch der Leprakrankheit, aber auch die Gewißheit, daß Vater oder Mutter eines Ehegatten davon befallen sind;
5. Kastration (die Entfernung des Penis oder der Hoden) – das Auflösungsrecht ist jedoch nicht gegeben, wenn der Penis noch soweit vorhanden ist, daß ein Sa-

menerguß stattfinden kann, d.h. solange das wichtigste und entscheidende Ziel der Vereinigung der Geschlechter, die Lust, zwischen den Gatten noch möglich ist; fehlt dagegen die Eichel des männlichen Organs, so besteht das Auflösungsrecht;
6. verminderter Sexualtrieb bei einem der Partner, aufgrund einer Geschlechtskrankheit, ebenso die Unfähigkeit des Mannes, den Geschlechtsakt auszuführen, weil sein Glied zu kurz ist;
7. ein wohlgebildetes männliches Organ, das nicht erektionsfähig ist;
8. eine Deformation der weiblichen Geschlechtsteile – meist eine fleischliche Wucherung, manchmal auch eine Verformung der Knochen;
9. ein angeborener Verschluß oder eine spätere Verengung jener Öffnung, die der Frau die eheliche Vereinigung erlaubt;
10. eine nässende Auswölbung im vorderen Bereich der Vulva, ähnlich dem Leistenbruch beim Mann;
11. eine Verbindung zwischen der Vagina und dem Harnleiter oder dem Anus, dergestalt, daß nur eine Öffnung besteht.«
(Bertherand, S. 93 f.)

Was die Gebräuche wie das islamische Sittengesetz angeht, so bestehen eine Reihe von Vorschriften für die Heirat unter Muslimen: förmlicher Heiratsantrag, Brautgeld, Hochzeitsfeier, öffentlicher Nachweis des Vollzugs der Ehe, Änderung des Personenstands, usw. Diese Regeln gehen auf den Koran zurück (der in mehr als fünfzig Versen von der Ehe handelt), sie sind im islamischen Recht *(fiqh*)* festgelegt und bilden die Grundlage der Rechtsprechung beim Familiengericht.
»Und wenn der Mann die Frau endgültig entläßt, ist sie ihm künftig nicht wieder als Ehefrau erlaubt, bevor sie nicht einen anderen Gatten heiratet« (Koran, 2, 230) – dieser Vers ist zum Beispiel die Grundlage der sogenannten Aufhebungsehe (**s. dort**). In der arabischen und der gesamten islamischen Welt tendiert das Eherecht eindeutig dazu, bestehende Bindungen zu erhalten und zu stärken: Die Verstoßung, die der Mann bis vor nicht allzulanger Zeit relativ leicht aussprechen konnte, muß inzwischen vor Gericht erwirkt werden; auch die Polygamie ist in den meisten Ländern nicht mehr ohne weiteres möglich. In einigen Staaten, etwa in der Türkei und in Tunesien, ist sie sogar verboten. Die Monogamie dagegen gilt allgemein als die erwünschte Form der Ehe.
Al-Ghazali (1058-1111) sah allein in der Impotenz einen unabweisbaren Hinderungsgrund für die formelle Eheschließung, die durch den *kadi** (heute: Familienrichter) vollzogen wird. Fünf Vorzüge der Ehe nennt Ghazali:
(1) Erzielung von Nachkommenschaft, (2) Beruhigung der Sinnlichkeit, (3) Führung des Haushaltes, (4) Vermehrung der verwandtschaftlichen Beziehungen und (5) die mit der Sorge um die Familie verbundene Selbstüberwindung.
(Ghazali, *Von der Ehe*, S. 12)
Von der Ehelosigkeit wird abgeraten, Keuschheitsgelübde gelten als verwerflich. In den alten Zeiten sah man es unter den Arabern sogar als Zeichen geistiger Erhöhung an, viele Frauen zu heiraten, weil man darin dem Propheten, dem großen Vorbild aller Muslime, nacheiferte, der bekanntlich mindestens neun Ehefrauen hatte. Damit war auch gesagt, daß die Ehe der sexuellen Entfaltung des

Mannes viel Raum bot. Einem Hadith* zufolge, der sowohl von Thirmidi (824-892) wie von Nasaiᶜi (gest. 915) überliefert wird, soll der Prophet gesagt haben, ein guter Muslim zeichne sich dadurch aus, daß er von angenehmem Wesen sei und seine Frau freundlich behandle. Bukhari (810-870) hat der Ehe einen bedeutenden Abschnitt in seinem Hauptwerk *(Sahih)* gewidmet; dort wird das Thema unter allen Aspekten behandelt.

Und schließlich muß noch eine berühmte Ekloge erwähnt werden, von der Charles Pellat in der *Encyclopédie de l'Islam* berichtet. Das Werk – es ist nicht erhalten – mit dem Titel *Nuzhat al-nufus wa-daftar al-ᶜilm wa raudat al-ᶜarus* (Die Freuden und Kenntnisse im ehelichen Garten) soll in zehntausend Versen die Vorzüge der Ehe gepriesen haben: Alle relevanten Begriffe wurden erörtert, die richtigen Aphrodisiaka für die unterschiedlichen Fälle angeraten, die Anwendung physiognomischer Kenntnisse in der Liebe beschrieben, usw.

Koran: 2: 187, 197, 221-241; 3, 14; 4: 1-35, 43, 127-130; 5, 5; 16, 72; 23: 5-7; 24: 2-9, 23, 26, 31-33, 60; 33: 4, 6, 28-33, 37, 49-53, 55, 59; 58: 1-4; 60: 10-12; 64, 14; 65: 1-7; 66: 1-5, 10-12; 70: 30-31.

Aussprüche des Propheten: »Wer gegen meine Sunna [den rechten Weg] ist, der gehört nicht zu mir. Zu meiner Sunna aber gehört das Heiraten. Wer also mich liebt, der befolge meine Sunna.« (Ghazali, *Von der Ehe*, S. 5)

»Die *rakᶜa* (eine Gebetsformel) eines verheirateten Mannes wiegt mehr als siebzig Gebete eines Junggesellen.« (Ghazali, *LBUMM.*, S. 13)

»Die Frömmigkeit des Frommen findet ihre Vollendung erst wenn er verheiratet ist.« (Ibn Abbas, zit. ebd., S. 10)

Volksweisheiten: »Wenn du deine Tochter nicht verheiraten willst, so mußt du nur den Brautpreis heraufsetzen!«

Lit.: ᶜAref, Baghdadi, Bertherand, Borrmans, Bukhari, Chatila, Chelhod, Delheure, *EI*, Ghazali, Goichon, Istanbuli, Izzedin, Jouin, Laoust, Qairawani, Sayyid-Marsot, Westermarck.

Siehe auch: Aphrodisiaka, Aufhebungsehe, Ehelosigkeit, Endogamie, Genußehe, Geschlechtskrankheiten, Hahnrei, Harem, Inzest, Keuschheit, Koitus, Liebe, Listen und Intrigen, Nikah, Polygamie, Suffah/Tasfih, Verstoßung, Vorstellung der Braut, Wiederverheiratung.

EHEBRUCH *(zina',* arab. und pers.; *fudjur, bagha'; baghiya:* die Ehebrecherin, auch: die Prostituierte). Obwohl der Koran jede außereheliche Beziehung untersagt, berichtet Abu Huraira (um 600-678), der Prophet habe jedem Menschen eine Art des Ehebruchs eingeräumt:

»Es ist geschrieben *[kutiba]* für den Sohn Adams eine Art der Unzucht, die er unweigerlich begehen wird und nicht vermeiden kann. Die Unzucht des Auges ist der unkeusche Blick, die Unzucht des Ohrs ist das Hören [lüsterner Worte], die Unzucht der Zunge ist das [unsittliche] Wort, die Unzucht der Hand ist der [unstatthafte] Griff, die Unzucht des Fußes ist es, zum Ort der Unzucht zu gehen. Das Herz erfährt die Leidenschaft und die Begierde, und die Geschlechtsteile bestätigen oder widersprechen.« (Qashani, *Quarante Hadiths,* S. 51)

Doch laut al-Bukhari (810-870), der diesen Hadith* des Abu Huraira in geringfügig anderem Wortlaut ebenfalls zitiert, hat der Prophet an anderer Stelle den Ehebruch heftig verurteilt: »Der des Ehebruchs Schuldige darf nur eine ehebrüchige Frau heiraten oder eine Ungläubige; eine ehebrecherische Frau kann nur einen desselben Verbrechens schuldigen Mann heiraten oder einen Ungläubigen. Gott hat den Gläubigen diese Heiraten verboten.« Der Koran (24, 2) ist in dieser Frage eindeutig: »Wenn eine Frau und ein Mann Unzucht begehen, dann verabreicht jedem von ihnen hundert Peitschenhiebe!« Tirmidhi (824-892), Verfasser einer Sammlung von Überlieferungen *(Sunan al-tirmidhi)* erwähnt einen Hadith*, der auch von Ghazali, al-Bukhari und mehreren anderen muslimischen Gelehrten zitiert wird und in dem es heißt, beim innigen Beisammensein eines Mannes und einer Frau geselle sich der Dämon hinzu, um sie in Versuchung zu führen, Unrechtes zu tun.

Weit mehr als der männliche ist es der weibliche Ehebruch, welcher die Phantasie der orientalischen Autoren beschäftigt. Er ist häufig wiederkehrendes Thema in den *Erzählungen aus den 1001 Nächten,* an deren Anfang ja bereits die beiden Brüder, die indischen Könige Schehrijâr und Schâhzamân, den Ehebruch ihrer königlichen Gemahlinnen feststellen. Eines der bekanntesten Beispiele findet sich in der *Geschichte des versteinerten Prinzen.* Während sie ihrem Herrn fächeln, der sich zur Ruhe gelegt hat, beklagen zwei Sklavinnen das ausschweifende Leben ihrer Herrin. Aber der Herr kann nicht einschlafen und hört das Gespräch mit:

»›O, Mas'ûda, es ist ein Jammer um unseren Herrn und ein Jammer um seine Jugend! Wie traurig ergeht es ihm mit unserer elenden Herrin, der Metze!‹ Und die andere erwiderte ihr: ›Ja, wahrlich! Allah verfluche alle treulosen und ehebrecherischen Weiber! Aber ein Mann wie unser Herr in seiner Jugend ist doch wirklich viel zu gut für diese Metze, die jede Nacht draußen schläft.‹«
(1001 Nacht, Bd. I, S. 84)

Die anschließende Beschreibung von Taten und Gesten der bezichtigten Frau erhalten wir aus dem Mund des Prinzen selbst, der einen Vorwand erdacht hatte, seine Frau *in flagranti* im Bett eines Rivalen zu ertappen.

Der Engländer Charles Doughty, der in den achtziger Jahren des 19. Jh.s mit Beduinen durch die arabische Halbinsel zog, gelangt in seinem berühmten Reisebericht *Travels in Arabia Deserta* von der Schilderung eines Falles (versuchter) weiblicher Untreue zu allgemeinen Schlußfolgerungen über die Freiheit der Beduinenfrauen:

»Hirfa, die Herrin, ein eigensinniges, freches Weibsbild, hatte ein unziemliches Auge auf den Hirten geworfen, einen vielversprechenden jungen Mann, den sie in Abwesenheit ihres Gatten und seiner ungeachtet offen umwarb; doch der Hirte war vorsichtig und ein treuer Diener seines Herrn. Obgleich sie an der Grenze zum glaubenseifrigen Hedjaz und dem sittenstrengen Nedjd der Wahabiten leben, gehen die Frauen der Fukara unverschleiert, und nie kam mir (wo alle untereinander blutsverwandt sind) irgendeine Eifersucht ihrer Ehemänner zur Kenntnis. In diesem Stamm von Dattelessern gab es, abseits des Scheich Motlog und seiner Söhne, bald keinen wohlgewachsenen Mann noch eine anmutige Frau. Zeyd zähmte seine eigenwillige kleine Frau, und einmal züchtigte er sie in der Nacht mit der Rute. (...) Eines anderen Tages wagte Hirfa, das Herz voller Bitterkeit, gar im Beisein von Fremden, Gästen des Zeyd, die Flucht aus dem eben aufgeschlagenen Zelt, während die Leute sich im *manzil* niederließen. Zeyd saß da in seinem Kummer, schaute ihr nur nach, aber er hinderte sie nicht (in ihren Augen wäre das ungehörig gewesen, denn das Leben eines Menschen ist

frei). Die flüchtige Frau des Beduinen hat die Freiheit zu laufen, wohin immer sie will; sie ist frei wie die Wüste, und niemand kann sie einsperren.«
(Doughty, *Travels in Arabia Deserta*, Bd. 1, S. 272 f.)

Sprichwörter: »Der Ehebruch ist der Kurtisane Eifersucht; die der ehrlichen Frau sind Tränen.« (Ägyptisches Sprichwort) »Die Tränen der ehebrecherischen Frau fließen leicht.« (beide zit. nach Burckhardt)

Lit.: Burckhardt, Doughty, Bukhari, Qashani, *1001 Nacht*.

Siehe auch: Eifersucht, Hahnrei, Inzest, Polygamie, Sexuelle Freiheiten, Sexuelle Perversionen, Unzucht, Verstoßung, Zina'.

EHEFRAU *(zaudja)*. Die Ehefrau steht für die Gründung einer neuen Familie – damit ist sie mehr als nur eine Frau und wird jedenfalls höher geachtet als eine geschiedene Frau, eine Witwe oder eine ledige Mutter. Bei näherer Betrachtung zeigt sich allerdings, daß die Wertschätzung nicht der Person, sondern ihrer Funktion bei der Fortpflanzung gilt. So spielt im Leben einer arabischen Frau der Verlauf der Hochzeitszeremonien eine entscheidende Rolle: Er ist bestimmend für ihr weiteres Leben. Eine reichhaltige Symbolik – die im übrigen häufig auf Mutter Erde Bezug nimmt – begleitet die Übergänge von einem Status in den anderen: von der Frau zur Ehefrau, von der Ehefrau zur Mutter, von der Mutter zur Mutter eines Sohnes. Es geht dabei nicht nur um ihre reproduktive Funktion, die Ehefrau erscheint vor allem in ihrer Rechtsstellung als Gattin gegenüber dem Ehemann und eventuell gegenüber den anderen drei Ehefrauen. Diese Seite des Ehelebens ist sehr genau geregelt (**s. Ehe**), und was den erotischen Aspekt angeht, so bieten sich kaum Anlässe, von außerehelichen Beziehungen zu träumen: Die rechtmäßige Ehefrau tritt hier – in der Realität wie in den Vorstellungen – als das genaue Gegenbild der Ehebrecherin (**s. Unzucht, Sklave**) und, in geringerem Maße, auch der Nebenfrau auf. Im traditionellen Harem bestand tatsächlich eine Konkurrenz der Frauen untereinander, jede war bemüht, ihre Vorzüge ins Licht zu setzen und die Rivalinnen auszustechen.

Hadith: Der Prophet Mohammed hat gesagt: »Ihr sollt stets heiraten, aber euch niemals scheiden. Es ist gewiß, daß Gott weder Frauen noch Männer wohlgefällig sind, die immer nur kosten wollen.«

Siehe auch: Adam und Eva, Ehe, Frauen des Propheten, Koitus, Mohammed, Rivalität in Liebesdingen, Sklave, Unzucht.

EHELICHE PFLICHTEN. Abu Huraira berichtet, der Prophet habe gesagt: »Wenn ein Mann seine Frau auffordert, zu ihm ins Bett zu kommen, und sie sich weigert, so werden die Engel sie bis zum Morgengrauen verfluchen.« (Bukhari, S. 358)

Es kann aber auch vorkommen, daß der Mann die ehelichen Pflichten als Marter empfindet. So ist in den Erzählungen aus *1001 Nacht* zu lesen:

»Meine Gemahlin warf mir so viele scharf verliebte Blicke zu und begann mit solcher Geschmeidigkeit ihre Schenkel zu regen, daß ich mich zu unserem ehelichen Lager ziehen ließ, das ich so lange gemieden hatte. Es gelang ihr jedoch nicht, das liebe Kind wachzurütteln, nach welchem sie so sehr verlangte! Da schrie sie zornig: ›Wenn du es nicht auf der Stelle zwingst, sich für seine

Pflichten hart zu machen und in mich einzudringen, dann wundere dich nicht, wenn du dich morgen gehörnt wiederfindest!«"
(*1001 Nacht*, M, »Histoire de Kamar al-Zaman«)
Lit.: Bukhari, *1001 Nacht*.
Siehe auch: Koitus, »Schlafzimmerkultur«.

EHELOSIGKEIT *(ᶜuzuba).* Einem möglicherweise apokryphen Hadith* zufolge soll der Prophet gesagt haben, die Ledigen seien die Brüder Satans, und zwei Niederwerfungen eines verheirateten Muslim beim Gebet gälten mehr als sechzig Niederwerfungen eines Ledigen. Im Islam wird Ehelosigkeit entschieden abgelehnt und löst ein Gefühl von Mitleid und Scham aus: »Und verheiratet diejenigen unter euch, die (noch) ledig sind, und die Rechtschaffenen von euren Sklaven und Sklavinnen! Wenn sie arm sind (und sich nicht zutrauen, eine Familie zu ernähren), wird Gott sie durch seine Huld reich machen.«
(Koran 24, 32)
Der Status der Unverheirateten ist im islamischen Recht *(Fiqh*)* ausführlich kodifiziert. Es unterscheidet zwischen zwei Haupttypen von Ledigen: denen, die heiraten können, aber nicht wollen, und denen, die heiraten wollen, aber nicht können. Erstere werden verurteilt, letztere werden unterstützt.
Siehe auch: Ehe.

EHESTIFTERIN *(khattaba, wasita).* In einer Welt, in der es noch lange nicht überall selbstverständlich ist, daß Jungen und Mädchen sich treffen, hat die Ehestifterin auch weiterhin großen Einfluß auf Wohl und Wehe der Heiratskandidaten. Sie kann Gutes und Böses bewirken, sie kann als Kupplerin auftreten oder für einen untadeligen Ruf sorgen, und sie besitzt gewaltige Macht, weil sie überall ihre Netze ausgelegt hat: Im Hammam begutachtet sie die körperlichen Eigenschaften der jungen Mädchen, auf dem Suq trifft sie ihre männlichen ›Informanten‹, auf dem Friedhof hört sie den Klagen der Frauen zu, und bei den Familienfeiern taucht sie auf, um ihr Werk zu vollenden. Sie weiß über jedes Mädchen, jeden Mann und jede Familie Bescheid: Alter, Stammbaum, Ausbildung, Charakter ... Sie kennt Bruder und Schwester, kann die Cousine ersten Grades von der Adoptivtochter, die Halbschwester von der Milchschwester unterscheiden. Mit verblüffender Sicherheit findet sie sich in den kompliziertesten Verwandtschaftsverhältnissen zurecht. Und sie verfügt über ganz besondere psychologische Fähigkeiten: Oft treibt sie ein Doppelspiel und versteht es, ihre zweifelhaften Machenschaften geschickt zu tarnen – ihr männliches Pendant steht dagegen als Kuppler *(qawwad)* in Verruf.
Siehe auch: Böses Weib, Ehe, Kupplerin, Verstoßung, Vorstellung der Braut.

EHRE *(ᶜird, sharaf, hurma, qima).* Im Nahen Osten wie im Maghreb liegt nach landläufiger Vorstellung die Ehre einer Frau in ihrer züchtigen Haltung, die Ehre eines Mannes hingegen ist an seine Frau gebunden. So sagen zum Beispiel die arabischen Beduinen, wenn sie von ihrer Frau sprechen, ›meine Ehre‹ *(ᶜirdi),* oder auch ›die mir Erlaubte‹ *(halali)* – mit anderen Worten: ›die Frau, die mir rechtmäßig zusteht‹ (s. Jaussen, S. 45). Der Begriff *ᶜird* bezeichnet also einen komplexen Zusammenhang, in dem es um die Ehre, die Würde und das Ansehen einer Person, ob Mann oder Frau, aber auch einer Familie oder Sippe geht. In der Wertordnung der vorislamischen Zeit war die Ehre ein gemeinsames Anliegen, für das ein Mann sein Leben einsetzte. Daß die Frau für diese Ehre steht, bedeutet, daß der gesamte Bereich des Weiblichen, mit all seinen Attributen – Jungfräulichkeit, Hymen, Körper, Menstruation – als eine Art ultimatives Symbol und als der zentrale Faktor innerhalb der patriarchalischen Strukturen gelten kann (s. »**Seraildenken**«). »Die Moralvorstellungen der Beduinen«, schreibt Louis Gardet, »waren geprägt von einem genau definierten Ehrgefühl (ᶜird), das sich einerseits im Gesetz der Vergeltung – Blut für Blut – ausdrückte, sich andererseits jedoch mit einem Männlichkeitsideal verband, das Langmut (hilm), Großzügigkeit, Klugheit und Mut einschloß: Ein Mann sollte geduldig, stark und selbstbeherrscht sein.« (Gardet, S. 36). Gardet weist darauf hin, daß im alten Arabien der Stolz eines Mannes von Rang einerseits in seiner Gastfreundschaft zum Ausdruck kam; ebenso wichtig für den guten Ruf seiner Familie war jedoch die Ehre der Frauen. Wenn eine junge Frau in eine Familie einheiratete, war es von entscheidender Bedeutung, daß sie jungfräulich in die Ehe ging. Es steht außer Frage, daß der Begriff der Ehre letztlich sexuell bestimmt ist und entsprechend starke psychische und emotionale Bedeutung, nicht nur für den einzelnen, sondern für die Großfamilie oder den Stamm hat.

Lit.: Abu-Lughod, Bréteau/Zagnoli, Chatila, Chebel (ES), Farès, Gardet, Jaussen, Verdier.
Siehe auch: Frau, Futuwa, Jungfräulichkeit, Männlichkeit, Scham.

EI (baid, aulad al-dadjdjadj: »Kinder des Huhnes«, in Oran und Umgebung). Fruchtbarkeitssymbol. Als solches ist das Ei eines der wichtigsten Elemente im Liebeszauber. Jeanne Jouin schreibt: »Das Ei ist reich an günstiger Symbolik, da es sowohl für Glück, Reichtum und Fruchtbarkeit steht. Von Eiern träumen, bedeutet Geburt.« (VSARAR, S. 302)
Die folgende Beobachtung über die Friseurin der Braut läßt sich in den gleichen Kontext einordnen. Legey hält fest: »Sie [die Friseurin] legt ein Ei auf den Kopf der jungen Frau, zerschlägt es mit einem Schlag, so daß es sich über die Haare verteilt. Diese Pomade verstreicht sie über den ganzen Kopf, damit die junge Braut fruchtbar sein möge.« (Legey, S. 135)
In Tunesien benutzt man Eier, um Geburten leichter zu machen (Graf de La Salle, S. 114). In Algerien und der übrigen arabischen Welt assoziiert man mit dem Ei bald Beschneidung, bald die Empfangszeremonie für die Braut. Die Bewohner des Aurèsgebirges und des südlichen Algeriens haben die Vorstellung, daß eine Braut ein Ei über einer Pfanne oder einem Suppenteller zerschlagen sollte. In diesem Zusammenhang gilt das Ei als anregendes Aphrodisiakum (**s. Aphrodisiaka**).

Lit.: Graf de La Salle, Jouin, Legey.
Siehe auch: Aphrodisiaka, Fruchtbarkeit/Sterilität.

EIFERSUCHT (ghaira). Die Eifersucht, von der Zuneigung zu einer geliebten Person oft nicht zu trennen, gilt als ein typisch arabisches Element der Liebe: Der Volksmund behauptet, ein verliebter Araber, der nicht eifersüchtig ist, könne weder Araber noch verliebt sein. Auch der Prophet bekannte, eifersüchtig zu sein – eifersüchtiger als Sa‿d (›der Glückliche‹), einer seiner Gefährten.

Die Eifersucht kennt so viele Spielarten, wie es Liebende gibt, und jede neue Situation erzeugt neue Varianten dieses Gefühls. Wie es zu dem Hadith* des Propheten über die Eifersucht kam, schildert al-Bukhari (810-870):
»Al-Mudjira erzählte: Sa‿d ibn ‿Ubada sagte: ›Wenn ich einen Mann zusammen mit meiner Frau erwischen würde, dann würde ich mit gezogenem Schwert auf ihn losgehen!‹ Der Prophet sagte zu seinen Gefährten: ›Wundert ihr euch über Sa‿ds Ehrgefühl? Ich sage euch: mein Ehrgefühl ist stärker ausgeprägt! Und noch intensiver ist es bei Gott!‹« (Bukhari, *Nachrichten* ..., S. 359)

In einem äußerst gehaltvollen Kommentar bemerkt Ibn ‿Arabi (1165-1240), allein al-Shibli (861-945), ein berühmter Sufi aus Bagdad, sei soweit gelangt, in eifersüchtiger Liebe zu seinem Schöpfer zu entbrennen – abgesehen natürlich vom Propheten Mohammed:
»Die Liebenden weilen in der engen Nähe zu Gott, bis auf jene, die von Eifersucht ergriffen sind und angesichts der Ehrfurcht, die sie erfüllt, die Vertrautheit nicht mehr fühlen; denn sie geben sich ganz der Verschwiegenheit *(kitman)* hin, die ihren Grund in der Eifersucht *(ghaira)* hat, dem Preis der Liebe. Darum zeigen sie der Welt ihre Liebe nicht.« (Ibn ‿Arabi, S. 242)

Aber die Eifersucht kennt viele Formen. Elisséeff nennt in seinem Glossar zu den Erzählungen aus *1001 Nacht* nicht weniger als zwanzig Episoden, in denen sich alles um die Eifersucht dreht.

Für jene, denen es letztlich nur darauf ankommt, daß sich keiner an ihre Liebste heranmacht (oder umgekehrt), hält Ibn Mangli (14. Jh.) eine reizende und ziemlich ausgefallene Zauberformel bereit:
»Wenn ihr eifersüchtig seid und fürchtet, daß ein anderer der Frau den Hof macht, nehmt vom toten Körper einer alten männlichen Hyäne die Barthaare, die Wimpern und Haare vom Unterkiefer, verbrennt sie und löst die Asche in einem Trank auf, den ihr dem Objekt eures Begehrens ohne sein Wissen verabreicht. Seid versichert, daß darauf dieser Person niemand mehr nachstellen wird.« (Ibn Mangli, S. 86)

Auch die Mystiker haben sich mit der Eifersucht befaßt und versucht, ihr Wesen und ihre Wirkungen zu bestimmen. Ibn ‿Adjiba behandelt sie als eine der Stufen der sufischen Spiritualität – nicht ohne zuvor zu gestehen, daß es ihm mißfalle, »seine Liebste bei einem anderen zu sehen« (s. Michon, S. 200).

In der Liebeslyrik spielt die Eifersucht eine wichtige Rolle, auch in den Hadithen ist von ihr die Rede, und einige *fuqaha** ziehen aus den mündlichen Überlieferungen den Schluß, daß sie nicht gegen das Sittengesetz verstoße. Als im 19. Jh. der Ägypter Rifa‿a al-Tahtawi (1801-1873) im Verlauf seiner Studienreise nach Paris kam, faszinierte ihn die Tatsache, daß die Franzosen scheinbar keine Eifersucht kannten. Die französischen Männer erschienen ihm wie lauter Hahnreis:
»Die Franzosen machen sich keine Gedanken darum, wo ihre Frauen sich aufhalten, obwohl diese sie häufig zum Narren halten und sich Fehltritte erlauben (...). Zu ihren Fehlern zählt der Mangel an Keuschheit, wie gesagt vor allem bei den Frauen, während den Männern die Eifersucht fehlt, ob es sich nun um das

Betragen in Gesellschaft oder um Schmeicheleien und Besuche handelt – darin unterscheiden sie sich sehr von den Muslimen.« (Tahtawi, S. 122 f.)

Zweifellos kommen in diesen Formen der Eifersucht auch typische Widersprüche einer Erziehung zum Ausdruck, die in der arabisch-persischen, türkischen und im weitesten Sinne islamischen Tradition tribalistisch geprägt war. In diesen Gesellschaften gelten patriarchalische Prinzipien, und daraus folgt eine eigentümliche Verschränkung von Frauenfeindlichkeit (ob eingebildet oder wahr) bei den Männern und einer längst verinnerlichten Abhängigkeit von den Männern bei der Mehrheit der Frauen. Für die Frauen ist jeder Mann eigentlich ein Weiberheld, ein Don Juan, der sich ständig beherrschen muß. Und die Eifersucht der Männer kann wiederum bis zum Mord an der verdächtigten Frau führen.

Die Eifersucht wirkt also wie ein Schutzmechanismus, eine Art Abwehr der zahlreichen Versuchungen, denen beide Partner ausgesetzt sind. Letztlich verschaffen ihr Männer und Frauen erst durch ihr wechselseitiges Mißtrauen eine Macht, die sie sonst nicht besäße: So erscheint sie einerseits als Resultat von Ungleichheit und Ausgleich, Inkonsequenz, Willkür, mangelndem Vertrauen und Unentschlossenheit in einer Beziehung, andererseits als der bestmögliche Kompromiß zwischen dem Wunsch nach Ungebundenheit und den Zwängen einer Bindung.

Persische Redensarten: »Der Eifersüchtige kennt keine Ruhe.«
»Ich will keinem Qualen zufügen, doch wie soll ich dem Eifersüchtigen begegnen, der sich selber Leiden schafft?« (Rezvanian)

Lit.: Bukhari, Chebel *(ES)*, Doughty, Elisséeff, Ibn ᶜArabi, Ibn Hazm, Ibn Mangli, Michon, Rezvanian, Tahtawi, *1001 Nacht*.

Siehe auch: Bigamie, Bote, Galanterie, Konkubinat/Konkubinen, Polygamie, Prüfung, Sahib, Spiegel, Treue, Vorwürfe.

EITELKEIT (*ghundj, taghannudj, ta'annuq, shikl*). Typisches Verhalten von Männern und Frauen, die danach trachten, mit Hilfe künstlicher, von der Gesellschaft geschätzter Mittel wie Kosmetik, Schmuck, Parfum etc. Gefallen zu erregen.

Nach arabischer Auffassung ist Eitelkeit sowohl eine Tugend als auch ein Übel. Löblich ist sie aufgrund ihres Zwecks, vorausgesetzt natürlich, er besteht darin, dem Ehepartner zu gefallen. Das Verwerfliche an ihr ist, daß sie die weibliche Schönheit mit dem Ziel, ihr außerhalb der Ehe Befriedigung zu schaffen, theoretisch bis ins Unendliche zu steigern vermag. Allein schon dieser Gedanke kann das Mißtrauen der Männer bis ins Extrem treiben: So soll der Kalif Omar (7. Jh.) laut Ghazali (1058-1111) einmal gesagt haben: »Zieht den Frauen ihre Kleider aus, dann bleiben sie zwischen ihren vier Wänden« (*Von der Ehe*, S. 80), mit anderen Worten: Ohne prächtigen Putz, der normalerweise ihr größter Trumpf ist, wird all ihre Verführungskunst vergeblich sein (**s. Verführung**). Auf alle Fälle wird im Islam nur jene Eitelkeit gutgeheißen, deren Ziel es ist, beiden Ehepartnern Befriedigung zu verschaffen, während jede andere Form der Eitelkeit in den Augen des Fiqh* suspekt erscheint. So berichtet ᶜAlqama, ᶜAbdullah habe gesagt: »Gott verflucht die Frauen, die tätowieren und tätowieren lassen, die sich die Gesichtshaare auszupfen, die Zähne feilen oder andere Veränderungen an der Schöpfung Gottes des Erhabenen vornehmen, um besser auszusehen! Warum sollte ich solche Frauen nicht verfluchen? Auch der Prophet hat sie verflucht! Und in Gottes Buch heißt es: ›Was der Gesandte euch gibt, das nehmt an!‹ (Koran 59, 7).« (Bukhari, S. 421)

Als der englische Arzt William Lemprière 1789 den Harem des Königs von Marokko betritt, um seine Lieblingsfrau zu behandeln, stellt er mit Verwunderung fest, wie müßig die Frauen, die ihn empfangen, in den Tag hineinleben. Schon bald fällt seiner scharfen Beobachtungsgabe ihre kokette Eitelkeit auf: »Eine schlechte Erziehung verderbt sie, anstatt sie in Schranken zu halten. Sie werden nicht als Wesen mit Vernunft und Moralität betrachtet, sondern bloß als Geschöpfe, die nur zum Vergnügen der Männer bestimmt sind. Leidenschaften, und Alles zu thun und zu sagen, was nur eine zügellose Einbildungskraft entflammen kann, gehört also in diesem Lande zu den nothwendigen Vollkommenheiten der Weiber, und sie müssen in ihren Sitten, wie in ihrem Betragen, natürlich eine ganz andere Form annehmen, als die Frauenzimmer in einem mehr verfeinerten und edlen Zustande der menschlichen Gesellschaft.« (Lemprière, *Reise*, S. 210f.)

Der Prophet soll Djabir ibn Abdallah, einem seiner Gefährten, folgenden Rat gegeben haben: »Wenn du nachts nach Medina gelangst, so betritt nicht sofort das Gemach deiner Frau; laß ihr nach deiner Abwesenheit erst Zeit, sich zu rasieren und ihr Haar in Ordnung bringen« (Arnaldez, *Mahomet*, S. 146). Die Rasur betrifft bei arabischen Frauen die Achselhöhlen und die Schamhaare, da der Prophet laut Abu Huraira gesagt habe: »Die menschliche Natur erfordert fünferlei: Die Beschneidung, das Rasieren der Schamhaare, das Stutzen des Schnurrbarts, das Schneiden der Nägel und das Entfernen der Haare unter den Achselhöhlen.« (Bukhari, S. 419)

Wie dem auch sei, die Eitelkeit ist das Vorrecht der Liebenden; das Opfer wie der Herzensbrecher wissen dies zur Genüge. Häufig ist sie der zu zahlende Preis, will man das Herz der Geliebten erobern. So hat auch der Päderast bei seinem schönen Knaben Verständnis für jede Art von Eitelkeit, sofern sie nur zu Lust und Hingabe führt. Hafiz gibt einmal folgende Definition:

Unterwirf dich der Härte eines feenzarten Knaben!
Eine Eitelkeit allein wiegt hundert Tyranneien auf.
(Martino/Bey Saroit, S. 159)

Der Koran warnt den Gläubigen andererseits vor der Vergänglichkeit aller Eitelkeiten, die den Menschen auf Erden verlocken:
»Den Menschen erscheint es herrlich, all das zu lieben, wonach man Lust hat: Frauen, Söhne, ganze Zentner von Gold und Silber, markierte Pferde, Vieh und Saatfelder. Das alles ist aber nur für den kurzen Gebrauch im diesseitigen Leben bestimmt. Doch bei Gott gibt es dereinst eine schöne Einkehr.« (Koran 3, 14)

Mit Eitelkeit im negativen Sinn *(ghurur, ibtidhal, ta'azzum)* kann auch eine Selbsterhöhung gemeint sein, die zu jenen Fehlern zählt, die der berühmte arabische Autor Djahiz (ca. 776-868/69) aus Basra in einer Epistel *(Risala)* über Stolz und Hochmut beschreibt:
»Was die Erhabenheit angeht, so darf es für dich nicht entscheidend sein, daß du dich selbst für erhaben hältst, sondern daß dich die Leute so sehen, selbst wenn du in Wirklichkeit niedrig wärest.« (Zit. nach Pellat, *Arabische Geisteswelt*, S. 370)

Ferner stellt er fest, »daß der erste im Himmel und auf der Erde begangene Fehler die Sünde des Hochmuts war« (ebd., S. 347).
Lit.: Arnaldez, Bukhari, Dagorn, Ghazali, Hafiz, Lemprière.
Siehe auch: Abweisen, Fingernägel, Hammam, Harem, Kosmetik, Kuhl, Verführung, Wimpern.

EJACULATIO PRAECOX *(istimna sara^c,* oder *sari^c; sir^{c}at al-qadhf).* Bei allen Erotologen und Theologen, die sich mit den Fragen der sexuellen Lust befaßt haben, findet sich der Hinweis, daß der vorzeitige Samenerguß den Frauen großes Mißfallen bereitet. Nach ihrer übereinstimmenden Meinung verachtet die Frau einen Mann, dem die Kraft fehlt, ihr so zu Gefallen zu sein, daß er ihr die höchste Lust bereitet:
»Ohne Liebkosungen vorauszuschicken, vereint er sich mit ihr; er küßt sie nicht, er nimmt sie nicht fest in seine Arme, er beißt sie nicht, saugt nicht an ihren Lippen und kitzelt sie nicht. Er steigt auf sie, ohne daß sie angefangen hätte, Lust zu verspüren; dann führt er sein weiches und schwungloses Glied ein, und dies mit unendlicher Mühe. Kaum hat er begonnen, ist er schon entkräftet: ein- oder zweimal bewegt er sich hin und her, dann beugt er sich auf die Brust der Frau nieder zur Ergießung, und dies ist schon der Gipfel seiner Anstrengungen.« (Nafzawi, S. 60)
Lit.: Ghazali, Ibn Falita, Nafzawi.
Siehe auch: Ejakulation, Koitus.

EJAKULATION *(dafq, qadhf, istimna).* Bei Bukhari heißt es, Anas habe berichtet, daß Abdallah ibn Selam den Propheten gefragt habe, was der Grund sei, daß ein Kind dem einen oder dem anderen Elternteil ähnlich sehe. Mohammed gab zur Antwort: »Wenn der Mann vor der Frau zum Erguß kommt, dann sieht das Kind ihm ähnlich; kommt die Frau vor dem Mann, dann ähnelt es ihr.« (Bukhari, Bd. 3, S. 253)
Lit.: Bukhari, Ghazali.
Siehe auch: Coitus interruptus, Koitus, Masturbation, Sperma, Nächtlicher Samenerguß.

ELEFANT *(fil).* Wie der Bär, der Hund, der Esel, der Hahn und der Affe wird auch der Elefant von den galanten Schriftstellern, etwa den unbekannten Autoren der Erzählungen aus *1001 Nacht,* gern bemüht, um die sexuellen Großtaten ihrer Helden entsprechend ins Bild zu setzen.
Siehe auch: Entfesselter Koitus, Tiere, Zoophilie.

ELEGANTEN (Die) *(zarif,* Pl. *zurafa').* Hierbei handelt es sich um eine Zunft von Eleganten und Meistern der feinen Lebensart, die wir mit der Glanzzeit der jeweiligen Dynastie in allen großen Städten verbinden. Ibn Manzur, der Autor des berühmten arabischen Lexikons *Lisan al-^{c}arab,* schreibt:
»Das Wort *zarf* kommt von *zarf* ›Gefäß‹; es ist, als ob der so bezeichnete Mann ›ein Gefäß für Wohlerzogenheit‹ *(adab)* und für hohe moralische Tugenden *(makarim al-akhlaq)* sei.« (Pérès, *PAAC,* S. 426)
Der andalusische Dichter Ibn Zaidun schrieb aus dem Gefängnis an seine Geliebte Wallada:

Keiner zeigt mehr Raffinement *(iftinan)* als ich,
wenn ich mich im schönen Schmuck *(hulan)* des *zarf* zeigen kann!
Gott zeichnete mich durch den *adab* aus und verlieh mir dadurch
einen hohen Rang.

Ibn Battuta (1304-1377), der Reisende aus Tanger, berichtet von seiner Reise durch Persien, auf der er eine Gruppe junger *zurafa'* getroffen hatte: »Die Einwohner Isfahans haben ein schönes Gesicht; ihre Hautfarbe ist weiß, strahlend, mit rot gemischt. Tapferkeit ist ihre herausragendste Eigenschaft; darüber hinaus sind sie großzügig und entfalten großen Eifer bei den Essenseinladungen, die sie sich gegenseitig aussprechen. Diesbezüglich erzählt man sich erstaunliche Geschichten über sie. Oft lädt einer von ihnen seinen Freund ein und sagt zu ihm: ›Komm und iß *nan* und *mas* mit mir‹, das heißt Brot und Dickmilch; doch wenn dieser Mann mit ihm geht, wird er ihm ausgesuchte Speisen zu kosten geben, und sich anstrengen, ihn durch diesen Luxus zu übertreffen. Jede Berufssparte wählt einen der ihren zum Chef, den sie *kelu* nennt. Die führenden Köpfe der Stadt halten es ebenso, ohne einer Berufsgruppe anzugehören; es gibt z.B. die Gruppe der unverheirateten jungen Leute. Diese Bruderschaften bemühen sich,.sich gegenseitig zu übertrumpfen. Einige ihrer Mitglieder bewirten andere, um zu zeigen, wozu sie in der Lage sind, dabei verwenden sie höchste Sorgfalt auf die Zubereitung des Essens usw. Man berichtete mir, daß einige von ihnen eine andere Vereinigung bewirtet und ihre Speisen mit dem Feuer von Kerzen gekocht haben; die anderen erwiderten die Einladung und kochten ihre Gerichte mit Seide.« (*Voyages*, Bd. 1, S. 398f.)

Lit.: Ghazi, Ibn Battuta, Ibn Zaidun, Sicard, Vadet.
Siehe auch: Freßlust, Futuwa, Galanterie, Geschmack, Ghazal, Orientalische Lebensart, Sängersklavin, Siesta.

ELFENBEIN s. Hals.

EMPFÄNGNISVERHÜTUNG (*man^c al-haml; mani^c lil-haml*, »verhütend«, Präservativ«). Neben der Mäßigung bzw. Enthaltsamkeit oder der in der islamischen Welt häufiger praktizierten Methode des *coitus interruptus* war bereits den arabischen Ärzten des Mittelalters auch die Empfängnisverhütung bekannt. Schon Abu Bakr al-Razi (860-923), genannt Rhazes, und Ali ibn al-^{c}Abbas al-Madjusi (10. Jh.) sprachen über das Thema coitus interruptus und folgten darin dem Beispiel der Gefährten des Propheten, die ihn bereits drei Jahrhunderte zuvor praktizierten, »während der Koran sich noch in der Phase der Offenbarung befand« (**s. Coitus interruptus**). Man kannte bereits das Schützen des Uterus durch Tampons, und Ibn Sina (Avicenna) beschrieb ein Jahrhundert später in seinem Kanon der Medizin nicht weniger als zwanzig Methoden der Empfängnisverhütung. Die erste Beschreibung des Kondoms (»schützendes Säckchen aus Darm«) soll nach allgemeiner Ansicht von Ghazali (1058-1111) stammen, aber seine Erfindung geht in Wirklichkeit bereits auf die Antike zurück.
Die Verhütung seitens der Frau wird dagegen eher erschwert, da in den islamischen Ländern nach wie vor die geburtenfördernde Haltung dominiert. Nach

der Geburt eines Kindes darf die Frau heute zwei Jahre lang die Pille nehmen; danach wird sie jedoch aufgefordert, diese wieder abzusetzen und nur von der Methode des coitus interruptus Gebrauch zu machen. Auf besonderen Wunsch kann ein Arzt aber auch das Einsetzen einer Spirale beschließen, wenn mehrere Gründe wie die Anzahl bereits ausgetragener Kinder oder die Gesundheit der Frau diesen Schritt nahelegen. Das Leben der Mutter darf nämlich unter keinen Umständen in Gefahr gebracht werden.

Lit.: Bouhdiba, Musallam.
Siehe auch: Coitus interruptus, Mäßigung.

EMPHASE *(tafassuh)*. Ein verbreitetes literarisches und dichterisches Verfahren, daß darin besteht, das Objekt der Liebe zu überhöhen, seinen Zauber und seine Macht zu preisen und damit die eigene Leidenschaft um so stärker hervorzuheben. Diese Technik findet sich bei allen klassischen Dichtern, ob Arabern oder Persern – man könnte daraus Rückschlüsse auf die Mentalität und die linguistischen Strukturen bei den beiden Völkern ziehen. Der *nasib* (**s. dort**), ein erotischer Prolog in der galanten Dichtung, in dem die Verbundenheit mit der Geliebten, die Sehnsucht nach ihr, der Trennungsschmerz etc. ausgedrückt wird, zeigt diese Vorliebe für Übertreibung und Übersteigerung besonders deutlich. Hier wird nicht mit Bildern gespart, das läßt sich neben vielen anderen Beispielen auch in den Versen von Hafiz, einem der berühmtesten persischen Lyriker des 14. Jahrhunderts, nachvollziehen:

Der junge Sohn des Magiers, des Weinverkäufers,
zeigte so verführerisch sich mir,
daß ich bereit bin, mit den Augenwimpern
den Staub der Schänke auszufegen.
(Zit. nach Bausani, S. 1058)

Und in einer anderen Variante, vom selben Dichter:

Der hat den zarten Duft der Liebe nicht geatmet,
der nie die Wange durch den Staub der Schänke zog.
(Zit. nach Safâ, S. 258)

Dieser Halbvers ist auch in anderer Hinsicht ein gutes Beispiel: Er zeigt, daß die arabisch-persische Dichtung stets reich an Sentenzen ist, die von Problemen der Ethik und des Glaubens handeln. Dank ihrer Vielschichtigkeit kann sich jedoch jeder Leser auf seine Weise angesprochen fühlen – auf der Ebene des Profanen, der Religion, der Mystik oder der Kosmologie ...

Lit.: Bausani, Dib, Safâ.
Siehe auch: Hafiz, Liebesleid, Nasib.

ENDOGAMIE (*zawadj luhmi; bint al-ᶜamm* : Tochter des Onkels). Nach Ansicht mancher Ethnologen ist die Endogamie das entscheidende Merkmal der matrimonialen Verbindungen bei den Arabern und im Orient. Germaine Tillion spricht von einer »Republik der Vettern«, während Joseph Chelhoud etwas konkreter auf die Ehen mit Cousinen *(bint al-ᶜamm)* verweist. Pater Antonin Jaussen

führt die beiden Bezeichnungen an, die der Ehemann für seine Frau gebraucht: *bint ᶜammi* und *bint khali* (Tochter meines Onkels väterlicherseits bzw. mütterlicherseits).
Lit.: Chelhoud, Jaussen, Tillion.
Siehe auch: Ehe, Frauentausch, Polygamie.

ENTFESSELTER KOITUS *(tahayyudj)*. Das arabische Wort *tahayyudj* bezeichnet leidenschaftliche Verliebtheit und sexuelles Begehren auf ihrem Höhepunkt, was das Vorhandensein von *shahwa* und *ghulma* voraussetzt. Das Erreichen dieses idealen Punktes bedeutet die vollkommene Lust, den Orgasmus *(intiᶜaz)*. In der arabischen Dichtung inspiriert dies immer wieder zu Bildern von loderndem Feuer, zitternder Glut und wütender Feuersbrunst.
Der entfesselte Koitus ist jedoch hauptsächlich eine geistige Vorstellung, an der sich die erotische Literatur des arabisch-persischen Raums mit Vorliebe weidet. Hier ein Beispiel aus *1001 Nacht*:
»Als die junge Frau also den Jüngling erblickte, war sie verzaubert von seiner mondgleichen Schönheit, und er nicht minder von ihrer. Und sie sagte sich: ›Welch ein Jammer, daß er nicht besitzt, was die anderen Männer besitzen! Denn was mir mein Gemahl gesagt hat, ist mehr als wahr: Er ist nicht größer als eine Haselnuß.‹ Doch kaum hatte die junge Frau es berührt, da regte sich das schlummernde Kind zwischen den Schenkeln des Jünglings; und da seine Winzigkeit nur Schein war, und es im Zustand des Schlafs zu jenen gehörte, die ganz in ihres Vaters Schoß zurückkehren, begann es seine Benommenheit abzuschütteln. Und siehe da, auf einmal tauchte es hervor, so mächtig wie das Glied eines Esels oder Elefanten, und wahrhaft mächtig groß und stark! Und bei diesem Anblick stieß die Gemahlin des Masseurs einen Schrei der Verwunderung aus und warf sich dem Jüngling an den Hals, und er bestieg sie wie ein triumphierender Hahn. Und binnen einer Stunde drang er ein erstes Mal, dann ein zweites Mal, dann ein drittes Mal und weiter fort bis zum zehnten Mal in sie ein, während sie stürmisch wie unterm Orkan hin und hergeschüttelt ward und stöhnte und sich entfesselt gebärdete.« (*1001 Nacht*, M, Bd. IX, »Le Jeune Garçon et le masseur du hammam«)
Die beiden folgenden Beispiele mögen stellvertretend für alle anderen Wahnvorstellungen genügen, denen man auf diesem Gebiet ständig begegnet:

Abou el Heilouks Glied blieb aufgerichtet
An dreißig aufeinanderfolgenden Tagen dank der Zwiebeln.
Abou el Heidja seinerseits hat in einer Nacht
Achtzig Mädchen entjungfert, ohne Nahrung während des
Vorgangs zu nehmen,
Doch nachdem er vorher sich an Kichererbsen gesättigt und
Kamelmilch mit Honig gemischt getrunken hatte.
Nicht vergessen will ich den Neger Mimoun, dem es glückte,
ununterbrochen ergießend,
Ohne Stillstand fünfzig Tage hintereinander sich zu vereinigen.
Wie glücklich war er, eine solche Aufgabe zu erfüllen!
Selbst wenn seine Leistung zehn Tage mehr betragen hätte,

Was sechzig Tage der Vereinigung ausgemacht hätte,
wäre er noch nicht gesättigt gewesen.
Doch während dieser Probezeit nährte er sich nur von Eigelb
und Brot.
(*Der duftende Garten des Scheich Nefzaui*, S. 221)

In dem zweiten Zitat geht es um den den sexuellen Hunger der Frau. Es stammt von Maula Ahmed ibn Suleiman:
»Man erzählt sich, daß der König der Neger sein Heer zum Kampf gegen einen seiner Feinde ausgesandt hatte. Als diese jedoch ihn besiegt hatten, gelang es ihnen, eine seiner Konkubinen zu ergreifen, die er aus seinem Bett verbannt hatte und die in Ungnade gefallen war. Als sie ihre gewaltige Schönheit und Anmut sahen, sagten sich die Männer der Truppe, daß sie nur ihres Königs würdig sei: ›Ich bin seiner nicht würdig‹, entgegnete sie ihnen. ›Warum?‹ fragten sie sie. ›Mein Herr‹, gab sie zur Antwort, ›hatte seinen Sklaven befohlen, und es waren dreihundert an der Zahl, mich zu beschlafen, was sie auch taten, doch mein Verlangen nach Beischlaf war darauf mitnichten versiegt, geschweige denn gesättigt. Da befahl er, daß man mich aus der Stadt entferne. Den Mann, der damit beauftragt war, flehte ich an, dem Befehl zu gehorchen, und tatsächlich brachte er mich weit fort von der Stadt. Als ich auf dem Lande ankam, sah ich einen Esel, wie er gerade eine Eselin besprang, und sein Glied stand steif in voller Größe. Als ich ihn solcherart sah, konnte ich mich nicht mehr beherrschen. Ich scheuchte die Eselin fort und legte mich unter ihren Gefährten. Und er besprang mich mit einem Glied, wie ich ein ähnliches noch nie gesehen hatte. Welch ein Jammer, daß die Männer kein Gemächt wie seines haben!‹ Die Geilheit der Soldaten erreichte ihren Gipfel, als sie dies vernahmen, und ein jeder wartete mit Lust, bis er an die Reihe käme, sie zu beschlafen. Alle Glieder der Armee bestiegen sie, und sie verwöhnte einen jeden während des Aktes mit Liebe und Zärtlichkeit, und dies machte sie begierig, noch einmal von neuem zu beginnen. Und so taten sie es auch, dann verließen sie sie.« (Ibn Suleiman, S. 94)

Lit.: Bouhdiba, Bousquet, Ibn Falita, Ibn Suleiman, *1001 Nacht*, Nafzawi, Suyuti.

Siehe auch: Aphrodisiaka, Begehren, Begierde (Wollust), Erethismus, Erotik, Koitus, »Liebe des Esels zur Eselin«, Lust (sexuelle), Nymphomanie, Orgasmus, Penis, Reinigung, Shahwa, Sodomie.

ENTSPRECHUNG ZWISCHEN KÖRPERTEILEN s. Sexualmythen.

EPHEBE (von griech. *ephebos; hebe*, Jugend. Jüngling zwischen 16 und 18 Jahren). Bezeichnung für einen schlanken und bartlosen *(ghulam)* Jüngling; oft handelt es sich um Knaben, die einem Orden angehören oder einem Meister folgen, der sich um ihre geistige wie sexuelle Erziehung kümmert. In den meisten gängigen Darstellungen erscheint der Ephebe als das irdische Gegenstück zu den muslimischen Paradiesjungfrauen **(s. Huri)**. Die Anhänger des Ephebentums können sich auf drei Koranverse berufen:
»Und Burschen, die sie bedienen, so vollkommen an Gestalt, als ob sie wohlverwahrte Perlen wären.« (52, 24)

»Während ewig junge Knaben unter ihnen die Runde machen mit Humpen und Kannen und einem Becher von Quellwasser, von dem sie weder Kopfweh bekommen noch betrunken werden und mit allerlei Früchten, was immer sie wünschen und Fleisch von Geflügel, wonach sie Lust haben.« (56,17)
»Ewig junge Knaben machen unter ihnen die Runde. Wenn du sie siehst, meinst du, sie seien ausgestreute Perlen, so vollkommen an Gestalt sind sie.« (86,19)
Das Bild des Epheben spielt eine wichtige Rolle in der erotischen Vorstellungswelt der Muslime – er nimmt, wenn auch unfreiwillig, den Platz der unberührten Frau, manchmal sogar der Paradiesjungfrau ein. In Trinkliedern ist häufig von ihm die Rede, die Dichter lassen ihn als eigenständige Figur auf jener Bühne der Phantasie auftreten, die am Hof von Kairo, Damaskus oder Bagdad als imaginärer Ort der Zerstreuung stets geschätzt wurde: Hier steht der Ephebe metaphorisch für die natürliche Begabung zur Liebe, die sexuelle Verfügbarkeit und die Eroberung. Die muslimischen Theologen haben sich außerdem mit der Frage beschäftigt, ob manche Blicke, die von Erwachsenen auf einen Epheben geworfen werden, statthaft seien (s. Vadet, *EI*).
Gerade durch seine sexuelle Uneindeutigkeit, seine Körperformen, die nicht von Dauer sind, und durch seine völlständige Unterwerfung unter den Willen seines Meisters wird der Ephebe zu einer Figur, die vielerlei Begehrlichkeiten hervorruft: »Die Leidenschaft, die diese entzückenden Knaben hervorrufen, ist in glühenden Worten beschrieben worden«, heißt es bei Henri Pérès, »aber es handelte sich nie um reine Gefühle« (Pérès, S. 343). Al-Djahiz (780-869), der große Prosadichter aus Basra, hat eine Abhandlung verfaßt, die dem Lob der Prostituierten und Lustknaben gewidmet ist *(mufakharat al-djawari wa-l-ghilman)*.
Lit.: Abu Nuwas, Chebel *(ES, IAM, DSM)*, Djahiz, Nawadji, Pérès.
Siehe auch: Flaum, Ghulam, Hermaphrodit, Homosensualität, Huri, Konkubinat/Konkubinen, Leberfleck, Mignon, Prostitution, Tzaᶜbil.

EPIKUREISMUS s. Hedonismus.

EPILATION *(natf, tanattuf)*. Einem Hadith* zufolge hat der Prophet die Epilation ebenso wie die Tätowierung als Zeichen der Eitelkeit verurteilt. Aber die arabischen Frauen haben diese alte Sitte, die sogar auf König Salomo zurückgehen soll **(s. Salomo und Balkis)**, nie aufgegeben und als Teil ihrer Schönheitspflege betrachtet. Die Epilation wird im Hammam vorgenommen, dort gibt es Frauen, die darauf spezialisiert sind, ihre Kundinnen mit Hilfe von zahlreichen Enthaarungsmitteln und entsprechenden Salben von aller Körperbehaarung zu befreien, auch in der Schamgegend. Um den Schmerz beim Ausreißen der Haare zu lindern, werden verschiedene parfümierte Pasten und Flüssigkeiten aufgetragen, die die Haut weich machen. Eine dieser Mixturen ist bei Ibn Mangli überliefert: »Damit alle Haare in der Schamgegend ausfallen, muß man die Muttermilch einer Hündin auftragen, oder aber die Enthaarungspaste, die *nura* heißt (eine Mischung aus gelöschtem Kalk und Arsen).« (Ibn Mangli, S. 113)
Solche Epilationen werden auch zu Hause vorgenommen, wo sich die Frauen ihre eigenen Salben und Enthaarungscremes zubereiten. So berichtet ᶜArib ibn Saᶜid al-Katib, gen. der Córdobenser (ca. 918-980):

»Gegen das Wachsen der Haare in den Achselhöhlen und in der Schamgegend nimmt man eine Mischung aus Bleiweiß und *filfilmiyah* zu gleichen Teilen sowie ein halbes Teil Alaun, das Ganze zerstoßen und mit Wasser und Hirse *(al-bandj)* vermischt – damit werden die Partien bestrichen, wo keine Haare mehr wachsen sollen; diese Behandlung muß lange Zeit fortgesetzt werden. Man kann auch Hirse in Essig kochen und die betreffenden Stellen immer wieder damit einreiben. Das wirkt, so Gott will.« (Zit. nach Sournia, S. 149)

Bis heute verwenden die Masseusen eine Mischung aus Zitronensaft und Zucker, die gut durchgerührt sein muß – das gibt eine ganz zarte Haut, wobei allerdings mit viel Wasser nachgespült werden muß. Prosper Alpin, der im 19. Jh. Ägypten bereist hat (wo Enthaarungstechniken schon vier Jahrtausende vor unserer Zeit bekannt waren), berichtet:

»Nach der Lotion tragen sie eine Salbe auf, um die Schamgegend zu enthaaren – sie bewirkt, daß sofort alle Haare ausfallen.« (Alpin, Bd. 1, S. 313)

Vor allem in heißen Klimazonen werden solche Epilationstechniken von den Frauen häufig angewandt, zum einen, weil sie zur Körperhygiene beitragen, zum anderen, weil in diesem Kulturkreis die Haarlosigkeit nach wie vor als eine Art Aphrodisiakum für die Männer gilt. Interessant ist in diesem Zusammenhang die männliche Begeisterung für die seidenglatte Haut (**s. glatte Haut**) der weiblichen Scham. Das traditionelle, moralisch-religiös gestützte Schönheitsempfinden läßt sich auch psychoanalytisch betrachten: So wäre es denkbar, daß der erwachsene Mann dabei das verlorene Glück der Kindheit sucht und zugleich seine ursprüngliche Bisexualität (**s. dort**) neu erlebt. Und die Frau versucht durch die Epilation, sich den haarlosen Körper zu bewahren, den sie in der Jugend besaß. In jedem Fall bedeutet die Enthaarung den Versuch, der Zeit zu trotzen und den Körper in einem früheren Zustand zu halten.

Lit.: Alpin, Bukhari, Chailley, Dagorn, Ibn Mangli, Nerval, Qairawani, Rumi, Sournia.
Siehe auch: Alaun, Alme, Aphrodisiaka, Bisexualität, Bordell, Eitelkeit, Glatte Haut, Hammam, Homosexualität, Körperhaar, Kosmetik, Parfum, Salomo und Balkis, Schambereich, Schönheit, Tafla, Tätowierung, Vulva.

EREKTION *(in^{c}az nu^{c}uz)*. An der Erektion von Penis oder Klitoris zeigt sich besonders deutlich, welcher enge Zusammenhang zwischen den Gefühlsregungen und der sexuellen Neurophysiologie besteht. Beim Mann ist jedenfalls zu unterscheiden zwischen der normalen Erektion (dem Anschwellen des Glieds und dem Hervortreten der Hoden) und dem Priapismus, einer Blutstauung, die das Abschwellen des Glieds verhindert. Das Hohelied der männlichen Erektion wird in aller Welt gesungen, aber ganz besonders in der Literatur des Orients, und natürlich auch in den Erzählungen aus *1001 Nacht*.
Lit.: Ibn Falita, Nafzawi, Sournia.
Siehe auch: Ejakulation, Erethismus, Koitus, Orgasmus, Penis.

ERETHISMUS *(tahayyudj, shubub, ihtidad)*. Als Erethismus bezeichnet man einen krankhaften Erregungszustand, der mit einer extremen Neigung zur Erektion der Geschlechtsorgane und dem Ausbleiben des erlösenden Abschwellens einhergeht. Dies bezieht sich auf die männlichen wie auf die weiblichen Organe:

Penis, Klitoris, große Schamlippen, Hoden. Die – fiktive – Beschreibung eines schweren Falls von Erethismus findet sich in einem Werk des 10. Jh.s, mit dem Titel ʿAdjaʾib al-Hind (›Die Wunder Indiens‹), erzählt von den Mitgliedern einer Schiffsmannschaft:
»Eines Tages trafen wir eine Frau von vollkommener Schönheit und Gestalt in Begleitung eines kahlköpfigen und weißbärtigen klapprigen Alten. ›Bei Gott‹, sagte die Frau, ›ihr müßt mir diesen alten Mann vom Leib halten, er läßt mir keinen Moment Ruhe.‹ Wir blieben eine Weile in ihrer Gesellschaft, und wir versäumten nicht, den Alten zu ermahnen, er solle sich damit begnügen, sein Verlangen nur zweimal am Tag und ebensooft in der Nacht zu stillen (...). (Nun erzählte der alte Mann seine Geschichte:) ›In jenem Jahr‹, sprach er, ›fuhr ich auf diesem Schiff, und wir erlitten Schiffbruch. Mit einigen anderen rettete ich mich, an Schiffstrümmer geklammert, auf eine Insel, wo wir einige Tage blieben, aber keine Nahrung fanden. Fast waren wir vor Entkräftung umgekommen, als ein toter Fisch an den Strand gespült wurde. Meine Gefährten wollten ihn nicht anrühren, weil sie fürchteten, an einem Gift zu sterben, doch ich ließ mich vom Hunger dazu treiben, von seinem Fleisch zu essen. (Doch) kaum war die Speise in meinen Magen gelangt, spürte ich ein Gefühl wie Feuer in meinem Rückgrat, und der Vertraute meiner Lenden (Penis) ragte auf wie eine Säule, erfüllt von brennender Lust, und ließ mir keine Ruhe mehr. So geht es mir bis zum heutigen Tag.‹ Aber seit er jenen Fisch gegessen hatte, waren viele Jahre vergangen.«
(*Les Merveilles de l'Inde*, S. 111 f.)
Lit.: *Merveilles de l'Inde*.
Siehe auch: Ejakulation, Entfesselter Koitus, Erektion, Lust, Orgasmus.

ERINNERUNG *(dhikra, tadhakkur)*. Die Erinnerung an den geliebten Menschen erhält das Feuer einer Verbindung und gibt der Hoffnung auf ein zukünftiges Glück ständig neue Nahrung. Das Besondere an der Erinnerung im Zusammenhang mit Liebe besteht darin, daß sie sich ständig aus den Freuden der Beziehung speist, bevor diese unterbrochen wurde. Dadurch lebt der geliebte Mensch trotz Trennung und der verflossenen Zeit weiter. Die Dichterin Hafsa bint al-Hadjdj aus Granada schreibt an ihren Geliebten:

Ich sende einen Gruß, der die Blumenkelche erblühen und die Tauben in den Bäumen gurren läßt.
Einem Abwesenden, der in meinem Herzen wohnt, auch wenn meine Augen ihn nicht schauen können.
Glaubt nicht, o Abu Djaʿfar, daß eure Abwesenheit euch aus meiner Erinnerung ausgelöscht hat; das ist etwas, bei Gott, das nie geschehen wird.
(Giacomo, S. 83)

Derselbe Schmerz findet sich auch bei diesem marokkanischen Sänger:

Ein Vogel ließ seine Liebe am Grund meines Herzens, und ich will keinen anderen Freund suchen. Gibt es eine andere Freude zu kosten, nachdem ich weiß, was es heißt, Tag und Nacht mit ihm zu leben? (...)

Er ließ seinen Schatten bei mir zurück; er ließ seine Gewänder in meinem Zimmer.
Sehe ich sie, erinnere ich mich an sein Antlitz und seine Gestalt. (...)
Meine Gazelle ist fort; und so wird mir eine Stunde zu einem Jahr und ein Jahr zu einem sehr langen Jahrhundert. Ich würde meine Reichtümer dem überlassen, der mir einen Weg zu ihm weisen kann.
Die mich verachten, freuen sich jetzt; doch ich hoffe, wieder der für sie zu werden, der ich früher war, als ich an ihnen vorbeischritt und stolz meine langen Gewänder schleifen ließ.
(el-Fasi, *Le Tarchoum*, S. 41f.)

Lit.: Fasi, Giacomo.
Siehe auch: Abschied/Wiedersehen, Liebesleid.

EROTIK (*mudjn, iblam, ithar djinsi:* erotischer Reiz, Verlockung; *tahayyudj djinsi:* starke Erregung; *ghulma:* sinnliche Begierde). Die Erotik hat ihren eigenen Bereich, nicht mit der Sexualität zu verwechseln, sie hat in der arabischen Welt eine bis heute wirksame literarische Tradition hervorgebracht, und sie hat ihre eigene Ästhetik. In der Erotik, als einer besonders köstlichen Variante der Sinnenlust, wird das Verlangen in all seinen Feinheiten beständig neu geschaffen. Der *homo eroticus* weiß den Reiz des Sexuellen in seinen verschiedenen Spielarten zu schätzen, ohne darum gleich zur Sache kommen zu müssen. Sein Prinzip ist die Liebe zum Leben – er möchte selbst dem banalen und gleichförmigen Alltag noch eine erregende und sinnliche Qualität abgewinnen.
Die arabische Sprache kennt eine Reihe von Begriffen, die auf dieser Ebene Unterscheidungen treffen: *ghazal* bezeichnet die Gefühle des Verliebten, der noch zögert, die körperliche Vereinigung zu vollziehen, oder nur von ihr träumt. *Ghazal* ist vor allem eine Angelegenheit der Worte, allenfalls auch der Gesten – ein gewisser Abstand bleibt gewahrt. *Tahayyudj* meint den Sturm der Gefühle, der den Liebenden dazu bringt, alle Zurückhaltung aufzugeben – die Erregung ist kaum noch zu zügeln. *Ghulma* bedeutet eine noch stärkere Erregung, im allgemeinen versteht man darunter, daß ein Mann eine Frau heftig und körperlich begehrt. Und um einen Mann zu bezeichnen, der hinter einer Frau her ist wie ein Raubtier hinter der Beute, gibt es den Begriff *wataba* – gemeint ist das ungestüme und hitzige, bisweilen aggressive Liebeswerben.
Aber die Erotik hat wesentlich mehr Spielarten. Man kann vielleicht drei Bereiche unterscheiden, die sich ergänzen: die gelebte, die kontemplative und die symbolische Erotik. Die erotische Literatur – die seit fast tausend Jahren künstlerische Maßstäbe setzt – hat mit den Geschichten aus *1001 Nacht* ein Meisterwerk hervorgebracht. In ihrer Gesamtheit können die Werke der erotischen Literatur zweifellos als der umfassendste Wissensbestand der arabisch-muslimischen Welt gelten, kaum weniger beeindruckend als der Korpus der Koraninterpretation und weit vielfältiger als die Leistungen der Wissenschaft, der Baukunst oder der Kalligraphie.
Häufig finden sich in dieser Literatur lange Einschübe, die der Erörterung philosophischer, psychologischer, medizinischer und magisch-religiöser Fragen ge-

widmet sind, und stets geht es dabei um einen wichtigen Aspekt der Pädagogik der Liebe; darüber hinaus werden genaue sachliche Informationen gegeben, die zu einer guten Sexualerziehung beitragen sollen. Daß arabische Künstler nur wenige entsprechende Werke der darstellenden Kunst geschaffen haben, ist auf das religiös begründete Bilderverbot zurückzuführen.

Die Erotik ist zugleich ein ästhetisches Programm, ihre Vermittlung muß als künstlerischer Akt begriffen werden, sei es in Büchern, auf der Bühne, in der bildenden Kunst oder, in unserer Zeit, mit den Mitteln von Film, Malerei und verschiedenen anderen Ausdrucksformen.

Sie steht im Zeichen des Schönen, aber die Erotik wirkt auch als eine Einführung in die Liebe, als eine unverzichtbare Vorbereitung auf das erste Zusammentreffen. Typisch für einen großen Teil der maghrebinischen Literatur, ob in arabischer oder französischer Sprache, ist ihre durchgängig sinnliche Qualität, die in die erzählte Handlung eine weitere, eine erotische Fiktion einschreibt.

Allerdings hat die Geschlechtertrennung in der arabischen Welt zur Folge, daß die Erotik mit Bedeutungen überladen wird, die sie überfordern und verzerren. Indem einzelne Organe (Penis, Vagina, Brüste, aber auch Augen und Hände) als eigenständige erotische Zentren betrachtet werden, verliert der Körper als Ganzheit sein Recht. Man darf auch nicht vergessen, daß pornographische Inhalte – die keinen freien Ausdruck finden können – in nicht unbeträchtlichem Maße in die Erotik Eingang finden, die von dieser Last erdrückt zu werden droht.

Lit.: Baghdadi, Benkheira, Blachère, Bouhdiba, Bousquet, Chebel, Choukri, Dehoï, Djedidi, Ibn Falita, Lo Duca, Nafzawi, Nawadji, *1001 Nacht*, Tifashi.

Siehe auch: Anaphrodisie, Aphrodisiaka, Erotomanie, Homosensualität, Ibn Hazm, Koitus, Lesbianismus, Liebe, Liebes- und Sexualsymbolik, Nafzawi, Päderastie, Pädophilie, Pornographie, Schönheit, Sexualität, *1001 Nacht*.

EROTISCHER TRAUM DER FRAU. Bukhari überlieferte einen Hadith*, der dem Propheten Mohammed zugeschrieben wird:
»Umm Sulaim, die Frau von Abu Talha, kam zum Gesandten Gottes und sagte: ›O Gesandter Gottes, Gott schämt sich nicht, die Wahrheit zu sagen! Muß eine Frau, die im Traum ein sexuelles Erlebnis hatte, die große Waschung verrichten?‹ Der Prophet erwiderte: ›Ja, wenn sie nach dem Aufwachen Ausfluß bemerkt, soll sie das tun.‹« (Bukhari, S. 77)
In den Erzählungen von *1001 Nacht* finden sich ständig Anspielungen auf die unersättliche Begierde der Frauen, die oft mit weiblichen Dämonen (*djinniyat*, Sing.: *djinniya*) gleichgesetzt werden. In der folgenden Passage ist eindeutig von einem erotischen Traum die Rede:
»In der Tat bemerkte er, daß seine Frau, die in der Gegenwart von Anis immer so zurückhaltend und bescheiden war, sobald sie eingeschlafen war, recht ungewöhnliche Träume hatte. Sie breitete die Arme aus, keuchte, seufzte und wand sich wie eine Schlange, dabei rief sie den Namen Anis und sprach zu ihm, wie es nur Menschen tun, die einander in leidenschaftlicher Liebe zugetan sind. Und der Jude war äußerst erstaunt, zumal er dieses Schauspiel mehrere Nächte hintereinander beobachtete, und dachte bei sich: ›Beim Pentateuch! Das soll mir zeigen, daß die Frauen alle gleich sind; ist eine von ihnen einmal tugendhaft,

keusch und enthaltsam wie meine Frau, dann muß sie dennoch ihr schändliches Verlangen stillen, und sei es auch nur im Traum.‹«
(*1001 Nacht*, M, Bd. X, »Les Amours de Zein al-Mawassif«)
Lit.: Bukhari, *1001 Nacht.*
Siehe auch: Ejakulation, Lust (sexuelle), Nächtlicher Samenerguß, Reinheit.

EROTOMANIE (*shabaq, ghulma;* im medizinischen Sinn: *mass shabaqi;* veraltet: wahnhafte Überzeugung, geliebt zu werden). Kaum eine Frage ist so heftig umstritten gewesen wie der Ursprung der Erotomanie, des krankhaften Liebeszwangs – entsteht sie wirklich durch das Fehlen eines Sexualpartners? Sieht man die Erotomanie nur als Krankheit, so kann man zu dem Schluß oder doch zu der Vermutung kommen, daß alle Heranwachsenden, ein Teil der Erwachsenen beiderlei Geschlechts, sowie alle Männer und Frauen, die eine klinisch definierte Fixierung (Nymphomanie, sexuelle Obsessionen und Wahnzustände usw.) aufweisen, an dieser Krankheit leiden.
Andererseits begünstigt eine orale Kultur, in der die Verständigung unter der Voraussetzung der Geschlechtertrennung stattfindet, die verbale Formulierung von Wunschträumen, die Befriedigung verschaffen, wenn eine geliebte Person unerreichbar ist. Überdies beflügelt die Leidenschaft die Phantasie: Die Erotomanie schafft eine Welt, in der alles erlaubt ist und der man mit den üblichen Definitionen von Krankheit oder moralischer Verirrung nicht recht beikommt.
Was die Päderastie angeht, so kann die Liebe zu den Lustknaben (*ghilman*) durchaus zwanghafte und wahnhafte Züge annehmen. Es gab eine Reihe von Dichter- und Philosophenschulen, die genau dieses unabweisbare Verlangen und die Hingabe wider alle Vernunft beschrieben haben, die den Päderasten an seinen Herzensbrecher bindet. Ein berühmter Vertreter dieser Literatur ist Abu Nuwas (762-813), der das Hohelied des guten Essens, der Schönheit und der fügsamen Knaben gesungen hat. Die Erotomanie spielt auch eine wichtige Rolle in den Geschichten aus *1001 Nacht*, wie Enver E. Dehoï in seiner Studie über die Erotik in den berühmten Erzählungen ausführlich belegt hat.
Siehe auch: Erotik.

ERREGBARKEIT (*ihtiyadj*) s. Erotik.

ERSTAUNEN (*bahta*). Nach Ibn ᶜArabi (1165-1240) einer der Gemütszustände, die den verlassenen Liebhaber kennzeichnen. **S. Ibn ᶜArabi.**

ESEL (*himar, bhim* [maghr.]; *djahsh:* kleiner Esel; *himar wahshi:* wilder Esel). Die von Tieren handelnde sexuelle und erotische Folklore hat zu allen Zeiten die Dichter und Naturforscher inspiriert. In diesem Zusammenhang wird der Esel mit einer Rolle belastet, in der all seine Fähigkeiten stillschweigend reduziert werden auf einen Menschentraum: Musterbeispiel des sexuellen Paarungsvermögens zu sein. Die Faszination, welche die Größe seines Penis ausübt, hat die Phantasien in der erotischen Literatur ebenso angeregt wie in den mündlich überlieferten Erzählungen der Frauen – das Thema taucht in Rätseln auf und immer wieder in obszönen Reden. Dennoch machen die Potenz des Esels, seine Ausdauer und die

Heftigkeit, mit der er geradezu wütend die Eselin penetriert, ihn keineswegs zum Prototypen des Haustiers ohne Furcht und Tadel. Vielmehr steht in der allgemeinen Wahrnehmung seinen natürlichen Anlagen eine Vielzahl von negativen Bewertungen gegenüber: Er wird als dummes Tier verachtet, das bösartige Schreie ausstößt, die sogar ein Gebet zunichte machen können. So entsteht eine Art schamhafter Bewunderung, die den Esel zum Ventil sämtlicher sexueller Frustrationen macht, ohne daß er entsprechend an Ansehen gewänne. Diese Mehrdeutigkeit rührt von alters her; zu seinem Nutzen als willfähriges Lasttier gesellt sich schon früh ein negatives Bild, das Lucius Apuleius, lateinischer Autor Nordafrikas, bereits im zweiten nachchristlichen Jahrhundert in Worte gefaßt hat (*Metamorphosen*, Buch X, XI). Ist der Esel etwa nicht stets so brünstig, daß er sogar den Haß der Isis auf sich zog, die ihn zwecks Initiation in ihre Mysterien – das heißt: zu seiner Menschwerdung – vom bösen Zauber befreien mußte?

Dieser Zwiespalt – positiv auf der einen, negativ auf der anderen Seite – läßt sich keineswegs auf biologische Ursachen zurückführen, seine Zugehörigkeit zu den Paarhufern etwa. Die nämlich, allen voran das Pferd, genießen die Gunst der Züchter, der Dichter und der Frauen gleichermaßen.

Lit.: Apuleius.

Siehe auch: Analverkehr, »Liebe des Esels zur Eselin«, Liebes- und Sexualsymbolik, Penis, Tiere.

EUNUCH (von griech.: *eunochos*, Wächter des Bettes; *mukhsi*, wörtl.: »kastriert«, von *khusya*, »Hoden«. Die Eunuchen werden auch *muᶜallim*, »Meister« und *khadim*, »Diener« genannt). Ein Eunuch ist ein Mann, der bereits in seiner Jugend kastriert wurde – ein »amphibisches Monstrum«, wie der englische Wundarzt William Lemprière meinte. Einst wurden die Eunuchen ausschließlich als Wächter des Serails, vor allem des Harems eingesetzt, sie hatten jedoch keine Aufsichtsbefugnisse über die Haushaltsführung in den Frauengemächern. Man sagt ihnen typische Charakterzüge nach, so wird in allen Berichten betont, sie seien intrigant, heimtückisch und von falscher Unterwürfigkeit, auch gelten sie als träge und merkwürdigerweise zugleich als furchterregend. Noch heute gibt es eine Art Orden von Eunuchen, die als Wächter an den Heiligen Stätten des Islam eingesetzt sind, am Grab des Propheten, an der Kaaba und an anderen bedeutenden Orten. Vor den Eunuchen im Harem mußten sich die Frauen nicht verschleiern, denn die islamische Jurisprudenz betrachtet die Eunuchen, nach Maßgabe des Koranverses über »die männlichen Bediensteten, die keinen Geschlechtstrieb mehr haben« (Koran, 24, 31), als Wesen, die vertrauenswürdig, weil zu unreif für die Anfechtungen der Fleischeslust sind.

Eine besonders lebhafte Beschreibung der Eunuchen findet sich bei al-Muqaddasi (gest. um 990), einem Reisenden und Geographen aus Palästina. Er unterscheidet drei Arten von Eunuchen: »Die besten Eunuchen findet man in Ägypten, die zweite (und schlimmste) Art kommt bei den Barbaren (Somaliern) vor und wird in Aden verkauft, die dritte Art ist die abessinische. Was die weißen Eunuchen angeht, so handelt es sich vor allem um *saqaliba* (Slawen), die man von jenseits des Chwaresmier-Reiches nach Spanien bringt, wo sie verschnitten werden, um sie dann nach Ägypten zu verkaufen« (al-Muqaddasi, S. 57). Der Autor beschreibt auch, wie die Kastration ausgeführt wird:

»Ich befragte einige Eunuchen nach der Art und Weise, wie die Kastration vollzogen wird, und ich erfuhr, daß bei den Rum (Christen) bereits Kinder entmannt und in Klöstern eingeschlossen werden, damit sie sich nicht mit Frauen einlassen und um ihnen die Qualen der Fleischeslust zu ersparen (...). Doch die Berichte über die Methoden der Kastration waren sehr unterschiedlich. Einer der Verschnittenen sagte, es sei die Rute wie der Hodensack zugleich entfernt worden; ein anderer erzählte, daß der Hodensack aufgeschnitten worden sei, um die Hoden herauszunehmen, dann habe man einen Stock unter die Rute gelegt und sie bis zum Ansatz abgetrennt.« (Ebd.)

Bei Omar Haleby, der im 19. Jh. ein Werk über die ›Geheimnisse der Liebe im Islam‹ verfaßt hat, finden sich sehr dezidierte und für die damalige Zeit sehr fortschrittliche Ansichten zum Thema. Haleby war der Meinung, daß die Existenz von Eunuchen nicht mehr zu rechtfertigen sei und einen Verstoß gegen die Religionsgesetze darstelle:

»Tatsächlich konnten wir feststellen, daß es Eunuchen bei den Griechen, den Römern und anderen Völkern vor unserer Zeit gegeben hat. Doch wenn ich hier meine Meinung äußern darf – die im übrigen von einigen unserer bedeutendsten Gelehrten geteilt wird –, so muß ich den Gläubigen zu bedenken geben, daß die Existenz von Eunuchen einen Verstoß gegen die Sitten und Grundsätze des Islam darstellt.« (Haleby, S. 106)

Haleby teilt die Eunuchen in drei Kategorien ein – vollständige Eunuchen (die im Kindesalter kastriert wurden), unvollständige Eunuchen (die in der Pubertät kastriert wurden) und falsche Eunuchen (die noch zur Kopulation fähig sind) –, und auch er weist auf ihre Labilität hin, auf ihre Launen, ihre neurotische Rachsucht. Außerdem gibt er ihnen die Schuld an der Verbreitung der Päderastie, vor allem unter den Türken, aber auch unter Griechen und Armeniern, die damals in Istanbul große Bevölkerungsgruppen stellten. Nach Haleby läßt eben die Tatsache, daß Eunuchen »die widernatürliche Liebe pflegen«, sie zu Rivalen der Frauen werden, und darum sind sie zugleich »die aufmerksamsten und eifersüchtigsten Bewacher der Harems, die ihrer Aufsicht unterstellt sind« (ebd., S. 110). Schließlich führt Haleby noch einige Fälle an, in denen die vermeintlich unfruchtbaren Beziehungen zwischen Eunuchen und Frauen innerhalb des Harems zu überraschenden Folgen führten.

Auch waren die Eunuchen dafür berüchtigt, durch ihre Fertigkeiten mit Hand und Mund zu ersetzen, was ihnen im genitalen Bereich genommen wurde – glaubt man den Geschichten aus den Palästen, so wußten das nicht nur Konkubinen zu schätzen, die sich vernachlässigt fühlten, sondern auch die rechtmäßigen Ehefrauen.

Lit.: Haleby, Lemprière, Lytle Croutier, Marmon, Muqaddasi, *1001 Nacht*.

Siehe auch: Harem, Hoden, Päderastie, Kastration, Schwarz/die Schwarzen, Sklave.

EVA *(hawwa)* s. **Adam und Eva.**

EXHIBITIONISMUS s. **Sexuelle Perversionen.**

EXKREMENTE s. **Skatologie.**

EXZISION (*khifadh; tahara farʿuniya:* »pharaonische Reinigung«). Praktiken wie die vollständige Exzision, die Infibulation (das Zunähen der Schamlippen), die Klitoridektomie (Entfernung der Klitoris: *khifadh, bazr*) und die Nymphotomie (die Entfernung der kleinen Schamlippen bei den Heranwachsenden) waren auf der arabischen Halbinsel, im Sudan, in Ägypten, in Äthiopien, in Jordanien, im Jemen, im Irak und überall im animistischen Afrika verbreitet. Inzwischen scheint ihre Anwendung seltener geworden zu sein, vor allem in den Ländern islamischer Tradition. Von allen Techniken der Beschneidung und Zeichnung wurde vor allem die Exzision bereits vom Propheten energisch bekämpft; Mohammed hat eindeutig erklärt, es dürfe sich dabei nur um eine symbolische Kennzeichnung handeln. Dennoch weisen zahlreiche Berichte darauf hin, daß die Exzision trotz aller Verbote noch ausgeführt wird, vor allem an den Rändern der islamischen Welt, bei Bevölkerungsgruppen mit einer starken vorislamischen kulturellen Tradition. Einige Theologen der schafi'itischen Schule haben sogar Vorschriften für diese Praxis formuliert, sicher nicht, um sie für rechtmäßig zu erklären, sondern um sie zu beschränken und zu kontrollieren, nachdem ihre völlige Abschaffung nicht möglich war. Besonders orthodoxe Vertreter dieser Richtung sind allerdings der Auffassung, sie entspreche dem Willen Gottes.

Die Haltung der Hanbaliten ist kaum besser: Ibn al-Djauzi (1126-1200) zum Beispiel weiß von der Exzision, aber wie um die Tatsachen zu verdrängen, erläßt er die Vorschrift, daß sie nur von Frauen ausgeführt werden solle, da es Männern nicht erlaubt sei, bei dieser Beschneidung die Genitalien der Frauen zu sehen, selbst wenn es sich um Sklavinnen und Dienerinnen *(djawari)* handele. Demnach muß dieser Eingriff gewissermaßen im Verborgenen stattfinden, im Unterschied zur Beschneidung der Knaben, die als öffentliche Zeremonie vollzogen wird (s. Pesle, S. 192 f.). Die malikitische Schule schließlich befürwortet die Exzision ebenso wie die Beschneidung der Männer, sieht aber keine Zwangsmittel vor, um sie durchzusetzen. In Ägypten, einem der wenigen arabischen Länder, in denen diese Praxis noch üblich ist, wurde die Exzision im April 1959 gesetzlich verboten. Dennoch wird der Eingriff offenbar weiterhin ausgeführt, vor allem in Nubien, wo man glaubt, daß damit der Körper der Frau »gereinigt« und ihr sexuelles Verlangen gezügelt werde.

Die bekannte ägyptische Frauenrechtlerin und Autorin Nawal el-Saadawi ist der Ansicht, daß es schwerfallen dürfte, die Klitoridektomie in Ägypten völlig abzuschaffen, eben weil sie als Garantie für die Jungfräulichkeit der jungen Frau vor der Heirat und für ihre Züchtigkeit nach der Heirat gilt:

»Es wird häufig angenommen, daß die Sitte der Beschneidung erst mit Beginn des Islam aufkam. Sie war jedoch schon vor der islamischen Zeit in einigen Gebieten, auch auf der arabischen Halbinsel, bekannt und verbreitet. Der Prophet Mohammed wandte sich gegen diesen Brauch, weil er ihm schädlich für die sexuelle Gesundheit der Frauen erschien. Nach der Überlieferung gab er Um Atiyah, einer Frau, die Tätowierungen und Beschneidungen ausführte, den folgenden Rat: ›Wenn du beschneidest, so nimm nur einen kleinen Teil und entferne nicht das meiste von der Klitoris ... Die Frau wird dann froh und glücklich aussehen, und auch den Gatten wird es erfreuen, wenn ihre Lust ungemindert ist.‹ Die Beschneidung der Mädchen war also ursprünglich kein islamischer Brauch und auch nicht an monotheistische Religionen gebunden, sondern sie wurde in Gesellschaften von ganz verschiedener religiöser Orientierung praktiziert – in den Ländern des Ostens wie des Westens, unter Völkern, die sich zum Christentum oder zum Islam bekannten oder atheistisch waren ... Beschneidung war in Europa bis ins 19. Jh. üblich, ebenso in Ägypten, dem Sudan, Somaliland, Äthiopien, Kenia, Tansania, Ghana, Guinea und Nigeria. Sie wurde auch in vielen asiatischen Ländern praktiziert, etwa in Indonesien und Sri Lanka, desgleichen in Teilen Lateinamerikas. Ihre Geschichte läßt sich bis zu den pharaonischen Königreichen des Alten Ägypten zurückverfolgen, und bereits 700 Jahre vor Christus erwähnt Herodot eine Beschneidung der Frauen. Die sudanesische Form der Beschneidung heißt daher auch ›pharaonische‹ Exzision.« (Saadawi, S. 44)

Lit.: Bukhari, Chailley, Chebel *(HC)*, Erlich, Pesle, Qairawani, Saadawi.

Siehe auch: Beschneidung, Genitalien, Klitoris, Nacktheit, Penis, Sexualität.

FAHISHA (Unzucht). Jede Art von Verworfenheit (moralisch, sexuell, körperlich); im weiteren Sinne auch: Sittenverfall. Bei solchen Verfehlungen hält sich die islamische Rechtsprechung eng an den Koran. S. Unzucht.
Siehe auch: Ehebruch, Homosexualität, Sexuelle Perversionen, Unzucht.

FARHAD UND SHIRIN s. Shirin und Khusrau.

FASTEN *(saum)*. Im Islam genießt die Zeugung von Nachkommen einen hohen Rang; entsprechend wird den Junggesellen angeraten, sich zu verheiraten. Wer zu arm ist, um eine Familie zu gründen, oder wer keinen Partner findet, dem empfiehlt die Religion das Fasten als erprobtes Mittel, um die sexuelle Enthaltsamkeit zu ertragen. Schon der Prophet soll gesagt haben:»Leute! Wem von euch es möglich ist, zu heiraten, der soll es tun! Wer diese Möglichkeit nicht hat, soll fasten, denn das Fasten verschafft ihm Linderung!« (Bukhari, *Nachrichten...*, S. 328)
Lit.: Bousquet, Bukhari, Qairawani.
Siehe auch: Abstinenz, Keuschheit, Kuhl, Mäßigung, Nächtlicher Samenerguß.

FASUKH (von *fasakha*, wörtl.:»verdünnen«). Eine Mischung aus Heilkräutern, der eine magische Wirkung zugeschrieben wird und die jeden Bann (Verzauberung, Knotenschlagen, etc.) brechen soll, der gegen das Liebesleben gerichtet ist.
Lit.: Del Marès, Doutté.
Siehe auch: Knotenschlagen, Liebeszauber, Talisman.

FASZINATION DES ORIENTS s. Orientalismus.

FATAN (pl. *fityan*,»junger Herr«,»Junker«). Der Begriff kam in der Zeit der ersten islamischen Dynastien auf, er bezeichnete in Mekka und Medina einen jungen Mann aus vornehmer Familie. Während der Glanzzeit der Umayyaden* wurde er zur typischen Bezeichnung für die ›Jeunesse dorée‹ von Bagdad – im Irak konnten die jungen Lebemänner praktizieren, wofür ihnen in Arabien bereits Strafen drohten.»Dort sieht man sie wieder in ihren höfischen Zirkeln«, schreibt Claude Vadet,»weil die hanafitische Rechtsschule und der Einfluß der toleranten muʿtazilitischen Lehre möglich machten, was nach dem islamischen Recht eigentlich verboten war.«(*ECO*, S. 87)
Den *fityan* sind eine Reihe von Modeströmungen und auch bedeutende Neuerungen im Bereich der erotischen Kunst, der Lieder und Gedichte, der Spiele und Zerstreuungen zu verdanken – und die Sitte, in der einen oder anderen Form dem Alkohol zuzusprechen. Das Wort *fatan* ist nicht nur Teil der Jugendsprache

geworden, sondern von ihm leitet sich auch der Name *futuwa* für die ritterlichen Tugenden ab, die in bestimmten Bruderschaften gepflegt wurden.
Lit.: Sulami, *1001 Nacht*, Vadet.
Siehe auch: Adoleszenz, Eleganten (Die), Ephebe, Futuwa, Ghulam.

FEIGE (*tin, karmus/kartus* im Maghreb). Ihr Aussehen, ihre Farbe und der süße Saft aus ihrem Fruchtfleisch bieten Anlaß genug für recht unzweideutige erotische Sprachbilder. Getrocknete Feigen besitzen eine gewisse *baraka**, in der Kabylei bezeichnet man die Feigen mit dem gleichen Wort wie die Hoden: *tibekhsisin*.
Damit ist die Feige – wie im übrigen auch die Wassermelone, die Honigmelone, der Kürbis und der Granatapfel – ein Fruchtbarkeitssymbol. Und das Wort *bakur* bezeichnet nicht nur junge Feigen, sondern bedeutet auch Jungfräulichkeit.
Lit.: Hennig.
Siehe auch: Fruchtbarkeit/Sterilität, Früchte, Granatapfel, Jungfräulichkeit.

FELLATIO (arab. dial. *msir*, »saugen«). Angeblich soll die Praxis der Fellatio auf der griechischen Insel Lesbos entstanden sein; im klerikalen Sprachgebrauch wurde sie früher auch *irrumatio* genannt, wie F.C. Forberg erläutert: »Irrumatio, eigentlich die Bezeichnung für das Stillen (...), bedeutet hier, das erigierte Glied in den Mund zu nehmen. Einmal in den Mund eingeführt, wird die Rute mit den Lippen und der Zunge gekitzelt und gesaugt; wer diesen Dienst erweist, vollzieht die Fellatio, weil in der Antike *fellare* saugen hieß.« (Forberg, S. 97)
Die Fellatio gehört zu den intimen Freiheiten, die einem Liebhaber gewährt werden. Auf einen besonderen Widerspruch gilt es allerdings hinzuweisen: Da überall im Orient die Sexualität vor der Ehe streng verboten ist und außerdem der Jungfräulichkeit (**s. dort**) der Braut in der Hochzeitsnacht große soziale Bedeutung zukommt, wagen sich die jungen Liebenden manchmal bis zu den Praktiken der Fellatio und des Cunnilingus (der Stimulierung der weiblichen Geschlechtsorgane, vor allem der Klitoris, mit Zunge und Lippen) vor. Aber diese Form der Befriedigung unterliegt in der gesamten islamischen Welt einem strengen Sprachverbot. Selbst die Meister der erotischen Dichtung im Goldenen Zeitalter haben sich dazu nicht äußern wollen, so daß sogar ein Experte wie al-Sayyid-Marsot in seinem Werk *Society and the Sexes in Medieval Islam* feststellen muß, daß »in den Quellen von Cunnilingus, Fellatio und Irrumatio überhaupt nicht die Rede ist« (s. auch Guiraud, S. 34). Eine Ausnahme ist immerhin zu verzeichnen: Mohammed Choukri, ein moderner marokkanischer Autor, hat eine genaue Beschreibung einer homosexuellen Fellatio aus dem eigenen Erleben gegeben:
»Mit sanften Bewegungen fühlte er meinen Hosenschlitz. Die wirkliche Spazierfahrt begann. Er knüpfte gemächlich Knopf um Knopf auf. Er machte die Innenlampe an und beugte sich über ihn. Sein Atem war warm. Er leckte ihn, dann nahm er ihn in den Mund. Rein, raus, rein, und mein Ding richtete sich zusehends auf. Ich wagte nicht nach seinem Gesicht zu schauen. ›Bravo!‹ seufzte er, ›bravo macho!‹ Er leckte und saugte, er streichelte meinen Hodensack mit den

Fingern. Ich spürte seine Zähne. Und wenn er ihn beißt in seiner wachsenden Lust?! Um schneller zu spritzen, malte ich mir aus, ich würde Assia in Tetouan vergewaltigen. Ich spritzte in seinen Mund. Er brummte vor Lust wie ein Tier.« (Choukri, S. 101 f.)

Lit.: Choukri, Forberg, Guiraud, Sayyid-Marsot, *1001 Nacht*.
Siehe auch: Cunnilingus, Hochzeitsnacht, Hymen, Jungfräulichkeit.

FETISCHISMUS (*tawulluh djinsi*, wörtl.: »sexuelle Verwirrtheit«). Nach der klinischen Definition ist Fetischismus eine Perversion, bei der das sexuelle Begehren sich auf ein Ersatzobjekt richtet, das an die Stelle einer geliebten oder erträumten Person tritt. Dabei kann es sich um einen Körperteil (den Fuß, das Gesäß, die Brüste) handeln, oder auch um einen Gegenstand (Unterwäsche, ein Stück Stoff, einen Schal ... besonders häufig werden Schuhe gewählt). In der arabischen Welt begreift man den Fetischismus als eine Art Überbewertung bestimmter Körperpartien, die normalerweise den Blicken verborgen bleiben. Die Waden, die Taille, der Hals eines jungen Mädchens, ihr Haar, besonders ihre Brust, aber auch jede andere Partie verhüllten Fleisches – all das kann nicht nur erotische Phantasien auslösen, sondern, wenn diese überhandnehmen, auch Gegenstand fetischistischer Fixierung werden. Bei den Jugendlichen ist der Objektfetischismus typisch (Schlüpfer, Büstenhalter, Schals usw.), während bei Erwachsenen oft eine Art ›Fetischismus des Blicks‹ zu beobachten ist, der sich darauf beschränkt, die begehrte Person ganz oder teilweise mit dem Auge zu besitzen: Das kann durch einen kurzen Blick geschehen, durch längere Beobachtung, oder durch ein Photo, ohne daß man darum gleich von Voyeurismus sprechen müßte. Eine weitere, weniger häufige Form des Fetischismus könnte als ›gedanklicher Fetischismus‹ bezeichnet werden. In diesem Fall ist die Lust nicht an Gegenstände oder das geheime Beobachten gebunden, sondern sie erwächst aus der Beschreibung von Situationen und Gefühlen, die der Fetischist nur in den Erzählungen anderer erlebt. Diese Haltung hat übrigens bereits der Prophet Mohammed verurteilt, als er einer Frau untersagte, einem seiner Gefährten zu erzählen, wie es zwischen den Frauen, zum Beispiel im Hammam, zugeht, wenn keine Männer dabei sind. Von genau diesen Vorstellungen lebt allerdings ein Teil der arabischen Literatur: Die Autoren schwärmen von den Geheimnissen des Harem, in die sie auch die Gefühlswelt ihrer Angebeteten einordnen.

Es gibt auch eine Art umgekehrten Fetischismus, der weit verbreitet ist (und darum als ›normal‹ gilt). Von al-Mutamid (1040-1095) stammen die folgenden Verse:

Wie eifersüchtig war ich auf meinen Liebesbrief,
ihm war es vergönnt, dein reizendes Gesicht zu sehen.
Ach hätte ich doch selbst dieser Brief sein können,
dann hätten mich angeschaut deine verführerischen Augen.
(Zit. nach Pérès, *PAAC*, S. 414)

Lit.: Pérès, *1001 Nacht*.
Siehe auch: Busen, Füße, Hintern, Narzißmus, Sexuelle Perversionen.

FEUER *(nar)*. In der Liebe kann das Feuer als Symbol eine ganz unterschiedliche Bedeutung haben: Da ist zum einen das frisch entfachte Feuer der gemeinsamen Gefühle, der heißen Liebe und glühenden Verehrung, zum anderen gibt es das verzehrende Feuer der unerwiderten Leidenschaft, der hoffnungslosen Anbetung einer unerreichbaren Schönen – dann sprechen die Dichter vom Höllenbrand, vom schmerzlichen Verglühen. Ganz zu schweigen von der Glut, die von der Erinnerung geschürt wird, vom Aufflackern der Flammen aus der Asche.
Siehe auch: Liebe.

FIEBER *(humma)*. Das Fieber ist ein Symptom der Liebe: Ein Verliebter, der sich die ganze Nacht im Bett hin und her wälzt, darf sich etwas darauf einbilden, daß es die Liebe zu seiner Schönen ist, die ihn keine Ruhe finden läßt (**s. Märtyrer der Liebe**). Bei den besonders empfindsamen Dichtern finden sich übrigens unzählige betrübliche Geschichten, in denen das Leid *(alam)* offenbar bedeutender ist als seine Ursache. Imru' al-Qais (6. Jh.), der auch ›der umherirrende König‹ *(al-malik al-dalil)* genannt wurde, hat geschrieben:
»Ich sehe mich noch, am Morgen jenes Tages, als sie Abschied genommen hatten und mich verstört und einsam im Schatten der Akazien zurückließen, eine Koloquinte entkernend.«
Und Ibn Qayyim al-Djauziya (1292-1350) bemerkt in seinem Werk über die Frauen *(Akhbar al-Nisa')*:

Meine Sorgen sind zahlreich, mein Herz ist der Sklave der Liebe.
Im Körper des Liebenden brennt auf ewig das Fieber.
(Zit. nach R. Basset, *Mille et Un contes ...*)

Unserer Zeit näher sind die Verse von Mohamed Belkheir (1835-1905), dem Sänger des Aufstands der *Aulad Sidi Shaikh* in Algerien:

Das Fieber verzehrt mich,
wie ist Aischa so weit!
Bald heiter, bald stürmisch,
und die Flut füllt mein Wadi;
bald traurig, bald glücklich,
bleib verletzt ich zurück.
(Belkheir, S. 68)

Lit.: Basset (R.), Belkheir.
Siehe auch: Imru' al-Qais, Liebesleid, Märtyrer der Liebe.

FINGER (*usbu^c*, plur. *asabi^c*). Obwohl jeder Finger einen eigenen Namen hat, der ihn von den anderen unterscheidet (*khinsir*: kleiner Finger; *binsir*: Ringfinger; *wasita*: Mittelfinger; *sabbaba*: Zeigefinger; *ibham*: Daumen), wird in der Literatur im allgemeinen das Wort *asabi^c* verwendet, um sie insgesamt zu bezeichnen. Die Finger werden auch mit einem »Bündel« verglichen. Die fünf häufigsten Metaphern, die die persischen Dichter zur Bezeichnung der Finger verwenden, sind Zuckerrohrknoten, Hermelinschwanz (wegen ihrer Weiße und Zartheit), Elfenbeinwurst, Korallenhand (da sie zuweilen mit Henna eingerieben werden) und Silberkamm (Rami, *Anis al-ʿUshshaq*, S. 81). Ein Dichter aus Khorasan sagte einmal:

Eines Tages bat ich sie voll Zorn um einen Kuß [wörtl.: »um ein Stück Zucker«] aus ihrem Munde [wörtl.: »aus ihrer Pistazie«].
Doch sie legte ihren Finger wie eine Haselnuß auf ihre abweisenden Augen.
(Ebd., S. 81)

Lit.: Rami.
Siehe auch: Hand, Körper, Schönheit.

FINGERNÄGEL *(zifr,* plur. *azfar).* Der Fingernagel kommt nur ein einziges Mal im Koran vor. Die Vorstellung, daß die Fingernägel der Geliebten und die Nägel *(azfar)* allgemein als Waffe benutzt werden, ist in der klassischen Dichtkunst und der mündlichen Tradition weit verbreitet.
Folgende Verse stammen vom Kalifen Yazid ibn Muʿawiya (7. Jh.); manche behaupten allerdings, daß sie ihm fälschlicherweise zugeschrieben werden:

Als ich sie getroffen hatte,
sah ich ihre wunderbar purpurnen Nägel
und warf ihr vor:
»Du machst dich schön, wenn ich nicht da bin.«
Sie antwortete mir mit ernster Stimme:
»Ich kokettiere überhaupt nicht.
Unterstelle mir keine Absichten,
die ich nicht habe.
Höre die Wahrheit: Du warst sehr lange fort,
du, meine einzige Stütze;
da vergoß ich Tränen aus Blut.
Mit meinen Händen trocknete ich mir die Augen,
und meine Tränen färbten die Nägel rot.«
(Martino/Bey Saroit, S. 96f.)

Darüber hinaus werden Fingernägel, genau wie Haupt- und Körperhaare, in zahlreichen Liebeszauber- und magischen Ritualen benutzt. Vor einer Prognose verlangen Wahrsagerinnen oft von Frauen, die von ihrem Geliebten verlassen wurden, abgeschnittene Nägel. Weit verbreitet ist auch – vor allem bei Heranwachsenden, unreifen oder extrem schüchternen Menschen – die Manie, kurz vor einer wichtigen Verabredung, z.B. einem Rendezvous, Nägel zu kauen (Onychophagie). Dieses Zeichen von Nervosität findet sich immer wieder in ägyptischen Kinofilmen, in denen die Schauspielerin vor einem unmittelbar bevorstehenden wichtigen Ereignis so tut, als ob sie Nägel kaute. Mit dieser Geste soll ihre psychische Spannung ausgedrückt werden.

Lit.: Martino/Bey Saroit.
Siehe auch: Körper, Liebeszauber, Zauber.

FITNA (Aufruhr, Respektlosigkeit, Häresie, Verführung). Den besonders frauenfeindlichen unter den Religionsgelehrten gilt die Frau an sich schon als eine *fitna,* ein Aufruhr und eine Störung der Ordnung, sie wird aber auch sonst oft als

ein Dämon dargestellt, vor dem man sich zu hüten habe. Ihre Waffe ist die ›Verführung‹ – eine der möglichen Bedeutungen des Wortes *fitna*, denn ›sich verführen lassen‹, ›verführt werden‹ heißt *afatana*. Der Begriff bezeichnet im weiteren Sinn aber jedes Verhalten, das darauf zielt, eine bestehende Ordnung oder Konvention nachhaltig zu stören. Für einen Araber bedeutet eine Frau jedenfalls immer eine mögliche Quelle der Unruhe.
Siehe auch: Frau, Listen und Intrigen, Verführung.

FIZULI (al-Baghdadi) (16. Jh.). Ein sunnitischer Dichter und Philosoph, 1506 in Killé geboren, einem kleinen Marktflecken bei Bagdad – daher sein Beiname *al-Baghdadi*. Es heißt, er habe sich so unsterblich in die Tochter seines Rechtslehrers verliebt, der der schiitischen Glaubensrichtung angehörte, daß er selbst zu diesem Bekenntnis übertrat, nur um das junge Mädchen heiraten zu können. Fizuli erwies sich als einer der bedeutendsten Dichter seiner Zeit; in seinem Werk *Sultans poètes* sagt A. Navarian über ihn: »Sein Genie bleibt unerreicht unter den Dichtern türkischer Abstammung.«

Der Geist der Liebe zeigt in der Geliebten sich zuerst,
von ihr empfängt ihn der Verliebte:
Die Kerze muß entzündet sein, damit der Falter sich an ihr verbrennt.
(Zit. nach Navarian, S. 78)

Oder auch:

Ich brauche nicht viel, du bist mir genug, o einzig Geliebte!
Wär jede der tausend Wunden in meinem Herzen ein Mund,
Meine Schöne, er sagte dir Dank.
Unsagbare Wonne fühl ich, wenn mich der Pfeil deines Blickes trifft.
Und tausendmal will ich es spüren, um ebensoviele Male zu sterben für dich.
(Ebd., S. 79)

Zwei weitere Vierzeiler von Fizuli, nach der Ausgabe von Nimet Arzik:

Ich bin wie verrückt, doch du willst es nicht wissen
Ich bin voller Wehmut, doch du willst mich nicht trösten
Das ist nicht gerecht, denn an dir liegt es, o Schöne
Lust meiner Augen, mein Lieb, meine Königin.
Sklave deiner Reize bin ich, deine Strenge ist mein Los.
Hier und da, doch nie an meinem wunden Herzen labst du dich.
Treue? Kann ich dieses Pfand von dir erwarten?
Meiner Augen Lust, mein Lieb und meine Königin.
(Arzik, *APT*, S. 57)

Lit.: Arzik, Navarian.

FLAUM *(zaghab)*. Sanfter Haarflaum wird an Männern wie an Frauen (*shanab*, plur. *ashnab*) gleichermaßen geschätzt. Ganz besonders werden aber die schönen jungen Epheben (*ghulam amrad*: »bartlos glatter Ephebe«) von erfahrenen Genießern wie von Dilettantinnen der Liebe verehrt. Daneben wird der Flaum bei den Persern, Türken und Arabern auch häufig als Symbol der Frische und Zartheit ganz allgemein besungen.

Die Metaphorik zu seiner Beschreibung wird in der persisch-arabischen Literatur aus den folgenden Bereichen geschöpft:

– Pflanzenwelt: *nabat* (Pflanzen), *rihan* (Basilikum), *sabze* (Pfanzengrün), *khudar* (grüne Gräser), ᶜ*ud* (Aloe), *misk* bzw. pers. *mishk* (Moschus), ᶜ*anbar* (Amber), *banafsadj* (Veilchen), *nil* oder *nila* (Indigo), *mehrgiya* (Mandragore, Alraune), *sunbul* (Hyazinthe), *fustaq* (Pistazie);

– Tierwelt: *ghurab* (Rabe), *samandar* (Salamander);

– Edelsteine (Schmuck, Farben etc.): *qir* (Pech), *fairuz* und *firuzadj* (Türkis), *zumurrud* (Smaragd), *mina* und *mina'* (Blauemail), *zindjar* (Grünspan);

– Wettererscheinungen, Tag/Nacht: *shab* (Nacht), *sama'* (Himmel); – und schließlich aus dem arabischen Alphabet: *lam* oder *dhal* (die arabischen Buchstaben dieses Namens).

Zwei Arten des Flaums ziehen die Aufmerksamkeit der Dichter ganz besonders an. Die erste sprießt um die Lippen. Zunächst unsichtbar, changiert er anschließend ins Grünliche und bleibt dabei immer noch seidig zart. Er wird *nabat* (»Pflanzen«, »Grünzeug«) genannt. Dieser Flaum inspiriert die Sufis zu dem Bild von *rihan* oder *habaq*, dem Basilikum, denn diese Pflanze erwähnte der Prophet bereits in einem seiner Aussprüche (Hadith*), wo er sie wegen ihrer Milde und ihrem angenehmen Duft empfahl. Die zweite Art des Flaums pflegt hinter den Ohren oder auf den Wangen der Geliebten zu sprießen. Sharif-addin Rami (16. Jh.) vergleicht seine schwarze Tönung mit dem »Staub der Reiterscharen von Sansibar auf Marsch gen China«, mit den »Augen auf dem Haupt [d.h. dem Haar] der Abessinier« (*Anis al-*ᶜ*Ushshaq*, S. 45) oder auch mit dem »Staub, den eine Reitertruppe aufwirbelt« (S. 46), um das Bild des Haarflaums auf der Wange der Geliebten in poetische Worte zu fassen.

Abu Firas, ein anderer von Rami zitierter Dichter, assoziiert den zarten Flaum mit dem Moschus:

Ich bin der Sklave jenes schwarzen Flaums,
welcher Ameisen mit Moschusbeinchen gleicht,
die über ein Blütenblatt von Eglantinen [Wange] wandern.
(Ebd., S. 46.)

Lit.: Khayyam, Pérès, Rami.

Siehe auch: Adoleszenz, Bart, Bartlos, Haarlos, Hermaphrodit, Huri, Mignon, Schöner Jüngling, Türke (junger).

FLIRT *(mughazala, muda*ᶜ*aba, mula*ᶜ*aba)* s. Ahal, Taᶜlil, Yataghazala/Ghazala.

FLORA *(nabat)*. Wenn es darum geht, die Aufwallung der Leidenschaft bei der Geliebten, die Lust, die ein junger Narziß verschafft, oder die roten Wangen eines Mädchens ins Bild zu setzen, bezieht sich die arabisch-persische Liebesdichtung gern auf die Flora der Region, auf die Düfte und die Sprache der Farben. Dutzende von Blumen, Pflanzen und Früchten werden immer wieder genannt, um das vielfältige Raffinement der Liebe zur Geltung zu bringen. Sha-

rif addin Rami (15. Jh.) hat seinem Werk über die Schönheit *(Anis al-ᶜUshshaq)* als Motto sogar mehr als fünfzig Begriffe aus der Pflanzenwelt vorangestellt, die allein die körperliche Schönheit beschreiben: Blume, Rose, Rosenknospe, Rosengarten, Rosenbeet, Pistazie, pistazienfarben, Narzisse, Hyazinthe, Veilchen, Tulpe, Moschus, nach Moschus riechend, Amber, dem Amber gleich, nach Amber duftend, Jasmin, Mandel, Gerstenkorn, Kampfer, Basilikum, Palmöl, frische Datteln, Jujuba, Granatapfel, Pinie, Wacholder, Teakholz, *ban (hyperanthera morunga)*, Schilfrohr, Zypresse, Ulme, Buchsbaum, Buschrose, Zuckerrohr, Zuckerrohrfeld, Pernambukholz, Aloe, duftender Apfel, Quitte, Quittenkerne, Orange, Heckenrose, schwarzer Pfeffer, Kornähre, Blatt, Gemüse, Grünpflanze, Alraunwurzel ... Alle diese Wörter kommen auch häufig in *1001 Nacht* vor, etwa in der *Geschichte von Nur ed-Din Ali und Enis el-Dschelis:*
»Und Blumen waren da, wie Perlen und Korallen aufgereiht, die Rosen beschämten durch ihre Röte die Wangen der schönen Maid, die gelben Veilchen sahen aus wie Schwefel, über dem Lichter hängen zu nächtlicher Zeit; Myrten, Levkojen, Lavendel, Anemonen, mit Wolkentränen geschmückt ihr Blätterkleid; es lachte das Zahngeheg der Kamille, die Narzisse schaute die Rose an mit ihrer Augen schwarzer Fülle; Bechern glichen die Limonen, goldenen Kugeln die Zitronen ...« *(1001 Nacht,* Bd. I, S. 433 f.)
In der persischen Dichtung des Goldenen Zeitalters spielt die Rose eine besonders wichtige Rolle, bei Saᶜdi (1213/19-1292) wie bei Hafiz (1325/26-1389/90), aber auch bei Suhrawardi (12. Jh.), für den die Rose, entsprossen aus dem Schweiß des Propheten, die Schönheit an sich verkörpert – weil sie ›ihre Schönheit kennt‹.
Das folgende kleine Gedicht aus Algier besteht aus einem Dialog zwischen verschiedenen Düften (und aus einer Art Weissagung):

Der Jasmin sprach: »Ich bin strahlend schön. Ich lebe ganz hoch droben.
Und von jeder Frau werd' ich geliebt.«
Darauf die Rose: »Ich bin strahlend schön.
Und meiner Farbe kommt nichts anderes gleich.«
»Mein Antlitz überstrahlt die Blumen und die Kränzchen«,
spricht die Pistazie, »meine jungen Triebe
geben dem Becher seinen Wohlgeschmack.«
Tränen der Eifersucht vergoß die Rose,
als sie dies hörte: »Schweig, du Tunichtgut«,
sprach sie, »du wirst vertrocknen
und deiner dürren Zweige Ende wird das Feuer sein.
Ich aber stamme vom Propheten ab.«
(Zit. nach *L'Islam et l'Occident,* S. 338)

Hafiz verdanken wir das folgende Gedicht:

In der Morgenfrühe sprach die Nachtigall
zu der neuerblühten Rose:
»Vertraue nicht zu sehr deiner Betörungskunst,
in diesem Garten blühten viele schon
wie deinesgleichen auf!«

*Die sieben Schönheiten oder: Geschichte des Behram Gurs.
Miniatur aus Nisami, Fünf Epen, Persien, Schiras, 2. Hälfte des 16. Jahrhunderts.
(Bayerische Staatsbibliothek, München)*

*Frau im Bade. Miniatur des Abdullah Buchari.
Ottomanische Kunst, 18. Jahrhundert. (Topkapi Sarayi-Bibliothek, Istanbul)*

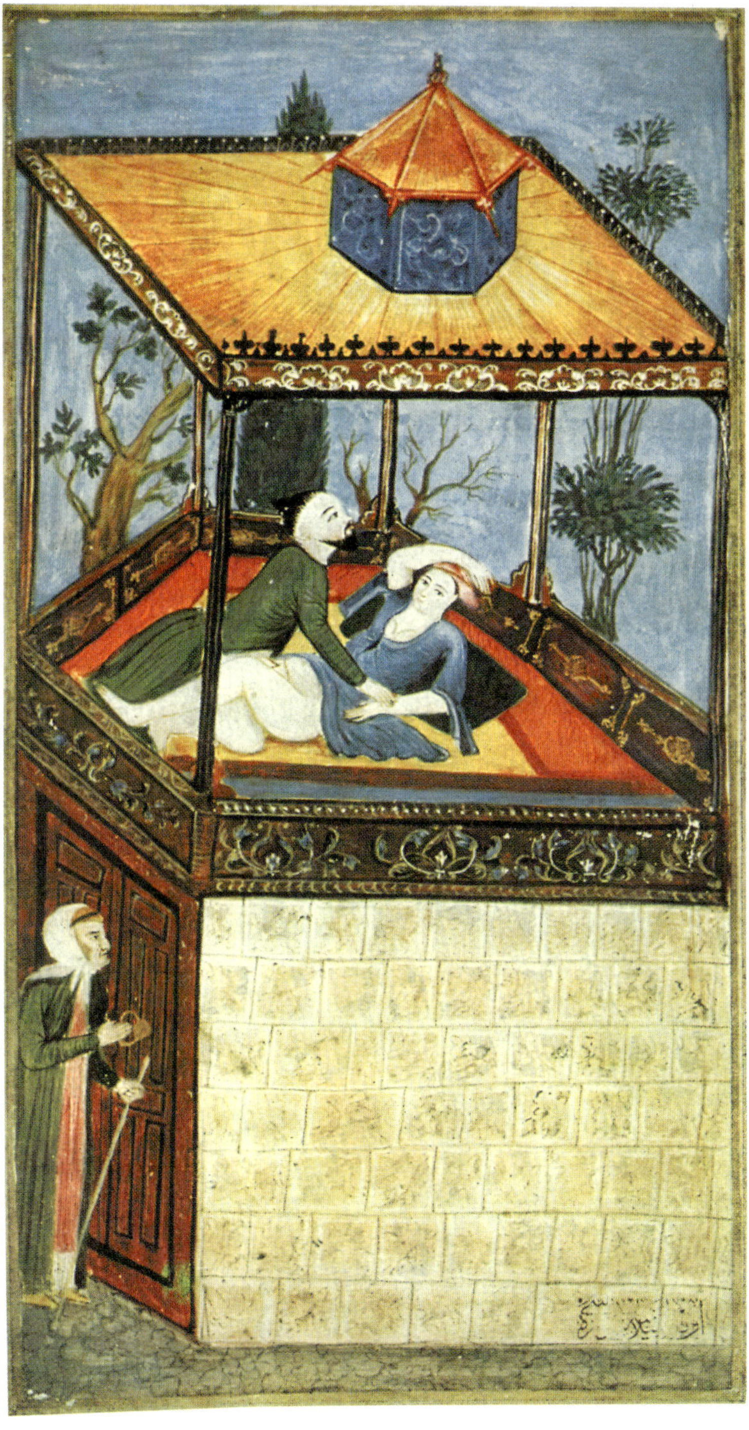

*Laila und Madjnun. Miniatur aus Nisami, Fünf Epen, Persien, Schiras,
2. Hälfte des 16. Jahrhunderts (Bayerische Staatsbibliothek, München)*

*Vorige Seite: Zwei Liebende in einem Pavillon.
Miniatur aus einer Handschrift des »Chamseh«
(Die fünf Dichtungen) des Atai. Türkei, 19. Jahrhundert.
(Museum für türkische und islamische Kunst, Istanbul)*

Da sprach die Rose lachend:
»Die Wahrheit kann uns nicht betrüben,
jedoch kein Liebender verletzt
mit bitterem Worte die Geliebte!
Wenn's dich gelüstet denn, aus jenem Becher
den rubinroten Wein zu trinken,
mußt du noch viele Perlen
mit deiner Wimpern Dorn durchbohren!
In alle Ewigkeit wird jener
der Liebe Wesen nicht erkennen,
der nicht den Staub mit seiner Wange
von einer Schenkentüre fegte!«
(Hafiz, *Liebesgedichte*, S. 24)

Und aus dem Irak kommen die Verse von Bashshar ibn Burd (10. Jh.), in denen der Wein und die Flora besungen werden:

Wenn erst der Frühling aus dem Garten
ein Paradies aus Rosen, Klee und Lilien macht,
wenn an den Hängen und im Tal
im Grase Veilchen, Tulpen und Jasmin erblühn,
dann wird im Glanz des Morgensterns
und mit dem Rosenduft, der aus den Krügen steigt,
das Herz sich neuer Lust erfreun.
(Zit. nach Safâ, S. 258)

Lit.: Chebel *(DS)*, Hafiz, *L'Islam et l'Occident*, Rami, Safâ, *1001 Nacht*.
Siehe auch: Körper, Parfum, Schönheit, Wunder.

FORTPFLANZUNG *(tanasul, tawalud, takathur)*. Fortpflanzung ist das Hauptziel der sexuellen Vereinigung:
»Ihr Menschen! Fürchtet euren Herrn, der euch aus einem einzigen Wesen geschaffen hat, und aus ihm das entsprechende andere Wesen, und der aus ihnen beiden viele Männer und Frauen hat sich ausbreiten lassen!« (Koran, 4, 1)
Männer und Frauen werden darum von Kindheit an auf ihre Fortpflanzungsrolle vorbereitet, und alles, was dieser Rolle entgegenwirken könnte, wird abgelehnt. Aus diesem Grund kann es vorkommen, daß ein Mann seine Frau verstößt, weil sie unfruchtbar ist. Andererseits ist es aber auch keine Seltenheit, daß eine Frau die Scheidung verlangt, wenn ihr Mann impotent ist oder eine Untersuchung ergeben sollte, daß sein Sperma von schlechter Qualität ist.
Lit.: Koran.
Siehe auch: Sexualität.

FRAU *(al-mar'a, pl. nisa')*. Die Stellung der Frau in der islamischen Welt ist zum einen bestimmt durch traditionelle Sitten und Gebräuche und zum anderen durch die Gesetzgebung, die insgesamt für die Frauen eine Benachteiligung bedeutet. Auch wenn in manchen wohlhabenden und kultivierten Familien die Frauen mit Rücksicht und Respekt behandelt werden, so begegnet man ihnen

doch weithin mit mehr oder weniger unverhüllter Mißachtung, vor allem wenn sie intellektuell oder beruflich in Konkurrenz zu den Männern treten. Diese Situation ist nicht neu, und in manchen Bereichen (Erbrecht, Scheidung, Sorgerecht) haben sich sogar Traditionen aus vorislamischer Zeit erhalten.
Im Koran ist immer und immer wieder von den Frauen die Rede. Der Islam hat die Stellung der Frau in vieler Hinsicht verändert und auch gestärkt (**s. Frauen des Propheten**), ohne ihr jedoch völlige Gleichberechtigung mit dem Ehemann oder den Männern überhaupt zu gewähren:»Die Frauen haben in der Behandlung von Seiten der Männer dasselbe zu beanspruchen, wozu sie ihrerseits den Männern gegenüber verpflichtet sind, wobei in rechtlicher Weise zu verfahren ist. Und die Männer stehen bei alledem eine Stufe über ihnen« (Koran, 2, 228). Und an anderer Stelle:»Die Männer stehen über den Frauen, weil Gott sie von Natur vor diesen ausgezeichnet hat ...« (Koran, 4, 34).
Der Prophet, der bei weitem nicht so frauenfeindlich gewesen zu sein scheint wie die Mehrheit der Männer zu seiner Zeit, hat vier Beispiele dafür genannt, was im Islam unter Heiligkeit zu verstehen sei: Assia, die Gemahlin des Pharao, Maria, die Mutter Jesu, Khadidja, seine erste Ehefrau, und Fatima, seine Tochter, die Ehefrau Alis, des vierten Kalifen, die auch ›Mutter der Gläubigen‹ genannt wird. Neben diesen Heiligen werden in der islamischen Überlieferung noch eine Reihe anderer Frauen häufig genannt: Lots Weib, Suleika, die Gattin des Potiphar (**s. Joseph und Suleika**), Balkis, die Königin von Saba, Aischa, die Lieblingsfrau des Propheten Mohammed, sowie zahlreiche vorislamische Frauengestalten und sogar namenlose Lichtgestalten, wie die Huris (**s. dort**).
Im Koran ist jedenfalls eine ganze Sure (4, ›Die Frauen‹) den Fragen der Ehe und den rechtlichen Bestimmungen gewidmet, die sich auf Adoption und Waisenschaft, Inzest, Verstoßung, Polygamie, Erbteilung und Enthaltsamkeit beziehen.
Koran: 2: 187, 197, 221-241, 282; 3: 14, 195; 4: 1-35. 43, 124-130; 5: 5; 13: 23; 16: 72; 23: 5-7; 24: 2-9, 23, 31-33, 60; 30: 21; 33: 4, 6, 28.33, 37, 49-53, 55, 59; 36: 55-56; 40: 40; 42: 11; 43: 18, 70; 46: 15; 48: 6; 49: 11; 57: 18; 58: 1-4; 60: 10-12; 64: 14; 65: 1-2; 66: 1-5, 10-12; 70: 30-31.

Sprichwörter, dichterische Ausdrücke und Lebensweisheiten aus muslimischen Ländern:
»Eine Frau ist wie ein Blumenstrauß: sie verströmt ihren Duft, sobald sie sich bewegt« – Redensart in Algerien und Tunesien (Machouel); in Syrien und im Libanon lautet die entsprechende Wendung:»Solange sie sitzt, ist sie anständig, sobald sie sich erhebt, ist sie schön.« (Doumani)
»Frage deine Frau um Rat, und dann tue das Gegenteil.« (Ebd.)
»Heirate eine Frau von Stand und suche dir ein einfaches Lager.« (Ebd.)
»Ihre Frau, mit Verlaub ...« *(martak hashak):* eine Höflichkeitsformel aus Algerien – bis vor nicht allzu langer Zeit galt es dort, vor allem in den unteren Schichten, als eine Art Obszönität, die Frau eines anderen überhaupt zu erwähnen.
»Dem strahlenden Märzhimmel ist nicht zu trauen, und ebensowenig einer Frau, selbst wenn sie betet.« (Amrouche, S. 127)
»Die Verwandten der Frau sind schon beim Festmahl, während die Verwandten des Mannes noch vor der Tür warten« (ebd., S. 149) – ein Ausdruck, der den Eltern der Frau (und somit auch ihrer Tochter) gefräßige Gier unterstellt, der Familie des Mannes dagegen beherrschte Zurückhaltung. In Syrien und im Libanon sagt man:»Er war sein eigener Herr, doch mit der Hochzeit ist er zum Hanswurst und Hausknecht geworden.« (Doumani)

»Eine Frau ist wie ein Gerstenkorn / Das wächst, wo man es aussät.« (Ebd.).
»Die kahlköpfige Frau prahlt mit der Haarpracht ihrer Nichte«: ägyptisches Sprichwort.
»O du Häßliche, du könntest wenigstens entgegenkommend sein«: ägyptische Redensart.
Eine Variante aus dem Libanon und Syrien lautet: »Gott, laß mich schön sein und leben wie eine Häßliche!« (Doumani)
»Je weißer ihre Haare werden, desto mehr juckt es sie im Hintern.« (Ebd.)
»Nehmen mußt du sie, ob im Schafstall oder bei dir zu Hause.« (Ebd.).
»Eine, die es nötig hat, versteht die Hüften zu bewegen.« (Ebd.).
»Wenn der Schwanz brav zu Hause bleibt, geht die Möse auf den Markt.« (Ebd.).
»Auch wenn sie Hunger hat, wird eine tugendhafte Frau sich nicht von ihren Brüsten nähren« – d.h. sie wird sich nicht verkaufen (ebd.). Die syrisch-libanesische Variante lautet: »Eine Frau erträgt den Hunger und stillt ihn nicht mit ihren Brüsten.« (Ebd.)
»Mißtraue einem Pferd, das sich von jedem satteln läßt, und einer Verlobten, die den Vorübergehenden zulächelt.« (Ebd.)
»Die Frauen sind vom Übel, ganz und gar, und das Schlimmste an ihnen ist, daß man nur selten ohne sie auskommt« (Ibrahim ibn al-Mahdi [779-893], zit. nach Tha'alibi, S. 56)
»Wenn sie ihre Tugend verteidigt, tut sie wohl, um sie sollst du dich bemühen.« (Abu l'Fadl Ubaidallah ibn Ahmad al-Mikali [gest. 1045], Dichter und Literat, ebd., S. 81)
Lit.: Abd al-Raziq, Abès, Ait-Sabbah, Amrouche, Audouard, Bittari, Bukhari, Chmielowska, Djahiz, Doris, Doumani, El-Masry, Gaudry, Ghazali, Ginat, Goïchon, Ibn Qayyim al-Djauziya, Lytle Croutier, Mernissi, Nezami, Paris, Pesle, Prémare, Ragaï, Rami, Roux, Saadawi, Tha'calibi, Thonnelier, Torniche, Walther.
Siehe auch: Böses Weib, Ehebruch, Endogamie, Frauen im islamischen Recht, Hammam, Harem, Konkubinat/Konkubine, Kunst, Listen und Intrigen, Orientalismus, Polygamie, »Scheherazade-Komplex«, Sexuelle Perversionen, Sexuelle Tabus, Sklave, Weiblichkeitsideal.

FRAUEN DES PROPHETEN. Es waren neun an der Zahl, nach Meinung mancher Chronisten elf, aber die Liebe des Propheten galt Aischa, die ein Kind war, als er sie heiratete:
»Der Prophet heiratete fünfzehn Frauen, mit dreizehn von ihnen hatte er Verkehr; zwei verstieß er, ohne sie berührt zu haben. Zu Zeiten hatte er elf Frauen zugleich, dann wieder zehn oder neun: Als er starb, ließ er neun Frauen zurück.« (Tabari, Bd. 3, S. 327)
Doch sie alle waren ›Frauen des Propheten‹:
»Khadidja, seine erste Ehefrau, war bei der Eheschließung doppelt so alt wie er. Sie entstammte seiner näheren Verwandtschaft und wurde von der Sippe besonders geschätzt und geehrt.
Aischa *(ʿAʾisha)*, die ›Mutter der Gläubigen‹ *(Umm al-muʾminin)*, war fünf oder sechs Jahre alt (sieben nach Tabari), als der Prophet um ihre Hand anhielt. Mit elf Jahren wurde sie seine Frau, und sie lebte neun Jahre lang mit ihm – bis zu seinem Tod, von dem sie als erste wußte.
Aischa war erst sieben Jahre alt und damit zu jung, als daß er die Ehe mit ihr hätte vollziehen können. So blieb sie noch zwei Jahre bei ihrem Vater Abu Bakr, und der Prophet führte sie erst nach der Hidjra in sein Haus (also nach weiteren zwei Jahren).« (Ebd., S. 327)
Zainab bint Djahsh war vielleicht die schönste und sicherlich die sinnlichste un-

ter Mohammeds Frauen. Wenn sie sich entkleidete, geriet sein Herz in Wallung, und es ist der folgende Ausspruch überliefert: »O du, die du die Herzen bewegst, schenke meinem Herzen Frieden.« Zainab fühlte sich als Rivalin von Aischa, und um sie auszustechen, verwies sie gern auf den göttlichen Segen für ihre Heirat mit dem Propheten, von der tatsächlich im heiligen Koran die Rede ist (s. **Zaid und Zainab**).

Hafsa wurde aus politischen Gründen Mohammeds Frau: Sie war die Tochter Omars, der zu seinen Gefährten gehörte und später der zweite Kalif wurde. Als Hafsa auf die anderen Frauen des Propheten traf, war sie zwanzig Jahre alt und bereits Witwe eines Getreuen, der für den Islam auf dem Feld der Ehre sein Leben gelassen hatte.

Umm Salama war die Witwe eines Vetters des Propheten, der ebenfalls zu den Vorkämpfern des Islam gehörte.

Safiya, eine Jüdin aus Khaybar, heiratete der Prophet aus politischen Erwägungen, aber wohl ebenso wegen ihrer Schönheit. Es heißt auch, sie sei eine Gefangene gewesen, Teil einer Kriegsbeute, als Mohammed sie zur Frau nahm.

Umm Habiba war die Tochter von Abu Sufian und früher mit ᶜUbaidallah verheiratet, der zum Christentum übergetreten war und in Abessinien den Tod gefunden hatte. Als der Prophet eine Delegation entsandte, um um ihre Hand anzuhalten, war sie dreißig Jahre alt.

Maymuna war die Schwägerin von Mohammeds Onkel ᶜAbbas. Als sie 629 die Frau des Propheten wurde, war sie 26 Jahre alt und bereits verwitwet. Sie starb 671.

Khaula oder *Khuwaila bint Hakim* war von ihrem Mann verlassen und vom Propheten bereits adoptiert worden, bevor er sie dann zu seiner Ehefrau machte.

Maryam war eine koptische Sklavin, die dem Propheten von Kyros al-Mauqauqis dem Ägypter zum Geschenk gemacht wurde. Es heißt, Mohammed habe sich neunundzwanzig Nächte hintereinander mit ihr zurückgezogen und dabei alle Verpflichtungen gegenüber seinen anderen Frauen mißachtet. Aischa und Hafsa sollen sich darüber heftig beschwert haben.

Raihana war ebenfalls eine Kriegsgefangene, eine Jüdin aus dem Stamm der Nadir. Da sie nicht zum Islam übertreten wollte, zog sie es vor, den Propheten nicht zu heiraten, sondern seine Konkubine zu bleiben.

Eigentlich sind auch *Djuwairiya bint al-Harith* und *Sauda*, aus der mächtigen mekkanischen Sippe der Quraisch, aus der auch Mohammed stammte, zu den Frauen des Propheten zu rechnen.

»Gegen Ende seines Lebens besaß Mohammed genau genommen nur noch die vier rechtmäßigen Ehefrauen, die ihm nach dem Koran erlaubt waren: Aischa, Umm Salama, Hafsa und Zainab. Unter ihnen wählte er nach Belieben eine, die ihn auf seinen Reisen begleitete. Die fünf anderen Frauen, Sauda, Djuwairiya, Safiya, Umm Habiba und Maimuna, hatten, aus verschiedenen Gründen, nur noch den formellen Status einer Ehefrau. Und die Frauen waren in zwei Lager gespalten: auf der einen Seite Aischa, Hafsa, Safiya und Sauda, auf der anderen Zainab, Maimuna, Umm Habiba und Djuwairiya. Aischa und Hafsa hielten zusammen, genau wie ihre Väter.« (Gaudefroy-Demombynes, S. 233)

Was die überlieferten Aussprüche des Propheten (Hadith*) angeht, so gehen besonders viele auf Aischa zurück – vor allem in bezug auf Sexualität und Intimität. Die ›blutjunge Rothaarige‹ wurde ohne eigenes Zutun zum Anlaß für Verleumdungen in Mekka, wo man ohnehin ständig Bemerkungen über die Treue der Frauen im Harem des Propheten machte. Auch Mohammed begann an ihr zu zweifeln, aber zum Beweis ihrer Unschuld ergingen einige berühmte Verse des Koran: »Diejenigen, die die Lüge (von dem angeblichen Fehltritt der ᶜA'isha) vorgebracht haben, sind nur eine Gruppe von euch. (...) Und warum haben sie nicht vier Zeugen für die Wahrheit ihrer Aussage beigebracht? Nachdem sie die Zeugen nicht beigebracht haben, gelten eben sie bei Gott als Lügner« (Koran, 24: 11, 13). Seither gilt die Regel, daß eine Aussage nur dann rechtliche Geltung hat, wenn sie durch vier freie Zeugen bestätigt wird (heute würde man von unabhängigen Zeugen sprechen, damals ging es darum, Sklaven nicht zuzulassen).

Insgesamt hatte der Prophet allerdings mehr als die erwähnten fünfzehn Frauen – nicht alle, nach denen ihn verlangte, heiratete er. Manche Quellen sprechen von weiteren fünf, und al-Tabari fügt diesen zwanzig nochmals fünf hinzu, die Mohammed begehrt, aber nicht geheiratet habe, weil sie zu alt waren, weil sie verheiratet waren, oder weil sie seine Leidenschaft nicht erwiderten: »Die dritte Frau, die er heiraten wollte, war Safiya, die Tochter des Boshama, vom Stamm der Bani ᶜAnbar. Sie war als Kriegsgefangene in die Hände der Muslime geraten. Ihr Gatte folgte ihr und trat um ihretwillen zum Islam über. Der Prophet fragte Safiya, ob sie seine Frau werden, oder ob sie bei ihrem Mann bleiben wolle. Safiya entschied sich für ihren Gatten, und der Prophet gab sie ihm zurück.« (Tabari, S. 330)

Während der Krankheit, die zu seinem Tode führte, bat der Prophet seine übrigen Frauen, ihm zu gestatten, daß er in der Kammer seiner Lieblingsfrau Aischa bleiben dürfe. Der Wunsch wurde ihm erfüllt, und er hielt sich dort auf, bis er starb:

»ᶜA'isha berichtet:
Während seiner schweren Krankheit, der er schließlich erlag, sagte der Gesandte Gottes immer wieder: ›Wo – bei welcher meiner Frauen bin ich heute? Und wo werde ich morgen sein? Muß ich denn noch lange warten, bis ich bei ᶜA'isha bin?‹ Als er dann bei mir war, ließ Gott ihn sterben. Sein Kopf lag an meiner Brust. Er wurde in meinem Haus begraben.« (Bukhari, *Nachrichten*..., S. 187)

Für die Muslime ist Mohammeds Harem geheiligt, nicht nur weil in ihm die Gattenwahl des Propheten zum Ausdruck kommt, sondern auch, weil sich eine Reihe von Koranversen auf ihn beziehen. Bis heute verbietet das islamische Recht jede abschätzige Bemerkung zu diesem Thema. Im Koran selbst wird ausdrücklich untersagt, den Frauen des Propheten ins Gesicht zu schauen, das Wort an sie zu richten oder gar sie zu begehren.

Wenn sie sich in einem Haus befinden, darf niemand zu ihnen vordringen: »Ihr Gläubigen! Betretet nicht die Häuser des Propheten, ohne daß man euch Erlaubnis erteilt (...). Und wenn ihr die Gattinnen des Propheten um irgend etwas bittet, das ihr benötigt, dann tut das hinter einem Vorhang!« (Koran, 33, 53). Auch ist es verboten, eine frühere Gattin des Propheten zu heiraten: »Und ihr dürft den Gesandten Gottes nicht belästigen und seine Gattinnen, wenn er einmal nicht mehr da ist, in alle Zukunft nicht heiraten. Das würde bei Gott schwer wiegen.« (Ebd.)

Verlassen die Frauen des Propheten das Haus, so gebietet es ihre Stellung, daß sie sich verschleiern – um sich als ehrbare Frauen kenntlich zu machen und von den anderen zu unterscheiden, die damals noch unverschleiert gingen. Aber vor den Männern ihrer Familie, die an das Inzestgebot gebunden sind, dürfen sie den Schleier abnehmen (Koran, 33: 59, 55). Im Koran ist von Mohammeds Frauen wiederholt die Rede:

»Ihr Frauen des Propheten! Wenn eine von euch etwas ausgesprochen Abscheuliches begeht, wird ihr die Strafe verdoppelt. Dies ist Gott ein leichtes.« (Koran, 33, 30)

»Ihr Frauen des Propheten! Ihr seid nicht wie sonst jemand von den Frauen. Wenn ihr gottesfürchtig sein wollt, dann seid nicht unterwürfig im Reden mit fremden Männern, damit nicht etwa einer, der in seinem Herzen eine Krankheit hat, nach euch Verlangen bekommt! Sagt vielmehr nur, was sich geziemt! Und bleibt in eurem Haus, putzt euch nicht heraus, wie man das früher im Heidentum zu tun pflegte, verrichtet das Gebet, gebt die Armensteuer und gehorchet Gott und seinem Gesandten!« (33: 32, 33)

»Prophet! Wir haben dir zur Ehe erlaubt: deine bisherigen Gattinnen, denen du ihren Lohn gegeben hast; was du an Sklavinnen besitzt, ein Besitz, der dir von Gott als Beute zugewiesen worden ist; die Töchter deines Onkels und deiner Tanten väterlicherseits und deines Onkels und deiner Tanten mütterlicherseits, die mit dir ausgewandert sind; weiter eine jede gläubige Frau, wenn sie sich dem Propheten schenkt und er sie heiraten will. Das gilt in Sonderheit für dich, im Gegensatz zu den anderen Gläubigen.« (33, 50)

Im Unterschied zu den übrigen Muslimen muß sich der Prophet auch nicht an das Gebot halten, den Gattinnen in einem bestimmten Turnus beizuwohnen:

»Du kannst abweisen oder bei dir aufnehmen, wen von den genannten Frauen du willst. Und wenn du eine zur Frau haben willst, die du zuerst weggeschickt hast, ist es keine Sünde für dich, sie nachträglich bei dir aufzunehmen.« (33, 51)

Aber auch die Vorrechte des Propheten überschreiten nicht das Maß des Schicklichen:

»Künftig sind dir keine weiteren Frauen zur Ehe erlaubt, und es ist dir nicht erlaubt, neue Frauen gegen Gattinnen, die du bisher gehabt hast, einzutauschen, auch wenn ihre Schönheit dir gefallen sollte und du sie deshalb gern heiraten würdest, ausgenommen, was du an Sklavinnen besitzt. Gott paßt auf alles auf.« (33, 52)

Zuletzt heiratete der Prophet Zainab, eine seiner Kusinen, die mit seinem Adoptivsohn Zaid verheiratet gewesen, aber von diesem verstoßen worden war (**s. Zaid und Zainab**). Tatsächlich hat die Liebe des Propheten zu den Frauen dazu beigetragen, ihre Stellung, die in vorislamischer Zeit gering war, nach und nach zu verbessern. Dem heiligen Buch ist zu entnehmen, daß sich Mohammed entschieden gegen den alten Brauch des *wa'd* wandte, der es erlaubte, neugeborene Mädchen, die als unwert galten, lebendig zu begraben. Außerdem erließ er genaue Vorschriften über die Beschneidung der Mädchen (**s. Exzision**), die er nur als symbolischen Akt gelten ließ. Er trug auch dazu bei, die sexuelle Lust von moralischen Zwängen zu befreien, indem er den Akt der körperlichen Vereinigung für erlaubt und sozial erwünscht erklärte, sofern er nach den Regeln der religiösen Sittenlehre vollzogen wurde (s. **Almosen**). Und dann ist da noch jener Hadith*, der in keiner Sammlung fehlt: »In dieser Welt hat man mich gelehrt, drei Dinge zu lieben: die Düfte, die Frauen und das Gebet, das mir das Wichtigste von allem ist.«

Lit.: Bukhari, Ghazali, Ibn ᶜArabi, Koran, Mernissi, Tabari.

Siehe auch: Almosen, Ehe, Exzision, Frau, Harem, Koitus, Mohammed, Parfum, Polygamie, Schönheit, Zaid und Zainab.

FRAUEN IM ISLAMISCHEN RECHT *(al-mar'a wa-l-fiqh)*. Der Koran ist nicht frauenfeindlich, alles in allem auch nicht der Islam. Und man muß zugeben, daß der Prophet zu seiner Zeit eine Menge für die Frauen getan hat, etwa indem er ihnen besseren Zugang zu eigenem materiellem Wohlstand verschaffte, den sie zuvor nur dank ihrer Stellung zu bestimmten Männern in der Großfamilie genießen konnten – mithin eine Stärkung ihrer sozialen Position (s. **Frauen des Propheten**).

Tatsächlich ist der muslimischen Frau lediglich der *fiqh**, die islamische Jurisprudenz, nicht wohlgesonnen, eine ausschließlich männliche Disziplin, deren wichtigste Funktion darin besteht, die Grenzen des Erlaubten festzulegen: den Unterschied zwischen Moral und Ausschweifung, zwischen Reinheit und Unreinheit, zwischen dem sozialen Ansehen eines einzelnen und seiner Entehrung. So gibt es auch eine beeindruckende Zahl von Werken des *fiqh*, die sich der Aufgabe widmen, Verhaltensmaßregeln für die Frauen festzulegen, und zwar bis in die kleinsten Einzelheiten. Besondere Vorschriften für die Männer finden sich dagegen nur weit verstreut in der allgemeinen Rechtsliteratur.

Aber man kann dabei sehr genau unterscheiden zwischen den großen Werken der islamischen Rechtsgelehrsamkeit, die von den Meistern des Fachs verfaßt oder unter ihrer Leitung zusammengestellt wurden, und jenen fortschrittsfeindlichen Texten, die in ideologischer Absicht geschrieben oder von Imamen unter politischem Einfluß verfaßt wurden.

Herausragend sind vor allem die Arbeiten Ghazalis (1058-1111). Seine kleine Schrift »Über die Ehe«, ein Auszug aus dem umfassenden Werk *Ihya' ᶜulum al-din* (›Neubelebung der Religionswissenschaften‹), ist ein Beispiel für die große aufklärerische Wirkung bestimmter Bücher, die von der Absicht getragen waren, nicht nur die ehelichen Pflichten zu bestimmen, sondern auch dem ehelichen Glück seinen Platz einzuräumen. Ähnliches gilt für die meisten Hadith*-Sammlungen, vor allem die sogenannten ›korrekten‹ *(sahih)* unter den überlieferten Berichten – natürlich denken wir vor allem an das Werk von al-Bukhari (810-870), der hier bevorzugt zitiert wird.

Der Glanz der großen Werke wird jedoch verdunkelt durch eine Vielzahl von Arbeiten, die von unbedeutenden Autoren stammen; die meisten sind eindeutig frauenfeindlich, und in gewisser Weise auch islamfeindlich. Häufig von Institutionen vertrieben, die sich der Wiedereinführung traditioneller Gesellschaftsformen verschrieben haben, sind diese billigen Traktate, die man überall in der arabischen Welt kaufen kann, allerdings weit populärer als die alten Meisterwerke, die man schon ihres Preises wegen in der Regel nur in Bilioteken findet. In einfacher Aufmachung und unter verkaufsfördernden Titeln wie ›Die Pflichten der muslimischen Frau‹, ›Die Frau und das islamische Recht‹, ›Das Problem der Frau im Islam‹ usw., finden sich in der Regel stark moralisierende Texte. Ein Erscheinungsjahr wird nie genannt – als ginge es ohnehin um überzeitliche Fragen, die vom Wandel in den sozialen Verhältnissen und den Lebensumständen der Menschen unberührt bleiben.

Insgesamt kann man feststellen, daß die Frauenfrage in der islamischen Sittenlehre sehr unterschiedlich behandelt wird, je nachdem ob es darum geht, aufzuklären und Verständnis zu wecken, oder ob lediglich Einschüchterung und Unterdrückung das Ziel sind. Doch mit jeder Schrift, die von einer geistigen Autorität im Bereich der Religionswissenschaft herausgegeben wird, können die muslimischen Frauen hoffen, daß die Gitterstäbe ihres Gefängnisses ein wenig weiter aufgebogen werden.

Koran: Siehe die Verse, in denen allgemein von den Frauen gesprochen wird, sowie außerdem: *Verstoßung, Scheidung:* 2: 226-232, 236-237, 241; 4: 128-130; 33: 4, 49; 58: 2-4; 65: 1-2; 66: 5. *Erbansprüche:* 2: 180-182, 233, 240; 4: 7-13, 19, 33, 176; 5: 106-108; 36: 50; 89: 19.

Lit.: Borrmans, Bousquet, Bukhari, Ghazali, Istanbuli, Koran, Mernissi, Nisa'i, Pareja, Qairawani, Tabari.

Siehe auch: Frau, Frauen des Propheten, Harem, Koran, Mohammed, Polygamie, Schleier, »Seraildenken«, Tuhfat al-ᶜarus, Verstoßung.

FRAUENTAUSCH *(mubadala djinsiya)*. Im Unterschied zur afrikanischen Welt, wo der Frauentausch bei manchen Stämmen gebräuchlich ist – aus Gründen, die mit der Fruchtbarkeit, der Erbfolge oder der politischen Stellung zu tun haben –, kennt der Orient diese Sitte überhaupt nicht. Man könnte es vielleicht so auf den Begriff bringen: Im Rahmen der institutionalisierten Polygamie gilt hier der Grundsatz der Monogamie. Allerdings gab es Zeiten, als Männer die Frauen ihrer Brüder heirateten, wenn diese im Kampf gefallen waren. Auch war es üblich, daß eine Frau, deren Mann plötzlich an einer Krankheit verstarb, nicht Witwe blieb, sondern – ohne formelle Heiratszeremonie – in den Haushalt eines Verwandten des Verstorbenen, etwa seines Bruders, oder auch eines Mannes von Rang, eines Stammesfürsten oder charismatischen Führers *(talib*)* aufgenommen wurde. In manchen Überlieferungen wird jedenfalls ein solches Prinzip erwähnt, das in etwa der alttestamentarischen Leviratsehe entsprach.

Siehe auch: Harem, Konkubinat/Konkubinen, Polygamie.

FRESSLUST *(sharaha, naham, bitna)*. Abu Huraira (7. Jh.) behauptet, ein Mann, der viel zu essen gewohnt sei, nehme weniger zu sich, sobald er sich zum Islam bekehrt habe. Als man diese Beobachtung dem Propheten mitteilte, erklärte er: »Der Gläubige hat nur einen Magen, der Ungläubige hat sieben« (Bukhari, Bd. 3, S. 661). Glaubt man diesem Hadith*, dann scheint die Freßlust für den Islam eine ebenso große Sünde wie für die Bibel. Doch das ist keineswegs der Fall. So reich die arabische Literatur an Beschreibungen kulinarischer Genüsse ist, eine umfassende Darstellung der Eßgewohnheiten und Tischsitten findet sich nicht. Aus der Vielfalt der erwähnten Ingredienzien und der Bedeutung von Frische, Reichhaltigkeit und unterschiedlichen Zusammenstellungen der Speisen kann man jedenfalls schließen, daß raffinierte Leckereien in der Tradition des Orients schon

immer geschätzt waren. In den Erzählungen aus *1001 Nacht* wird das an vielen Stellen deutlich. Zwei besonders detailreiche Zitate sollen als Beleg genügen:
»Der Träger ... folgte (der Dame), bis sie vor dem Laden eines Fruchthändlers stehenblieb, von dem sie syrische Äpfel kaufte, osmanische Quitten und Pfirsiche aus Oman, Jasmin und Wasserlilien aus Syrien, zarte kleine Herbstgurken, Zitronen, Sultansorangen, duftende Myrten, Tamarinden, Chrysanthemen, rote Anemonen, Veilchen, Granatapfelblüten und weiße Heckenrosen; all das tat sie in den Korb des Lastträgers (...).(Er) folgte ihr, bis sie Halt machte bei dem Laden des Zuckerbäckers; und sie kaufte eine Schüssel und häufte darauf allerlei Süßigkeiten aus dem Laden, Waffeln, Törtchen mit Moschus zubereitet, Mandelkuchen, Zitronenfondants von mancherlei Art, Kämme der Zeinab aus Zuckerwerk, Fingergebäck und Spritzkuchen ... Dann machte sie Halt bei einem Händler von Spezereien; und sie nahm von ihm zehn verschiedene Wasser, darunter Rosenwasser, Orangenblütenwasser, Lilienwasser und Weidenblütenwasser. Und sie kaufte auch zwei Zuckerlaibe, eine Flasche Rosenwasser mit Moschus, einige Stückchen Weihrauch, Aloeholz, Ambra, Moschus und alexandrinische Kerzen.« (*1001 Nacht*, Bd. I, S. 97 f.)
Und an anderer Stelle liest man:
»Und neben dem allen lag eine große silberne Platte, die zugedeckt war. Ich deckte sie auf und erblickte auf ihr alle Arten von Früchten, Feigen, Granatäpfel, Weintrauben, Orangen, Limonen und Zitronen; dazwischen lagen mancherlei duftende Blumen, Rosen, Jasmin, Myrtenblüten, Eglantinen, Narzissen und viele andere wohlriechende Kräuter. (...) So begehrte ich denn zu essen, trat an den Tisch heran, nahm die Decke ab und fand auf ihm eine große Schüssel aus Porzellan: darauf lagen vier geröstete und wohlgewürzte Küken. Und um die Schüssel herum waren vier Teller, einer mit türkischem Honig, ein anderer mit Granatapfelkernen, ein dritter mit Nußtörtchen, ein vierter mit Honiggebäck; was auf diesen Tellern lag, war teils süß und teils sauer.« (*1001 Nacht*, Bd. II, S. 40 f.)
Zur Verstärkung und Verfeinerung dieser Genüsse trägt auch der ausgiebige Gebrauch von Gewürzen bei, der in der gesamten Region üblich ist. Außerdem besteht eine deutliche Vorliebe für Süßigkeiten: Eis, Säfte, Honig, Früchte, Dörrobst, eingelegte Früchte und kunstvoll arrangierte Schalen mit allerlei Köstlichkeiten. Vor allem die Dynastie der Ziriden, die vom 10. bis 12. Jh. in der Kabylei bestand, war für ihre üppige Tafel und ihre Weine berühmt. Was die Zuckerwaren angeht, so hat Hady Roger Idris einen eindrucksvollen Bericht davon hinterlassen, was er im Palast eines Berberfürsten kosten durfte:
»Die *ghassaniya* wird aus Hartweizengrieß, Honig und Safran gemacht. Zu erwähnen sind auch die Zuckerkringel *(ka^ck)*, die in vielen Formen gereicht werden, sowie die Krapfen aus *Galula*-Honig, die früher wohl *zalabiya* hießen, weiterhin die Teller mit *lauzinadj*, die mit Puderzucker bestreut sind, dann der *qurs* aus Weizengries mit Honig und der *qubbat*, der meist mit Mandeln gespickt wird. Die *turda* war sehr süß und oft sogar mit Rosenwasser, Moschus und Kampfer versetzt. Als *faludadj* bezeichnet man eine Süßigkeit, die aus Maisstärke, Wasser und Honig hergestellt wird. Das Zuckerrohr *(qasab hulw)* pflegte man in kleine Stücke zu schneiden, und offenbar wird daraus auch eine besondere Art von Sirup *(sharab)* gemacht. Ich sah einen alten Ibaditen [Mitglied einer

schiitischen Sekte], der in seiner Schwäche sich nur noch von *sharab al-djullab* ernährte, einem Trank aus Honig und Rosinen. Auch aus Rosen und Veilchen macht man Sirupgetränke.« (Idris, Bd. 2, S. 590).

Im nachhinein betrachtet, wäre es durchaus denkbar, daß im Orient die Begeisterung für bestimmte Speisen, und folglich die Freßlust, auch mit ihrer aphrodisierenden Wirkung zu tun hatte. Andererseits gelten Verfressenheit, Völlerei und Gier nach bestimmten Speisen als äußerst unschicklich (**s. Geschmack**). Die Tischsitten sind schließlich sehr genau festgelegt, ebenso die Speisenfolge bei einem großen Bankett. Die Freßlust ist alles in allem eine zweideutige Neigung: Einerseits gilt sie als typisches Merkmal der höfischen Lebensart, andererseits als verachtenswertes Zeichen von Unbeherrschtheit.

Lit.: Bukhari, Idris, *1001 Nacht*.

Siehe auch: Aphrodisiaka, Früchte, Geschmack, Gewürze, Granatapfel, Henna, Orientalische Lebensart, Parfum, Rose, Wein.

FREUDENHAUS s. **Bordell, Geschlechtskrankheiten, Prostitution.**

FREUDENTRILLER (klass. arab. *tulwil, zagharid;* arab. Dialekt *tzaghrit;* Berber *zagharit, tagharit; lullilu* auf der arabischen Halbinsel). In unserem Buch *L'Esprit de sérail* haben wir beschrieben, daß die Freudentriller der arabischen oder Berberfrauen unter bestimmten Umständen eine kodierte Sprache der Liebe sein können, was zahlreiche Beispiele belegen. Der phallische – oder zumindest der klitoriale – Aspekt der Zunge, die wie eine Spirale in der Mund-Vagina der *zaghrata* (d.h. der Frau, die die Freudentriller ausstößt) flattert, ist dafür ein besonders deutliches Indiz.

Liest man die *Gesänge der Tassaout* von Mririda N'Aït Attik, so wird die Annahme bestätigt, Freudentriller seien nicht nur eine Sprache der Liebe, sondern auch eine Sprache an sich, eine eigene Form von Kommunikation. Die junge marokkanische Berberin singt folgendes:

In klaren Mondnächten
wird man mich Mririda nennen, Mririda,
der süße Kosename, den ich so sehr liebe.
Für ihn werde ich meine schrillen Freudentriller ausstoßen,
Diese Freudentriller, die nicht enden werden,
Männer bewundern und Frauen beneiden sie,
Solche kannte das Tal noch nie.
(*CT*, S. 21)

Lit.: Chebel *(ES)*, Mririda N'Aït Attik.

FRIGIDITÄT (*buruda djinsiya*, wörtl.: »Kälte bei der Zeugung«). Wie eine Frau auf die sexuellen Avancen ihres Partners reagiert, wird von den Männern häufig mit besonders strengem Blick verfolgt. Zur Frauenfeindlichkeit gehört es, sich selbst nicht in Frage zu stellen, sondern eher zu behaupten, eine Frau sei ›gefühlskalt‹, sie könne keine Lust empfinden und sei durch eine Art organischer Schädigung zu körperlicher Erregung nicht fähig. Die Frigidität einer Ehefrau, seltener auch einer Geliebten, ist in den meisten Fällen die Folge der unzureichenden Sexualerziehung der Frau, aber ebenso des Mannes. Außerdem kann sie als Reaktion auf das Nachlassen der Zuneigung des Gatten auftreten, wie es etwa Ghazali sehr genau beschrieben hat (**s. Koitus**). Dennoch kann die Frigidität in der arabischen und islamischen Welt nach wie vor als unbekannte Größe gelten. Es gibt zahlreiche Schilderungen des Problems, überwiegend von Männern, die von der Passivität und Teilnahmslosigkeit ihrer Partnerinnen beim Koitus berichten. Aber wenn es um ihre Befriedigung geht, haben es die Männer meist eilig. Auch wenn sie nicht an vorzeitigem Samenerguß leiden (**s. Ejaculatio praecox**), so haben sie doch zumeist eine Sexualerziehung genossen, in der von der Lust der anderen (also etwa der Frauen) nie die Rede war. Folglich macht es dem Mann nichts aus, wenn er seiner Partnerin keine Lust bereitet, sein Gefühl der Männlichkeit bleibt davon unberührt. Überdies gibt es regionale Gebräuche, die den Frauen streng untersagen, sexuelle Lust zu zeigen – die Folge ist, daß es den Ehefrauen oft sehr schwer fällt, ihre erotischen Wünsche deutlich zu machen: Sie ziehen es dann vor, sich zu bescheiden und im Namen von Sitte und Anstand auf sexuelle Erfüllung zu verzichten.

Frigidität ist dennoch nicht das unabänderliche Schicksal arabischer und muslimischer Frauen: Heute gibt es zahlreiche Möglichkeiten der medizinischen und psychologischen Hilfe, spezielle Behandlungen und Psychotherapien, Eheberatung, auch Gesprächskreise mit anderen Frauen. Die entscheidenden Impulse kommen jedoch von den Frauen selbst, die nicht mehr bereit sind, die Nachteile hinzunehmen, die ihnen aus der schlechten erotischen Kinderstube ihrer Partner erwachsen (**s. Impotenz**).

Lit.: Belguedj, Bertherand, Chebel *(ES)*, Ghazali.
Siehe auch: Alte Jungfer, Fruchtbarkeit/Sterilität, Hochzeitsnacht, Impotenz, Misogynie, Nymphomanie, Räucherwerk, Sexuelle Tabus, Sukhun, Vorspiel, Weihrauch.

FRISEUR *(hallaq)* **s. Frisur, Homosensualität.**

FRISUR (ᶜ*amra* = »Kopfputz«, *zinat al-ra's*). Eines der auffälligsten Accessoires des sichtbaren Schmucks von Mann und Frau ist die Haartracht. Lange Zeit war der Anblick der vollen Haarpracht, zumindest der weiblichen, nur den nächsten Verwandten sowie den Vertreterinnen des gleichen Geschlechts vorbehalten. Dies ist im übrigen die hauptsächliche Rechtfertigung für das Tragen des Schleiers: Man bedeckt sich mit einem Kleidungsstück dergestalt, daß es das Haar vor fremden Blicken verbirgt (**s. Schleier**). Angesichts dieses Verbergens und der anziehenden Wirkung, die es auslöst, sind die beiden Orte, wo die weibliche Haartracht zu voller Entfaltung gelangen kann, der Hammam (**s. dort**) sowie innerhalb des Harems das Frauengemach. Im Zuge der allmählichen Emanzipation der arabischen Frau gelangt auch die Frisur wieder zunehmend zu ihrem Recht und tritt in Konkurrenz zur Kleidung und zum Schmuck. Mireille Morin-Barde hat aufgezeigt, welche entscheidende Rolle die Frisur, ihre eingehende Schilderung, die Fülle und unendliche Vielfalt der angewandten Techniken, um ihr die bestmögliche Wirkung zu verleihen, im Leben der Berberfrau des Hohen Atlas spielt.

Lit.: Bouhdiba, Bousquet, Morin-Barde, Rami.
Siehe auch: Haare, Hammam, Harem, Henna, Schleier, Schönheit.

FRUCHTBARKEIT / STERILITÄT (*khisb/ᶜuqm*). Das Begriffspaar Fruchtbarkeit/Sterilität markiert Grenzen und Möglichkeiten einer Verbindung, es ist halb Wechsel auf die Zukunft, halb Alptraum. Nichts wird höher geschätzt als die Fähigkeit einer Frau, Kinder zu bekommen, und um ihr zur Schwangerschaft zu verhelfen, werden selbst die zweifelhaftesten Praktiken angewandt. Denn zugleich ist nichts schrecklicher für die Familie als die Unfruchtbarkeit der Ehefrau. So wird eine Frau nicht nur bei den zugelassenen Ärzten, sondern auch im Hammam Hilfe suchen. Dort begießt sie sich mit den Wässerchen, die ihr von dieser oder jener alten Frau empfohlen wurden, und anschließend sucht sie vielleicht noch die Drogisten, Kräuterheiler und irgendwelche Quacksalber auf, die ihr die seltsamsten Rezepte verschreiben. Der eingefleischte Glaube daran, daß eine Verbindung nur Bestand haben könne, wenn die Ehefrau Kinder zur Welt bringt – und daß etwa Adoption dafür kein Ersatz sei –, geht zurück auf die Anfänge des Islam, der bis heute der Zeugung von Nachkommen entscheidenden Wert beimißt. Schon der Prophet empfahl den Muslimen »liebende und fruchtbare Frauen«, und für al-Ghazali (1058-1111) nimmt in seiner großen Sittenlehre der Muslime, im Abschnitt über die Ehe, die Fruchtbarkeit nach dem Glauben, der guten Wesensart, der Schönheit und der mäßigen Höhe des Brautpreises den fünften Rang unter den wichtigen Kriterien ein. Von der Sterilität des Ehemannes dagegen war und ist meist nicht die Rede.

Aussprüche des Propheten:
»Heiratet und vermehret euch, denn am jüngsten Tag will ich vor den übrigen Völkern Staat machen mit euch, sogar mit der Frühgeburt.« (Ghazali, *Von der Ehe*, S. 3)
»Eine Matte in einem Winkel des Hauses ist besser als eine Frau, die nicht gebiert.« (Ebd. S. 14)
»Die Beste unter euren Frauen ist jene, die viele Kinder gebiert und dem Manne viel Liebe bezeigt.« (Ebd.)
»Eine Häßliche, die viele Kinder zur Welt bringt, ist besser als eine Schöne, die keine bekommt.« (Ebd.).
Lit.: Belguedj, Bertherand, Chebel *(ES)*, Ghazali.
Siehe auch: Abtreibung, Ehe, Geburt, Männlichkeit, »Schlafendes Kind«, Schwangerschaft, Sperma, Verstoßung, Wasser.

FRÜCHTE (*thamar, fakiha*, pl. *athmar, fawakih*). Im Mittelmeerraum haben Obst und Gemüse seit altersher ihre besondere Bedeutung in der Erotik. Natürlich taugen nicht alle Früchte für solche Anspielungen, aber einige werden von den Dichtern und den Geschichtenerzählern immer wieder genannt. In den volkstümlichen obszönen Geschichten und Scherzen kommt die dicke Gurke und die schöne Banane ebenso vor wie das rosige Fleisch des Pfirsichs oder der Melone, und auch in den Anzüglichkeiten unter Jugendlichen sind Form, Farbe und Geschmack von Früchten ein Dauerthema. Selbstverständlich findet man in den Erzählungen aus *1001 Nacht*, die auch zu diesem Thema ein präzises Bild der gängigen Vorlieben liefern, eine Fülle semantischer, bildlicher, dichterischer und erotischer Beispiele für die Bedeutung der Früchte, etwa in der *Geschichte von Nûr-ed-Dîn Ali und Enîs el-Dschelîs:*
»Die Bäume, die dichten, waren beladen mit reifen, eßbaren Früchten und standen alle in doppelten Reihen: da war die Aprikose weiß wie Kampfer, eine andere

mit süßem Kern, eine dritte aus Chorasan; die Pflaume war mit der Farbe der Schönheit angetan; die Weißkirsche leuchtete heller als wie ein Zahn, die Feigen sahen sich zweifarbig, rötlich und weißlich an.« (*1001 Nacht*, Bd. I, S. 433) Besonders liebevoll werden die Früchte in der *Geschichte von Nûr-ed-Dîn und Marjam der Gürtlerin* beschrieben – jeder einzelnen Frucht sind einige Verse gewidmet:

(Traube)
Dort wachsen Trauben, die schmecken gleich dem Wein;
Die schwarze Farbe könnte die des Raben sein.
Und zwischen Rebenblättern leuchten sie versteckt
Wie Frauenfinger, von der Henna Glanz bedeckt.

(Granatapfel)
Granaten dort, mit zarter Haut, sie gleichen
Den festen Brüsten einer jungen Maid.
Lös ich die Haut, so zeigen sich Rubinen;
Ich schau sie an in Traumverlorenheit.
Wer in ihr Innres blickt, dem zeigt die Frucht, die runde,
Rubinen, in den Falten zarten Tuchs versteckt.
Doch ich vergleiche die Granate, die ich anschau,
Der Mädchenbrust, der Kuppel, die der Marmor deckt.
Sie bringt dem kranken Manne Heilung und Genesung.
(s. Granatapfel)

(Apfel)
Im Apfel sind der Farben zwei, gleichwie die Wangen
Des Freundes und der Freundin, wenn sie eng vereint.
Zwei wunderbare Gegensätze dort am Aste,
Von denen einer hell, der andre dunkel scheint!

(Aprikose)
Schau auf die Aprikose in der Blütezeit –
Ein Garten, der dem Auge froh entgegenlacht!
Wie Sterne sind die Blüten, wenn sie aufgewacht –
Den Zweig bedeckt der Blüten und der Blätter Kleid.

(Feige)
Die Feigen gleichen, wenn das Weiße mit dem Grünen
Sich zwischen Blättern auf den Bäumen eng gesellt,
Den Griechensöhnen auf den hohen Burgen,
Die dort in dunkler Nacht die Pflicht der Wache hält.
(s. Feige)

(Birne)
Dir munde gut die Birne, deren helle Farbe
So gelb ist wie der Mann, den Liebe hart bedrängt.
Sie gleicht der jungen Maid, die in der Kammer weilet,
Von deren Antlitz sich der Schleier niedersenkt.

(Mandel)
Die grünen Mandeln, o, wie schön!
Die Hand umspannt die kleinste kaum.
Ach ihre feinen Härchen sind
Wie zarten Jünglings Wangenflaum.
Und ihre Kerne drinnen sind
Gedoppelt bald und bald allein.
Den hellen Perlen gleichen sie,
Geborgen im Smaragdenschein.

(Orange)
Wenn in den Orangenhainen lau der Zephir weht
Und durch all ihre Zweige leises Zittern geht,
Sind die Früchte gleichwie Wangen in der Anmut Kleid,
Denen andre Wangen nahen zu des Grußes Zeit.
Die Rote füllt die Hand, sie glänzt in voller Schöne;
Von außen ist sie Feuer, drinnen ist sie Schnee.
O Wunder, daß der Schnee nicht schmilzt bei solchem Feuer!
O Wunder, daß ich keine Feuerflamme seh!

(Zitrone)
Schau auf die Zitronenhaine, wenn die Furcht dir nahet,
Daß die Zweige mit den Früchten brechen und versagen.
So der Zephir durch sie hinstreicht, scheint es deinem Auge,
Daß die Zweige dort nur Barren reinen Goldes tragen.

(Limone)
O sieh doch die Limone, wenn ihr Glanz
Erstrahlt und aller Augen bald entzückt!
Sie gleicht dem Ei des Huhnes, wenn die Hand
Es mit der gelben Safranfarbe schmückt.
(*1001 Nacht*, Bd. V, S. 627 f.)

Unter all diesen Früchten kommt vor allem der Dattel, dem Granatapfel und Feige, und ebenso der Wassermelone eine besonders wichtige und genau gefaßte symbolische Bedeutung zu: Sie stehen für die Fruchtbarkeit. Allgemein gilt, daß die verschiedenen Gemüse und Früchte, von denen hier die Rede ist, sich auch in den Berichten von Reisenden und Seefahrern finden; der Koran hingegen spricht nur, ohne sie im einzelnen zu nennen, von den köstlichen Früchten des Paradieses (*fakiha*, pl. *fawakih al-djinna*).

Koran: 2, 2; 13, 35; 36, 57; 37, 42; 38, 51; 43, 73; 44, 55; 47, 15; 52, 22; 55: 52, 54, 68; 56: 20, 32-33; 69: 23; 76, 14; 77: 42; 78: 32.
Lit.: Bukhari, Chebel (DS), Koran, Mas'udi, *1001 Nacht*.
Siehe auch: Feige, Flora, Fruchtbarkeit/Sterilität, Granatapfel, Hoden, Parfum, Wassermelone.

FURZ (*durat*; umgangssprachlich im Maghreb: *durta, turta*). Eine Erzählung in *1001 Nacht* handelt von einem spektakulären Furz. Hier wird gerade durch die Übertreibung deutlich, wie verpönt es in der muslimischen Welt ist, einen Wind zu lassen:

»Da gelangte Abu al-Husain leise und würdevoll in die Gemächer der Braut, wo sich auch das Gefolge aufhielt. Er nahm einen Augenblick auf dem Diwan Platz, um sich selbst, seiner Gemahlin und den Damen ihres Gefolges sein takt- und maßvolles Verhalten zu zeigen. Dann erhob er sich mit einer harmonischen Bewegung, um die Glückwünsche der Damen entgegenzunehmen und sie zu entlassen. Alsbald begab er sich zum Bett, wo ihn die Jungfer bereits scheu erwartete. Doch da entfuhr seinem vom Fleisch und Getränken schweren Bauch – welch Mißgeschick! – ein großer Furz, der geräuschvoller nicht hätte sein können! Hinfort mit dem Bösen! Bei diesem Geräusch wandte sich jede der Damen ihrer Nachbarin zu, sprach mit lauter Stimme und gab vor, nichts vernommen zu haben, ebenso die Jungfer: Anstatt zu lachen oder zu spotten, begann sie, ihre Armreifen klingen zu lassen. Abu al-Husain jedoch war aufs Höchste verwirrt und gab ein dringendes Bedürfnis vor, begab sich schamerfüllt in den Hof, sattelte seine Stute, sprang auf, ließ Haus, Hochzeitsfeier und Gemahlin im Stich und floh in die dunkle Nacht. Er verließ die Stadt und ritt tief in die Wüste hinein, bis er ans Meer gelangte, wo er ein Schiff erblickte, das nach Indien aufbrach. Er schiffte sich ein und landete an der Küste von Malabar.« (*1001 Nacht*, M, Bd. X, »Le Diwan des gens hilares et incogrus, »Le pet historique«)

Volksweisheit: »Sie wollten einen Bock melken. Doch der Bock furzte ihnen in die Nase.« (Rassim, S. 153)

»Während der Vogel zwitschert, furzt der Esel.« (Ebd., S. 222)

»Du bist genau in dem Moment geboren, in dem Abu al-Husain einen Furz ließ!« (*1001 Nacht*, M, Bd. X, »Le pet historique«)

Lit.: Bukhari, Qairawani, *1001 Nacht*.
Siehe auch: Duft, Obszönität/Obszönitäten, Parfum, Reinigung.

FUSS *(ridjl, qadam)*. Im antiken Griechenland war der Fuß ein Symbol für die Macht des Siegers, der seinen Fuß auf den Oberkörper des gefallenen Gladiators setzte. Ganz anders in der arabisch-muslimischen Welt: Hier gilt der Fuß als Zeichen von Frieden und Austausch.

Man sagt: Ich kam »mit meinen Füßen«, das bedeutet persönlich und ist ein Zeichen der Ehre. Ein Muslim zieht als Zeichen der Demut vor Gott seine Schuhe aus, wenn er eine Moschee betritt, ein Beduine als Zeichen des Respekts sogar dann, wenn er ein Zelt betritt.

In der arabischen Welt haben Füße bei weitem nicht dieselbe Bedeutung wie im alten China, dessen Kultur diesen Teil des weiblichen Körpers zu einem festen Schönheitsideal erklärt hatte. Dennoch können sie, geschmückt mit Ringen und Ketten, auf verborgene Schönheiten hinweisen. Davor warnt der Koran:

»Und sag den gläubigen Frauen (…) sie sollen nicht mit ihren Beinen aneinanderschlagen und damit auf den Schmuck aufmerksam machen, den sie durch die Kleidung verborgen an ihnen tragen. *(liyuʿlama ma yukhfina min zinatihinna.)*« (Koran, 24, 31)

Lit.: Alpin, Chebel (*CTM*), Koran, Van Gulik.
Siehe auch: Frau, Henna, Scham, Schleier, Schönheit, Verführung.

FUTUWA (arabisches Rittertum). Seit Ende des 9. bis zum Anfang des 12. Jh.s bildeten sich in den großen Städten Mesopotamiens und Persiens ständische Bruderschaften, die ihre Mitglieder vorwiegend aus den mittleren und unteren Schichten rekrutierten (Handwerker, Kaufleute, Arbeiter ...). Eine Art Orden entstand, der im Wandel seiner inneren Gliederung und sozialen Zusammensetzung schließlich zu einer Eliteorganisation wurde, in der nur strenggläubige traditionalistische Muslime Aufnahme fanden. In einer kleinen Schrift über das sufische Ideal der Ritterlichkeit zählt Abdal Rahman al-Sulami (932-1021) eine ganze Reihe von Eigenschaften auf, die das Wesen der *futuwa* ausmachen und die sich jedes Mitglied dieser spirituellen Gemeinschaft zu eigen machen soll. Das Ritterideal steht für gute Erziehung, untadelige Lebensführung und genaue Beachtung der Botschaft des Propheten.

Lit.: Massignon, Pérès, Sulami.

Siehe auch: Fatan, Pädophilie, Schöner Jüngling, Türke (junger).

GALANTERIE *(ghazal)* Jede Kultur hat ihre eigenen Formen der Verführungskunst. In seiner *Reise in den Orient* erzählt Gérard de Nerval, wie er, des Arabischen nicht mächtig, den Ägypterinnen nicht zu begegnen wußte und sich von einem Maler in die Feinheiten des Umgangs mit dem anderen Geschlecht einführen ließ.
»›Sie sind verschleiert: wie soll ich wissen, ob sie schön sind? ... Ich kann nur ein einziges Wort arabisch, wie soll ich sie da überreden?‹
›Galanterie ist in Kairo streng verboten, Liebe hingegen nirgends. Sie begegnen einer Frau, deren Gang, deren Gestalt, deren anmutige Art, die Kleider zu raffen, deren Gesicht hinter dem verschobenen Schleier oder deren Frisur auf Jugend schließen läßt oder auf den Wunsch, liebenswert zu erscheinen; gehen Sie ihr ruhig nach, und wenn sie Sie in einem Augenblick, da sie sich unbeobachtet fühlt, geradewegs anblickt, dann schlagen Sie den Weg zu sich nach Hause ein, sie wird Ihnen gewiß folgen.‹« (Nerval, S. 140)
In Wahrheit sind auch im Orient die Galanterie und all die anderen Gunstbeweise aus der Liebe nicht wegzudenken, sie zeigen sich nur in anderer Weise und an anderen Orten. Es gibt vielfältige Verhaltensregeln, die alle nur denkbaren Situationen bei der Anbahnung einer Vereinigung erfassen – kommt sie zustande, so folgt daraus häufig die Eheschließung in aller Form. Der entscheidende Unterschied zur Galanterie im Abendland liegt darin, daß man dort nur die glücklichen Augenblicke schätzt und an das Morgen und die Folgen für die Erwählte nicht denkt, während in der arabischen Welt die Galanterie die Konsequenz einer bereits getroffenen Entscheidung ist und die Absicht einschließt, die umworbene Person zu heiraten. Wird eine solche Einlassung widerrufen, so ist das eine Beleidigung grundsätzlicher Art für die betroffene Frau: Ihr Ruf und der Name ihrer Familie stehen auf dem Spiel **(s. Verstoßung)**.
Lit.: Doughty, Herodot, Laoust, Miskawaih, Mririda n'Ait Attik, Nerval.
Siehe auch: Ägypten, Eleganten (Die), Ghazal, Liebe, Orientalische Lebensart, Persien, Persische Miniaturen, Verführung, »Winken mit den Augen«.

GAZELLE *(rim, ghazal, ghizal,* weibl.: *ghazala).* In der populären arabischen Dichtung ist die Gazelle ein Sinnbild der Schönheit und eine Metapher für die Angebetete. Sie steht für die ungezähmte und wilde Geliebte, die Muse mit den großen Augen, die zugleich scheu und verlockend ist, fügsam und über die Maßen zärtlich: eine laszive und letztlich unerreichbare Frauengestalt. Es gibt unzählige Anspielungen auf die Anmut, die Geschmeidigkeit und vor allem die Augen der Gazelle; in der Wirklichkeit sind die großen glänzenden Augen oft eine Wirkung von Antimon *(kuhl)*. ›Augen wie eine Gazelle‹ (ᶜ*ain al-ghazal*) ist ein beliebter Ausdruck zur Beschreibung einer Haremsklavin *(djariya)* in den Heldengedichten der Banu Hilal (Abenteuer eines Beduinenstamms auf dem Weg nach Tunesien), aber auch ein allgemein gebräuchliches Kompliment an die

Geliebte. Oft wird auch vom ›Auge der Verschreckten‹ gesprochen. Bei Abd al-Malik ibn Zuhr (gest. 1162) heißt es: »Die schmachtenden Augen dieser turkmenischen Gazelle raubten ihrem Verehrer die Ruhe.«

In der erotischen Dichtung finden sich immer wieder Bilder, die sich auf die Gazelle beziehen, um die höchste Verzückung auszudrücken: über den Hals, die Augen, die Haltung, die Gestalt, den Gang, im Schreiten und Laufen ...

Wer sich in der Volksdichtung des Maghreb auskennt, wird die zarten Verse erinnern, die Bna M'sayeb seiner Angebeteten gewidmet hat:

Gestern noch, die ganze Nacht in meinen Armen,
meine Gazelle, der keine andere Schöne gleicht. (...)
Werde ich je wieder eine solche Gazelle finden,
so schön und geschmeidig, biegsam wie die Zypresse?

In den poetischen Metaphern kommt die Gazelle, neben der Hirschkuh und der Antilope, besonders häufig vor. Noch ein Zitat, von Mohamed al-Shashi:

Diese Schönen besitzen den Gang der Antilope,
und die Augen der Gazelle.
So schön ist ihr Schreiten,
daß eine Spur wie von Küssen bleibt.
(Zit. nach Tha'alibi, S. 137)

Unter den Tieren der Wüste und der Steppe wird auch die Antilope *(zaby)* besonders häufig von den arabischen Dichtern in Bildern genannt: ähnlich wie die Gazelle soll sie jene geheimnisvolle und flüchtige Schönheit ausdrücken, die von den Beduinen geschätzt wurde und den männlichen Vorlieben entsprach.

Lit.: Belhalfaoui, *Encyclopédie de l'Islam*, Ibn 'Abd al-Djabbar al-Figuigui, Rami, Tha'alibi.
Siehe auch: Augen, Frau, Reh, Schönheit, Tiere, Weiblichkeitsideal.

GEBÄRMUTTER *(rahim, rihm)* s. Uterus, Fruchtbarkeit/Sterilität.

»GEBROCHENES HERZ« s. »Geraubtes Herz«.

GEBURT (*maulid, milad, wilada*. Im weiteren Sinne auch »eine Person von vornehmer Herkunft«). Die Geburt eines Kindes gilt als segensreiches Ereignis und die größte Freude einer Familie, ganz besonders natürlich als das Glück der Mutter. In traditionellen Familien trifft dies auch heute noch zu, weil die soziale Stellung der Frau und ihr Status innerhalb der Großfamilie (*'a'ila*) von der Zahl der Kinder abhängt, die sie zur Welt bringt. Der Kinderwunsch ist in der muslimischen Gesellschaft sehr ausgeprägt; der Koran und auch der Prophet ermuntern dazu, Kinder zu zeugen. Die Begeisterung für männlichen Nachwuchs geht zurück auf den Ursprung der Zeiten, in dieser Hinsicht unterscheiden sich die Muslime kaum von ihren Vorfahren. Schon Hippokrates schrieb in seinen *Aphorismen:* »Wenn eine Frau mit einem Knaben schwanger geht, so ist ihre Farbe frisch; wenn aber mit einem Mädchen, blaß.« (*Die Aphorismen des Hippokrates*, S. 320) So mischt sich eine gewisse Furcht in die freudige Erwartung der werdenden Mutter: Einen Jungen zu gebären, ist ein Glücksfall, der überschwenglich gefeiert wird – demgegenüber wird die Geburt eines Mädchens vor allem auf dem Land und in den alteingesessenen Familien noch immer mit Unbehagen gesehen. In der Kabylei wird gar ausschließlich die Geburt männlicher Kinder gefeiert, denn das Sprichwort sagt: »Ein Mädchen im Haus zu haben heißt, auf ein Pulverfaß aufpassen zu müssen.« (Desparmet, S. 6) So wird von Anfang an der Ariadnefaden ausgeworfen: Eine stillschweigend praktizierte Hierarchie, die sich auf die Überzeugung von der verführerischen Natur des Mädchens stützt, prägt dessen Beziehungen zur Gesellschaft.

Ob Junge oder Mädchen, das Kind im Mutterleib erfordert sorgsame Vorbereitung der Hochschwangeren. Bereits Avicenna (980-1037) schrieb:
»Wenn sich die Zeit nähert, daß eine Schwangere sich ihrer Leibesfrucht entledigen soll, so mache man ihr dies möglichst leicht:
Man reibe ihren Leib im Bade in der Mitte über der Leibesfrucht und an den Seiten mit Fett ein, damit hierdurch die sehnigen Teile weich und bei der Entbindung schlaff werden.
Man gebe ihr fettige Nahrung und lasse sie ölige Soßen trinken.
Man hüte die Schwangere vor Geschrei, Sorgen, Schreck, Sturz und Schlägen.
Bei der Entbindung lasse man sie einen Trank aus Datteln und Bockshorn trinken.
Man gebe ihr eine umsichtige Hebamme, welche ihre beiden Beine tüchtig auseinanderzieht und ihr dann von der anderen Seite her den Leib sachgemäß zusammendrückt.«
(Urdjuza fi'l-tibb – Das Lehrgedicht über die Heilkunde, S. 202 f.)
Einmal auf die Welt gekommen, soll jedoch das Mädchen ebenso geachtet werden wie der Junge. Zu diesem Thema schreibt Ghazali (1058-1111):
»Der Mann soll sich nichtallzu sehr freuen über die Geburt eines Knaben und über die eines Mädchens nicht übermäßig traurig sein, denn er weiß nicht, von welchem von beiden er mehr Gutes zu erwarten hat.« *(Von der Ehe, S. 101)*
Lit.: Atkinson *(Customs and Manners of the Women of Persia...)*, Avicenna, Bertherand, Desparmet, Ghazali, Hippokrates.
Siehe auch: Abtreibung, »Schlafendes Kind«, Schwangerschaft.

GEDULD *(sabr)*. Wenn für die Gläubigen das alte Sprichwort gilt »Geduld ist der Schlüssel zu einem glücklichen Ausgang« *(al-sabr miftah al-faradj)*, dann gilt für orientalische Liebende insbesondere, daß sie nur mit viel Geduld das erwünschte Ziel erreichen können. Geduld, Ausdauer, ja eine streitlustige Hartnäckigkeit sind beduinische Tugenden, die die Dichter besingen, Chronisten erwähnen und auch Liebende verinnerlichen. Im Koran ist die Rede von den »Geduldigen« *(al-sabirun)*, die den göttlichen Verfügungen vertrauen und sich ihnen unterwerfen. Für Ghazali (1058-1111) ist Geduld ein »Charakteristikum des Menschen«, denn dieser kann, im Gegensatz zum Tier, auf die Befriedigung seiner Bedürfnisse verzichten und über einen langen Zeitraum keusch bleiben **(s. Mäßigung)**. In der arabischen Welt wird der Geduldige höher geschätzt als der Fordernde und dieser wiederum höher als derjenige, der schnell die Hoffnung verliert. Nach dem Prinzip des rechten Maßes gilt es, nichts zu überstürzen, aber auch, sich nicht vorzeitig geschlagen zu geben. Ein Sprichwort aus dem

Maghreb, das auch andernorts bekannt ist, lautet: »Wenn du Pflock bist, gedulde dich; erst wenn du ein Holzhammer bist, schlag!«
Gerade Frauen kultivieren Geduld als eine Disziplin der Selbstkontrolle und Lebenskunst. Kein Mädchen aus gutem Hause würde in Liebesdingen den ersten Schritt unternehmen, selbst wenn sie lange warten müßte, bis ein Mann um sie wirbt, und dabei sogar riskiert, den Geliebten zu verlieren. Eine Frau wird zu Geduld erzogen, die im übrigen auf den beiden komplexen Werten der Scham und der Keuschheit (**s. dort**) basiert.

Sprichwörter: »Geduld und nicht Grab« (*al-sabr wa la al-qabr:* Syrien). Die ägyptische Variante lautet: »Geduld führt zum Grab.«

Lit.: Bukhari, Gardet, Ghazali, Miskawaih, Pérès, Qairawani, Vadet.

Siehe auch: Bündnis unter Liebenden, Keuschheit, Liebesleid, Mäßigung, Scham, Verführung.

GEHEIMNIS (*sirr*, Plur.: *asrar*). Eine der Bedingungen für das Gelingen einer Verbindung ist Ibn Hazm zufolge das Geheimnis, das unterschiedlichen Inhalts sein kann:
»Eine Eigenart der Liebe ist es, daß die Zunge die Liebe verschweigt und der Verliebte sie auf Befragen leugnet, daß er nach außen hin Selbstbeherrschung zur Schau trägt, sich als weiberfeindlichen Einspänner gibt und das verborgene Geheimnis und das im Busen lodernde Feuer der Liebe verschließt.«
(*Das Halsband der Taube*, S. 48f.)
Es gibt Geheimnisse der Sprache, der Hand(linien) und des Herzens: »In der Geschichte der Liebenden gibt es unzählige Geheimnisse« schreibt Zahiri aus Samarkand (12. Jh.) in *Das Buch der sieben Wesire* (S. 156). Ibn ʿArabi (1165-1240) sagt von sich, er habe die Neigung, anonym zu bleiben (*madjhul al-ism: Traité de l'amour,* S. 251); Frauen haben Geheimnisse, die sie keinem Menschen verraten, wie auch ein Mystiker sein Geheimnis (*kitman*) wahrt, das nur Gott enthüllen kann. Gebildete Araber kennen sicherlich *Das Geheimnis der Geheimnisse (Kitab sirr al-asrar),* das wir einem Alchimisten des 9. Jh.s verdanken, einem gewissen Yahya ibn al-Bitriq (gest. 815). Dieses Werk dokumentiert einen großen Teil der hermetischen Wissenschaften dieser Zeit (Medizin, Astrologie, Philosophie, Okkultismus). Es wurde in nicht weniger als dreißig Sprachen übersetzt, unter anderem ins Lateinische (*Secretum secretorum*) und stand vielen späteren Abhandlungen Pate, sei es im Bereich der Alchimie selbst oder der islamischer Metaphysik. Eine Art, sich vor Beschimpfungen Dritter, d.h. Eifersüchtiger oder Rivalen, zu schützen, besteht darin, sein Geheimnis in Liebesdingen wohl zu hüten, um sich nicht deren zerstörerischen Angriffen auszusetzen (**s. Rivalität in Liebesdingen**). Das Gefühl der Liebe kann auch dadurch erlöschen, daß es zu sehr an die Öffentlichkeit gedrungen ist (*izhar*). Als Andalusien noch muslimisch war, schrieb Ibn Haddad folgendes:

Wie ein kostbares Geheimnis hüte ich den Namen meiner Geliebten in
                                                             meiner Seele,
Nie spreche ich seine Silben aus, und um ihn besser noch zu wahren,
Kleide ich ihn vor anderen stets in Rätsel, so bleibt er ihnen verborgen.
(Sallefranque, S. 99)

Ein besonderes Thema ist das der Frauengeheimnisse *(asrar al-nisa')*. Männlichen Vorstellungen zufolge besteht die Welt der Frauen aus mehreren Lastern, unter anderen der List (**s. Listen und Intrigen**), doch davon abgesehen ist sie in einen Schleier von Geheimnissen gehüllt. Es ist eine durch und durch geheimnisvolle Welt, aus der nur ein winziger Teil nach außen dringt, der nämlich, der es einer Frau ermöglicht, ihre Ziele zu erreichen, ohne ihrem Partner, geschweige denn einem Dritten, etwas offenbaren zu müssen. Die arabische erotische Literatur ist voll von kleinen Anmerkungen, die besser als alles andere sagen, wie Frauen »Geheimnisse« gut bewahren, und nicht nur ein Frauengeheimnis.

Lit.: Ibn ᶜArabi, Ibn Hazm, Pérès, Vadet, Sallefranque, Zahiri aus Samarkand.

Siehe auch: Hahnrei, Izhar, Liebesleid, Listen und Intrigen, Misogynie, Rivalität in Liebesdingen, Sexuelle Tabus.

GENITALIEN *(alat al-tanasul)*. Die weiblichen wie die männlichen Genitalien haben eindeutige symbolische Bedeutungen, die entweder aus Fruchtbarkeitsmythen oder der Welt der erotischen Literatur stammen. Darüber hinaus beschwören die Organe der Lust und der Fortpflanzung üblicherweise Erwartungen, mehr oder weniger angenehme Werturteile, vor allem aber viele Anekdoten herauf. Dominique Champault berichtet, daß im Süden Marokkos und Algeriens, in Tabelbala, bestimmte Kinderkrankheiten, Krämpfe, Epilepsie und andere mit Magie behandelt werden, und zwar, indem man den Kopf des Patienten »direkt an die Genitalien der Mutter, der Quelle ihres Lebens«, legt. (Champault, S. 101)
Es läßt sich eine gewisse terminologische Ungenauigkeit feststellen, wenn es um die Beschreibung sowohl der weiblichen als auch der männlichen Genitalien geht. Z. B. bezeichnet der Begriff *fardj* im Koran sowohl die »Schamteile« der Frau und des Mannes: *wa-l-hafizina furudjahum wa-l-hafizat* (»die darauf achten, daß ihre Scham bedeckt ist, (oder: die sich des (unerlaubten) Geschlechtsverkehrs enthalten«, 33, 35) als auch die Kloake, ja sogar den Anus beider Geschlechter. Der Begriff Hoden *(unthayan)* hat dieselbe Wurzel wie »Mädchen« oder »weibliches Geschlecht« *(untha)*.
Die öffentliche Meinung, die alles Männliche verherrlicht, räumt den männlichen Sexualorganen jedoch eine Sonderstellung ein, und zwar auf Kosten der weiblichen, die sowohl in der Praxis als auch im Sprachgebrauch abschätzig behandelt werden. Die sexuelle Potenz des Mannes dient als Argument für seine religiöse wie politische Macht, denn der Islam hat die meisten der alten Gedankenmodelle, auf die sich eine Gesellschaftsordnung stützt, übernommen. Unseres Wissens gibt es im Islam jedoch keinen Phalluskult oder phallische Gottheiten, wie man sie heute noch in einem Teil Südostasiens findet.

Lit.: Champault, Chebel *(ES)*, Koran.

Siehe auch: Hoden, Penis, Vagina, Vulva.

GENUSSEHE *(zawadj al –mutᶜa)*. Diese Form der Verbindung, auch ›Ehe auf Zeit‹ genannt, wird unter genau bezeichneten Bedingungen geschlossen und erlischt, sobald diese nicht mehr erfüllt sind. So haben es verschiedene Religionsgelehrte für erlaubt erklärt, daß eine Frau, die zur Pilgerfahrt nach Mekka aufbricht und dabei einen geistlichen Berater als Begleiter wünscht, wie es bei

den Arabern der Brauch ist, zu diesem Zweck eine Ehe eingeht, die sofort aufgelöst wird, sobald die Glaubenspflicht erfüllt ist.
In frühislamischer Zeit war die Genußehe auf der arabischen Halbinsel, in der omanischen Küstenregion und im Jemen verbreitet, aber im Laufe der Zeit wurde diese Sitte nur noch von den Schiiten* gepflegt. Bereits im 1. Jh. nach der Hidjra, unter dem, später von den Schiiten nicht anerkannten, Kalifat von Omar ibn al-Khattab (581-644) war die Genußehe verboten worden – man befürchtete, der Mißbrauch werde überhandnehmen. Nach Ansicht konservativer Rechtslehrer hat schon der Prophet die Praxis der ›Ehe auf Zeit‹ mißbilligt. Ali, der vierte Kalif (und Mohammeds Schwiegersohn) war anderer Meinung: Er vertrat die Auffassung, der Prophet habe diese Sitte voll und ganz gutgeheißen – so verstehen es seither all seine Parteigänger, die schiitischen Muslime. In Bukharis Sammlung der Begebenheiten aus Mohammeds Leben wird zu diesem Thema Salama ibn Abdallah zitiert:
»Wir waren auf einem Feldzug, als der Gesandte Gottes zu uns kam und sagte: ›Es ist euch gestattet, eine Zeitehe einzugehen. Nehmt diese Möglichkeit wahr!‹«
(Bukhari, S. 338)
An anderer Stelle bei Bukhari finden sich allerdings Aussprüche, die weniger eindeutig sind. Heute ist die Genußehe, wenn überhaupt, nur bei den Schiiten noch gebräuchlich. Und auch dort gelten eine Reihe von Einschränkungen – die allerdings den Reichen in der Vergangenheit kein Hindernis waren. Der Chevalier de Chardin, der zu den ersten Reisenden aus dem Westen gehörte, die nach Isfahan kamen (am Ende des 17. Jh.s), beschreibt die damals üblichen Praktiken:
»Die Pachts und Miethweise angenommenen Weiber werden Moutaa und Amouad / so eben viel als Kebsweib und Dienerin bedeutet / genennet. Man nimmt derselben so viel an / als man verlanget / man behält sie so lang als es einem gefallet / und giebt man so viel davor als man deswegen einig worden. Zu Ispahan, so die Hauptstadt des Königreiches Persien ist / pflegt man sehr schöne und junge ohngefehr vor 450 Pfund und zugleich auch ihre Kleidung / Narung und Wohnung zu mithen. Die Eheliche Verbindung ist an diesen Orten nichts anderes als ein Bürgerlicher Contract, hat man den Kauff auff eine gewisse Zeit wiederkaufl. eingerichtet / so ist derselbe nichts anderes als eine auf eine gewisse Zeit getroffene Pachtung.« (Chardin, S. 395)
Lit.: Bukhari, Chardin, Donaldson, Ghazali.
Siehe auch: Aufhebungsehe, Ehe, Koitus, Verstoßung.

»GERAUBTES HERZ«. Die Metapher des (von der Geliebten) geraubten Herzens – manchmal auch der »Sinne« oder des »Verstandes« – taucht in der klassischen arabisch-persischen Literatur häufig auf. Dort spricht man eher vom »geraubten« als vom »gebrochenen Herzen«, wie man in Mitteleuropa sagen würde. So klagt der Dichter Hafiz von Schiras im 14. Jh.:
Du, die mein Herz geraubt mit solcher Zauberkraft,
Du hast vor niemand Furcht, die ganze Welt ist dein.
Aus meinem Herzen kömmt bald Ach! und bald ein Pfeil,
Wie soll ich sagen, was mein Herz erlitten hat.
(Hafis, *Diwan*, Zweiter Theil, S. 139)

Sidi Ahmed Ben-Triki, ein Barde aus dem Tlemcen des 18. Jh.s, antwortet darauf in seiner blumigen Volkssprache:

Welch strahlende Schönheit!
Ein Putz, wie ihn niemals Prinzentöchter trugen;
Mein Herz, das sie so oft und hart geprüft
[mana qalbi fi ᶜiladj],
Weiß nicht mehr aus, noch ein (...)
Sie hat mir den Verstand geraubt [saharat ᶜaqli],
Mein Herz fliegt, außer sich, zu ihr
[wa'l-qalb tayara bila djanah].
Schlaf ist meinen Augen untersagt
[wa haram naumi wa raqdi].
(Belhalfaoui, S. 107)

Lit.: Belhalfaoui, Hafiz.
Siehe auch: Vernunft/Unvernunft.

GESCHLECHTSKRANKHEITEN (*zuhari*, »Syphilis«; *sayalan*, »Gonorrhöe«). Geschlechtskrankheiten (*amarad zahriya*) gehören zu den Gründen, die eine Ehe verhindern oder auflösen können, je nachdem ob sie vor oder nach der Vereinigung offenbar werden – für den letzteren Fall gibt es allerdings besondere Bestimmungen. In der Regel sind solche Krankheiten die Folge flüchtiger sexueller Kontakte, zum Beispiel im Bordell. Üblicherweise sind es daher auch die Männer, die ihre Partnerin anstecken. Die Prostitution gehört zwar traditionell zu den verbotenen Handlungen, dennoch ist sie weitverbreitet. Die medizinische Behandlung, die natürlich nur den Symptomen gelten kann, kommt oft zu spät. Auch wenn Prostituierte regelmäßig ärztlich untersucht und im Falle eines Befunds unter Quarantäne gestellt werden, können sie zuvor bereits eine große Zahl von Sexualpartnern angesteckt haben.
Jedenfalls möchte niemand die Verantwortung übernehmen: An einer Geschlechtskrankheit sind immer die anderen schuld. So liest man es auch in Omar Halebys ›Geheimen Gesetzen der Liebe im Islam‹, im Abschnitt ›Von der Gonorrhöe‹:
»Die einfache Gonorrhöe besteht zweifellos seit altersher, sie ist die Folge des zu heftigen und zu häufigen Koitus, vor allem wenn er unter Schweißausbrüchen ausgeführt wird, im Zustand der Erschöpfung und Ermüdung, oder kurz vor dem Ende der Monatsblutung; sie kann auch von der Einnahme zu großer Mengen erhitzender Speisen herrühren, etwa Pistazien, Mandeln aus Südeuropa, Zwiebeln oder Knoblauch. Ebenso tritt sie im Gefolge anderer Krankheiten auf, oder einfach als eine Auswirkung von schlechtem Blut. Dies gilt jedoch nicht für die Syphilis und die inneren und äußeren Geschwüre, Lymphknotenschwellungen und verschiedenen Wucherungen, die sie bewirkt. Diese Geschlechtskrankheit wird die Französische Krankheit genannt, in Frankreich allerdings schreibt man sie den Spaniern, Neapolitanern und Genuensern zu. Tatsächlich hat sie ihren Ursprung in dem Mangel an Sauberkeit bei diesen Völkern, und darin, daß es dort zahlreiche Sekten gibt, die der unsinnigen Vorstel-

lung anhängen, man müsse den Körper dem Schmutz und dem Ungeziefer überlassen.« (Haleby, S. 138)

Das Problem der Krankheiten, die durch Geschlechtsverkehr übertragen werden, darunter nicht zuletzt AIDS, stellt sich allerdings in sämtlichen südlichen Anrainerstaaten des Mittelmeers – vor allem in den großen Städten nimmt ihre Verbreitung zu.

Lit.: Bertherand, Dermenghem, Foley, Haleby, Istanbuli, Rachewiltz.
Siehe auch: Ehe, Prostitution.

GESCHMACK *(dhauq).* In der islamischen Welt muß, wer guten Geschmack und Stil beweisen will, von vielen Dingen etwas verstehen: von der Kochkunst und den Tischsitten, vom Riechen und den Düften, von der Musik, der Schriftkunst und der Malerei, von den Gefühlen der Liebe, von der Kunst der Rede und des Ausdrucks, vom Gemeinschaftsgefühl, der Ehre und Treue und der *futuwa* (**s. dort**). Geschmack spielt in allen Bereichen des persönlichen Lebens und der Gemeinschaft eine wichtige Rolle: Er verbindet und vermittelt und bringt die Töne der Seele zum Klingen.

Auch im Bereich der Religion gibt es so etwas wie guten Geschmack, wenn auch in etwas anderer Bedeutung. Hier geht es um die Art und Festigkeit des Glaubens: »Der Gläubige, der den Koran rezitiert, so hat der Prophet gesagt, ist wie die wohlriechende und wohlschmeckende Orange. Der Gläubige, der den Koran nicht rezitiert, ist dagegen wie eine Dattel ohne Geruch, die gezuckert schmeckt. Der Heuchler, der den Koran rezitiert, ist wie der Buchsbaum, der angenehm riecht, aber bitter schmeckt. Der Heuchler, der nicht im Koran liest, gleicht der Koloquinte, die keinen Duft besitzt und bitter schmeckt.« (Bukhari, Bd. 3, S. 669) Solche Gleichsetzungen finden sich häufig im Islam. Das Wertesystem, das die Muslime nach der Verkündigung entwickelten, brachte sie in verschiedenen ethischen Fragen in grundsätzlichen Widerspruch zu den damals unter den Arabern herrschenden Gepflogenheiten. Eine neue Rangordnung wurde gestiftet, neue Regeln für Anstand und Benehmen, und eben auch eine neue Skala des guten Geschmacks.

Männer und Frauen aus gutem Hause besaßen natürlich Geschmack, aber das höchste Ziel für einen höfischen Dichter oder einen ›feinsinnigen‹ Mann von Welt *(zarif)* mußte es sein, in Liebesdingen Stil zu beweisen. Im übrigen zählte die gesamte Lebensart: Geschmack, Benehmen, Geistesadel, Eleganz und feine Sitten, Gebrauch von Parfüm und Duftstoffen, kultivierte Geselligkeit, Zerstreuungen, die zur persönlichen Bildung und moralischen Vervollkommnung beitrugen – das waren die Tugenden, die von den großen arabischen und persischen Philosophen gerühmt wurden. In seinem ›philosophischen Roman‹ *Der Lebende, Sohn des Wachenden* spricht Ibn Tufail (gest. 1185) vom ›Geschmack‹ als einer mystischen Wonne, einer Schau der Dinge, die mit Überschwang und Heiterkeit einhergeht und eine Art von Trunkenheit auf der höchsten Stufe der Versenkung erzeugt. Noch weiter faßt al-Hudjwiri (11. Jh.) den Begriff des Geschmacks:

»*dhauq* hat ähnliche Bedeutung wie *shurb*, während man jedoch diesen Begriff nur für die Freuden gebraucht, gilt *dhauq* sowohl für die Freuden wie für die Leiden. Man sagt ›Ich habe die Süße gekostet‹ *(dhuqtu al-halawiyat)*, wie man sagt ›Ich habe das Leid gekostet‹ *(dhuqtu al-bala')*, aber *shurb* gebraucht man nur in Wendungen wie ›Ich habe den Kelch der Vereinigung getrunken‹ *(sharibtu bi-ka'si al-wasl)* oder ›Ich habe den Kelch der Liebe getrunken‹ *(sharibtu bi-ka'si al-wudd)*.« (Hudjwiri, S. 443)

Die Dichter ließen es an Eifer nicht fehlen, und nach knapp einem Jahrhundert städtischer Kultur hatten sich die vornehmen Schichten in Bagdad oder Granada ihre eigenen Regeln des guten Geschmacks gemacht, die zur Steigerung der Genüsse bei den höfischen Empfängen dienten. Natürlich zeigten vor allem die eitlen Galane in der Gegenwart ihrer Angebeteten, wie perfekt sie die Etikette beherrschten (**s. Eleganten, (Die)**).

Zum guten Stil gehörte es zum Beispiel, daß ein Liebhaber stets makellos sauber erschien: den Bart gestutzt, die Haare frisiert, die Kleider gereinigt, auch sollte er nicht unangenehm aus dem Mund riechen. Es wurde erwartet, daß er sich unschicklicher Reden enthielt und in jeder Hinsicht respektvoll auftrat.

Lit.: Brillat-Savarin, Bukhari, Chebel *(IAM)*, Djahiz, Farès, Ferchiou, Gardet, Ghazi, Hudjwiri, Ibn Hazm, Ibn Tufail, Jouin, Lemaire, Mas ͨudi, Massignon, Miskawaih, Rami, Rouanet.

Siehe auch: »Anziehende Körperteile«, Eleganten (Die), Freßlust, Futuwa, Galanterie, Hammam, Höfische Liebe, Mignon, Musik, Orientalische Lebensart, Schönheit, Trunkenheit.

GESETZ DER VERGELTUNG *(tha'r,* Blutrache, *qisas,* Wiedervergeltung*).* Eine Reihe von komplizierten Regeln bestimmt das Vorgehen im Rahmen des Wiedervergeltungsrechts *(ius talionis),* und dabei spielt es eine große Rolle, welche Entscheidungen der traditionelle örtliche Richter (Kadi*) im Einzelfall trifft. Von der Abschaffung der Todesstrafe will man in der Gesetzgebung der muslimischen Länder bis heute nichts wissen, allenfalls nimmt man gewisse Rücksichten. So heißt es im Abschnitt 27 (›Über den Mord‹) des ›muslimischen Rechts‹ von Khalil, einem Rechtsgelehrten der malekitischen Schule:

»Die Hinrichtung einer schwangeren Frau soll bis nach ihrer Niederkunft verschoben werden, und ebenso die Ausführung von Körperstrafen im Rahmen der Vergeltung wegen Körperverletzung, sowie aller anderen Strafen für ein Verbrechen, sofern dadurch das Leben von Mutter und Kind gefährdet wäre.« (Khalil, S. 538)

Und an anderer Stelle:

»Ist eine Person dazu verurteilt worden, nach dem Gesetz der Vergeltung mehrere Körperstrafen zu erleiden, oder mehrere Strafen für ein Verbrechen wider das göttliche Gesetz zu erleiden, und steht zu erwarten, daß der Betreffende ihre Ausführung nicht überleben würde, wenn sie unmittelbar hintereinander erfolgte, so sollen sie ihm in gebührendem Abstand verabfolgt werden, wobei mit der härtesten Strafe zu beginnen ist, sofern man nicht befürchten muß, daß er dieser erliegt.« (Ebd., S. 359)

In bestimmten Fällen kann auch die Ausführung einer Amputation, die als Strafe verhängt wurde, wegen ihrer zu weitgehenden Folgen aufgehoben werden. Schon bei Malik ibn Anas (715-795) heißt es: »Man muß befürchten, daß das Ausreißen beider Hoden den Tod nach sich zieht.« Daraus wurde die Umwandlung dieser harten Bestrafung in eine erträglichere Körperstrafe abgeleitet. Die Verstümmelung war allerdings eine typische Bestrafung nach dem Gesetz der Wiedervergeltung.

Die besondere Logik der Vergeltung bezog sich auch auf die Körperteile: Ein Übeltäter sollte mit genau dem Organ büßen, das ihm mutmaßlich bei der Tat gedient hatte. So wurde etwa, wenn auch nur in Ausnahmefällen, bei überführten Ehebrechern die Entmannung als Strafe angewandt. Auch in *1001 Nacht* kommt diese Art der Rache am männlichen Organ eines Ehebrechers mehrfach vor – Elisséeff führt in seinem Werk über die ›Themen und Motive in *1001 Nacht*‹ fünf solcher Episoden an, wobei die Kastration *(taslit)* stets den Liebhaber einer ehebrecherischen Frau, in der Regel einen Sklaven, trifft.

Lit.: Elisséeff, Khalil, *1001 Nacht.*
Siehe auch: Ehre, Eunuch, Jungfräulichkeit, Kastration, Rache, Sklave, Verstümmelung.

GESICHT. Der übliche Begriff ist *wadjh*, doch die arabische Sprache verfügt über ein reiches Vokabular für besondere »Eigenschaften«: *ward* (wörtl.: »die Rose«, die Farbe ist ein himmlischer Segen) und *baida'* (auch weiße Haut ist eine gesuchte Eigenschaft), *sura* (»Gestalt«).

Es gibt zahlreiche Bilder und Vergleiche, die herangezogen werden, um ein schönes Gesicht zu preisen, die geläufigsten sind: Sonne *(shams)*, Mond *(qamar)*, Vollmond *(badr)*, weiße Hand (von Mose: *yad baida'*), Spiegel *(mir'at)*, Kerze *(sham'a)*, Feuer *(nar)*, Elfenbein *(ʿadj)* und Kampfer *(kafur)*. Sharif-addin Rami merkt an:

»Das Gesicht von schönen Menschen wurde mit fünfundvierzig Objekten verglichen, aus denen man ausgewählte Bestimmungen gemacht hat. (…) Die Perser bezeichneten es auf elf verschiedene Arten, mit arabischen Worten wie Kaaba*, Qibla*, Religion *(din)*, Koran *(mashaf)*, Blatt, im Sinn von Buchseite *(sahifa)*, Blatt *(waraq)*, Morgendämmerung *(subh)*, Licht *(nur)*, weiße Hand *(yad baida')*.« (*Anis al-ʿUshshaq*, S. 39f)

Persische Dichter wählen folgende Vergleiche für ein schönes Gesicht: Tor zum Paradies, Sonne, Mond, Quelle des Universums, Spiegel, weiß wie die Hand von Mose, Feuer, Wasser, Milch, Frühling, Rosengarten, Rosenbeet, Rose, Tulpe, Jasmin, Wildrosenstrauch, Granatapfelblüte, purpur blühender Granatapfelbaum, Mittagssonne, Griechenland, Tatarien, Galerie chinesischer Malereien. Diese Vergleiche werden oft in *1001 Nacht* verwendet, dort ist außerdem auch die Rede von Gesichtern wie Mandeln oder Marmor.

Auch wenn das Gesicht oft verborgen sein mag, so wird die Schönheit eines Menschen doch meistens an seinem Gesicht festgemacht. Darum ist einem verliebten Paar bei der Verführung sehr daran gelegen, den Schleier zu lüften, ohne die Aufmerksamkeit anderer auf sich zu ziehen.

Die Mystik bedient sich zahlreicher symbolischer Entsprechungen für Gesicht, denen allen gemein ist, daß sie den göttlichen Charakter eines Gesichtes hervorheben, seine Fähigkeit, ein Spiegel lebendiger Spiritualität zu sein.

Auch in der Sprache der Liebenden spielt das Gesicht eine Rolle, ganz besonders die Augen. Die Frauen der Kabylei singen folgendes, wenn sie verliebt sind:

Sei gegrüßt, Mädchen,
Du Schönste von allen,
Blauäugige Phönix des Flachlandes,
Mein Gesicht schützt Gleichgültigkeit vor,
Doch kein Mensch kennt das Geheimnis meines Herzens.
(Yacine Titouh, *L'Izli*, S. 125)

Lit.: Chebel *(CTM)*, Rami, Shabistari, *1001 Nacht*, Yacine Titouh.
Siehe auch: Augenbrauen, Kosmetik, Körper, Liebes- und Sexualsymbolik, Schönheit, Wimpern.

GEWEHR *(bunduqiya, baruda)*. Das Gewehr erscheint normalerweise nur als Attribut der Männlichkeit. So liegt es nahe, es als phallisches Symbol zu sehen, zumal es ja nicht nur bei der Jagd, sondern auch bei freudigen Ereignissen gebraucht wird – vor allem wenn eine Braut jungfräulich in die Hochzeitsnacht geht. Bei genauerer psychoanalytischer Betrachtung wird deutlich, daß der Schuß, oder vielmehr die Salve von Schüssen, die bei dieser Gelegenheit abgefeuert wird, unmittelbarer Ausdruck der geglückten sexuellen Vereinigung ist: Die Schüsse symbolisieren die beiden Aspekte der Verbindung, die Manneskraft des Bräutigams und die Jungfräulichkeit der Braut, die bekanntlich von hoher Bedeutung ist.
Siehe auch: Jungfräulichkeit, Männlichkeit, Salutschuß.

GEWÜRZE *(tabil, pl. tawabil, bihar)*. Es gibt zahllose bildhafte Ausdrücke für die geschlechtliche Vereinigung, und nicht selten bezieht man sich auf die Gewürze, um den delikaten und ganz eigenen Geschmack der Liebe auf den Begriff zu bringen. Abgesehen vom Koran, der die Gewürze bei der Beschreibung der paradiesischen Freuden anführt, finden sich immer wieder originelle literarische Sprachbilder, in denen die Gewürze als Quelle vielfältiger Genüsse erscheinen. Als Beispiel ein kleines Gedicht aus Algier, in dem ein junger Mann die Unerreichbarkeit seiner Geliebten besingt:

O du, in deinem hohen Haus
An das ich meine Leiter legen will.
O du, auf deren Treppen liegen
Die Baumwollteppiche zuhauf.
Aus Zimt sind deine Wände,
Aus Ingwer deine Türen.
Nach Honig schmecken deine Brunnen
Aus ihnen will ich trinken, ohne meinen Durst zu löschen.
(Zit. nach Pérès, *L'Islam et l'Occident*, S. 341)

Gewürze sind nicht nur in der Küche und vor allem bei der Fleischzubereitung unverzichtbar, sondern sie spielen auch eine wichtige Rolle, wenn im Rahmen ritueller Handlungen Räucherwerk (**s. dort**) entzündet wird – dann sorgen sie für besonders schwere oder besonders anregende Düfte. Außerdem können Gewürze als Aphrodisiaka verwendet werden: Zusammen mit Duft- und Heilkräutern sind sie Bestandteil der diversen Zaubertränke und Patentrezepte, die in der traditionellen Heilkunde verschrieben werden, um allgemeine Ermattung, Nachlassen der sexuellen Begierde, Impotenz und Frigidität zu kurieren. Dabei gibt es zum Beispiel sieben »männliche Gewürze« (eine magische Zahl), die angeblich eine junge Ehefrau von der Unfruchtbarkeit befreien, verschiedene Geschlechtskrankheiten heilen oder einem Junggesellen eine Frau zuführen können. Eine besondere Rolle spielt die Kräutermischung, die als *ra's al-hanut* (wörtl. etwa: »das Beste aus der Apotheke«) bekannt ist und der wahre Wunderdinge zugeschrieben werden.

Unter der Vielzahl der Gewürze hat natürlich jedes seine besondere Wirkung. In dieser Hinsicht kann man einmal mehr auf die Erzählungen aus *1001 Nacht* zurückgreifen, wo eine Reihe von Gewürzen immer wieder genannt werden, die auch in der traditionellen Heilkunde ihren festen Platz haben: Kreuzkümmel *(kammun)*, echter Kümmel *(karawya)*, Senf *(khardal)*, Anis *(anissun)*, Basilikum *(habaq)*, Bergamotte *(barghamut)*, Oregano *(za'tar barri)*, Bohnenkraut *(nagh)*, Koriander *(kuzbura)*, Safran *(za'faran)*, Muskat *(djauz al-tib)*, Paprika *(kubaba, fulful)*, Kardamom *(hil bawwa, qaqulla)*, Gewürznelke *(qarunful)*, Bockshornklee *(hulba)*, Gelbwurz *(kurkum)*.

Zweifellos gehören die Gewürze, neben den Duftstoffen, zu den wichtigsten Wirkstoffen in der Apotheke der Liebe im Islam – wobei auch ihre euphorisierende Wirkung eine nicht unbedeutende Rolle spielen dürfte.

Koran: 16: 70, 71; 86: 17, 18; 76, 5.
Lit.: Lens, Pérès, *L'Islam et l'Occident, 1001 Nacht*.
Siehe auch: Anaphrodisie, Aphrodisiaka, Basar, Frigidität, Impotenz, Nelke, Parfum, Räucherwerk, *1001 Nacht*.

GHANNA' / AGHANN. Bezeichnung für eine üppige, vollbusige Frau, in früheren Zeiten ein Kompliment, das in den Versen der Dichter vorkam. Inzwischen hat sich das Schönheitsideal gewandelt, der Ausdruck *aghann* ist zum Schimpfwort geworden, das eine eifersüchtige Frau ihrer Rivalin zuruft.
Siehe auch: Schönheit, Üppigkeit, Weiblichkeitsideal.

GHARAM (Liebe, Gefühl). Die Leidenschaft, die Zuneigung der Liebenden. Das liebende Gedenken, das alle Entfernungen überwindet. *Gharam* ist das flüchtige, ungreifbare Element der Liebe, jenes leichte Gefühl des Sehnens, im Unterschied zu dem heftigen Bedürfnis, das durch den Reiz des Fleisches geweckt wird und das entweder *ghulma* oder *tahayyudj* genannt wird. **S. entfesselter Koitus.**

GHASUL (vom Verb *ghasala*, »waschen«). So nennt man einen tonhaltigen Bimsstein, den die Frauen beim Bad benutzen.
Siehe auch: Hammam, Kosmetik, Tafla.

GHAZAL (galante Dichtung, Liebesgesang). Der Begriff bezeichnet eine Gattung ›erotisch-elegischer‹ Poesie, die bei den Arabern seit altersher sehr geschätzt war. Gegenstand dieser Dichtung ist die Erotik, die höfische Liebe, die Verehrung der

Angebeteten. Sie findet sich in gleicher Weise in den benachbarten Kulturkreisen, in der persischen und türkischen Literatur. Etymologisch ist das Wort nicht genau zu bestimmen, es könnte ebensogut von *ghazal* (Gazelle) wie von *ghazala* (spinnen) kommen. Jedenfalls wird von den meisten Autoren die klassische Definition akzeptiert, die Régis Blachère, ein anerkannter Experte auf diesem Gebiet, gegeben hat: »In dieses Begriffsfeld gehören sowohl die Neckereien und die Komplimente, die man einer Schönen macht, wie auch die Klage über ihre Reserviertheit oder Unerreichbarkeit, und was den Liebhaber angeht, sein Schmachten und effeminiertes Gehabe« (*Encyclopédie de l'Islam*, S. 1051). In der Literatur werden unterschiedliche Formen des *ghazal* genannt: *al-ghazal bi'l-mu'annath* (galante Dichtung, die einer Frau gewidmet ist, die häufigste Form), *al-ghazal bi'l-mudhakkar* (galante Dichtung, die einem Mann gewidmet ist), *ghazal fahish* (schlüpfrige oder obszöne Dichtung), *ghazal wa hanin* (Zärtlichkeiten und Schmeicheleien), *ghazal al-ghilman* (galante Dichtung, die den Reiz der Knaben preist). Blachère rechnet noch das Motiv der »nächtlichen Erscheinungen« (**s. dort**) hinzu. Und schließlich ist der *ghazal* auch ein Bestandteil der klassischen Qasida (**s. dort**).

Die Grundform des *ghazal* stand seit dem 9. Jh. fest, es bildeten sich dann rasch bestimmte Sonderformen, vor allem im Zusammenhang mit dem *nasib* und dem *tashbib* (**s. dort**), anderen Themenbereichen der Dichtkunst, die dem *ghazal* verwandt sind.

Die historischen und soziologischen Aspekte der Entstehung dieser Dichtung sind noch nicht abschließend geklärt. Ist der *ghazal* in Arabien entstanden? Dann wäre er vor allem aus der Tradition der Beduinen zu verstehen. Stammt er aus der Zeit der Umayyaden*? Oder vom Hof der Abbasiden*? Um die Frage, wer die ›Erfinder‹ dieser Dichtkunst waren, wird seit langem gestritten, daher auch die Entschiedenheit, mit der sich Régis Blachère zu diesem Thema äußert: »Alle diese Tatsachen deuten darauf hin, daß der ›höfische‹ *ghazal* in der adligen Gesellschaft der irakischen Städte entstanden ist. Diese Gattung bringt eine Art von Dandytum zum Ausdruck, das von der männlichen und weiblichen Jugend gepflegt und als elegant und feinsinnig *(zarif)* verstanden wurde.« (*EI*, S. 1056)

Lit.: Abu Rub, Blachère *(EI)*, Pérès, Vadet.
Siehe auch: Höfische Liebe, Eleganten (Die), Erotik, Galanterie, Qasida, »Nächtliche Erscheinungen«, Nasib, Yataghazala/Ghazala.

GHAZAL (Gazelle). Eine poetische Metapher, die von den Liebenden wie von den Dichtern und Sängern der Liebe häufig gebraucht wird. **S. Gazelle.**

GHULAM (pl. *ghilman*, Lustknabe, »Schandbube«). Bedeutet auch Lakai, Page, Frau in Männerkleidern. Im Koran wird vorwiegend der Plural gebraucht: *ghilman* steht für Jünglinge, Epheben, Knaben, und in der weiblichen Form *(ghulamiyat)* für Mädchen in der Pubertät, Jungfrauen.

Koran: 52, 24; 56, 17; 76, 19.
Lit.: Abu Nuwas, Djahiz, Nawadji.
Siehe auch: Ephebe, Fatan, Ghazal, Hermaphrodit, Homosexualität, Mignon, Päderastie.

»GHUSN AL-BAN«. Häufig vergleichen die Dichter eine schöne Frau mit einem Weidenzweig *(ghusn al-ban)*: So singt Muhamed Ben Sahla, ein berühmter Troubadour aus Tlemcen (18. Jh.): »Ein Hals so biegsam wie ein Weidenzweig oder ein Lilienstengel.« Und in den Erzählungen aus *1001 Nacht* liest man etwa: »Und sie beschämt, wenn sie sich biegt, den Zweig der Weide.« (Bd. V, S. 349)
Lit.: Belhalfaoui, *1001 Nacht*
Siehe auch: Zabi.

GLATTE HAUT *(amlas, saqil; saqalat al-djild)*. In der mündlichen Überlieferung und den Volksmärchen ist die glatte Haut das Symbol der Jugend, sie wird erwähnt, wenn es um den Säugling, den Mignon, den Epheben und die Frau geht. Glatte Haut gilt als Inbegriff der Schönheit und braucht ständige Pflege, weshalb die Frauen im Orient, zu Hause wie im Hammam, eine Vielzahl von Mitteln und Salben benutzen, um die Haut weich und zart zu halten. Auch Enthaarungsmittel werden angewendet, denn Haarlosigkeit ist die erste Voraussetzung für die Glätte der Haut – darüber hinaus sind aber auch ein gesundes Leben, viel Ruhe, gute Ernährung, frische Luft usw. gefordert. Glatte Haut ist ein typisches Merkmal des Knaben, dem der Pädophile nachstellt, aber glatt soll auch der Körper einer Geliebten sein, insbesondere ihre Scham.
Siehe auch: Ephebe, Epilation, Frau, Hammam, Haut, Mignon, Pädophilie, Schambereich.

GÖTTLICHE LIEBE *(hubb:* Liebe, allgemeiner Begriff; *mahabba:* mystische Liebe, die Liebe, die man für Gott empfindet; *khilla:* »Freundschaft« Gottes; *ᶜishq:* Begehren; *shauq:* brennendes Verlangen; *fana':* Auflösung seiner selbst in der göttlichen Erhabenheit, abgrundtiefe Liebe; *uns:* Innigkeit mit Gott). Die Liebe zu Gott (oder mystische Liebe) im doppelten Sinn einer fleischlichen und geistigen Liebe, die im christlichen Universum der Ekstase *(wadjd)* gleichkommt, ist in der islamischen Glaubenswelt nicht üblich (abgesehen von einigen Ausnahmen, die mit der Bewegung der ersten Sufis zusammenhingen), denn die Muslime lehnen es scharf ab, die Unmittelbarkeit selbst einer sehr starken Leidenschaft mit der Beispielhaftigkeit Gottes zu assoziieren (vgl. Arnaldez, *TMPSD*, S. 181 ff.). »Und unter den Menschen gibt es welche«, heißt es in der Koran-Sure al-Baqara (»Die Kuh«), Vers 165, »die sich außer Gott andere zu Göttern nehmen, indem sie ihnen dieselbe Liebe erweisen wie ihm. Doch die Gläubigen lieben Gott mehr.«

Doch hatte die exzessive Verfeinerung des mystischen Vokabulars eine komplexe Theorie der Gott zugewandten Liebe zur Folge, derart, daß Er zugleich allerhöchst *(aᶜla)* ist, also der Verherrlichung würdig, wie auch sehr gegenwärtig *(uns, mu'anasa)*, da er doch Anlaß fortwährender Zuneigung ist: »Wisse, daß die Gemeinschaft der Gläubigen *(umma)*, sich in ihrer Gesamtheit einig ist, Liebe *(hubb)* zu gebieten zu Gott, dem Allerhöchsten und seinem Gesandten, der Segen Gottes sei auf ihm«, schreibt Abu Hamid al-Ghazali (1058-1111) im Vorwort zu jenem Text, den Siauve als *Buch über die Liebe* übersetzt hat (S. 13). Demgegenüber bezeichnet Ansari (1006-1089), der große persische Mystiker aus Herat, die Liebe als hundertste und letzte mystische Stufe, der die Bedeutung einer absoluten Synthese zukomme: »Diese hundert Gründe«, schreibt er, »gehen alle im

Grund der Liebe auf. Das Gelände der *mahabba* ist das Gelände der Liebe.« (zit. nach Laugier de Beaurecueil, S. 196)

Der einzigartige Charakter des göttlichen Wesens, immer wieder aufs neue betont, hat dieser Liebe eine Anmutung von Ausschließlichkeit verliehen (»von ganzem Herzen lieben« – *al-hubb bi kulli qalbihi*), die es im Lichte der verschiedenen, aufeinanderfolgenden theosophischen Schulen zu untersuchen gilt. Nach deren Leitmotiv: »Gott ist Liebe« ist Er nur mit der Liebe verschwenderisch, und nur als »Liebende« begegnen wir ihm. Wenn Gott jedoch Liebe ist, dann ist die Liebe, die der Mystiker Ihm gegenüber empfindet – unabhängig davon, daß sie eher spiritualistischer als körperlicher Natur ist –, nicht minder außergewöhnlich. Und das aus einem einfachen Grund: Es ist Gott allein, der bestimmt, unter welchen Bedingungen der Hingabe und bei welchem Grad der Hinwendung der um diese Liebe Freiende die Gunst göttlicher Liebe verdient oder nicht.

Diese privilegierte Beziehung zwischen dem göttlichen Schöpfer und seinem Geschöpf wird in einem Hadith qudsi* behandelt: »Mein Diener [fraglos der Prophet selbst] entbietet mir unablässig über jeden Zweifel erhabene Gesten der Hingabe, auf daß Ich ihn liebe; und wenn Ich ihn liebe, bin Ich das Gehör, mit dem er hört, das Augenlicht, mit dem er sieht, die Hand, mit welcher er streitet und der Fuß, mit dem er geht.«

Die mystische Literatur ist sich einig in folgender Deutung: Die Liebe Gottes ist eine unermeßliche Gnade, in deren Genuß nur die Erwählten *(al-auliya)* kommen. Die Initiative kommt Gott allein zu. Die besten Vertreter dieser traditionsreichen Denkrichtung waren nacheinander al-Halladj (gest. 922), der gekreuzigt wurde, weil er diese endlose Liebe Gottes, des Schöpfers, proklamiert hatte; Abu Hamid al-Ghazali im 12. Jh., der ein Kapitel über die göttliche Liebe verfaßte; Ibn al-Farid (1181-1235), Ibn ʿArabi (gest. 1240), der in seinem *Traktat über die Liebe* der Frage ein sehr dichtes Kapitel widmet; sowie Djalal-addin Rumi (13. Jh.).

1962 gab Jean-Claude Vadet eine Schrift heraus über die göttliche Liebe in einer ihrer frühesten Lesarten; der von Abu'l Hasan Ali ibn Ahmed al-Dailami: *Le Livre de l'inclinaison de l'Alif uni sur le Lâm incliné (ʿAtf al-alif al-ma'luf ila'l lam al-maʿtuf)*. Die in diesem Werk dominierenden Themen sind das Schöne und die Schönheit, die Liebe und die Freundschaft, das Begehren, das ʿ*ishq* der »Minne« und deren jeweilige Konsequenzen. Er zitiert die Auffassungen der Araber, die zu diesem Themenkomplex existierenden Hadithen* und läßt, in seinem ernsten Bemühen um Erhellung, etliche Gelehrte zu Wort kommen. Mehrere Kapitel sind der Definition der Liebe gewidmet: »Über jene, die behaupten, daß Liebe Leiden *(shaghaf)* sei«; »Über jene, die behaupten, daß die Liebe Vision *(ru'ya)* sei«; »Über jene, die behaupten, daß sie Wille *(irada)* oder natürliche Neigung *(tabiʿa)* oder auch Kenntnis *(maʿrifa)* sei«. Der Autor, vollendeter Exeget, doch von einer heute unvorstellbaren Freiheit des Denkens, versammelt zu jedem dieser Themen die Meinungen von griechischen und muslimischen Philosophen *(mutakallimun)*, Männern des Glaubens, Mystikern wie al-Halladj, bis hin zu Medizinern. Gewiß, das Buch hat die göttliche Liebe zum Thema – »eine der interessantesten Schriften, die uns über die arabische Literatur der göttlichen Liebe erhalten ist«, schreibt J.-C. Vadet im Vorwort. Der Text jedoch ist weniger ein verzweifeltes Ringen um den Ausdruck der Liebe zum göttlichen Schöpfer – wie das häufig, namentlich beim berühmtesten der »liebenden« Mystiker, bei al-Halladj, der Fall ist – als eine scharfsinnige Auseinandersetzung, bei welcher der Autor versucht, die Eigenheiten dieser Beziehung mit den Mitteln der Vernunft zu analysieren. Sein Buch ist nicht in erster Linie Zeugnis, sondern Studie oder Essay. Vielleicht ist das der Grund, daß al-Dailami – verglichen mit den zentralen Werken der unitaristischen mystischen Liebe wie denen des Ibn al-Farid, des Muhyi-addin Ibn ᶜArabi oder selbst des Ahmad al-Ghazali (gest. 1126), Bruder des großen Theologen Abu Hamid al-Ghazali und Verfasser der *Gedanken über die Liebe (Kitab Sawanih al-ᶜushshaq)* – trotz allem ein wenig bekannter Autor geblieben ist.

Bleibt eine Hypothek, die abzutragen den Autoren nicht immer gelingt: Kann sich die »irdische« Liebe, jene der Menschen also, mit der göttlichen Liebe vereinen, wenn sie doch schon in ihrem Verlangen eine Distanzierung *(shahawat)* notwendig voraussetzt? In der Mehrzahl der Abhandlungen herrscht diesbezüglich eine sowohl topologische wie sachliche Vieldeutigkeit. Merke: Jeder Teil der fleischlichen Liebe ist in gewisser Weise eine Privatisierung der göttlichen Liebe, wobei allerdings der stillschweigenden Übereinstimmung zwischen diesen beiden eine grundlegende Unterscheidung übergeordnet ist; ein Gegensatz, den Abu Hamid al-Ghazali in seiner *Wiederbelebung der Wissenschaften von der Religion (Ihya' ᶜulum al-din),* jenem gewaltigen theologischen Hauptwerk des 11. Jh.s, sehr deutlich zum Ausdruck bringt:

»Eine der Schwächen der Liebe zu Gott in den Herzen ist die Stärke der Liebe in dieser körperlichen Welt (...), so sehr, daß wer sich erfreut am süßen Gesang der Vögel und leichten Hauch des Windes im Morgengrauen, bereits dem Zauber dieser Welt erliegt und aus diesem Grund in seiner Liebe zu Gott dem Allerhöchsten geschwächt wird.« *(Le livre de l'amour, S. 104)*

Koran: »Gott liebt...«: 2: 195, 222; 3: 31, 76, 134, 146, 148, 159; 5: 13, 42, 54, 93; 9: 4, 7, 108; 19: 96; 20: 39; 49: 9; 60: 8; 61: 4; »Gott ist liebreich«: 85: 14; »Liebe zu Gott«: 2: 165; 3: 31; 5: 54; 9: 24; 76: 9.

Hadith: »Wer einen Mann kennenlernen will, der Gott von ganzem Herzen liebt, wende sich dem Salim zu [einem Gefährten des Propheten].« *(Man arada an yanzura ila radjulin yuhibbu allaha bikulli qalbihi fa'l-yunzur ila Salim).*

Mystische Aussprüche: »Der wird niemals sterben, dessen Herz die Sehnsucht gesehen hat.« (al-Halladj)

»Und ich, ich bezeuge, daß er den nicht liebt, der die Liebe bekanntmacht, welche Gott für ihn hat.« (al-Ghazali)

»Was die Liebe *(mahabba)* für den Geliebten bedeutet, ist den Herzen schwer begreiflich, denn die Zunge ist unfähig, es auszudrücken.« (ders.)

Sufistische Symbolik: »Ein Derwisch war gequält von der Heftigkeit der Liebe, die Leidenschaft loderte in ihm wie eine Flamme. Seine Seele war verschlungen vom Feuer seiner Liebe, und die Flammen seines Herzens verbrannten seine Zunge. Das Feuer lief vom Geist zum Herzen; er war von größtem Schmerz befallen. Er war in heller Erregung; er weinte und seufzend führte er diese Rede: ›Das Feuer meiner Liebe verbrennt meine Seele und mein Herz, wie soll ich weinen, da das Feuer all meine Tränen verzehrt hat?‹ Da sagte ihm eine Stimme aus der unsichtbaren Welt: ›Halt nun inne damit, diese Ansprüche zu erheben. Warum solche Absonderlichkeiten bezüglich Gottes sagen?‹ Der Derwisch antwortete:

›Wie hätte ich aus mir selbst so handeln können? Doch es ist zweifellos Gott selbst, der in mir dieses Empfinden hervorgerufen hat. Was habe ich schon getan? Er aber, Er hat getan, was Er tat, das ist alles. Als mein Herz blutete, hat Er das Blut getrunken, und das ist alles. Dann hat Er dich gezogen und dir Zugang gewährt bei Ihm.‹ – ›Gib acht, dir nichts von dir aus in den Kopf zu setzen. Wer bist du, daß du in dieser großen Sache auch nur einen Augenblick lang deinen Fuß vom demütigen Teppich der Derwische setzt? Wenn Gott mit dir das Spiel der Liebe spielt, mein Kind, dann, weil Er mit Seinem Werk spielt. Du aber, du bist nichts und du vermagst nichts; doch wenn das Geschöpf sich dem Schöpfer nähert, wird dein bedeutungsloses Sein ausgelöscht. Wenn du dich selbst voranstellst, wirst du vom Glauben befreit und vom Leben zugleich‹.« (ᶜAttar, *Mantiq al-tair, Vogelgespräche*)

Lit.: Arazi, Arnaldez *(TMSD)*, ᶜAttar, Charare, Dailami, Dermenghem *(LPBTA)*, Emre, Halladj, Ibn ᶜArabi, Ibn al-Djauziya, Ibn al-Farid, Ibn Sina, Khawam *(PAMM)*, Koran, Massignon, Masᶜudi, Regourd, Rumi, Ruzbihan, Sabri, Siauve, Vaudeville.

Siehe auch: Bismillah, Dailami, Dhikr, Koran, Liebe, »Liebe der Liebe«, Liebe der Mystiker, Orientalische Lebensart, Qawwali, Rabiᶜa al-Adawiya, Schön, Schönheit, Theologen der Liebe.

»GÖTTLICHE SCHÖNHEIT«. Parallel zur göttlichen Liebe (**s. dort**) wird die absolute Schönheit von den Sufis nach dem ersten Axiom der Entäußerung *(tadjallin)* als eines der Zeichen göttlicher Manifestation betrachtet. Bei der philosophischen und epistemologischen Beschäftigung mit diesem Thema haben sich vor allem die iranischen Meister durch ihren Einfallsreichtum und die Vielzahl ihrer entsprechenden Texte hervorgetan. Das zeitgenössische Beispiel eines Shams al-ᶜUrafa' (wörtl.: »Sonne der Gnostiker«) aus Teheran, eines Sufi in der reinsten Tradition, der noch zu Zeiten des Schah lebte, soll die anderen nicht in Vergessenheit geraten lassen – sie sind Legion. Doch seine Formulierung ist sehr erhellend. Zu J. Rypka von der Universität Prag sagte er:
»Gott ist die absolute Existenz, deren eine Seite die absolute Schönheit ist, die andere die absolute Güte. (…)
Kann die Schönheit wirklich verborgen bleiben? Denn alles, was wir schön nennen, zeichnet sich durch seine Neigung aus, den anderen zu erscheinen. Ein schönes, verschleiertes Gesicht ist ungeduldig, sich den Blicken zu offenbaren. Ebenso begnügt sich ein heller Gedanke nicht damit, den Geist zu durchwandern, er will zum Ausdruck kommen, durch das Wort oder durch die Kunst, damit alle Welt ihn schätzen und spüren kann. So will es das Gesetz der Schönheit, das wichtigste aller Gesetze, denn diesem unaufhörlichen Sehnen der Schönheit danach, sich zu manifestieren, verdankt das Universum seine Entstehung. Gott hat gesagt: ›Ich war ein verborgener Schatz, deshalb wünschte ich, mich kenntlich zu machen: Also schuf ich diese Welt und ihre Geschöpfe, um von ihnen erkannt zu werden.‹« (Rypka, S. 103)
In diesem Zusammenhang darf nicht übersehen werden, daß Gott für die Muslime, und für die Mystiker im besonderen, die Schönheit selbst ist, wenn man so will, die ursprüngliche Schönheit. Eines seiner ihm verliehenen Attribute – und auch einer seiner neunundneunzig Namen (»die schönen Namen«: *al-asma' al-husna*) – ist folglich *al-Djamil*, der Schöne.

Lit.: Ibn ᶜArabi, Rypka.
Siehe auch: Göttliche Liebe, Koran, Schön/Das Schöne, Schönheit.

GRANATAPFEL *(rumman)*. Obwohl er aus Persien kommt, gilt der Granatapfel als das typische Fruchtbarkeitssymbol des Mittelmeerraums – von Marrakesch (s. Jouin) bis zum fruchtbaren Halbmond (s. Goblet) wird keine Frucht so häufig erwähnt. Eine ähnliche Rolle spielen nur die Feige (**s. dort**) und einige süße und fleischige Früchte, etwa die Traube oder die Dattel.

Für die Sufis ist der Granatapfel eine Frucht aus dem ›Garten der Essenz‹, auch die Berber schreiben ihm einen besonderen Segen *(baraka*)* zu. Ähnlich wird seine Bedeutung im Koran beschrieben, dort ist von einem ›Geschenk der Erde an den Menschen‹ die Rede. Durch seine Form und die Vielzahl von Samenkörnern, die er enthält, ist der Granatapfel überdies ein deutlich weibliches Symbol.

Lit.: Chebel *(DS)*, Goblet, Jouin, *1001 Nacht*.

Siehe auch: Feige, Früchte.

GREIS *(musinn, ʿadjuz, shaikh)*. In zahlreichen volkstümlichen Geschichten und Legenden stehen Greise eher in einem schlechten Ruf. Der lüsterne Alte erscheint von seinen sexuellen Trieben beherrscht, gleich, ob diese real oder nur in der Phantasie existieren. *1001 Nacht* liefert uns einige Beispiele für diesen Typus: Die schöne Sklavin Zumurrud soll auf dem Markt verkauft werden, allerdings hat sie von ihrem Herrn verlangt, sie nur an einen Mann zu verkaufen, der ihr gefällt:

»Einer der Kaufleute rief: ›Mein, für fünfhundert Dinare!‹ ›Und zehn!‹ rief ein anderer. Ein alter Mann aber, des Namens Raschîd ed-Dîn, der blaue Augen hatte und häßlich anzusehn war: ›Und hundert!‹ ›Und zehn‹, rief wieder ein anderer. Nun rief der Alte: ›Für tausend Dinare!‹ Da hielten die anderen Kaufleute ihre Zungen im Zaum und schwiegen still; der Makler aber beriet sich mit ihrem Eigentümer. Dieser jedoch sprach: ›Ich habe geschworen, sie nur einem Manne zu verkaufen, den sie selber auswählt. Frage sie also um ihre Meinung!‹ Der Makler ging hin zu ihr und sprach: ›Herrin der Monde, dieser Kaufmann möchte dich kaufen.‹ Da blickte sie auf den Mann, und als sie sah, daß er so war, wie wir ihn geschildert haben, sprach sie zu dem Makler: ›Ich will nicht an einen Greis verkauft werden, den die Altersschwäche zu diesem traurigen Tropf gemacht hat. Wie vortrefflich sprach der Dichter:

Ich bat sie einst um einen Kuß; doch sie erblickte
Mein Weißhaar, das mir Gut und Wohlstand nicht erspart.
Da wandte sie sich eilends ab und sprach die Worte:
Bei Ihm, durch den der Mensch aus nichts erschaffen ward,
Mit grauem Barte schließ ich wahrlich keinen Bund!
Stopft man mir denn im Leben schon Watte in den Mund?‹«
(*1001 Nacht*, Bd. III, S. 213)

Natürlich lesen wir in *1001 Nacht* auch von liebenswürdigen älteren Männern, wie z.B. dem König ʿOmar ibn en-Nuʿmân. (Bd. I, »Die Geschichte des Königs ʿOmar ibn en-Nuʿmân und seiner Söhne Scharkân und Dau el-Makân und dessen, was ihnen widerfuhr an Merkwürdigkeiten und seltsamen Begebenheiten«, S. 540f.)

Ali ibn Sulaiman verfaßte im 16. Jh. ein Buch, dem er den ironischen Titel *Das*

Buch der Wollust gab; es handelt von Greisen, die ihre Jugend wiederentdecken wollten. Das Thema Sexualität im Alter beschäftigte auch Imam Abdal Rahman Ahmed Shuʿaib ibn Ali al-Nasa'i (830-915), dem wir eine kleine Schrift mit dem Titel *Der Beischlaf mit älteren Frauen* verdanken.

Im Gegensatz zum lüsternen Alten genießt der Scheich oder *shaikh* hohes gesellschaftliches Ansehen. *Shaikh* ist eine aus vorislamischen Zeiten stammende Ehrenbezeichnung für einen weisen alten Mann, in der Regel der Führer bzw. Patriarch einer Sippe, eines Stammes oder Stammesverbandes. Mit der Ausbreitung des Islam wurde der Begriff zum Ehrentitel für angesehene, schriftkundige Männer, Koran-, Hadith*- und Rechtsgelehrte oder Führer muslimischer Orden.

Lit.: Ibn Falita, Ibn Sulaiman, Kamasutra, Nafzawi, Nasa'i, *1001 Nacht*.
Siehe auch: Impotenz, Koitus, Männlichkeit, Penis.

GRÜBCHEN *(hufaira, ghammaza)*. Vor allem die türkischen Dichter preisen das Grübchen als Zierde des Gesichts beim Liebhaber wie bei der Geliebten. Seit Jahrhunderten scheint es nichts von seinem Reiz verloren zu haben. Schon Fuzuli (gest. 1556) hat geschrieben:

Nun stirb, mein Herz! Warst du nicht ohnehin nur da,
dich eines Tages hinzugeben für ein Wangengrübchen?
(Zit. nach Arzik, S. 50)

Wenig später vergleicht Karacaoglan, ein anatolischer Dichter des 17. Jh.s, in einem Liebeslied die Dame seines Herzens mit dem *alif*, dem ersten Buchstaben des arabischen Alphabet; dort heißt es:

Sie zieht die schöne Stirne kraus
Und ihre Grübchen brechen mir das Herz.
(Ebd., S. 27)

Und Ahmed Nedim (1681-1730), der berühmteste Vertreter der ›Tulpenperiode‹ *(Lale Devri)* in der osmanischen Kunst, hat erklärt:

Ach wie so deutlich macht die Lockung deines Grübchens mir:
Nicht die Vernunft, sondern Begeisterung entbehren wir.
(Ebd., S. 77)

Lit.: Arzik, Rami, *1001 Nacht*.
Siehe auch: Gesicht, Schönheit, Verführung.

GÜRTEL *(hizam)*. Die Zeremonie des Gürtelanlegens (je nach Region und Epoche am ersten, dritten oder siebten Tag nach der Hochzeit) ist ein Moment, der einen Segen für die traditionelle Ehe bedeutet. Dieser Brauch ist jedoch von doppeldeutiger Symbolik, denn anstatt zu verschließen, soll das Überreichen des Gürtels die frisch vermählte Frau den Segenswünschen ihres Gemahls und seiner Familie gegenüber »öffnen«. Es ist ein Zeichen dafür, daß die Neuangetraute von der Familie akzeptiert und aufgenommen ist.

Siehe auch: Ehe, Keuschheitsgürtel.

HAAR *(shaᶜr, wafra, sudgh, turra, dafira)*. Eines der Symbole weiblicher Schönheit, das stets in epischer Breite geschildert wird, vor allem dann, wenn es sich um langes, seidig glänzendes und wehend leichtes Haar handelt: »Purpurrotes Haar, das um die Schultern fließt wie der Umhang eines Königs!«

Seit der Einführung des Islam muß dieses Attribut laut Koran, so schwer sich viele Frauen dazu entschließen können, bedeckt getragen werden, denn es heißt in Sure 33, 59: »Prophet! Sag deinen Gattinnen und Töchtern und den Frauen der Gläubigen, sie sollen (wenn sie ausgehen) sich etwas von ihrem Gewand (über den Kopf) herunterziehen. So ist am ehesten gewährleistet, daß sie als ehrbare Frauen erkannt und daraufhin nicht belästigt werden.«

Nach Sharif-addin Rami (11. Jh.), dem Verfasser des *Anis al-ᶜUshshaq*, kennen die Araber dreiunddreißig Ausdrücke zur Bezeichnung der Haartracht und des Haars. Elf davon sind bereits in der allgemeinen Sprache gebräuchlich: *hibala* oder *shabaka* (Netz, Geflecht), *laila* (Nacht), *zalma'* (Dunkelheit), *zill* (Schatten), *zulam* (Finsternis), *dlal mamdud* (Haarfülle), *wau* (der 27. Buchstabe des arabischen Alphabets, aufgrund seiner gewundenen Form), *ghain* (der 19. arabische Buchstabe), *djim* (der 5. arabische Buchstabe) und *habl matin* (festes Seil).

Elf weitere Bezeichnungen werden nur von einem relativ kleinen Kreis derer benutzt, die als elegante Dichter gelten: *ᶜuqda* (Knoten), *djaᶜda* (Locke), *mudjaᶜᶜad* (gelockt), *al-habash* (Abessinier), *barqaᶜ* (verschleiert), *niqab* (Schleier), *tunub* (Zeltseil), *ghurab* (Rabe), *ᶜaqrab* (Skorpion) und *salib* (Kreuz).

Und schließlich gibt es noch Ausdrücke, die von Arabern und Persern gleichermaßen verwendet werden: *mushawwash* (in Unordnung), *maftul* (fest geflochten), *maftun* (verzaubert), *ciyar* (Hochstapler), *tarar* (Dieb, Betrüger), *lam* (der 23. Buchstabe des arabischen Alphabets), *halqa* (Ring), *naᶜl* (Hufeisen), *thuᶜban* (Schlange), *dukhan* (Rauch), *burdj* (Turm).

Daneben verwenden die persischen Dichter im Zusammenhang mit der Schönheit des Haars sechzig weitere Bezeichnungen, die häufig entlehnt werden aus den Bereichen

– Pflanzenwelt: jasminduftend, Veilchen, Hyazinthe, Moschus, moschusduftend, ambraduftend, ambralockig, Wohlgeruch verströmend, ambra-siebend, zibetfarben, zibethaft, eine Rose bedeckend, den Jasmin umhüllend etc.;

– Kosmologie, Tag- und Nachtwelt: den Abendmond bedeckende Wolke, Abend der Abendländer, Nacht, Gagat (Jettschwarz), Farbe der Nacht, Jeldas Nacht, mondlos finstre Nacht, Qadars Nacht, langes Leben, Sonnenschirm, die Luft durcheilend, Sonnenanbeter, sich dem Wind ausliefernd;

– diverse andere Bereiche: Kriegsgefangener, der Buchstabe *djim*, ganz China, Hindustan, Äthiopier, Hindu, Lehrer, Verbrecher/Treuloser, Herzensräuber, (Herzens-)Feßler, Verführer, atemlos, rebellisch, gewunden endend, stolz, den

Hinterkopf bedeckend, Wegabschneider, Maschen, Schnürband, Gürtel, Tragriemen, Band, Kette, Schwermut, Schwarzgalle, Falle, Krähe, verflochtene Kurven, luftgefüllt, verworrene (vertrackte, unsichere, verflochtene) Affäre ...
Am häufigsten wird jedoch auf das Reich der Düfte angespielt, so etwa in den zwei folgenden Beispielen von Hafiz (1320-1388/89):

Entzücket dich dein Wunderhauch,
Der einzig ist im Welltenringe?
Ich fülle die gesamte Luft
Mit Moschus an und Ambraduft,
Weil ich von Liebchens Locke singe.
(Hafis, *Eine Sammlung persischer Gedichte*, S. 5)

Lös die Locken, es hangen
An jedem Häärchen tausend Seelen.
Beide, ich und der Ostwind,
Sind ein Paar verirrter Thoren;
Ich vom Zauber des Auges,
Und er von dem Geruch des Haares.
(Hafis, *Der Diwan*, Bd. 1, S. 146f.)

Die Bindung an die Liebe wird durch die Spange evoziert, die das Haar im Nacken zusammenhält und die bezeichnenderweise *nama'il ma ͨshuq* (wörtl.: »Amulett des Geliebten«) oder *ta ͨwidh ͨushshaq* (»Talisman der Liebenden«) genannt wird.

In den rauhen Gebirgsgegenden kennen alle Berberstämme zusammengenommen insgesamt an die hundert Ausdrücke für Form und Farbe des Haars, was nicht nur deutlich bezeugt, wie reich die Semantik ihrer Sprache ist, sondern auch, wie variationsreich dementprechend ihre Haartracht sein muß (vgl. Morin-Barde, *Coiffures féminines du Maroc*).

Das schöne Haar einer Frau hat ihren Partner seit jeher fasziniert und für Eifersucht unter ihren Konkurrentinnen gesorgt. Abgesehen davon hat das Haar auch eine Funktion als Mittler zwischen zwei Welten, der sichtbaren und der unsichtbaren, sowie zwischen zwei Wahrnehmungsebenen, der magischen und der profanen, der materiellen und der spirituellen: Dies ist u.a. der Grund dafür, weshalb das Haar des Kindes nach dem ersten Schneiden in der Erde vergraben wird. Und schließlich spielt verbranntes Haar auch eine Rolle bei der Herstellung von Talismanen, magischen Tränken und Schönheitsrezepten.

Lit.: Chebel *(CTM)*, Hafiz, Legey, Morand, Morin-Barde, Rami.
Siehe auch: Alphabet, Eitelkeit, Frisur, Hammam, Henna, Kleidung, Kosmetik, Parfum.

HAARLOS *(amrad)*. Als besonders begehrenswert gilt ein Lustknabe, wenn sich der erste fast unsichtbare Flaum auf seiner zuvor unbehaarten Haut zeigt. Unbehaartheit ist eigentlich eine Eigenschaft, die besonders bei Frauen hoch geschätzt wird. Doch unter den klassischen Dichtern des Goldenen Zeitalters galt sie als ebenso gesucht und köstlich, wenn das Objekt der Begierde ein schöner Knabe, ein junger Türke oder irgendein anderer ›Mignon‹ war. Zwischen der Haarlosig-

keit einer Frau und der eines Eunuchen wird aber deutlich unterschieden: Man preist die erstere und macht die zweite verächtlich (**s. Bart**).
Lit.: *1001 Nacht.*
Siehe auch: Bart, Bartlos, Ephebe, Epilation, Eunuch, Glatte Haut, Kastration, Schnurrbart, Schöner Jüngling, Türke (junger).

HADATH (wörtl. »Ereignis«). Ein Fachausdruck der islamischen Theologie, der zur Umschreibung aller Verstöße gegen das religiöse Gebot der Reinheit dient, die mit dem Austreten von Körperflüssigkeit verbunden sind: Als *hadath* gelten zum Beispiel nächtlicher Samenerguß, Monatsblutung oder auch die sexuelle Vereinigung während der Fastenzeit. In solchen Fällen müssen Reinigungsrituale vollzogen werden.
Siehe auch: Ausscheidungen.

HADITH DER LIEBE s. »Märtyrer der Liebe«.

HAFIZ oder HAFEZ (Shams-addin Mohammed, 1325/26-1389/90). Neben Sa^{c}di, einem weiteren muslimischen Dichter von Rang, gilt Hafiz als der bedeutendste Lyriker Persiens. Sein Ruhm gründete sich vor allem auf einen *diwan* von mehreren hundert Versen, der, in einer Edition, die nicht erhalten ist, vermutlich 1368 erstmals erschien. Hafiz verbrachte fast sein ganzes Leben in seiner Geburtsstadt Schiraz, damals ein blühendes Zentrum islamischer Kultur, und obwohl er, früh verwaist, in ärmlichen Verhältnissen aufwuchs, genoß er eine umfassende klassische Bildung – bereits als Jugendlicher erhielt er den ehrenden Beinamen *hafiz* (›der den Koran auswendig kennt‹). Seine Dichtung zeugt denn auch von fundierten Kenntnissen des Arabischen, der islamischen Wissenschaften und der persischen Kultur.
Obwohl er unter mehreren Herrschern die Stellung eines Hofdichters innehatte, konnte er nicht dauerhaft zu Reichtum und Ansehen gelangen – es waren unruhige Zeiten, und Schiraz wurde immer wieder von dynastischen Auseinandersetzungen erschüttert. Seine fruchtbarste Schaffensphase erlebte Hafiz während der relativ langen Regierungszeit des Shahs Shudja^c (1358-94), der ihn protegierte, ihm jedoch auch einige Jahre lang die Gunst entzog und ihn zwang, nach Isfahan und Yazd zu emigrieren. Bereits damals wurde er jedoch über die Grenzen Persiens hinaus für seine Dichtung gerühmt, in der gesamten arabischen Welt und sogar in Indien.
Das besondere Interesse an der Kultur des Orients, das sich seit Ende des 18. Jh.s in Europa entwickelte (**s. Orientalismus**), machte den Westen auch mit dem Werk von Hafiz bekannt. In Deutschland trug dazu vor allem Goethes *West-östlicher Diwan* bei – inspiriert von einer Prosaübersetzung des Hafiz'schen Diwan, die J. von Hammer-Purgstall verfaßt hatte. Zu den Übertragungen in verschiedene europäische Sprachen, die bis Ende des 19. Jh.s entstanden waren, zählt auch eine besonders geglückte deutsche Fassung, in Versform, von V. von Rosenzweig-Schwannau.
Leben und Werk von Hafiz sind vielfach interpretiert worden. Den einen gilt er als frommer Muslim, den anderen als Skeptiker und Freigeist; eine wichtige

Rolle spielt jedoch offenbar seine Beziehung zur mystischen Tradition des Sufismus. Hafiz hat seinen Platz im Pantheon der Weltliteratur: seine besondere Leistung bestand in der Erneuerung der *ghazal* (s. dort), er machte diese elegante Versdichtung anstelle der *qasida* (s. dort) zu einer neuen Form der Lobpreisung (s. Madih). In seinen Versen zeigt sich eine höfische Welt der Eleganz und Raffinesse, bestimmt von einer komplizierten Ordnung der Gefühle. Gestützt auf eine große kulturelle Tradition und die Weisheit alter Überlieferung wird die Stellung des Menschen in seiner Beziehung zu Gott und zur Weltordnung erwogen, aber natürlich spielen dabei auch Liebe und Schönheit eine bedeutende Rolle. Auch die nachfolgenden Verse sind darum typisch für das Werk von Hafiz, der gesagt hat »In wessen Herzen noch das Verlangen lebt, der wird nicht sterben«:

Nur weil das Gesicht meiner Geliebten so schön ist,
hat auch die Rose ihre Schönheit.
Was wäre der Reiz der Rasenflächen und der kühlen Brise,
die den Garten durchweht, ohne die Tulpenwangen meiner Geliebten?
Wunderbar sind der Garten, die Rose und der Wein,
doch was wären sie, wäre meine Geliebte nicht hier?
(Hafiz, *Les Ghazels*..., S. 27)

Ein weiterer Auszug zeigt eine besonders kunstreiche Lobpreisung:

Wirrhaarig, heiß und berauscht und mit lächelndem Lippenpaar,
singend, zerrissenen Hemds, die Karaffe zum Schenken klar,
Kampflusterglüht die Narzisse, die Lippe von Sehnsucht schwer,
kam an mein Lager er heute, als Mitte der Nacht schon war,
Setzt' sich und bog seinen Kopf an mein Ohr, und mit Trauerton,
sagt' er: Mein Alter und ewig Verliebter, du schläfst wohl gar!
Bietet man einem Verliebten so nächtlichen Angriffstrank,
ist, wer den Wein nicht verehrt, vor der Liebe Gesetz Barbar!
Frommer bekrittle nicht jeden, der gern einmal Hefe trinkt,
bot uns der Tag der Erschaffung als Gabe doch dies nur dar:
Haben nur immer getrunken, was ER in den Napf uns goß,
ob's paradiesischer Wein, ob es irdischer Rauschtrank war!
Wieviel Entsagungsgelöbnisse, Hafis, zerbrach – wie deins –
Lächeln des Weines im Glas und des Liebsten gelocktes Haar!
(Hafiz, *Gedichte aus dem Diwan*..., S. 83)

Lit.: *EI*, Hafiz.
Siehe auch: Begehren, Ghazal, »Märtyrer der Liebe«, Qasida, Sa‘di.

HAHNREI. Die mißliche Lage des »gehörnten«, von seiner Frau betrogenen Ehemanns wird in Geschichten und Scherzen immer wieder gern aufgegriffen. In den Erzählungen aus *1001 Nacht* ist das Thema besonders beliebt – achtzehn Fälle von Ehebruch werden erwähnt. In der Regel weiß der »Hahnrei« sehr wohl,

was ihm widerfährt, es sind meist Hinweise von anderen (Aufpassern, Wächtern, Rivalen und Neidern), die ihn darauf bringen. Dennoch geschieht es nicht selten, daß der Ehemann die Ehebrecherin selbst überführt – zum Beispiel, indem er das Haus verläßt und dann ganz unvermutet zurückkehrt. Darum geht es ja schon in der Rahmenhandlung, mit der die Erzählungen beginnen:
»(Der König) zog aus, dem Lande seines Bruders entgegen. Aber um Mitternacht fiel ihm ein, daß er etwas in seinem Schlosse vergessen hatte. Deshalb kehrte er um und ging in sein Schloß; da fand er seine Gemahlin auf seinem Lager ruhend, wie sie einen hergelaufenen schwarzen Sklaven umschlungen hielt. Als er das sah, da ward ihm die Welt schwarz vor den Augen, und er sprach bei sich: ›Wenn dies geschehen ist, während ich die Stadt noch nicht verlassen habe, wie wird diese Verruchte es erst treiben, wenn ich lange bei meinem Bruder in der Ferne weile?‹ Darauf zog er sein Schwert und schlug die beiden auf dem Lager tot.« (*1001 Nacht,* Bd. I, S. 20)
Besonders typische Geschichten von der List der Frauen finden sich in einem Werk des ägyptischen Autors Ali al-Baghdadi (16. Jh.). In fünfundzwanzig Erzählungen geht es immer nur um eines: Wie gelingt es einer Frau, ihrem Mann Hörner aufzusetzen, ohne ihn dabei zu verlieren.
»Einst lebte ein Mann, der alle Frauen in seiner Nähe eifersüchtig überwachte. Er war auch verheiratet, und zwar mit einer Frau, die wohlgestalt und reizend war wie keine andere. Seine beständige Eifersucht hinderte den Mann, auf Reisen zu gehen, doch eines Tages wollte es das Schicksal, daß er doch eine Reise antreten mußte, die keinen Aufschub duldete. Er kaufte einen Vogel, ein Papageienweibchen, das die Ägypter auch »Klatschbase« nennen, und setzte es in einen Käfig, den er in seinem Hause aufstellte. Der Vogel sollte für ihn ausspionieren, was sich zutrug. Nach seiner Rückkehr wollte er sich anhören, was der Papagei vernommen hatte und aufsagte. Sodann sprach der Mann zu seiner Ehefrau: Ich gehe nun auf die Reise. Betrage dich anständig. (...)
Die Frau hatte einen Liebhaber, sie ließ ihn zu sich kommen und kopulierte mit ihm, so oft es ihr gefiel. Nach seiner Rückkehr befragte der Ehemann den Papagei, der ihm haarklein berichtete, was er gehört und gesehen hatte. Um ihren Mann zu täuschen, ließ sich die Frau jedoch folgendes einfallen:
Sie nahm ein Sieb, brachte es an einem Gestell über dem Käfig an und schüttete aus einem Krug Wasser hindurch, so daß es in Tropfen auf den Papagei regnete. Sodann zündete sie eine Lampe an, nahm sie in die Hand, stellte einen Spiegel hinter sich auf und begann, vor dem Käfig hin und her zu gehen, wobei sie immer wieder plötzliche Lichtstrahlen auf das Tier warf. So verfuhr sie die ganze Nacht, drehte dazu einen Mahlstein, begoß den Käfig, blendete den Vogel undsofort, bis zur Morgendämmerung ...
Der Ehemann war in dieser Nacht nicht zu Hause, am nächsten Morgen wollte er von seinem Papagei wissen, ob sich Verdächtiges zugetragen habe:
›O Herr, ich konnte in dieser Nacht kaum etwas sehen, denn es ging ein starker Wind, gar nicht zu reden vom Regen, den Blitzen und Donnerschlägen.‹ Da es Sommer war, begriff der Mann bei diesen Worten, daß alles erfunden und seine ›Klatschbase‹ eine Lügnerin war. Und so dachte er, daß auch alles, was er über das Betragen seiner Frau erfahren hatte, nicht wahr sei. Er begab sich auf der Stelle zu

seiner Gattin, versöhnte sich mit ihr und küßte sie aufs Gesicht und bat sie um Entschuldigung.« (Baghdadi, S. 210 f.)
Lit.: Baghdadi, *1001 Nacht*.
Siehe auch: Böses Weib, Ehe, Ehebruch, Ehestifterin, Kastration, Listen und Intrigen, Prostitution, Treue.

HAIDH (Monatsregel, Menstruation: *ʿada shahriya*). Die Menopause heißt entsprechend *irtifaʿ al-haidh* (wörtl.: »das Aussetzen der Regel«). **S. Menstruation, Wechseljahre.**

HAIMAN. So nennt man einen Liebenden, der völlig außer sich ist und nicht mehr weiß, wo ihm der Kopf steht. *Innî huyam:* »Ich bin verloren«, im Sinne von ›rettungslos verliebt‹.
Lit.: Vadet.
Siehe auch: Liebesleid.

AL-HALLADJ (Abu'l-Mughuth al-Husain ibn Mansur), 857-922. Als der Mystiker al-Halladj, für den die »Begierde nicht zufällig, insofern sie [göttliches] Atttribut ist«, vom Tod zweier wahrhaft Liebender erfuhr, die er, stets unzertrennlich, häufig neben der Moschee gesehen hatte, an der er den Koran unterrichtete, rezitierte er die Verse:

Hier sind sie nun vereint, der Begehrte mit dem Begehrenden *[ʿashiq]*
Und getrennt: der Beigewohnte vom Beiwohnenden *[wamiq]*.
Und gepaart, diese zwei Gleichen, in einem Gedanken
Der sie hat versinken lassen im trüben Wasser
doppelten Bewußtseins.
(Zit. nach Massignon, *NED*, S. 238)

Al-Halladj wurde von den Abbasiden* wegen »hartnäckiger Ketzerei« verurteilt und grausam hingerichtet, weil er, so Massignon, das »*ʿishq dhati* (das essentielle Verlangen) war, das Gott mit einer Geisteskrankheit identifizierte.«
Redensart der Sufis: »Nach Husain ibn Mansur (al-Halladj) ist es die Wirklichkeit der Liebe, dich in Gesellschaft des geliebten Wesens aufzuhalten, deiner eigenen Eigenschaften bar.« (al-Qushairi, zit. nach Dermenghem, *LPBTA*, S. 246)
Lit.: Dermenghem *(LPBTA)*, Massignon *(NED)*.
Siehe auch: Dailami, Göttliche Liebe, Liebe der Mystiker.

HALLADJ s. Al-Halladj.

HALS *(raqaba, djid, ʿunuq).* Der zierliche Hals einer Frau wird häufig mit dem der Gazelle verglichen. In der klassisch erotischen Dichtung tauchen in diesem Zusammenhang gleichermaßen häufig die Worte *ʿadj* (Elfenbein) und *marmar* (Alabaster) auf. Daneben sind für den Hals noch mehrere andere Synonyme zu finden: *shardjarat al-kafur* (Kampferbaum), *shamʿat al-kafur* (Kampferkerze).
Lit.: Abu Rub, Rami.
Siehe auch: Frau, Körper.

HAMMAM. Wie die Moscheen sind auch die Hammamat – Bäder, die sich in jeder islamischen Stadt zahlreich finden – Orte, an denen die Verbindung von Gottes Wort und den Sitten des Propheten und der Muslime zum Ausdruck kommt. Da die Hygiene *(tahara, nadhafa)* ein fester Bestandteil der Religion ist, stellt der Hammam für die Muslime einen wichtigen symbolischen Bezugspunkt dar. Hier wird die bedeutende Rolle der römischen Thermen für die Hygiene und das soziale Leben bestätigt und erweitert, und es tritt ein sakrales Moment hinzu, weil der Hammam oft auch als Vorraum der Gebetshalle galt. Unter den ersten muslimischen Dynastien der Umayyaden* und der Abbasiden* hatten die Hammamat ihre große Zeit, sie waren bei den Herrschern und Prinzen äußerst beliebt.

Einige Zahlen sollen genügen: Als Städte wie Damaskus, Bagdad oder Kairo ihren glanzvollen Höhepunkt erlebten, gab es dort Tausende von Hammamat, 27.000 waren es in Bagdad im 10. Jh., 1170 in Kairo, Mitte des 13. Jh.s . Im 14. Jh. rühmte sich Konstantinopel seiner 300 öffentlichen Hammamat, jedes faßte rund sechzig Personen, und in einigen war der Eintritt frei. Überdies besaßen viele der Adelssitze am Goldenen Horn ihre eigenen Bäder (Castellan, Bd. 5, S. 212). Noch heute bietet jede große Stadt der arabischen Welt solche Bäder, von einfachen Anstalten bis zu Luxusetablissements.

Hier soll es aber nicht um die Bedeutung des Hammam in der Entwicklung der religiösen Gebräuche gehen, sondern um den weltlichen Aspekt. Ob man die architektonische Struktur, die hygienische und soziale Funktion oder die Geschichte dieser Bäder betrachtet – der Hammam spielt ohne Frage eine zentrale Rolle in der Erotik des Orients. Gemeint ist natürlich nicht die einfache sexuelle Befriedigung, die in vielen Geschichten begeistert ausgemalt wird, sondern ein Grundprinzip: Jeder Mensch, der sich nackt unter seinesgleichen findet, kann das Gefühl der ›Augenlust‹ erleben. Im arabischen Kulturraum gilt dies um so mehr, weil es dort bis heute keine Tradition der ›Freikörperkultur‹ gibt.

Die Besucher des Bades genießen die Freiheit, ihrer Augenlust zu frönen, sie können durch den schicklichen Abstand, den sie wählen, genug sehen und dabei die Zurückhaltung wahren, die bei solchen Zusammenkünften geboten ist, wenn man nicht der sexuellen Abweichung verdächtigt werden will.

Der Hammam bietet den Raum für eine freizügige, entspannte und glückhaft erlebte Monosensualität (**s. Homosensualität**). In der Literatur (z.B. bei Abdelwahab Buhdiba) ist das Bad oft als eine Art Uterus beschrieben worden: ein feuchter, warmer umschlossener Raum, der alle Anwesenden zur Regression einlädt – nicht zuletzt, weil sie der absoluten Autorität des *hamamdji* (des »Bademeisters«) unterstehen. Für die arabischen Männer hat dieser Ort eine kaum zu beschreibende Qualität – eine Art *odor di femmina*, noch betörender als auf dem Suq, der an sinnlichen Reizen wahrlich nicht arm ist.

Auch für die Frauen im Orient spielt das Bad eine wichtige Rolle. Der Hammam ist ihnen Frisiersalon, Massagezentrum, bewegungstherapeutische Praxis, Heiratsvermittlung und Kaffeehaus zugleich. Hier finden sie friedliche Geselligkeit, aber auch den stillen Rückzugsraum, um zu sich selbst zu kommen, allein oder gemeinsam mit ihresgleichen, hier löst sich die Anspannung, hier können sie Kraft schöpfen für die Woche, für den Monat. Hier sind auch die sozialen Unterschiede aufgehoben: Jede ist eine große Dame, die sich von ihrer *ballana* (Badefrau) versorgen, ihrer *mukayyisa* (Masseuse) massieren, ihrer *mashita* (Friseurin) frisieren, ihrer *wasifa* (Aufwartefrau) bedienen und ihrer *djariya* (Sklavin) unterhalten läßt. Alle schlendern umher, nackt oder mit wenig Unterwäsche bekleidet, letztes Zeichen der Schamhaftigkeit. Die Atmosphäre verführt zum Träumen, zum Sichgehenlassen.

All das macht deutlich, weshalb sich der Hammam, neben der Moschee, zum wichtigsten Ort in der islamischen Stadt entwickelt hat.

Hören wir, wie Johann Leo Africanus (1483- ca. 1554), der eigentlich Hasan ibn Mohammed al-Fasi hieß, die ›Schwitzbäder‹ der Stadt Fes schildert, der er seinen Beinamen verdankte, weil er dort lange gelebt hatte:

»Hier sind auch 100 wohl gebaute und verzierte Bäder, einige klein, andere groß, alle aber von einer Bauart. Jedes hat nämlich vier Zimmer, wie Säle. Auswendig sind ziemlich hohe Gallerien, in welchen man auf 5-6 Stufen an Oerter gelangt, wo die Leute sich ausziehen und ihre Kleider niederlegen. In der Mitte sind Fontänen, wie Wasserbehälter, aber sehr groß angelegt. Wenn jemand in ein solches Bad will, gehet er durch das erste Thor und kommt in ein kaltes Zimmer, wo eine Fontäne zur Abkühlung des zu heißen Wassers sich befindet. Von da kommt er durch ein anders Thor in das zweyte etwas heißere Zimmer, wo ihn die Diener waschen und reinigen. Daraus gehet er in das dritte, welches sehr heiß ist, wo er eine Zeitlang schwitzt. Da ist ein eingemauerter großer Kessel, worin man das Wasser wärmet und es geschickt in hölzerne Eimer gießt. Für jeden Menschen sind zwey Gefäße, mit diesem Wasser angefüllet, frey, wer mehr haben oder gebadet sein will muß dem Diener 2 oder doch einen Bajocco geben, der Herr des Bades bekommt nur 2 Quattrino. Das Wasser wird mit Thiermist heiß gemacht. (...) Das weibliche Geschlecht hat seine besonderen Bäder; viele aber sind für beide Geschlechter, doch in verschiedenen Stunden: nähmlich die Zeit von 3 bis 14 Uhr (oder mehr oder weniger, nach der Tageslänge) ist für die Mannspersonen und die übrige für die Frauenspersonen. Sobald die letzteren eingetreten sind, ziehet man ein Seil vor den Eingang, und dann geht keine Mannsperson mehr hinein. Selbst mit seiner Frau darf ein Mann hier nicht sprechen, sondern er muß ihr durch eine Dienerin seine Botschaft bringen lassen. Männer und Frauen aus der Stadt pflegen ebenfalls in diesen Bädern zu speisen, sich auf allerley Art lustig zu machen, und mit lauter Stimme zu singen. Alle Jünglinge gehen ganz nackt, ohne daß einer sich vor dem andern schämt, ins Bad. Aber die Männer von einigem Stande und Range haben gewisse Schürzen um sich geschlagen; sie sitzen auch nicht an gemeinen Oertern, sondern machen sich in kleinen Kämmerchen, die allezeit für sie zurecht gemacht und geschmücket sind, bequem.« (*Johann Leo's des Africaners Beschreibung...*, S. 204f.)

Redensarten: Iblis (arab.: der Teufel) soll gesagt haben: »Ich habe Gott gebeten, mir eine Heimstatt zu geben, und ER schuf den Hammam.« (Ibn Manzur, *Lisan al-ʿArab*)

Lit.: Abd ar-Raziq, Alpin, Bouhdiba, Castellan, Chebel, Leo Africanus, Lytle Croutier, Marçais, Montagu, Pauty, Sauvaget, Secret, Thonellier.

Siehe auch: Basar, Duft, Ehestifterin, Harem, Henna, Homosensualität, Kosmetik, Massage, Nacktheit, Orientalismus, Parfum, Sexuelle Initiation, Tafla, Vorstellung der Braut, Wahrsagerin.

HAMMAQA. Bezeichnung für eine Tätowierung in der Schamgegend der Frau, die ihren Liebhaber um den Verstand bringen soll, sobald er einen Blick darauf wirft (erwähnt bei J. Herber). S. Tätowierung.

HAND *(yad)*. Aus den Händen ihres Verehrers wollen die Frauen oft das künftige Glück lesen. Auf diese Weise spielt die Hand eine wichtige Rolle in den ersten Gefühlsregungen eines Mannes oder einer Frau, wenn die beiden noch nicht zusammengefunden haben, aber bereits erste Zärtlichkeiten ausgetauscht wurden. Zwischen der Hand, dem natürlichen Werkzeug des Menschen, und der geheimnisvollen und unerschöpflichen Gabe, Zärtlichkeit zu spenden, besteht ein besonderer Zusammenhang, den Philosophen und Erotologen immer wieder zu beschreiben versuchten, ohne ihn je ganz zu erfassen. Letztlich liegt in den Fingerspitzen eine Art höherer Wahrheit der Liebe, denn aus den Liebkosungen ist das Verlangen ebenso herauszuspüren wie Kühle und Entfremdung.

Die Maniküre (*tadjmil al-azafir* oder ʿ*inaya bi'l-azafir*) ist eine Kunst, in der viel Sorgfalt auf die kleinen Feinheiten verwendet wird, eine Begabung, die sich allerlei Formen der Schönheit und Eleganz widmet. Es ist die Schönheitskunst der Prinzen und Prinzessinnen, in ihr lebt der Glanz des alten Ägypten, und zweifellos hatte sie dort ihren Ursprung. Ihren Ort allerdings hat sie seit jeher im Hammam: Dort werden Haut und Körper, und vor allem die Hände und Fingernägel gepflegt.

Die bekannte »Hand der Fatima« ist nach Meinung von J. Herber das Ergebnis einer lang tradierten und kunstvoll gestalteten Umwandlung von obszönen Gesten: »Ob in Marokko oder in Rom, der Mittelfinger ist der schlimme Finger, der obszöne Finger. Wie früher zeigt man ihn auch heute den Leuten, die man verhöhnen will. Er spielt die Rolle eines Phallus gegen den bösen Blick.«

Ähnlich interpretiert Herber die geschlossene Hand, die den Phallus im Ruhezustand darstellen soll. Deutlicher noch zeigt sich die sexuelle Symbolik, wenn bestimmte Finger einzeln oder in Gruppen aufgerichtet sind. Sogar die Beschimpfung, die sich im Maghreb die Kinder zurufen (*khamsa fi-*ʿ*ainik*, wörtl: »Fünf [Finger] in deine Augen«), geht auf eine sehr alte Obszönität zurück: »In Nordafrika sagt man *zubb fi-*ʿ*ainik*, den Phallus in dein Auge! Was bedeutet diese Beleidigung? Einfach nur ein obszöner Fluch? Ich schlage eine ganz andere Interpretation vor: *zubb fi-*ʿ*ainik* ist ein sehr alter Fluch, der sich nur durch die Gleichsetzung der Hand mit dem Phallus erhalten hat, und wie bei vielen solcher Flüche bleibt seine Bedeutung letztlich unverständlich.«
(Herber, *La Main de Fathma* ..., S. 215)

Lit.: Brun, Chebel *(LS)*, Herber.
Siehe auch: Hammam, Körper, Obszönität/Obszönitäten, Zärtlichkeiten.

HANNESHI s. Stellungen beim Koitus.

HAREM (arab. *harim*, »Heim«, »Frauengemach«). Der Begriff bezeichnet den privaten Raum, die Gemächer der Frauen *(al-harimat)* in einem Palast oder einem herrschaftlichen Haus, vergleichbar dem griechisch-römischen *gynaeceum*. Im weiteren Sinne wird das Wort auch als Bezeichnung für die Frau, vor allem die Ehefrau gebraucht, die in der muslimisch-arabischen Kultur als *sacratum* gilt. Der Wortstamm ist derselbe wie in *haram* (»verboten«), dem zentralen Konzept der Privatsphäre. In früheren Zeiten war der Harem ein Ort, der von Eunuchen (unter der Leitung eines Obereunuchen) beaufsichtigt wurde. Im Abendland sind die Vorstellungen vor allem von den türkischen Harems bestimmt worden, weil die Türkei die nördliche Grenze der islamischen Welt *(Dar al-Islam*)* bildete und in unmittelbare Auseinandersetzungen mit dem Frankenreich verstrickt war. Aber Harems hat es eigentlich überall gegeben, wo Herrscher zu Macht und Reichtum kamen.

Die folgende Beschreibung eines großen Harems stammt von dem britischen Arzt William Lemprière, den seine Reise am Ende des 18. Jh.s nach Marokko führte:

»Der Harem des vorigen Kaisers [Sidi Mahomet] bestand aus sechzig bis hundert Frauenzimmern, die sehr zahlreiche Menge ihrer Mägde und Sklavinnen nicht mitgerechnet. Von den erwähnten vier Weibern darf man keineswegs glauben, daß es die ersten waren, die der Kaiser besaß; denn einige hatte er verstoßen, und andere waren gestorben. Daher ist es schwer zu bestimmen, wieviele Weiber er eigentlich gehabt habe. Viele von des Kaisers Konkubinen waren Maurinnen, die er zum Geschenk bekommen hatte, weil die Mauren es für eine Ehre halten, ihre Töchter in dem Harem zu haben; verschiedene waren europäische Sklavinnen, die der Kaiser entweder gefangen gemacht oder gekauft hatte, und einige auch Negerinnen.« (Lemprière, S. 224 f.)

Betrachtet man den Harem nur unter dem begrifflichen Aspekt, dann könnte man ohne weiteres zu dem Schluß kommen, daß jeder Haushalt in der arabischen Welt ein solches *sacratum* beinhaltet – die Anzahl der Frauen mag unterschiedlich sein, aber prinzipiell gibt es überall einen Harem. Und es steht außer Frage, daß die Regel (die auf dem Inzestverbot beruht), keinem außer den nächsten Verwandten Zugang zu diesem geschützten Bereich zu erlauben, ein starker Antrieb für sexuelle Phantasien ist.

Zweierlei ist in diesem Zusammenhang besonders zu beachten: die Schwelle, die unsichtbare Grenze, die den Raum der Frauen abtrennt, und die räumliche Ordnung der *mashrabiya* (**s.dort**). Während die *mashrabiya* hier nicht weiter erläutert werden soll, scheinen einige Bemerkungen zum Begriff der Schwelle angebracht. Vor allem darf man sich diese Schwelle nicht als undurchlässige Grenze denken. Zwischen dem *salamlik* (dem öffentlichen Teil des Harems) und dem *haramlik* (den privaten Gemächern) herrscht ein reger Austausch von recht deutlichen Botschaften, in einer Sprache der Zeichen, die den Beteiligten geläufig ist – und häufig geht es um die Liebe. Im klassischen türkischen Serail wachte zwar eine Truppe von Eunuchen über die Bewegungen an der Schwelle zum Harem, aber ihre Aufmerksamkeit wurde immer wieder umgangen, sei es, weil das Überwachungssystem nicht perfekt war, oder weil die Wächter sich bestechen ließen. Stets gab es Personen, die darin geübt waren, die Grenze zwischen den beiden Räumen zu passieren. Wie man sich denken kann, hatten die Nutznießer des Systems das Recht, sich frei zu bewegen, aber da waren auch noch diejenigen, die hereingerufen wurden: die Ärzte und Geistheiler, die Hebammen und Musikerinnen, das Dienstpersonal, die Händlerinnen und Wahrsagerinnen (**s. dort**).

Sie alle kamen nur auf eine kurze Visite ins Serail, aber sie machten dabei ihre Beobachtungen und wußten einem draußen wartenden Liebhaber immer die eine oder andere Geschichte von drinnen zu erzählen.

Außerdem diente eine Vielzahl von Gegenständen der Vermittlung zwischen drinnen und draußen, Dinge die in den inneren Bereich des Harems gebracht wurden und die, wenn sie wieder heraus kamen, bestimmte Substanzen enthielten, Puder zum Beispiel, oder Mehl oder Honig. Selbst wenn ein Behältnis leer war, konnte es doch eine Information enthalten, etwa durch seine Temperatur, und manchmal waren auch Botschaften in ein Gefäß geritzt oder in irgendeinem Spalt oder Hohlraum versteckt. So gab es an diesem abgeschiedenen Ort durchaus geheimes Verlangen, kleine Liebesgeschichten und manchmal eine flüchtige sexuelle Begegnung – alles eher dazu angetan, die Phantasie zu beflügeln, als stille Liebe zu stiften. Natürlich fanden in den Haremsgemächern auch zahlreiche Festlichkeiten statt, vor allem im Beisein von Gesandten fremder Mächte. Man kam zu musikalischen oder literarischen Soireen zusammen, plauderte über Philosophie und Religion, erfreute sich an Konzerten und Spielen und anderen Zerstreuungen. An diesen Veranstaltungen konnten unter bestimmten Bedingungen auch die Frauen des Harems teilnehmen. Entscheidend dabei war, daß sie nicht gesehen werden durften, aber wenn sie oben in ihren Erkern oder hinter den geschickt angeordneten Paravents saßen, hatte jede von ihnen Gelegenheit, die Blicke schweifen zu lassen, sich diesen oder jenen Musiker im Orchester auszusuchen, ihn in aller Ausführlichkeit durch das Opernglas zu begutachten, bis hin zum Schimmer seiner Augen. Wieviele platonische Lieben mögen auf diese Weise in den Herzen all der einsamen Konkubinen gestiftet worden sein, von Istanbul bis Samarkand, von Riad bis Aleppo und Sana^c.

Die Frauengemächer selbst waren weniger ein Ort der Sinnenfreuden als der Machtkämpfe. Die ehrgeizigen Pläne mancher Ehefrauen, die Rivalitäten und wechselnden Allianzen schufen oft ein Klima des Mißtrauens und der Intrigen, das den Kabalen an europäischen Fürstenhöfen in nichts nachstand. Für eine gewisse Disziplin sorgte die Machtstellung der *sultana walida*, der Mutter des regierenden Herrschers. Ihr mußte es vor allem darum gehen, ihren Sohn vor Giftanschlägen zu bewahren, sie hatte ein Auge auf seine Beziehungen zu seinen Favoritinnen, kümmerte sich um die Ausbildung der Konkubinen und die Hauswirtschaft und wachte über die Abgeschiedenheit der Gemächer. Im 19. Jh. schreibt Sir John Malcolm in seiner »Geschichte Persiens«:

»In den Harems der persischen Könige herrscht strengste Disziplin. Anders wäre der äußere Frieden in einer solchen Gemeinschaft nicht aufrechtzuerhalten, die ständig erschüttert wird von Konflikten und wechselnden Konstellationen, in denen die Arroganz der Macht, der Dünkel der Abstammung, die Blutsbande, der Hochmut der Schönheit und die Intrigen aufeinandertreffen.«
(Malcolm, Bd. 4, S. 343)

Der Harem war also eine soziale Institution von großer Bedeutung. In früheren Zeiten galt die Kriegsregel, daß die Gefangenen des Gegners dem siegreichen Feldherrn als Beute zustanden. Bei der Rückkehr von einem erfolgreichen Kriegszug gegen einen feindlichen Nachbarstamm wurde der erbeutete Harem als besonderes Zeichen des Triumphes vorgeführt – auf diese Weise erwarben die

Fürsten viele ihrer Konkubinen. Der Status dieser Konkubinen (bei den Griechen *pallake* genannt) ist in mehrfacher Hinsicht interessant. Sie waren weder legitime Ehefrauen noch Prostituierte; nach den wenigen Versen, die ihnen, im Zusammenhang mit den Sklaven, im Koran gewidmet werden, spielen sie eigentlich keine definierte Rolle: »Heiratet, was euch an Frauen beliebt, zwei, drei oder vier. Wenn ihr aber fürchtet, so viele nicht gerecht zu behandeln, dann nur eine, oder was ihr an Sklavinnen besitzt.« (4, 3). Hier erscheint die Konkubine nur als Ersatz für die vier erlaubten Ehefrauen, die offensichtlich mehr Rechte besitzen, aber auch höhere Ansprüche stellen.

Diese Vorstellung wird an anderen Stellen im Koran bekräftigt (in den Versen 24 und 25 derselben Sure, in 23, 1-6 und 70, 29-31): »Selig sind die Gläubigen, die (...) sich des Geschlechtsverkehrs enthalten, außer gegenüber ihren Gattinnen oder was sie an Sklavinnen besitzen, dann sind sie nicht zu tadeln«, im übrigen kann die ›Sklavin‹ in den Rang einer Ehefrau erhoben werden, wenn sie zur Treue und häuslichen Bindung des Ehemannes beiträgt. Mitunter ist es gerade eine Konkubine, die für die Stabilität der polygamen Ehebeziehungen sorgt; das mag selbst beim Propheten so gewesen sein: »Künftig sind dir keine weiteren Frauen zur Ehe erlaubt, und es ist dir nicht erlaubt, neue Frauen gegen Gattinnen einzutauschen, auch wenn ihre Schönheit dir gefallen sollte, ausgenommen was du an Sklavinnen besitzt. Gott paßt auf alles auf«, heißt es im Vers 52 der 33. Sure.

Eigentlich fällt also der Konkubine, verglichen mit der Ehefrau, die angenehmere Rolle zu, vor allem, wenn sie die Favoritin ihres Herrn ist und sein Vertrauen gewinnen kann. Und das beginnt mit einer intensiven sexuellen Beziehung, manchmal ist Liebe, oder doch Zärtlichkeit im Spiel – während bei der Ehefrau letztlich nur ihre Fähigkeit zu gebären zählt. Man darf nicht vergessen, daß früher die Heiraten von den Familien arrangiert wurden und sich die Brautleute zuvor oft gar nicht kannten. Sein Liebesverlangen stillte ein Ehemann in der Regel bei den Hetären (**s. Sängersklavin**) oder, wenn er sich das nicht leisten konnte, bei einfachen Prostituierten (**s. Prostitution**). Die besseren Kreise hielten sich Konkubinen.

Bei alledem sind die legitime Ehefrau, die sich oft mit dem fragwürdigen Ehrentitel der ›Kindsmutter‹ *(umm al-banin)* begnügen mußte, und die Konkubine stets die Gegenspielerinnen gewesen – ihre Stellung markierte die Bandbreite des historischen Wandels in den sexuellen Sitten und ehelichen Gebräuchen im Rahmen des Harems. Das mag heute wie ein Atavismus wirken, Ausdruck der damals herrschenden Phallokratie, aber dieses System bot auch der Ehefrau, gerade wenn sie sich ihren Ehemann nicht selbst gewählt hatte, gewisse Vorteile. Sie durfte immer davon träumen, ihre Lage zum Besseren zu wenden und neue Wege zu ihrer sexuellen Erfüllung zu finden (was eine Verletzung der strengen Regeln des Harems bedeutete, die ihr, im Unterschied zu ihrem Gatten, die eheliche Treue abverlangten). Innerhalb des Harems florierten die Intrigen und Machenschaften, die entweder dazu dienten, einen Ehemann zurückzugewinnen (**s. Liebeszauber**), oder statt dessen sich einen Liebhaber zu suchen, meist unter dem Dienstpersonal, dessen Mitglieder bestechlich, leicht zu verführen und jedenfalls immer zu Gehorsam verpflichtet waren. Gelang es einer Frau trotzdem nicht, den Ehemann zu täuschen und die Spitzel zu überlisten, die ihm nur zu gern ihre Informationen zusteckten, dann blieb ihr immer noch die Möglichkeit, ihr Verlangen auf eine ihrer Gefährtinnen zu richten, auf die eine oder andere Schöne im Bade, oder sich ihren Vorstellungen hinzugeben und bei sich selbst Trost zu suchen. So oder so war der Ehebruch eine logische Folge der Prinzipien, nach denen der Harem funktionierte.

Lit.: Alpin, Audouard, Berchet, Chardin, Chebel *(ES)*, Bukhari, Grosrichard, Huart Tazi, *Katabi kulsum naneh*, Leprière, Loti, Lytle Croutier, Malcolm, Montagu, Sélima, Tabari, Walther.

Siehe auch: Ehebruch, Ehefrau, Eifersucht, Eunuch, Frau, Frauen des Propheten, Heirat, Konkubinat/Konkubinen, Konversation, Liebe, Liebeszauber, Listen und Intrigen, Mashrabiya, Orientalismus, Prostitution, Rache, Raqib, Rivalität, Sängersklavin, »Scheherazade-Komplex«, »Seraildenken«, Sexualität, Sklaven, *1001 Nacht*, Verstoßung, Wahrsagerin.

HAREM DES PROPHETEN s. **Frauen des Propheten.**

HARIM. Geheiligter Bezirk; im weiteren Sinne auch die Bezeichnung für die ›Frauengemächer‹. Der Palast der Kalifen in Bagdad wurde zum Beispiel als *harim* bezeichnet, weil er als symbolische Erweiterung der heiligen Stätten des Islam, des *Bait al-Haram* galt. **S. Harem.**

HARISA. Ein Aphrodisiakum (als Salbe), aber auch eine Würzmischung für Speisen. **S. Aphrodisiaka**

HARKUSH. Bezeichnung für eine dickflüssige schwarze Substanz, die traditionell von den arabischen Frauen als Schminke benutzt wird, um die Wimpern und die Augenbrauen hervorzuheben. Die Schminke besteht aus »Gallapfel, der von den Bäumen abgekratzt und mit etwas Ruß, verbrannten Lorbeerblättern und Öl vermischt wird.« (Legey, S. 217) In Tunesien ist davon der Begriff *harkasha* abgeleitet worden, der in etwa ›Kosmetikerin‹ bedeutet.
Marokkanische Redensart: *Zina bila harkush* – »Schön auch ohne Schminke.« (Legey)
Lit.: Legey.
Siehe auch: Hammam, Kosmetik, Leberfleck, Parfum, Schönheit, Tätowierung.

HARUN AL-RASCHID (766-809). Ein berühmter abbasidischer Kalif. Im Abendland gründete sich sein Prestige vor allem auf seine militärischen Erfolge gegen Byzanz (797) und sein politisches Geschick. Man schrieb ihm einen Hang zum ›machiavellistischen‹ Umgang mit seinen regionalen Statthaltern zu, denen er zunächst weitreichende Vollmachten verlieh, um dann, wenn sie an Einfluß gewannen, mit eifersüchtigem Zorn ihren Sturz zu betreiben. Al-Raschid (wörtl. »der Rechtgeleitete«), der sich große Verdienste als Mäzen, als Förderer der Künste und Wissenschaften und der Literatur erwarb, hatte zahlreiche Palastintrigen und schwere politische Krisen zu überstehen, aber als Führer der Gläubigen erwarb er sich den Ruf einer weisen und klugen Persönlichkeit – nicht zuletzt, weil er ihm in der populären Überlieferung der *Erzählungen aus den Tausendundein Nächten* diese Rolle zugeschrieben wird. Die erotische Aura, die ihn in diesen Texten umgibt, spiegelt seine glänzenden öffentlichen Auftritte:

»Eines Nachts ruhte der Beherrscher der Gläubigen Harûn er-Raschîd, zwischen zwei Sklavinnen, einer aus Medina und einer aus Kufa. Die Kufierin rieb ihm die Hände, während die Medinerin ihm die Füße knetete, so daß seine Ware sich aufrichtete. Da sprach die Kufierin zu ihr: ›Ich sehe, du willst mir das Kapital entziehen und es allein für dich haben; gib mir meinen Anteil daran!‹ Die Medinerin aber gab ihr zur Antwort: ›Was für ein Eingriff in meine Rechte ist dies? Mir überlieferte Malik ..., daß der Gesandte Allahs – Er segne ihn und gebe ihm Heil – gesagt hat: Wer totes Land lebendig macht, dem gehört es.‹ Doch die Kufierin stieß ihre Mitsklavin unversehens zurück, ergriff die ganze Ware mit ihren Händen und sprach: ›Uns überlieferte Sufjân ..., daß der Gesandte Allahs – Er segne ihn und gebe ihm Heil – gesagt hat: Das Wild gehört dem, der es fängt, nicht dem, der es aufstört.‹« (*1001 Nacht*, Bd. III, S. 446-448 passim)

Lit.: *1001 Nacht*.

Siehe auch: Erotik, Harem, Konkubinat/Konkubinen, Orientalische Lebensart, Polygamie, Sängersklavin, *1001 Nacht*.

HARUT UND MARUT. In der religiösen Überlieferung (bereits in der Bibel und dann im Koran) erscheinen Harut und Marut als Engel, die gesandt sind, um den Menschen die Zauberkunst beizubringen: »Und sie folgten dem, was auf die beiden Engel in Babel, Harut und Marut, vom Himmel herabgesandt worden war. Und sie unterwiesen niemanden in der Zauberei, ohne zu sagen: ›Wir sind nur eine Versuchung für die Menschen.‹« (Koran 2, 102)
Aber ihre Rolle beschränkte sich nicht darauf. In der *Encyclopédie de l'Islam* erklärt G. Vajda:»Sie waren zur Erde gesandt worden mit der Weisung, keine der schweren Sünden wie Götzendienst, Unzucht, Mord und Genuß von Wein zu begehen, doch sie verfielen fast sogleich den Reizen einer Frau von wundersamer Schönheit. Gerade als diese ihnen ihre Gunst gewährte, wurden sie entdeckt, und sie töteten den Mann, der Zeuge ihrer Verfehlung geworden war.« (*EI*, Bd. 3, S. 243)
Ausgehend von dieser Legende wurde die Verlockung von Harut und Marut gleichbedeutend mit unwiderstehlicher Anziehungskraft. Um die Schönheit von Kamar ez-Zaman zu verdeutlichen, erklärt der anonyme Erzähler in den Erzählungen aus *1001 Nacht*, dessen Blicke seien verführerischer als die von Harut und Marut gewesen, und seine Augen hätten die Macht von Taghût besessen, einer falschen Gottheit, von der im Koran verschiedentlich die Rede ist: »Und der nahm mit jedem Tage zu an Schönheit und Lieblichkeit, an Anmut und Vollkommenheit, bis er fast zwanzig Jahre alt war. (...) Da war sein Blick ein größerer Zauberer als Harût, und das Spiel seiner Augen war verführerischer als et-Taghût. Seine Wangen erglänzten in rosigem Kleide und seine Wimpern beschämten des Schwertes Schneide.« (*1001 Nacht*, Bd. II, S. 362)

Lit.: Koran, *1001 Nacht*, Vajda.

Siehe auch: Liebeszauber, Schönheit, Wunder.

HASAN AL-SABBAH / HASAN IBN SABBAH (gest. 1124). Hasan al-Sabbah, eine legendenumwobene Gestalt, gilt als Gründer der ismailitischen Sekte der Nizari, er wird zumeist als Despot und skrupelloser ›Terrorist‹ dargestellt. Es heißt, er habe bei seinen Anhängern, die ihm völlig ergeben waren, bewußt den Gebrauch von Drogen, darunter auch Cannabis, gefördert, um ihr Urteilsvermögen zu schwächen – meist handelt es sich jedoch um Informationen aus zweiter Hand, wie etwa in dem Porträt, das Marco Polo von ihm gezeichnet hat. Von Alamut, der nordiranischen Bergfestung der Nizari, sandte Hasan ibn Sabbah seine fanatisierten Gefolgsleute zu Strafexpeditionen in die Gebiete, wo es seinen Einfluß zu verteidigen galt: nach Iran, Syrien und Irak. In den alten Chroniken wird auch erzählt, er habe auf seiner Burg ein irdisches Paradies eingerichtet, nicht unähnlich dem Paradies des Koran: mit Wasserspielen und Huris, mit immer neuen Rauschzuständen und natürlich mit erotischen Freuden – eine Legende, die zeigen soll, wie die Sexualität ausarten kann, wenn sie für die üblen Zwecke einer Ideologie eingesetzt wird.

Siehe auch: Harem, Haschisch, Huris.

HASAR s. Abstinenz.

HASCHISCH (wörtl.: »Kraut«; *mahshash:* »Haschischraucher«; *mahshashah:* »Opiumrauchen, *kif*-Rauchen«). Der Genuß von indischem Hanf *(Cannabis sativa L.)* ist schon seit dem 9. Jh. Bestandteil der arabischen Kultur, in den Städten ebenso wie auf dem Land. Das christliche Abendland ist vermutlich in Syrien erstmals mit Zirkeln von Haschischrauchern in Berührung gekommen, die im Arabischen *hashshash,* pl. *hashashiya* genannt werden. Abgeleitet ist der Begriff von dem Verb *hashsha* (Abschneiden einer Pflanze), aber es gibt natürlich eine Vielzahl regionaler Ausdrücke: *hshisha* (Diminutiv von *hashish*), *kif* (Algerien, Marokko), *assis* (Ägypten), *takruri* (Tunesien), *kabak* (Türkei: Haschischpfeife), *hashish al-kif* (Syrien, Libanon), *hashish al-fuqara* (wörtl: »Kraut der Armen«, bei al-Maqrizi erwähnt). »Bis in unsere Tage«, bemerkt M. Levey in der *Encyclopédie de l'Islam,* »ist es in Indien, Kleinasien, Ägypten und anderen Regionen Afrikas allgemeiner Brauch, Hanfderivate zu benutzen, um sich in einen Zustand der Euphorie zu versetzen oder die sexuelle Lust zu steigern. In Ägypten ist Haschisch heute billig zu kaufen und wird in den ärmsten Schichten alltäglich geraucht; ähnliches gilt für die gesamte Region von Tripolis bis Marokko, vor allem für Algerien.« (*EI,* Bd. 3, S. 275)
In Tunesien bereitet man aus dem indischen Hanf einen Extrakt, dem Zucker und verschiedene andere Grundstoffe beigemischt werden. Davon hat bereits Leo Africanus in seiner berühmten *Beschreibung Afrikas* berichtet:
»Die Tunisier genießen auch eine gewisse Composition oder Latwerge, Elhasis, welche sehr teuer ist; wer nur eine Unze davon genossen hat, wird lustig, lachet, kann für drei Menschen essen und wird ärger als ein Betrunkener; sie stimuliert auch außerordentlich.«
(*Johann Leo's, des Africaners Beschreibung...,* S. 418)
Die Entzugserscheinungen nennt man *kharman,* von *kharama,* ›durchlöchern‹, ›entleeren‹, ›auszehren‹. Nach westlicher Vorstellung war der zügellose Genuß von indischem Hanf auch eine typische Sitte bei den Assassinen, einer ismaelitischen Sekte, die unter ihrem Führer Hasan Ibn Sabbah zu Macht gelangte. Die Assassinen (der Name kommt vom arabischen *hashshashun*) sollen

die Abhängigkeit als Mittel der Erpressung und Beeinflussung verwendet haben. Das Haschisch gilt auch als Aphrodisiakum, ebenso wie eine andere Pflanze der Region, der im Jemen verbreitete Kat *(qat)*.

Lit.: Favre, Leo Africanus, Levey *(EI)*, Sami-Ali.
Siehe auch: Aphrodisiaka, Hasan al-Sabbah, Opium.

HATHOR. Göttin der Liebe im Alten Ägypten, vergleichbar der Venus. In der Darstellung der Hathor wurden verschiedene Bilder benutzt (die Sonnenscheibe, die Kuh, das Gold), manche Dichter bezeichneten sie als die *ägyptische Venus*:

Goldflamme, Geliebte des Horus,
mit schwarzem Haupt am Halse des Re.
Du willst zum Himmel!
Ich will zum Himmel!
(…)
Sieh, sie kommt Dir entgegen,
die schöne Himmelsgöttin, Dir entgegen,
mit ihren schönen Locken,
und sie sagt:
›Es kommt der, den ich geboren habe,
dessen Horn leuchtet,
die schwarze Säule,
ein Stier des Himmels.
Herrlich ist Deine Gestalt!
Zieh in Frieden,
nachdem ich Dich umarmte!‹
sagt die schöne Himmelsgöttin …
(Schott, S. 41 f.)

Lit.: Schott.
Siehe auch: Ägyptische Venus, Liebe.

HAURA'. Bezeichnung für die großen dunklen Augen der Antilopen. Mit dem Plural *hur* werden die Jungfrauen benannt, die den Gläubigen im Paradies erwarten. **S. Huri.**

HAUT (*djild*; *saqalat al-djild:* »glatte Haut«). In der erotischen Literatur wird die Haut als Merkmal der vollendet schönen Frau besungen. Natürlich ist die Haut nicht nur von Mensch zu Mensch anders beschaffen; ihre Zartheit oder ihre Festigkeit und ihre Farbe variieren je nach Körperpartie. Die Haut der weiblichen Brüste gilt als die zarteste. Ihr Schimmer, ihre Weichheit, auch wie sich ihre Oberfläche anfühlt und daß die geringste erotische Stimulierung sie erregt, spielen eine bedeutende Rolle bei der Verführung. Ebenso einig sind sich die Erotologen, daß keine Körperpartie der wunderbaren Haut des Penis gleichkommt.
Um so verständlicher ist darum auch die ausgiebige Pflege, die der Haut zuteil

wird: Eine Unzahl von Salben und Wässerchen zielen darauf ab, ihr jugendliches Aussehen, Glätte und Glanz zu erhalten.
Lit.: Abdeker, Bouhdiba, Chebel *(CTM)*, Rami, Walther.
Siehe auch: Epilation, Glatte Haut, Haarlos, Kosmetik, Schambereich.

HAWAN (Anziehung, Reiz, ›jähe Leidenschaft‹ bei Ibn ᶜArabi). In seiner ›Abhandlung über die Liebe‹ gibt Ibn ᶜArabi (1165-1240) vier Definitionen der Liebe; die erste lautet:
»Dieses Wort für die heftige Zuneigung ist einer der Namen, die man der Liebe gibt. Das Verb lautet *hawiya, yahwa* im Futur, und das entsprechende Nomen ist *hawan*, das Lieben, das Vergehen vor Liebe.« (Ibn ᶜArabi, S. 117)
Die anderen drei Bezeichnungen sind *al-hubb* (die reine Liebe), *al-ᶜishq* (das große Gefühl der Liebe) und *al-wudd* (die treue Liebe).
Lit.: Ibn ᶜArabi, Ibn Hazm, Pérès.
Siehe auch: Gharam, Hubb, ᶜIshq, Liebe, »Liebe der Liebe«.

HAYAT AL-NUFUS (wörtl. »das Leben der Seelen«). Eine Gestalt in *1001 Nacht* (Die Geschichte von Ardaschîr und Hajât en-Nufûs). **S. Tausendundeine Nacht.**

HEDONISMUS (*mutᶜa, hiduniyya:* phonetische Übertragung). Versteht man Hedonismus als das Streben nach Sinnenfreuden, dann zählt diese Philosophie in der islamischen Welt viele Anhänger. Zwei Arten muslimischer Hedonisten lassen sich unterscheiden: Die eine Gruppe, die durch ihre Schriften bekannt ist, vertritt eine Moral der Befriedigung jeder Art von Bedürfnis – zu ihr gehören die höfischen Dichter der Abbasidenzeit, eine Reihe von Poeten und Kurtisanen am Hof der Fatimiden, viele Andalusier und all jene Unbekannten, die sich auf diese große Tradition beriefen und für die konkreten und unmittelbaren Sinnenfreuden eintraten.
Als typischer Vertreter dieser Richtung kann Imru' al-Qais (500-540) gelten, der bekannteste ist zweifellos Omar Khayyam:

O Khayyam! Wenn du trunken bist, sei ausgelassen,
und freue dich, wenn du bei einer Schönen sitzt.
Das Ende aller Dinge ist das Nichts,
Da du noch da bist, gib dich dem Vergnügen hin!
Weilst du bei einer Schönen, der Zypresse gleich,
Und jugendzarter noch als eine frisch gepflückte Rose,
So halt die wilde Blume fest, genau wie deinen Becher,
Bevor wie Rosenblätter dich des Todes Hauch verweht.
(Khayyam, *Quatrains*, Nr. 242 und 257)

Die zweite Gruppe von Hedonisten vertritt eine strengere Moral: Sie bestehen darauf, daß die menschlichen Freuden durch einen höheren Zweck geadelt werden müssen – hier finden sich Theologen, Rechtsgelehrte, Schriftsteller, Philosophen und Denker, die sich in der Regel von den Vertretern der anderen Richtung abgrenzen, indem sie ihnen ›Blasphemie‹ vorwerfen. Auch sie sind den Freuden des Lebens zugetan, aber ihr Hedonismus ist stärker intellektuell und

ästhetisch geprägt, sie treten als geradezu vergeistigte und jedenfalls sehr sophistische Epikureer auf. So wenden sie sich gegen Zügellosigkeit und Ausschweifung und eine allzu freizügige Sinnlichkeit – obwohl einige von ihnen, die sogenannten Theologen der Liebe (s. dort), dieser Laster frönten. Und schließlich verurteilen sie Freßlust (s. dort) und Völlerei und überhaupt jede Übertreibung. Ibn Hazm (994-1064), der auch eine Abhandlung über die Liebe verfaßt hat, gehört durchaus in diese Gruppe. Er erklärt:
»Die Freude, die der Vernünftige in seiner Urteilsfähigkeit findet, der Gelehrte in seiner Wissenschaft, der Weise in seiner Weisheit und der Fromme auf seinem Weg zu Gott, ist größer als die Freude, die der Feinschmecker aus den Speisen gewinnt, und der Trinker aus dem, was er trinkt, größer als die Lust des Mannes, der ein Verhältnis mit einer Frau hat, beim Geschlechtsakt, größer als die Freude des Spielers am Spiel und des Befehlshabers am Befehlen. Der Beweis dafür ist, daß der Gelehrte, der Weise, der Vernünftige und der Fromme und alle jene, die wir erwähnt haben, ebenso fähig sind, diese Freuden zu genießen, wie derjenige, der sich ihnen hingibt, sie fühlen sie genau so wie derjenige, der ihnen verfallen ist. Aber sie haben sie aufgegeben und sich entschieden von ihnen abgewandt, um statt dessen nach der Tugend zu streben. Nur wer die beiden Arten (der Freuden) gekannt hat, kann über sie urteilen, nicht aber, wer nur die eine und nicht die andere kennt.« (Ibn Hazm, *Épître morale* ... S. 8)
Ebenso abgeklärt gibt sich Miskawaih (gest. 1030) in seiner Abhandlung über die Ethik:
»Wir werden noch darauf zurückkommen, daß dies für alle gleichermaßen gilt, insoweit als niemand Freuden erfährt, der nicht zuvor Schmerzen gekannt hat; denn die Freude ist ein Aussetzen des Schmerzes, und Freude fühlt man nur, wo ein Schmerz oder ein Leid gelindert wird.« (Miskawaih, S. 71)
Letztlich erklären die Vertreter dieser zweiten Richtung nur ihre eigenen Vorlieben für moralisch höherstehend. Epikureer kann man schließlich in den Schänken wie im Palast finden, es ist die Form, die Art, wie man die Freuden genießt, die den Unterschied macht.
Lit.: Ibn Hazm, Khayyam, Miskawaih, Walther.
Siehe auch: Frauen, Freßlust, Lust (sexuelle), Orientalische Lebensart.

HELLHÄUTIGKEIT *(buyuda).* Eine weiße Haut gilt in der islamischen Welt als Attribut der Schönheit. Je kräftiger und weißer eine Frau ist, desto größer ihre Chancen, einen Ehemann zu finden. Um diesem Ziel nahezukommen, war es lange Zeit üblich, daß Frauen sich geradezu mästeten und sich im Haus hielten, um vor Sonnenlicht geschützt zu sein. In unseren Tagen entwickelt sich der Kanon der weiblichen Schönheit allerdings spürbar in Richtung der schlanken, zierlichen Figur, während die Helligkeit der Haut nur noch von relativer Bedeutung ist.
Siehe auch: Schönheit, Weiblichkeitsideal.

HENNA. Färberpflanze (*Lawsonia inermis* oder *Lawsonia alba L.*, aus der Familie der *Lythraceae*), die von den arabischen Frauen benutzt wird, um die Haare und, in manchen Gegenden, die Hände zu färben. Man schreibt dem Henna medizinische, vor allem vorbeugende Wirkung zu. In den marokkanischen Städten ist das Auftragen einer Paste aus Henna ein besonderer Brauch bei der arabischen Heiratszeremonie: Das soll Glück bringen *(baraka*)*, es besiegelt den Eintritt des Mannes in den Ehestand, und die Frauen glauben, daß es eine erotische Wirkung hat. Nach wie vor spielt Henna in der Schönheitspflege des Orients eine große Rolle, in Ägypten, im Maghreb, in Arabien und überall in den Ländern des ›fruchtbaren Halbmonds‹ wird es verwendet. Gerade die jungen Mädchen im Heiratsalter vertrauen auf die erotisierenden Qualitäten des Henna, es dient ihnen zur Betonung ihrer Schönheit, vor allem um die zarte Blässe der Haut hervorzuheben. Das Aufmalen von geometrischen Mustern auf die Hände, die Wangen, die Füße und manchmal auch auf die Brust, ist ein weitverbreitetes Ritual. In manchen Dörfern Marokkos, vor allem an der Atlantikküste, etwa in Azzemmour, gibt es Dutzende von ›Schönheitssalons‹, die Tag und Nacht geöffnet haben. Und den Frauen, die diese Läden betreiben, fallen immer neue Geheimformeln ein: um eine verlorene Liebe wiederzugewinnen, um den Liebsten an sich zu binden, wenn nicht gar, um einen neuen Verehrer zu finden. Dem Henna wird ein Liebeszauber zugeschrieben – wie ein Magnet soll es den Geliebten anziehen.

Die längste Tradition hat die Verwendung von Henna jedoch im arabischen Bad **(s. Hammam)**. Immer wenn ein Familienfest bevorsteht, zum Beispiel die Verlobung einer Schwester oder eine Hochzeit, eine Wallfahrt zu einem Heiligengrab *(mausim*)* oder ein Fest in der Nachbarschaft, legen alle Frauen des Hauses Henna auf, und ein oder zwei Tage später besuchen sie den Hammam. In der Wärme des Bades nehmen sie das Kopftuch ab, das die gefärbten Haare bedeckt hielt. Eine Badewärterin wäscht ihnen dann das Henna aus: Es wird nicht mit Wasser gespart, um die hart und krümelig gewordene Paste wieder aufzulösen und zu entfernen. Die wohltuende Wirkung des Henna steht außer Frage, nicht nur in der Praxis, sondern auch in der Literatur: Heißt es nicht, Henna sei Erde aus dem Paradies *(al-hinnaʿ turab al-djanna)*. In seiner Studie über *Das Henna bei den Muslimen Nordafrikas* schreibt M. Vonderheyden:

»Der Prophet selbst empfahl den Gebrauch von Henna, und die Muslime, die es auf verschiedenste Weise benutzen, sehen darin keinen Verstoß gegen die Sunna*. Rechtsgelehrte, wie Sidi Khelil, haben die Rechtlichkeit dieser Praxis bestätigt. Aus dem bisher Gesagten wird zweifellos deutlich, warum dem Henna antiseptische und viele andere Wirkungen beigemessen werden, warum es so beliebt ist, und zum Teil auch, warum man es in dekorativer Absicht verwendet. Aber in bestimmten Schichten dient es viel genauer bestimmten Zwecken und wichtigeren Zielen und seine Anwendung erfolgt nach den Ritualen eines alten Wissens. Hier geht es weder um die Schönheit noch um die Religion im strengen Sinne. Unter der Oberfläche harmloser Festgebräuche zeigt sich eine ernste Bedeutung: Offensichtlich ist hier Magie im Spiel.« (Vonderheyden, S. 194)

Im Henna liegt auch das Geheimnis der schönen Haare, die den Orientalinnen offensichtlich eigen sind, ihres Dufts und ihrer Fülle, und ebenso erklärt sich der goldene Schimmer der Hände und Fingernägel und der Füße. Bei Prosper Alpin heißt es dazu:

»Sie lassen die Füße eine Stunde lang bedeckt mit einer Art Paste aus Wasser und dem *arshanda*-Pulver, das man aus den Blättern des ägyptischen Ligusters

macht, der dort *alcanna* oder *al-hinna* genannt wird. Diese Paste wirkt sehr gut gegen Fußschweiß und -geruch, sie hat eine austrocknende, zusammenziehende und kräftigende Wirkung und hilft allen, die empfindliche Füße haben. Außerdem dient sie der Schönheit durch ihre kräftige Farbe, die Frauen aus dem Volk benutzen sie, um sich Fingernägel und Fußnägel zu färben.« (Alpin, Bd. 1, S. 313)
Daß die Frauen die Heilwirkung des Henna benutzen, um kleine Hautunreinheiten zu behandeln, wird von allen Autoren berichtet, doch nur Omar Haleby (19. Jh.) geht so weit, zu behaupten, daß die Henna-Paste, an den richtigen Stellen des Körpers aufgetragen, auch beim Koitus hilfreich wirkt: »Eine Henna-Tinktur, an den Fingerspitzen, auf dem Kopf und an den Füßen aufgetragen, steigert auch das Verlangen nach dem Koitus und wirkt somit gegen die physiologische Impotenz.« Und der ehrwürdige Scheich versäumt nicht, sich auf die Religionsgelehrten und einen Hadith* zu berufen: »Färbt euch mit Henna, sprach Anas, es verjüngt, es verschönt und es fördert die Kopulation.«
Abu Rafi (7. Jh.) berichtet das Folgende:
»Eines Tages weilte ich bei unserem geheiligten Propheten; ich saß bei ihm, da fuhr er sich mit der Hand über den Kopf und sprach: ›Wohlan! Ihr sollt das Henna gebrauchen, das beste Färbe- und Schönheitsmittel. Henna strafft die Haut und regt zum Beischlaf an.‹«
Und schließlich führt Haleby auch noch seine persönlichen Erfahrungen an: »Es gibt kaum einen Fall von Impotenz, der nicht zu kurieren wäre – sofern nicht organische Gründe bestehen – indem man den *dhakar* [Penis] morgens und abends mit einer aus Henna gewonnenen Flüssigkeit bestreicht. Im allgemeinen genügen acht, höchstens vierzehn Tage für eine vollständige Heilung.«
(Haleby, S. 78)
Lit.: Alpin, Haleby, Legey, Maurin Garcia, Vonderheyden.
Siehe auch: Brautjungfer/Brautführer, Epilation, Füße, Hammam, Heirat, Impotenz, Kosmetik, Penis, Salomo und Balkis, Schönheit.

HERBST s. Liebes- und Sexualsymbolik.

HERMAPHRODIT (*khinthi, khuntha, mukhannath*: arab. u. pers. Bezeichnung, pl. *khinath*: Hermaphrodismus). Ein Mensch, der sowohl männliche als auch weibliche Geschlechtsorgane besitzt. In Ibn Manzurs Wörterbuch *Lisan al-ᶜArab* (13. Jh.) wird der *khuntha* definiert als ein Mensch, dem die männlichen wie die weiblichen Körpermerkmale fehlen *(lahu ma li'l-ridjali wa li'l-nisa'i djamiᶜan)*. Als ›eindeutiger‹ oder ›perfekter‹ Hermaphrodit *(khuntha mushakkal)* gilt, wer deutlich ausgeprägte Merkmale beider Geschlechter zeigt, nicht nur gewisse Ansätze. In den romanischen Sprachen ist der Begriff aus den Namen zweier griechischer Gottheiten zusammengefügt: Hermes, der Bote des Olymp, und Aphrodite, die Göttin der Liebe und Fruchtbarkeit, die Venus der Römer. Hermaphroditen werden im Islam geringer geachtet als Frauen und Kinder, und vor allem natürlich als die Männer; sie gelten als unrein. Ein Hermaphrodit darf keine Grabrede halten und kann nicht Vorbeter in der Moschee sein. Abu'l-Hasan Ali Mawardi, ein Rechtsgelehrter im Bagdad des 11. Jh.s, stellt in seinen »Grundsätzen der Regierung« *(al-Ahkam al-sultaniya)* fest:

»Der Imam darf nicht weiblichen Geschlechts oder Hermaphrodit sein, er darf auch nicht stumm sein oder einen Sprachfehler haben. Tritt eine Frau oder ein Hermaphrodit als Imam auf, so ist das von diesem Imam geführte Gebet der Männer oder Hermaphroditen unrein.« (Mawardi, S. 213)

Was die Vergleiche zwischen ›starkem‹ und ›schwachem‹ Geschlecht betrifft, die von arabischen Autoren oft und gern angestellt werden, so sind die Attribute hier nicht eindeutig: Hermaphroditen, Kastraten und Eunuchen werden häufig die gleichen Eigenschaften zugeschrieben. Durch ihre Zwitternatur ähneln sie beiden Geschlechtern, so daß die üblichen Unterscheidungen zwischen Männern und Frauen auf sie nicht recht zutreffen. Al-Djahiz (ca. 776-868/69) bemerkt dazu:

»Ein Kastrat ist auf andere Weise der Frau überlegen, indem er eine glattere und ganz haarlose Haut besitzt, während eine Frau an Armen und Beinen behaart sein mag, auch kann sie an der Scham soviel Haare haben wie ein Mann.« (Djahiz, *Le Cadi et la mouche*, S. 248)

Und über weibisches und knabenhaftes Benehmen heißt es:

»Ibn ᶜAbbas hat gesagt: ›Der Prophet hat ebenso die Männer verflucht, die sich wie Frauen betragen, wie die Frauen, die sich wie Männer geben. Vertreibt sie aus euren Häusern, sprach er. Weist einen jeden hinaus.‹«

So habe es auch Omar gehalten, der zweite Kalif, Nachfolger von Abu Bakr (ebd., S. 395). Seither sind die muslimischen Rechtsgelehrten, in ihrem Bemühen, diese Ablehnung zu erhärten, zu recht verstiegenen Schlüssen gelangt. Khalil, ein Rechtslehrer der malikitischen Schule, befindet im 10. Kapitel (»Über den Hermaphroditen«) seiner Islamischen Rechtslehre:

»Falls im Zweifel steht, welches das vorherrschende Geschlecht eines Hermaphroditen *(khashy)* ist, so gilt, daß er die Hälfte des Anteils erbt, der ihm zustände, wenn er männlichen Geschlechts wäre, sowie zusätzlich die Hälfte dessen, was ihm zustände, wenn er weiblichen Geschlechts wäre.« (Khalil, S. 702)

Um nun festzustellen, welches Geschlecht ein Hermaphrodit hat, sollen folgende Kriterien gelten:
1. Aus welchem Organ tritt der Urin zuerst oder in der größeren Menge aus;
2. Bartwuchs;
3. Entwicklung der Brüste;
4. Auftreten der Monatsregel;
5. Ejakulation von Samenflüssigkeit.
(Ebd., S. 705)

Lit.: Djahiz, Ibn Manzur, Khalil, Khatibi *(LS)*, Mawardi.
Siehe auch: »Aischa radjul«, Androgyn, Beschneidung, Ephebe, Eunuch, Ghulam, Kastration, Mannweib, Mignon, Transvestismus.

HERZ (*qalb; fu'ad*, »Herz«, »Gemüt«; *sadr*, »Busen«, »Herz«, koranische Metaphern). Das Herz spielt nicht nur in islamischen Darstellungen mystischer wie profaner Art eine wichtige Rolle als Symbol, sondern es ist auch das Organ der Zuneigung, der Liebe und der Zärtlichkeit. Mit der Gabe spirituellen Vorwissens, die man ihm zuspricht, ist es somit der Ort der menschlichen Emotion, das Gefäß der Auswirkung aller emotionalen Nuancen der Zuneigung und Leidenschaft in den Beziehungen: »Wieviele Herzen gibt es?« wurde einst die Gelehrte Sympathia, jene weise Figur aus *1001 Nacht*, gefragt. »Es gibt mehrere«, antwortete sie, »das Herz des Gläubigen: es ist ein reines und gesundes Herz; das Herz des Treulosen: das vollkomme Gegenteil zum ersteren; das dem Irdischen verhaftete Herz und das Herz, das den spirituellen Freuden verbunden ist; es gibt das Herz, das von Leidenschaften, Haß oder Geiz beherrscht wird; es gibt das feige Herz, das vor Liebe brennende Herz, das von Stolz geblähte Herz ...« (*1001 Nacht*, M, Bd. I, S. 657). Hafiz, der große persische Dichter des 14. Jh.s, sagte dagegen:

Nähme der Schiraser Türke
Hold mein Herz in seine Hand,
Schenkt' ich seinem Indermaale
Buchara und Samarkand.
(Hafis, *Diwan*, S. 12)

Außerdem ist das Herz nach einer in Volkskreisen weit verbreiteten Ansicht unfähig zu »täuschen«. So sagt ein kabylisches Sprichwort unmißverständlich: »Mögen die Zähne auch lachen, so kennt das Herz doch die Wunde, die es trägt.« (Amrouche)
Das beste Bild des Herzens ist jedoch das der Geliebten, die einander ihre Herzen schenken. So vielfältig seine Erscheinungsformen auch sein mögen, ist das wesentliche Paradigma des Herzens – als Körperorgan und zugleich in seinem Einfluß auf die Psyche – nämlich nichts anderes als die leidgeprüfte, die leidenschaftliche Liebe *(amour-passion)*, das verzehrende Begehren.
Sprichwort: »Drei Dinge kommen nie alleine aus: das Herz nicht ohne Sorge, der Körper nicht ohne Krankheit, die Seligkeit nicht ohne Trübsal.« (Amir Nasir al-Din Abul-Hasan Ibn Saydjamur, zit. in: Tha'alibi, S. 63)
Lit.: Amrouche, Belhalfaoui, Chebel *(CTM)*, Hafiz, *1001 Nacht*, Tha'alibi.
Siehe auch: Geheimis, Leidenschaftliche Liebe, Liebe, Truhe/Kästchen.

HIDJAB s. Schleier.

HIDJLA (Rebhuhn). In den Liebesliedern der maghrebinischen Länder wird eine Frau, die es zu verführen gilt, oft metaphorisch als Rebhuhn bezeichnet – entsprechend der Taube *(hamama)* in der klassischen erotischen Literatur.
Siehe auch: Taube.

»HIFAZ ᶜALA AL-FARDJ« (AL-) (wörtl.: »sein Geschlecht verteidigen«, keusch bleiben). Ein im Koran sehr gebräuchlicher Ausdruck, der sich – im Gegensatz zu den ebenfalls häufig erwähnten ›Unzüchtigen‹ *(al-zanuna)* – auf die Gläubigen bezieht, die sich an die erlaubte Sexualität halten: die Ehe *(nikah)* und ihre erweiterten Formen (Konkubinat, Polygamie). Es geht dabei vor allem um die Frauen, die zur Zeit der Entstehung des Islams als sittlich besonders gefährdet galten. »Und sag den gläubigen Frauen, sie sollen ihre Augen niederschlagen, und sie sollen darauf achten, daß ihre Scham bedeckt ist ...«, heißt es im 31. Vers der 24. Sure, aber an anderer Stelle wird auch von züchtigen Männern gespro-

chen: »Männer und Frauen, die gläubig (…) sind, (…) die darauf achten, daß ihre Scham bedeckt ist …« (33, 35).
Lit.: Koran.
Siehe auch: Frau, Keuschheit, Konkubinat/Konkubinen, Scham.

HILA, pl. *hiyal* (List). Eine der Fähigkeiten, die den arabischen Verführerinnen zugeschrieben wird. S. Listen und Intrigen.

HIND s. Bishr und Hind.

HINTERN (*tirm.* pl. *atram:* Hinterbacken, im Maghreb: *ridf,* pl. *ardaf*). Die Gesäßbacken haben ihren eigenen Reiz, der bei den Männern traditionell eine ähnliche, wenn auch nicht ganz so heftige Eroberungslust weckt wie die weibliche Scham. Der Hintern gehört eher in die Kategorie der heimlichen Erotik. Bei Tifashi (gest. 1253) findet sich dazu die folgende Bemerkung:
»Auch in der Kunst der kleinen Klapse kann man eine gewisse Eleganz entwickeln. Sieh nur, mit welcher Anmut die Liebenden einander erröten lassen, wenn sie ihr Spiel treiben, sich kneifen, sich beißen und kleine Wangenstreiche geben, oder auch festere Schläge auf den einen oder anderen wohlgerundeten Körperteil. Der eine schlägt auf die Schulter und versucht die Hüfte zu berühren, der andere hält sich an das Hinterteil – die Spielarten der kleinen Klapse sind äußerst vielfältig, und jedem Teil des Körpers kommt dabei seine ganz besondere Rolle zu.« (Tifashi, S. 162)
Das Gesäß hat übrigens bei Männern wie bei Frauen seinen Reiz, wobei die Ausprägung der Hinterbacken bei den Erwachsenen viel deutlicher ist, als bei den Jugendlichen. Es gibt zahlreiche Ausdrücke und Wendungen, die sich darauf beziehen, z. B.:
imra djazla: Hintern, Hinterteil;
faridj: weit auseinanderstehende Gesäßbacken;
falq al-ardaf: volle, runde Gesäßbacken;
wazwaz: die Bewegung der Hinterbacken beim Gehen; im Maghreb *tzaᶜbil* (s. dort).
Lit.: *1001 Nacht,* Tifashi.
Siehe auch: Klaps, Sexuelle Perversionen, Tzaᶜbil, Verführung.

HOCHZEIT s. Hochzeitsnacht.

HOCHZEITSNACHT (*lailat al-zifaf, lailat al-ᶜurs, taᶜris*). Anläßlich der in der Regel sehnsüchtig erwarteten Hochzeitsnacht werden verschiedene vorbeugende Rituale magisch-religiöser Natur praktiziert. Hexe und Wahrsagerin (*gazzana*) spannen ihr Netz auf, fangen die negativen Energien ein und unterbinden Arglist, die Ehestifterinnen sind geschäftig, und die jungen unverheirateten Frauen nehmen den gesamten Vorgang genau unter die Lupe, damit sie nach der Hochzeit alles registriert haben. Die Hochzeitsnacht ist für Frau und Mann gleichermaßen ein bedeutsames Ritual des Übergangs: Sie wird entjungfert, und er muß seine Männlichkeit unter Beweis stellen. Beide müssen den Erwartungen der

Familien entsprechen, die ein wachsames Auge auf die Leistungen ihrer Nachkommen werfen. Deshalb muß man im Zusammenhang mit Hochzeitsnacht eher über Sexualität und Sitten und weniger über Erotik sprechen: Den Bräutigam bereiten seine Freunde vor, die junge Frau wird von ihrer Umgebung eingewiesen.

Wurde die Penetration erfolgreich ausgeführt, so muß die Frau das weiße Laken mit dem Blut des gerissenen Jungfernhäutchens zeigen. Dieses Laken heißt in Mekka *sharshaf*, in *1001 Nacht* finden wir dafür den Begriff »Ehrenlaken«, weil die Ehre einer Frau von ihrer vorehelichen Keuschheit abhängt (s. Ehre).

Lied, Anekdote und satirisches Gedicht sind bestens geeignet, dem Reigen von Unentschiedenheit, Weigerung und Zustimmung der Braut sowie ihren vorgetäuschten Ausweichmanövern Ausdruck zu verleihen. Die jungen Mädchen, die die iranische Braut begleiten, singen:

Zim! Bum! Schlagt, ihr Pauken! – Die Braut trägt keinen Schleier, der Verlobte holt sie. – Leg deinen Schleier an, liebe Braut! Es ist an der Zeit zu gehen. – Ich gehe nicht! Ich gehe nicht! Ich will lieber bei Papa bleiben.
(Massé, S. 497)

Die Frauen in der Kabylei singen für die um sie werbenden Männer:

Bursche, wenn du mich liebst
schenk meiner Seele Abhilfe.
Gib mir eine großzügige Brautgabe,
meinem Vater zahle den Brautpreis.
Ich sehne mich danach, zu dir zu kommen
und dein zu werden, mein Bruder, bis wir gesättigt sind.
(Yacine Titouh, *L'Izli*, S. 79)

Ist die Ehe jedoch erst einmal vollzogen, singen sie erneut:

Das junge Mädchen
trägt sich weinend Henna auf.
Sie läßt ihre Armreifen klingen,
ihre Kette duftet nach Nelke.
Liebe Schwestern,
schwer ist die erste Nacht.
(Ebd., S. 85)

Die Praxis der *muwaraba*, wie sie der arabische Reisende Abu ʿUbaid al-Bakri (1028-1094) beschreibt, veranschaulicht eines der vielen Motive der Eroberung, das überdies auch der weiblichen Koketterie schmeichelt. Es ist nicht sicher, ob es sich hierbei um eine historische Tatsache oder einfach um eine Erfindung des Autors handelt:

»Die *muwaraba*, eine bei den Ghumara [Stamm in Nordmarokko] übliche Sitte, schmeichelt besonders dem Selbstwertgefühl ihrer Frauen. Wenn der frisch gebackene Ehemann sich anschickt, mit seiner jungfräulichen Braut die Ehe zu vollziehen, dann entführen die jungen Leute aus der Gegend heimlich die Braut und halten sie einen Monat oder noch länger fest, und zwar fern von ihrem Ehemann; anschließend bringen sie sie zurück. Es kommt häufig vor, daß eine Frau mehrmals hintereinander entführt wird. Das geschieht vor allem, wenn sie ganz besonders schön ist. Je öfter man sie suchen muß, desto glücklicher ist sie darüber.« (*DAS*, S. 201)

Diese Brautentführung gilt als eine ethnologische Tatsache, die allerdings nur von Berbern praktiziert wird, und das auch nur in sehr abgelegenen Gegenden. Heutzutage jedoch bestätigen nicht einmal mehr Berber selbst, daß eine solche Praxis existiert.

Im Nahen Osten geht man davon aus, daß die Braut selbst für ihre mehrtägige Flucht aus dem Haus des Mannes verantwortlich ist. Der Priester Antonin Jaussen berichtet:

»Die Sararat haben spezielle Begriffe, um diese Tat zu umschreiben. Sie sagen: ›Sie ist geflohen‹ (*anhashat*). ›Sie ist weggegangen‹ (*afdhaghat*). Sollte ihr die Flucht vor Schwäche oder aus Scham nicht gelingen, wird sie gerügt, und dann nennt man sie *rabugh*, das ist ›jemand, der das angenehme Leben‹ (d.h. das sexuelle Leben) liebt.« (Jaussen, S. 55)

Der Autor weist darauf hin, daß bei den Bani Saher und auf dem Sinai derselbe Brauch üblich ist.

Die Hochzeitsnacht hat zwei Aspekte, die von Mann und Frau unterschiedlich erlebt werden. Eine Frau erwartet diese Nacht mit einer gewissen Unruhe, manchmal mit einer ungeduldigen Vorfreude, weil sie dann endlich den Schoß der Familie verlassen und das Leben einer Frau führen kann; zuvor muß sie allerdings die Erwartungen ihrer Familie bezüglich ihrer Jungfräulichkeit befriedigt haben. Ein Mann dagegen muß in dieser Nacht seine Männlichkeit unter Beweis stellen. Man sagt zur jungen Ehefrau:

Gib uns deine Hand,
damit wir sie mit Henna bestreichen können.
Löse deinen langen, mit Goldfäden durchwirkten Seidengürtel.
Ali schreitet wie ein Sultan
in dein Brautgemach!
(Amrouche, S. 209)

Lit.: Amrouche, Chebel *(ES)*, al-Bakri, Jaussen, *Kitab-i kulsum naneh*, Massé, Yacine Titouh.
Siehe auch: Ehe, Ehre, Eitelkeit, Ius primae noctis, Knotenschlagen, Koitus, Sexuelle Initiation, Männlichkeit, Sexualmythen.

HODEN (*khusiya, khusiyatain*: »beide Hoden«; *baidh*, wörtl.: »Eier«; *baidha*: »Hode«, Plur.: *baidhat; khusan*: »Hoden« daher kommt auch *khasiy*: »Kastrat«; *karakaz* (Maghreb, Dialekt), *kalwa* Plur. *kalawi*: »Ei«. Bei Marçais finden sich noch weitere Begriffe: ʿ*awayash*: wörtl. »die Lebenden« (Tlemcen); *hadjat*: »Koloquintfrüchte (Mascara) und *suwalah*: »die Sachen« (in der Gegend um Constantine) und *sarwal*: wörtl.: »Hose« (*EADAA*, S. 429). *Al-raqiqan*: »die Delikatessen«; *al-mudhakir*: »die Organe«, die Männlichkeit verleihen.
Lit.: Chebel *(ES, IAM)*, Gasselin, Marçais (W.).
Siehe auch: Eunuch, Genitalien, Liebes- und Sexualsymbolik, Reinigung.

HÖFISCHE LIEBE (MINNE) *(al-hubb al-ᶜudhri).* Die höfische Liebe oder Minne ist in der Kultur, von der wir sprechen, zunächst die der Dichter und beduinischen Rezitatoren des Vor-Islam. Von Beginn an ist sie der lüsternen körperlichen Liebe *(hubb ibahi)* entgegengesetzt. Durch die detaillierte Chronik ihrer Regungen und Empfindungen gestatten uns diese Beduinen-Dichter, die Barden des Unmöglichen, Schritt für Schritt die Entwicklung eines Gefühls zu verfolgen, das innig mit der Weltsicht der alten arabischen Stämme des Nedjd und Hedjaz zusammenhing. Zahlreiche Faktoren beschwerten ihr Los: Die Keuschheit war eine Frage der Ehre, die entsprechenden Probleme also in diesem strengen Kodex angelegt. Zu lieben hieß damals zunächst und vor allem anderen, sich einem ritterlichen Regelwerk anzupassen, dessen Strenge und Entwicklung man jederzeit unterworfen war. Jede Verfehlung gegen die etablierten sozialen Regeln (die vor allem tribal waren, bestenfalls die Beziehungen der Stämme untereinander betrafen) bedeutete ein schweres Vergehen, das mit Blut bezahlt werden mußte (**s. Gesetz der Vergeltung**). Ibn Dawud (9. Jh.) wird die systematische Einordnung dieses Gefühls zugeschrieben (**s. Ibn Dawud**), das durch die galanten Dichter seine poetische Überhöhung erfuhr.
Zu den mythischen Paaren, welche die Aufmerksamkeit der Historiker erregt haben, zählen Djamil und Buthaina: Als Abkömmlinge der berühmten Banu al-ᶜUdhra (wörtl.: »Söhne der Keuschheit«, auch Virginalisten genannt, der Stamm, von dem Heine in seinem Gedicht *Der Asra* schreibt:»jene Asra, welche sterben, wenn sie lieben«), standen Djamil und Buthaina für den unteilbaren Wesensgehalt jener Art Minne. Ihre Enthaltsamkeit, als Tugend gelobt, kam jener der Asketen und Einsiedler nahe. Während alle Chronisten übereinstimmend festhalten, dieses Paar stelle den Archetyp des keuschen Paares dar, vermuten manche Theologen, darunter Abdal Ghani Nubulsi (1641-1731), daß der Ursprung der Minne im Islam unmittelbar auf den Propheten zurückgeht. Sie stützen sich dabei auf einen berühmten Hadith*, den vom in Liebe Entbrannten, der als Märtyrer stirbt, um seine Liebe zu bewahren (**s.»Märtyrer der Liebe«**).
Auch wenn er derart zum mittelbaren, aber bestimmenden Muster der Minne wird, gilt der Prophet doch vor allem als Beispiel für die Vielzahl seiner ehelichen Verbindungen. Hat er nicht neun – manche Quellen sagen gar: dreizehn – Frauen geheiratet! Doch eine so komplexe Erscheinung wie die »höfische Liebe« ist selbst in ihren Anfängen nicht denkbar ohne einen langsam fortschreitenden Reifungsprozeß, der von literarischen Persönlichkeiten beseelt worden ist. Deshalb zählen wir den zahiritischen Juristen Ibn Dawud (gest. 909) zu den wahren Begründern dieser Art von »Minne«. Sein *Kitab al-zahra* (wörtl.: *Das Buch der Blüte*), in dem er die Leidenschaft beschreibt, gilt auf diesem Gebiet als das ausformulierteste Werk. Zwei Jahrhunderte zuvor hatte ein Araber namens Kuthayyir (gest. 723) Ruhm erlangt durch die verzweifelte Liebe, die er für seine ᶜAzza empfand und in vollkommener Distanzierung und Keuschheit besang.
Für das Zustandekommen solch »höfischer Liebe« bedarf es genauer Regeln, eines anspruchsvollen Universums aus Mißtrauen und Eifersucht, mehr oder minder vertrauenswürdiger Mittelsleute und zuverlässiger Verleumder. Auch hat sie ihr ganz eigenes Vokabular. In seiner Dissertation hat Maqri Chaouki die mannigfaltigen Erscheinungen der Worte »Liebe« und »liebend« in der Samm-

lung von Geschichten über Madjnun und Laila belegt. Die Liste der am häufigsten wiederkehrenden Wörter, in absteigender Ordnung: Liebe *(hubb)*, Leidenschaft *(hawan)*, lieben *(ahabba)*, liebend *(habib)*, Liebesschmerz *(wadjd)*, Verlangen *(shauq)*, heftige Liebe *(sababa)*, verliebt *(muhibb)*, Empfinden von Zuneigung, Zärtlichkeit *(hanana)*, lieben *(hawiya)*, irr vor Liebe *(haim)*, heftig liebend *(sabb)*, Zuneigung, Zartgefühl *(wudd)*, Zuneigung *(mawadda)*, brennende Sehnsucht *(gharam)*, inniger Freund *(ilf)*, Liebender *(ᶜashiq)*, voll des Verlangens *(shayyiq)*, Begehren *(ᶜishq)*, Wonnen der Liebe *(huyam)*, Verbrauch der Liebe *(lauᶜa)*, von Verlangen entbrannt *(mushtaq)*, innige Liebe *(kalaf)*, lebhafte Zuneigung *(hanin)*, traurige Liebe *(sabwa)*, Vermissen, Sehnsucht *(ishtiyaq)*, Liebe, Zuneigung *(mahabba)*, Liebeswahn *(mustaham)*, der Liebe verfallen *(kalif)*, verzehrt vor Liebe *(mulawwiᶜ)*, wahnhaft verfallen *(mashghuf)*, um Freundschaft Buhlender *(mutawaddid)*, geliebt, begehrt *(maᶜshuq)*, von brennendem Verlangen entflammt *(mushtaq)*, vor Kummer verzehrt *(muwalah)*, Liebeskrankheit *(mutbal)*, Liebe entwickeln *(ᶜashiqa)*, sich verlieben *(taᶜashshaqa)*, vor Liebe rasend werden *(hama)*, jemandem den Kopf verdrehen *(istahama)*, brennend begehren *(tashawwaqa)*, sich nach seiner Liebe sehnen *(shauq, tashawwaqa)*.

In seinem Artikel *Die arabische Poesie Andalusiens und ihre möglichen Verbindungen mit der Poesie der Troubadoure* weist Henri Pérès darauf hin, daß mehrere Begriffe der arabischen höfischen Welt sich später wiederfinden im höfischen Vokabular der spanischen und französischen Minnesänger: »In zahllosen Versen findet man entweder das Wort *wadjd* (Liebesschmerz, schmerzhafte Liebe) oder *tarab* (Freude) mit seinen Synonymen: *farah, surur, masarra*. Diese ›Freude‹, die der Dichter beim Gedanken empfindet, seine Geliebte wiederzusehen, dieser Zustand des Überschwangs, in dem er sich befindet, ist genau das, was die Troubadoure später mit dem Wort *joy* bezeichnen. (...) Weitere Merkmale, die beiden Arten der Dichtung gemeinsam sind: Der Dichter nennt seine Geliebte nicht bei ihrem wahren Namen – dieses Pseudonym *(ism mustaᶜar)* entspricht dem *senhal* der Troubadoure. Doch schon die Griechen und Römer hatten diese Regel befolgt, die mindestens so sehr Gebot der Vorsicht wie der Höflichkeit ist. Schließlich kommt man nicht umhin, erstaunt zu sein ob der Häufigkeit, mit der die Dichter von symbolischen Figuren sprechen, die als *raqib* – Beobachter, Spion – oder *washin* – Schmäher, Denunziant – benannt werden; Begriffe, die sich unter ebenso stereotypen Namen bei den Troubadouren wiederfinden: *gargador* entspricht dem *raqib*, und *lauzengier* dem *washin*.« (*L'Islam et l'Occident*, S. 117)

Lit.: Abu Rub, ᶜAdhm, Antaki, Bashshar ibn Burd, Bausani, Berque, Blachère *(PTPESOD)*, Chaouki, Choukri, Cropp, Dermenghem *(LPBTA)*, Djamil-Buthaina, Djahiz, Djawari, Djedidi, Faysal, Giffen, Heine, Ibn ᶜArabi, Ibn al-Djauziya, Ibn Dawud, Ibn Hazm, Ibn al-Khatib, Ibn Sulaiman, Ibn Zaidun, Istanbuli, Kemp/Miquel, Kuthayyir-ᶜAzza, Madjnun, Martinez, Massignon, Miquel, Miskawaih, Muᶜallaqat, Pellat, Pérès, Roman, Rougement, Salama ibn Djandal, Sallefranque, Vadet.

Siehe auch: Berühmte Liebespaare, Bitterkeit der Liebe, Djamil und Buthaina, Ghazal, Ibn Dawud, Kosmische Liebe, Liebe, Liebesleid, Märtyrer der Liebe, Mustafa Ben Brahim, Mystische Liebe, Qasida, Raqib, »Scheherazade-Komplex«, Unvermittelte Liebe, Verleumdung/Verleumder.

HÖLLE DER LIEBENDEN / PARADIES DER HEUCHLER. Omar Khayyam (gest. 1132) hat in einer geistreichen Formulierung auf seine Weise exemplarisch zusammengefaßt, was er von der Bigotterie der Frömmler, ihrem unfrohen Beharren auf Sitte und Anstand und ihren kleinen Betrügereien hielt. Verglichen mit dem Paradies, von dem diese Heuchler träumen, erscheint Khayyam, dem notorischen Nachtschwärmer, eine Hölle der Liebenden als der angenehmere und freiere Aufenthalt:

Gäbe es eine Hölle für Liebende und Trinker,
es wollte sicher keiner mehr ins Paradies.
(*Quatrains*, S. 170)

Darauf beharrt der große Dichter mit dem schlechten Ruf auch an anderer Stelle:

Zu einer Dirne sprach ein Scheich: »Du bist betrunken,
in jedem Augenblick gibst du dich einem andern hin.«
Und sie: »O Scheich, ich bin genau so, wie du sagst.
Doch du, bist du das, was du scheinen willst?«
(Ebd., S. 218)

Lit.: Khayyam.
Siehe auch: Paradies.

HOMOSENSUALITÄT. Dieser Begriff ist eine Neuschöpfung, um ein Phänomen zu benennen, für das es bislang keine feste Bezeichnung gibt. Gemeint ist ein bestimmtes Verhalten im gesamten Orient, und besonders unter den Arabern, das darin besteht, die Sinnlichkeit, die sich wegen der Geschlechtertrennung nicht auf das andere Geschlecht richten kann, unter den Geschlechtsgenossen auszuleben. Genaugenommen handelt es sich um eine Zwischenphase, einen Zustand zwischen Heterosexualität und Homosexualität, und zugleich um eine Vorstufe der permanenten Verführungshaltung. Das findet seinen Ausdruck in typischen Verhaltensweisen, etwa der Angewohnheit, sich an der Hand zu fassen oder den Arm um die Schulter zu legen. Man führt ein Leben in der Gruppe, schläft im selben Raum, badet gemeinsam, darf sich anfassen – die Verführung des anderen Geschlechts wird gemeinsam angegangen, und die Knaben masturbieren sogar miteinander. Es ist eine zusätzliche Sinnlichkeit, sie ersetzt jene Formen des Lebens und der Empfindungen, die sich auf das andere Geschlecht beziehen, aber sie ist zugleich Ergänzung und Bereicherung; sie bildet einen Kontrapunkt, kein Gegenprogramm. Homosensualität führt auch durchaus nicht zwangsläufig zu Homosexualität; man darf nicht vergessen, daß es sich eigentlich um eine ›normale‹ Phase im Heranreifen der Liebesempfindungen handelt, um ein vorübergehendes Adoleszenzphänomen, keineswegs um eine endgültige Form. Gelegentlich entwickelt sich allerdings aus dieser Situation eine Homosexualität, die Bestand hat. Der eine oder andere hält an seinen ersten Erfahrungen in der Liebe fest (**s. Sexuelle Initiation**). So kann sich auch die Beziehung zwischen Meister und Schüler, die in manchen traditionellen Gesellschaften typisch für Bildung und Ausbildung ist, leicht in ein schlicht homosexuelles

Verhältnis verwandeln. Um eine genauere Vorstellung von der Homosensualität zu bekommen, muß man sich vielleicht biologischer oder botanischer Begriffe bedienen und etwa von ›saprophytischer‹ oder ›prothetischer‹ Sinnlichkeit sprechen.

Sari al-Mausili (gest. 976), ein Dichter der Abbasidenzeit, hat die Homosensualität, die jeder Mann kennt, der zum Friseur geht, in den folgenden Zeilen beschrieben:

Er hat eine Hand, deren zarte Berührung entspannt.
Sie streicht wie ein Lufthauch über den Kopf.
Wenn es blinkt in seiner Hand,
dann gießt er das Wasser des Wohlbehagens.
(Zit. nach Tha'alibi, S. 132)

Das gleiche Gefühl stellt sich an den Badetagen im Hammam ein, wenn Männern oder Frauen bei bestimmten Handgriffen des Masseurs oder der Masseuse so recht von innen heraus warm wird.

Lit.: Bouhdiba, Chebel *(ES)*, Tha'alibi.
Siehe auch: Hammam, Homosexualität, Verführung, Zärtlichkeiten.

HOMOSEXUALITÄT (*liwat*, im Koran *lutiya* oder *luwatiya*, *i'ta*, davon abgeleitet *a'tay*, wörtl.: ›Spender‹; die regionalen Ausdrücke sind aber meist vielfältiger und blumiger: *zamel, hassas* in Marokko, *nayyak*, wörtl.: ›der Küssende‹ – im Sinne von ›Penetrierendem‹ – bezeichnet den aktiven Homosexuellen, *maniuk* heißt ›der Geküßte‹). Der Begriff geht auf den biblischen Lot zurück, von Lots Volk ist im Koran immer wieder die Rede: In sieben Suren beziehen sich nicht weniger als 35 Verse auf dieses Thema. Eine besonders eindeutige Verurteilung der Homosexualität findet sich folglich in einer Passage der Heiligen Schrift der Muslime, die von Lots Volk handelt:

»Und wir haben den Lot als unseren Boten gesandt. Damals als er zu seinen Leuten sagte: ›Wollt ihr denn etwas Abscheuliches begehen, wie es noch keiner von den Menschen in aller Welt vor euch begangen hat? Ihr gebt euch in eurer Sinnenlust wahrhaftig mit Männern ab, statt mit Frauen. Nein, ihr seid ein Volk, das nicht maßhält.‹« (Koran, 7: 80, 81)

Die lesbische Liebe (*sihaq*, **s. Lesbianismus**), die im Koran nie erwähnt wird, fand auch in der Überlieferung des frühen Islam nur wenig Beachtung. Zur Frage der Homosexualität unter Männern äußern sich die Korangelehrten dagegen sehr viel deutlicher. Die Haltung der malikitischen Rechtsschule faßt al-Qairawani zusammen:

»Auf einvernehmlichen Analverkehr zwischen erwachsenen Männern steht als Strafe die Steinigung der beiden Schuldigen, ungeachtet der Frage, ob sie als sittlich verantwortlich *(ihsan)* gelten können.« (Qairawani, S. 255)

Und außerdem: »Wer zu einem anderen sagt ›Du Päderast!‹, der hat nach dem Gesetz mit der Strafe des *qadhf* zu rechnen.« (Ebd. S. 257)

Diese Züchtigung besteht für einen freien Mann aus achtzig Peitschenhieben, und aus vierzig Hieben für einen Sklaven. All die bizarren Vorstellungen und widersprüchlichen Ablehnungsgründe, ob rechtlich gedeckt oder nicht, die den

›widernatürlichen Geschlechtsbeziehungen‹ gelten, machen jedenfalls deutlich, daß es hier um eine ernste Beinträchtigung des Männlichkeitsideals in der arabischen Welt geht. Letztlich ist alles, was irgendwie die Männlichkeit berührt, ein Problem – daher kann Ibn Mangli (geb. 1303 oder 1304), Verfasser einer berühmten Abhandlung über die Jagd, allen Ernstes behaupten: »Sich auf einem Pantherfell niederzulassen, das auf dem Teppich ausgebreitet ist, kann zum Laster des Analverkehrs *(ubna)* anreizen, darum sollte man es unterlassen.« (Ibn Mangli, S. 84)

In der Ehe ist der Analverkehr mit der Gattin (das berüchtigte *wat' fi-duburiha*) prinzipiell verboten, aber die Praxis sieht anders aus: Die Glaubensvorschriften des *fiqh** werden ohne große Bedenken mißachtet.

Man darf nicht vergessen, daß die Trennung der Geschlechter, die in der gesamten arabisch-muslimischen Welt praktiziert wird, die entsprechende Gliederung von Städten und öffentlichen Räumen, das zumeist milde Klima und die sozialen Formen zwangsläufiger Nähe (Gemeinschaftsgefühl), auch eine Kultur der Gebärden und Umgangsformen hervorgebracht haben, die von Lässigkeit und der Freude am guten Leben geprägt ist. Die jungen arabischen Männer wachsen in einer monogamen und monosexuellen Welt auf: In ihren Gesprächen mag sich alles um das andere Geschlecht drehen, das nicht in Erscheinung tritt, aber ihr Alltag ist bestimmt vom Umgang mit den anderen Männern. Al Maqrizi (1364-1442), der Chronist der ägyptischen Kalifen, hat aus seiner Zeit berichtet, daß die Homosexualität so verbreitet gewesen sei, daß Frauen sich als Männer verkleideten, um das Interesse von Verehrern zu wecken. Es ist jedenfalls nicht ungebräuchlich und erst recht nicht ungewöhnlich, daß sich unter diesen Umständen sehr enge Männerfreundschaften entspinnen – sei es zwischen einem jungen Mann und einem Älteren, der dem Männlichkeitsideal entspricht, oder zwischen gleichaltrigen Knaben.

Insgesamt überwiegt die Pädophilie (die Knabenliebe) die Androphilie (die Homosexualität zwischen erwachsenen Männern). Natürlich gibt es vielfältige Spielarten und Bezeichnungen: aktiv – passiv, Penetrierer – Penetrierter, *nayyak – a'tai*, usw. Zur passiven Homosexualität wird sich ein arabischer Mann kaum bekennen – sie ist geächtet –, statt dessen gibt es eine Art kultischer Verehrung des erigierten Glieds, das über alles triumphiert, selbst über den Spott. Daraus folgt, daß es in der arabischen Welt eigentlich keine völlig passive Homosexualität geben kann, auch wenn in der sexuellen Praxis ein Mignon, ein ›Favorit‹, immer nur Körper und Objekt ist. Die männliche Psyche, bestimmt von kulturell geprägten Vorstellungsmustern, findet dennoch Wege, die Unterwerfung bei der körperlichen Vereinigung vergessen zu machen.

Abschließend kann man sagen, daß die Homosexualität weniger ein Phänomen der islamischen Welt, als eine Sitte der arabischen Beduinen ist. In den heiligen Schriften, im Koran ebenso wie in den Sammlungen von Lebensregeln des Propheten *(hadith*)*, wird diese Form der Sexualität heftig abgelehnt, die Sittenlehre der *sunna** verurteilt sie ebenso.

Der Koran verweist in diesem Zusammenhang stets auf Lots Volk, das die verbotenen Vereinigungen vollzieht und sich ausschweifend, ›ohne Maß‹ verhält.

Koran: 7: 80-84; 11: 77-80; 15: 67-72; 21, 22, 26: 165-168; 27: 54-58; 29: 28-30; 54: 33-38.

Redewendungen unter Homosexuellen: »Ein Arsch ist groß und seidenweich, man könnte neunzig Mösen daraus machen.«
»Warum soll ich einem *faddan* Fleisch (Penis) ein *kirat* Fell (Vagina) vorziehen?« (*kirat* und *faddan* sind ägyptische Maßeinheiten.)
Obszöne Ausdrücke und Schimpfworte: » Ya aᶜtai« (wörtl.: »der Gebende«) – Bezeichnung für den passiven Partner in einer päderastischen Beziehung (s. Marçais-Guiga).
Lit.: Al-Sayyid/Marsot, Anest, Boisson, Bouhdiba, Bousquet, Bukhari, Chebel *(ES, IAM)*, Ibn Hazm, Ibn Mangli, Marçais-Guiga, Mawardi, Pasquier, Platon, Qairawani, Rassim, *1001 Nacht*.
Siehe auch: Begierde, Futuwa, Ghazal, Hammam, Homosensualität, Kuppler(in), Lesbianismus, Loth, »Luwat khorasani«, Nakkah/Niyak, Päderastie, Sexuelle Perversionen, Sodomie, Unzüchtige (Der, die).

HONIG (ᶜ*asal*; *luᶜab al-nahl:* »Bienensekret«). Der Honig wird im Koran (16: 68-69) gerühmt, im Islam gilt er daher als Heilmittel *(shifaᶜ)*; als Metapher für die Heilung im übertragenen Sinne erscheint er auch häufig in der Sprache der Liebe. So vergleicht man gern die Lippen der Geliebten mit der Süße des Honigs, wie etwa in den folgenden Zeilen eines palästinensischen Volkslieds:

Wer hat gesehn die Tochter von al-Maᶜanna?
Elf wilde Zöpfe um die Schultern
Wo holt die Biene sich den Honig, fragte ich
Auf ihren Mund hat sie gezeigt
(Zit. nach Lama, S. 75)

Auch in anderen poetischen Bildern spielt der Honig eine Rolle, etwa in Lobpreisungen der zarten Haut der Geliebten, ihrer samtenen Augenlider, der weichen Rundung ihrer Brüste, oder wenn ihr warmer Speichel als köstlicher Nektar gerühmt wird. Der weibliche Körper gilt ganz allgemein als himmlische Wohltat, und da dem Honig Heilwirkung bei verschiedenen leichten Beschwerden zugeschrieben wird und er überdies seine Nahrhaftigkeit einer besonderen Gnade *(baraka*)* verdanken soll, liegt es nahe, ihn auch metaphorisch zu verwenden. Bei den Semiten und in Afrika symbolisiert er Überfluß und Fruchtbarkeit, die Araber halten ihn sogar für einen »spirituellen Trank« *(fahd)* und ein Aphrodisiakum **(s. Aphrodisiaka).** Im Atlasgebirge singen die Frauen: »Kommt herbei, ihr Bienen, ich rede mit euch! Bietet dem Freund eure Honigwaben, daß er sich davon nähren kann.« (Abès, S. 327)
Lit.: Abès, Fahd, Jouin, Lama, Rami, *1001 Nacht*.
Siehe auch: Aphrodisiaka, Busen, Haut, Lippen, Speichel.

HORMONELLE FEHLENTWICKLUNG (*khalal hurmuni:* Begriffe wie »Hormon« oder »hormonell« werden im Arabischen direkt als Lehnwörter übernommen). »Eine der Töchter von Mohammed ibn Rashid al-Khannaq (genannt: der ›Würger‹), so wird von Bagdads Bürgern erzählt, hatte einen prächtig sprießenden Bart; als sie einmal in Begleitung von anderen Frauen, welche den Schleier *[niqab]* trugen, ein Haus betrat, um einem Hochzeitsfest beizuwohnen und sich die ganze Pracht der Feier zu betrachten, da wurde sie von einer der anwesenden Frauen bemerkt, und diese schrie auf: ›Mein Gott, ein Mann!‹ Sofort stürzten

sich die Dienerinnen der anderen Frauen auf sie und traktierten sie mit Schlägen. Da wußte sie keinen anderen Rat mehr, als ihre Röcke zu heben und ihr Geschlecht zu entblößen. Erst da hörten die Frauen auf, sie zu schlagen, und es hätte nicht mehr viel gefehlt, und sie wäre an den Schlägen gestorben.«
(Djahiz, *Le Cadi et la mouche*, S. 248)
Lit.: Djahiz.
Siehe auch: Bart, Bartlos, Hermaphrodit.

HUBB (*al-hubb*, die Liebe). Diese allgemeine Bezeichnung ist überall im arabischen Sprachraum gebräuchlich, sie meint das Gefühl der Liebe im Unterschied zu anderen Formen von Wahrnehmung und Bewußtseinszuständen. Aber *hubb* kann auch als Sammelbegriff benutzt werden, der alle Spielarten und Feinheiten einschließt, vor allem wenn dem Sprechenden die Worte fehlen, sich genauer auszudrücken. Ibn ᶜArabi (1165-1240) verstand darunter die ›reine, ursprüngliche Liebe‹:
»Diese Art des Gefühls bedeutet, daß der Mensch seine Verliebtheit läutert, indem er ganz und gar auf dem Pfad Gottes wandelt und keinen Schritt abweicht. Wenn ihm diese Läuterung gelungen ist, wenn er Klarheit und Reinheit erlangt und sich von den Unreinheiten befreit hat, die man auf den Irrpfaden der vielen Gottheiten findet, dann kann man von ihm sagen, er habe die reine ursprüngliche Liebe *(hubb)* gewonnen, eben weil sein Gefühl nun geläutert und klar ist.«
(Ibn ᶜArabi, S. 121)
In der iranischen Kultur ist der allgemeine Begriff ᶜ*ishq*, was wiederum im Arabischen ›Sehnen, Verlangen‹ bedeutet.
Siehe auch: Liebe.

HUBB ᶜUDHRI (keusche Liebe). Das Liebesideal der sog. ›Virginalisten‹ *(banu al ᶜudhra)*, einer Art petrarkistischen Strömung, die in vorislamischer Zeit im arabischen Hedjaz entstand. Ihre Anhänger waren Dichter und ›Theoretiker‹: Ibn Dawud, Kuthayyir, Omar ibn Abi Rabiᶜa, Madjnun, Saradj, al-Washsha', Djamil, Ibn Qayyim al-Djauziya und viele andere. **S. Höfische Liebe**.

HÜFTEN (arab. *warik*,; pers. *kalf*). Die Hüften spielen eine wichtige Rolle bei der Verführung. Eine Frau, die ihre Hüften zeigt, macht deutlich, daß sie erobert werden möchte: Sie deutet an, welche kostbare Beute dem Sieger winkt. Die zarte Verlockung wohlgerundeter Hüften verspricht dem Helden der geheimen nächtlichen Abenteuer den höchsten Genuß. Aber die Hüften können auch in einen ausladenden Hintern übergehen und als Zeichen besonderer Gebärfähigkeit gelten – vor allem die einfachen Leute sehen die Breite des weiblichen Beckens unter diesem Aspekt.
Lit.: *1001 Nacht*.
Siehe auch: Entbindung, Geburt, Hintern, Schwangerschaft, Wuchs, Zypresse.

»HUKM AL-HUBB« (wörtl.: »Beendigung der Liebe«). Der Ausdruck ist in der Liebesdichtung des arabischen Andalusien gebräuchlich. Obwohl die Abwendung in vielen Situationen als zwingend geboten gilt, wird sie als Rechtfertigung

für gewalttätige Übergriffe gesehen – bis hin zur Ermordung der widerspenstigen Angebeteten.
Lit.: Abu-Rub, Blachère, *L'Islam et l'Occident*, Pérès, Vadet.
Siehe auch: Liebe, Liebesleid, Sklavische Liebe.

HUND / HÜNDIN s. Tiere.

HUPUL / HUPLA s. Mann.

HURE *(qahba)* **s. Prostitution.**

HURI (wörtl.: »deren Augen *hur* sind«, d.h. groß und dunkel, wie die eines Rehs; der Begriff bezeichnet eigentlich den Kontrast zwischen Schwarz und Weiß im Auge. *Huriya*, pl. *huriyat*). Die Huris (das Syntagma *huriyat* kommt vom arabischen Begriff *hur al-ᶜain*) sind ewig junge und jungfräuliche Mädchen, die den besonders frommen Muslimen als Geschenk Gottes im Paradies verheißen sind.
»*Haura* nennt man eine Frau, deren Augen von besonders strahlendem Weiß und dunklem Schwarz sind, und die zudem schwarze Haare hat«, heißt es bei Ghazali (*LBUMM*, S. 62).
Im Koran ist in insgesamt neun Suren von ihnen die Rede, sie werden dort entweder als die ›Gattinnen des Paradieses‹ *(azwadj, azwadj mutahhara)* oder einfach als Huri, im Sinne von Gefährtinnen, bezeichnet. Unter ihnen gilt eine, die den Namen *La'ba* trägt, als von besonderer Schönheit. Oft sind die betreffenden Verse des Koran nach einem festen Muster aufgebaut, wie in Vers 22f. der 56. Sure: »Und großäugige Huris haben sie zu ihrer Verfügung, wohlverwahrten Perlen zu vergleichen, zum Lohn für das, was sie in ihrem Erdenleben getan haben.« Etymologisch kann das Wort *huri*, das vermutlich iranischen Ursprungs ist, aber seit altersher bei den Arabern gebräuchlich war, nicht exakt genug bestimmt werden, um etwa Schlußfolgerungen in bezug auf das Geschlecht dieser Gestalten zu ziehen. Der Koran geht nicht ins Detail, was ihre anatomischen oder psychischen Eigenheiten angeht, sondern betont ihr engelhaftes Wesen:
»Diejenigen aber, die glauben und tun, was recht ist, werden wir dereinst in Gärten eingehen lassen, in deren Niederungen Bäche fließen, und in denen sie ewig weilen werden. Darin haben sie gereinigte Gattinnen. Und in dichten Schatten lassen wir sie kommen.« (4, 57)
»Die Insassen des Paradieses sind heute beschäftigt und lassen es sich dabei wohl sein. Sie und ihre Gattinen liegen im Schatten behaglich auf Ruhebetten und haben köstliche Früchte zu essen und alles wonach sie verlangen.« (36: 55-57)
»(…) und sie werden ehrenvoll aufgenommen in den Gärten der Wonne und sind auf Sesseln gelagert einander gegenüber, während man mit einem Becher voll von Quellwasser unter ihnen die Runde macht (…), aus dem zu trinken ein Genuß ist (…) und von dem sie nicht betrunken werden. Und sie haben großäugige Huris bei sich, die Augen sittsam niedergeschlagen, unberührt als ob sie wohlverwahrte Eier wären.« (37: 42-49)
»Dies ist eine Mahnung: Und die Gottesfürchtigen haben dereinst … eine

schöne Einkehr, die Gärten von Eden, deren Tore für sie geöffnet sind und in denen sie liegen und nach vielen Früchten und erfrischendem Getränk verlangen, während sie gleichaltrige Huris bei sich haben, die Augen sittsam niedergeschlagen.« (38, 49)
»Die Gottesfürchtigen dagegen befinden sich an einem sicheren Standort, in Gärten und an Quellen, in (...) Brokat gekleidet einander gegenüberliegend. (...) Und wir geben ihnen großäugige Huris als Gattinnen.« (44: 51-54)
»Zu ihnen wird gesagt: ›Eßt und trinkt und laßt es euch wohl bekommen! Ihr erhaltet dies alles zum Lohn für das, was ihr in eurem Erdenleben getan habt‹. Sie liegen auf Sesseln, die in Reihen angeordnet sind. Und wir geben ihnen großäugige Huris als Gattinnen.« (52, 19, 20)
»Sie liegen auf Betten, die mit Brokat gefüttert sind. Und die Früchte der Gärten hängen tief, so daß man sie leicht pflücken kann. (...) Darin befinden sich auch, die Augen sittsam niedergeschlagen, weibliche Wesen, die vor ihnen weder Mensch noch Dschinn entjungfert hat. (...) Sie sind so strahlend schön, wie wenn sie aus Hyazinth und Korallen wären. (...) Außer ihnen gibt es noch andere Gärten. (...) Darin sind stark sprudelnde Quellen (...) Früchte und Palmen und Granatapfelbäume. (...) Darin befinden sich auch gute und schöne weibliche Wesen. (...) Huris, in den Zelten abgesperrt..., die vor ihnen weder Mensch noch Dschinn entjungfert hat. (...) Sie liegen darin behaglich auf grünen Decken und schönen Abqari-Teppichen. (...) Voller Segen ist der Name deines Herrn, des Erhabenen und Ehrwürdigen.« (55: 54-56, passim)
»Und großäugige Huris haben sie zu ihrer Verfügung, wohlverwahrten Perlen zu vergleichen, zum Lohn für das was sie in ihrem Erdenleben getan haben. (...) Wir haben sie regelrecht geschaffen und sie zu Jungfrauen gemacht, heiß liebend und gleichaltrig, eigens für die von der Rechten.« (56: 22-38, passim)
»Die Gottesfürchtigen dagegen haben großes Glück zu erwarten: Gärten und Weinstöcke, gleichaltrige Huris mit schwellenden Brüsten und einen Becher mit Wein, bis an den Rand gefüllt.« (78: 31-31)
Omar Khayyam (1050-1123), der für seine Gottlosigkeit und seinen beißenden Spott berüchtigt war, hat sich auch über die Frommen lustig gemacht, die an solche Versprechungen glauben:

Es heißt, es wird ein Paradies und Huris geben,
Es wird dort klaren Wein und Honig geben:
Was fürchten wir, wenn wir Wein und die Liebste wählen?
Gibt es am Ende einen anderen Lohn?
(Khayyam, *Wie Wasser strömen wir ...*)

Koran: S. die Suren 2, 3, 4, 36, 37, 38, 44, 52, 55, 56, 78.
Lit.: Bukhari, Khayyam, *Merveilles de l'Inde*, Tabari.
Siehe auch: Ephebe, Jungfräulichkeit, Paradies, Schönheit, Wunder.

HUSN (Schönheit). Synonym von *djamal* (Schönheit), jedoch mit einem deutlichen Beiklang von Güte, Freundlichkeit und Wohlerzogenheit. Eine in der arabischen erotischen Literatur oft gebrauchte Wendung beginnt mit den Worten: *husn, djamal, qadd wa iʿtidal*, ›Güte, Schönheit, Manieren und Ausgegli-

chenheit‹. Diese vier Attribute beziehen sich ebenso auf physische wie psychische Eigenschaften – sie setzen eine Art Gardemaß der weiblichen Schönheit.
Lit.: Rami.
Siehe auch: Schönheit, Weiblichkeitsideal.

HYGIENE *(intizaf)* s. Hammam, Waschungen.

HYMEN (*ghishaʿ al-bakara, ghisha al-mahbal, zifaf, tindert* in der Kabylei). Das Jungfernhäutchen hat bis heute eine so große Bedeutung, daß sogar im modernen algerischen Strafrecht der Sexualakt mit einer Jungfrau, auch wenn er im Einvernehmen vollzogen wurde, härter bestraft wird als etwa der sexuelle Mißbrauch eines Kleinkinds – eindeutig eine Konzession an die weithin herrschende Idee, daß eine Frau jungfräulich in die Ehe zu gehen habe. Für den Fall, daß eine junge Frau gegen ihren Willen entjungfert wurde, sieht das Gesetz in Algerien eine besonders trickreiche Regelung vor: der Vergewaltiger muß sein Opfer heiraten, dem damit ein weiteres Mal Gewalt angetan wird. Aber der öffentlichen Moral ist Genüge getan, und anschließend wird gewissermaßen die Jungfräulichkeit wiederhergestellt, indem sich die Ehegatten nach einigen Monaten Anstandsfrist auf eine gütliche Scheidung *(talaq)* einigen.
Eine weitere perverse Folge dieses Beharrens auf der Unversehrtheit des Hymens ist die allgemeine Doppelmoral: Die jungen Mädchen behelfen sich mit verschiedenen sexuellen Praktiken, wie Cunnilingus und Analverkehr, die ihre Jungfräulichkeit nicht gefährden.
Lit.: Chebel *(ES)*, *1001 Nacht*.
Siehe auch: Defloration, Ehre, Hochzeitsnacht, Jungfräulichkeit, Sexuelle Tabus, Spiegel.

IBLIS s. Wunder.

IBN ABI RABIᶜA (Omar, gest. 712). Omar ibn Abi Rabiᶜa ist einer der großen arabischen Dichter im 1. Jh. der Hidjra und gilt als »der typischste Vertreter der *jeunesse dorée« (fityan)* von Mekka und Medina (Pareja, S. 868). Im Heiligen Krieg hat er sich keinen Namen gemacht, wohl aber durch seine Liebesgedichte, vor allem als Sänger der leidenschaftlichen Liebe – sein Leben hatte er der schönen Thurayya geweiht, die wie er aus einer vornehmen Familie im südarabischen Taif stammte. Die Literaturgeschichte nennt ihn als den Dichter, der »eine neue Art der galanten Dichtung eingeführt hat, die sich von den schmachtenden Liedern der Beduinen deutlich abhob und eine spöttische, oft realistische Sprache pflegte: Nun gaben die Städter den Ton an.« Bereits zu Lebzeiten berühmt, von seinen Anhängern glühend verehrt und selbst von seinen Gegnern geachtet, hat Ibn Abi Rabiᶜa in seinen Gedichten nicht nur die Idee der leidenschaftlichen Liebe beschworen, er machte auch »beschreibend« deutlich, welche Qualen sich mit dem stürmischen Auf und Ab in seinen Beziehungen verbanden:

Liebst du mich? Sag's mir, du, die du nicht lügst.
Sag mir die Wahrheit, denn mein Herz, das du gefangen hältst,
will es allein aus deinem Munde hören.
Sooft ein Stern erscheint oder verblaßt,
denk ich an dich, und mein gebrochnes Herz trauert um dich.
Du zürntest mir, um dich von mir zu trennen,
Thurayya, und dein Wunsch ist dir erfüllt.
Was immer die Verleumder dir gebieten
befolge nicht, Thurayya, achte kein Verbot.
(Petit/Voisin, S. 75)

Lit.: Blachère, Pareja, Petit/Voisin
Siehe auch: Berühmte Liebespaare, Fatan, Ghazal, Höfische Liebe.

IBN AL-FARID (Omar, 1181-1235). Verfasser eines berühmten mystischen Gedichts mit dem Titel *al-Khamriya* (Ode an den Wein), in dessen mehrdeutigen Versen es um die mystische Liebe, um das vollständige Aufgehen der Geschöpfe im göttlichen Hauch ihres Schöpfers geht, aber zugleich um die Trunkenheit, die der Rebensaft bewirkt, und um die körperliche Liebe:

Wir tranken zum Gedenken an den Geliebten einen Wein, der uns berauschte,
ehe noch der Wein geschaffen war.
Der Vollmond diente uns als Glas. Er ist dagegen eine Sonne; ein Halbmond
läßt ihn aufgehn. Wieviele Sterne funkeln, wird er ausgeschenkt!
Nie hätte ich den Weg gefunden zu seinen Schänken, ohne seinen Duft.

Sein Glanz erst macht ihn vorstellbar.
So wenig hat die Zeit davon bewahrt, daß dies gehütet wird in mancher Brust
wie ein Geheimnis.
Und trunken ohne Schande oder Sünde wird ein Volk, das seinen Namen
anruft ...
(Ibn al-Farid, S. 109)

Al-Burini (16. Jh.) hat in seinem Kommentar zum ersten Vers darauf hingewiesen, daß in diesem allegorischen Gedicht der Wein, als stoffliche Substanz und in seinen Eigenschaften, den »glühenden Wunsch, zu Gott zu gelangen« symbolisiert: Der Sufi wird von der göttlichen Kraft körperlich ergriffen und auf seinem Weg zu Gott geleitet. In diesem Zusammenhang ist »der Geliebte der Prophet, und zugleich die Substanz des Schöpfers, des Ewigen (Ehre sei ihm in der Höhe!), weil es Gott (gepriesen sei sein Name!) gefallen hat, erkannt zu werden und zur Welt zu kommen. SEine Schöpfung ist die Frucht der Liebe; und da ER geliebt und erschaffen hat, ist ER sowohl der Liebende als auch der Geliebte, der Begehrende wie der Begehrte.« (Ebd., S. 117)

Lit.: Ibn al-Farid.
Siehe auch: Mystische Liebe, Trunkenheit, Wein.

IBN ᶜARABI (Muhyi-addin, 1165-1240). Abu Bakr Mohammed Muhyi-addin ibn ᶜArabi war ein Religionsgelehrter, der zu den bedeutendsten Kommentatoren in der Geschichte des Islam zählt, zugleich genoß er als sufischer Mystiker hohen Rang, er trug den Beinamen *Shaikh al-akbar* (›Größter Meister‹). Seine kleine Abhandlung über die Liebe, in der es vor allem um die philosophische Bestimmung der göttlichen Liebe und der körperlichen Liebe geht, findet sich in einem seiner Hauptwerke, *al-Futuhat al-Makkiya* (›Das in Mekka Erreichte‹). Noch in den Übersetzungen ins Englische und Französische ist die Dichte und geradezu modern anmutende Rhythmisierung dieses Textes zu spüren, der eine Ausnahmestellung in der muslimischen humanistischen Tradition einnimmt. Ibn ᶜArabi beginnt mit der Definition der Liebe, obwohl er der Ansicht ist, daß man sich dabei nicht auf das Gefühl selbst, sondern nur auf seine Wirkungen beziehen könne, weil die Liebe »nicht zu den Dingen gehört, die sich definieren lassen«:
»Wer den Versuch unternimmt, sie zu bestimmen, wird auf die Wirkungen angewiesen sein, die sie hervorbringt, die Spuren, die sie hinterläßt, und die Folgen die sich aus ihr ergeben, denn sie bleibt ein Ausdruck der vollkommenen und unbegreiflichen Macht, die in Gott liegt.« (Ibn ᶜArabi, S. 54)
Aber der große Philosoph Ibn ᶜArabi will sich nicht kampflos geschlagen geben, also beläßt er es nicht bei dieser Vorrede, sondern versucht, die Zustände der Liebe in all ihrer Verschiedenheit und ihrem jeweils eigenen Reiz zu erfassen. Er unterscheidet dabei grundsätzlich drei Arten der Liebe: die göttliche, die geistige und die natürliche Liebe. Von diesen drei Bereichen, die im übrigen nicht sehr überzeugend voneinander geschieden sind, soll hier nur die sogenannte ›natürliche‹ Liebe betrachtet werden, weil sie ungefähr dem entspricht, was man später die ›irdischen Freuden‹ genannt hat.

»Die natürliche Liebe entsteht aus dem Wohlgefühl *(ihsan)* und den Wohltaten *(ni'am)*, denn ein jedes Wesen ist seiner Natur *(tab')* nach gar nicht fähig, einen anderen um seiner selbst willen zu lieben; stets strebt es nach dem eigenen Wohl, wenn es Dinge liebt und sich ihnen zu nähern oder mit ihnen zu vereinigen wünscht. Das gilt für die Tiere wie für den Menschen, weil dieser die Tierhaftigkeit in sich trägt.« (Ebd., S. 109)

Nach dieser Beschreibung wird dieses Gefühl der Liebe in vier verschiedene Begriffe gefaßt, die sich auf die unterschiedliche Stärke des Gefühls und der Anteilnahme der Partner beziehen: *al-hawan* (die jähe Leidenschaft), *al-hubb* (die reine, ursprüngliche Liebe), *al-'ishq* (das überwältigende Gefühl der Liebe) und *al-wadd* (die treue Liebe).

Ibn 'Arabi nennt sieben Gefühlszustände, in denen sich der Liebhaber befinden kann: das Dahinsiechen *(nuhul)*, die Zerrüttung *(dhubul)*, das Irresein vor Liebe *(gharam)*, das glühende Liebesverlangen *(shauq)*, die unsterbliche Verliebtheit oder Ruhelosigkeit *(hiyam)*, das Schmachten *(zafrat)* und die Liebesschwermut *(kamad)*. Er führt auch eine Reihe von weniger dramatischen Gemütsbewegungen und Gefühlen auf, die den Liebenden im allgemeinen widerfahren, wenn sie verlassen werden: Bedauern *(asaf)*, Wehmut *(walah)*, Erstaunen *(bahta)*, Sprachlosigkeit *(dahash)*, Krankheit *(saqam)*, Unruhe *(qalaq)*, Reglosigkeit *(djumud)*, Weinen *(buka)*, und Schlaflosigkeit *(suhad)*.

Im letzten Kapitel der Abhandlung geht es um den »vollkommenen Liebenden«, wie er sich zu den göttlichen Geboten zu verhalten habe und welche typischen Merkmale er aufweist. Ibn 'Arabi unterscheidet dabei insgesamt 44 Eigenschaften, von denen hier nur einige genannt seien:
Der Liebende fühlt sich
1. wie tödlich getroffen *(maqtul)*;
2. geistig verwirrt *(talif)*;
3. Er muß den Weg zu Gott über SEine Namen beschreiten *(za'ir)*;
4. beweglich wie die Vögel *(tayyar)* sein;
5. unablässig wachen *(da'im al-sahr)*;
6. seine Traurigkeit verbergen *(kamin al-ghamm)*;
7. die Niederungen dieser Welt zu verlassen wünschen, um dem Geliebten zu begegnen; usw.

An 18. Stelle in dieser Aufzählung wird der Liebende genannt, dessen Herz vollständig von Liebe erfüllt ist *(ha'im al-qalb)*; dies und einige weitere Eigenschaften, die Ibn 'Arabi betont – darunter die Unterwerfung und Fügsamkeit – lassen ihn zum vollkommenen Gläubigen werden, durchströmt vom Glück, von dem geliebt zu werden, den er liebt.

Am Ende dieser Abhandlung über die Liebe wird deutlich, daß für Ibn 'Arabi die mystische Liebe in einer fortwährenden spirituellen Suche besteht, einem Prozeß, bei dem es zunächst darum geht, das Selbst zu beherrschen, es auf die Verehrung Gottes zu richten und schließlich den Frieden angesichts des göttlichen Mysteriums zu finden.

Lit.: Ibn 'Arabi.
Siehe auch: Göttliche Liebe, Hubb, 'Ishq, Kuß, Liebe, »Liebe der Liebe«, Liebesleid, Schlaflosigkeit, Sklavische Liebe, Weinen.

IBN DAWUD (Abu Bakr Mohammed, gest. 909). Dieser Korangelehrte des 3. Jh.s n. d. Hidjra, der die von seinem Vater (al-Zahiri, gest. 883) gestiftete ›zahiritische‹ Tradition der textgetreuen Koraninterpretation fortführte, gilt auch als »Theoretiker der höfischen Liebe«. In seinem Werk *Kitab al-Zahra* (das in der englischen Übersetzung von A. R. Nykl ›Buch der Blume‹ heißt, während einige Kommentatoren den Titel ›Buch der Venus‹ wählen, weil im Arabischen *zahra* auch den Planeten Venus bezeichnet) preist Ibn Dawud die reine Leidenschaft, die den Liebenden bis in den Tod führen kann. Diese berühmte Anthologie behandelt sämtliche Aspekte der körperlichen wie der platonischen Liebe. Bei Ibn Dawud erscheinen bereits eine Reihe von Begriffen, die später bei den ›Theologen der Liebe‹ wieder genannt werden: *nasib*, Geheimnis, Leidenschaft, Rivalität, Eifersucht, Bote, Geduld. Das Werk ist im Grunde eine Sammlung kleiner poetischer Arbeiten zum Thema der Liebe – ein Zeugnis der Gefühlswelt der Dichter des 10. Jh.s. Zugleich wird die Philosophie der Liebe und die Welt der Menschen und der Dinge verhandelt, etwa die Versuchungen, der zufällige Charakter der Liebesbeziehungen, die Einsamkeit der Liebenden, die Keuschheit, das Liebeswerben usw. Louis Massignon hat über das *Kitab al-Zahra* gesagt, es sei »ein bezauberndes Buch, das einen ganz frischen und impulsiven Geist atmet, eine leichte, pulsierende Versdichtung, die in einzigartiger Weise aus den großen Werken arabischer Dichter schöpft, die die Liebe besungen haben – Dichter der Wüste, die Dichter der Städte, sie alle kommen zu Wort, und die kurzen Verszitate fügen sich zu einer neuen Form.« (Massignon, *Le Divan ...*, S. 169)

Auch Jean Claude Vadet hat dem ›Erfinder‹ der höfischen Liebe einen Aufsatz gewidmet; in dieser ausgezeichneten Arbeit heißt es: »Die besondere Originalität [Ibn Dawuds] besteht darin, daß er sich heftig bemüht hat, gegen Religion und Mystik die Eigenständigkeit einer höfischen Moral zu behaupten.« (*EI*, S. 768)

Und Louis Massignon meint: »(Für Ibn Dawud) besteht das Ideal der Liebe nicht in der gemeinsamen Besessenheit, die zur Vereinigung der Körper führt, sondern im Gegenteil im wechselseitigen Verzicht, der das Verlangen wachhält.« (Massignon, *Le Divan ...*, S. 180)

Das *Kitab al-Zahra* ist das einzige überlieferte Werk von Ibn Dawud; daß es im Abendland bekannt wurde, ist A.R. Nykl zu verdanken, der die erste (englische) Übersetzung vorlegte. Wir zitieren hier aus einer anderen Quelle: al-Mas ͨ udi (gest. 956) hat in sein *Buch der Goldwäschen* einige Passagen von Ibn Dawud aufgenommen:

»Die Furcht, daß bald wir getrennt sein könnten, zerreißt mich im Innersten; das Herz will mir brechen in meiner Verzweiflung.

In aller Vertrautheit fürchtet das Herz schon die plötzliche Trennung, und rasch fließen Tränen.

Könnte das Herz sich doch freuen am Augenblick, so wie es vorwegnimmt den künftigen Kummer, so hielten das Glück und das Leid sich die Waage; doch bleibt es bedrückt und beherrscht von der Ahnung, daß bald die Entzweiung uns droht.« (Zit. nach Mas ͨ udi, S. 255)

Und an anderer Stelle:

»Wehe dem Liebenden! Verleugnet er seine Begeisterung in seinen Reden, verrät er sie doch in seinen Seufzern.

Die Leidenschaft, die er verdecken will, sie bleibt keinem verborgen, sowenig den Reisenden wie dem *hadi* (Sänger) der Karawane, ja selbst den Kamelen nicht.« (Ebd., S. 256)
Lit.: Ibn Dawud, Massignon, Mas'udi, Pérès, Vadet *(EI)*.
Siehe auch: Abschied/Wiedersehen, Bote, Eifersucht, Geduld, Geheimnis, Leidenschaftliche Liebe, »Märtyrer der Liebe«, Nasib, Theologen der Liebe.

IBN FALITA (Ahmed, gest. um 731 n. d. H. /14. Jh.). Über Ibn Falita (mit vollem Namen: Abu'l-Abbas Shihab-addin Ahmed Ibn Mohammed ibn Ali Falita al-Hukmi) gibt es wenig biographische Angaben; er soll zu Zeit des jemenitischen Herrschers al-Mudjahid Ali ibn Dawnd gelebt haben und gilt als der Verfasser eines Diwan mit dem Titel *Suk al-fawakih wa nuzhat al-tafakih* (»Der Markt der Früchte und die Lust, sie zu kosten«). Einige Autoren vertreten die Ansicht, er sei 1330 gestorben, im biographischen Handbuch von Hadjdji Khalifa ist 1331 als sein Todesjahr angegeben.

Uns interessiert Ibn Falita vor allem als Autor einer »Anleitung des Einsichtigen hinsichtlich des Umgangs mit der geliebten Person« *(Rushd al-labib ila mu'asharati al-habib)*, die in ihren zwölf Kapiteln eine Vielzahl von Anekdoten aus dem Sexualleben von Männern und Frauen aus der Zeit verschiedener muslimischer Dynastien und eine Reihe allgemeiner Betrachtungen bietet. Einige Kapitelüberschriften:

1. Kap.: Über den Nutzen des Koitus und das Verlangen danach.
2. Kap.: Über den Koitus und die verschiedenen Verfahrensweisen darin.
3. Kap.: Über die Anzeichen für besonders starkes Vermögen der Frauen.
4. Kap.: Was die Frauen an Männern lieben.
5. Kap.: Was die Männer an Frauen lieben.
6. Kap.: Über den Unterschied zwischen Frauen und Männern. (...)
9. Kap.: Über die lesbische Liebe und die Lesbierinnen.
10. Kap.: Über die Bevorzugung der Knaben vor den schönen Mädchen.
12. Kap.: Über Kuppelei und Kuppler.
(Zit. nach Zzour Djabri)

Im *Rushd al-labib* werden unzählige kleine Geschichten und Anekdoten erzählt, die häufig aus der erotischen Literatur Indiens stammen, aber auch aus Beobachtungen des Autors gespeist sind; insgesamt beweist Ibn Falita dabei eine bemerkenswerte Einsicht in die psychologischen, sozialen und politischen Gegebenheiten seiner Zeit. Außerdem erfährt man Wissenswertes über muslimische Gelehrte, und es werden Begebenheiten aus dem Leben des Propheten (**s. Hadith***) und allerlei Geschichten berichtet, die man sich unter Männern erzählt. Ibn Falita schöpft ausführlich aus älteren Werken, und er hat seinerseits deutliche Spuren in den erotologischen Abhandlungen vieler späterer arabischer Autoren hinterlassen.
Lit.: Ibn Falita, *1001 Nacht*, Vatsyayana, Zzour Djabri.
Siehe auch: Berühmte Liebespaare, Erotik, Höfische Liebe, Indien, Koitus, Liebe, Stellungen beim Koitus, Theologen der Liebe.

IBN HAZM (Ali, 994-1064). Ibn Hazm, der den Beinamen al-Andalusi erhalten hat, ein bedeutender Philosoph und schöpferischer Denker der arabisch-muslimischen Welt, ist in Córdoba geboren, und diese Stadt bildet auch den Hintergrund seines um 1022 entstandenen Werks über die Psychologie der Liebe. Es war dieses Buch, mit dem Titel *Tauq al-hamama fi'l-ulfa wa'l-ullaf* (»Das Halsband der Taube: Von der Liebe und den Liebenden«), das ihm wachsende Berühmtheit verschaffte, vor allem unter den Kennern und Liebhabern der arabischen Kultur. Ibn Hazm, Schriftsteller, zahiritischer Religionsgelehrter, aber auch Politiker und Wesir des Kalifen, war wegen seines Einflusses und seiner Bildung gefürchtet. Man sagte von ihm, seine Feder sei so scharf wie der Säbel von al-Hadjdjadj, einem berühmten Feldherrn des Islam. Auch die feinsinnigen psychologischen Beobachtungen des *tauq al-hamama* sind in diesem glänzenden Stil verfaßt; die Genauigkeit der Beschreibungen ist ebenso bemerkenswert wie ihr offener Ton. Das Buch gliedert sich in dreißig Kapitel unterschiedlicher Länge, die den philosophischen, menschlichen und körperlichen Aspekten der Liebe gewidmet sind und ein Sittengemälde der Beziehungen bieten:
1. Vom Wesen der Liebe; 2. Die Kennzeichen der Liebe; 3. Die Menschen, die sich im Schlaf verlieben; 4. Die Menschen, die sich auf Grund einer Beschreibung verlieben; 5. Die Menschen, die sich auf den ersten Blick verlieben; 6. Die Menschen, die sich erst allmählich verlieben; 7. Die Menschen, die sich in eine Eigenschaft verlieben; 8. Das Andeuten mit Worten; 9. Das Winken mit den Augen; 10. Der Briefwechsel; 11. Der Bote; 12. Das Hüten des Liebesgeheimnisses; 13. Das Preisgeben des Liebesgeheimnisses; 14. Die Unterwürfigkeit; 15. Das ungefügige Verhalten; 16. Der Tadler; 17. Der hilfreiche Freund; 18. Der Beobachter; 19. Der Verleumder; 20. Die Vereinigung; 21. Das Meiden; 22. Die Treue; 23. Die Untreue; 24. Die Trennung; 25. Die Genügsamkeit; 26. Das Siechtum; 27. Das Vergessen; 28. Der Tod; 29. Die Abscheulichkeit der Sünde; 30. Die Vortrefflichkeit der Keuschheit.
Ibn Hazm läßt die Anzeichen der Verliebtheit Revue passieren, so hält er es etwa für »ein Zeichen von Liebe, daß den Liebenden Verwirrung befällt und ein Schreck überkommt, wenn er plötzlich den Geliebten sieht und dieser unvermutet erscheint ...« (Ibn Hazm, *Das Halsband...*, S. 18). Oder er vermerkt Stimmungswandel und verändertes Wesen: »Wie manches Mal wird ein Geizhals in der Liebe freigiebig, ein finsterer Geselle heiter und ein Feigling tapfer!« Und: »Wie oft geschieht's dann, daß (...) ein Bejahrter sich jung macht, daß der Fromme dann in ein Leben der Lust verfällt ...« (S. 19).
›Das Halsband der Taube‹ behandelt alle Aspekte der Leidenschaft – ihr Aufflammen, ihre Dauer und schließlich ihr Erlöschen. Wir erfahren etwas über die Eifersucht *(ghaira)*, die Vorwürfe, die sich Liebende machen, und ihre Versöhnung nach einem Streit, über die Rivalität, über die Liebe, die sich im Verheimlichen der geliebten Person äußert, über die Anhängigkeit, über die schlimmen Folgen der Sodomie und der homosexuellen Beziehungen *(liwat)* und über die Unzucht. Darüber hinaus versteht es es der Autor, immer wieder Zitate aus gelehrten Abhandlungen und aus Werken der Dichtung einzuflechten, nicht zuletzt auch eigene Gedichte. Dann wieder zitiert er einen Hadith* oder einen Koranvers oder, wie es damals bei arabischen Schriftstellern Mode war, eine Anekdote, die seine

Ansicht verdeutlicht. In den dreißig Kapiteln finden sich Dutzende kleiner Begebenheiten wie die folgende:
»Ich habe einmal den Brief eines Liebenden an sein Lieb gesehen: Er hatte sich mit einem Messer in die Hand geschnitten, da floß das Blut heraus, und er nahm es als Tinte und schrieb damit den ganzen Brief. Ich habe den Brief gesehen, nachdem er trocken geworden war, und ich war der festen Überzeugung, daß er mit roter Farbe geschrieben war.« (Ebd., S. 46)
So führt die kleine Schrift von etwa 150 Seiten nicht nur die Lehrmeinungen der islamischen Religionswissenschaft zum Thema der geschlechtlichen Vereinigung an, sondern sie vermittelt auch ein anschauliches Bild des Liebeslebens im arabischen Andalusien, und damit der Liebeskultur des Islam auf dem Höhepunkt seiner Entfaltung. Weil Ibn Hazm die vollkommene und immerwährende Liebe für unmöglich hielt, glaubte er, vor dem Streben nach diesem Ideal warnen zu müssen. Im Kapitel ›Die Vereinigung‹ schreibt er:
»Kein Zustand in der Welt ist dem von zwei Liebenden vergleichbar, wenn sie ohne Späher und sicher vor Verleumdern sind, wenn sie vor Trennung geschützt und dem Meiden abhold sind, wenn sie fern von Überdrüssigkeit und von Tadlern verschont sind, wenn sie im Charakter zueinander passen und von der gleichen Liebe erfüllt sind, wenn Gott ihnen reichen Unterhalt, ein stetiges Leben und ruhige Zeitläufte bereitet, wenn ihre Gemeinschaft von einer Gott wohlgefälligen Art ist und ihre Freundschaft so lange währt und ohne Unterbrechung dauert, bis der Tod kommt, den niemand abweisen und dem niemand entrinnen kann. Das ist ein Geschenk, das noch keiner erlangt hat, und ein Wunsch, der noch keinem Bittenden erfüllt worden ist.« (Ebd., S. 80)
Im Kapitel ›Die Genügsamkeit‹ erfährt man, welchen Schrecken dem Autor die Idee eines ›Dreiecksverhältnisses‹ einjagt:
»Es gibt noch eine Abart von Genügsamkeit, die ich hier anführen will. Ich nehme meine Zuflucht zu Gott vor ihr und vor denen, die sie üben, und preise ihn, daß er unsere Herzen gelehrt hat, sie zu meiden. Sie bestehet darin, daß der Geist ganz und gar in Verwirrung gerät, der Verstand sich verdunkelt, das Unterscheidungsvermögen schwindet, daß die Schwierigkeiten leicht erscheinen, die Eifersucht aufhört und der Stolz schwindet, so daß der Mensch damit einverstanden ist, sich mit einem anderen in den Besitz des geliebten Wesens zu teilen. Es gibt Leute, denen dies widerfahren ist. Gott bewahre uns vor dieser Heimsuchung!« (Ebd., S. 123)
Von der überragenden Bedeutung seines *tauq al-hamama* zeugen, neben der großen Zahl wissenschaftlicher Studien, die sich mit dem Werk befaßt haben, auch die textkritischen Editionen, die es bis heute erlebt.
Lit.: Arnaldez, Bercher, Ghazi, Ibn Hazm, Khawam, Martinez, Pérès, Vadet.
Siehe auch: Abschied/Wiedersehen, Analverkehr, Eifersucht, Liebe, Rivalität in Liebesdingen, Taube, Theologen der Liebe, Tod, Verführung, Vorwürfe.

IBN ZAIDUN (Abu'l-Walid Ahmed, 1003-1071). Ein andalusischer Dichter aus Córdoba, zur Zeit des spanischen Kalifats. Aus dem Gefängnis (in das ihn ein mächtiger Rivale gebracht hatte) schrieb er eine große Zahl erotisch-poetischer Briefe an Wallada, seine Angebetete, eine umayyadische Prinzessin, die auch als

Dichterin bekannt war. Diese Briefe zählen zu den Klassikern der arabischen Literatur:

Aufleuchtete der Frührotschein der Trennung
und löste ab das Beieinandersein (...)
Du trenntest dich – ich trennte mich – und nun
hat Sehnsucht doch mir ausgedörrt den Leib.
Ich sehne mich und sehne mich und weine,
daß nimmer mir das Auge trocken bleib'!
Und wie ich jetzt aus Tiefen meiner Seele
Geheimnisvolles raune dir ins Ohr,
Fehlt wenig – hätt ich nicht Geduld – daß ich,
zum Leid verdammt, das Leben noch verlor.
Seit du entschwandest mir, hat Tageslicht
verwandelt sich in tiefe, schwarze Nacht
Und doch wie waren Nächte blendend weiß,
als ich mit dir vereint sie zugebracht.
(*Ibn Zaidun und Wallada*, S. 71, 73)

Lit.: Abu Rub, Cour, Ibn Zaidun, Pareja, Pérès.
Siehe auch: Berühmte Liebespaare, Höfische Liebe, Liebe, Liebesleid.

IÇOGLAN. Der Begriff bezeichnet adoptierte oder als Kriegsbeute erworbene Kinder, die im Palast erzogen und mit dem komplizierten Mechanismus des höfischen Betriebs vertraut gemacht werden, damit sie später dort einen Posten bekleiden können: »Die itsh-oglan sind Kinder, die im Serail aufwachsen; sie lernen dort nicht nur, dem Herrscher zu dienen, sondern werden auch befähigt, später wichtige Aufgaben im Reich zu übernehmen.« (Castellan, S. 119)
Lit.: Castellan.
Siehe auch: Eunuch, Sklave.

ᶜ**IFFA.** Zurückhaltung, Verweigerung der unmittelbaren Hingabe, Enthaltsamkeit, Verzögerung der Befriedigung. **S. Mäßigung.**

IGHLAL (von *ghal*). Steht in der maghrebinischen Dichtkunst für das Feuer der Leidenschaft, das den Liebenden verzehrt. Manchmal wird der Ausdruck auch gebraucht, um allgemeine Formen der Leidenschaft und des heftigen Empfindens zu bezeichnen: Haß, körperliches Verlangen, usw.

IMPOTENZ (*daᶜf djinsi, qillat al-ruh, qillat al-nafs; khasiy, makhsiy*: »Kastrat«). In der erotischen Vorstellungswelt des Orients ist die sexuelle Potenz ein entscheidender Aspekt der Männlichkeit und die wichtigste Bezugsgröße der Manneskraft (**s. Männlichkeit**). Das hat natürlich mit der Bedeutung zu tun, die man in der islamischen Gesellschaft der Nachkommenschaft beimißt, aber ebenso mit einer gewissen Beunruhigung, die man gegenüber der Lust empfindet, auch und gerade, wenn es um Phantasien geht. Djedidi meint dazu:
»Selbst was das Jenseits angeht, macht man sich noch Gedanken über die männ-

liche Potenz und versucht, sie nach Quantität und Qualität zu bestimmen. Nach Aussage des Propheten, oder dem, was bestimmte Hadith-Sammlungen ihm zuschreiben, soll sie der Manneskraft von hundert Sterblichen entsprechen. Ein Mann vermag sich dort am Tag mit hundert Jungfrauen zu vereinigen, und sucht er sie erneut auf, so sind sie wieder jungfräulich geworden. Kurz: ›Er verfügt über ein unermüdliches Organ, und seine Lust ist unerschöpflich‹.« (Djedidi, S. 100)
In der arabischen erotologischen Literatur fehlt es nicht an Lobpreisungen der männlichen Potenz, zumeist in jenem emphatischem Ton, den man auch im Koran findet, wenn die Paradiesjungfrauen beschrieben werden (s. **Koitus, Huri**). Das kraftvolle Geschlechtsorgan erscheint dabei als die tragende Säule der Familie, Gegenstand der Verehrung durch die Frauen und Quelle der Befriedigung für den Mann.
In der islamischen Rechtsprechung *(fiqh*)* gilt Impotenz als Scheidungsgrund, wobei der Imam Malik *(Malekiten*)* den Standpunkt vertritt, dem Ehemann müsse eine Frist von einem Jahr gewährt werden, bevor die Ehefrau vor Gericht die Trennung verlangen darf. Al-Qairawani kommentiert in seiner *Risala*: »Gelingt ihm in dieser Frist der Koitus, so ist das sehr gut. Wenn nicht, so wird die (gerichtliche) Trennung ausgesprochen, falls die Frau dies wünscht.« (Qairawani, S. 187)
Impotent zu sein (*da'if djinsiyan, nafsuhu mata*, wörtl.: ›sein Atem ist erstorben‹) ist die größte Schande, die einem Mann widerfahren kann, vergleichbar dem vorehelichen Verlust der Jungfräulichkeit bei einer Frau – und nicht etwa der Unfruchtbarkeit, was erneut die Ungleichheit der Geschlechter deutlich macht. Ben Cheneb erwähnt auch die Redewendung *ma ͨindahu shai' li'l-dunya* (wörtl.: »das Leben schmeckt ihm nicht«), die in Algerien von Frauen benutzt wird, um die Impotenz des Mannes zu umschreiben. (Zit. nach Marçais, *EADDA*, S. 429)
In allen arabischen Schriften über die Erotik finden sich ausführliche Erörterungen der Impotenz, dieser furchtbarsten Geißel der Männerwelt. Al-Nafzawi, Ibn Falita, Omar Haleby und viele andere Autoren haben in allen Einzelheiten die Gründe für die Impotenz bei Männern und Frauen dargestellt, samt ihrer schlimmen Folgen und Frustrationen. Nehmen wir ein Beispiel aus dem Werk, das der Hodscha* Haleby im ersten Drittel des 19. Jh.s verfaßt hat. Haleby verurteilt zunächst den Sittenverfall im Abendland, bevor er, in einem eigenen Kapitel, auf die Impotenz zu sprechen kommt und die Techniken erörtert, wie das kraftlose Organ zu stärken sei. Er unterscheidet drei Arten der Impotenz: »Die Impotenz kann verschiedene Ursachen haben: physische (schlimme Mißbildung des Glieds), physiologische (Folgen mancher Krankheiten) oder moralische (Wirkung fortgesetzten Kummers, allzu langer Abstinenz oder heftiger und trauriger Empfindungen); sie kann aber auch auf die Wirkung eines Zaubers oder Bannfluchs zurückgehen, wovon ich im weiteren berichten werde.« (Haleby, S. 76)
Haleby gebraucht den Begriff Impotenz im landläufigen Sinn, er meint sowohl die Unfähigkeit zur Penetration oder zur Ejakulation wie auch die Unfruchtbarkeit. Was die Gegenmittel betrifft, so empfiehlt er ein halbes Dutzend Kuren, zumeist die Verabreichung von Aphrodisiaka oder Stärkungsmitteln – Eier, *tirfas* (Trüffel), *harisa* (**s. dort**) – oder die lokale Behandlung, mit kalten Güssen,

›Flagellation‹ (Abreibungen, Massagen), und überraschenderweise auch das Auftragen von Henna.

Lit.: Belguedj, Ben Cheneb, Bousquet, Chebel (*ES*), Djedidi, Ghazali, Haleby, Ibn Falita, Marçais, Nafzawi, Qairawani.

Siehe auch: Aphrodisiaka, Ehe, Ejakulation, Frigidität, Henna, Huri, Impotenz, Koitus, Mann, Männlichkeit, Weihrauch.

IMRU' AL-QAIS (500-540). Imru' al-Qais gilt, neben ͨAntara, als Verfasser der wohl berühmtesten *muͨallaqa* (einer Ode) aus vorislamischer Zeit. In allen Ländern des arabischen Kulturraums kennen die Schüler der höheren Schulen den Anfang dieses Poems, das dem Gedenken an eine Geliebte gewidmet ist. Hier wird die wehmütige Erinnerung meisterhaft in Worte gefaßt:

Haltet an ihr beiden Freunde eure Tiere, auf daß wir weinen in Erinnerung an eine Geliebte und eine Wohnstätte am Abhang des gekrümmten Sandhügels zwischen ad-Dakhul und Haumal und Tudhih und al-Miqrat; noch unverwischt ist ihre Spur, wenn auch kreuz und quer über sie dahinfuhr Süd und Nord.
Indem nun meine Genossen ihre Reittiere bei mir daselbst anhielten, sprachen sie: Vergeh' nicht vor Kummer und fasse dich in Geduld.
Und wahrlich Heilung ist mir die vergossene Träne. (Die Begleiter:) Doch ist denn eine verwischte Wohnungsspur ein Ort, um sich dem übermäßigen Weinen hinzugeben?
Pflegtest du doch vor ihr auch so zu jammern nach Umm al Huwairith und ihrer Nachbarin Umm ar-Rabab in Ma'sal.
So oft sie beide sich erhoben, verbreitete sich der Moschusduft von ihnen gleich dem Wehen des Ostwindes, der den Duft der Gewürznelken bringt.
Doch meine Tränen flossen mir vor Liebessehnsucht auf die Brust, so daß sie mein Schwertgehänge benetzten.
(Die Begleiter:) Wahrlich, gar manch schönen Tag hast du mit ihnen verlebt ...
(*Die Muͨallaqa des Imrulqais*, S. 10 f.)

Imru' al-Qais war ein adliger Müßiggänger, in dessen Leben oberflächliche Zerstreuungen eine Hauptrolle spielten und der gewagte Verse liebte. Sein unstetes Wesen und seine Mißachtung jeglicher Art von Dogmatismus wurden ihm zum Verhängnis:

Und mit gar mancher Jungfrau des Harems, in deren Kammer man nicht einzudringen wagt, genoß ich der Freuden, ohne mich zu beeilen.
Ich schlich mich zu ihr mitten durch Wächter und Verwandte, die darauf erpicht waren, meine tödliche Stelle bekannt zu machen.
Wenn die Pleiaden am Himmel sich dem Blicke darboten gleich den beiden mit Zwischensteinen buntgeschmückten Bändern des Gürtels.
Da trat ich ein, während sie bereits, um schlafen zu gehen, ihre Kleider beim Vorhang abgelegt hatte außer dem Untergewand.
Da sprach sie: Bei der Rechten Gottes! Ich habe kein Mittel gegen dich und wahrlich, ich glaube nicht, daß deine Torheit von dir weichen wird.
(Ebd., S. 37 f.)

Seinem Vater al-Hudjr, dem mächtigen Führer der Kinda, eines Stammes jemenitischer Herkunft, mißfiel der Lebenswandel seines Sohnes so sehr, daß er ihn von seinem Fürstenhof verbannte. An den Ort seines Exils wurde ihm dann die Nachricht überbracht, daß sein Vater einem heimtückischen Anschlag durch ein Mitglied des Stammes der Banu Asad zum Opfer gefallen war. Es heißt, er habe darauf erklärt: »Heute der Wein, morgen die Taten!« Dennoch machte er sich auf, um seinen Vater zu rächen, ein schwieriges Unterfangen, weil die Banu Asad inzwischen mächtige Verbündete gefunden hatten. Imru' al-Qais, der Dichterfürst, begann ein abenteuerliches Wanderleben, immer auf der Flucht, von Oase zu Oase, bis er um 540 unter ungeklärten Umständen zu Tode kam. In die Literaturgeschichte ist er als großer Dichter, als Verfasser einer Qasida (**s. dort**) in der Sammlung der *mu'allaqat*, und als *al-malik al-dillil* (der umherirrende König) eingegangen

Lit.: Berque, Schmidt.
Siehe auch: »Aghzal min Imru' al-Qais«, Qasida.

IMZAD (pl. *amzad*). Wörtl.: ›Fell, Haar‹. Ein altes einsaitiges Instrument mittlerer Größe (ca. 60 x 35 cm.), das aus der Hälfte einer Kalebasse besteht, die mit gegerbtem Ziegenleder überzogen ist. Die *imzad* wurde ausschließlich von Frauen gespielt und war in den höfischen galanten Zirkeln *(ahal)* das beliebteste Instrument.
Siehe auch: Ahal, Musik.

INDIEN *(al-Hind, bilad al-Hind)*. Daß die indische Kultur großen Einfluß auf die Erotik in der muslimischen Welt hatte, steht außer Frage. Über Persien gelangte die indische Liebeskunst nach und nach in den Orient, wobei im arabischen Mittelalter bekanntlich auch die reich ausgeschmückten Erzählungen der Seeleute über die Wunder des Königreichs Indien eine Rolle spielten. Heute weiß man, daß auch das beeindruckende Material der Geschichten aus *1001 Nacht* unmittelbar auf indische Legenden zurückzuführen ist. Obwohl natürlich nur Bruchstücke tradiert wurden, verweisen für den Historiker die Erzählweise und der Geist der Geschichten deutlich genug auf diese Ursprünge. Auch namhafte Vertreter der großen arabischen Literatur, al-Mas'udi etwa, der Autor des berühmten *Kitab murudj al-dhahab* (›Buch der Goldwäschen‹), haben sich ausführlich mit der indischen Mythologie und den aus ihr abgeleiteten Formen befaßt. Und einige Erotologen, wie Ibn Falita im 14. Jh., verweisen ausdrücklich darauf, daß sie indische Quellen benutzt haben – sei es, um auf diese Weise das eigene Werk aufzuwerten, oder um dem Anspruch auf wissenschaftliche Genauigkeit zu genügen. Weiterhin gibt es eine Reihe von arabischen Reiseerzählungen, die unter dem Titel '*Adjaib al-Hind* (›Die Wunder Indiens‹) verbreitet wurden; auch dort wird deutlich, wieviele Anregungen für die arabische Erotik aus Indien kamen. Und es besteht kein Zweifel, daß die Beschreibungen von Stellungen beim Koitus, die sich bei arabischen Autoren finden, durch entsprechende Passagen im Kamasutra angeregt wurden. Ähnliches gilt für einen großen Teil der Überlieferungen von der aphrodisierenden Wirkung mancher Pflanzen oder der Wunderkraft bestimmter Tränke (s. **Aphrodisiaka**), vielleicht sogar für manche Mythen, die sich um bestimmte Tiere ranken.

Lit.: Frédéric, Kakar, Kakar/Munder Ross, Masᶜudi, *Merveilles de l'Inde, 1001 Nacht*, Vatsyayana.

Siehe auch: Amazonen, Aphrodisiaka, Ibn Falita, Kamasutra, Liebes- und Sexualsymbolik, Linga/Lingam, Stellungen beim Koitus, *1001 Nacht*, Wunder.

INFIBULATION s. Exzision.

INGWER s. Gewürze.

INNERE ORGANE *(fu'ad)*. In der Dichtung finden sich immer wieder Bilder, die der Leidenschaft, der Zuneigung im allgemeinen und einer Reihe von psychischen Eigenschaften, die mit Innerlichkeit und Bindung zu tun haben, einen Sitz in den inneren Organen zuweisen: »Und mein Herz war wie eine trockene Steppe, in der ein Brand entfacht wird.« (*Tauq*, zit. nach Baudot-Lamotte, S. 159) Auch das Wort *hashan* (Eingeweide) kommt häufig vor, wie etwa im folgenden Vers: »Eure Liebe hat ein Höllenfeuer entfacht in meinen Eingeweiden (*fi l-hasha*), doch nun scheint mir dies Feuer harmlos wie Abrahams Herd.« (Ebd., S. 155) Doch als der Sitz der Gefühle gilt in der islamischen Vorstellungswelt vor allem die Leber *(kabid)*, das wird auch daran deutlich, daß die Mütter von ihren Kindern als *kabda* sprechen.

Lit.: Abès, Boudot-Lamotte.
Siehe auch: Herz, Leber.

INTIM *(sirri, qalbi, khass)*. Der Innenraum, das Geheimnis und die Verschleierung sind verschiedene Ausdrucksformen desselben Gefühls: der Intimität. Es gibt im alltäglichen Leben der Muslime eine Vielzahl von Gebräuchen, magischen Praktiken und religiösen Übungen, die deutlich machen, daß die Intimität eine heilige Dimension besitzt. Der geschützte Innenraum eines Hauses, vor allem der Frauengemächer, wird mit dem Wort *harim* bezeichnet, das im engeren Sinne ›geheiligter Ort‹ bedeutet, aber auch einfach ›verboten‹. In diesen komplexen semiotischen Zusammenhang gehören noch eine Reihe anderer Begriffe: *mahfuz* (bewahrt), *hidjab* oder *mahdjub*, fem. *mahdjuba* (verborgen), *mastur* (von *sitar*: Trennwand), *ghair makshuf* (nicht enthüllt), im Gegensatz zu *makshuf* (enthüllt).

Siehe auch: Harem, Nacktheit, Schleier.

INTRIGEN s. Listen und Intrigen.

INZEST *(zina', muharram, irtikab al-maharim)*. Der Inzest ist im Koran als Unzucht definiert, und die entsprechenden lokalen Gebräuche der Araber und Muslime wurden geächtet. Das Inzestverbot besteht aus einem einzigen Vers in einer Sure:
»Verboten zu heiraten sind euch eure Mütter, eure Töchter, eure Schwestern, eure Tanten väterlicherseits oder mütterlicherseits, die Nichten, eure Nährmüt-

ter, eure Nährschwestern, die Mütter eurer Frauen, eure Stieftöchter, die sich im Schoß eurer Familie befinden und von euren Frauen stammen, zu denen ihr bereits eingegangen seid – wenn ihr zu ihnen noch nicht eingegangen seid, ist es für euch keine Sünde, solche Stieftöchter zu heiraten – und verboten sind euch die Ehefrauen eurer leiblichen Söhne. Auch ist es verboten, zwei Schwestern zusammen zur Frau zu haben (…). Gott ist barmherzig und bereit zu vergeben.« (Koran, 4, 23)
Inzucht zwischen Geschwistern wird dem Ehebruch gleichgestellt (Bukhari), sowohl was die Schwere des Vergehens angeht, als auch in Hinblick auf das Strafmaß.
Lit.: Bousquet, Bukhari, Koran.
Siehe auch: Ehebruch, Harem, Konkubinat/Konkubinen, Sklave.

IRDISCHE FREUDEN *(mut‹a, tamattu‹)* Das ›diesseitige Leben‹ wird im Koran immer wieder (etwa in den Suren 2, 185; 13, 26; 57, 20 und 40, 39) als vorübergehender Aufenthalt beschrieben, dennoch ist hier der Ort der irdischen Freuden: »Den Menschen erscheint es herrlich, all das zu lieben, wonach man Lust hat: Frauen, Söhne, Zentner von Gold und Silber, Pferde, Vieh und Saatfelder. Das alles ist aber nur für den kurzen Gebrauch im diesseitigen Leben bestimmt. Doch bei Gott gibt es dereinst eine schöne Einkehr.« (Koran, 2, 14)
Die Freuden des Lebens, um die es hier geht, sind die Erfüllung von Wünschen, die Zufriedenheit, der Wohlstand, die Freigiebigkeit, aber nicht zuletzt auch die Fleischeslust, die bei den Arabern *ladhdha, maladhdha, tamattu‹* genannt wird. Schon Umm Sulaim soll zum Propheten gesagt haben:
»›O Gesandter Gottes, wenn Gott die Wahrheit vernimmt, wird ER nicht erröten. Muß eine Frau sich waschen, wenn sie sich ergossen hat?‹
›Ja, sofern sie Wasser hat.‹
Darauf begann Umm Sulaim zu lachen und sagte: ›Eine Frau kann also ejakulieren?‹
›Natürlich‹, rief der Prophet aus, ›wie könnte sonst ein Kind der Mutter ähnlich sehen?‹« (Bukhari, Bd. 4, S. 172)
Lit.: Bukhari, Khayyam, Zahiri de Samarkand.
Siehe auch: Genußehe, Lust (sexuelle), Tod.

‹**ISHQ** (Begehren, Leidenschaft; im Persischen: Liebe; bei Halladj »Verlangen nach Liebe«). Eine Spielart der Liebe, die sich sowohl vom niederen sexuellen Drang *(shahwa)* unterscheidet, weil sie eine eher geistige, wenngleich gefühlsbetonte Empfindung ist, wie auch von den allgemeinen erotischen und körperlichen Gefühlen der Lust, wie sie in den Begriffen *ghulma* und *tahayyudj* gefaßt sind. Die beste Definition des Begehrens stammt immer noch von al-Djahiz.
S. Begehren.
Lit.: Djahiz, Halladj, Ibn ‹Arabi.
Siehe auch: Begehren, Liebe, Liebesleid.

ISM MUSTA‹AR (wörtl.: »Deckname, Pseudonym«). Um Klatsch und Eifersucht zu vermeiden, reden sich die Liebenden oft nicht mit ihren wirklichen Namen an. So benutzt man gern die dritte Person Singular, sowohl für anwesende wie für

abwesende Personen. Ein Beispiel, bei Abu Rub: *Ba'du man kunt uhibb* (»Jemand, den ich liebe«). Ebenso beliebt ist die Vertauschung des grammatikalischen Geschlechts: Eine Frau erhält einen männlichen Vornamen oder wird mit einem Adjektiv bezeichnet, das für Männer gilt, oder ein Mignon bekommt einen weiblichen Nachnamen.
Lit.: Abu Rub.

AL-ISTANBULI s. Tuhfat al-'arus.

ISTIBRA' (Frist sexueller Enthaltsamkeit). Eine Rechtsvorschrift, die eine Wartezeit für den Fall vorsieht, daß die Ehefrau sich nicht wohl fühlt oder verstoßen wurde. In früheren Zeiten war der Herr des Hauses dann gehalten, eine gewisse Frist zu wahren, bevor er die Vereinigung mit einer Sklavin vollzog. Die Rechtsmeinungen in dieser Frage sind allerdings sehr ungenau.
Siehe auch: Masturbation, Reinigung, Sklave.

ISTIHADA s. Menstruation.

IUS PRIMAE NOCTIS. Das mittelalterliche Beischlafsrecht der Grundherren findet sich in verschiedenen Formen auch in der arabisch-muslimischen Welt. Auch wenn es hier nicht um jenes Recht eines Oberherrn geht, die erste Nacht mit einer frischvermählten Braut zu verbringen, das sich aus den feudalen Abhängigkeiten ergab, so gibt es doch die gleiche symbolische Unterwerfung unter die höchste Autorität: Hingabe in der Aussicht auf Befruchtung. Vor allem im Maghreb, wo der Islam die alten und tiefverwurzelten lokalen Gebräuche, etwa die Heiligenverehrung, aufgenommen und verstärkt hat, spielt diese Tradition eine Rolle. Folgt man Bukhari und anderen Chronisten, so wurden bereits dem Propheten Mohammed und seinen Gefährten tugendhafte muslimische Frauen zugeführt, die sich vom Akt der Hingabe einen besonderen Segen *(baraka*)* erhofften:
»Urwa bint al-Zubair sagte: ›Khaula bint al-Hakim ist eine der Frauen, die sich dem Propheten hingegeben haben.‹ Darauf sagte Aischa: ›Es ist keine Schande für eine Frau, sich einem Mann zum Geschenk zu machen. Denn es ist uns der Vers offenbart worden: Du kannst abweisen oder bei dir aufnehmen, wen von den Frauen du willst. (Koran, 33, 51) Darum erkläre ich: O Gesandter Gottes, ich weiß, daß der Herr wünscht, dir Befriedigung zu verschaffen.‹« (Bukhari, Bd. 3, S. 56)
Bei Bukhari wird auch von einer anderen Frau berichtet, die sich dem Propheten hingeben wollte:
»Eines Tages war ich bei Anas, als auch seine Tochter gerade anwesend war, und Anas erzählte: ›Eine Frau kam zum Gesandten Gottes und bot sich ihm zur Ehe an. Sie sagte: ›O Gesandter Gottes, möchtest du mich heiraten?‹ Da rief Anas' Tochter aus: ›Welch schamlose Person! Schande über sie!‹ Anas aber entgegnete: ›Nein, sie ist ehrenhafter als du! Sie empfindet eine tiefe Zuneigung gegenüber

dem Propheten. Deshalb hat sie sich ihm angeboten!«»(Bukhari, *Nachrichten von Taten*..., S. 339)
Eine mögliche Erklärung für diese Haltung und auch für die Rolle der Konkubinen des Propheten bietet Louis Massignon, ein moderner Islamwissenschaftler: »Auch die *nefesbakhshi*, die Konkubinen, waren bereit, sich ihm hinzugeben, in der Hoffnung, seinen (vergeblichen) Wunsch nach einem männlichen Erben zu erfüllen.« (Massignon, S. 297)
Lit.: Bukhari, Chebel *(ES)*, Massignon.
Siehe auch: Defloration, Hochzeitsnacht, Hymen, Jungfräulichkeit, Scham, Sexuelle Initiation, Sexuelle Tabus.

IZAR (Decke). Jedes Stück Stoff, das dazu dient, etwas zu bedecken. Es kann sich dabei um das Pilgergewand im heiligen Bezirk von Mekka *(al-haram)* handeln oder um ein Leichentuch, aber ebenso – wie in der Abhandlung von al-Mawardi (gest. 1058) über die Unzucht erwähnt – um die Bettdecke, unter der sich die Liebenden verbergen. Im Maghreb bezeichnet der Begriff auch einen Schleier, den die Frauen bei bestimmten Zeremonien tragen.
Siehe auch: Schleier, Unzucht.

IZHAR (Äußerung der Verliebtheit, in deutlichen Worten). Das Gegenteil des Geheimnisses und des mystischen Geheimnisses (*kitman*). **S. Geheimnis.**

IZLI (pl. *izlan*). Eine besondere Form der Musik, die in der Kabylei, im Norden Algeriens entstanden ist, und von den Frauen erdacht und gesungen wird. Es handelt sich um eine Art von Liedern, oft auch nur um einen einzigen Ruf. In seiner Arbeit »Izli, oder das Besingen der Liebe in der Kabylei« schreibt Tassadit Yacine Titouh: »Ein typisches *izli* ist ein kurzes Gedicht [sechs siebensilbige Verszeilen, wie Pierre Bourdieu im Vorwort erklärt], in dem es stets um die Gefühle oder die Erotik geht« (Yacine Titouh, *L'Izli*..., S. 15). Schönheit, Liebe, Trennung, Verbannung, Einsamkeit, Liebesleid, freudige Erwartung, Verführung, Abgeschiedenheit und Ehe sind die häufig wiederkehrenden Motive. Obwohl es sich um traditionelle Formen handelt, zeichnen sich diese Lieder dadurch aus, daß sie ihr Thema knapp und spielerisch behandeln, oft sogar leicht frivol und ordinär:

Knabe, der du mir gefällst,
Leidest du? Ich weiß die Kur.
Wenn du willst, komm mit ins Tal.
Laß uns Früchte pflücken dort
Kommst du erst an meine Brust
Das vertreibt das Fieber dir.
(Ebd., S. 239)

Und noch ein Beispiel:

So kommt ihr jungen Mädchen
Gehn wir zum Fluß hinunter.
Wie kühl ist dort das Wasser
Fort ist der Herr des Hauses.
Und ihr, ihr jungen Männer
Seid keine Spielverderber.
(Ebd., S. 97)

Lit.: Mammeri, Yacine Titouh.
Siehe auch: Abschied/Wiedersehen, Ahal, Azria, Erotik, Ghazal, Jungfräulichkeit, Liebe, Liebesleid, Liebeslieder, Männlichkeit, »Scheherazade-Komplex«, Schönheit.

JAGD *(said)*. Die Sprache der Liebe wildert häufig in der Jägersprache und ihrer reichhaltigen Symbolik. So wird der Mann oft als Jäger, die Frau als Wild und die Liebe als das Verzehren von frischem Fleisch dargestellt. Die Frau ist ein scheues Tier, Hindin, Reh, Gazelle, Hirschkalb, Reh- oder Gazellenkitz, Antilope oder Rebhuhn, sie flüchtet, versteckt sich, ängstigt sich. Der Wortschatz zur Bezeichnung der männlichen Welt, zuweilen mit einer kriegerischen Konnotation verbunden, ist dagegen vom Verhalten des Jägers auf Jagd und Pirsch geprägt.

JAQUT (Hyazinth, ein Schmuckstein). Das Bild dieses Edelsteins wird in der Sprache der Liebe gern verwendet.
Siehe auch: Frau, Perle, Schönheit.

JASMIN. Blumenmetapher, die in der Sprache der Liebe verwendet wird. Die feminine Form Jasmina ist ein Vorname.
Siehe auch: Flora, Parfum.

JOSEPH UND SULEIKA (die Frau des Potiphar). Das außergewöhnliche Erlebnis von Yusuf, dem Joseph der Bibel, mit der Frau des Potiphar (s. 1. Mose, 39) wird im Koran in der 22. Sure berichtet, die auch seinen Namen trägt. Joseph ist ein Sklave, der von seinem Herrn, dem seine Frau keine Kinder schenkt, an Sohnes Statt angenommen wird. Als er erwachsen geworden ist, entbrennt seine Herrin Suleika (die im Koran nicht mit Namen genannt wird) in heftiger Leidenschaft für ihn:
»Nun wollte die Frau, in deren Haus er war, daß er sich ihr hingebe. Sie schloß die Türen ab und sagte: ›Komm her!‹ Er sagte: ›Da sei Gott vor! Er ist mein Herr. Er hat mich in eurem Haus gut aufgenommen. Den Frevlern wird es nicht wohl ergehen.‹ Nun aber stand ihr Sinn unzweifelhaft nach ihm. Und auch sein Sinn stand nach ihr. Er hätte der Versuchung nicht widerstanden, wenn er nicht die Erleuchtung seines Herrn gesehen hätte (...).
Und sie liefen beide zur Tür. Dabei zerriß sie ihm hinten das Hemd. Und sie fanden ihren Herrn an der Tür stehen. Die Frau sagte: ›Wer deiner Familie etwas Böses antun will, verdient nichts anderes, als daß er gefangen gesetzt oder empfindlich bestraft wird.‹ Joseph sagte: ›Sie wollte, daß ich mich ihr hingebe.‹ Und einer aus ihrer Familie legte folgendermaßen Zeugnis ab: ›Wenn sein Hemd vorne zerrissen ist, sagt sie die Wahrheit, und er ist einer von denen, die lügen. Wenn es aber hinten zerrissen ist, lügt sie, und er ist einer von denen, die die Wahrheit sagen.‹ Als er nun sah, daß sein Hemd hinten zerrissen war, sagte er: ›Das ist wieder einmal eine List von euch Weibern. Ihr seid voller List und Tücke.‹« (Koran, 12, 23 f.)
Aber das Gerücht verbreitet sich in der Stadt:

»Und einige Frauen in der Stadt sagten: ›Die Frau des hochmögenden Herrn will von ihrem Burschen, daß er sich ihr hingebe. Sie ist ganz verliebt in ihn. Wie wir sehen, befindet sie sich offensichtlich im Irrtum.‹ Als die Frau nun von ihrem hinterhältigen Gerede hörte, sandte sie zu ihnen und bereitete ihnen ein Gelage. Und sie gab einer jeden von ihnen ein Obstmesser, und sagte zu Joseph: ›Komm zu ihnen heraus!‹ Als sie ihn nun sahen, fanden sie ihn großartig, und sie schnitten sich vor Staunen mit dem Messer in die Hand und sagten: ›Gott bewahre! Das ist kein Mensch. Das ist nichts anderes als ein edler Engel.‹« (Koran, 12, 30 f.)
Nach Ansicht der Experten stammt diese Geschichte direkt aus rabbinischen Quellen: »Die ägyptischen Frauen versammelten sich bei der Frau des Potiphar, um die Schönheit Josephs zu besehen. Die Herrin des Hauses gab einer jeden von ihnen Orangen und ein Messer, dann rief sie Joseph herbei und stellte ihn ihren Gästen vor. Diese schnitten sich in die Finger, während sie seine Schönheit bewunderten. Darauf sprach die Frau des Potiphar zu ihnen: ›Da seht ihr, wie es euch sogleich ergeht. Und ich, der ich ihn alle Zeit vor Augen habe, wie soll es mir ergehen?‹« (Zit. nach Sidersky, S. 62 f.).
Dann wird berichtet, wie Joseph den Traum des Königs von den ›sieben mageren und sieben fetten Kühen‹ deutet, aber damit zunächst nur Mißfallen erntet. Doch schließlich
»sagte [der König]: ›Bringt ihn zu mir her!‹ Und als der Bote zu ihm kam, um ihn zu holen, sagte Joseph: ›Kehr zu deinem Herrn zurück und frag ihn, wie es mit den Frauen steht, die sich seinerzeit in die Hand geschnitten haben! Mein Herr weiß über ihre List Bescheid.‹ Der König sagte zu den Frauen: ›Wie war das damals mit euch, als ihr wolltet, daß Joseph sich euch hingebe?‹ Sie sagten: ›Gott bewahre! Wir können ihm nichts Böses zur Last legen.‹ Die Frau des hochmögenden Herrn sagte: ›Jetzt ist die Wahrheit an den Tag gekommen. Ich wollte, daß er sich mir hingebe. Und er ist einer von denen, die die Wahrheit sagen.‹« (Koran, 12, 50 f.)
Diese Abschnitte des Heiligen Buches sind sehr populär, jeder kann sie zitieren, und sie sind auch Teil der Moritaten, die von den arabischen Sängern auf den Märkten der großen Städte vorgetragen werden. Man kann das etwa auf dem großen Platz *Djamaᶜa al-Fana'* (Dialekt: *djemaa el-fna*) in Marrakesch erleben, wenn ein alter, fast blinder Sänger zum Klang der *gambri* (einem traditionellen einsaitigen Instrument) die Geschichte von Yusuf rezitiert – die dichtgedrängte Menge kann dem Sinn der Worte nicht immer ganz folgen, aber jeder erfaßt intuitiv den Zauber dieser Geschichte vom schönen Joseph aus der Zeit der Vorväter. Im Iran kursierte eine Fassung in Versen, von Maulana Abdal Rahman Djamiᶜ (1414-1492):

Und er versank, sich zärtlich zu ihr niederneigend,
mit ihr im Kuß, verzückt, berauscht vor Liebesglut.
Das währte lang, als hätten sie die Welt vergessen (...)
Doch kann der Kuß nur Vorgeschmack der Liebe sein,
dem Salz gleich, das die Zunge reizt uns vor dem Essen,
damit die Lust zum Schlemmen sich stellt schneller ein.
So stachelten die Küsse auch Yussufs Begierde,

bis er den Leib der Schönen in die Arme schloß
und unterhalb des Nabels fand der Jungfrau Zierde,
so unberührt, wie sie gebar der Mutter Schoß.
Da eilte er und machte frei den Pfeil der Liebe,
den Perlenschatz zu suchen im verborgnen Schrein.
(Zit. nach Walther, S. 145)

Eine Anekdote aus der sufischen Überlieferung: »Als Joseph an die Ägypter verkauft wurde, behandelten diese ihn, wie man erzählt, sehr gut. Viele wollten ihn kaufen, daher verlangten die Kaufleute für ihn einen Preis vom Fünffachen bis zum Zehnfachen seines Gewichts in Moschus. Da kam eine aufgeregte alte Frau angelaufen, mischte sich unter die Kauflustigen und sagte zu einem Ägypter: ›Verkaufe mir den Kanaaniter, denn es verlangt mich sehr danach, diesen jungen Mann zu besitzen. Ich habe zehn Spulen Garn gesponnen, um für ihn zu bezahlen. Nehmt sie hin und gebt mir Joseph, ohne weitere Einwände zu machen.‹ Da lächelten die Kaufleute und sagten: ›Dein einfaches Gemüt hat dich in die Irre geführt. Diese einmalige Perle ist nicht für dich bestimmt. Es wurden schon hundert Schätze für ihn geboten. Wie kannst du die anderen Käufer mit Garnspulen überbieten?‹ Die alte Frau sah ihnen ins Gesicht und erwiderte: ›Ich weiß sehr wohl, daß ihr ihn nicht zu einem so geringen Preis verkaufen werdet. Aber es genügt mir, wenn meine Freunde und Feinde hinterher sagen: ›Diese alte Frau gehörte zu den Leuten, die Josef kaufen wollten.‹‹« (Attar, S. 93 f.)
Lit.: Attar, Dermenghem, Ghazali, Hudjwiri, Koran, Sidersky, Tabari, Walther.
Siehe auch: Begehren, Berühmte Liebespaare, Frau, Leidenschaftliche Liebe, Listen und Intrigen, Verführung.

JUNGES MÄDCHEN s. Adoleszenz.

JUNGFERNHAUT *(ghisha)* s. Hymen.

JUNGFRÄULICHKEIT *(bakara, batuliya, ʿudhra, kharida, naqawa, ʿuqda:* »Knoten« oder *ʿuqdat al-nikah:* »der Knoten des Beischlafes«, »der Ring der Liebe«). Aischa, die jüngste Frau des Propheten und die einzige seiner neun Frauen, die als Jungfrau in die Ehe mit ihm ging – die anderen waren zum Teil Witwen, zum Teil verheiratet und wurden eigens deshalb geschieden, damit der Prophet sie heiraten konnte – sagte folgendes zu ihm:
»Ich sagte: ›O Gesandter Gottes (S), angenommen, du machst in einem Tal Rast, in dem ein Strauch ist, von dem die Tiere schon gefressen haben, und ein zweiter Strauch, der noch unberührt ist! An welchem dieser beiden Sträucher läßt du dein Kamel weiden?‹ Der Prophet (S) erwiderte: ›An dem unberührten Strauch!‹« (Bukhari, S. 330)
Djabir ibn Abdallah, der eine ältere Frau heiraten wollte, die schon einmal verheiratet gewesen ist, soll vom Propheten gefragt worden sein:
»Warum hast du nicht ein junges Mädchen geheiratet, daß ihr miteinander spielen und scherzen könnt?« (Ebd., S. 331)
Dieser *hadith** findet sich bei fast allen Überlieferern und wird vielfach zitiert, z.B. bei Ghazali (1058-1111) oder Ibn ʿArabi (1165-1240). Seither gilt die voreheliche körperliche Unversehrtheit einer Frau als Dogma.

Der Begriff Jungfräulichkeit wird auf drei Ebenen verwandt. Zunächst auf körperlicher Ebene als Jungfräulichkeit einer jungen Frau, die noch keine sexuellen Kontakte hatte und die ihr Jungfernhäutchen bewahrt. Auf einer zweiten, abstrakten Ebene bezeichnet Jungfräulichkeit die Keuschheit einer Frau, die ein Leben in Zurückgezogenheit und Klausur führt, d.h. einer Heiligen. Beide Bedeutungen finden wir in einem Koranvers, als die Engel Maria, der Mutter Jesu, die frohe Botschaft verkünden:
»Sie sagte: ›Wie soll ich einen Jungen bekommen, wo mich kein Mann berührt hat und ich keine Hure bin?‹« (Koran, 19, 20)
Die dritte, viel seltenere Bedeutung ist eine »allegorische« und bezeichnet die geheimnisumwobene Jungfräulichkeit der Huri (**s. dort**) des Paradieses, die nach jedem sexuellen Kontakt wieder eine Jungfrau wird.
Jungfrauen werden oft mit noch nicht durchbohrten Perlen verglichen, das zeigt sich auch an der Verwendung des Wortes *kharida*, das sowohl Perle als auch Jungfrau bedeutet (s. Blachère, *PTPESOD*, S. 105).
Es kommt vor, daß eine Frau, die nicht als Jungfrau in die Ehe geht, sofort verstoßen wird, für ihre Familie bedeutet das eine unglaubliche Schande. Wenn die Ehe unter günstigen Umständen vollzogen wurde und die Braut sich als Jungfrau erwiesen hat, dann geht das Vorzeigen des mit jungfräulichem Blut befleckten Lakens mit Freudenausbrüchen einher, der Bräutigam wird als Sieger empfangen und die Braut beglückwünscht.
Al-Qairawani, der für die malekitische Rechtsschule spricht, legt sogar genau fest, daß eine jungfräuliche Ehefrau, die in einen bereits bestehenden Harem kommt, das Recht hat, ihren Ehemann drei Tage bei sich zu haben (*Risala*, S. 187).
Die zwanghafte Sorge, die Jungfräulichkeit einer Frau bis zu ihrer Hochzeitsnacht zu bewahren, damit sie sich ihrer Schwiegermutter als *virgo intacta* vorstellen kann, führte dazu, daß in traditionellen arabischen Familien, besonders im bäuerlichen Milieu, ein komplexes Schutzsystem entwickelt wurde, das jede vorzeitige Penetration, gleich, ob mit dem Einverständnis des jungen Mädchens oder gegen seinen Willen, unmöglich machen sollte. Eine dieser Praktiken ist *suffah* oder *tasfih* (wörtl.: »Einmauerung«, »Abschirmung«, **s. Defloration**). Sie stammt aus dem Bereich der Sexualmagie, zu dem auch das Knotenschlagen, die vorehelichen Mutproben, die der Bräutigam zu bestehen hat, und der Brautraub usw. gehören (**s. Hochzeitsnacht**).
Jungfräulichkeit ist ein sehr kostbares Gut. In Erzählungen erscheint sie oft als ein prachtvolles Geschenk, das sich die Protagonisten im Hinblick auf einen noch tieferen gemeinsamen Bund überreichen. Sie kann auch der archaische Tribut sein, der im Namen des kollektiven Schutzes bezahlt wird. Das ist z.B. das Motiv einer kabylischen Fabel, in der ein siebenköpfiges Tier, d.h. ein mythologisches Ungeheuer, den Brunnen des Dorfes bewacht und das Wasser erst freigibt, nachdem es eine große Schale Couscous und eine Jungfrau genüßlich verspeist hat! (Savignac, S. 66)
Arabische und persische Sprichwörter: »Eine Jungfrau braucht einen unberührten Mann« (Rezvanian, S. 187)
»Verheirate deine Tochter, bevor sie im Ramadan zu fasten beginnt, damit ihr Platz sauber und rein bleibt.« (Ben Cheneb, *Quelques adages algériens*, S. 59)

Lit.: Belguedj, Ben Cheneb, Blachère, Bouhdiba, Bousquet, Bukhari, Chebel *(ES)*, Dubouloz-Laffin, Ghazali, Ibn ᶜArabi, Qairawani, Rezvanian, Savignac, *1001 Nacht*.
Siehe auch: Adoleszenz, Alte Jungfer, Blut, Defloration, Ehre, Hochzeitsnacht, Huri, Hymen, Ius primae noctis, Keuschheitsgürtel, Knotenschlagen, Männlichkeit, Perle, Pubertät, Rache, Scham, Sexualmythen, Sexuelle Freiheiten, Witwe, Zauber.

JUNGGESELLE (Der) *(aᶜzab, ᶜazab)* **s. Ehelosigkeit.**

JÜNGLING s. Adoleszenz, Schöner Jüngling.

JUWEL (*mudjauhar:* mit kostbaren Edelsteinen geschmückt). Sharif-addin Rami (16. Jh.) hat in seinem Werk *Anis al-ᶜUshshaq* gezeigt, in welchem Maße die Edelsteine als Sinnbilder der Schönheit gebraucht wurden – die Begeisterung für Juwelen findet sich auch in *1001 Nacht*.
Lit.: Rami, *1001 Nacht*.
Siehe auch: Perle.

KAMASUTRA (wörtl.: »Gedanken über die Liebe und das Verlangen«, von *kama*, »Sinnenfreude«, »körperliche Lust«). Das Kamasutra, ein in Sanskrit verfaßtes Buch aus dem 3. – 4. Jh. n. Chr., ist das berühmteste indische Werk über die Erotik, es wird einem Brahmanen namens Mrillana Vatsyayana zugeschrieben. Im Vorwort zu einer der zahlreichen westlichen Ausgaben bemerkt Claude Dauzon: »Im Kamasutra werden die Regeln der Liebeskunst erläutert, und zwar in jeder Hinsicht, psychologisch wie physiologisch (...). Vatsyayana erteilt in einer geradezu klinischen Manier den Adepten der Lust zahlreiche Ratschläge, von der zarten Berührung und dem ersten Kuß bis zur geschlechtlichen Vereinigung.« (Dauzon, zit. nach Vatsyayana, *Le Kama Sutra: Manuel*... S. 20)
So liest man etwa bei Vatsyayana:
»Im Hinblick auf die Größe ihres Lingam (Gliedes) teilt man die Männer in drei Klassen ein: Hase, Stier, Hengst. Die Frauen hingegen werden nach der Tiefe ihres Yoni in Gazelle, Stute, Elefantenkuh eingeteilt.
Daraus ergibt sich, daß es bei Vereinigung entsprechender Personen drei gleiche Liebesvereinigungen gibt, durch Vertauschung der drei Kategorien noch sechs ungleiche, insgesamt also neun ...« (Vatsyayana, *Le Kama Sutra*, S. 33)
Und weiter heißt es:
»Endlich ergeben sich, mit Rücksicht auf die Zeitdauer des Liebesgenusses, drei Klassen von Männern und Frauen, nämlich schnelle, mittlere und langsame. Hieraus entstehen wiederum neun Arten der Vereinigung.
In diesem Punkt gehen übrigens die Meinungen über die Wollust der Frau auseinander.
Auddalaki sagt: ›Die Frau genießt nicht so wie der Mann. Sie hat keinen Samenerguß. Die Männer befriedigen einfach ihre Geilheit, die Frauen dagegen empfinden in der Wonne des Selbstbewußtseins einen ganz besonderen Genuß, doch vermögen sie ihn nicht näher zu beschreiben. Tatsache ist jedenfalls, daß der Mann von selbst aufhört, wenn er genossen hat. Bei der Frau trifft das nicht zu.‹« (Ebd., S. 35)
Obwohl sich bei einigen muslimischen Erotologen direkte Bezüge finden (**s. Ibn Falita**), ist der Einfluß dieses Werks auf die arabische Erotik nicht genau zu bestimmen. Immerhin gibt es einige erotische Werke (**s. *1001 Nacht***) und auch bestimmte persisch-arabische Miniaturen, die unmittelbar auf die indische Philosophie der Liebe, und damit wohl auch auf das Kamasutra Bezug nehmen.
Lit.: Vatsyayana.
Siehe auch: Ibn Falita, Koitus, Linga/Lingam, Lust (sexuelle), Persische Miniaturen, Stellungen beim Koitus, Yoni.

KAMEL s. Tiere.

KAMPFER *(al-kafur)*. Da der Koran ihn zu den Genüssen zählt, die den gläubigen Muslim im Paradies erwarten, wird dem Kampfer (sein dt. Name stammt von ar. *kafur* ab) eine große symbolische Bedeutung beigemessen: »Die Frommen trinken (im Paradies Wein) aus einem Becher, dessen Mischwasser (mit) Kampfer (gewürzt) ist« (Koran 76, 5). Das Wort Kampfer wird von den Dichtern auch zur Beschreibung eines wohlgeformten Halses verwendet, etwa in der Metapher »Kampferkerze« (*scham^c kafur:* bei Rami).
Lit.: Rami.
Siehe auch: Gewürze, Parfum.

KAPRICE *(ar. nazwa, naz^c a, tabaddul)* s. Abweisen.

KARDAMOM s. Gewürze, Parfum.

KARTENLESERIN s. Wahrsagerin.

KASHF (Entblößung, Entkleidung, von *kashafa*, »aufdecken«; *makshuf:* offensichtlich, eindeutig, nackt im Sinne von anstößig). Dieser Begriff spiegelt all die auseinanderstrebenden Bedeutungen, die mit dem Gebot der Verschleierung verknüpft sind: Entblößung ist eine schwer bestimmbare Kategorie, denn die Nacktheit ist in den verschiedenen Ländern der islamischen Welt in unterschiedlicher Weise tabuisiert. Letztlich sind die regionalen Gebräuche in Stadt und Land entscheidend.
Siehe auch: Nacktheit, Schleier.

KASTRATION *(khisa')*. In ihren kühnen Spekulationen sind manche Sufis so weit gegangen, daß sie in sich nicht nur jede Anwandlung sinnlichen Begehrens negierten und jede Form der Begierde von sich wiesen, sondern daß sie sich auch des Penis als des sichtbarsten Zeichens ihrer Knechtschaft gegenüber den Leidenschaften beraubten.
Hudjwiri, ein berühmter Sufi des 11. Jh.s, berichtet die folgende Anekdote: »Man erzählt sich, Abu Ali Siyah aus Merv habe gesagt: ›Ich hatte mich einmal ins Badehaus begeben und dem Brauch des Propheten gemäß zum Rasiermesser gegriffen. (Während des Rasierens) sagte ich mir: ›Abu Ali, entledige dich doch jenes Geschlechtsorgans, das der Quell all deiner Gelüste ist und dich mit so viel Leiden schlägt.‹ Da flüsterte eine Stimme in meinem Innern: ›Abu Ali, willst du wirklich Mein Schöpfungswerk antasten? Wenn du tust, was du beabsichtigst, so versichere ich dir, daß Ich in jedes Haar deines Leibes hundertmal mehr Gelüst einpflanzen werde.‹« (Hudjwiri, S. 249)
Die Kastration kann aber auch zu einer gewalttätigen Verstümmelung ausarten. Dies ist ein typischer Fall in den Erzählungen aus *1001 Nacht*, wo ein solcher Akt häufig so gut wie emotionslos als etwas ganz Normales dargestellt wird, was mit zu dem Mythos der angeblich angeborenen Gewalttätigkeit der Orientalen beitrug. So ist in der *Geschichte vom Buckligen und dem Schneider*, einer Geschichte innerhalb *Des Barbiers Schakâlik Erzählung von seinem sechsten Bruder*, folgendes zu lesen:

»Nun hatte aber der Beduine in seinem Zelt als Gemahlin ein wahres Wunder an Frau, mit Wimpern und Augen, so schwarz wie die Nacht; und im Beischlaf war sie heiß und glühend. Sobald ihr Gemahl, der Beduine, sich von seinem Zelt entfernte, versäumte diese Frucht der arabischen Wüste auch nie, sich meinem Bruder zu empfehlen und sich ihm mit ihrem ganzen Leibe anzubieten (...) Und während sie beide sich in dieser Stellung befanden und dabei waren zu vögeln, da platzte plötzlich der schreckliche Beduine ins Zelt und erblickte das Schauspiel mit eigenen Augen. Da zog der Beduine in voller Blindwut einen Dolch aus seinem Gürtel, so breit, um mit einem einzigen Hieb den Kopf eines Kamels von einer Halsschlagader zur andern abzutrennen. Er packte meinen Bruder, begann ihm die beiden ehebrecherischen Lippen abzuschneiden und stopfte sie ihm in den Mund. Und er schrie: ›Weh dir, treuloser Verräter, nun ist dir's sogar gelungen, meine Gemahlin zu verführen!‹ Und bei diesen Worten packte der unerbittliche Beduine den noch heißen *zebb* von Schakâlik, meinem Bruder, und schnitt ihn samt den Eiern direkt an der Wurzel ab.«
(*1001 Nacht*, M, Bd. II, »Histoire du bossu avec le tailleur«)
Lakonischer wird die Szene in der arabischen Urfassung der Kalkuttaer Ausgabe von 1839 (dt. von Enno Littmann) geschildert:
»Nun hatte aber (der) Beduine eine schöne Frau; die hielt sich in ihres Gatten Abwesenheit in der Nähe meines Bruders auf und wollte ihn verführen; doch er hielt sich von ihr zurück. Eines Tages begann sie ihn wieder zu versuchen; da scherzte er mit ihr und ließ sie auf seinem Schoße sitzen, als plötzlich der Beduine eintrat. Wie er meinen Bruder erblickte, schrie er ihn an: ›Weh dir, verfluchter Schurke, willst du mir jetzt noch meine Frau verführen?‹ Und er zog ein Messer hervor und schnitt meinem Bruder die Rute ab.« (*1001 Nacht*, Bd. I, S. 401)
Lit.: Hudjwiri, *1001 Nacht*.
Siehe auch: Beschneidung, Ehebruch, Exzision, Hahnrei, Verstümmelung.

KATZE / KATER s. Tiere.

KAURIMUSCHELN. Mit ihrer gewellt längsgespaltenen Form gehört die Kaurimuschel in das weite Feld der Sexual- und Fruchtbarkeitssymbolik: »Auch bei den Kaurimuscheln«, bemerkt J. Herber in einem Aufsatz über erotische Tätowierungen, »die die Gürtel der Frauen schmücken und bei der Zusammenstellung von Amuletten eine Rolle spielen, verweist ihre anzügliche Form auf die Anatomie der weiblichen Geschlechtsorgane, die die Frau in besonderem Maße begehrlichen oder bösen Blicken aussetzt. Daher bedarf sie eines Schutzes gegen diesen Mangel ihres Organismus, und diesen hat ihr die Magie in Form einer Tätowierung verliehen.« (Herber, *RETP*, S. 42)
Im Sudan und Niger hatten Kaurimuscheln lange Zeit einen hohen Handelswert. In seiner Untersuchung über die ehelichen Bräuche und Feste bei den Muslimen dieser Region konstatiert Maurice Defosse ein allmähliches Verschwinden des Brauchs, die Braut zu kaufen, und schreibt dazu: »Meistens gibt es aber immer noch des ›Brautgeld‹ und die Morgengabe bzw. das Witwengeld, nur beläuft sich dieser Preis auf eine geringe Summe, zuweilen nur auf einige Handvoll Kau-

rimuscheln, deren Funktion es ist, das Prinzip des Kaufs der Frau und des Preises für ihre Jungfräulichkeit weiterhin aufrechtzuerhalten.« (Delafosse, S. 409)
Lit.: Delafosse, Eliade, Herber.
Siehe auch: Fruchtbarkeit/Sterilität, Jungfräulichkeit, Muschel, Tätowierung.

KAYYAS (Masseur, vom Verb *kayyasa*, »massieren«, »heftig reiben«). *Kayyas* oder *mukayyis* ist die Bezeichnung für einen ausgebildeten Masseur, der zu den Bediensteten im Hammam (**s. dort**) gehört. Für die Besucher sind die Massagen immer wieder ein interessantes Schauspiel, weil jeder Masseur seinen ganz eigenen Stil hat.
Siehe auch: Hammam, Massage, Orientalische Lebensart.

KEUSCHHEIT (*ᶜiffa*). Die Keuschheit als geistige Haltung besteht darin, die Triebe, besonders den Sexualtrieb, unter Kontrolle zu halten mit dem Ziel, sich immer mehr einem Idealzustand zu nähern, der als der Weg gilt, welcher zu Gott führt.
Im islamischen Recht ist die Keuschheit streng geregelt, denn nach seiner Auffassung ist sie der Grund des Schamgefühls wie die Wurzel aller Normabweichung und Ausschweifung. In diesem Punkt hält es sich äußerst streng an den Koranvers: »Und sag den gläubigen Frauen, sie sollen ihre Augen niederschlagen, und sie sollen ihre Scham bewahren.« (24, 31)
Mit der gesetzlichen Strenge in diesem Bereich wird versucht, der Ausschweifung und dem Ehebruch vorzubeugen – »Selig sind die Gläubigen, (…) die sich des Geschlechtsverkehrs enthalten (bzw. ihre Scham bewahren) außer gegenüber ihren Gattinnen oder was sie (an Sklavinnen) besitzen, (denn) dann sind sie nicht zu tadeln« (Koran 23:1, 5, 6) –, und auch zu vorübergehender Abstinenz anzuhalten, solange nicht alle Voraussetzungen für den Vollzug der Sexualität erfüllt sind: »Und diejenigen, die es sich nicht leisten können zu heiraten, sollen so lange Enthaltsamkeit üben (bzw. darauf verzichten), bis Gott sie durch seine Huld reich macht.« (24, 33)
Durch solche Verse ist hinreichend belegt, daß es bei den Beduinen im Gegensatz zu dem, was heute behauptet wird, bereits zur damaligen Zeit allgemein Brauch war, eine Frau zu verdammen, »die ein zügelloses Leben führte und sich nicht von unzüchtigen Wüstlingen fernhielt«, wie Farès in *L'Honneur chez les Arabes avant l'Islam*, S. 75, bemerkt. Der Autor hat nachgewiesen, daß die Keuschheit der Frau zur damaligen Zeit, wie es auch heute noch der Fall ist, mit ihrer Nacktheit in Beziehung stand (**s. Nacktheit**). Ein lasterhafter Lebenswandel wird dagegen nach den Umständen beurteilt, die ihn herbeiführten (**s. Ruf (guter)**).
Das Keuschheitsgelübde wird vom Islam jedoch verurteilt, sobald es zu einer bewußten Haltung wird, die auf eine partnerlose Isolation abzielt und reine Angst vor dem Eingehen eines Ehebundes ist. Von Bukhari wird überliefert, daß der Prophet den Wunsch von ᶜUthman ibn Mazᶜun, ein Keuschheitsgelübde abzulegen, abgelehnt habe. Aufschlußreich für das Denken in der damaligen Zeit ist, daß Saᶜd ibn Abi Waqqas, der diesen Hadith* überliefert, dazu als Kommentar anmerkt: »Hätte er ihm die Erlaubnis dazu gegeben, so hätten wir ein Keuschheitsgelübde abgelegt.«

Und daran schließt er an, was Abdullah berichtete:
»Wir waren mit dem Gesandten Gottes auf einem Kriegszug und hatten keine Frauen dabei. Daher sagten wir zum Propheten: ›Ist es nicht besser, wenn wir uns kastrieren lassen?‹ Er verbot uns das, erlaubte aber, Frauen für eine begrenzte Zeit zu ehelichen. In diesem Zusammenhang rezitierte er: ›Ihr Gläubigen! Verwehrt euch nicht die guten Dinge, die Gott euch erlaubt hat! Und begeht keine Übertretungen! Gott liebt die nicht, die Übertretungen begehen!‹« (Koran 5, 87) (Bukhari, S. 329)

Koran: 70, 29-31.

Lit.: Bukhari, Farès.

Siehe auch: Abstinenz, Ehelosigkeit, Hadath, »Hifaz ᶜala al-fardj«, Mäßigung, Nacktheit, Ruf (guter), Scham.

KEUSCHHEITSGÜRTEL. Eine direkte Entsprechung zu den Keuschheitsgürteln, von denen im mittelalterlichen Europa besonders zur Zeit der Kreuzzüge angeblich eifrig Gebrauch gemacht wurde, ist in den islamischen Ländern unbekannt. Es gibt jedoch einen animistischen Brauch, der darin besteht, das Hymen (sfah) der jungen, noch unberührten Frau zu »panzern«, so daß es von keinem Mann vor der Hochzeit penetriert werden kann.

Siehe auch: Defloration, Gürtel, Jungfräulichkeit.

KHATAL (von *khatala, yatakhattalu*). Schmeichelei. Eine Form der Verführungskunst; auch die Bezeichnung für das affektierte Benehmen einer verliebten Frau.

KHATIM (Ring). Heute das sichtbare Zeichen der Verbindung. Diese Form des Treueversprechens durch den Liebhaber ist aus dem Abendland in den Orient gekommen. Auch die Sitte, daß die künftige Gattin den Ring am Tag der Verlobung erhält, stammt aus dem Westen.

KHAYYAM (Omar), gest. 1132. Der berühmte persische Mathematiker und Dichter, der in arabischer Sprache schrieb, kam um 1042 (nach anderen Quellen um 1050) in einem kleinen Dorf bei Nischapur in der persischen Provinz Khorasan zur Welt. Bekannt wurden vor allem seine Vierzeiler (*rubaᶜiyat*) – deren Zuschreibung teilweise umstritten bleibt –, in denen er den Rebensaft, die Knaben und das gute Essen preist.

Khayyam genoß eine sorgfältige Erziehung in den klassischen Disziplinen der Wissenschaft und verschrieb sich früh der Forschung und der philosophischen Betrachtung. Fleiß und Schaffenskraft machten ihn zu einem der meistgeschätzten Mathematiker seiner Zeit, doch im Gedächtnis der Nachwelt lebt er vor allem wegen seiner spirituellen Betrachtungen fort: Noch heute spürt man in seinen Sinnsprüchen die einzigartige Mischung aus philosophischen Kenntnissen und poetischer Inspiration, die dadurch noch einen besonderen Reiz erhält, daß Khayyam sich auch als Freigeist und Ungläubiger zeigt und immer wieder die Trinkgelage besingt. Wie ein rechtgläubiger Muslim wirkt dieser Gelehrte wahrlich nicht – kaum jemand hat so brillant gegen die religiösen Dogmen gewütet und die Mullahs verspottet wie er. Aber vielleicht war es gerade seine Gläubigkeit, die ihm verbot, sich dem Anspruch auf Alleingültigkeit zu unterwerfen, den eine bestimmte Kaste für ihre Äußerungen zu den Fragen der Religion beanspruchte. Omar Khayyam ist ein Meister der Blasphemie, seine Kunst beweist sich in der Eleganz der Verspottung und Provokation: Ganz offensichtlich fühlt er sich berufen, die Heuchler zu schmähen und die falschen Propheten und Winkeladvokaten des Glaubens lächerlich zu machen, und dabei kennt er keine Rücksichten. So erklärt er kategorisch: »In der Schenke holen wir die Zeit wieder auf, die wir in der Moschee verloren haben.« Oder auch: »Wenn ich während des Ramadan Nahrung zu mir nahm, so denkt nicht, daß es aus Unachtsamkeit geschah. Nein, das Fasten hatte mich so erschöpft, daß mir der Tag zur Nacht geworden war und ich stets glaubte, mein Frühstück einzunehmen.«

Wie jeder persische Gelehrte besaß auch Omar Khayyam genaue Kenntnisse sowohl der islamischen Hagiographie als auch der zoroastrischen Tradition, einschließlich aller Legenden und Mythen. Er verstand sich als Perser, aber er schrieb arabisch – und er benutzte die Metaphern beider Welten. Typisch für sein Werk ist aber auch, daß er beständig das Hohelied des Weines singt, den er ein ums andere Mal als ›das Blut des Weinstocks‹, ›die Frucht des Weinstocks‹, ›den Saft der Rebe‹ und den ›göttlichen Trank‹ bezeichnet. Man kann ihn als den Großmeister des Weintrinkens sehen: Für ihn hat der Rausch nichts Elendes oder Trauriges, er ist eine Lebensweise, ein Verlangen und eine heitere Art, sich die Zeit zu vertreiben:

In einem Arm den Krug, im andern den Koran,
Bald auf dem graden Weg, bald auf verbotner Bahn,
So bin ich unter dem türkisgewölbten Dom
Kein ganzer Heide und kein rechter Muselman.
(Khayyam, *Sinnsprüche*, S. 33)

Auch die Liebe zu den Knaben hat Omar Khayyam mit seiner dichterischen Kraft geadelt, die Verheißungen des Koran dagegen ließen ihn offensichtlich kalt:

Der Koran sagt, im Paradies sei Wein
Der Frommen Lohn und holde Mägdelein.
Dann sei schon hier mir Lieb und Wein erlaubt,
Wenn's droben doch dasselbe nur soll sein!
(Ebd., S. 51)

Khayyam hätte ein hochgeehrter Künder des Glaubens werden können – wäre er nicht so offen ketzerisch aufgetreten. Dennoch war er als Astronom, Philosoph und Gelehrter anerkannt. 1123 starb er in seiner Heimatstadt Nischapur.
Siehe auch: Ghulam, Hedonismus, Huri, Paradies, Wein, Wunder.

KHUNTHA s. Hermaphrodit.

KHUSRAU s. Shirin und Khusrau.

KINN *(dhaqn)*. Das Kinn wird oft als Apfel *(tuffah)* oder Zuckerplätzchen *(shammama)* umschrieben. Sharif-addin Rami führt in seinem Werk über die Schönheit bei den Arabern und Persern dazu folgendes aus:
»Zwölf Metaphern sind bekannt, die das Kinn umschreiben, davon beziehen sich vier auf das Bild des Apfels *(tuffah,* pers.: *sib),* des Zuckerplätzchens *(shammama)* und des duftenden Apfels *(dastanbu).* Auch die übrigen acht sind allgemein gebräuchlich: Quitte, Orange, Kugel, Silberkugel, Brunnen, Brunnen von Babylon, gestautes Wasser, teure Seele.« (Rami, S. 72)
Außerdem wird das Kinn auch mit der Wamme (am Hals) des Stiers und mit der Traube verglichen.
Lit.: Rami.
Siehe auch: Schönheit.

KINO. Zeitgleich mit seiner Erfindung in Europa hat das Kino auch den größten Teil der arabisch-islamischen Welt erreicht – die ersten Kurzfilme der Brüder Lumière wurden bereits 1896 auch in Alexandria aufgeführt, und schon 1917 hatte Ägypten eine eigene Filmproduktionsgesellschaft. Doch wurde die Liebe, das gewissermaßen natürliche Sujet des Kinos, in den entsprechenden Filmen lange Zeit nur in Form des Melodrams oder der musikalischen Komödie mit absehbarem Happy-End verhandelt. So gelang es zwar dem arabischen Kino schon früh, sich neben den Produktionen aus Europa und Hollywood zu behaupten und deren ästhetische Vorgaben mehr oder weniger kunstreich auf einen folkloristisch-romantischen (fast immer patriarchalisch geprägten) Hintergrund zu übertragen. Eine nachhaltige Wirkung auf den gesellschaftlichen Diskurs über die Liebe ging von dieser Filmproduktion jedoch zunächst nicht aus. Auch wenn mit der aufstrebenden Filmindustrie eine ganze Reihe ausgesprochen glamourös inszenierter Frauen (Fatma Rushdie, Laila Mourad, Faten Hamama) zu Leinwand-Göttinen wurden und die Träume des männlichen Publikums nährten, blieben sie doch auch als Filmdiven den strengen Gesetzen der Schicklichkeit unterworfen, im Kino wie zumeist auch im Leben: Durchaus bezeichnend dafür ist das Beispiel der Haydée Samama, deren Vater, der tunesische Filmpionier Albert Samama-Chikli, sie zwar in den 20er Jahren in seinen eigenen Filmen als hinreißende Schönheit in Szene setzte, ihr jedoch untersagte, einem Ruf ins »Sündenbabel« Hollywood zu folgen.
Es dauerte bis 1958, ehe der Ägypter Youssef Chahine mit seinem Film *Bab al-Hadid (Tatort Hauptbahnhof Kairo)* den Kreis des Schweigens mit unerhörter Kühnheit durchbrach. Indem er die Beklemmungen und Obsessionen eines, noch dazu gehbehinderten, armen Teufels ohne jede moralische Distanzierung zeigte, seine Traumwelt zwischen Hollywood-Postern und einer verführerischen Limonadenverkäuferin als durchaus allgemeingültige Sehnsucht inszenierte, gelang dem Regisseur mit diesem noch heute äußerst bemerkenswerten Werk ein Riesenschritt zur Emanzipation des Kinos von gesellschaftlichen Zwängen. Erstmals hatte ein arabischer Regisseur die sexuelle Not als der wirtschaftlichen gleichwertig dargestellt und damit auch einen großen Schritt über den damals bereits entwickelten Sozial-Realismus (wie er etwa in Henri Barakats Film *Al-Haram – Die Sünde* seinen Niederschlag fand, der die verzwei-

felte Lage einer unverheiratet schwangeren Frau auf dem Lande schilderte) hinaus getan.

Die Inszenierung des Orients und seiner erotischen Traditionen war bis dahin wesentlich dem westlichen, von Hollywood inspirierten Kino vorbehalten. In Filmen, deren Hauptrollen von Herzensbrechern wie Rudolph Valentino, Cornell Wilde oder später auch Clark Gable gespielt wurden, zelebrierte die »Traumfabrik« im wesentlichen die Klischees von betörenden Farben, Düften, Klängen und bezaubernden Frauen (in solchen Rollen brillierten u.a. Susan Hayward, Myrna Loy oder Greta Garbo), welche die Helden aus den Klauen tyrannischer (natürlich muslimischer) Despoten zu befreien hatten. Dabei wurden die Grenzen der Keuschheit und der Scham freilich ähnlich streng beachtet wie im arabischen, iranischen oder türkischen Kino. Auch im Westen dauerte es Jahrzehnte, bis Pier Paolo Pasolini 1974 in den frivol-sinnlichen *Erotischen Geschichten aus Tausendundeiner Nacht* den »gereinigten« Kinderversionen der arabischen Märchen seine fröhliche Sexualität entgegensetzte. Dabei entfalteten die Drehorte, vor allem die bis heute fast unberührte Altstadt von Sana' im Jemen, das ganz besondere Flair einer von erotischen Anspielungen geradezu überfüllten orientalischen Traumwelt.

Das arabische Kino hatte derweil – auch in Verbindung mit den Größten der zeitgenössischen Literatur, die sich häufig als Drehbuchautoren hervortaten (Nagib Mahfus, Youssef Idris, Abdal-Rahman al-Sharqawi) – eine deutliche Hinwendung zum Realismus vollzogen. Doch folgten zunächst nur wenige Regisseure dem Weg des herausragenden Chahine, der die Grenzen des Tabus mit großem Geschick immer weiter hinausschob. Es war Chahine, der das bis dahin (und in vielen TV-Produktionen bis heute) stillschweigend geltende Verbot durchbrach, Mann und Frau im Blickkontakt miteinander zu zeigen; er war auch der erste arabische Filmemacher, der Geschichten in der ersten Person erzählte, Szenen von Homosexualität oder weiblicher Masturbation zumindest unmißverständlich andeutete. Dagegen verschärfte sich mit der wirtschaftlichen Krise ab Ende der 70er Jahre für viele Regisseure auch die faktische Zensur: Nachdem der saudi-arabische Videomarkt – im wahabitischen Königreich Saudi-Arabien ist das Kino verboten, weil sich dort die räumliche Trennung der Geschlechter nicht gewährleisten ließe – zum bedeutendsten Produktionsfaktor des gesamten arabischen Films geworden ist, setzen die dortigen Sittenwächter mit ihren zahlreichen Verbündeten in der islamischen Orthodoxie immer unnachgiebiger ihr Verbot jeglicher Sexualität und Erotik auf der Leinwand durch. Heute ist es, neben Chahine und wenigen anderen »Altmeistern«, vor allem eine junge Generation von Filmemachern, die sich von Bilderverboten und ästhetischer Diktatur immer weniger beeindrucken lassen.

So rief etwa der tunesische Regisseur Farid Boughdir 1990 mit seinem Film *Halfaouine* nicht nur in Tunesien die Sittenwächter auf den Plan, weil er zeigte, wie ein pubertierender Junge in einem Frauen-Hammam seine erotischen Beobachtungen anstellt. Boughdir traf mit seinen Bildern von der Suche nach sexueller Orientierung den Nerv des Publikums auch in einer vergleichsweise desinformierten westlichen Öffentlichkeit: »Ein Film, dessen großes Verdienst ist, keinen Zweifel daran zu lassen, daß in diesem oder jenem Viertel von Tunis alle Welt an nichts als an Sex denkt«, notierte Serge Daney, einer der bedeutendsten europäischen Filmkritiker der jüngeren Zeit, anäßlich der Premiere. (*L'Exercice a été profitable, Monsieur,* S. 272) Daney nannte gleich eine Reihe junger arabischer Regisseure, die mit ähnlichen Filmen »ein fleischlicheres, genaueres Bild von ihrer eigenen Kultur zeichnen«: der Palästinenser Michel Khleifi *(Hochzeit in Galiläa),* der Tunesier Nouri Bouzeid *(Der Mann aus Asche)* und der Ägypter Yousri Nasrallah *(Mercedes).* Der Syrer Nabil Maleh etwa schilderte 1995 in *Al Kombars (Die Statisten),* wie ein junges Paar unter der Last politischer Repression und gesellschaftlicher Tabus förmlich sprach- und lieblos wird; die Libanesin Randa Chahal-Sabbag beschwört in *Ecrans de sable (Sandleinwände)* die Kraft weiblicher Sinnlichkeit gegen eine unheimliche, unsichtbare Despotie; Yousri Nasrallah bestach mit seinem Dokumentar-Spielfilm *Sobiyan wa Banat (Jugend, Liebe und Koran),* in dem ägyptische Jugendliche in bisher nicht dagewesener Offenheit vor der Kamera über Beziehungen, Erotik und Verschleierung sprechen.

Unterdessen ist die nicht nur verschämt angedeutete sexuelle Sehnsucht auch aus der trivialeren arabischen Filmproduktion nicht mehr wegzudenken. Und die Art, in der etwa Filmstar Yousra in der gesamten arabischen Welt angehimmelt wird, erinnert durchaus an die eindeutig erotische Verehrung einer Brigitte Bardot im vergleichsweise prüden Europa der frühen 60er Jahre.

Lit.: Daney.
Siehe auch: Bauchtanz, Kunst, Orientalische Lebensart, Orientalismus.

KLAPS *(darabat al-mahabba).* Tifashi (gest. 1253) erwähnt diese in gemischten Gesellschaften zu seiner Zeit mit Wonnen verbundene Praxis im Kapitel »Les tapes dans le jeu d'amour. Ce qu'elles offrent de profitable et d'utile« (etwa: Die Klapse im Liebesspiel. Ihre Vorteile und ihr Nutzen):

»In fröhlicher Stimmung verabreichte Klapse sind unerläßlich bei kleinen Rangeleien unter Brüdern, bei den ausgelassenen Spielen, die Zecher um einen Tisch vereinen, in Augenblicken des entspannten Neckens und Scherzens, unter jungen Leuten. Diese Klapse tragen dazu bei, eine wilde Person zu zähmen, jemanden mit verkniffener Miene zu entspannen, Traurige heiter zu stimmen, Melancholische aufzurichten, jeden Menschen, den sein Kummer hart werden ließ, wieder weich zu stimmen. (...) Ich sah, wie Leute ein Vermögen ausgaben, kostbare Ketten aufbrachen, um die Freuden eines Tages, die Sinnenlust einer Nacht kosten zu können: Und dennoch empfingen sie diese Freuden, diese Lust immer nur als einen Bruchteil dessen, was ihnen durch einen einfachen Klaps im Laufe einer galanten Gesellschaft zuteil geworden wäre, mit allem Gelächter und aller guten Laune, die dies nach sich zieht. Und die Freude ist erst dann vollkommen, wenn jeder, nachdem er seinen Klaps erhalten hat, sich anschickt, dem Nachbarn zu seiner Rechten ebenfalls einen zu versetzen, um wiederum am Nachbarn zur Linken Rache zu nehmen, denn die Freude wird immer größer, wenn ein Klaps wie der mit einem köstlichen Trank gefüllte Kelch die Runde macht. Es zweifelt in der Tat niemand daran, daß man anderswo keine befreiende Beschäftigung finden kann, die eine solche Ausgelassenheit bewirkt und derart geeignet ist, Traurigkeit aus den Herzen zu vertreiben.« (Tifashi, S. 158f.)

Diese besondere Kunst des freundschaftlichen Klapses, der einmal ein Scherz zwischen zechenden Kameraden ist, ein andermal in eine Zärtlichkeit übergeht, erinnert natürlich an den Klaps auf den Hintern *(ridfa)*. Beide sind ambivalent und erotisch aufgeladen.
Lit.: Tifashi.
Siehe auch: Berührung, Hintern, Orientalische Lebensart, Päderastie, Vorspiel.

KLEIDUNG *(libas, thaub, kisa')*. Da er sie als einen besonders erlesenen und herausragenden Moment in seinem Leben empfindet, verschönert der Mensch die Liebe durch verschiedene äußerliche Beiträge materieller Art, worunter die Kleidung eine durchaus emblematische Rolle als Signal und Belohnung spielen kann. So pflegte auch die arabische Frau, bevor man sie in den letzten Jahrhunderten einzusperren begann, ihre schönsten Gewänder und Geschmeide anzulegen, wenn sie das Haus verließ, entweder um ihren Liebhaber zu treffen, oder um ihre Einkäufe zu erledigen. Seither haben sich die Anlässe zum Tragen festlicher Kleidung jedoch auf Besuche offizieller Veranstaltungen (Zeremonien oder Familienfeste) oder aber auf die private Sphäre innerhalb des Hauses beschränkt. Heute, da auch die arabische Frau berufstätig ist und zur Arbeit geht, beginnt sie ihre Art, sich darzustellen, wieder neu zu definieren und zeigt sich erneut wählerisch in der Art ihrer Kleidung, und zwar abgestimmt auf zwei Haupterfordernisse: 1. der gesellschaftlichen Erwartung zu entsprechen, daß sie »ihre Scham bewahrt«, wie der Koran es vorschreibt – und daher ist ihre Kleidung »schicklich« und funktional; 2. und dennoch zu versuchen, die Blicke eines möglichen Partners auf sich zu ziehen, denn schließlich ist die Kleidung zuallererst ein schmückendes Kostüm.
Die Kleidung hat aber nicht nur diese, sondern auch eine Menge anderer Funktionen, die noch dazu von Land zu Land variieren, wie die unterschiedlichen Trachten in der arabisch-muslimischen Welt bezeugen. So wurde z.B. der Schleier von den Frauen der mamelukischen Gesellschaft ursprünglich nicht getragen, um ihre Formen zu verbergen, sondern im Gegenteil zu dem Zweck, sie von der großen Masse zu unterscheiden **(s. Schleier)**. Während Hut und Handschuhe in diesen Ländern – wohl aufgrund der Hitze – nicht existieren, sind Schmuck und Geschmeide dort wiederum stark verbreitet. Die Araberin widmet dieser Zier einen besonderen Kult, der über die an sie gestellten ästhetischen Erwartungen, nämlich den Reichtum ihrer Abstammung symbolisch zur Schau zu stellen, hinausgeht und beiläufig auch den Rang signalisiert, auf dem sie sich zu sehen wünscht. Hasan ibn Mohammed al-Wassan al-Zayyati (1483-1554), besser bekannt unter dem Namen Leo Africanus, den er als bekehrter Christ annahm, schrieb im 16. Jh.:
»Die Frauenspersonen (Kairos) sind reich gekleidet und prächtig mit Juwelen geschmückt. Diese tragen sie in Kränzen über der Stirn und um den Hals. Auf dem Kopf haben sie Hauben von großem Wert, die eng und lang wie eine Röhre und etwa eine Spanne hoch sind. Ihre anderen Kleider sind Weiberröcke verschiedener Art mit engen Ärmeln, feiner Arbeit und schöner Stickerei. Darüber hängen sie Tücher von feinstem, glänzendstem ostindischen Baumwollstoff. Über dem Gesicht haben sie einen Schleier, der schwarz und äußerst fein gewebt,

aber doch etwas rauh ist und aus Haaren verfertigt zu sein scheint. Dadurch können sie andere sehen, aber selbst nicht gesehen werden. An den Füßen tragen sie Halbstiefel und sehr schöne türkische Schuhe.
Die Frauen sind der Pracht und dem Stolz so sehr ergeben, daß keine spinnen, nähen oder kochen mag. Deswegen muß der Mann alle Speisen aus den Garküchen nehmen.« (*Beschreibung Afrikas*, S. 226)
Ähnlich kritisch fällt sein Urteil über die Tunesierinnen aus:
»Die Frauen gehen gut und zierlich gekleidet (…) Reinlichkeit durch das Baden und Wohlgerüche sind ihre wichtigsten Sorgen. Daher kommt es auch, daß die Parfümierer ihre Läden als letzte schließen.« (Ebd., S. 165)
Abgesehen von Schmuck und Schleier gehört zur Kleidung der arabischen Frau normalerweise eine *djubba* (wahrscheinlich ist daraus *jupe*, das frz. Wort für ›Rock‹, entlehnt), eine *gandura* (Kleid), manchmal eine *shashiya* (Kopfhaube) und die *sandal* (Sandale). In einzelnen Regionen spielen Sandalen und Schuhe ganz allgemein in der Mitgift, die die Braut erhält, oder unter den vorbereitenden Geschenken, die zwei Familien in Hinblick auf eine Verbindung ihrer Kinder austauschen, eine wichtige Rolle (**s. Schuhe**). Wenn sie sich außer Haus begibt, trägt die Marokkanerin einen *caftan* (Mantel), eine Art gestickten, relativ kostbaren Umhang, der die anderen Teile der Kleidung bedeckt. Bei den Tuaregs verhüllen die Frauen ihren Kopf nur mit einem leichten Schleier, während die Männer den *taguelmust*, jenes traditionelle, je nach Rang weiße, schwarze oder indigoblaue Turbantuch *(shash)* um den Kopf gewickelt tragen.
Um seine Funktion der Prachtentfaltung zu erfüllen, muß die Kleidung wie überall mehrere Bedingungen erfüllen: Der Stoff muß von entsprechender Qualität, der Schnitt modisch-zeitgemäß sein, die Farben müssen harmonisch auf einander abgestimmt sein, und schließlich muß das Ganze natürlich elegant sitzen. Nur dann fühlen sich die verliebte Frau oder ihr Verehrer in dem Gewand, das sie zur Schau tragen, glücklich, und nur dann wird es über seine gesellschaftliche Funktion hinaus zu einem Symbol magischer Vermittlung, die die Voraussetzung für eine Begegnung schafft:

Sie kleidet sich in Festgewänder,
bunte Farben,
Taft und Kaftans,
vom Gürtel umschlossen.
Geschmeide, so zahlreich
wie Schwärme von Tauben,
eins folgt dem andern,
wie eine Gazelle, umgeben von Mauern.
(Belkheir, S. 69)

Über die orientalische Kleidung, ob arabisch, persisch oder türkisch, wurde eine Fülle wissenschaftlicher Literatur verfaßt, die von Reinhart Dozy (1820-1883) mit seinem *Dictionnaire détaillé des noms de vêtements chez les Arabes* und dem *Supplément aux dictionnaires arabes* begründet wurde.
Letztlich ist die Art der Kleidung, die man wählt, selbst ein Geschenk, nämlich eine miteinander geteilte Emotion, die die Liebenden einander als eine wortlose

Antwort auf ihr Werben und Begehren darbieten, wie André Roman in seiner kleinen Studie über Bashshar Ibn Burd bemerkt: »Durch ihr Bild, das seine Träume verfolgt, durch den erlesenen Duft ihrer Gewänder, durch die wallenden Roben *(burd, djilbab)*, Mäntel *(hulla, rida')*, Röcke, durch den *izar*, der die untere Partie des Körpers bedeckt, und den Gürtel, der all dies zusammenhält, wird der Liebende unausgesetzt verhext, (…) während die Schleier die Geliebte verhüllen und ihren Hinterhalten dienlich sind: ›Sie hat mir hinter ihren Schleiern tausend Arten von Toden, rote wie schwarze, gesandt‹ oder: ›Sie erscheint, wenn sie ihren Schleier fortschlägt, wie ein runder Mond aus ihren mit Safran und Saflor reich getönten Stoffen‹.« (Roman, *Un poète et sa dame*, S. 335f.)

Lit.: Belkheir, Besancenot, Chelhod, Dozy, Erman/Ranke, Leo Africanus, Ouagouag-Kezzal, Roman.

Siehe auch: Haare, Nacktheit, Scham, Schleier, Schmuck.

KLITORIS *(bazr*, allgem. Begriff und med. Fachterminus; *muda^{c}abat al-bazr:* Klitorismasturbation). Obwohl ein besonderer Teil der weiblichen Geschlechtsorgane, wird die Klitoris in der erotischen Literatur Arabiens nicht gesondert beschrieben. Der Dichter spricht von ihr ohne nähere Präzisierung als einem Teil der weiblichen Scham. Nur in Anatomie und Chirurgie sowie von Hebammen und den Frauen, die in Afrika und Nubien die rituelle Exzision vornehmen, wird sie namentlich eigens bezeichnet.

Siehe auch: Beschneidung, Exzision, Kastration, Körper.

KNABENKRAUT *(al-hayya wa'l-mayyita*, wörtl.: »die Lebende und die Tote«, allgemeiner Begriff für Orchidee, wörtl.: »kleiner Hoden«). Pflanze, die aus Asien oder Südeuropa kommt, aus der Familie der Orchidaceae; man verwendet sie als Liebestrank oder Aphrodisiakum. Mathéa Gaudry berichtet von einer Legende aus dem algerischen Aurèsgebirge, derzufolge Knabenkraut sehr gefürchtet sei, weil »die lebende seiner beiden Wurzeln als Aphrodisiakum verwendet wird und die tote als Antierotikum.« (*FCA*, S. 244)

Lit.: Gaudry.

Siehe auch: Aphrodisiaka, Flora, Parfum.

KNOTENSCHLAGEN *(rubut*, wörtl.: »Knoten«; *a^{c}anna al-radjul*, wörtl.: »den Mann impotent machen«, nach Gasselin). Es handelt sich hierbei um einen immer noch existierenden Volksglauben, demzufolge man einen Mann in seiner Hochzeitsnacht impotent machen kann, indem man ihn durch ein magisches Ritual hemmt *(shakkala)*. Dieser Glaube ist so stark, daß der Bräutigam, seine Familie und seine Freunde enorme Vorsichtsmaßnahmen treffen müssen, um ihm dieses Unglück und diese große Schande zu ersparen. Einer verschmähten Frau wird oft unterstellt, sie wolle sich durch Knotenschlagen am Bräutigam rächen und bediene sich dabei gern einer Hexe, einer Wahrsagerin (**s. dort**), eines Talib* oder anderer religiöser Heiler.

Mathéa Gaudry entdeckte nachfolgendes Rezept im Aurèsgebirge (Algerien), das dazu dient, eine Art Bann auf den Ehemann zu legen, wohl um zu verhindern, daß er mit anderen Frauen sexuelle Beziehungen eingeht:

»Um Knoten zu schlagen, muß die Frau, solange ihr Ehemann schläft, seine Größe messen, und zwar mit einem Faden. Dann muß sie sieben Knoten in diesen Faden schlagen, eine Nadel durch jeden stechen, ihn in Form eines Kreises vergraben, eine Stecknadel aus ihrem Schleier nehmen und sie umgekehrt in ihr Haar stecken. Der Faden muß sieben Tage in der Erde und die Stecknadel sieben Tage im Haar bleiben. Nach dieser Zeit wirkt der Zauber.« (*FCA*, S. 244) Ist die Zeit der großen Funktionshemmung erst einmal vorbei, ist das Knotenschlagen nicht mehr wirksam. Die Wirkung des Aberglaubens schwindet, sobald der ursprüngliche Grund für die Störung nicht mehr existiert.

Lit.: Belguedj, Chebel *(ES)*, Gaudry.

Siehe auch: Hochzeitsnacht, Koitus, Sexuelle Initiation, Zauber.

KOITUS *(djima^c wat', nikah, istimta^c).* Während im Koran nur synonyme Begriffe wie *dukhul, masis* oder *limas* verwendet werden, gibt es in der erotischen Literatur natürlich eine wahre Fülle von Ausdrücken für Koitus, Beischlaf und geschlechtliche Vereinigung im allgemeinen. *Nikah* ist die am häufigsten gebrauchte Bezeichnung und hat die Nebenbedeutung »Vermählung«. Daneben gibt es Ausdrücke wie *al-djima^c* (Vereinigung, Conjunctio), *al-bid^c* (Koitus) oder *al-wat'* (zwei Begriffe, die im muslimischen Fiqh* verwendet werden). Das letztgenannte Wort bedeutet Koitus im konkreten Sinn, jedoch mit der Konnotation des Dominierenden, denn dieses Verb evoziert auch den Sinn von »mit Füßen treten« und »jemanden bzw. etwas besteigen.«

Weitere Ausdrücke: *al-bah, al-wisal, al-mubashara, al-mudjama^{c}a, al-mu^{c}ashara* (wörtl.: »Beiwohnen«, »Kohabitation«); *zina'* (ein koranischer Begriff, dazu die Wendung: *az-zaniyun wa al-zaniya*, wörtl. »Unzucht treibende Männer und Unzucht treibende Frauen«); *naka, dakhala* und *dukhul, daqqa, fataqa* (in der Bedeutung von »vergewaltigen«, »mit Gewalt nehmen«); *aghsala* »mehrmals hintereinander Liebe machen« (ein Mann, der unablässig koitiert, wird nämlich als *ghassal*, wörtl. »einer, der sich häufig wäscht«, bezeichnet, denn nach den Gesetzen des islamischem Rechts hat er sich nach diesem Akt wie von einer Verschmutzung zu reinigen: **s. Reinigung**); *harth*, Beischlaf unter Gewaltanwendung (wörtl.: »Beackerung, Pflügung«). Das *Dictionnaire français-arabe* von Kasimirski erwähnt außerdem die Wurzel *fadda* (wörtl.: »Die Frau während der Penetration so sehr verstümmeln, daß das Perineum zerreißt«), woraus sich eine Fülle anderer Ausdrücke bildete: *wat' bishubha*, versehentlicher oder versuchsweiser Koitus; *hakk*, koitierendes ›Reiben‹. Die Lexika weisen mehr als 400 Verben zur Beschreibung des Geschlechtsakts in all seinen Varianten auf, und allein die Sammlung der Geschichten aus *1001 Nacht* enthält an die 100 Schilderungen von Beischlaf und fleischlicher Liebe (vgl. Dehoï). Überhaupt ist die Sprache der beste Schlüssel zum Verständnis der muslimischen Phantasie auf dem Gebiet der Sexualität und insbesondere der Kunst des Beischlafs, die ein so unverzichtbarer Teil der Liebe ist. Die sexuelle Ekstase wird im Mashreq* als *^{c}usail* (wörtl.: »kleiner Honig«) bezeichnet, während *ladhdha* als Synonym dafür in der literarischen Sprache verwendet wird. Daneben sagt man auch *shahwa, mut^{c}a, tamattu^c, istimta^c*, z.B. in dem Ausdruck *zawadj al-mut^{c}a* (wörtl.: »Genußehe«, **s. dort**, oder »Zeitehe«) für die Ehe in symbolischer oder realer Form und von begrenzter Dauer.

Im Islam ist der Vollzug der Sexualität durch Gesetze geregelt. Das erste und zweifellos entscheidendste ist die eheliche Bindung. Theoretisch haben nur rechtmäßig durch den Bund der Ehe vereinte Paare (in vorislamischer Zeit erstreckten sich diese Bindungen auch auf Leibeigene und Konkubinen) das Recht, den ›Akt des Fleisches‹ auf legale Art zu vollziehen, ohne die Todesstrafe zu riskieren, die in anderen Fällen droht (**s. Zina'**). Dieser Status von Ehemann und Ehefrau berechtigt dafür aber ausdrücklich zu einer sehr bezeichnenden sexuellen Freiheit, und dies zeugt von der zugrundeliegenden Verbindung zwischen Sexualität und Gesetzgebung. Wird der Vollzug der Sexualität nämlich unterlassen, so kann dies ein Scheidungsgrund sein. Nach der Rechtsauffassung der Malekiten kann daher eine Frau, die der Ansicht ist, ihr Mann habe sie ein ganzes Jahr über vernachlässigt, die Scheidung einreichen und bekommt sie auch bewilligt, sobald sie stichhaltige Beweise erbringen kann. Der Mann ist einer nicht so extremen Rechtslage unterworfen, denn aufgrund der conjunctio corporum – der Rechtsgrundlage jeder muslimischen Ehe – hat die Frau seinen sexuellen Gelüsten bereitwillig und uneingeschränkt Folge zu leisten. Nach Abu Huraira, einer der Quellen, die von Bukhari am häufigsten zitiert werden, soll der Prophet gesagt haben: »Wenn ein Mann seine Frau auffordert, zu ihm ins Bett zu kommen, sie sich aber weigert, so werden die Engel sie bis zum Morgengrauen verfluchen« (Bukhari, S. 358). Nach einer anderen Überlieferung heißt es, die Engel würden sie so lange verfluchen, bis sie erscheint.

Auf alle Fälle sind die Muslime aber angehalten, sich innerhalb dieses gesetzlichen Rahmens allen Liebesspielen zu widmen, denn Allah hat ihnen ausdrücklich gesagt: »Ihr Gläubigen! Erklärt nicht die guten Dinge, die Gott euch erlaubt hat, für verboten! Und begeht keine Übertretungen.« (Koran, 5, 87). Und weiter fügte der Prophet in ganz ähnlichem Sinn hinzu: »Im Werk des Fleisches eines jeden unter euch ist ein Almosen« (Nawawi, *Les Quarante Hadiths*, Nr. 25).

Schließlich hat auf jeden fleischlichen Verkehr laut Anweisung des Koran und des Propheten obligatorisch eine Waschung (**s. Reinigung**) zu erfolgen, und damit wird verständlich, weshalb einer, der sich mehrmals am Abend wäscht, eine gute Partie ist, denn dies würde bedeuten, daß er ununterbrochen zum Beischlaf fähig ist.

Unter welchen Regeln wird der Koitus nun im einzelnen vollzogen? Über diese Frage, die in der volkstümlichen Literatur wie in der wissenschaftlichen Liebeskunst ausgiebig behandelt wird, sind wertvolle Auskünfte in einem kleinen Traktat »Von der Ehe« von Ghazali (1058-1111) zu finden, der als 12. Buch in sein Hauptwerk *Wiederbelebung der religiösen Wissenschaften* eingefügt ist: »Es ist eine löbliche Sitte, die Beiwohnung mit der Anrufung des Namens Gottes zu beginnen, dann zu rezitieren: ›Sprich: Gott ist einer‹ (Sure 112, 1), sodann Allahu akbar (Gott ist übergewaltig) und la ilaha illa Allah (es ist kein Gott außer Allah), darauf: ›Mein Gott, laß es eine gute Nachkommenschaft werden, wenn du beschlossen hast, eine solche aus meinen Lenden hervorgehen zu lassen.‹ Der Hochgebenedeite sagt: ›Wenn einer von euch seiner Frau beiwohnt und dann spricht: ›Mein Gott, wende von mir den Teufel ab und wende den Teufel ab von dem, was du uns bescherst‹, so wird der Teufel dem Kind, das sie etwa bekommen, nichts schaden können.‹« (*Von der Ehe*, S. 88)

Anschließend fährt Ghazali mit dem Hinweis fort, daß ein guter Muslim bei Herannahen der Ejakulation als Danksagung an Gott Sure 25, 56 rezitieren soll: »›Gelobt sei Gott (...), der aus Wasser einen Menschen geschaffen und ihn zu (einer Gemeinschaft von) Bluts- und angeheirateten Verwandten hat werden lassen. Dein Herr hat (zu allem) die Macht.‹
Ferner soll man während der Beiwohnung nicht die Richtung gegen Mekka einnehmen, aus Ehrfurcht vor der Qibla*.
Ferner soll der Mann sich selbst und seine Frau mit einem Gewande bedecken, so wie der hochgebenedeite Gottgesandte sein Haupt zu verhüllen, seine Stimme zu dämpfen und zur Frau zu sagen pflegte: ›Sei ganz still!‹« (Ebd., S. 88f.)
Ghazali legt großes Gewicht auf das Vorspiel, die Gesten, die dem Koitus vorauszugehen haben: Die Frau, so lehrt er, muß die Möglichkeit haben, die Lust im gleichen Maße wie er zu genießen, obwohl sie in einem anderen Tempo als der Mann zum Höhepunkt gelangt. Daher muß der Partner sie reichlich mit zärtlichem Streicheln und zärtlichen Worten verwöhnen, um ihre Erregung auf die gleiche Höhe wie seine zu bringen (**s. Zärtlichkeiten**). Auch auf die weibliche Art des Lustempfindens wird also Rücksicht genommen, und der Autor schreibt direkt daran anschließend ausdrücklich – und damit folgt er den großen Theologen der damaligen Zeit:
»Nachdem [der Mann] selbst seine Lust befriedigt hat, warte er außerdem, bis auch die Frau ihre Lust befriedigt hat (...)« (Ebd., S. 90)
Und um zu zeigen, daß er sich der männlichen Neigung zur Hast durchaus bewußt ist, fügt Ghazali erklärend hinzu:
»(...) weil der Erguß der Frau oft später erfolgt, wobei ihre Lust um so glühender wird [anstatt abzunehmen]. Wenn sich der Mann also [zu früh] zurückzieht, wirkt sich dies für die Frau schädlich aus«, und daran schließt er die Bemerkung an, daß diese unterschiedliche Erregbarkeit zu zahlreichen Konflikten zwischen den Ehepartnern führe (**s. Frigidität**).
Ghazali geht auch auf die Häufigkeit des Beischlafs (je nach der Anzahl der gesetzlich genehmigten Frauen ein- oder mehrmals alle vier Tage) sowie auf die damit verbundenen Maßnahmen der rituellen Waschung nach jedem Verkehr ein: »Begehrt er nach dem ersten Beischlaf einen weiteren, so muß er zuvor sein Glied waschen. Hat er einen nächtlichen Erguß gehabt, so darf er erst zum Koitus schreiten, wenn er zuvor sein Glied gewaschen oder uriniert hat.
Ferner ist es schändlich, wenn er aus Furcht, er würde anschließend in ritueller Unreinheit *[junub]* schlafen, den Beischlaf zu Beginn der Nacht pflegt.« (Ebd., S. 93)
Die Frau wird bereits vom ersten Tag der Menstruation an tabu *(haram)*, und da Analverkehr (**s. dort**) streng verurteilt wird, bleibt als Möglichkeit nur noch die Masturbation:
»Dann darf der Mann sich mit Hilfe der Hände der Frau zum Samenerguß bringen lassen und sich an allen Teilen ihres Körpers ergötzen, die vom Untergewand *[izar]* bedeckt sind, außer jedoch zum Beischlaf zu schreiten.« (Ebd., S. 92)
Und schließlich wird in Ghazalis Traktat auch der Verteilung der »fleischlichen Pflichten« zwischen den verschiedenen Ehefrauen, sofern der Mann polygam ist, gebührender Raum gegeben, während sich Razi eingehender über die schäd-

lichen Folgen des Beischlafs und eines zu langen Verbleibs von Sperma im Penis und in den Hoden äußert: »Das Sperma ist etwas Überflüssiges, dessen langer Verbleib im Körper übelriechende Krankheiten verursachen kann. Daher darf man es auch nur in Maßen zurückhalten.« (Razi, *Guide du médecin nomade*, S. 92)

Lit.: Boudhiba, Bousquet, Chebel, Bukhari, Ghazali, Haleby, Ibn Falita, Massignon, Nafzawi, Nawawi, Razi, *1001 Nacht*.

Siehe auch: Abstinenz, Aphrodisiaka, Begehren, Begierde, Bismillah, Coitus interruptus, Ehe, Ejakulation, Entfesselter Koitus, Frigidität, Genußehe, Homosexualität, ʿIffa, Kastration, Körper, Liebe, Loth/Luthi/Liwat, Mäßigung, Masturbation, Nächtlicher Samenerguß, Nikah, Penis, Polygamie, Prostitution, Reinigung, Salutschuß, Scham, »Schlafzimmerkultur«, Sexualität, Sexualmythen, Sexuelle Perversionen, Sexuelle Tabus, Stellungen beim Koitus, Urin, Zärtlichkeiten, Zinaʾ.

KONKUBINAT / KONKUBINEN (*khalila, djariya*, Koranausdruck: *ma malakat aimanukum*, wörtl.: »was eure rechte Hand besessen hat« oder »eure Kriegsgefangenen« d.h. »Sklavinnen«). Die Konkubine hat in der Zivilisation des Islam eine lange Tradition. Sie ist das Produkt einer archaischen Kultur, in der die Anzahl an Frauen als Symbol für Prestige und Reichtum galt. So konnte ein Mann neben seinen rechtmäßig erlaubten vier Ehefrauen über viele weitere Frauen verfügen, ohne die geringsten Schuldgefühle zu hegen, denn dieses Verhalten hatte noch dazu den Segen des Heiligen Buches (**s. Harem**).

Das Konkubinat war seit unvordenklichen Zeiten in Arabien wie in seinen Nachbarländern eine übliche Praxis. Nimmt man das, was in der Bibel berichtet wird, wörtlich, so gab es dieses Phänomen überhaupt schon seit Anbeginn der Welt. Und der Koran hat mangels einer Möglichkeit, es völlig zu unterbinden, zumindest den Versuch unternommen, es in geordnete Bahnen zu lenken, wenn nicht gar menschlicher zu machen, denn das Los als Konkubine war für die weiblichen Sklaven immerhin vergleichsweise milde, während die männlichen Sklaven zu den härtesten Arbeiten verurteilt waren. Gelegentlich wurden diese Konkubinen sogar zu angesehenen Ehefrauen:

»Und diejenigen von euch, die nicht so bemittelt sind, daß sie ehrbare gläubige Frauen zu heiraten vermögen, sollen welche von euren gläubigen Mägden heiraten, die ihr (als Sklavinnen) besitzt. (...) Heiratet sie also mit der Erlaubnis ihrer Herrschaft und gebt ihnen ihren Lohn (Morgengabe) in rechtlicher Weise! Dabei sollen sie sich als ehrbare Frauen betragen, nicht als solche, die Unzucht treiben und sich Liebschaften halten.« (Koran 4, 25, »Die Frauen«)

Dem Herrn ist es streng verboten, seine Sklavinnen der Prostitution auszusetzen (Koran 24, 33); wer dies tut, muß mit exemplarischer Bestrafung rechnen. Mehrere Länder »lieferten« die Konkubinen, die in den Prinzenpalästen zu dienen hatten. Es waren insbesondere die Länder, die der Heilige Krieg überzogen hatte, d.h. der Norden Syriens, das südliche Ägypten, der Westen Libyens und Andalusien. Hatte man während eines Überfalls oder umfassenderen Kriegszuges Frauen gefangen, so wurden diese zu legalen Konkubinen oder Sklavinnen, manchmal beides zugleich. Manche wurden weiterverkauft, andere wieder zurückgegeben, die meisten fanden jedoch einen Käufer aus der Entourage ihres Herrn.

Freilich kann auch die islamische Ehe den Anschein eines getarnten Konkubinats erwecken. »Das Los der Frauen«, schrieb Charles Doughty Ende des 19. Jh.s, »ist nichts anderes als ein Konkubinat ohne Gleichberechtigung; angesichts dieser ungesicherten Existenz bedeutet es eine harte Knechtschaft. Das Besitzrecht [auf die Frau] ist gegen einen bestimmten Preis (aufgrund der Verachtung und Unterdrückung, die inhärent mit ihrem schwächeren Geschlecht verbunden ist) an einen Ehemann abgetreten worden, dem es freisteht, sie wieder zu verstoßen, sobald sie ihm nicht mehr zusagt. Es kann vorkommen (obwohl es bei den Nomaden nicht häufig ist, daß man ihr eine Entscheidung aufzwingt), daß die kurzen Jahre der blühenden Jugend einer Jungfrau einem greisen Mann ausgeliefert werden. Und das Herz dieses Ehemanns gehört dabei nicht einmal ihr allein; wenn sie es nicht bereits de facto von Anfang an mit anderen teilen muß, so wird dies über kurz oder lang der Fall sein. Wenn ihre Reize verwelken, was nicht ausbleiben wird, oder wenn ihr nicht das Glück beschieden war, männliche Kinder zu bekommen, wird sie wie ein nutzlos gewordener Gegenstand abgestoßen. Bis dahin lastet die gesamte Arbeit des Haushalts auf ihr; eines Tages wird sich jedoch herausstellen, daß diese so vergeblich war wie ihre Liebe.« (*Arabia Deserta*, S. 87)

Koran: 4, 3; 23, 6; 33:50, 55; 70, 30.

Lit.: Abd al-Lazik, Djahiz, Doughty, Lytle Croutier, Montaigu, *1001 Nacht*.

Siehe auch: Eunuchen, Ghulam, Harem, Koran, Polygamie, Prostitution, Sklaven.

KONVERSATION *(hadith, mukalama, muhadatha)*. In seinem *Risalat al-ᶜishq* (wörtl.: »Epistel über das Begehren oder die Liebe«) stellt Djahiz (780-869) die Konversation in gemischtem Kreise beiderlei Geschlechts als eine bereits in vorislamischer Zeit bestehende und von allen anerkannte Kunst dar:
»So verkehrten Männer und Frauen in der Djâhilijje [= der vorislamischen Zeit] und auch zu Beginn des Islam frei mit einander, bis dass der Prophet das Gebot der Abschliessung seiner Frauen erliess.
Und solche Liebespaare, die auf Grund des freien Verkehrs der Geschlechter ihre Zusammenkünfte hatten, waren außer Djemîl und Buthaina (s. **Mäßigung**) »ᶜAfra' und Urwa«, »Kuthajjir und ᶜAzza«, »Medjnûn und Lailâ«, »Asmâ und Muraqqish«, »ᶜAbdallah ben ᶜAdjlân und Hind« (s. **Berühmte Liebespaare**)!
Und es kam auch die Sitte auf, dass Frauen aus guter Familie »den Männern zur Unterhaltung sassen«, wobei das gegenseitige freie Anschauen, und zwar sowohl in den Zeiten der Djâhilijje wie des Islams, als durchaus erlaubt und anständig galt.« (Zit. nach ᶜAmr, *Exzerpte und Übersetzungen*, S. 80)
Unter Konversation und Unterhaltung ist hier wohlgemerkt vor allem ein Austausch von Anekdoten (*nukta*, plur. *nukat*), Bonmots *(mazh, mizah)*, Lebensweisheiten *(hikma*, plur. *hikam)* und Impressionen zu verstehen, wodurch nicht nur die markanten Konturen und der Humor der einzelnen Person ins Licht gesetzt werden, sondern auch eine gewisse, für diesen Kulturraum charakteristische Form der Lebenskunst gefeiert wird.
Für den englischen Arzt William Lemprière, der Ende des 18. Jh.s vom König von Marokko gerufen wurde, um das Leben seiner Lieblingsfrau zu retten, bestand die Hauptbeschäftigung der Frauen innerhalb des Harems darin, sich miteinander zu unterhalten:

»Der vorzüglichste Zeitvertreib in diesem traurigen Aufenthalte sind die gesellschaftlichen Zusammenkünfte. Ich habe bei meinen Besuchen im Harem die Frauenzimmer niemals auf andere Art beschäftigt gefunden, als daß sie in einem Kreise an der Erde saßen und sich mit einander unterredeten. Da Jüdinnen alles für sie nähen, und Sklavinnen oder Domestiken (deren sie mehr oder weniger haben, je nachdem sie bei dem Prinzen in Gunst stehen) für ihre Küche und die Einrichtung ihrer Zimmer sorgen: so muß es ihnen wirklich schwer seyn, ihre Zeit hinzubringen, besonders da keine von ihnen lesen oder schreiben kann.« (Lemprière, *Reise*, S. 83)

Und an späterer Stelle notiert er:

»Ich sah im Harem die Weiber selten sich mit etwas anderem beschäftigen, als daß sie bisweilen in den offenen Höfen, bisweilen auch in ihrem Zimmer in verschiedenen Kreisen beisammen saßen, um sich mit einander zu unterhalten.« (Ebd., S. 230)

Im Grunde handelt es sich hierbei also um eine Form der Plauderei, die dazu dient, die Zeit totzuschlagen und das Nichtstun erträglich zu machen – und nicht um jene philosophischen Sitzungen, die nahezu einer gesellschaftlichen Kunst gleichkommen. Diesen begegnet man an den Höfen der orientalischen Prinzen sowie in den Erzählungen aus *1001 Nacht*, wo sie als eine Tugend der wohlhabenden Schichten von Bagdad, Mossul, Aleppo, Kairo und Damaskus darstellt werden.

Lit.: Lemprière, Pellat, *1001 Nacht*.
Siehe auch: Harem, Mäßigung, Orientalische Lebensart, Verführung.

KORAN *(al-qur'an)*. Der Koran ist sowohl eine Art ziviler Leitfaden, der die öffentliche Moral kodiert, als auch ein religiöses Gesetzbuch, das einen vollständigen Kodex für das Leben innerhalb und außerhalb des Hauses bildet. Entsprechend werden die Dinge der Liebe im heiligen Buch der Muslime auf zwei Ebenen behandelt. Die erste Ebene ist die normative, d.h. die gesetzgebende und abstrakte. Sie behandelt die Pflichten des Gläubigen gegenüber der göttlichen Offenbarung und ihren Konsequenzen, wie in mehreren Versen (z.B. in 76, 30 und 81, 29) in aller Deutlichkeit gesagt wird. (Näheres zu diesem Aspekt der Liebe *[mahabba]* s. **Göttliche Liebe**).

Die zweite Ebene ist die konkrete oder natürliche, wie Ibn ʿArabi (1165-1240/1241) sie bezeichnet: Diese behandelt das Liebesleben des Individuums und alles, was damit in Zusammenhang steht (Ehe, Fruchtbarkeit, Treue, Scham, Eifersucht etc.).

Das Wort *hubb* bzw. *mahabba* und seine Ableitungen tauchen in zahlreichen Koranversen auf. Angesichts der vielfältigen Bedeutung dieses Liebesbegriffs sind im folgenden nur die wichtigsten aufgeführt:

Und unter den Menschen gibt es welche, die sich außer Gott (andere) seinesgleichen (zu Göttern) nehmen, indem sie ihnen dieselbe Liebe erweisen wie ihm *[yuhibbunahum kahubbi allahi]*. Doch die Gläubigen lieben Gott mehr *[ashaddu hubban li-llahi]* (2, 165)

Gott erweist sich denen erkenntlich, die Ihn lieben (2, 158; 14, 7), denn Er ist mit ihnen (57, 4). Er liebt die, die Gutes tun (2, 195) und die aufrichtig auf Seinem Weg kämpfen. (61, 4)

Gott wird Leute (auf eure Seite) bringen, die Er liebt, und die Ihn lieben *[yuhibbuhum wa yuhibbunahu]*. (5, 54)
Gott ist überall gegenwärtig: »Wohin ihr euch auch wenden möget, da habt ihr Gottes Antlitz vor euch. Er umfaßt alles und weiß Bescheid« (2, 115). Ja, es wird sogar gesagt (50, 16), wir seien Ihm näher als seine eigene Halsschlagader. Gott liebt die Bußfertigen (2, 222), diejenigen, die an Seine Botschaft glauben (*sayadjʿalu lahumu al-rahmanu wuddan*: 19, 96), sowie diejenigen, die sich reinigen (2, 222).
Da Mohammed der Übermittler des Korans ist, hat der Gläubige ihn so zu lieben, wie er Gott lieben würde: »Sag: Wenn ihr Gott liebt, dann folgt mir *[In kuntum tuhibbuna Allaha]*, damit auch Gott euch liebt *[yuhibbukumu Allaha]* und euch eure Schuld vergibt« (3, 31). Dieses Problem, das in mehreren Suren behandelt wird, läßt die Liebe Gottes durch die Liebe entstehen, die Gott seiner Schöpfung entgegenbringt.
– Gott ist Liebe: 2: 185, 195, 222; 3: 31, 76, 134, 146, 148, 159; 5: 13, 42, 54, 93; 9: 4, 7, 108; 11, 90; 19, 96; 20, 39; 49, 9; 60, 8; 61, 4; 85, 14.
– Liebe zu Gott: 2: 165, 177; 3, 31; 5, 54; 9, 24; 76, 8 (**s. Göttliche Liebe**).
In Kap. X seines *Traktats über die Liebe*, das den »Attributen der Liebenden im Koran« gewidmet ist (*Traité*, S. 135-180), faßt Ibn ʿArabi, in ständigem Wechsel von der göttlichen und der »profanen« Liebe zugleich sprechend, die vielschichtigen Beziehungen, die nach dem Islam zwischen dem Schöpfer und Seiner Schöpfung bestehen, zu den folgenden acht Fällen zusammen:
1. Liebe zu Mohammed, dem Propheten, und Übereinstimmung mit ihm;
2. Gottes Liebe zu den Bußfertigen *(tawwabun)*;
3. Gottes Liebe zu denen, die sich reinigen *(mutatahhirun)*;
4. Gottes Liebe zu den Beständigen *(sabirun)* oder Ergebenen;
5. Gottes Liebe zu den Dankbaren *(shakirun)*;
6. Gottes Liebe zu denen, die ein vollkommenes Verhalten zeigen *(muhsinun)*;
7. Gottes Liebe zu den Kämpfern auf Seinem Weg *(hubb al-muqatilin fi sabili llah)*;
8. Gottes Liebe zur Schönheit *(djamal)*.
Über die fleischlichen Versuchungen sowie die Darstellung der Listen, zu denen sie die Betroffenen verleiten, äußert sich der Koran am ausführlichsten jedoch in der 12. Sure (»Dies sind die Verse der deutlichen Schrift«), worin die Geschichte von Joseph und Suleika (**s. Joseph und Suleika**) erzählt wird. Hier fällt eine sonderbare Gewichtung des Korans auf: Die Homosexualität wird mehr als dreiunddreißigmal erwähnt, während alle anderen sexuellen und parasexuellen Dinge, die die menschliche Phantasie kennt, unter dem Begriff *fuhsh* (Schändlichkeit) oder *zina'* (Unzucht) zusammengefaßt werden.
Im folgenden werden jedoch die Stellen aufgeführt, wo der Koran auf verschiedene Fragen einzeln eingeht:
Frauen *(nisa')*: 2: 228, 282; 3, 195; 4: 1-35 (Titel der Sure: »Frauen«), 124; 13, 23; 30, 21; 36, 55-56; 40, 40; 42, 11; 43: 18, 70; 46, 15; 47, 6; 49, 11; 57, 18.
Konkubinen *(djariya*, plur. *djawarin)*: 4, 3; 13, 6; 33: 50, 55; 70, 30 (**s. Konkubinat/Konkubinen**).
(sexueller) Genuß *(mutʿa)*: 3, 185; 13, 26; 40, 39; 57, 20.
Schleier *(hidjab)*: 24: 31, 60; 33, 53; 55, 59.

Paradiesgemahlinnen *(azwadj' al-djanna)*: 2, 25; 3, 15; 4, 57; 34, 56; 37, 48-49; 38, 52; 55: 56, 58, 70-74; 56: 22-24, 35-38; 78, 33.
Huris: 44, 54; 52, 20; 55, 72; 56, 22.
Junge Leute *(wildan)*: 52, 24; 56, 17; 76, 19.
Epheben *(ghilman)*: 56, 17ff, 76, 19ff.
Joseph (Yusuf): 12: 23-34, 50-53 (**s. Joseph und Suleika**).
Loth (Lut): 7, 80-84; 11, 74; 26, 165-174; 27, 54-58; 29, 28-35; 37, 133-138; 51, 32-33.
Zaid: 33, 37.
Ehe, Ehebruch *(zawadj)*: 2: 187, 197, 221-241; 3, 14; 4: 1-35, 43, 127-130; 5, 5; 16, 72; 23, 5-7; 24: 2-9, 23, 26, 31-33, 60; 33: 4, 6, 28-33, 37, 49-53, 55, 59; 58, 1-4; 60, 10-12; 64, 14; 65, 1-7; 66: 1-5, 10-12; 70, 30-31.
Verstoßung *(talaq)*: 2: 226-232, 236-237, 241; 4, 128-130; 33, 4, 49; 58, 2-4; 65, 1-2; 66, 5.
Analverkehr *(liwat)*: 7, 80-84 (**s. dort**).
Weibliche Kriegsgefangene, Sklavinnen *(ma-malakat aimanakum)*: 2, 221; 4: 3, 24-25; 13, 6; 24, 33; 33: 50, 55; 70, 30 (**s. Konkubinat/Konkubinen**).
Auspeitschung *(djald)*: 24, 2.
Reinigung *(tahara)*: 2: 125, 129, 151, 174, 222, 232; 3: 42, 55, 77, 164; 4: 43, 49; 5: 6, 41; 8, 11; 9: 103, 108; 20, 76; 24: 21, 28, 30; 26, 89; 33: 33, 53; 35, 18; 38, 46; 53, 32; 56, 79; 57, 2; 74, 4; 80: 3, 7; 87, 14; 91, 9; 92, 18.
Menstruation *(al-mahid)*: 2: 222, 228; 65, 4.
Unzucht *(zina')*: 4: 15-16, 19, 24, 25; 5, 5; 17, 32; 23, 6-7; 24, 2-10; 25, 68; 33, 30; 60, 12; 65, 1; 70, 29-31.
Nacktheit *(curya, sau'a)*: 7: 26, 27; 24: 31, 58-59; 33, 59 (**s. Schleier**).
Homosexualität *(liwat)*: Diesem Thema sind nicht weniger als 33 Koranverse gewidmet (**s. Homosexualität**).
Bisexualität: 52, 24; 56, 17ff; 76, 19ff.
Hadith qudsi*: »Wenn ich Meinen Diener liebe, bin ich sein Gehör und sein Gesicht.«
Hadith: »Gott ist schön, Er liebt die Schönheit« *(Allah djamil yuhibbu al-djamal)*.
Lit.: Koran, Bukhari, Ibn ᶜArabi.
Siehe auch: Analverkehr, Bisexualität, Ehe, Ehebruch, Ephebe, Fortpflanzung, Frau, Göttliche Liebe, Homosexualität, Huri, Joseph und Suleika, Konkubinat/Konkubinen, Liebe, Listen und Intrigen, Loth/Luthi/Liwat, Lust (sexuelle), Menstruation, Nacktheit, Schleier, Schön/das Schöne, Schönheit, Sexualität, Sklave, Unzucht, Verstoßung, Zaid und Zainab.

KÖRPER *(djism, djasad;* arab. und pers.: *badan,* »Körper«). Es gibt keine literarische Anspielung und keine Liebesmetapher, die nicht auf irgendein Körperorgan oder auf den Körper insgesamt anspielt, wie es bereits Fuzuli, der große türkische Dichter des 16. Jh.s, formulierte:

Der Körper? Führ seine verrenkten Glieder aus, und du findest:
Einem Abgrund gleicht die Welt ... O wir führerlosen Armen!
Auf deinem bleichen Antlitz diese Tränen Bluts? ...
Das ist das Leben, Dichter, das dich in seine prächtigen Farben taucht!
(Zit. nach Arzik, *APT,* S. 56)

Vor allem aber steht der Körper mit der Liebe, der Erotik im allgemeinen und der Sexualität im besonderen in Zusammenhang. So schrieb Ibn ᶜArabi (1165-1240/1241):

Das Ziel der Liebe ist beim Menschen gewiß Vereinigung.
Vereinigung zweier Geister und Vereinigung zweier Körper.
(*Traité de l'Amour*, S. 106)

Ibn ᶜArabi geht bei seiner Analyse jedoch über den Bereich des Sichtbaren hinaus und schließt mit Verweis auf das, was in der christlichen Theologie als *corporale* (Transposition der Darstellung des physisch konkreten Leibs auf die Ebene des Symbols; vgl. das Altartuch als Symbol des Leichentuchs mit dem Abdruck Christi) bezeichnet wird, die Frage an:
»Hast du nicht bemerkt, daß die einzelnen Elemente, welche die körperliche Stütze bilden – egal, ob Haut, Hände, Füße, Zunge, Ohren, Augen oder die anderen Organe oder Funktionen –, am Tage der Auferstehung Rechenschaft ablegen müssen über die Seele, die dem Körper unterworfen ist?« (*Traité de l'Amour*, S. 72)
Hieran wird im übrigen bereits im Koran (17, 36) erinnert. Ein solcher Gedanke entspricht dem von der islamischen Tradition gelehrten, wonach besonderes Gewicht gelegt wird auf die »sieben Organe, die Gott uns (zur Verwahrung) anvertraut hat« und von denen wir nur mit Bedacht Gebrauch machen dürfen: Es sind die Ohren, die Augen, die Zunge, die Hände, die Füße, der Bauch und die Geschlechtsorgane (al-Qairawani).
Der nur wenig ältere persische Mathematiker, Astronom und Dichter Omar Khayyam (1050-1123) schreibt in seinen leidenschaftlichen *Rubaᶜyat* oder Vierzeilern:

Mein ganzes Wesen wird verlockt vom Anblick schöner rosenfarbener Gesichter;
meiner Hand beliebt es, nach dem Weinkelch zu greifen.
O ich will des Teils genießen, der jedem meiner Glieder zukommt,
bevor dieselben Glieder wieder zurückgekehrt sind in ihre Grube.
(Khayyam, S. 84)

Lit.: Arzik, Chebel *(CTM)*, Ghazali, Ibn ᶜArabi, Khayyam, Quairawani, Rami.
Siehe auch: Arm, Augen, Genitalien, Gesicht, Haut, Penis.

KÖRPERHAAR (*shaᶜr, shiᶜra:* »Schamhaare«, »Schambereich«; *mushaᶜar:* »behaart«; *amrat*: »haarlos, glatt«). Nach dem orientalischen Schönheitsideal sollte eine Frau unter allen Umständen einen glatten und völlig haarlosen Körper besitzen. Auch die Haare der Vulva und Achselhöhlen müssen sorgfältig rasiert und entfernt werden. Haarentfernung ist im Orient schon seit viertausend Jahren eine weit verbreitete Praxis. Egal ob reich oder arm, schön oder weniger schön, jung oder alt, Frauen aus einem städtischen Milieu betrachten es als Ehrensache, korrekt enthaart zu sein. Die arabische Tradition der Kunst der Enthaarung geht bis zu Sulaiman oder Salomo, dem Sänger des Hohenliedes der Liebe, zurück. Hierzu gehört auch die Sitte, daß der Ehemann oder dessen Familie die Beine der Braut vor der Hochzeit kontrolliert (**s. Salomo und Balkis**).

Literarische Äußerung: »Verwandte bedeuten für den Menschen das, was die Haare für den Körper bedeuten: es gibt welche, die man verbirgt und derer man sich entledigt, andere, die man pflegt und auf die man großen Wert legt.« (Ibrahim ibn al-Mahdi, 779-839: Tha‛alibi, S. 56)
Lit.: Bibel, Chebel *(CTM)*, Qairawani, Tabari, Tha‛alibi.
Siehe auch: Bart, Epilation, Haar, Salomo und Balkis, Schambereich, Schnurrbart.

KOSMETIK *(tadjmil, duhn al-tadjmil)*. Die Kunst der Kosmetik ist eine ägyptische Erfindung. Das Verwenden von Schminken und Salben, die Herstellung von Ölen und Pomaden, das Tragen von Perücken, Haar- und Barttoupets sowie wahrscheinlich auch der Brauch der Epilation geht auf die Pharaonen zurück; möglicherweise sogar auch der Ursprung der Tätowierkunst. Die Körperpflege durch Kombination von Baden und Sport ist dagegen eine im wesentlichen griechisch-römische Erfindung. Die Ägyptologie brachte verschiedene Dokumente ans Licht, die wertvolle Auskünfte über die Ästhetik der Pharaonenzeit geben: Zunächst einmal mehrere Toilettenszenen aus der X. Dynastie (2200 v. Chr.), die auf Stelen dargestellt sind, die sich heute im British Museum befinden. Ferner sind im Grab von Rekhmireh (Dar al-Madina) aus der XVIII. Dynastie (um 1470 v. Chr.) komplette Schminkszenen mit mehreren vornehmen Damen und ihren Dienerinnen dargestellt, die die Vorbereitung auf einen Empfang zeigen. Im Toiletten-Nécessaire erkennt man Holzkämme, Kuhl- und Kajaldosen, Rückenkratzer aus Silex, Alabastergefäße, Ebenholzstäbchen zum Auftragen des Kuhl, einen Schminkpinsel sowie zerstoßenes Perlmutt, das vermutlich zur Mischung von Schminken verwendet wurde. »Übrigens lebt diese Sitte in Ägypten fort und noch heute schreibt man in diesem Land der Augenentzündungen dem kohl eine ebenso heilsame Wirkung zu, wie einst dem mesd'emt (...) Die Rolle, die die Salben im altem Ägypten gespielt haben, können wir heute schwer begreifen. Die Salbe gehört geradezu zu den Bedürfnissen des täglichen Lebens (...). Die Vornehmen haben natürlich stets ihre Salben und Parfums aus fremden Ländern bezogen, vorzugsweise von den Südküsten des Roten Meeres.« (Erman/Ranke, *Ägypten und ägyptisches Leben im Altertum*, Bd. 1, S. 315f.)
Im British Museum befindet sich daneben auch das Toilettennécessaire der Gemahlin des berühmten Schreibers Ani, ein rechteckiges Holzkästchen auf vier Füßen, das vermutlich aus der XIX. Dynastie stammt. 1935 entdeckte M. Lansing in Dar al-Bahri in einem den Eltern des Architekten Senmut zugeschriebenen Grab Bronzespiegel, Rasiermesser, verzierte Holzdosen, Fayenceteller und Salbengefäße aus Alabaster. Neben diesen Entdeckungen ganzer Sammlungen von Kosmetikartikeln förderten die Archäologen auch zahlreiche einzelne Gebrauchsartikel für die Schönheitspflege zutage. So besitzt das Musée Guimet in Paris eine Wasserkaraffe mit Ausgußschnabel, die aus dem Alten Reich stammt. Insgesamt ist uns eine unüberschaubare Fülle von Gegenständen bekannt, die direkt oder indirekt mit dem ägyptischen Schönheitskult in Zusammenhang standen: alle möglichen Schalen, Dosen, Näpfe und Fläschchen, Lanzetten und Stichel, Messer, Kratzer, Reiben, Epilierpinzetten, Nadeln, Kämme, Brenneisen zum Lockeneindrehen, Perücken, Spiegel und Rasiermesser. Von letzteren soll die Mutter von Cheops sechs aus Kupfer und zwei aus

Gold besessen haben, denn damals pflegten sich Männer und Frauen gleichermaßen zu epilieren.

Der arabisch-persischen und türkischen Schönheitspflege stehen die verschiedensten Mittel zur Verfügung: zunächst als besonders günstiger Rahmen dafür der Hammam, dazu ein geschultes Personal von Badefrauen, Masseurinnen, Friseusen und Kosmetikerinnen; und schließlich eine Fülle von Rohstoffen aus dem Reich der Pflanzen und Mineralien, die in der Kosmetik verwendet werden: *Ghasul, Henna, Suwak* (oder *Siwak*), *Harquth* (eine schwarze Flüssigkeit zur Betonung von Wimpern und Brauen), *Kuhl* (ein Antimonpuder) sowie die diversen Pflanzenparfums dürften die bekanntesten sein. Dies ist aber noch längst nicht alles, denn all die geheimnisvollen Essenzen, die von der *neggafa* (einer Person, die je nach Bedarf als Matrone, Heiratsvermittlerin oder Hebamme fungiert) zusammengebraut werden, setzen sich jeweils aus den regional verfügbaren Ingredienzien an Kräutern, Steinen und Pulvern zusammen und dienen nur dem einen Zweck, nämlich der Verschönerung des Körpers, und der erste Schritt dazu ist das Ölen, Salben, Pudern und Schminken der Haut.

Lit.: Dagorn, Erman/Ranke, Lens.

Siehe auch: Eitelkeit, Epilation, Glatte Haut, Hammam, Hand, Harkush, Henna, Kuhl, Kupplerin, Massage, Parfum, Spiegel, Suwak/Siwak/Miswak, Tfall/Tfan.

KOSMISCHE LIEBE. Es ist eine dem Arabischen, bedingt durch die Komplexität der linguistischen Struktur, eigene Art des Denkens, die kosmischen Elemente, den Wind, den Regen, die Wolken, die Hölle und das Paradies immer wieder in die Zusammenhänge des eigenen Erlebens einzubeziehen. Die Qualen der Liebe werden so zu großen, sinnlichen und übersinnlichen, metaphysischen Tragödien. Folgendermaßen beschreibt Abu Bakr al-Thurthusi, andalusischer Kadi* des 12. Jh.s, das Warten:

Ich suche mit meinen Blicken unablässig den Himmel ab, in der Hoffnung, den Stern zu sehen, den du selbst betrachtest.

Ich nehme die Reisenden von sämtlichen Küsten in Empfang; vielleicht finde ich den, der deinen Duft geatmet hat.

Ich stelle mich in den Wind, wenn er bläst, vielleicht hast du ihm Neuigkeiten von dir anvertraut.

Ich gehe des Wegs, ohne Ziel, es könnte sein, daß ein Lied mir deinen Namen wachriefe.

Ich mustere die Frauen, denen ich begegne, ohne eindeutige Absicht; mag sein, eine Spur von der Schönheit deines Gesichts erschiene mir auf den ihren.

(Zit. nach Dermenghem, *LPBTA*, S. 147)

Und sein Zeitgenosse Ibn Khafadja, 1139 gestorbener Dichter des maurischen Spanien, vergleicht die Schönheit seiner Schönen ohne Umschweife mit jener der Sonne: »Wenn sie nicht die Sonne ist oder die Sonne nicht sie, ist sie doch ihre Schwester, denn es ist, als habe man zwei Riemen aus derselben Haut geschnitten.« (ebd., S. 133)

Lit.: Dermenghem, Ibn Khaldun, Massignon.

Siehe auch: Berühmte Liebespaare, Bitterkeit der Liebe, Dailami, Emphase, Liebe.

KÜCHE (*tabkh*, »Kochen«) s. Freßlust, Geschmack, Orientalische Lebensart.

KUHL. Antimonpuder, der von den Frauen benutzt wird, um die Augen strahlender zu machen; in Indien heißt die entsprechende Augenpaste *kajal*. Die arabischen Frauen verwahren den Puder in einer kleinen Glasflasche, *mukhula* pl. *makahil* genannt, und tragen ihn mit Hilfe eines Stäbchens aus Holz oder Metall (*mirwad*, in der Berbersprache *tazult*) rund um die Augenlider auf. Bereits die alten Ägypter benutzten solche Mittel, um die Augen mit dicken Strichen mandelförmig zu schminken. Wie neuere Forschungen ergeben haben, wurde dabei ein Pulver aus Bleiglanz oder Malachit verwendet, das Antimonsulfid, aus dem heute der *kuhl* hergestellt wird, war damals unbekannt.

Der *kuhl* scheint tatsächlich heilende und prophylaktische Wirkung zu haben. Bei den Nomaden in Saudi-Arabien und im Oman, und ebenso bei den Bergstämmen im Jemen und bei den Tuareg in der Sahara wird es benutzt, um die Augen gegen den Wüstenwind zu schützen, oder auch um Augenentzündungen zu kurieren. Charles Doughty berichtet:

»Überall in Arabien färben sich Männer und Frauen, Städter und Beduinen, die Augen mit *khol* (Antimon). So hat auch Mohamed ibn Rashid seine Vogelaugen blau gefärbt. Die Männer möchten nicht nur auf ihre Frauen, die sie bemalt haben und die ihre langen Männerlocken an den Schläfen flechten, verführerischer wirken, sondern glauben auch, daß dies ihre Sehkraft schärft und erhält.« (Doughty, *Reisen in Arabia Deserta*, S. 81)

Überdies hat der Prophet selbst *kuhl* benutzt und ihm eine besondere *baraka** zugeschrieben. Seine Gefährten taten es ihm gleich, und bis heute halten sich strenggläubige Muslime an diesen Brauch. In manchen großen Städten Asiens – und nach Jaussen ist dies auch im Nahen Osten zu beobachten – trifft man in der Nähe der Moscheen oft junge Männer, die sich die Augen mit *kajal/kuhl* geschminkt haben. Es handelt sich also nicht nur um ein Mittel, das der weiblichen Eitelkeit dient, sondern der *kuhl* hat offenbar über die Geschlechter- und Ländergrenzen hinweg große Verbreitung gefunden. Von Abdallah ben Mohammed stammt das folgende Gedicht:

Wie Diamanten strahlen deine Augen
Ich liebe diese Fenster, eingerahmt von *kuhl*,
aus denen du mich traumverloren anschaust,
so wie der Mond in einer hellen Nacht.
(Zit. nach Boisson, Bd.4, S.7)

Und ein Rezept für die Zubereitung von *kuhl*-Schminke hat General Daumas überliefert:

»Man nimmt, zu gleichen Teilen, *kuhl*, *tutiya* (Kupfersulfat) *shabb* (Kalialaun) und *zandjar* (Kupferkarbonat) sowie etwas Bockshornklee und zerstößt alles in einem Mörser zu feinem Pulver. Um die Färbung zu bewirken, fügt man Ruß hinzu, der gewonnen wird, indem man ein irdenes Gefäß kurz über die Flamme einer Kerze oder Lampe hält (...). In manchen Gegenden mischt man den genannten noch weitere Substanzen bei, die, nach dem Willen Gottes, Zauberkräfte besitzen: Männliche Korallen oder zerstoßene Perlen sollen die weißen

Flecken auf der Hornhaut der Augen zum Verschwinden bringen, Moschus soll die Tränen zurückhalten, Safran, *sunbal* und *djawi* (Benzoeharz) sollen das Sehvermögen schärfen.« (Daumas, S. 90 f.)
Nach Ansicht von Daumas ist der *kuhl*, der von den Frauen selbst zubereitet wird, weit besser als alles, was man auf dem Markt kaufen kann.
Und was sagen die Religionsgelehrten, die Experten des *fiqh** zu diesem Thema? Sie haben damit Probleme, denn der *kuhl* gehört zweifellos einerseits zur Schönheitspflege, die traditionell verpönt ist, aber andererseits hat ihn der Gesandte Gottes empfohlen. Aber der muslimischen Kasuistik gelingt es, diesen offensichtlichen Widerspruch zumindest teilweise auszuräumen: »Den Männern ist es erlaubt, *kuhl* als Heilmittel zu verwenden, während es als Schönheitsmittel gilt, wenn es die Frauen benutzen.« (Qairawani, S. 321)
Marokkanische Redewendung: »Ich trage *kuhl* auf den Lidern, damit mich jeder begehrt, der mir in die Augen schaut.« (Zit. nach Legey)
Lit.: Boisson, Daumas, Doughty, Jaussen, Legey, Qairawani.
Siehe auch: Augen, Frau, Hammam, Kosmetik, Schön/das Schöne, Schönheit, Suwak/Siwak/Miswak, Transvestismus.

KÜMMEL (*kammun*) s. Gewürze.

KUNST (*fann*, Pl.: *funun*). Sexuelle Themen finden sich in den persischen Miniaturen, in der türkischen Kunst, mitunter gar in der Kalligraphie – die in der islamischen Zivilisation zu den hohen Künsten zählt –, in den Arbeiten der zeitgenössischen Maler und Künstler. Das arabische Kino, ob im Maghreb oder im Nahen Osten, greift die Frage immer wieder auf und siedelt die Erotik keinesfalls nur in den dunklen Gassen der arabischen Städte oder ihren gewissermaßen dafür prädestinierten Einrichtungen an: Hammam, Souk, Frauengemächer. Tatsächlich sind weder die triviale noch die cineastisch anspruchsvolle moderne arabische Filmproduktion ohne das wiederkehrende Thema sexueller Erfüllung und Frustration denkbar (**s. Kino**).
Eine Kopie des *Kitab al-hayawan (Buch der Tiere)* von al-Djahiz (780-869), die aus der Mamelukenzeit datiert und heute in der Ambrosiana-Bibliothek von Mailand aufbewahrt wird, ist reich mit Miniaturen verziert, die eine Reihe von Szenen der Menagerie und der Paarung von Tieren zeigen. Man findet dort, sozusagen im offenen Buch, in warmen, weißen und braunen Farbtönen gemalte junge Elefanten, Huftiere, Böcke und Ziegen bei der Paarung, die gewaltigen Geschlechtsteile bis ins kleinste Detail gezeichnet und zur Schau gestellt. Ein ganzes brünstiges Bestiarium zieht so vorüber, dargestellt mit der naiven Präzision, die diese großartigen Blätter auszeichnet.
In Wahrheit ist die Kunst im Islam weniger ideographisch als mündlich, insofern sich das ästhetische Gefühl – mit Ausnahme vielleicht der Architektur, ebenfalls einer hohen Kunst im Islam – häufig über Erzählungen (*1001 Nacht* ist diesbezüglich das bekannteste, aber nicht das einzige Beispiel), Lieder (**s. Tarab**), Tänze oder Spiele vermittelt. Die spielerische Dimension eines Lebens in einer Gesellschaft der Heimlichtuerei schafft eine eigene Dynamik der Genüsse; und die Kunst hat diesen *Spiel*-Raum immer auch dazu genutzt, in der nur ihr zu Gebote

stehenden Sprache die tabuisierten Themen der Liebe und des sexuellen Verlangens anzusprechen. Die Gemälde sind zunächst und vor allem anderen lebende Bilder. (Insofern sind die in der Geschichte immer wiederkehrenden Angriffe der islamischen Orthodoxie auf die Kunst weniger eine Verteidigung des islamischen »Bilderverbots« als ein Kampf gegen diese subversive Kraft der Kunst.)
Wir kommen an anderer Stelle auf die persischen Miniaturen (**s. dort**) zu sprechen, die so gut das Leben bei Hofe spiegeln, ein Leben des Müßiggangs und des Überflusses, in dem musikbegeisterte Prinzen sich von ihrem Sinn für die Wissenschaften, ihrer Liebe zu schönen Reimen leiten ließen und die regelmäßigen Besuche der *djawarin* genossen, Sklavinnen und Tänzerinnen, die in ihren Diensten standen.
Jedenfalls trägt die Kunst im Islam auch nach landläufiger theologischer Meinung zur Vervollkommnung des Gläubigen bei – selbst wenn dieser desto häufiger Schwäche im Glauben zeigt, je mehr er sich der Wertschätzung des irdischen Schönen hingibt.
Abzugrenzen ist die Kunst im Islam auch von der Vorstellung des Westens vom Orient und seiner Kunst. Der Orientalismus in der Malerei hat bekanntlich Schule gemacht (**s. Orientalismus**); und gerade beim Thema der Erotik sind die Grenzen zu Voyeurismus und Postkarten-Phantasie fließend.
Lit.: Alloula, Bernus/Taylor, Blochet, Chebel *(DSM)*, Clevenot, Djahiz, Grabar, Khatibi/Sijelmassi, Marçais, Otto/Dorn, Poliakova/Rakhimova, Rouanet, Surieu.
Siehe auch: Alphabet, Bauchtanz, Frau, Kino, Musik, Orientalismus, Persische Miniaturen, Rassim, Schön, Tanz, Tarab.

KUPPLER(IN) (*qawwad*, fem.: *qawwada*; *khardjiy*, »Zuhälter« oder ironisch *hanini amir*, »mein lieber Herrscher (Emir)« nach Marçais). In der orientalischen Kosmogonie der Liebe spielt die Kupplerin, die Verbindungen anbahnt (*wasita, tahhana*), eine wichtige Rolle. Ihr fällt die Aufgabe zu, zwischen den Liebenden zu vermitteln, ihr Zusammentreffen zu erleichtern und zu fördern und es wie zufällig erscheinen zu lassen. Daß sie ohne Rücksicht auf äußere Umstände der Vereinigung der Liebenden dient, verschafft ihr aber zugleich einen schlechten Ruf. Alle Ausdrücke, mit denen man sie bezeichnet, haben einen abschätzigen Beiklang: *tahhana* (im Maghreb), *qawwada* (Algerien, Ägypten), *saqqara* (Mittelsperson zwischen einem Mann und einer Frau), *muʿarissa* (wörtl.: »Lebedame«, in Ägypten), *madda, dayyuth* usw. Auch der männliche Kuppler (*tahhan, wasit, qawwad*) verfällt diesem Urteil, vor allem, wenn er Mitgliedern seiner eigenen Familie (der Schwester, der Tochter, der Frau) zu Diensten ist. Manchmal wird kein Unterschied gemacht zwischen der Kupplerin und der Ehestifterin, das zeigt eine ägyptische Redensart, die der schweizerische Orientforscher Johann Ludwig Burckhardt (1784-1817) festgehalten hat: »Aus jungen Huren werden alte Kupplerinnen« (Burckhardt, S. 35).
Kuppelei in der eigentlichen Wortbedeutung ist bei den Muslimen verflucht. Ibn Hazm (993-1064), der Theologe aus Córdoba, war zu einer Abendgesellschaft geladen und äußerte sich entsetzt über die kupplerische Haltung des Ehemanns (*dayyuth*), der die Frauen seines Harems gegen schöne Jünglinge eintauschte: »Abu Marwan zwang seine ehrenwerten Ehefrauen zur Prostitution, um das

Objekt seiner Begierde in Gestalt eines unvergleichlich schönen Jünglings zu erlangen.
Und ich nannte ihn wegen dieser Schandtat einen kupplerischen Ehemann. Anstelle einer Antwort rezitierte er diesen Vers, der seine gefühllose Unbesonnenheit zum Ausdruck bringt:
Ich hatte das Ziel meiner Wünsche erreicht; was man mir nicht verzeihen konnte: Ich war der einzige.« (*CC*, S. 202f.)
Kuppelei wird auch heute noch einhellig verurteilt; wer seine Frau oder seine Schwestern zur Prostitution zwingt, also ein *qawwad* ist, gilt als ein verabscheuungswürdiger Mensch, auf den jeder gern mit dem Finger zeigt. Dasselbe gilt für die Prostituierte *(qahba)*, auch wenn sie sich einem Fremden umsonst hingibt und in geringerem Maß auch für die Ehestifterin.
Andernorts wird eine Praxis der marokkanischen Berber erwähnt, nach der man angesehenen Reisenden oder charismatischen Personen eine Art »sexueller Gastfreundschaft« (**s. dort**) angedeihen ließ, ohne daß diese zu Hause stattfindende Prostitution als Kuppelei galt.
Schimpfworte aus dem Maghreb: *Ya qawwad:* »Mieser Kuppler«.
Qahba bila qawwada: »Hure ohne Kupplerin«. (Jouin)
Lit.: Burckhardt, Ibn Hazm, Jouin, Larguèche, Marçais (W.), Rachewitz, Saadawi, *1001 Nacht*.
Siehe auch: Alcahueta, Böses Weib, Ehe, Ehestifterin, Hammam, Prostitution, Sexuelle Gastfreundschaft.

KUSS. In der traditionellen arabischen Erotologie der Begriff für »Vagina«, »Vulva«, vor allem in bezug auf junge Frauen, daher mit Frische konnotiert. Vor allem al-Nafzawi benutzt das Wort in seinem *Duftenden Garten* sehr häufig:
»*El keuss*, der Schoß. Dieser Name soll vor allem den Schoß einer jungen Frau bezeichnen. Dieser Schoß ist sehr fleischig und rund in seiner ganzen Ausdehnung; er hat lange Lippen und runde symmetrische Ränder; er ist weich, verführerisch, vollkommen in jeder Beziehung. Das ist ohne Zweifel der angenehmste und beste von allen. Gott beschere uns den Besitz eines solchen Schoßes! Amen!« (Nafzawi, *Der duftende Garten ...*, S. 363)
Lit.: Nafzawi.
Siehe auch: Koitus, Vagina, Vulva.

KUSS *(qubla, busa, lathma).* Zwar wird der Kuß in der islamischen Miniatur, ob der persischen, der türkischen oder der irakischen, nur oberflächlich angedeutet – mitunter so zart, daß man sich fragt, ob die Liebenden einander wirklich berühren. Doch gilt dies nicht für gewisse anzügliche oder schlicht erotische Beschreibungen. Von alters her wird der Kuß, den die Chinesen als »ideale Äußerung liebender Berührung« definiert haben (d'Enjoy), als entscheidendes Teilstück der amourösen Bindung verstanden, so, wie es Ibn ᶜArabi (1165-1240) in seinem *Traktat über die Liebe* beschreibt:
»Wenn zwei Liebende einander innig umarmen, saugt jeder von ihnen den eindringenden Speichel. Der Atem des einen vermengt sich während des Kusses oder der Umarmung mit dem des anderen, und die so ausgeatmete Luft durchdringt die beiden Liebenden gleichermaßen.« (*TA*, S. 106.)

Der Kuß kann auch zum Motiv männlicher Aufschneiderei unter Waffenbrüdern oder hitzigen Halbstarken werden. Rund ums Rote Meer erzählte man sich einst die folgende Legende, die abessinischen oder irakischen, vielleicht aber auch slawischen Ursprungs ist:
»Ein Soldat wettet mit seinen Kameraden, daß er der Königin einen Kuß geben werde. Diese erhält Nachricht von dem tollkühnen Unterfangen und läßt ihn verhaften, als er sich auf dem Heimweg befindet. Er wird in Ketten gelegt, aber gut behandelt; man bringt ihm *tadj* und *ciebus*: am ersten Tag auf einem Holzteller, am zweiten Tag auf einem silbernen Teller, am dritten auf einem goldenen. Schließlich fragt ihn die Königin, welches Mahl ihm am meisten behagt habe. Er antwortet, sie alle hätten denselben Geschmack. Darauf sagt die Königin: Dasselbe gilt für die Küsse – die der Königinnen schmecken nicht besser als die einer anderen Frau.« (Basset, *MURCLA*, S. 26)
Dazu der Schirazer Dichter Hafiz (14. Jh.):

Mundschenk, nichts wiegt deine Lippen auf!
Nicht ein Mensch ist auf der Erde,
Der sich ergötzen möchte
Anders als mit deinen Küssen.
(zit. nach Martino/Bey, S. 111)

Trotz einer Fülle von Beschreibungen halten sich die Autoren kaum bei der Technik des Kusses selbst auf. Beschreibungen des innigen Zungenkusses oder gar des Küssens als Teil oraler Sexualität fehlen in der Literatur, sind aber sehr wohl Bestandteil von mündlicher Überlieferung, Zoten oder anstößigen Liedern wie jenem, das unter palästinensischen Frauen verbreitet ist:

O Soldat, o ꜥ*Umbashi*,
Rück' dein Bett an das meine.
Heut' nacht können wir uns nicht lieben
(dakhla al-laila ma-bash'),
Begnügen wir uns mit einem Kuß und einem Zupfen
(busa wa qarsa).
(Lama, S. 66)

Lit.: R. Basset, d'Enjoy, Ghazali, Hafiz, Ibn ꜥArabi, Ibn Falita, Ibn Hazm, Lama, Nafzawi.
Siehe auch: Lippen, Stellungen beim Koitus, Vorspiel, Zärtlichkeiten.

KUTHAYYIR (663 od. 665-723). Zwei Jahrhunderte bevor Ibn Dawud (gest. 909) die Idee der reinen Liebe formuliert hat, gab es bereits einen Dichter, der für die romantischen Verse gerühmt wurde, die er an eine unerreichbare Geliebte richtete: an ꜥAzza aus dem Beduinenstamm der Damra, der im Südosten der arabischen Halbinsel lebte.
Die Echtheit der leidenschaftlichen Gefühle, die Kuthayyir in zahlreichen Liebesliedern ausgedrückt hat, ist verschiedentlich angezweifelt worden, dennoch erhielt er den Beinamen *Kuthayyir* ꜥ*Azza* wegen seiner unzähligen Liebeserklärungen *(tashbib)* an ꜥAzza. (Blachère, *HLA*, Bd. 3, S. 611)
Lit.: Blachère, Pérès.
Siehe auch: Berühmte Liebespaare, Höfische Liebe, Hubb ꜥudhri.

LA'BA. Name einer Paradiesjungfrau. Wie alle diese Geschöpfe wird sie wegen ihrer unvergleichlichen Schönheit gerühmt. S. **Huri.**

LABID IBN ABI RABIʿA (560-661). Ein Dichter vom Stamm der Banu ʿAmir ibn Saʿsaʿa, der sich 629 zum Islam bekehrte. Eine seiner Oden war Teil der vorislamischen Sammlung der *muʿallaqat*. Labid beschwört die vergangenen Zeiten, er preist die gazellengleichen Schönen seines Stammes in ihren Sänften, und er erinnert sich an seine Freunde und an seine Geliebte:

Sie zogen sich zurück in Sänften, deren Seiten mit Decken und Teppichen mit fein gesponnenen und bemalten Gardinen wohl verwahret waren.
Eine Gesellschaft schwarzäugiger Mädchen saß in ihnen verborgen, gleich den Gemsen von Tudah oder den Rehen von Wegera, die zärtlich auf ihre Jungen hinblicken.
Sie trieben an ihre Kamele, bis die schwülen Dünste sie allmählig deinen Augen entrückten; sie schienen durch ein Thal zu ziehen, das von Tamarisken und großen Steinen, wie das Thal von Beisch starrte.
Ach! was bleibt von deiner Erinnerung an die schöne Nuwaira dir übrig, da sie getrennt von dir nun lebt und alle – schwache und starke Bande der Vereinigung zwischen ihr und dir zerissen sind.
Wie kann ein Mädchen, das zuweilen seinen Sitz in Faid aufgeschlagen hat, zuweilen in der Nachbarschaft von Hedjas's Volke lebt, ein Gegenstand deiner Wünsche seyn!
Sie steigt an der östlichen Seite der zwey Berge Adscha und Salma ab, und weilet dann auf Mohadscher's Hügeln; auch Rokham und Ferda nehmen sie mit Freuden auf.
Reist sie nach Yemen, so ruhet sie zu Sawayik vermuthlich aus und kehrt in Wahaaf und Telkhaam ein.
(*Moallakat*, v. 13-19)

Lit.: Labid Ibn Abi Rabiʿa
Siehe auch: Sänfte.

LAILA oder LEILA s. Madjnun Laila.

LATIF (fein, zart). Eine Eigenschaft, die man den Frauen und den Lustknaben (Mignon) zuschreibt. In der erotischen Literatur ist der Begriff sehr beliebt: Wird ein Knabe als *latif* bezeichnet, so denkt man an eine junge Person, unentfaltet und vielversprechend wie eine Knospe, einen Gefährten in Spiel und Zerstreuung.
Siehe auch: Frau, Mignon, Schönheit.

LEBER *(kabid;* im Maghreb: *kabda, kabdi:* ›mein Kind‹). Symbol für die Mutterliebe, auch für die Zuneigung, manchmal allgemein für die Gefühle.
Siehe auch: Herz, Innere Organe.

LEBERFLECK *(khal, shama).* Der Schönheitsfleck galt als der Gipfel des Liebreizes bei Frauen wie bei Knaben. In der Begeisterung für dieses Merkmal sind sogar die persischen Dichter ausnahmsweise ihren arabischen Zunftgenossen gefolgt. Schon im frühen 8. Jh. liest man bei Omar ibn Abi Rabi^c a:

Die Schöne mit dem Leberfleck ist schuld, daß mein Kamel
schon zittert, weil ich es so heftig reite.
(Zit. nach Petit/Voisin, S. 74)

Und weiter:

Nur eilig hin zu ihr, der Schönen mit dem Leberfleck,
damit ich weiß, ob unser Liebesbund noch gilt.
(Ebd., S. 71)

Sharif-addin Rami (15. Jh.) berichtet: »Man zählt fünfundzwanzig Metaphern, die verwendet wurden, um den *khal* zu umschreiben, davon acht arabische, gebräuchliche wie ungebräuchliche (nämlich *hadjar aswad*, ›schwarzer Stein‹; *kaukab munkhasif,* ›dunkler Stern‹; *nuqta, taqifa, tinqat* im Berberdialekt; *falfal,* ›schwarzes Puder‹; *Harut,* nach dem Namen, der im Koran zitiert ist und dem sagenhaften Herrscher Gog in der Bibel entspricht; *habashi,* ›Abessinier‹; ^c*anbar,* ›Ambra‹; *misk,* ›Moschus‹), die übrigen siebzehn sind persische Ausdrücke (...)« (Rami, S. 53 f.).

O Hölle der Herzen! Paradies der Augen!
Der Schönheitsfleck auf deiner Wange
ist nicht die Nacht nach dem Beginn der Morgenröte,
sondern ein Stern der sich verbrennt,
im Angesicht der Sonne deiner Schönheit.

So sah es Ibrahim ibn Sahl (13. Jh.), ein andalusischer Dichter, der für seine Vorliebe für das gute Essen, den Wein und die Knaben bekannt war (*LPBTA*, S. 155). Nicht weit von Andalusien, in Fez, berichtet al-Fasi (gest. 1604), wie es die Frauen entflammte, wenn ihr Liebhaber etwa beim Anblick ihres Schönheitsflecks bekannte: »O du mit dem Schönheitsfleck! Sieh zu, daß dieser Punkt mich nicht zum Wahnsinn treibt, bei Gott, verhülle deinen Schönheitsfleck! Ich bin verliebt in dich, dein Leberfleck, er macht mir Qualen« (al-Fasi, S. 79). Auch Ibn Hazm (994-1064) hat in seinem berühmten Werk *Das Halsband der Taube* die folgenden Verse eingefügt: »Auf ihrer weißen Haut sind ihre Leberflecke wie Rosen im Narzissenbeet.« (Ibn Hazm, *CC*, S. 200)

In der mystischen Tradition des Iran hatte der Leberfleck offenbar auch die Bedeutung eines Symbols für die ›künftige Welt‹, aber zugleich wurde er als ein Juwel in seinem Schmuckkästchen besungen:

All meine Blicke richten sich
auf deinen Leberfleck.
Denn nur der Juwelier weiß um den Wert
eines so seltenen Juwels.
(Hafiz, AAA, S. 151)

Bei Henri Pérès wird berichtet, daß zur Zeit der Almorawiden* und Almohaden*, der Berberdynastien, die vom 11. bis zum 13. Jh. in Spanien und im Maghreb herrschten, die kühnsten unter den Dichtern Verse auf ihre Lustknaben verfaßten und dabei vor allem deren Sommersprossen, Leberflecke *(khal, shama)* und den ersten Bartflaum priesen (Pérès, *La poèsie à Fès ...*, S. 342).

Lit.: Dermenghem, Fasi, Hafiz, Ibn Hazm, Petit/Voisin, Pérès, Rami.

Siehe auch: »Anziehende Körperteile«, Charme, Flaum, Harut und Marut, Mignon, Schönheit.

LEIDENSCHAFTLICHE LIEBE *(hawan)*. Liebe ist Leidenschaft. Weit mehr als eine Behauptung, spiegelt dieser Satz recht genau, wie in der entstehenden islamischen Glaubenswelt die Liebenden ihr Gefühl zur Geltung brachten. Ist das liebende Gefühl erst einmal feststellbar, sprengt nämlich die – damit zur Ausnahme gewordene – Beziehung den Rahmen der gewöhnlichen Beziehungen und ist nunmehr bei jenen unkontrollierten, das Individuum beherrschenden Regungen angesiedelt. Das ganze hat keineswegs mit Begierde im strikten Sinne des Wortes zu tun, erst recht nicht mit bloß freundschaftlicher Liebe. Wie al-Djahiz (780-868) treffend schrieb:

»Das Wort *hubb* (Liebesempfindung) umfaßt die Bedeutung, die damit beschrieben worden ist, und hat keine andere Erklärung, denn man sagt, daß der Mensch Gott *liebt (juhibb)*, daß Gott den Gläubigen *liebt*, daß der Vater seinen Sohn *liebt*, und daß man seinen Freund, sein Land und sein Volk *liebt;* man kann lieben, auf welche Art man will, ohne daß diese Empfindung ᶜ*ishq* genannt werden könnte, und wir verstehen dann, daß das Wort *hubb* nicht genügt, um die Bedeutung von ᶜ*ishq* auszudrücken, solange nicht andere Motive hinzukommen. Das *hubb* ist lediglich der Anfang des ᶜ*ishq;* dann folgt ihm der *hawa'* (Begehren), der bald der Wahrheit und Erfahrung entspricht, bald aber von beiden abweicht; dies ist beim *hawa'* der Fall, wenn es sich um Religionen, Länder und alle Dinge handelt. Wer von diesem Gefühl erfaßt ist, kann seinem Grund und seiner Vorliebe für das, was er mit *hawa'* liebt, nicht abgeneigt sein, und deswegen sagt man auch: ›Das Auge des *hawa'* ist nicht aufrichtig‹, ›Dein *hubb* zu etwas macht blind und taub‹ und ›Sie machen ihre Religion zu Herren für ihren *hawa'*‹. So kommt es oft vor, daß das Objekt eines Liebhabers weder vollendete Schönheit und höchste Vollkommenheit aufweist noch Geschick und Gewandtheit als Eigenschaften besitzt; wenn man ihn dann nach seinen Gründen fragt, so ist für ihn kein Grund vorhanden.« (Pellat, *Arabische Geisteswelt*, S. 423)

Und doch geschieht es nur unter dieser einen, einmaligen Bedingung, »im Wortsinn rasend vor Liebe zu werden«, daß die streng abgegrenzte und repressive Gesellschaft eine Verbindung toleriert, die nicht *nikah* ist, also Liebe und Sexualität im Rahmen der legalen Ehe: »Die Konflikte unter den einzelnen sind weniger schwerwiegend als die Konflikte der Leidenschaft, mit den Verwandten zu brechen ist einfacher, als eine Beziehung abzubrechen.« (Mohammed al-Isfahani, 868-934, zit. nach Thaᶜalibi, S. 105)

Sufi-Weisheit: Ibn Athaᶜ rezitierte diese Verse: »Ich habe, o ihr Leute der Liebe, einen Ast der Leidenschaft gepflanzt, und vor mir wußte niemand, was die Leidenschaft ist. Dieser Ast hat Zweige getrieben und eine Krankheit ausgelöst, und schließlich haben seine süßen Früchte Bitterkeit erzeugt. Und wenn die Liebenden nach der Abstammung ihrer Leidenschaft suchen, finden sie alle, daß sie von diesem Ast herrührt.« (Qushairi, zit. nach Dermenghem, *LPBTA*, S. 246)

Lit.: Dermenghem, Djahiz, Thaᶜalibi.

Siehe auch: Begehren, Berühmte Liebespaare, Entfesselter Koitus, Liebe und Varianten, Liebesleid, Shaghaf, Verführung, Vernunft/Unvernunft.

LESBIANISMUS *(sihaq, tasahhuq)*. Die weibliche Homosexualität, auch Lesbianismus und sapphische Liebe (nach der altgriechischen Dichterin Sappho, auf der Insel Lesbos) oder Tribadie (von griech. *tribein*, »reiben«) genannt, findet im Koran keine Erwähnung. Man geht jedoch davon aus, daß sie ebenfalls gemeint ist, wenn die Unzucht *(zina')* und die Schandtaten der Bewohner Sodoms verurteilt werden – jedenfalls haben die Religionsgelehrten des *fiqh** dies so ausgelegt, indem sie die Tribadie mit der männlichen Homosexualität gleichsetzten. Welche Vorstellungen von der lesbischen Liebe dabei vorherrschen, zeigt sich darin, daß sie häufig mit der Sodomie verglichen wird. Die Strafe für diese Form der ›Unzucht‹ heißt *taᶜzir* (wörtl.: »Züchtigung«).

Während der Koran über dieses Thema kein Wort verliert, haben die Erotologen sich heftigen Phantasien über den endlosen Orgasmus hingegeben, den, nach ihrer Vorstellung, sich Frauen gegenseitig verschaffen können. In diesem Sinne beschreibt Ahmad al-Tifashi (gest. 1253) die gegenseitige Masturbation zweier Frauen, die er als ›Safran-Massage‹ bezeichnet:

»Beim Liebesspiel halten sie es so, daß die, welche liebt, oben, und die, welche geliebt wird, unten liegt – außer wenn erstere einen besonders zarten und ihre Partnerin einen besonders üppigen Körper hat: Dann wechseln sie die Position, damit das Gewicht der Üppigen die Reibung zwischen ihren Körpern verstärkt. Sie verfahren dabei wie folgt: Die, welche unten liegt, streckt sich auf dem Rücken aus, winkelt das eine Bein an und dreht sich dabei leicht zur Seite, so umfängt sie die andere und bietet dabei ihre Pforte weit geöffnet dar. Die andere dagegen empfängt das angewinkelte Bein in ihrem Schoß und preßt die Lippen ihres Kleinods gegen die ihrer Gefährtin, die ihr dargeboten werden. Sodann beginnt sie, sich an ihr zu reiben, auf und ab, in einer Bewegung, die den ganzen Körper erzittern läßt. Diese Technik wird die ›Safran-Massage‹ genannt, weil in ganz ähnlicher Weise beim Färben von Stoff verfahren wird, um den Safran einzureiben ...« (Tifashi, S. 260)

Auch in *1001 Nacht* wird die lesbische Liebe mehrfach erwähnt, ohne daß sie je verächtlich gemacht wird. So findet sich zum Beispiel in der *Geschichte von el-Malik ez-Zahir Rukn ed-Din Baibars el-Bundukdari und den sechzehn Wachhauptleuten* das folgende Geständnis:

»›Bei Allah, o Hauptmann Mu'in‹, erwiderte sie, ›ich bin ein Weib, das von Sehnsuchtsqualen verzehrt wird. Ich liebe die Tochter des Kadis Amin el-Hukm; das Schicksal führte uns zusammen, und die Liebe zu ihr hat mein Herz erfüllt. Ich habe mit ihr eine Verabredung getroffen, nach Möglichkeit und Gelegenheit; aber ihr Vater Amin el-Hukm hat sie mir fortgenommen. Und immer noch hängt mein Herz an ihr, und um ihretwillen leide ich immer größere Qualen der Sehnsucht.'« (*1001 Nacht*, Bd. IV, S. 779)

Lit.: Bouhdiba, Bousquet, Chebel *(ES, IA)*, Ibn Falita, *1001 Nacht*, Tifashi.

Siehe auch: Analverkehr, Homosexualität, Loth/Luti/Liwat, »Scheherazade-Komplex«.

LEVIRAT s. Frauentausch.

LIBAS (wörtl.: »Kleidung«, »Gewand«). Eine besonders schöne Metapher im Koran, die sich auf die schützende und wärmende Qualität der sexuellen Vereinigung bezieht: »Es ist euch erlaubt, zur Fastenzeit bei Nacht mit euren Frauen Umgang zu pflegen. Sie sind für euch und ihr für sie wie eine Bekleidung« (Koran, 2, 187). Hier wird die Vertrautheit, die Sicherheit und das Einverständnis beschworen, das zwischen den Ehegatten herrschen soll.

Siehe auch: Koran.

LIEBE AUF DEN ERSTEN BLICK *(saʿaqat al-hubb)* **s. Unvermittelte Liebe.**

LIEBE *(hubb, al-hubb, al-mahibba, al-wadd* – abgeleitet vom Namen einer heidnischen Gottheit des alten Arabien, *Wadd*, wahrscheinlich die Göttin der Liebe –; *gharam:* die Verliebtheit, *ʿishq:* das Begehren, davon abgeleitet: *taʿashuq, maʿshuq, ʿashiq* usw.) Im Iran bezeichnet *ʿishq* oder *ʿishg* die Liebe, in der Türkei sind es *ashk* oder *sevgi*, mit den Ableitungen *ashik, sevdali* (verliebt), *istek, arzu* (Sehnsucht, Verlangen) und *arzu etmek, istemek* (begehren). »Zuneigung« wird mit den türkischen Vokabeln *sevgi* und *serkat* (Empfinden) bezeichnet; jemand, der Zuneigung empfindet, ist *sevakatli* oder *müsfik*. *Shaghaf* ist die leidenschaftliche Liebe bei den Arabern; *habub:* »der zu viel liebt« (in Syrien, Libanon und Palästina); in der Kabylei stehen *hibb, yethibbi, ihabb, ahibbi, lhubb* für »Liebe, lieben«; *mehbud* für »der Zuneigung würdig sein«; *ahbid, ihbiben, lehbad* für »Freund, Liebhaber«; *tahbibt, tihbibin* für »Freundin, Geliebte«, und *bu tehbibin* für »Schürzenjäger«.

Arabische Lexikographen verzeichnen nicht weniger als siebzig Synonyme für die Liebe *(hubb)*, hundert bis hundertundzehn direkte Ableitungen, welche diese Wörter ihrerseits erzeugt haben, und mehr als tausend vergleichende Sprachfiguren, Metaphern, prägnante Bilder und sublime Allegorien, deren sich die arabischen, persischen oder türkischen Dichter sämtlicher Jahrhunderte ebenso bedienen wie der Fellah aus dem Niltal, der Theologe aus al-Qarawayin oder der Fischer von Agadir. Im arabisch-muslimischen Universum begründet die leidenschaftliche Liebe (die notwendig leidenschaftlich ist, denn sie bedeutet vornehmlich *Trennung* und *Entfernung)* eine ganze Martyrologie. Im Schmerz erlebt, ohne Handhabe, sie zu begrenzen, ist die Liebe vor allem bitter, gekennzeichnet durch Kummer und endloses Warten. Sie wird begleitet von Schmerzen der Seele, die den Körper zerfressen und überall ihre Narben hinterlassen. »Meine

Brüder! Mein Herz verzehrt sich vor Liebe, und sobald die Flammen ihr Ziel erreicht haben, vernichten sie es«, klagt ein Dichter aus dem Süden Algeriens (*L'Islam et l'Occident*, S. 333).
Im Arabischen sind die bekanntesten Synonyme und Sinnverwandten des Wortes *hubb*:
ilf oder *al-ulfa:* Vertrautheit mit der geliebten Person, eine der ersten Stationen der Liebe. Ibn Hazm (994-1064) wählte als Titel für sein berühmtes Werk über die Minne: *Tauq al-hamama fi'l-ulfa wa'l-ullaf* – Das Halsband der Taube. Von der Liebe und den Liebenden;
al-futun: von *fitna* (Verführung);
al-huyam: der Verlust der Orientierung, vor allem durch die Freuden der Liebe; davon abgeleitet *ha'im:* verrückt vor Liebe;
al-walah: kopflose Verwirrung, hervorgerufen durch die Liebe;
tadallu: Verlust des Verstandes, durch die Liebe hervorgerufene Verwirrung;
sababa: intensive Liebe, begleitet von starkem Verlangen;
al-ᶜalaqa: Knüpfen des Liebesbandes; die Anfänge der Liebe, die sich im Herzen festsetzen;
al-ᶜishq: das Begehren; daher *ᶜashiqa:* in Liebe entflammen, *ᶜashiq:* sehnsüchtig Liebender;
taaᶜshshaqa: sich verlieben;
maᶜshuq: geliebt, von jemandem begehrt; auch: von brennendem Verlangen übermannt (**s. Begehren, ᶜOsheqa**);
al-hawan: amouröse Leidenschaft, Zuneigung, Romanze;
al-sabwa: traurige Liebe, bittere Neigung;
al-wamq: leidenschaftliche Liebe; *wamiq* ist derjenige, der von seiner Liebe beherrscht wird, der »Beiwohnende« (Massignon);
al-wadjd: alle Liebe, die von Traurigkeit gefolgt wird;
al-yatm: Unterwerfung unter die Willkür der Liebe, Hingabe, Besitz. Ebenso gebräuchlich das hiervon abstammende *tatayyum*, wörtl: »verwaist sein«;
al-djawan: gezügelte Leidenschaft, innerliches Gift;
al-shadjw: Liebe, auf die Unglück und Traurigkeit folgen;
al-shauq: Sehnsucht nach dem geliebten Menschen, insbesondere, wenn er abwesend ist; wehmütige Erinnerung an die geliebte Person, daher: *tashawwaqa* (sich heftig sehnen) und *mutashawwiq* (sehnsüchtig vermißt werden);
al-balbala (pl. *al-balabil*): wehmütige Unruhe des Herzens, Heraufbeschwören vergangenen Schmerzes;
al-tabaridj: Ende der Liebe;
al-ghamra: Liebe, die zum Rausch oder zur völligen Hingabe führt;
al-shadjan: wahnsinniges Verlangen, den geliebten Menschen zu besitzen, wo immer er sich aufhält;
al-ikti'ab: Schmerz, Bußfertigkeit;
al-wasab: Liebesleid und -krankheit;
al-huzn: Traurigkeit;
al-ladgh: ins Herz stechender Schmerz;
al-hurq oder *al-hirq:* Flamme, Lodern der Liebe und des Verlangens;
al-araq: durch Liebe ausgelöste Schlaflosigkeit;

al-hanan: Zärtlichkeit *(hanana);*
al-istikana: herzzerreißendes Verlangen, mit der geliebten Person zusammen zu sein;
al-tabal: Zustand desjenigen, der von der Liebe und der Leidenschaft zerstört ist; daher *tatabbala:* sich in jenen Zustand versetzen;
mustaham: Liebeswahn, daher *istahama:* jemanden rasend vor Liebe machen;
al-lawᶜa: Auszehrung der Liebe;
al-djunun: Irrsinn der Liebenden; nur noch von der Leidenschaft geleitetes Herz (**s. Madjnun und Laila**);
al-habl: (wörtl.: das Tau), Verbindung, festes Liebesband;
al-qalb: das Herz, daher *qalbi* (im ägyptischen Arabisch: *'albi*): »mein Herz«, d.h.: der geliebte Mensch – Leitmotiv der arabischen (Schlager-)Sängerinnen;
al-da al-mukhamar: rauschhaftes Leiden;
al-khulla: Bereitschaft des Herzens in Erwartung des geliebten Menschen; Erfüllung der Leidenschaft; Vereinigung der Liebenden;
al-hilm: Langmut, Träumerei;
al-taᶜabbud: Vergötterung, abgöttische Verehrung;
al-sha'af: Last des Leidens unter einer Leidenschaft, welche der *shaghaf,* der leidenschaftlichen Liebe auf ihrem Höhepunkt, vorhergeht; die Qualen der Liebe, entsprechend der *ghulma* für das fleischliche Verlangen;
al-wadd: Zuneigung, Zärtlichkeit, daher *mawadda:* Zuneigung im allgemeinen. Beide Begriffe stammen vermutlich von der prä-islamischen arabischen Gottheit al-Wadd, wohl die Personifizierung der Liebe.
All diese Begriffe sind eng verbunden mit den beiden Wörtern *al-hubb:* Liebe im umfassenden Sinn, und *al-gharam:* liebendes Empfinden.
Dutzende weiterer Begriffe sind bekannt, doch kann dem keine Zusammenstellung wirklich Rechnung tragen, zumal der Sinn der Wörter sich von einer Epoche zur anderen, mitunter von einem Autor zum anderen, ändert und entwickelt – ganz zu schweigen von den Nuancen der unterschiedlichen erzählerischen Zusammenhänge.
Zu den Titeln, die in nahezu allen Untersuchungen firmieren und von denen einige hier auch separat behandelt werden, gehören:
Diwan der Liebenden (Diwan al-ᶜAshiqin) von Mohammed ibn Ziyad ibn al-ᶜArabi (gest. 845) [nicht zu verwechseln mit dem 1240 gestorbenen, hier häufig zitierten Muhyi-addin Ibn ᶜArabi aus Murcia]; *Das Buch der Blüte (Kitab al-zahra)* des Ibn Dawud (gest. 907); *Das Buch der Feinfühligkeit und der Feinfühligen (Kitab al-zarf wa zurafa')* von Ibn Ishaq al-Washa (gest. um 936), nach seinem Verfasser auch *Kitab al-Muwasha* genannt; oder auch *Das Buch der Lieder (Kitab al-Aghani)* des Abu'l-Faradj al-Isfahani (879-967). Besonders hervorheben wollen wir jedoch folgende Werke: *Das Halsband der Taube (Tauq al-hamama)* von Ibn Hazm (994-1064); *Die Arenen der Liebenden (Masari al-ᶜushaq)* des Abu Nasr al-Saradj (gest. 1106); das *Traktat über die Liebe* des Ibn ᶜArabi (1165-1240); der *Führer der Aufgeweckten (Rushd al-labib)* des Ibn Falita (gest. 1330 oder 1331); *Der duftende Garten (al-Raud al-atir)* des Scheich al-Nafzawi (16. Jh.); *Der Bericht der Sängerssklavinnen (Risalat al-qiyan)* des al-Djahiz (780-869), ebenso wie sein *Lob der Sklavin und des dienstbaren Knaben (Mufakharat*

al-djawari wa'l ghilman), die hier zwar erwähnt werden soll, aber trotz zahlreicher Hinweise in der Literatur unauffindbar geblieben ist; *Der Garten der Liebenden und das Wohlsein der Begehrenden (Raudat al-muhibbin wa nuzhat al-mushtaqin)* des Ibn Qayyim al-Djauziya (14. Jh.) sowie dessen *Über die Frauen (Akhbar al-nisa')*; den *Brief über die Beschaffenheit der Begierde (Risala fi mahiyat al-ᶜishq)* des Ibn Sina (980-1037); die unter dem Titel *Livre de la volupté: pour que le vieillard recouvre sa jeunesse* (etwa: *Das Buch der Wollust: Auf daß der Greis seine Jugend wiederfinde)* nur in Frankreich publizierte Handschrift eines Ibn Suleiman oder Soulayman aus dem 16. Jh.; *Der Garten des Liebenden (Raudat al-ᶜashiq)* des Ahmad ibn Sulaiman ibn Humaid Kisa'i (12. Jh.); das *Buch der Goldwäschen (Murudj al-dhahab)* von al-Masᶜudi (gest. 956); das *Traktat über die Ethik (Tahdib al-akhlaq wa tathir al-a'raq)* des Abu Ali Miskawaih (gest. 1030); den *Jasmin der wahren Liebenden (ᶜAbhar al-ᶜashiqin)* des Ruzbihan Baqli von Schiraz (1128-1209) – auch wenn dies letzte Werk sich mehr auf die göttliche als auf die hier behandelte profane Liebe bezieht.

In der Vielfalt der Titel und Begriffe spiegelt sich die Vielzahl der Ausdrucksformen jenes eigentlich unberechenbaren Phänomens der Liebe – das überdies bestimmt wird von der jeweils einzigartigen individuellen Befindlichkeit der Liebenden. Ibn ᶜArabi (gest. 1240) merkt dazu an:

»Die Liebe *(hubb)* umfaßt zahlreiche Seelenzustände, welche die Liebenden betreffen. Schon hier seien erwähnt: das brennende Verlangen der Liebe *(shauq)*, das Beherrscht-sein von der Liebe *(gharam)*, die verliebte Liebe *(hiyam)*, der Liebesschmerz *(kalaf)*, das Weinen *(baka')*, die Traurigkeit *(huzn)*, die Verwundung der Liebe *(kabd)*, die Auszehrung *(dhubul)*, das Liebessehnen *(inkisar)* und dergleichen den Liebenden Eigentümliches ...« *(TA*, S. 125)

Jede Kultur, jede Region erzeugt ihre eigene amouröse Dynamik. So ließe sich der Erotik der Städte jene des Landes gegenüberstellen, die Liebe der Berber des Atlasgebirges äußert sich anders als die der Beduinen der Wüste. Wir finden alle möglichen Stilfiguren, und alle haben sie ihre Berechtigung. So führen die Autoren R.Z. Uzayzi und J. Chelhod in ihrem Aufsatz *L'amour et le mariage dans le désert* zum Beispiel aus, daß für die Beduinen des Nahen Ostens die Liebe wesentliches Gefühl ist, »eine natürliche Erfüllung des Daseins«, unter der Bedingung freilich, daß die Gesetze der Scham fortwährend beachtet werden: »Dem Mädchen ist es sogar gestattet, mit dem Mann, den es liebt, die Nacht zu verbringen, wenn dieser seine Absicht verlautbart hat, sich mit ihr zu verheiraten. Dieser intime Abend wird *taᶜlila* genannt, die Nacht des ›In-den-Schlaf-Wiegens‹.« (S. 270)

Mädchen im heiratsfähigen Alter harren mit Neugier und Ungeduld dieser Innigkeit mit ihrem Verehrer; wer keinen solchen hat, ist dem Verdacht ausgesetzt, irgendeinen unsichtbaren Makel zu tragen. Was den Mann angeht, so ist ihm aufgegeben, den Kriterien der Virilität, wie die Sitten des Landes sie festlegen (**s. Männlichkeit**), zu entsprechen und keinesfalls zu versagen, denn andernfalls könnte er von seiner mißtrauisch gewordenen Angebeteten zu hören bekommen: »Eine Frau kann nicht die Gemahlin einer anderen Frau sein.«

Zusammengefaßt, ist die Liebe ein dem kollektiven arabischen und muslimischen Leben substantielles Empfinden. In erster Linie ist sie ein leidenschaftliches Gefühl, selbst wenn, um die Formulierung des Miskawaih aufzugreifen, »die leidenschaftliche Liebe eine Übertreibung der Liebe ist« (ders., S. 214) (**s. Begehren**). Manche Autoren behaupten gar – ohne freilich zu unterstellen, die Liebe sei im muslimischen Andalusien entstanden –, die Andalusier erst hätten »dazu beigetragen, eine Anzahl idealer Anforderungen ins Licht zu setzen, ohne welche die Liebe kaum je mehr gewesen wäre als Lüsternheit« (Nelli, *ET*, Bd. I, S. 46).

Poetische Redewendungen und Verse:
Aus der Sammlung von Tha'alibi, *La Beauté est le gibier des cœurs*:
»In der Liebe keine Beratungen, im Genuß keinen Kampf.« (Mohammed ibn Yazdad, gest. 844, Wesir des al-Ma'mun)
»Wer liebt, zerstört sich; wer haßt, zerstört; wer stattgibt, ist milde gesonnen; wer aufbraust, schlägt.« (Abu Ali ibn Muqla, 866-940, Dichter und Wesir des al-Muqtadir, des al-Qahir und des al-Radi)
»O meine Freunde, ist euch je vor Augen oder zu Ohren gekommen, daß außer mir ein Opfer aus Liebe zu seinem Schlächter geweint hätte?« (Djamil ibn Ma'mar, gest. 701, Poet der keuschen Liebe)
»Ich, bei Allah, ich brenne für den Zauber deiner Augen, aber ich fürchte die Gemetzel unter Liebenden.« (Bashshar ibn Burd, 715-783, blinder Dichter aus Takharistan)
»Sie gibt mir zu trinken, in einer Nacht, die ihrem Haar gleicht/ein Getränk, ihren Wangen gleich, und die Hüter waren fern./Und ich tauchte ein in die beiden Nächte, die ihres Haars und die der Finsternis/zwischen den beiden Sonnen, der des Weines und der eines geliebten Antlitz.« (Ubaidallah ibn Abdallah ibn Tahrir, 838-913, Gouverneur, Gelehrter und Dichter)
»Ich sagte, als sie sich beklagte, das Ausbleiben meiner Besuche zerreiße ihr das Herz: ›Die Entfernung ist kein Übel, solange die Herzen sich einander nähern.‹ ...« (Mansur al-Faqih al-Hisri, gest. 918, in den Religionswissenschaften kundiger Dichter)
»Früher ward mir schwach von den Tränen, die meine Augen benetzten; jetzt ist jedes teure Wesen, das nach dir kommt, kaum von Gewicht.« (Abu'l Tayyib al-Mutanabbi, 915-965, manchen zufolge der größte arabische Dichter; es heißt, Abu Bakr al-Khawarizmi, der berühmte persisch-arabische Mathematiker, hätte dies für den schönsten Liebesvers der gesamten arabischen Poesie gehalten)
»Die Liebe hat deinen Geliebten erobert/gewähr ihm also das beste deiner selbst/sei nicht hart gegen ihn und wahr ihm seine Rechte/denn er ist der beste der Liebenden.« (Ali ibn Abdel 'Aziz, 903-976, Gelehrter und Poet)
»In den Augen seiner Mutter ist der Mistkäfer eine Gazelle« – will heißen: Mutterliebe ist blind. (Basset, *Les proverbes de l'Ahaggar*; zahlreiche Varianten in der arabischen Welt)
»Die Liebe, im Leben wird sie gegeben/im Grab läßt Liebe sich nicht mehr gegen Liebe tauschen/für die Liebe gibt es nichts mehr als Steine und Schotter.« (Ebd.)
»Die Liebe ist ein Funke, Lieblosigkeit ein Wasser, das ihn ertränkt.« (Ebd.)
»Die Liebe ist ein Baum, und die Lieblosigkeit die Axt, die ihn fällt.« (Ebd.)
Sinnsprüche der persischen Weisheit, gesammelt von H. Rezvanian:
»Die Liebe kann nicht gelernt werden, sie wird erlitten.«
»Es ist ein großer Unterschied zwischen dem Liebenden und der Frau, die er liebt: Ihr ist der Stolz, ihm das Flehen.«
»Wer an der Liebe erkrankt ist, bedarf keines Arztes.«
Fragmente des Ritornells der Liebe aus dem Berberischen, einer Frau in den Mund gelegt, gesammelt von Abès:

»Oh, mein Herz brennt vor Durst nach meinem Geliebten; du hast mein Herz gebrochen, möge Gott das deine brechen!«
»Mein Herz pocht zwischen den Rippen; ich komme nicht zur Ruhe, bis ich deiner gewahr werde, o du, den ich liebe!«
»Mag ich [die Glut] auch noch so anfachen, daß der Tee gelb werde, er bleibt ohne Geschmack, solange mein teurer Geliebter mich nicht aufsucht.«
»Gern würde ich den Schmerz auf die Schalen einer Waage legen/ihn gerecht zu teilen zwischen meinem Geliebten und mir.«
»Drück dich an mich, bevor es noch Tag wird, der Morgenstern leuchtet und das Morgengrauen uns trennt, o mein Teurer.«
»Gibt es sie also, die Liebe ohne Gegenleistung? Gibt das Herz sich blindlings hin? Zeige dich mir doch, daß ich dich kennenlerne!«

Lit.: Abès, Basset, Ben Cheneb, Bibel, Blachère, Boisson, Chaouki, Charare, Casajus, Dermenghem, Djamil, *EI*, Elisséeff, Ibn al-Djauziya, Ibn ᶜArabi, Ibn Hazm, Djahiz, Kisa'i, Koran, Masᶜudi, Miskawaih, *Mririda N'Aït Attik*, Nelli, Pellat, Pérès, Rezvanian, *1001 Nacht*, Thaᶜalibi, Uzayzi/Chelhod, Vadet, Yacine Titouh.

Siehe auch: Begehren, Berühmte Liebespaare, Bitterkeit der Liebe, Djamil und Buthaina, Erotik, Hathor, Höfische Liebe, »Hukm al-Hubb«, Ibn ᶜArabi, Ibn Hazm, Kosmische Liebe, Liebe (die dreizehn Definitionen der...), »Liebe der Liebe«, Liebesleid, Madjnun und Laila, Männlichkeit, Salomo und Balkis, »Scheherazade-Komplex«, Schön, Schönheit, Taᶜlil, *1001 Nacht*, Verführung, Weinen.

LIEBE (Die dreizehn Definitionen der ...). In seinem monumentalen Werk *Das Buch der Goldwäschen (Murudj al-dhahab)* läßt Abu'l Hasan Ali al-Masᶜudi (gest. 956), der weitgereiste Historiker und unvergleichliche Beobachter, die mit den Fragen der Liebe befaßten muslimischen Spezialisten seiner Epoche zu Wort kommen. Am Ende stehen dreizehn Definitionen, dargelegt von dreizehn Teilnehmern – freien Denkern, Rechtsgelehrten oder Theologen –, die der Wesir Yahia, Sohn des Khaled ibn Barmek, zusammengestellt und um die Auffassungen der Hippokrates, Galen, Plato, Ptolemäus und einiger minder bekannter Theologen ergänzt hat:

1. Dem unter den Schiiten berühmten Theologen Ali, Sohn des al-Haytem, aus der imamitischen Sekte zugeschriebene Definition: »Wesir, sagte dieser Doktor, die Liebe ist die Frucht der Übereinstimmung der Arten und das Zeichen der Verschmelzung zweier Seelen; sie entstammt der göttlichen Liebe, dem reinen und feinen Prinzip des Wesens. Ihre Ausdehnung ist ohne Grenzen, ihr Anwachsen verursacht ein Schwinden des Körpers.«

2. Dem Abu-Malik aus Hadramaut (Jemen), Angehörigen der unter dem Namen *shorat* bekannten kharidjitischen Sekte, zugeschriebene Definition: »Wesir, die Liebe ist ein magischer Hauch: Sie ist verborgener und glühender als Kohle; es gibt sie nur als Einheit zweier Seelen und Vermischung zweier Formen. Sie durchdringt und durchflößt das Herz wie das Wasser der Wolken die Poren der Erde; sie herrscht über alle Dinge, unterwirft die Verstandeskraft und bändigt den Willen.«

3. Definition, die dem Mohammed, Sohn des Hudail – einem Muᶜtaziliten* und Scheich der Schule von Basra – in den Mund gelegt wurde: »Die Liebe, sagte der, drückt den Augen ihren Stempel auf und dem Herzen ihr Siegel; sie durchfließt

den Körper und dringt bis ins Innerste der Eingeweide. Sie bringt Unordnung in das Denken und Beweglichkeit in den Geist; in ihrer Anwesenheit bleibt nichts rein; kein Versprechen bindet sie, alles Unglück zieht sie an. Die Liebe ist ein Tropfen, geschöpft aus dem Meer des Todes, ein Schluck aus dem Becken des Jenseits. Doch zieht sie ihre Ausdehnungskraft aus der Natur selbst und aus der Schönheit, die den Wesen innewohnt. Der Mensch, welcher liebt, ist verschwenderisch, taub gegenüber den Ermahnungen zur Vorsicht, unempfindlich gegen Vorwürfe...«

4. Dem Hisham, Sohn des Hakim aus Kufa, Scheich der Imamiten und berühmter Schriftsteller, zugeschriebene Definition der Liebe: »Wesir, die Bestimmung hat die Liebe wie ein Netz gespannt, über das nur die aufrichtigen Herzen ins Unglück stürzen können. Wenn ein Liebender in ihre Wasser fällt und sich in ihren Fallen verfängt, ist es ihm nicht mehr möglich, sich mit heiler Haut zu retten oder sich durch Flucht zu entziehen. Die Liebe entsteht aus der Schönheit der Form, der Zuneigung und der Anziehung der Seelen. In ihrer Anwesenheit dringt der Tod bis in die Gedärme und auf den Grund des Herzens; die beredsamste Zunge erstarrt; der König wird Untertan, der Herr wird zum Sklaven und demütigt sich vor dem gebrechlichsten seiner Diener.«

5. Definition der Liebe nach Ibrahim, Sohn des Yassir, genannt Nazzam, Muᶜtazalit* und zu jener Zeit einer der wichtigsten Dialektiker der Schule von Basra: »Die Liebe, sagte der zum Wesir, ist feiner als das Trugbild, unmittelbarer als der in den Adern zirkulierende Wein. Sie ist zerbrechlicher Ton, geknetet aus der Kufe göttlicher Macht. Solange sie maßvoll bleibt, sind ihre Früchte voller Aroma, doch wenn sie die Schranken überwindet, wird sie zum tödlichen Wahn, einem Übel, dessen Verheerungen schrecklich sind und von dem Heilung nicht zu erhoffen ist. Einer Wolke ähnlich, ergießt sie sich als Regen auf die Herzen; dort läßt sie den Kummer keimen und den Schmerz sprießen. Der von der Liebe besiegte Mann leidet ohne Unterlaß; seine Brust bebt vor Anspannung, Lähmung bedroht ihn. Ständig eingetaucht in seine Traurigkeit, verbringt er seine Nächte ohne Schlaf, seine Tage in Angst: Schmerz zehrt ihn aus, er nährt sich einzig von Wehklagen.«

6. Dem Ali, Sohn des Mansur, Imamit, Dialektiker und einer der Schüler des Hisham, Sohn des Hakim, zugeschriebene Definition: »Die Liebe ist ein am Anfang leichtes Übel, welches die Seele durchsetzt und sie nach Belieben formt. Sie dringt ein in das Denken und nimmt es rasch in Beschlag. Wer aus ihrem Becher trinkt, wird von seiner Trunkenheit nicht geheilt; wer von ihr niedergeworfen wird, erhebt sich nicht wieder. Die Liebe leitet sich ab aus der Identität und der Homogenität der Formen und der Schöpfung.«

7. Dem Mutamir, Sohn des Suleiman, einem der maßgeblichen Scheichs der muᶜtazilitischen Schule, in den Mund gelegte Definition: »O Wesir, sagte er dem Yahya – dem all ihnen gemeinsamen Gesprächspartner –, die Liebe ist das Ergebnis der Übereinstimmung der Natur und das Erzeugnis der Gleichheit der Arten. Sie dringt [ins Herz] ein wie eine Ameise; derjenige, den sie unterwirft, vermag ihre Bande nicht zu sprengen; derjenige, den sie zu Boden wirft, kann sich nur selten wieder aufrichten. Sie zeichnet die verschiedenen Naturen und die Einheit der Seelen aus; sie ruft die Herzen und nähert die Charaktere einander an. Doch

ihr Glück ist von kurzer Dauer, gestört von der Erwartung einer Trennung und in seinen süßesten Augenblicken entstellt von der Furcht vor Verleumdung. Auch haben die Philosophen sie eine Waffe genannt, die in das Fleisch eindringt und das Gebäude des menschlichen Körpers ruiniert.«

8. Definition, die Bishr, Sohn des Mutamir, Scheich der Schule von Bagdad und Lehrmeister der Dialektiker und Theologen jener Stadt, zugeschrieben wird: »Die Liebe tötet den Schlaf und zeitigt Schande. Der Mann, der ihrem Reich unterworfen ist, ist weniger wert als ein mißgebildetes Schaf. Und hätte er die Kraft des Löwen, wird er sich doch vor allem Sklavischen erniedrigen und selbst zum Sklaven seiner Begierde werden; er spricht von nichts als seinen Hoffnungen und beschäftigt sich mit nichts als seiner Leidenschaft.«

9. Definition, wie sie der Mu'tazilit Tumamah, Sohn des Ashras, formuliert hat: »Wesir, sagte er, wenn das Wesen, aus dem die Seelen gemacht sind, nach Entäußerungen der Identität strebt, nach Wesenseinheit und Verbindung, sendet es die Strahlen eines blendenden Lichtes aus, das die Blicke der Erkenntnis erleuchtet und mit seiner Glut die Quellen des Lebens erhitzt. Aus diesem Herd schießt eine reine Flamme, die an der Seele sengt und sich in ihr Wesen einbrennt: das ist es, was man *die Liebe* nennt.«

10. Dem Sakkal von der imamitischen Schule, Schüler des Hisham ibn Hakim, zugeschriebene Definition: »Die Liebe, sagte er, wird von der Güte erzeugt und von der Einheit des Wesens hergestellt; sie beweist die Existenz des immateriellen Prinzips der Hinwendung und zeigt die wechselseitige Zuneigung der Arten. Sie besetzt den Körper wie die Trunkenheit, die vom Wein herrührt. Derjenige, der liebt, ist von einer inneren Flamme erleuchtet; sein ganzes Wesen erstrahlt; seine Vorzüge stellen ihn über die anderen Menschen. Doch die Erregung seiner Sinne enthüllt seine Leidenschaft den Blicken, und bevor er erhöht wird, beginnt er mit der Selbsterniedrigung.«

11. Definition der Liebe, dem Doktor Sabbah, Sohn des Walid, von der Sekte der Merdjiten, in den Mund gelegt: »Selbst die Rede ist nicht so unvermittelt wie die Wirkungen jener Leidenschaft. Das Herz eines Menschen, dessen Reinheit und Schönheit offenkundig ist, weist die Liebe nicht zurück, denn es ist die Analogie der Arten, die allein die Liebe gebiert; es ist das Merkmal eines zartfühlenden Wesens, zu lieben fähig zu sein.«

12. Definition laut Ibrahim, Sohn des Malik, Rechtsgelehrter in Basra, gewandter Debattierer, der sich keiner dogmatischen Schule zugehörig fühlte und keiner besonderen Sekte angehörte: »Wesir, die Liebe ist nichts als eine Abfolge von Visionen, die dem Menschen eignen, so oft verzweifelt wie tröstlich, und die, durch die Unruhe, die sie in seinem Herzen stiften, seine Gedärme verzehren.«

13. Definition der Liebe aus dem Mund eines Mobed, Richter von der Sekte der Magen (im Pahlevi, der alten Form des Persischen, *mobed* geheißen): »Wesir, sagte er, die Liebe ist ein Feuer, das in der Herzkammer entflammt und sich zwischen den Rippen und dem Herzen ausbreitet. Sie ist dem Dasein der Menschen und dem Wirken der Himmelskörper inhärent: Sie ist im animalischen Trieb begründet und hängt von materiellen Ursachen ab. Sie ist die Blüte der Jugend, der Garten des Großmuts, der Zauber der Seele und ihre Zerstreuung. Die Elemente erzeugen sie, die Sterne bringen sie an den Tag; die Winde treiben sie vor sich her,

und die Wirkung erhabener Geheimnisse gibt ihr Gestalt. Dann verbindet sie sich mit dem besten des Wesens, seinen reinsten Bestandteilen. Sie ruft die Anziehungskraft der Herzen hervor, die Übereinstimmung der Leidenschaften, die Verschmelzung der Seelen, die Annäherung der Ähnlichen, die Reinheit der Gefühle und der Zuneigung. Sie kann nicht sein ohne die Schönheit, die Verstandeskraft, die Feinfühligkeit der Sinne, ohne die Gesundheit, die Harmonie und das Gleichgewicht der Kräfte; denn ihr erhabener Ursprung ruft Bewegungen in den himmlischen Sphären hervor, die daraufhin den Empfindungen entsprechen, mit denen die Körper gesegnet sind.«

(Mas‘udi, *Das Buch der Goldwäschen*, zit. nach der frz. Übers. v. Barbier de Meynard und Pavet de Courteille, Bd. 6, S. 369-376)

Lit.: Mas‘udi.

Siehe auch: Djunaid, Göttliche Liebe, Liebe und Varianten, Liebe der Mystiker, «Liebe des Esels für die Eselin», Liebesleid, Sklavische Liebe.

»LIEBE DER LIEBE« *(hubb al-hubb).* Konzept, das der andalusische Mystiker Ibn ‘Arabi (1165-1240) erdacht und in seinem *Traktat über die Liebe* folgendermaßen definiert hat: »Die Liebe beschäftigt den Liebenden so sehr, daß er sowohl den geliebten Menschen als auch sich selbst vergißt oder vernachlässigt. Das ist es, was man Liebe der Liebe *[hubb al-hubb]* nennt.« (*TA*, S. 250)

Zuvor hatte Ibn ‘Arabi den Fall des Qais [des »Madjnun« der gleichnamigen Legende] zitiert, der, so eingenommen von seinem *amour fou* für die geliebte Laila, diese nicht wiedersah, nicht einmal wiedersehen wollte:

»Laila bot sich dem Dichter Qais an, der sie eindringlich begehrte: Laila! Laila! Er nahm sich Eis, das er auf sein brennendes Herz legte, welches das Eis schmelzen ließ. Laila grüßte ihn, als er sich in solchem Zustande befand und sprach also zu ihm: ›Ich bin diejenige, nach der du verlangst, ich bin diejenige, die du begehrst, ich bin deine Geliebte, ich bin die Erfrischung deines Seins, ich bin Laila!‹ Qais wandte sich ihr zu und rief aus: ›Verschwinde aus meinen Augen, denn die Liebe, die ich für dich hege, bedrängt mich so sehr, daß ich mich um dich nicht mehr kümmern kann!‹« (Ebd., S. 53)

Die Liebe der Liebe kann schließlich auch die körperliche Leidenschaft bezeichnen, die ein einzelner für seinen Partner verspürt. So schrieb Mohámmed Belkheir (1835-1905) von seiner Geliebten Aischa:

»Wenn unsere Herzen vereint sind, ruft die Liebe nach Liebe.« *(Idh ‘A'icha qalbi wa qalbuha fi-atiyab al-hubb li'l-hubb inadi.)* (Belkheir, S. 68)

Poetische Wendung: »Ich liebe. Ich liebe es, zu lieben.« (Abu Nuwas)

Lit.: Abu Nuwas, Belkheir, Ibn ‘Arabi.

Siehe auch: Liebe und Varianten.

LIEBE DER MYSTIKER. Die Liebe der muslimischen Mystiker ist ganz und gar Gott zugewandt, dem höchsten Ziel ihres Strebens. In dieser Hinsicht deckt sie sich vollkommen mit der göttlichen Liebe, die wir an anderer Stelle behandeln. Die Differenzen in der Bewertung sind unter den Sufis jedoch so groß und oft so fein, daß es uns nützlich erscheint, die Einträge hier unter einem eigenen Stichwort zusammenzufassen.

Qushairi, dem Bagdader Mystiker des 11. Jh.s, gebührt das Verdienst, in seiner *Risala* unter dem Kapitel *Mahabba* die Mehrzahl der Definitionen der Liebe versammelt und geordnet zu haben, welche die Sufis seiner Epoche formuliert haben. Seine Arbeit stellte er unter das Motto eines bekannten Koranverses: »Gott – er sei gepriesen und erhöht! – hat gesagt: ›Ihr Gläubigen, wenn sich jemand von euch von seiner Religion abbringen läßt, wird Gott Leute bringen, die er liebt, und die ihn lieben‹ (Koran 5, 54).«

Derselben Quelle zufolge soll der Prophet gesagt haben: »Wenn Gott der Allerhöchste einen seiner Diener liebt, sagt er zu Gabriel: ›O Gabriel, ich liebe jenen dort, liebe du ihn auch.‹ Also liebt Gabriel ihn. Dann sagt Gabriel den Leuten des Paradieses: ›Gott liebt jenen dort, liebt ihr ihn auch‹, und alle lieben ihn. Dann öffnet er ihm das Herz der Leute der Erde.«
(Zit. nach Dermenghem, *LPBTA*, S. 242)

Es war Brauch bei den Autoren jener Zeit, sich zunächst auf die Autorität des Heiligen Buches zu berufen, des Koran, sodann, im Anschluß an das Wort Gottes, auf das Wort des Propheten und seiner Gefährten, bevor sie die großen Sufi-Meister und zeitgenössischen Gelehrten zitierten. Qushairi folgt dieser ehernen Regel und führt schließlich folgende Aussprüche auf:

Der Meister Abu Ali al-Daqqaq hat gesagt: »Die Liebe *(mahabba)* ist ein edler Zustand, dessen Wahrheit (sie sei gerühmt!) ihrem Diener zuteil wurde. Die Wahrheit hat zur Eigenschaft, ihren Diener zu lieben, und der Diener hat zur Eigenschaft, die Wahrheit zu lieben.« (...)

Die Definitionen der Liebe *(mahabba)*, der ständigen Neigung des streunenden Herzens, sind sehr großer Zahl... Hier die einiger Scheichs:

Laut Abu Yazid Bistami: »*Mahabba* ist es, wenig auf das zu geben, was dein ist, und viel auf das, was des Geliebten ist.« (**s. Bistami**)

Laut Sahl (al-Tustari): »Liebe *(al-hubb)* ist, zu gehorchen und nicht entgegenzuwirken.«

Nach Djunaid ist »*mahabba* die Ersetzung der Eigenschaften des Liebenden durch die des geliebten Menschen«. (**s. Djunaid**)

Er hat ebenfalls gesagt: »Wenn die *mahabba* tragfähig ist, fallen die Bestimmungen der Höflichkeit.«

Laut Abu Ali al-Rudzbari ist *mahabba* Übereinstimmung.

Nach Abu Abdallah al-Quraishi bedeutet »die Wirklichkeit der Liebe, daß du dein Alles dem gibst, den du liebst, derart, daß dir von dir nichts bleibt«.

Al-Shibli zufolge nennt man die Liebe *mahabba*, weil sie alles aus dem Herzen tilgt, das nicht das geliebte Wesen ist. Er sagte auch: »Die *mahabba* bedeutet, eifersüchtig darüber zu wachen, daß niemand den geliebten Menschen so sehr liebt wie du.«

Nach Ibn Atha' besteht die Liebe daraus, einander unablässig Vorwürfe zu machen. Ein anderes Mal über die Liebe befragt, soll Ibn Atha' geantwortet haben: »Ins Herz gepflanzte Zweige, die gemäß der Fähigkeiten des Geistes Früchte tragen.«

Laut Abu Ali al-Daqqaq ist die Liebe ein süßer Geschmack, der, ist er vollkommen, das Herz schrecklich verblüfft. Und ich hörte ihn sagen: »Das brennende Verlangen [ʿishq] übersteigt die Grenzen der Liebe.« (...)

Yahia ibn Mu{c}adh sagte: »Die Wirklichkeit der Liebe ist das, was nicht gemindert wird durch die Herablassung und nicht erhöht durch die Freundlichkeit. – Der ist nicht aufrichtig, der die Liebe Gottes erstrebt und Seine Grenzen nicht achtet.«
Nach al-Kattani heißt zu lieben: den Geliebten sich selbst vorzuziehen.
Bandar ibn al-Husain hat gesagt: »Jemand sah im Traum den Madjnun vom Stamme der Banu Amir [den legendären Verliebten] und fragte ihn: ›Was hat Gott mit dir gemacht? – Er hat mir vergeben, antwortete Madjnun, und machte aus mir den Beweis der Liebenden.‹ (...)«
Ibn Masruq berichtet, er habe eines Tages Sumnun von der *mahabba* reden hören: sämtliche Lampen der Moschee seien dabei zerborsten.
Yahya ibn Mu{c}adh sagte: »Ein Senfkorn Liebe ist meiner Meinung nach besser als siebzig Jahre Gottesdienst ohne Liebe.«
Einer der Sufis berichtete: »Wir fanden uns ein bei Dhu'n-Nun al-Misri und sprachen über die *mahabba*. ›Schweigt‹, sagte Dhu'n-Nun, ›schweigt, auf daß unsere [fleischlichen] Seelen nicht lauschen und nach der *mahabba* streben‹.«
(Zit. nach Dermenghem, *LPBTA*, S. 242 ff.)
Hunderte weiterer Definitionen, Einschätzungen, Wertungen, Sinnsprüche und geflügelter Worte über die göttliche Liebe sind von den muslimischen Mystikern im Lauf der Jahrhunderte formuliert worden, als sie noch hofften, einen entscheidenden Wandel der islamischen Sitten hervorrufen zu können. Selbstverständlich können hier nicht alle zitiert werden (**s. Liebe, die dreizehn Definitionen der..., Shabistari**). Doch belegt diese Auswahl beispielhaft den Reichtum der islamischen Zivilisation, was die Kodifizierung der *mahabba* angeht, jenes Begriffs, der sowohl die Liebe der Menschen zu Gott bezeichnet als auch die Barmherzigkeit *(rahma)* Gottes gegen seine Geschöpfe.
Eine abschließende Bemerkung: Es geschah häufig, daß die Mystiker zu Parabeln oder Sinnbildern griffen, dergestalt, als verehre man Gott, indem man seine sichtbar hinterlassenen Spuren anbetet – eine Rose, ein schönes Gesicht, eine Frau, ein junges Tier usw. Von den Schiiten ausgehend, hat sich diese Art der indirekten Anbetung in sämtlichen sufistischen Kreisen von Anatolien, Damaskus, Kairo und selbst Andalusien verbreitet. Es gab eine Zeit, da diese Art der Gottesverehrung in die Klöster *(khanga, khanigah)* eindrang und von bekannten und geschätzten klassischen Autoren verteidigt wurde: »Seyh Galib, der einer Familie frommer *mevlevi* angehört«, schreibt A. Bausani, »gilt als der letzte große, klassische türkische Dichter. Sein Hauptwerk, neben dem *Diwan*, ist ein kleines *mesnevi*-Gedicht mystisch-symbolischen Gehalts: *Hüsn ve ask* oder *Die Schönheit der Liebe* – ein in der türkisch-persischen Literatur oftmals behandelter Gegenstand. Es handelt von der verhängnisvollen Liebe, welche die junge Liebe selbst ›zur graziösen Schönheit‹ empfindet.« (Bausani, zit. nach Pareja, S. 934) Verhängnisvoll an dieser Liebe ist offenbar, die Grenzen des Metaphorischen überschritten zu haben. Derselbe Autor führt übrigens ein Werk in Urdu an, *Mi'rag al-{c}ashiqin*, wörtlich: »Der Aufstieg der Liebenden«, ein sufistisches Traktat, verfaßt von Shah Bandanawaz (gest. 1422) und womöglich das erste gedruckte Werk dieser Sprache (ebd., S. 943).

Lit.: Bausani, Dailami, Dermenghem, Ghazali, Halladj, Ibn ᶜArabi, Masᶜudi, Massignon, Ruzbihan, Shabistari.
Siehe auch: Begehren, Bistami, Djunaid, Göttliche Liebe, Liebe (die dreizehn Definitionen der…), Spirituelle Liebe.

»LIEBE DES ESELS ZUR ESELIN«. Diese ironische Fabel verdanken wir dem irakischen Historiker und Enzyklopädisten al-Masᶜudi (gest. 956), Verfasser namentlich des *Buches der Goldwäschen (Murudj al-Dhahab)*. Al-Mutawakkil, der zehnte Abbasidenkalif (ermordet 861), soll demzufolge während eines Besuchs in seinem Palast von al-Dja'fariya bei Samarra den Abu'l-ᶜAnbas al-Saimari (gest. 888), einen für seine Possen bekannten Kadi, gebeten haben, ihm zum x-ten Male die Geschichte des verliebten Esels zu erzählen:
»– Gern, Fürst der Gläubigen, antwortete al-Saimari. Dieser Esel war vernünftiger als alle Kadis: nie eine Launenhaftigkeit, nie ein Fehltritt. Unversehens jedoch wurde er krank und starb. Einige Zeit später erschien er seinem Herrn im Traum, und dieser fragte ihn nach dem Grund seines plötzlichen Todes, wo er doch zuvor an keiner schweren Krankheit gelitten hatte.
– Nun gut, antwortete der Esel, an dem Tag, da du bei jenem Drogisten angehalten hast, um ihn mit diesem und jenem zu unterhalten, kam eine herrliche Eselin des Weges – kaum hatte ich sie gesehen, entflammte mein Herz für sie in so gewaltiger Liebe, daß ich vor Kummer und Verzweiflung starb.
Sein Herr unterbrach ihn:
– Mein Esel, hast du nicht ein paar Verse zu dem Thema gedichtet?
– O doch, und er rezitierte:
Vor der Tür eines Drogisten entflammte mein Herz für eine Eselin;
Ihrem Liebreiz verfallen, ihren entzückenden Lippen,
ihren vollen, glatten Wangen von der Farbe eines Rotbörstchens,
schied ich hin, denn weiterzuleben hätte mein Elend nur verlängert.
Beunruhigt fragte ihn der Herr:
– Mein Esel, was ist ein *Rotbörstchen*?
– Eine, antwortete der Esel, besonders verführerische Art von Esel.«
(Zit. nach Sauvaget, *Historiens arabes*, S. 40 f.)
Al-Mutawakkil brach in Gelächter aus und verlangte, daß man das Lied vom Esel den ganzen Tag lang singe.
Lit.: Masᶜudi, Rumi, Sauvaget.
Siehe auch: Begehren, Liebe (die dreizehn Definitionen der…).

»LIEBE GOTTES« (ZU DEN GLÄUBIGEN) s. Koran.

»LIEBE ALS HEILMITTEL«. Der berühmte Arzt Abu Ali Husain ibn Sina (980-1037), in Europa eher unter dem Namen Avicenna bekannt, beschreibt die Liebe als Medizin gegen Liebesschmerz:
»Laß den jungen Leuten freien Lauf in der Sexualität, dann geschieht ihnen kein Übel.« *(Watliq al-djimaᶜ li'l-ahdathi li-yaslamu bidhaka minahdathi.)*
Im Ausdruck »freien Lauf lassen« schwingt in zweifacher Hinsicht eine sexuelle Konnotation mit. Es bedeutet sich amüsieren, Geschlechtsverkehr ausüben, Sin-

nenlust genießen, aber auch, Zurückgehaltenes freizusetzen, innere Schranken und Hemmungen abzubauen. Im Grunde genommen ermuntert der große Arzt des Mittelalters also fast schon zu einer sexuellen Befreiung in reichianischem Sinn ... »Liebe als Therapie« gegen Liebesschmerz empfiehlt auch Abu Shakur, ein Dichter des 9. Jh.s: »Die Medizin eines Herzens, das wegen der Trennung von Zorn erfüllt ist, ist die Vereinigung mit der Geliebten«, wie er treffend schreibt. (G. Lazard, S. 106)

Das komplexe Gefühl der Liebe kann, wenn es enttäuscht wurde, in besonderes Leid (**s. Liebesleid**) münden; gleichzeitig kann dieselbe Libido und Lebensenergie der betroffenen Person Erleichterung bringen. Es ist ein und dieselbe Dynamik, die sich hinter dem Leid und seiner Heilung, dem Schmerz und seiner Betäubung, dem Leiden und seiner Besserung verbirgt.

Eine oft zitierte Therapie ist daneben ein maßvolles und ausgeglichenes Leben; es kann helfen, Struktur in das Dasein unglücklich Verliebter zu bringen, die von Schmerz und Kummer ihrer Leidenschaft überwältigt werden. Ganz zu schweigen von der wohltuenden Wirkung der Tränen (**s. dort**), die auch schon der irakische Autor al-Djahiz (776-868/69) erwähnt.

Was jedoch ist zu tun, wenn die Begierde bereits geweckt, kein Schlaf mehr möglich ist und die sich ins Unendliche dehnende Zeit selbst ihr Opfer zu verfolgen scheint? Der persische Dichter Abu Mansur Mohammed ibn Ahmed Daqiqi, 941 oder 942 geboren, empfiehlt eine radikale Lösung, nämlich sich auf gar keine Liebesbeziehung einzulassen:

Seit ich diese schwarzäugige Schönheit gesehen habe,
färbt sich mein Busen mit dem Blut, das meine Tränen vergießen.
Wenn du dich dem Unglück nicht nähern kannst,
nähere dich besser dem Feuer als ihrer Tür.
Die Liebe, die sie entfacht, ist eine heftige Feuersbrunst,
so wie auch ihre Wangen die Farbe von Flammen tragen.
(Ebd., S. 144)

Libanesisches Sprichwort: »Wenn ich ein Arzt für die Liebe wäre, würde ich mich selbst heilen«: *lau kuntu tabib al-hawa tababtu ʿala ruhi.*
Lit.: Abela, Belguedj, Djahiz, Doutté, Ghazali, Ibn ʿArabi, Ibn Sina, Lazard, Lens.
Siehe auch: Liebesleid, *1001 Nacht*, Tränen.

LIEBES- UND SEXUALSYMBOLIK.

Die persische Lyrik ist voll von einer reichen Pflanzen- und Blumensymbolik. Äußerst konventionelle Bilder stehen dabei neben glänzenden poetischen Einfällen:
– die Zypresse (**s. dort**) steht für Anmut, eine schlanke Taille und weibliche Eleganz im allgemeinen;
– die rote Tulpe *(lale)* ist das Symbol der Liebe;
– das Veilchen *(banafshe)* symbolisiert die Trauer, aber auch die Liebe: »Mein Herz braucht um dein Gesicht keine Wiese mehr: Es ist so schlank wie eine Zypresse und rosig wie ein Tulpe« (Hafiz Shirazi, 113. Gedicht, »Das gekränkte Veilchen«, S. 109);
– der Mond (oder Vollmond) steht für ein »schönes Gesicht«. Das Wort *mah*

wird im Persischen für beides verwendet; in Tunesien beschwört man den Mond (**s. dort**), um die Schönheit einer jungen Frau hervorzuheben. Die meisten Begriffe, die die Dichter zur Beschreibung von Schönheit verwenden, stammen aus der Blumenwelt und der von ihr abgeleiteten Welt der Düfte und Parfums (**s. dort**).
Auch aus dem Tierreich werden viele Anleihen gemacht. Das Bild des Hirschkalbs und der Gazelle taucht häufig in der Volksdichtung auf, besonders in der altarabischen Poesie (**s. Gazelle**), doch in erster Linie wird die Vorstellungskraft der Dichter durch Vögel angeregt. Die folgende Liste, die sowohl bei den Arabern wie auch den Persern gebräuchlich ist, ist alles andere als erschöpfend: die Taube (*hamama*, Plur.: *hama'im*) und Taubenarten, darunter die aschgraue Taube (*warqa'*), die Wachtel (*hadjla*), besonders in der Poesie des Maghreb, die Nachtigall (*bulbul*), die Drossel (*shahwar*), die Turteltaube (*qumri*), der Sperling (*ᶜusfur*), der Adler (*nasr*), der Schmetterling (*farasha*), der Rabe (*ghurab*), der Skorpion (*ᶜaqrab*), die Schlange (*thuᶜban*), die Krähe (*zagh*), der Löwe (*asad*), besonders zur Bezeichnung eines schönen Mannes, die Fliege (*dhubaba, nahla*, wörtl.: »Biene«) zur Bezeichnung eines Leberflecks, der Papagei (*tuta*), besonders bei den Persern, usw.

Schließlich wird die Sprache der Liebe durch eine komplexe mystische Symbolik überlagert, die sowohl Metaphern aus dem Bereich des Körpers als auch abstraktere metaphysische Ausdrücke verwendet. Der persische Mystiker Shabistari (14. Jh.) liefert uns ein Beispiel, in dem jeder Begriff seine mystische Entsprechung findet:

Die Wang' ist Abglanz nur der Schönheit, die in Gott,
Im Flaum scheint hervor die Majestät von Gott.
Die Schönheitslinie zieht im Gesicht der Flaum,
Und sie begränzet dort den schönheitlichen Raum.
Der grüne Flaum[1] stellt vor die Flur der Seelenwelt,
Weßhalb den Nahmen er vom Lebensquell erhält.
Durch Finsterniß des Haars mach' aus dem Tage Nacht,
Und such den Lebensquell in dem smaragdnen Schacht;
Wie Chisern ohne Spur von Sand in einer Stätte,
So trink den Lebensquell, wie er, aus grünem Beete.

[1] Im grünen Flaum des jungen Bartes (A. d. V.)

(*Rosenflor des Geheimnisses*, S. 18)

Die Wange bezeichnet den Kommentatoren zufolge das »göttliche Wesen«, wie auch der Flaum (**s. dort**) auf die »Welt des reinen Geistes« verweist: »die jenseitige Behausung, das ist das wahre Leben« heißt es im Koran (29, 64). Das göttliche Selbst und Seine Größe wird auch in folgendem Gedicht besungen:

Die Sage von dem Haar des Freundes ist gar lang,
Dieß ist Geheimnißort, was tönet der Gesang?
(…)

Der Lehmen Adams ward erst dann geknetet gahr,
Als er durchflutet ward mit Wohlgeruch vom Haar.
Das Haar hat unsrer Seel' ein Zeichen eingeprägt,
Wodurch es nimmer ruht und immer sich bewegt.
(Ebd.)

Lit.: Bourke, Chebel *(DSM)*, Eliade, Hafiz, Herber, Pérès, Shabistari, Servier.
Siehe auch: Flaum, Flora, Früchte, Gazelle, Kaurimuscheln, Leberfleck, Mond, Muscheln, Parfum, Schönheit, Sexualität, Sexuelle Tabus, Sodomie, Wunder, Zypresse.

LIEBESERKLÄRUNG s. Tashbib.

LIEBESLEID (ᶜ*idab al-hubb*; *mihna* im Maghreb). Zur Mythologie der vollkommenen Liebe gehört die Vorstellung, daß Liebesleid nicht nur notwendig ist, sondern unerklärlich und (für andere) unverständlich bleibt. Für die Dichter scheint klar, daß Liebe ohne diesen tiefempfundenen Schmerz, der zu Zuständen dauernder Zerknirschung und tiefer Trübsal führt, eigentlich nicht denkbar ist. Der große persische Mystiker Farid-addin al-ᶜAttar (1119-ca.1220) aus Nishapur schreibt in seinem esoterischen Buch *Vogelgespräche:*
»Wenn die Liebe von einem Menschen Besitz ergreift, erhebt sie sein Herz, taucht ihn in Blut, wirft ihn vor dem Vorhang zu Boden und gönnt ihm keinen Augenblick Ruhe; sie tötet ihn und fordert selbst dann noch den Preis seines Blutes.« (*Vogelgespräche*, S. 66)
Djahiz, der arabische Schriftsteller aus Basra, betont die Verbindung von Verlangen (ᶜ*ishq*) und Liebesleid:
»Die Krankheit des ᶜ*ishq* und ihre Verbreitung über den ganzen Leib wird durch den Rang bedingt, den das Herz unter den Körpergliedern einnimmt, und die Schwierigkeit ihrer Heilung rührt von der Verschiedenheit ihrer Ursachen her. Diese Krankheit setzt sich nämlich aus allen möglichen Arten von Elementen zusammen, wie das Fieber, das aus Kälte und Schleim besteht; und wer einen der beiden Bestandteile zu behandeln versucht, kann die Aussicht auf Heilung (des Fiebers) verringern, weil er die Krankheit des anderen Bestandteils vermehrt, denn der Stärke seiner Elemente entspricht ihre unverminderte Dauer und die Verzögerung ihrer Auflösung.« (Pellat, *Arabische Geisteswelt*, S. 422f.)
Zweihundert Jahre später folgt Avicenna (Ibn Sina, 980-1037) dem Beispiel seines berühmten Vorgängers: In seinem bekannten Lehrbuch der Medizin behandelt er auch die Liebeskrankheit und empfiehlt Behandlungsmethoden (**s. Liebe als Heilmittel**) – aber das Sehnen läßt sich eben nicht kurieren.
Liebe ist ihrer Natur nach Leiden, Schmerz im Wohlbefinden, ein bitterer Stachel im Ozean der Glückseligkeit. Was wäre das für eine Art Liebe, die heiter bliebe, Frieden schenken und kein Erstarren (*djumud*) der Organe, des Blicks und des Herzens nach sich ziehen würde? Nachdem die Dichter dies erkannt hatten, wurden Schmerz und Leiden zur Philosophie erkoren. Omar Khayyam (1050-1123) schreibt folgendes:

Jeder Schluck Wein, den der Mundschenk in den Kelch gießt,
wird das Feuer deines Kummers in deinen brennenden Augen löschen.
Oh, großer Gott! heißt es nicht, daß Wein ein Elixier sei,
das tausend Schmerzen aus einem gequälten Herzen vertreibt?
(*Quatrains*, S. 98)

Das Liebesleid hinterläßt auch äußerliche Spuren: Der wahrhaft Liebende zeichnet sich durch Blässe aus, ist von magerer Gestalt, mit sorgenvoller Stirn, einem ausgezehrten Gesicht, zitternden Gliedern, schwindendem Appetit aufgrund schlaflos durchwachter Nächte. Sein Weltschmerz nährt sich aus vielen Quellen:
– die Erinnerung an den geliebten Menschen ist schmerzhaft und manchmal mit Tränen und Klagen verbunden;
– schmerzliche Momente werden immer wieder heraufbeschworen;
– der Liebende ruft sich Ort und Bedingungen der Trennung krankhaft ins Gedächtnis;
– er lebt in der blinden Hoffnung, wieder mit dem geliebten Menschen zusammenzukommen, und interpretiert die objektiven Tatsachen, die ihn fernzuhalten scheinen, so positiv wie möglich;
– er klammert sich an jedes Trostzeichen;
– er entschließt sich, geduldig auszuharren, solange es nötig ist;
– er ist unfähig, anderes wahrzunehmen, andere Herzen zu erobern, selbst wenn sich die Gelegenheit dazu bietet;
– es ist unmöglich, diesen Schmerz geheimzuhalten, denn gerade von seiner Enthüllung hängt das Heil des Liebenden ab.

Ibn ʿArabi (1165-1241) erweitert das Spektrum in seinem *Traktat über die Liebe*. Er erwähnt Auszehrung *(nuhul)*, Umherirren *(hiyam)*, Seufzer *(zafarat)* und Melancholie *(kamad)*, all diese Erscheinungsformen kommen in verschieden starker Ausprägung vor.

Wenn ein Mensch tiefes Liebesleid empfindet, kann dies die ungewöhnlichsten Verhaltensweisen heraufbeschwören, bis hin zu Anflügen von Wahnsinn oder Selbstmord. Das nennt man dann »vor Liebe krank sein«. Omar Khayyam schreibt dazu:
»Eine der Welt zugewandte Liebe kann nur einen Schimmer hervorrufen, sie ist wie ein halb erloschenes Feuer, dem die Hitze fehlt. Ein wahrhaft Liebender darf monatelang, jahrelang, nachts wie tagsüber weder Ruhe, noch Erholung oder Essen geschweige denn Schlaf finden.«

Farid-addin al-ʿAttar äußert sich folgendermaßen dazu:

Es gibt keine andere Art zu lieben als unglücklich zu sein,
Und jeder Augenblick birgt Unglück.
(Safâ, S. 197)

Jeder Autor hat seinen eigenen Stil, doch die Idee von der zeitlosen Liebeskrankheit ist im Bewußtsein jeder Zeit fest verankert. Klagelieder, in denen Liebesschmerz dargestellt, genau untersucht oder vorweggenommen wird, sind zahlreich. Im Maghreb lebt die gesamte umgangssprachliche Dichtung, *shiʿr al-malhun*, von dieser Angst vor der Krankheit der Abwesenheit. Die Situation kann

jedoch auch umschlagen, der Masochismus des Opfers der Rachsucht Platz machen. Der Verlassene wünscht der treulosen Geliebten ebenso großes Leid, als sei die Liebeskrankheit ansteckend oder übertragbar.
Scheich Bel-Abbes (19. Jh.) aus Mascara (Algerien) drückt es mit feurigen Worten aus:

Mach, o mein Gott, daß ich nicht mehr in sie verliebt bin,
Sie jedoch in mich;
Befreie mich und prüfe sie mit Liebesschmerz, o großzügiger Gott. (...)
Diese halsstarrige und grausame Frau, eigensinnig und stolz,
Möge sie mich genauso verfolgen,
Wie ich sie mit meinen Bemühungen verfolgt habe,
Dann werde ich ihre Bitten nicht erhören.
Laß Leidenschaft ihren Geist verwirren,
Und gib ihr ähnliche Prüfungen auf, damit sie bereue
Und lerne, was der Schmerz bedeutet,
Von einen geliebten Wesen getrennt zu sein.
Verbrachte ich nicht schlaflose Nächte wegen ihr?
Ich wünschte, sie möge genausowenig Schlaf finden
Und innerlich verwundet sein
Und keinen Arzt finden.
(Belhafaoui, S. 117f.)

Lit.: ʿAttar, Belhafaoui, Djahiz, Ghazali, Ibn ʿArabi, Ibn Hazm, Ibn Sina, Khayyam, Masʿudi, Pérès, Safâ, Vadet.
Siehe auch: Abschied/Wiedersehen, Auge, Frigidität, Gesicht, Höfische Liebe, Impotenz, Leidenschaftliche Liebe, Liebe, »Märtyrer der Liebe«, Sklavische Liebe, Tränen, Verleumdung/Verleumder, Vernunft/Unvernunft, Vorwürfe.

LIEBESLIEDER *(ghina hubb).* Außer den klassischen Ghazalen und den dhikr, dem sakralen Gesang der Tanzenden Derwische und der Sufis im allgemeinen, ist das profane Liebeslied in den islamischen Ländern ein Genre mit weit gefächerten Ausdrucksformen.
Bereits 1956 hatte Alain Gheerbrant Liebeslieder aus Anatolien (Türkei) von seltener Schönheit aufgezeichnet:
Auf dem Gipfel des Gebirges liegt Eis und Schnee.
Du hast mich verbrannt mit deinen Launen, deinen Eitelkeiten
Du hast meine Wunden angefüllt mit Salz
Du hast Pfeffer in sie eingepflanzt, damit ich sterbe.
Am Morgen bin ich aufgestanden, noch bevor es tagte
Wen hätte ich vor dir geliebt?
Du bist zum Wallfahrtsort geworden, forderst Opfergaben.
Ich hab dir nichts mehr anzubieten außer meinem Leben
Fällt nicht Rauhreif auf den Gipfeln des Gebirges?
Wird der, der sich von seiner Liebsten trennt, nicht ganz von Sinnen?
Einst sah ich meine Liebste drei, vier Mal am Tag
Heute sind's schon Monate, ohne daß ich sie sah.

Ein anderes Beispiel:
Wärst du eine Gazelle, und ich wär ein Jäger.
Würd ich dich in der Wüste jagen mit meinem *saz**
Würd ich auf dich schießen und dir mit Worten Wunden schlagen,
Dann gäb's keine Kräfte, keine Mittel mehr dagegen.
Spiel nicht die Stolze, meine Liebste, denn du bist schön.
Häng nicht am Schwarzen, trage lieber Rot.
Wäre ich ein Schäfer, und wärst du ein Schaf,
so würd ich aus meiner Hand mit Salz dich füttern ...

Das folgende kurdische Gedicht mit dem Titel *Gülizar* (»Die Rosenwangige«) wurde von M. Kemal aufgezeichnet und ins Französische übertragen:

Ich saß grad unterm Rosenbusch, nah an der Quelle,
als ich meine Gülizar plötzlich nahen sah,
sie trug den Krug auf ihrer Schulter, kehrte mir den Rücken zu,
nahm den Weg zum Dorf mit ihrem anmutvollen Gang.
Ich hab ihr hinterhergerufen, rief dreimal: Gülizar!
Du bist der Frühling meines Herzens, du, Gülizar!
Komm, o komm, o Gülizar,
wie der Mond am Frühlingshimmel,
mit deinen Wangen, zart wie Grenadinenblüten,
o komm zurück zu mir, anmutvolle Freundin!
Ich hab dich gesehn, ich hab nach dir geseufzt.
Und dieses Seufzen hat mir das Herz zerrissen.
Es hat mir den Verstand geraubt und mich berauscht.
Unablässig ruf ich sie, meine anmutvolle Freundin.

Im übrigen ist festzustellen, daß Liebeslieder, in denen die Geliebte oder der Bräutigam angerufen wird, heute wieder zunehmend beliebter werden und daß neue Musik- und Klangformen das Liebesgefühl und seinen Ausdruck bereichern (**s. Musik**). Ihre Verbreitung durch Funk und Fernsehen hat die Sensibilität von Millionen Menschen bereits von Grund auf gewandelt. Bald werden Satellit und Kabel den Geschmack noch weiter verändern, dergestalt, daß sich die Herkunft eines Liebesliedes bald nicht mehr auf ein bestimmtes Land, geschweige denn auf die Grenzen seines regionalen Ursprungs lokalisieren läßt. Es verbreitet sich weit über seine Grenzen hinaus und wird, wenn überhaupt, seine Herkunft nur noch durch die Sprache und den Namen eines Stars der Musikszene bekunden.
In der arabischen Welt werden heute wie früher große Stimmen weit über die Grenzen ihres Heimatlandes hinaus geschätzt. Die ägyptische Sängerin Umm Kalthum ist das bekannteste, wenn auch längst nicht das einzige Beispiel, denn jedes Land war noch vor kurzem stolz auf den Reichtum seiner eignen Gesangskunst und das Niveau seiner Musikgruppen.

Discographie: *Kurdistan: chants d'amour* (M. Kemal), *Turquie* (A. Gheerbrant), Ocora, Radio France 1985.
Lit.: Abès, Arzik, Kunos, Nassib, Rouanet, Pellat (Djahiz), Virolle-Souibès.
Siehe auch: Ahal, Azria, Bauchtanz, Dhikr, Eitelkeit, Ghazal, Musik, Qawwali, Rai, Sängersklavin.

LIEBESPAKT (ʿahd). Mit dem Eingeständnis der Liebe oder dem Liebesbeweis ist meist ein Treue- und Zukunftsversprechen verbunden. Im Kreislauf von Liebesleid, Trennung und Wiederbegegnung, Eifersucht und geduldigem Warten spielt diese Vorstellung vom »Liebespakt«, von einem verpflichtenden Bündnis, oft eine große Rolle. So tröstet der altarabische Dichter Omar ibn Abi Rabiʿa (644-718) seine Geliebte mit der Versicherung, wie tief und dauerhaft seine Liebe zu ihr sei:

Erinnere dich auch an unser Treffen beim Schloß
am Abend, und an das, was ich dir schwor [...].
Auch wenn du dich von mir entfernst, wenn unser Bündnis nicht mehr gilt,
Fließt doch Liebe zu dir in jeder meiner Adern.
Wenn du vergißt, ich werde nie diejenige vergessen,
Die heiße Tränen weinte,
Deren Rimel[1] unter ihren Tränen zerfloß, am Tag, als sie sagte:
»Du wolltest heute morgen mich verlassen,
Du brachst unser Bündnis, du hörtest auf die Neider,
die du doch früher haßtest.«
Ich entgegnete: »Niemand verläßt dich, ich höre nicht auf die Verleumdungen;
Und um so tiefer ist mein Herz dir zugetan.«

[1] anderer Begriff für Kuhl bzw. Kajal (A. d. Ü.)
(Petit/Voisin, S. 98f.)

Lit.: Petit/Voisin.
Siehe auch: Abschied/Wiedersehen, Geduld, Rendezvous.

LIEBESSPIELE (laʿib, mudaʿaba; al-Istanbuli) s. Vorspiel.

LIEBESZAHLEN (arqam mutahabba, das entspricht dem englischen Begriff *loving numbers*). In der Sprache der Alchimisten und Magier besteht die Kraft magischer Zahlenkombinationen und Zahlen als Talisman darin, die Liebenden zueinander zu bringen. Ibn Khaldun (1332-1406) schreibt in seiner *Muqaddima*: »Wir haben außerdem die beachtlichen Besonderheiten der Talismane beobachtet, die Liebeszahlen *[al-iʿdat al-mutahabba]* verwenden. Es sind die Zahlen 220 und 284. Die Summe der Teiler jeder einzelnen Zahl – die Hälfte, das Viertel, das Sechstel, das Fünftel, usw. – ist nämlich mit der anderen Zahl gleich. Deshalb sagt man, sie sind ›übereinstimmend‹ *[mutahabba]*. Es ist üblich, daß diejenigen, die sich mit Talismanen auskennen, glauben, diese beiden Zahlen könnten die Gefühle der Liebenden zueinander beeinflussen.« (Bd. 3, S. 1093)

Lit.: Ibn Khaldun.
Siehe auch: Aphrodisiaka, Liebe, »Liebe als Heilmittel«, Liebeszauber, Talisman.

LIEBESZAUBER. Männer wie Frauen befassen sich mit magischen Praktiken. Sie suchen ein Heiligengrab auf, sie lassen sich Talismane machen, sie gehen zu einer Frau, die den bösen Blick beherrscht, einem rechtskundigen Korangelehrten, oder auch nur zu einem Zauberer, vielleicht einem *talib**, der weiß, welche Sprüche man in einen Talisman schreiben muß, oder einem Heilkundigen, der sich auf Liebestränke, auf bewährte Kräutermischungen und bestimmte Drogen versteht, die zum eigenen Vorteil wirken. Die Praktiken und ihre Zwecke sind vielfältig: Knotenschlagen, Talismane, Bannflüche, Wiedergewinnung eines geliebten Mannes, Rückkehr eines Gatten, der sein Heim wegen einer Prostituierten verlassen hat, Probleme mit einem flatterhaften Ehemann oder einer leichtfertigen Gattin, Impotenz, Rivalität in der Liebe, Schwierigkeiten, einen Partner fürs Leben zu finden, und vieles andere mehr.

Für den Liebes- und Sexualzauber ist jedes Mittel recht. So werden oft Gewürze mit spirituellen Übungen kombiniert (Koranzitate, Heilmittel des Propheten, bestimmte Beschwörungsformeln *[dhikr]*), und dazu verabreicht man auch noch Mittelchen, deren Rezepturen von der regionalen Flora und Fauna abhängig sind. So darf man sich nicht wundern, wenn auf der Liste der Ingredienzien neben so seltenen Zutaten wie Wildschweinhauern, dem Kot eines Ziegenbocks, dem Urin des einen und den Hoden eines anderen Reittiers, auch ein Koranvers oder ein flüchtig skizzierter Hadith* erscheint. Darüber hinaus gibt es eine Vielzahl merkwürdiger kleiner Vorschriften, die auf den ersten Blick naiv und lächerlich wirken mögen, aber entscheidende Voraussetzungen für die Ausführung eines Liebeszaubers sind. Sie sollen zeigen, ob das Leiden, das behandelt werden soll, tatsächlich besteht, ob der Hilfesuchende es wirklich ernst meint und gewillt ist, das Problem zu überwinden. Auf ihre Weise sind die Frau, die den bösen Blick beherrscht, der Zauberer und der Wunderheiler sehr gute Psychologen. Sie kennen sich in der Vorstellungswelt ihrer Patienten aus und praktizieren ihre Kunst, indem sie das ganze Spektrum der Befindlichkeiten ansprechen: Schuldgefühle und Verantwortungsbewußtsein ebenso wie Unwissenheit und Leichtgläubigkeit.

Die Zauberformeln, die wir nachfolgend wiedergeben, dienen jeweils einem ganz bestimmten Zweck. Zunächst ein persisches Rezept aus Iqlid, das bei einer Person die Liebe mehren soll:

»Man wirft Weihrauch ins Feuer und spricht dazu: ›Weihrauch! Führe ihn mir zu! Mache ihn leidenschaftlich und wohlgesonnen! Mir soll er sein Gesicht zeigen, den anderen den Rücken zuwenden.‹« (Massé, S. 307)

In Isfahan suchen die Mädchen oder Frauen, die sich verheiraten wollen, ein bestimmtes »ehernes« Minarett im Djonbareh-Viertel auf; dort knacken sie sieben oder zwölf Nüsse und sprechen dazu:

»Mein Lehm braucht einen Stampfer: ›Ehernes Minarett – ich spreche: Nimm es mir nicht übel! Mein Lehm braucht einen Stampfer – ich will jetzt einen Ehemann.‹« (Ebd., S. 308)

Ein marokkanisches Rezept gegen die Ehelosigkeit:

»Das Mädchen oder die Frau, die sich verheiraten will, muß aus ihrem Gewand einen Streifen Stoff herausschneiden, der so lang ist, wie sie groß ist, vom Kopf bis zu den Füßen. Diesen Streifen schneidet sie in sieben Stücke, und in jedes davon gibt sie ein wenig von einer Mischung aus den sieben ›männlichen Gewürzen‹, die sie zuvor zu einem Puder zerstampft hat. Bei Nacht, wenn niemand mehr auf der Straße ist, legt sie die sieben Stoffbänder in eine Lampe, die sie vor ihrer Haustür entzündet. Dazu spricht sie sieben Mal die Worte: ›O mein Gatte. Komm zu mir!‹ Das bewirkt, daß sie nicht mehr lange auf ein Eheversprechen warten muß.« (Lens, S. 55)

Ebenfalls aus Marokko stammt eine Formel, um Rivalinnen aus dem Feld zu schlagen:
»Ein neues Klappmesser kaufen, ohne zu feilschen. Es vor Tagesanbruch vor die Haustür legen. In dem Augenblick, wenn der Ehemann das Haus verläßt, nimmt die Frau das Messer weg und ruft den Mann bei seinem Namen:
– O Herr Soundso!
Und er wird fragen:
– Was gibt es?
Darauf erwidert sie nichts, sondern klappt das Messer zu und spricht dazu ganz leise: ›Halt ein! Keine andre als ich / Soll die Frau sein für dich!‹« (Ebd., S. 59)
Edmond Doutté hat in seinem Buch über »Magie und Religion in Nordafrika« das folgende Verfahren überliefert, das einer Frau dazu dienen soll, die Liebe eines Mannes zu gewinnen:
»Eine Frau, die von einem Mann geliebt werden will, muß sich zuvor die folgenden Zutaten verschaffen, und zwar von Nachbarinnen, bei denen sie noch nie zu Tisch gesessen hat: Koriander, echten Kümmel, Pistazienwachs, Kalk, Kreuzkümmel, Grünspan, Myrrhe, das Blut eines Opfertiers und ein Stück von einem Besen, der auf einem Friedhof verwendet wurde. Dann begibt sie sich in einer dunklen Nacht hinaus aufs Feld und nimmt ein entzündetes Kohlenbecken mit, in das sie nacheinander alle diese Dinge hineinwirft, während sie spricht: ›O Koriander, bring ihn zu mir, Hals über Kopf; o Kümmel, bring ihn zu mir, verzweifelt und verloren; o Pistazie, laß in seinem Herzen Angst und Kummer wachsen; o weißer Kalk, halte die Ruhelosigkeit in seinem Herzen wach; o Kumin, führe ihn zu mir, wie von Sinnen; o Grünspan, entfache das Feuer in seinem Herzen; o Myrrhe, beschere ihm eine schlimme Nacht; o Opferblut, bring ihn fluchend zu mir, o Friedhofsbesen, führe ihn an meine Seite.‹ Danach spricht sie noch einmal, in anderem Ton: ›Wenn er ruhig ist, entflammt ihn; wenn er vergißt, erinnert ihn; sitzt er auf einem Bett, bringt ihn im Flug zu mir; sitzt er auf einer Matte, bringt ihn auf Rädern, hat er ein junges Mädchen bei sich, so laßt sie ihm fremd erscheinen wie eine Negerin; hat er einen Mann bei sich, macht ihm dem Boden gleich; hat er eine Frau bei sich, so verwandelt sie in Unrat; hat er ein kleines Mädchen bei sich, verwandelt sie in eine Spinne.‹« (Doutté, S. 253 f.)
Und zuletzt eine Methode, die Mathéa Gaudry bei den Frauen im Aurès (Algerien) vorgefunden hat:
»Zu den gebräuchlichsten Liebestränken sind die Rausch- und Betäubungsmittel *(bandj)* zu rechnen. Die Frauen im Aurès benutzen vorwiegend die Körner des Bilsenkrauts, die sie den Männern in die Speisen mischen, vor allem wenn Datteln gegessen werden. Das Bilsenkraut erzeugt zunächst eine Art von Trunkenheit, dann einen Rauschzustand, der keinen klaren Gedanken mehr erlaubt.« (Gaudry, *FCA*, S. 242)
Auffällig ist in diesem Zusammenhang, daß bestimmte Zutaten immer wieder gefordert sind (Stoffetzen, Blut, Myrrhe, Weihrauch, Koriander, Kümmel, Nüsse, Finger- und Fußnägel, Haare, rote oder schwarze Schnüre, u.a.), daß bei Talismanen und Beschwörungsformeln stets die Zahl Sieben auftaucht, daß die dunkle Nacht als der günstigste Moment gilt, daß die Türschwelle, als Symbol des Übergangs, eine wichtige Rolle spielt und daß auch der Tod (Friedhof, Grab, Lei-

che etc.) ein Leitmotiv darstellt. Edmond Doutté hat darauf hingewiesen, daß es die ewiggleichen Probleme sind, um derentwillen die Zauberer und Wunderheiler bemüht werden: »Von den Zauberern verlangt man die Erweckung bestimmter Gefühle – meist handelt es sich um die Liebe *(mahabba)*, die Leidenschaft *(cishq)* und das Verfallensein *(tahayyudj)*.« (Doutté, S. 254)

Lit.: Belguedj, Bertherand, Del Marès, Dermenghem, Doutté, Gaudry, Lens, Massé.

Siehe auch: Begehren, Entfesselter Koitus, Fasukh, Flora, Gewürze, Harut und Marut, Liebe, Talisman, Wahrsagerin.

LIEBSCHAFTEN MIT MÄGDEN. Kennzeichnend für die feudale Gesellschaft, sind die Liebschaften des Herrn oder seines Sohnes mit den Dienerinnen gut dargestellt in den *Erzählungen aus den 1001 Nächten*, in denen sie wiederholt als einfacher erzählerischer Kunstgriff eingesetzt werden. Tatsächlich hatten die islamischen Dynastien, vor allem in ihrer Glanzzeit, diese Liebschaften gepflegt und damit den moralischen Vorschriften des Koran die Stirn geboten, die vor jeder sexuellen Beziehung eine amtliche Besiegelung durch den traditionellen Richter (Kadi*) und die Zahlung eines ehrenhaften Brautgeldes verlangen.

Siehe auch: Aufhebungsehe, Begierde, Ehe, Genußehe, Konkubinat/Konkubinen, Unzucht.

LINGA / LINGAM. Im Hinduismus ist der *linga*, auch *shishna*, ›männliches Glied‹ genannt, ein aufrechtstehender, phallusähnlicher Stein, der, zusammen mit dem entsprechenden weiblichen Objekt, der *yoni*, »die männlichen und weiblichen Kräfte der Gottheit Schiwa symbolisiert, die gleichbedeutend sind mit Schöpfung und Zerstörung« (Frédéric, S. 669). Im allgemeinen Sprachgebrauch meint *linga* den Phallus, auch als Zeichen der Regeneration und Fortpflanzung. Einige der arabischen Erotologen (Ibn Falita, Nafzawi) haben das Prinzip von *lingam* und *yoni* aufgegriffen um die komplementären Energien darzustellen, die bei einer Vereinigung zusammenwirken.

Lit.: Frédéric, *1001 Nacht*, Vatsyayana.

Siehe auch: Indien, Kamasutra, Penis, Vagina.

LIPPEN *(shafa)*. In der arabischen Dichtung werden die Lippen oft mit den Rubinen *(rubil)* und einer Reihe weiterer Edelsteine verglichen; die zehn beliebtesten Beinamen lauten: *haud kauthar* (Quelle des Kauthar*), *ruh* (Geist, Seele), *yaqut* (Korund; Rubin), *lacl* (Granat), *mardjan* (Korallen), *zabardjad* (Smaragd, Topas), *caqiq* (Karneol), *shihad* (Honigwaben), *cunnab* (Jujuba), *ritab* (frische Datteln). Außerdem kommen gelegentlich die Bezeichnungen *halqa* (Ring), *huqqa* (kleines Gefäß), *qand* (Kandiszucker), *nabat* (Gewächs) und *qufl* (Schloß, Riegel) vor.

Der persische Autor Sharif-addin Rami, aus dessen Werk *Anis al-cUshshaq* wir hier zitieren, führt dreizehn persische Begriffe an, die zur Beschreibung des Lippenpaars gebraucht werden: Edelstein, Wohlleben, Wasser des ewigen Lebens, Milch, Wein, Trinkbecher, Blut, Granatapfelsirup, Salzstreuer, Zucker, gezuckert, Zuckerrohrfeld, Pfefferminzsirup (Rami, S. 59).

Die Lippen, wie der Mund insgesamt, verweisen in ihrer Form und Beschaffenheit auch auf die Vagina (**s. Mund, Vagina**), und natürlich gibt es die entsprechenden erotischen Metaphern: Hier geht es um den Biß, den leidenschaftlichen Kuß, das Saugen und Lecken und Knabbern und was der Lippenfreuden mehr sind.

Im *Lisan al-cArab*, dem großen Wörterbuch der arabischen Sprache, das der Ägypter Ibn Manzur im 13.Jh. verfaßt hat, wird dagegen unter dem Stichwort Lippen *(shafah)* auf die Sprache verwiesen:
– *dhat shafa, bint shafa:* Wort,
– *khafif al-shafah:* einer, der wenig Fragen stellt,
– *lahu fi-l-nas shafa hasana:* gepriesen werden.
(Zit. nach Boudot-Lamotte, S.156)

Lit.: Boudot-Lamotte, Chebel *(CTM)*, Choukri, Rami.

Siehe auch: Cunnilingus, Fellatio, Kuß, Mund, Vagina.

LISTEN UND INTRIGEN *(hiyal wa makayid).* Orientalischen Frauen wird gern unterstellt, sie seien intrigant. Das gilt als Rechtfertigung für die berühmte Redensart, die Macht der Frauen sei unheilvoll und schrecklich. Schon im Koran heißt es: *inna kaidakunna cazim,* wörtl.: Eure List ist gewaltig (Sure 12, 28). Omar ibn Rabica (gest. um 718) fügte dem bereits in den ersten Jahren der Hidjra* folgende Warnung hinzu, obwohl er ansonsten voll des Lobes für die Frauen ist:

Vertraue nie einer Frau,
Ich warne jeden, der ihrer Falschheit vertraut.
(Zit. nach Petit/Voisin, S. 59 und 265)

Ein Harem erscheint unter einer solchen Prämisse kaum mehr als Oase der Ruhe für einen entflammten Mann und seine Lieblingsfrau, sondern als gefährlicher Ort, der besser gut bewacht werden sollte. Die erotische Literatur, ausschließlich von Männern verfaßt, spann unzählige Geschichten um die weibliche List, eine schlüpfriger als die andere. Besonders beliebt ist die Schilderung des Betrugs am Ehemann (**s. Hahnrei**).

Damiri erzählt in seinem Werk *Hayat al-Hayawan* (Das Leben der Tiere) eine kleine Geschichte, die von Issa (Jesus) und Iblis (dem Satan) handelt:
»Jesus traf Iblis, der gerade fünf Esel vor sich hertrieb. Er fragte ihn, was er da mache. Der Teufel entgegnete ihm:
– Das sind Waren, für die ich Käufer suche.
– Was sind das für Waren?
– Die erste ist Tyrannei.
– Wer soll sie kaufen?
– Die Sultane.
– Die zweite ist Hochmut.
– Wer soll ihn kaufen?
– Die Adligen.
– Die dritte ist Neid.
– Wer soll ihn kaufen?
– Die Gelehrten.
– Die vierte ist Betrug.
– Wer soll ihn kaufen?

– Die Händler.
– Die fünfte ist List.
– Wer soll sie kaufen?
– Die Frauen.«
(Basset, *MURCLA*, S. 139)

Die Angst, von der eigenen Frau aus Unzufriedenheit betrogen zu werden, spiegelt sich in einer Fülle von pädagogischen Ratschlägen: Die Leser werden davor gewarnt, auf welche Arten ihre Frauen Schande über sie bringen können. Gleichzeitig scheinen literarische Warnungen, wie wir sie in *1001 Nacht* und anderer erotischer Literatur finden, keine positive Wirkung auf sorglose Ehemänner zu zeitigen, werden sie doch als die ewig Gehörnten dargestellt. Daß die Erzähler sich selbst in Szene setzen, weder Lächerlichkeit noch Beleidigung fürchten und haarklein die unmöglichen Streiche erzählen, die ihre Geliebten ihnen spielten, gibt diesen Erzählungen eine zusätzliche Würze.

Ist es so verwunderlich, daß in einer Gesellschaft, die jeden ernsthaften und vertraulichen Dialog zwischen Liebenden durch äußeren Zwang unterbindet, zu allen Arten von Listen, Intrigen und Tricks gegriffen wird, um diese soziale Kontrolle zu umgehen?

Die List, egal ob eine gute oder böse Absicht dahinter steckt, stellt oft die Reaktion auf ein als unverhältnismäßig empfundenes Verbot oder eine ungerechtfertigte Einschränkung dar. Für die Frauen, die sich hinter den Mauern eines Harems befinden, sind Intrigen ein strategisches Mittel, ihre Macht aufrechtzuerhalten. Frauen, die frustriert sind, hintergangen oder ihrer Rechte beraubt wurden, versuchen, auf diese Weise das Vertrauen ihres Herren zu gewinnen und ihre Rivalinnen auszuschalten.

Lit.: Abès, Baghdadi, Haurani, Basset, Bouhdiba, Chebel *(ES)*, Grosrichard, Ibn Falita, Djahiz, Nafzawi, Petit/Voisin, *1001 Nacht*.

Siehe auch: Ehe, Eifersucht, Frau, Geheimnisse, Hahnrei, Harem, Joseph und Suleika, Koran, Kuppler(in), Misogynie, Polygamie, Rivalität in Liebesdingen, »Scheherazade-Komplex«, »Schlafendes Kind«, *1001 Nacht*, Treue, Weibliche Komplizität.

LOTH / LUTI / LIWAT. Homosexualität. Der Begriff verweist auf Lots Volk, das der Islam, wie bereits die Bibel, als lasterhaft verdammt, weil es sich an den beiden Engeln vergreifen wollte, die in Lots Haus gesandt worden waren. (**S. Homosexualität, Zinaʾ**)

LÖWE s. Tiere.

LUST (SEXUELLE) (*ladhdha, tamattuʿ*, wörtl.: »Genuß, Befriedigung«; *shahwa*: »Wollust, Sinnenlust«; *zahw, zhuw*: »Vergnügen«; *ladhdha mutlaqa*: »absolutes Vergnügen«). Die traditionelle – und älteste – islamische Vorstellung fördert die Lust als Teil des Heiligen. Al-Nawawi (1233-1277) erzählt in seinen *Vierzig Hadith* folgende Anekdote:

»Dem Propheten wurde folgende Frage gestellt: ›Oh, Gesandter Gottes, ist es mit Lohn im Jenseits verbunden, wenn man seine sexuelle Begierde befriedigt?‹ Er antwortete: ›Was meint ihr, wenn man es auf unstatthafte Art tut, begeht man

dann nicht eine Sünde? Wenn es jedoch auf erlaubtem Wege geschieht, dann hat man ein Anrecht auf Lohn.«"
Seither entspricht der körperliche Akt, der Lust hervorruft, in den Augen der muslimischen »moralischen Geistlichkeit«, besonders der Sunniten*, einem guten Werk, sofern er im legalen Rahmen wie der Ehe oder dem Konkubinat stattfindet. Natürlich hat diese Vorstellung von Lust sehr früh auch zu anderen als hedonistischen Interpretationen Anlaß gegeben. Djahiz (780-869), ein Anhänger der Enthaltsamkeit, versucht, aus der empirischen Erfahrung heraus Grenzen zu ziehen, indem er versichert, jede Art von Lust sei köstlich für denjenigen, der warten könne:
»Das ist etwas, das wir mit eigenen Augen sehen können; tatsächlich ist die köstlichste und angenehmste Speise die, über die wir uns mit gierigem Hunger hermachen; die Umarmung ist um so wonne- und lustvoller, wenn nach einer langen Zeit der Enthaltsamkeit die Begierde gesteigert ist; der süßeste und ruhigste Schlaf ist der, der auf Arbeit und schlaflose Nächte folgt. Und so verhält es sich mit allen Freuden dieser Welt.« (Djahiz, S. 170)
Ibn Hazm (993-1065) vertritt eine ähnliche Position wie Djahiz, sein Pendant aus Basra (s. **Hedonismus**). Wir können festhalten, daß sexuelle Lust eine natürliche, von Gott vorgeschriebene Lust ist, deshalb ist es vorteilhaft, ja sogar notwendig, sich ihr hinzugeben, zumal keinerlei Schuld damit verbunden ist. Es gilt lediglich eine Bedingung zu erfüllen: Diese Lust darf nur innerhalb des von der islamischen Jurisprudenz vorgesehenen Rahmens stattfinden, d.h. der Ehe bzw. des *nikah*, was sowohl Koitus wie Ehe bedeutet (**s. dort**).
Wie verhält es sich mit der weiblichen Lust? Sie ist eher unbestimmt, kaum erforscht und wird darum selten beschrieben. Sämtliche Erotologen, allen voran die Theologen der Liebe, betrachten sie als eine Art Grauzone, mißverständlich und schwer einzuschätzen. Die Wollust, die eine Frau während des Geschlechtsaktes empfindet, wurde zwar seit dem Mittelalter klar als eigenes Phänomen betrachtet, trotzdem wird sie einhellig der männlichen Lust nachgeordnet. Ibn Falita (14. Jh.) sagt dagegen ohne Umschweife:
»Ein Mann muß wissen, daß eine Frau an ihm das liebt, was er an ihr liebt, und an ihm das verabscheut, was er an ihr verabscheut.«
Ibn Falita war ein Vorbild für eine ganze Generation von Autoren der *ars erotica*. Er wurde nicht müde, die von Frauen bevorzugten mannigfachen Besonderheiten im Liebesspiel zu rühmen, ihre Lust, auf tausenderlei Art penetriert zu werden, bisweilen ihre zügellose Nymphomanie:
»Wenn der Zapfen während des Koitus nicht mehr sein Werk tut, so zieht die Frau den Mann in sich hinein, preßt seinen Schwanz in ihre Vagina, bis sie zum Höhepunkt kommt und alles Gute herausholt. Doch es ist abscheulich für sie [eine Frau], sich im Augenblick ihres Höhepunktes vom Mann zu lösen, wenn sein Schwanz in diesem Moment aus ihrem Loch geht, weil auch seine Seele mit hinausgeht. Denn das Glied ist, wenn ein Mann seinen Höhepunkt erreicht hat, stark gewachsen, es wird bemerkenswert dick und auf sinnliche Art fest. Eine Frau muß es in diesem Zustand deutlich spüren, damit sie ebenfalls zum Höhepunkt gelangt, ansonsten verfliegt ihre Lust, und ihr Vergnügen ist dahin.«
(Ibn Falita, S. 51)

Paradoxerweise artikulieren Autoren erotischer Werke, ausnahmslos Männer, auf diese Weise ihre Phantasien, manchmal auch ihre Ängste, auf jeden Fall jedoch ihr Unverständnis gegenüber den unauffälligen Mechanismen, die mit der sexuellen Entspannung ihrer Partnerin einhergehen. Ahmed al-Ibshishi gibt in seinem Buch *Kitab al-Mustatraf fi kull fann al-mustazraf* folgende Anekdote zum besten, die er Ali ibn Abi Talib, dem vierten rechtgeleiteten Kalifen, zuschreibt: »Ein Mann suchte Ali ibn Abi Talib auf und sagte zu diesem: ›Ich liebe eine Frau, die jedesmal, wenn ich mit ihr Verkehr habe, zu mir sagt: Du hast mich getötet!‹ – ›Töte sie auf diese Weise‹, antwortete Ali, ›ich übernehme die Verantwortung dafür.‹« (Basset, *MURCLA*, S. 188)

Im Kontrast zu solchen Äußerungen steht eine traditionell eher repressive Haltung gegenüber der weiblichen Lust im allgemeinen, und ganz besonders der Lust der eigenen Ehefrau, der jedes allzu offensichtliche Zeichen eigener Lust als Indiz möglicher sexueller Erfahrungen mit einem Rivalen ausgelegt werden kann (**s. Misogynie**).

Poetischer und literarischer Ausspruch: »In der Liebe keinen Vorsatz, in der Lust keinen Streit.« (Mohammed Ibn Yazdad, gest. 844, Wesir von al-Ma'mun, zit. nach Tha῾alibi, S. 68)

Lit.: Basset (R.), *Encyclopédie du sexe*, Ibn Falita, Ibn Hazm, Djahiz, Nawawi, Sournia, Tha῾alibi.

Siehe auch: Aphrodisiaka, Begehren, Begierde, Coitus interruptus, Entfesselter Koitus, Koitus, Erektion, Haschisch, Hedonismus, Mäßigung, Masturbation, Misogynie, Nikah, Nymphomanie, Orgasmus, Penis, Sexuelle Perversionen, Shahwa, Stellungen beim Koitus, Vagina, Vorspiel.

»LUWAT KHORASANI« (Bezeichnung für einen Päderasten aus Khorasan, der alten persischen Provinz zwischen Afghanistan und Turkmenistan). »Eine gängige Anspielung, die einen Zusammenhang zwischen der männlichen Homosexualität und der Provinz Khorasan, im Norden des Iran, herstellt« (Abu Rub). Viele der arabischen Chronisten waren der Meinung, daß die Päderastie persischen Ursprungs sei. Es gibt weitere Ausdrücke dieser Art (**s. Türke (junger)**), die deutlich machen, daß man persische Dichter für die Rechtfertigung der Knabenliebe und ihre Ausbreitung in den Nachbarländern verantwortlich machte. Tatsächlich haben viele persische Dichter (**s. Hafiz, Khayyam**), die Knabenliebe besungen.

Lit.: Chebel *(ES)*, Hafiz, Mas῾udi, Rami, *1001 Nacht*.

Siehe auch: Hafiz, Homosexualität, Khayyam, Loth/Luti/Liwat, Päderastie, Türke (junger).

MADIH (Lobrede, von *madaha*, loben, preisen). Die Kunst der Lobpreisung, die schon in den Heldengesängen der Antike gepflegt wurde, als man die großen Krieger idealisierte und ihre klassischen Tugenden verherrlichte. Kennzeichen solcher Lobeshymnen ist stets die Emphase (*fakhr*), und das schließt auch erotische und sinnliche Aspekte ein. In den großen alten Städten kann man an Markttagen die Fortsetzung dieser Tradition noch erleben: Vor allem im Maghreb gibt es den professionellen Lobredner, *madih* oder *qawwal* (wörtl. »der Sprecher«) genannt.
Lit.: Azza, Belhalfaoui, Dib.

MADJNUN-LAILA (wörtl.: »der von Laila Besessene«). Die legendäre Geschichte zweier Liebender, Madjnun und Laila, ist zum Inbegriff der Liebessehnsucht geworden und hat auch im Beinamen eines Dichters der frühen islamischen Zeit Ausdruck gefunden: Qais ibn al-Mulauwah, dessen Leben und Werk eng mit der Legende verwoben sind, wurde der Verrückte der Banu ᶜAmir oder auch Madjnun Laila genannt, weil er, nach der klassischen Manier der tragischen Liebe, Laila verehrte, die einem anderen versprochen war. Der Liebesschmerz soll ihn dazu getrieben haben, die Gesellschaft der Menschen zu meiden und halbverrückt in der Wüste umherzuirren, die ferne Geliebte preisend.

Diese arabische Liebeslegende, deren Ursprünge jedenfalls in der frühen Umayyadenzeit liegen, hat über viele Grenzen hinweg Verbreitung gefunden. Sie erscheint in indischen Erzählungen ebenso wie in türkischen und maghrebinischen Romanen, vor allem aber in der türkisch-persischen Dichtung. Nezami (1141-1209) und später der türkische Dichter Mehmed bin Süleyman Fuzuli (1495-1556) haben das Thema zu eigenständigen Werken verarbeitet; eine Reihe von Mystikern ließ sich von dieser Idee der Leidenschaft inspirieren, die zwei Menschen ergreift und verzehrt bis zum Tod und selbst darüber hinaus. Es existiert auch eine italienische (Megnun e Laila) und deutsche Fassung (Megnun-Layla, 17. Jh.), und man könnte sich sogar vorstellen, daß die Geschichte von Madjnun und Laila das Vorbild für Shakespeares Drama *Romeo und Julia* (16. Jh.) gewesen ist, oder zuvor die Erzählung von Abaelard (1079-1142) und seiner Héloise beeinflußt hat – über die Wirkung arabischer fahrender Sänger im Abendland gibt es leider bis heute keine gesicherten Erkenntnisse.

Djalal-addin Rumi (1207-1273) läßt seinen Madjnun die folgenden Verse zu Papier bringen, als er einen Brief an Laila schreiben will:

Deinen Namen trag ich auf den Lippen,
vor Augen steht mir stets dein Bild,
in meinem Herzen lebst du fort
– wem also schreibe ich den Brief?
(Rumi, *Livre du dedans*, S. 217)

Nezami inszeniert die Legende fast wie eine moderne Oper:
»Dennoch drang die Stimme ihres Geliebten bis an ihr Ohr. War er nicht ein Dichter? Gegen seine Gedichte half kein noch so schwerer Vorhang. Auf dem Markt sangen die Kinder seine Verse, die Vorübergehenden trällerten das eine oder andere seiner Liebeslieder vor sich hin – und so empfing Laila die Botschaften ihres Geliebten. Heimlich sammelte sie alle Lieder Madjnuns, die sie zu hören bekam, sie lernte sie auswendig und schrieb ihre Antworten auf kleine Zettel, die sie mit dem Wind davonfliegen ließ. Und oft geschah es, daß jemand eine solche Botschaft fand und sie, nur um den Lohn, eines seiner berühmten Gedichte zu hören, zu Madjnun brachte, der draußen in der Wüste darbte. Auf diese Weise ging manch ein Lied zwischen den beiden verliebten Nachtigallen hin und her.«

An anderer Stelle steigert Nezami die Dramatik:
»Im Schutz der hereinbrechenden Nacht eilte Laila, in ihren Schleier gehüllt, in den Garten, ihre Seele flog ihr voraus. Sie erblickte Madjnun, doch hielt sie inne, bevor sie die Palme erreichte, an die er sich lehnte. Es zitterten ihr die Knie, und ihre Füße waren wie festgewurzelt im Boden. Nur zehn Schritte trennten sie noch vom Geliebten, doch es war, als umgebe ihn ein Zauberkreis, den sie nicht durchbrechen durfte (…).

Madjnun erwachte aus seiner Betäubung, und als sich seine und Lailas Blicke trafen, da kamen ihm wie von selbst die Verse auf die Lippen, die sie von ihm gewünscht hatte (…). Doch dann schwieg er plötzlich, sprang auf und entschwand im Garten – ein Schatten, der sich zur Wüste hin entfernte. Trunken vom Wein, wußte er doch, daß man ihn nur im Paradies genießen kann.«
(Nezami Gandjavi, *Layli wa Madjnun*, S. 177 f.)

Und auch Qais Madjnun-Laila, ob man ihn nun als legendäre Gestalt oder als Dichter begreift, hat wundervolle Verse hinterlassen:

Und fragte man die Liebenden, nach ihrem Tod:
»Ihr Toten, fand ein Ende eure Not?«
So müßten sie wohl ehrlich Antwort geben:
»Von unsern Körpern ist zwar nichts als Staub geblieben,
doch brennt das Liebesfeuer noch in unsern Herzen.
Die Augen, die einst zeigten unsre Schmerzen,
sind nurmehr trockne Quellen ohne Naß,
doch aus der Seele Augen fließen Tränen ohn Unterlaß«.
(Madjnun, S. 76)

An anderer Stelle:

Komm ich zu jenem Haus, zum Haus von Laila,
so küss ich diese Mauer, jene und auch diese da.
Ist es die Liebe zu den Mauern, die mir verwirrt den Sinn?
Ach nein, mein Herz, es sind die Menschen drin.
(Ebd., S. 54)

Und weiter:

Ich liebe dich, bin wie von Sinnen, denke nur an dich,
Drum strömen mir die Tränen aus den Augen, nur für dich.
Ich wünschte, ach ich wünschte, dein Tod sei auch der meine,
Und daß in einem Grab ruhten unsre Gebeine.
(Ebd., S. 81)

M. Chaouki hat in einer sprachwissenschaftlichen Arbeit über das Poem von Madjnun und Laila gezeigt, daß der Dichter mehr als 60 verschiedene Begriffe für die Liebe verwendet, wobei 143 mal die Liebe *(hubb)* gemeint ist, 100 mal die heftige Zuneigung (*hawan*, »Leidenschaft«), und wenigstens zehnmal die Schönheit *(husn)*, die Verliebtheit (*ᶜashiqa*) und das Begehren *(ishtiha)*. Die Studie macht deutlich, wie sehr diese Dichtung in der vorislamischen Tradition der keuschen, reinen Liebe *(hubb al-ᶜudhri)* verankert ist.

Lit.: Apaydin, Chaouki, Fuzuli, Kemp/Miguel, Miquel, Nezami Gandjavi.
Siehe auch: Berühmte Liebespaare, Höfische Liebe, Liebe, »Märtyrer der Liebe«.

MALACHIT s. Kuhl.

MANDEL s. Aphrodisiaka.

MANIKÜRE s. Hand.

MANN (*radjul*, pl. *ridjal*). Zum Mann zu werden bedeutet im Islam einen langen, allmählichen Prozeß der Initiation (**s. Sexuelle Initiation**), der bereits in der Kindheit einsetzt. Mannsein ist ein Status, eine Eigenschaft und ein Vorrecht, das am Ende eines langen Weges der Vervollkommnung, der Aneignung eines genau umrissenen Bestands an körperlichen und moralischen Qualitäten steht. Louis Gardet sagt dazu in seinem Werk *Les Hommes de l'Islam*: »Es ist die *muruwa*, (auch *muru'a*), der Mannesmut, und folglich die Würde, die den Mann auszeichnet, der diesen Namen verdient und der auch über Nachsicht und Geduld *(hilm)* gebietet. Der Begriff war stets eng mit der Vorstellung von Männlichkeit im körperlichen Sinne verbunden; bei den Arabern der vorislamischen Zeit spielte er eine entscheidende Rolle: Im Namen dieser Männlichkeit konnte sich etwa ein Beduinenführer im einen Augenblick zu beinahe instinktiven Gewaltakten hinreißen lassen, die Kraft und körperlichen Wagemut *(hamasa)* erforderten, während er zu anderen Gelegenheiten Instinkt und Leidenschaft völlig zügelte und sich ins vornehme Schweigen des *hilm* hüllte. Auf diese Weise bewies er Stärke und Kühnheit nicht nur im körperlichen, sondern auch im moralischen Sinne. Die Moralvorstellungen der Beduinen waren geprägt von einem genau definierten Ehrgefühl *(ᶜird)*, das sich einerseits im Gesetz der Vergeltung – Blut für Blut – ausdrückte, sich andererseits jedoch mit einem Männlichkeitsideal verband, das Langmut, Großzügigkeit, Klugheit und Mut einschloß: Ein Mann sollte geduldig, stark und selbstbeherrscht sein.« (Gardet, S. 36)

Was Liebe und Sexualität angeht, so gilt als wahrer Mann, wer zärtlich mit seiner Gattin und zuvorkommend mit seinen Kindern umgeht und in Gesellschaft, und vor allem im Umgang mit den Verwandten seiner Frau, angenehme Umgangsformen zeigt. Ghazali erklärt: »Der Gesandte Gottes (Heil und Segen sei ihm!) hat gesagt: ›Im Hinblick auf den Glauben ist jener Mann besonders zu loben, der freundlich zu den Frauen ist und sanft im Umgang mit seiner Familie‹« (Ghazali, *LBUMM*, S. 71). Wer seine Frau schlägt, verstößt gegen die guten Sitten und macht sich lächerlich: »Zeyd ist kein Mann, wenn er seine Frau schlägt; nur eine Frau, *marʿa*, prügelt sich mit einer Frau ...« (Doughty, S. 84). Im allgemeinen spielt die Frau eine große Rolle, wenn es darum geht, wie ein Mann im engeren Kreis (Vater, Brüder, Vettern, Nachbarn) und bei anderen Männern angesehen ist. Aus Persien wird sogar berichtet, es habe Damengesellschaften gegeben, in denen ganz offen über die guten und schlechten Eigenschaften bestimmter Männer debattiert wurde, und manch einen traf ein Ablehnungsurteil, ob es ihm paßte oder nicht ...

In einem persischen *Buch der Damen (Katabi kulsum naneh)*, das J. Thonnelier übersetzt hat, werden die folgenden Anstandsregeln für den Umgang mit den Frauen genannt:

»Es ist unschicklich, wenn ein Mann eine Frau, die aus dem Bade oder einem abgeschiedenen Raum kommt, fragt, wo sie gewesen sei. Shahr-Banu-Dadeh lehrt, daß man drei Arten von Männern unterscheiden müsse: 1. den idealen Mann; 2. die halbe Portion und 3. den *hupul-hupla* (...). Der ideale Mann sorgt für alles Notwendige und alle Annehmlichkeiten, derer seine Frau bedarf. Die halbe Portion ist ein ziemlich armer Teufel, ein Kleinkrämer, in dessen Haushalt es an fast allem fehlt, der kaum Brot und Salz zum Überleben zusammenbringt, der niemals auch nur den geringsten Wohlstand erlangt (...). Die dritte Art von Ehemann, der *hupul-hupla*, ist einer, der gar nichts hat, nicht einmal Freunde. Und wäre die Frau eines solchen Mannes auch zehn Tage und zehn Nächte fort gewesen, so dürfte er sie bei der Rückkehr doch nicht fragen, wo sie gewesen sei; und wenn er eine fremde Gestalt in seinem Haus bemerkt, so soll er nicht fragen, wer es ist und was der Neuankömmling will.« (*Katabi kulsum naneh*, S. 38)

Was schließlich die Erotik angeht, so soll der ideale Mann, jedenfalls nach Meinung von Scheich Nafzawi, einfach ein starker Beschäler sein:

»Wenn ein verdienstvoller Mann sich bei Frauen befindet, wächst seine Erregung sichtbar und hält lange an. Langsam nur kommt er zur Ergießung, und nach dem Zucken, das vom Ausströmen des Samens herrührt, ist sein Glied bald wieder hart. Ein solcher Mann ist geliebt und geschätzt bei den Frauen, da die Frau den Mann nur liebt wegen seiner Kraft. Seine Manneskraft muß daher auch äußerlich zu sehen sein. Ein solcher Mann soll eine breite Brust und ein rundes Gesäß haben. Vor allem aber soll er auch Herr sein über seine Begierden, über die Ergießung und über die Aufrichtung seines Glieds. Es soll bis zur Tiefe des weiblichen Schoßes vordringen, ihn vollständig ausfüllen in allen seinen Teilen. Ein solcher wird der Liebling der Frauen sein ...« (Nafzawi, S. 312)

Ägyptische Redensart: »O Frau, die du den Männern traust, schöpfst du nicht Wasser mit einem Sieb?«

Lit.: Doughty, Farès, Gardet, Ghazali, *Katabi kulsum naneh*, Nafzawi, Rassim.

Siehe auch: Bart, Ehre, Ejaculatio praecox, Ejakulation, Futuwa, Geschmack, Koitus, Männlichkeit, Penis, Schnurrbart.

MÄNNLICHKEIT (*rudjula, rudjuliya, muruwa, bulugh, sann al-bulugh:* »Geschlechtsreife«). Im Arabischen ist die Bedeutung von Männlichkeit nicht auf sexuelle Leistungen begrenzt. Natürlich spielt Äußeres eine wichtige Rolle, wenn es darum geht, eine männliche Identität aufzubauen: Haarwuchs, kräftige Muskulatur, männliche Stimme, Körperhaltungen usw. Mit der Philosophie des Männlichen in der arabisch-muslimischen Welt sind jedoch ebenso Begriffe wie Ehre (**s. dort**), Gastfreundschaft, Selbstachtung und die Achtung der gesellschaftlichen Gesetze verbunden (**s. Mann**). Dennoch überwiegt die sexuelle Wortbedeutung, und zwar ebenso im Sinne von Potenz (**s. Impotenz**) wie von Zeugungsfähigkeit. Ein in diesem Sinne viril wirkender Mann ist sehr gefragt, wohingegen ein eher femininer Mann dem Spott der Frauen ausgesetzt ist und von den Männern an den Rand gedrängt wird. Diese gesellschaftlichen Gegebenheiten führen dazu, daß die Männer männliche Attribute und Eigenschaften betonen und jeden Anflug von Weiblichkeit in sich unterdrücken (**s. Transvestismus**). Dasselbe gilt umgekehrt für Weiblichkeitsattribute, mit denen Frauen männlichen Erwartungen zu entsprechen suchen (**s. Frauen und Varianten**).

Daß Männlichkeit im körperlichen Sinne entscheidend für eine funktionierende Ehe sein kann, wird bei so manchen aufsehenerregenden Scheidungsprozessen deutlich, wo diesbezügliche Konflikte vor dem Richter ausgebreitet und ausgetragen werden. Vielleicht auch ein Grund dafür, weshalb einige Männer immer noch gern nach Möglichkeiten und Mitteln suchen, die ihre Potenz steigern können (**s. Aphrodisiaka**), seien es Pflanzen oder andere Rezepturen. Das folgende Rezept soll die Qualität des Sperma verbessern und die Potenz steigern:

»Man nehme: Haselnüsse, frische Kokosnüsse, geschälte Pinienkerne und Sesam; man mische dies; Ingwer, Paprika und Granatapfelblüten zu gleichen Teilen; füge genügend reines, gut vorbereitetes Fanid hinzu, und macht daraus eine halb-flüssige Paste. Davon nehme man täglich morgens und abends die einem Ei entsprechende Menge zu sich. So Gott will, wird diese Medizin Wirkung zeigen.«
(Sournia, S. 89)

Im traditionellen Kontext ist ein junger Ehemann der drängenden Forderung seiner Familie nach dem Beweis seiner Männlichkeit in der Hochzeitsnacht (**s. dort**) ausgesetzt. Im ländlichen Bereich ist ein junger Bräutigam auch heute noch gehalten, in der Hochzeitsnacht seine Frau schnellstmöglich zu entjungfern, um der zweifachen Forderung Genüge zu tun, die mit der körperlichen Vereinigung einhergeht: der Beweis der Jungfräulichkeit der Braut und der eigenen Männlichkeit (**s. Defloration**).

E. Laoust beschreibt, wie der erste Kontakt bei den Berbern im Oued Nun (Marokko) sich gestaltet:

»Man bringt sie (die Ehefrau) in das Haus ihres Zukünftigen, ein Cousin väterlicherseits führt sie bis ins Schlafzimmer. Der Mann legt sich über seine Frau, um sie zu entjungfern, sie jedoch wehrt sich mit Pantoffelhieben. Dann gibt er ihr ein Geldstück und sagt: ›Das ist dafür, daß dein Saum verschwunden ist (= Verlust der Jungfräulichkeit)‹ und sie ziehen sich bis zum Morgen zurück. Sobald eine Gewehrsalve ertönt ist, kommen die Frauen herbei und freuen sich.«
(*Noces berbères*, S. 174)

Manchmal geht alles noch schneller, und es soll sogar junge Männer geben, die untereinander darum wetteifern, wessen Ehefrau am schnellsten ihre Jungfräulichkeit verlor, denn je schneller die Penetration erfolgt, desto deutlicher tritt ihre Männlichkeit zutage.

Lit.: Bouhdiba, Chebel *(ES, IAM)*, Laoust (E.), Lens, Mokri, Sournia.

Siehe auch: Aphrodisiaka, Defloration, Ehre, Ejakulation, Ejaculatio praecox, Frau und Varianten, Fruchtbarkeit/Sterilität, Greis, Hochzeitsnacht, Homosexualität, Impotenz, Jungfräulichkeit, Koitus, Päderastie, Pädophilie, Penis, Transvestismus.

MANNWEIB *(mustardjil, tarajdjul)* Ein abschätziger Begriff für eine Frau, die in ihrem Aussehen und Auftreten wie ein Mann wirkt. Wilfred Thesiger erzählt, was einer der Fischer sagte, mit denen er reiste:
»– Hast du gemerkt, Sahib, daß dies ein *mustardjil* war?
Ich hatte davon schon gehört, war aber nie zuvor einer solchen Person begegnet. Amara erklärte:
– Ein *mustardjil* wird als Frau geboren. Sie kann nichts dafür, aber in ihrem Herzen ist sie ein Mann, und darum lebt sie auch wie ein Mann.
– Und die Männer haben nichts dagegen?
– Überhaupt nichts. Sie ißt mit uns und darf mit uns im *mudhif* (Schilfhaus) zusammensitzen. Wenn eine von ihnen stirbt, schießen wir ihr zu Ehren Gewehrsalven. Das tun wir für Frauen nie.« (Thesiger, S. 183)
Bei den Dichtern ist häufig von Personen die Rede, die halb Mann, halb Frau und doch keine Transvestiten sind. »Wenn du sie anschaust, siehst du einen Knaben, trittst du ihr näher, findest du eine Frau«, sagt Sana' al-Mulk, ein Dichter der Ayyubidenzeit (zit. nach Rikabi, S. 223).
Im Maghreb gibt es dafür die abschätzige Bezeichnung »Aischa radjul« (»Aischa ist ein Mann«).

Lit.: Nerval, Rikabi, Thesiger.

Siehe auch: »Aischa radjul«, Hermaphrodit, Mann, Transvestismus.

MAQSURA. Ein kunstvoll gearbeiteter Wandschirm, ein Gitter, manchmal auch eine Trennwand, die in der Moschee und an anderen Gebetsstätten die weiblichen und männlichen Gläubigen trennt. Vermutlich am Beginn der Umayyadenzeit eingeführt, diente die *maqsura* ursprünglich dazu, den Kalifen beim Gebet gegen Attentate zu schützen. Gelegentlich wird den Frauen ein Balkon zugewiesen, so daß sie den Ablauf des Gebets verfolgen können, ohne gesehen zu werden, aber stets ist ihr Platz im Rücken der Männer.

Siehe auch: Abschied/Wiedersehen, Mashrabiya, Öffnungen, Scham, Schleier, »Seraildenken«.

»MÄRTYRER DER LIEBE« *('ashiq shahid).* »Er, der liebt, keusch bleibt, sein Geheimnis bewahrt und stirbt, der ist ein Märtyrer« *(man 'ashiqa wa 'affa wa katama wa mata wa huwa shahid)*, soll der Prophet gesagt haben. Überliefert von Ibn Dawud (868-910), der die Theorie der »höfischen Liebe« prägte, wird dieser berühmte Hadith* von mehreren Chronisten der prophetischen »Tradition« *(sunna)* bestätigt. Im 10. Jh. läßt Mas'udi eine seiner Figuren sagen: »Die sterben, sollen auf diese Art sterben; ohne den Tod gilt die Liebe nichts« (zit. nach: Der-

menghem, *LBPTA*, S. 83). Und im Lied eines kurdischen Liebhabers heißt es: »Schreibt auf meinen Grabstein: Ich war ein Märtyrer der Liebe.« (zit. nach Mokri, *Kurdish Songs*)
Der Märtyrer der Liebe, der in Liebe stirbt und dabei den Partner mit in den Tod nimmt, ist in der islamischen Welt eines der Paradigmen der leidenschaftlichen Liebe. Zahlreiche Anekdoten unterstreichen diese Struktur nachdrücklich als repräsentativ für die »höfische Liebe« oder Minne. Das Motiv wird in vielen Gedichten und Liedern mit ᶜudhritischem Einschlag aufgegriffen, sei es in der Hochsprache oder in den verschiedenen Dialekten.
Sufistische Redensart: »Al-Shibli sagte: ›Der Liebende stirbt schweigend, der Eingeweihte stirbt beim Reden‹.« (Quraishi, zit. nach Dermenghem, *LPBTA*, S. 247)
Lit.: Belhalfaoui, Dermenghem, Dib, Mokri, Pérès.
Siehe auch: Berühmte Liebespaare, Höfische Liebe, Ibn Dawud, Liebesleid.

MASHRABIYA. Die *mashrabiya*, eine Art vergitterter Erker, stellt ein bedeutendes Element in der traditionellen arabischen Architektur dar: Sie dient der Vermittlung zwischen den traditionell geschiedenen Räumen der Frauen und der Männer. Ursprünglich hatte sie den Zweck, den Frauen im Harem einen Ausblick auf das öffentliche Leben und Treiben – im Palast, später auf der Straße – zu erlauben, ohne dabei gesehen zu werden. Ähnlich wie die *maqsura* (**s. dort**) in der Moschee gewinnt die *mashrabiya* ihre Bedeutung aus der Funktion, nach beiden Seiten durchlässig zu sein – obwohl ihre kunstvollen Holzgitter oft sehr eng gefügt waren.
Siehe auch: Maqsura, Öffnungen.

MASSAGE (*tadlik, tamsid,* türk. *ovma, ovusturma; mudallik* »Masseur«; *mumassida, tayyaba,* »Masseuse«). Die Massage, in der arabisch-persischen und türkischen Tradition ein wesentlicher und unverzichtbarer Bestandteil der Kultur des Badehauses, ist eine therapeutische Technik, die der körperlichen Entspannung dient, aber sie hat ohne Zweifel auch erotische Qualitäten.
Reiseberichte aus früheren Jahrhunderten machen deutlich, daß in den Hammams meist großer Luxus herrschte. Im 16. Jh. erzählt Leo Africanus, was er in den Bädern von Fes erlebt hat:
»Ich hätte beinahe vergessen anzuführen, daß die Diener im Bade die Person, welche sie baden wollen, sich niederlegen lassen, und sie bald mit stärkenden Salben, bald mit gewissen Instrumenten, die alle Unreinigkeiten wegnehmen, reiben. Einen vornehmen Herrn, den sie baden wollen, legen sie auf eine Filzdecke und mit dem Kopfe auf Kissen von Brettern, die mit Filz überzogen sind. Bei jeder Badestube sind viele Barbierer, die dem Herrn davon ein gewisses bezahlen, um ihre Instrumente da zu verwahren und ihre Kunst treiben zu dürfen.«
(*Johann Leo's, des Africaners Beschreibung...*, S. 206)
F. C. Forberg, ein deutscher Reisender des 18. Jh.s, der auch ein amüsantes »Handbuch der klassischen Erotik« verfaßt hat, hält die Türken für die Meister in der Kunst der Massage. Er bemerkt zunächst, daß »es zu den Fertigkeiten der Kurtisanen gehört, ihre Finger kunstvoll zu gebrauchen«, und berichtet dann:

»Welche Bedeutung dieser Kunst zukommt, läßt sich daran ermessen, daß die Masseure und Masseusen, in der Antike wie in der heutigen Türkei, großes Ansehen genießen. Man läßt sich die Gelenke recht kunstvoll bearbeiten, die Finger zart durchkneten und dehnen und schließlich alle Glieder liebkosen; man gibt sich ihren feinfühligen Händen hin, die stets durch Handschuhe vor der Sonne geschützt bleiben.« (Forberg, S. 135)
Und später gibt er sich ganz erfahren und fügt hinzu:
»Mit Freuden nehme ich die Gelegenheit wahr, von jener besonderen Form der Massage zu berichten, die man nur von der Hand einer Frau empfangen kann, einer Frau, die in dieser Kunst erfahren ist: Mit zarten Fingern knetet sie die Hoden und liebkost die Gesäßbacken; man sagt, an diese Süße und Wollust reiche nichts heran.« (Ebd., S. 136)
Alle Araber, alle Orientalen, die es sich leisten können, gönnen sich regelmäßig das Vergnügen einer Massage durch einen ausgebildeten *mudallik*. Aber auch die Frauen aus wohlhabenden Familien kennen die Wirkung der Hände einer guten Masseuse – entweder haben sie eine Dienerin zu diesem Zweck, oder sie nutzen das Angebot im Hammam.
Der italienische Reisende Prosper Alpin zeigt sich besonders begeistert von der Kunst der ägyptischen Masseure:
»Nachdem sie dieses Bewegen jedes Körperteils beendet haben (das sie nach Möglichkeit drei oder vier Mal ausführen), bedeuten sie ihrem Kunden, sich auf den Boden zu legen (der, in allen Räumen, aus schönen Marmorfliesen besteht) und sich auf dem Rücken auszustrecken. Sodann beginnen sie, ihn sanft abzureiben. Zuerst wird der ganze Körper an der Vorderseite leicht frottiert, eine Körperpartie nach der anderen, von den Füßen aufwärts. Dabei wenden sie drei verschiedene Verfahren an: Beim ersten Mal ist die Abreibung sanft und von mittlerer Dauer, beim zweiten Mal weniger sanft und von etwas längerer Dauer und beim dritten Mal heftig und von mittlerer Dauer.« (Alpin, Bd. 1, S. 311)
Lit.: Alpin, Bouhdiba, Forberg, Leo Africanus, *1001 Nacht.*
Siehe auch: Entfesselter Koitus, Ghasul, Hammam, Kosmetik, Tafla.

MÄSSIGUNG (*wara^c, ^{c}azl*, wörtl.: »Trennung«, »Isolation«). »Die Mäßigung, *wara^c*, schreibt Louis Massignon in *Parole donnée*, »ist eine ›Tugend‹ aristotelischer, natürlicher Art, das rechte Maß zwischen zwei Extremen« (S. 295). Mäßigung oder Zurückhaltung wird definiert als Sich-Fernhalten von unmäßiger sexueller Betätigung in jeder Form und nach Kasimirski als »maßvoller Umgang insbesondere mit fleischlichen Freuden, der von ausschweifender Libertinage (*fudjur*) und völliger Teilnahmslosigkeit oder Apathie (*khumud*) gleich weit entfernt ist«. Obwohl man zwischen allgemeiner Mäßigung, vorübergehender Enthaltsamkeit und völliger Keuschheit (die auch eine willentliche, philosophische Entscheidung sein kann) unterscheiden muß, ruft der Islam aufgrund seiner prinzipiell geburtenfördernden Einstellung im allgemeinen kaum zu Mäßigung, Enthaltsamkeit oder Keuschheit auf. Gelobt wird dagegen die Selbstbeherrschung als Zeichen des vollkommenen Menschen. So zählt der Prophet nach einem von Abu Huraira überlieferten Hadith*, das zu den maßgeblichsten Isnad*

der Überlieferungskette gehört, zu den »sieben Männern (, die) Gott mit seinem Schatten am Tag der Auferstehung bedecken« wird, auch den Mann, »den eine angesehene und schöne Frau zu sich ruft, der aber sagt: Ich fürchte Gott«. (Koran [Ü.: Khoury], Anhang, S. 513)

Zur Frage der Mäßigung vor der Ehe zitiert Djahiz (780-869) das Beispiel von Djamil und Buthaina, einem der keuschesten Paare der arabischen Literatur: »Und in diesen Zusammenhang gehört auch die Geschichte von Djemîl und Buthaina, ober deren beiden Vertrautheit der Bruder der Letzteren so eifersüchtig ward, dass er sich zum Mann seiner Schwester begab und ihn zum Einschreiten in dieser Sache zu veranlassen suchte. Und so lauerten beide dem Djemîl auf, um ihm den Garaus zu machen. Wie sie dann aber näher kamen, um der Beiden Unterhaltung zu lauschen, da hörten sie, wie er – um die Buthaina zu versuchen – diese fragte, ob sie geneigt sei, seinen Liebesdurst zu stillen. Und wie Djemîl, auf der Buthaina verneinenden Antwort hin, diese fragte, was denn der Grund ihrer Weigerung sei, da gab diese zur Antwort, die Liebe werde durch das Eindringen der sinnlichen Neigungen profaniert. Darauf zog nun Djemîl sein Schwert, das er unter seiner Gewandung verborgen getragen hatte, und sagte: ›Bei Gott! Hättest du auf mein [angebliches] Verlangen hin ja gesagt, dann hätte ich dich mit dem Eisen durchbohrt.‹ Wie nun die Beiden [d.h. der Gatte und Bruder der B.] diese Worte des Dj. vernahmen, da vertrauten sie seiner Anständigkeit und liessen ihn unangefochten, worauf [sie] selbst wieder von dannen gingen und fürderhin seinen Unterhaltungen mit der B. keine Schwierigkeiten mehr in den Weg legten.« (Zit. nach: ᶜAmr, *Exzerpte und Übersetzungen*, S. 79f.)

Auf ihren Reisen stellten westliche Beobachter immer wieder mit Erstaunen fest, daß sich ehrenhafte Muslime bereits dann ihrer Mäßigung und Keuschheit rühmten, wenn sie lediglich keine sexuellen Beziehungen außerhalb des ehelichen Rahmens pflegten, obwohl dieser bereits vier rechtmäßige Frauen zuläßt!

Lit.: Bukhari, Hudjwiri, Massignon, Musallam, Pellat.
Siehe auch: Abstinenz, Begehren, Coitus interruptus, Empfängnisverhütung, Entfesselter Koitus, Fasten, Höfische Liebe, ᶜIffa, Keuschheit, Konversation.

MASTURBATION (ᶜ*ada sirriya*; wörtl.: »heimliche Gewohnheit«). Die Masturbation wird auch als Onanie bezeichnet, mit Bezug auf eine biblische Gestalt: Onan weigerte sich, mit der Frau seines gestorbenen Bruders die Ehe zu vollziehen, wie es sein Vater Juda von ihm verlangte und wie es nach dem damals geltenden Leviratsgesetz üblich war, sondern er ließ seinen Samen »auf die Erde fallen« (1. Buch Mose, 38, 9). Seine Sünde bestand weniger darin, ihr keine Lust bereitet zu haben, sondern darin, sich der Zeugung von Nachkommen zu verweigern.

In Ägypten umschreibt man die Masturbation mit den Wendungen *haleb ruhu* (wörtl.: »er melkt sich«) oder *nakihu al-yad* (wörtl.: »der mit der Hand Unzucht treibt«). Gebräuchlich sind auch *djald ᶜumaira* und *naᶜuz* (von *an-ᶜaza,* »geschlechtlich erregt sein«); in Algerien wird bei Gesprächen unter Männern oft der Ausdruck *tshabnit* verwendet. In Marokko und am Golf dagegen benutzt man die klassischen Begriffe, wie *nakihu al-yad*.

Dem islamischen Recht gilt die Masturbation, wie jede Form von Autoerotik, als eine widernatürliche Abwendung vom Zeugungsakt, demnach machen sich alle, die ihre Befriedigung nicht *in vaso* suchen, der Unzucht schuldig. Einige Rechtsschulen *(madhahib)* erblicken in der Masturbation eine ›läßliche Sünde‹, die theoretisch strafbar ist, wobei das Strafmaß jedoch unbestimmt bleibt und letztlich im Ermessen des Richters liegt. Nach Malik ibn Anas (716-795), dem Begründer der malekitischen Schule, die vor allem im Maghreb und in Ägypten großen Einfluß hat, wird Allah, am Tage des Jüngsten Gerichts, die Onanisten keines Blickes würdigen – sie werden unter den ersten sein, die zur Hölle fahren. Einige Jahrzehnte später widmet allerdings ein gewisser al-Saymari (gest. um 888) der Masturbation ein eigenes Werk, mit dem Titel *Kitab al-khadkhada fi djald ͨumaira* (s. *EI*, Bd. 2, S. 566).

Ghazali (1058-1111) dagegen hält die Onanie, wie die Unzucht, für eine Schwäche, die man vorbeugend behandeln muß; er rät darum, die Junggesellen zu verheiraten, damit sie die Masturbation nicht mehr nötig haben. Ghazali sieht drei Stufen dieser Schwäche: Das geringste Übel ist die Heirat mit einer Sklavin, schlimmer ist die Masturbation, und das Schlimmste ist die Unzucht.

So berichtet er von einem jungen Mann, der zu Ibn ͨAbbas (einem der Gefährten des Propheten) kam, um seine Verfehlung zu gestehen: »Ich bin ein junger Mann und habe keine Frau. Manchmal fürchte ich, ich könnte mich durch Unzucht versündigen, *propterea nonnunquam utor manu mea* ... (indem ich masturbiere, ist dies eine Sünde?). ›Pfui, pfui‹, erwiderte Ibn ͨAbbas und wandte sich von ihm ab. ›Eine Sklavin zu heiraten ist besser als das, aber es ist immerhin noch besser als Unzucht.‹« (Ghazali, *Von der Ehe*, S. 29) Eine ähnliche Haltung vertritt auch Ibn Hanbal, der Gründer der hanbalitischen Schule, einer der vier sunnitischen Rechtsschulen, die vor allem in Saudi-Arabien Geltung hat.

Aus der älteren arabischen Geschichtsschreibung kann man entnehmen, daß die Masturbation für die Krieger des Islam auf ihren Feldzügen eine Gewohnheit war, der sie sich ganz ohne jenes Schuldgefühl hingaben, das die Religionsgelehrten nachträglich unterstellten. Auch der Prophet scheint sich dazu nicht kritisch geäußert zu haben. Von al-ͨAla ibn Ziyad (7. Jh.) ist der Ausspruch überliefert: »Das hat doch nichts zu bedeuten! Auf unseren Beutezügen hielten wir es immer so!« Und al-Hasan al-Basri (gest. 728) soll gesagt haben: »Es ist schließlich deine Flüssigkeit – so verströme sie!«

Es werden also zwei unterschiedliche Positionen deutlich: Die Gefährten des Propheten und die frühen Religionsgelehrten nehmen in dieser Frage eine eher verständnisvolle Haltung ein, während die ›Moralapostel‹ unter der muslimischen Geistlichkeit der nachfolgenden Jahrhunderte viel strenger über die Versuchungen des Fleisches urteilten, denen die Einsamen ausgesetzt waren.

Es steht außer Frage, daß die Onanie eine weitverbreitete und alltägliche Praxis ist. Mohamed Choukri, ein moderner marokkanischer Autor, beschreibt es so: »Meine Brust schmerzte mich. Ich fragte die Erwachsenen danach. Sie sagten mir, das sei die Pubertät. Während der Erektion hatte ich Schmerzen in den geschwollenen Brustwarzen. Ich masturbierte über allen verbotenen und nicht verbotenen Bildern. Wenn ich jene Flüssigkeit ausspritzte, die wie Nasenschleim war, fühlte sich mein Glied innen an wie verletzt.« (Choukri, S. 30)

Nicht nur die Männer, auch die Frauen wissen sich selbst zu befriedigen – aber dieses Thema wird schamhaft verschwiegen; selbst im islamischen Recht ist davon nur selten die Rede.

Lit.: Boudihba, Bousquet, Bukhari, Chebel *(ES)*, *EI*, Ghazali, Ibn Falita, Nafzawi, Qairawani, Tifashi.

Siehe auch: Autoerotik, Harem, Koitus, Orgasmus.

MEDDAH s. Madih.

MENSTRUATION (*haid, hiyad, ᶜadat al-nisa'*, wörtl.: »die Gewohnheit der Frauen«; *istihada*, »Blutungen«; *nifas*, »Wochenfluß«, *djariy*, »Verrinnen«, *tark al-salat*, wörtl.: »Abwendung vom Gebet«: Umschreibungen und bildhafte Wendungen bei den klassischen Autoren: s. Marçais). Nach allgemeinem Brauch ist es untersagt, sich einer Frau sexuell zu nähern, wenn sie ihre Regel hat. Ebenso legt es das islamische Sittengesetz fest; im Koran heißt es dazu:
»Und man fragt dich nach der Menstruation. Sag: Sie ist eine Plage. Darum haltet euch während der Menstruation von den Frauen fern und kommt ihnen nicht nahe, bis sie wieder rein sind.« (Koran, 2, 222)
Auf diesen Koranvers haben sich die konservativen Religionsgelehrten stets berufen, um daraus genaue Verhaltensvorschriften abzuleiten:
»Die Flüssigkeit, welche die Frau (beim Sexualakt) absondert, ist eine schwach gelbe Substanz; nach dieser Ausscheidung muß eine Reinigung durch Waschung des ganzen Körpers vollzogen werden, ebenso wie nach der Monatsblutung *(haid)*. Was das Menstruationsblut *(istihada)* betrifft, so ist die Waschung unbedingt geboten. Frauen, die diese Art von Blutverlust erleiden, und Männer, die ihren Urin nicht halten können, sollen die Waschungen nach jedem Gebet vollziehen.« (Qairawani, S. 29)
Und weiter heißt es bei al-Qairawani: »Es ist von Gott gegeben, daß nach erheblichen Befleckungen, wie durch Menstruationsblut und Wochenfluß, die Waschungen *(ghusl)* unbedingt vollzogen werden müssen«(ebd., S. 287). Mit anderen Worten: So schreibt es der Koran vor. Während der Monatsblutung der Frau, wie lange sie auch dauert, gilt überdies ein Verstoßungsverbot, das in der Sure 65 (»Die Entlassung«) festgelegt ist:
»Und wenn ihr bei denjenigen von euren Frauen, die keine Menstruation mehr erwarten, Zweifel hegt, soll ihre Wartezeit (im Fall der Entlassung) drei Monate betragen. Ebenso bei denen, die ihres jugendlichen Alters wegen noch keine Menstruation gehabt haben.« (Koran, 65, 4)
Aber auch die Frau muß in der Zeit der Menstruation bestimmte Vorschriften beachten: Sie darf die Moschee nicht betreten, keine Gebete verrichten (daher der Ausdruck *tark al-salat*) und nicht fasten. Außerdem darf sie nicht im Koran lesen; und sie muß sich nicht nur der Vereinigung mit ihrem Gatten, sondern jeder Art von Liebesspiel enthalten.

Koran: 2: 222, 228; 65, 4.
Lit.: Bousquet, Bukhari, *EI*, Marçais, Qairawani.
Siehe auch: Reinigung, Sexuelle Tabus, Verstoßung, Wechseljahre.

Humai erblickt das Bildnis der Humajun. Vieles in der Geschichte von Humai und Humajun erinnert an die Liebesgeschichte von Shirin und Khusrau. Miniatur aus der Berliner Baisonqur-Handschrift, 1420. (Museum für Islamische Kunst / Preussischer Kulturbesitz, Berlin)

Humai erblickt Humajun im Kaiserpalast.
Miniatur aus der Berliner Baisonqur-Handschrift, 1420.
(Museum für Islamische Kunst / Preussischer Kulturbesitz, Berlin)

*Humai und Humajun auf dem Liebeslager.
Miniatur aus der Berliner Baisonqur-Handschrift, 1420.
(Museum für Islamische Kunst / Preussischer Kulturbesitz, Berlin)*

Ausschnitt aus einer Miniatur aus der Handschrift der »Haft Aurang« (Sieben Throne) des Dichters Djami (Ende des 15. Jahrhunderts). Diese Handschrift wurde von fünf verschiedenen Schreibern in Maschhad, Qaswin und Herat zwischen 1556 und 1565 für den Safawidenfürst Sultan Abul-Fath Ibrahim Mirsa angefertigt. Die hier wiedergegebene Sodomieszene bezieht sich auf die Dichtung namens »Sselssat us-Sahab« (Die Goldkette), die 1485 entstand. (Smithsonian Institution, Freer Gallery of Art, Washington)

MESTFA BEN BRAHIM (ca. 1800-1867). Als Barde von Oran und Sänger der Banu ᶜAmer hat sich Mestfa Ben Brahim den Ruf eines modernen Minnesängers erworben: Er war berühmt und berüchtigt für die äußerst heftigen und schonungslosen erotischen Gedichte, die er seinen zahlreichen Liebschaften widmete.

Die große Begabung dieses notorisch untreuen Liebhabers zeigt sich vor allem in einer Versdichtung, die er für Yamina, die ›Zarte und Schöne‹ verfaßte, der er lange Zeit treu blieb:

Yamina, wie soll ich Nachsicht mit dir haben? Meine Liebe zu dir ist Zärtlichkeit.
Yamina, du hast die Wunde mir wieder aufgerissen – Heilung finde ich allein
bei dir.
Yamina, mein Augenstern! Verzeih, nimm meine Niederlage hin.
Yamina, prächtige Blüte in meinem Strauß, vertreibe meinen Kummer,
wenn es dir beliebt.
Yamina, meine Freude hast du in Traurigkeit verwandelt, ein großes Unglück
ist die Trennung von dir.
Yamina, es liegt in deiner Hand, mir zu erlauben, dich zu lieben; sei nicht
länger zornig und gekränkt.
Yamina, du hast meine Seele ausgezehrt – dein Stachel sticht mein Herz.
Yamina, mein Herold kündete zum Klang der Flöten deine Verdienste.
Wie soll ich es ertragen, daß du dich von mir trennst – in meinem Herzen
lodert deine Flamme wieder auf.

(Zit. nach Azza, S. 26)

Lit.: Azza.
Siehe auch: Höfische Liebe, Lippen.

MIGNON (Liebling, Favorit, Günstling). Eine Person, die durch ihr effeminiertes Auftreten anziehend auf Homosexuelle wirkt. Als Mignons wurden auch die Günstlinge von Königen bezeichnet. In der Entwicklung der städtischen Kultur des Islam waren die Mignons zu allen Zeiten geächtet, doch stets wurden sie zugleich verehrt und gerühmt – von Herrschern und Dichtern und Päderasten: »In vielen Versen« schreibt Henri Pérès, »finden sich Anspielungen auf muslimische, christliche oder jüdische Mignons, die üblichen Bezeichnungen sind *ghulam wasim, fatan wasim* oder *fatan djamil* (»schöner junger Herr«), oder auch *ghulam amrad* (»bartloser Ephebe«). Und weiter: »Sobald diese Lustknaben den ersten Bartwuchs zeigten, wurden sie *muᶜadhdhir* genannt (von ᶜ*idhar* »Bartflaum«); ihr effeminiertes Verhalten wird wird als *mu-khannath* oder *hawin* bezeichnet.« (Pérès, *PAAC*, S. 342)

Die andalusischen Dichter hatten dieses Genre zwar nicht erfunden, aber sie zeigten ihre Vorliebe für die Mignons ohne falsche Scham: »In den Versen der Dichter wurden ihre Beziehungen zu den Lustknaben besungen, manche äußerten sich ganz offen und zynisch darüber, daß ihnen die Frauen nichts bedeuteten, andere machten deutlich, daß sie sich nur gelegentlich der Päderasterie hingaben.« (Ebd.) Trotz aller Versuche der Geistlichkeit, solche Formen zu unterbinden, entwickelte sich ein regelrechter Kult um die reizenden Haarlocken,

den ersten Bartflaum, die Leberflecken (**s. dort**) und Sommersprossen der Mignons.
Lit.: Abu Nuwas, Chebel *(ES)*, Pérès, Vadet.
Siehe auch: Abu Nuwas, Ghulam, Hermaphrodit, Leberfleck, Päderastie, Schöner Jüngling, Türke (junger).

»MIN ZIBA' AL-RUM«. Eine dichterische Wendung, eine Anspielung, die sich auf die (bei Kriegszügen erbeuteten) christlichen Sklavinnen bezieht und ihnen einen hohen Rang in der Welt der Liebe zuweist: »Ein Bild, das die Dichter gebrauchen, um einen Christen oder eine Christin zu bezeichnen, wenn es um die Liebe geht. Wörtlich bedeutet es: eines von den zarten christlichen Rehen.« (Abu Rub)
Lit.: Abu Rub.
Siehe auch: Konkubinat/Konkubinen, Sklave.

MINNE s. Höfische Liebe.

MISOGYNIE (*mubghid al-nisa'*; *ʿaduw al-mar'a*, wörtl.: Frauenfeind). Dem Propheten wird der folgende Ausspruch zugeschrieben:
»Die Frauen wurden aus einer Rippe geschaffen, und das am stärksten gebogene Teil einer Rippe ist das obere. Wenn du versuchst, sie gerade zu biegen, wirst du sie zerbrechen. Überläßt du sie aber sich selbst, dann bleibt sie gekrümmt. Behandelt die Frauen also fürsorglich und liebevoll!«
(Bukhari, *Nachrichten*..., S. 349)
Ein weiterer, eher ungesicherter Hadith* scheint dagegen die Frauenfeindlichkeit des Propheten zu bestätigen: »Imran berichtet, daß der Prophet gesagt habe: ›Ich habe das Paradies gesehen, und ich fand es bewohnt von Armen; ich sah auch die Hölle, und dort waren vor allem Frauen.‹« (Bukhari, Bd. 3, S. 591). Andere Quellen verbürgen die folgende Begebenheit: »Ibn ʿUmar berichtet: ›Wenn man in Gegenwart des Propheten von Mißgeschicken sprach, so erklärte dieser, daß es Mißgeschicke nur in bestimmten Angelegenheiten gebe: im Haus, bei den Frauen und bei den Pferden.‹« (Ebd., S. 554) Mit anderen Worten: nur das Haus, die Frauen und die Pferde müssen geschützt werden. Man könnte allerdings unterstellen, daß hier die Frauen in ihrer Rolle als Mütter gemeint sind.
Es steht außer Frage, daß die arabische Kultur, einst wie jetzt, deutlich frauenfeindliche Züge aufweist. In den Erzählungen aus *1001 Nacht* werden immer wieder mit Begeisterung Episoden berichtet, die von der Treulosigkeit der Frauen handeln und jedes Vorurteil gegenüber dem Geschlecht bestätigen, das doch auch im Arabischen als das »schöne« und angenehme *(latif)* bezeichnet wird. In der *Geschichte von Kamar ez-Zaman* aus *1001 Nacht* wünscht ein Vater seinen Sohn verheiratet zu sehen, um ruhig sterben zu können. Der Sohn erklärt darauf:
»›Lieber Vater‹ erwiderte er, ›wisse, ich trage kein Verlangen danach, mich zu vermählen, und meine Seele neigt sich nicht den Frauen zu; denn ich habe über ihre List und Tücke viel gelesen und gehört, wie ja auch ein Dichter sagt:

(...)
Den Frauen leiste nicht Folge; das ist der schönste Gehorsam.
Ein Mann, der seinen Halfter den Frauen gibt, hat kein Glück.
Wenn er auch tausend Jahre sich um das Wissen bemühet –
Sie halten ihn vor Vollendung des hohen Zieles zurück.‹
Nach diesen Versen fuhr er fort: ›Lieber Vater, das Heiraten ist etwas, das ich niemals tun werde, auch wenn ich den Becher des Todes trinken müßte!‹«
(*1001 Nacht*, Bd. II, S. 358 f.)

Solche Einlassungen finden sich immer wieder als schmückendes Beiwerk in den Geschichten, Zeugnisse einer orientalischen Tradition des Unbehagens der Männer gegenüber den unermeßlichen Geheimnissen der Frauen. Die Frauenfeindlichkeit zeigt sich in vielen Formen – vom bloßen Unverständnis bis zum offenen Haß.

Ob in den frühen nomadischen oder in späteren bäuerlichen und städtischen Gesellschaftsformen – die Benachteiligung der Frauen wurde schon früh in den Sitten und Gebräuchen festgeschrieben: Vielfach galt eine Frau als ein Handelsgut, das ein vornehmer Herr, ein reicher Händler oder der Machthaber einer Stadt sich kaufen konnte, weil es ihm neue Lust versprach oder einfach, weil in seinem Harem ein Platz frei geworden war. Frauen durften kaum je über sich selbst bestimmen, ihre Aufgabe war es, zu dienen. Und auch die persönliche Entwicklung wurde ihnen meist verwehrt: Die Aneignung von Wissen blieb ein Vorrecht der männlichen Nachkommen der Familie. Bekanntlich ist den Frauen das Amt des Imams (und damit auch die Würde des Kalifen) verschlossen. Man verweist darauf, daß sie regelmäßig in einen Zustand körperlicher Unreinheit eintreten, ganz zu schweigen von den unzähligen Geschichten über ihre Wechselhaftigkeit und moralische Unzuverlässigkeit. Die Liste der Verbote und Zuweisungen von negativen Eigenschaften ist lang, und sie nährt bis heute die Tradition der Frauenfeindlichkeit. Charles Doughty, ein britischer Reisender, der sich Ende des letzten Jahrhunderts unter den Beduinen in der arabischen Wüste aufhielt, gab die folgende Einschätzung:
»›*El-Entha*, das Weib (willig bei der Arbeit und den Wohlstand des Hirten sichernd), ist bei allen Tieren das bessere Geschlecht, nur bei den Menschen nicht‹, sagen die Araber. Dies ist jedoch nicht die Meinung aller Nomaden, denn der *hurr*, der Kamelhengst, wird wegen seiner männlichen Kraft von den Mauren oder westlichen Arabern bevorzugt. Die Semiten führen all ihr Unglück auf die Frau zurück. Sie meinen, daß sie von Natur aus böse sei, klagen, sie hätte sieben Leben, und wünschen Gottes Fluch auf sie herab.«
(Doughty, *Reisen in Arabia Deserta*, S. 82)
Daß dieses Urteil über die Frauen so heftig ausfiel und so lange Bestand hatte, kann nur bedeuten, daß es seit langem Teil einer kollektiven psychischen Struktur geworden ist. Die Männer haben offenbar Angst vor den Frauen – nicht nur was das Verhältnis zwischen den Geschlechtern im allgemeinen angeht, sondern oft auch ganz konkret, und nicht zuletzt im Bereich der Sexualität. Ausdruck dieser ängstlichen, verkrampften und verklemmten Haltung ist zum Beispiel der Grundsatz, daß eine Frau beim Sexualakt nicht die geringsten Anzeichen von

Lust zeigen soll, weil der Gatte dies als einen Hinweis auf außereheliche Erfahrungen deuten und entsprechend übelnehmen könnte.

Man kann es auch so formulieren: Die Frauenfeindlichkeit hat ihren Ursprung nicht in weiblichen Fehlern, sondern in der Unfähigkeit der muslimischen Männer, sich mit den Ansprüchen der Frauen auseinanderzusetzen, statt sie einfach zu unterdrücken. Denn nicht zuletzt ist die Misogynie auch ein Herrschaftsinstrument: Im Zusammenwirken der verschiedenen Formen dieser Unterdrückung (Eifersucht, Blickverbot, Jungfräulichkeitsgebot usw.) ergibt sich jene Haltung, die wir als »Seraildenken« kritisiert haben (**s. dort**). Im Grunde geht es nur darum, die Vormachtstellung des einen Teils der Gesellschaft über den anderen zu bewahren – und die Selbstentfremdung, die traditioneller Bestandteil der Erziehung von Frauen in der islamischen Kultur ist, läßt sie leider oft einen aktiven Part in der Fortsetzung dieser Verhältnisse spielen.

Redensarten: »Widersprecht ihnen, denn darauf ruht Segen.« (ᶜUmar ibn al-Khattab, gest. 644; der zweite Kalif; zit. nach Ghazali, *LBUMM*, S. 73)

»Jene, die den Launen ihrer Frauen gehorchen, wird Gott ins Höllenfeuer werfen.« (Hassan al-Basri, 642-728, ein Gelehrter des ersten islamischen Jh.s; ebd., S. 72)

»Drei Arten von Menschen gibt es, die dich verehren, wenn du sie verachtest, und dich verachten, wenn du sie verehrst: die Frauen, die Diener und die nabatäischen Bauern.« (Al-Shafᶜi, 767-820, Begründer der nach ihm benannten ›schafiitischen‹ Rechtsschule des sunnitischen Islam, ebd., S. 73)

Lit.: Bukhari, Chebel *(ES)*, Doughty, Ghazali, *1001 Nacht*.

Siehe auch: Frau, Listen und Intrigen, Prostitution, »Seraildenken«, Sexuelle Freiheiten, *1001 Nacht*, Weibliche Komplizität, Witwe.

MITGIFT *(mahr)* s. Ehe.

MOHAMMED, DER PROPHET (570-632). Der Prophet des Islam wurde nicht nur wegen seiner Fähigkeiten als politischer und militärischer Führer gerühmt, sondern auch wegen seiner sexuellen Potenz, seiner Weisheit, seiner Besonnenheit und seines Schamgefühls: »Abu Saᶜid berichtet: ›Der Prophet besaß mehr Schamgefühl als ein jungfräuliches Mädchen‹«. (Bukhari, *TI*, Bd. 4, S. 179) In bezug auf die sexuelle Potenz ist der Prophet zum leuchtenden Vorbild geworden, dem alle Muslime nacheifern – übrigens sparen gerade die konservativen Bewahrer des Islam nicht mit Lobreden zu diesem Thema.

»Anas berichtet: Gewöhnlich wohnte der Prophet in einer Nacht allen seinen Frauen bei. Und er hatte neun Frauen.«
(Bukhari, *Nachrichten von Taten...*, S. 328)

Berühmt war der Prophet auch für seinen erlesenen Geschmack, seine Vorliebe für Parfum und seine sorgfältige Körperpflege. Aischa, die jüngste seiner Frauen, pflegte ihn so zu parfümieren, daß die Gläubigen in seinem Gefolge ihn stets an seinem Duft zu erkennen vermochten. Zu diesen Themen gibt es in den alten Berichten zahlreiche übereinstimmende Aussagen von Zeitgenossen. Natürlich wird hier ein Mythos vom Propheten als Genußmenschen und großem Liebhaber gepflegt – aber der Kern dieser Legenden ist die Vorstellung, daß ein Prophet, wie etwa auch die Heiligen, in besonderer Weise an der göttlichen Allmacht teilhat. Man kann von einer geheiligten Beziehung zur Sexualität sprechen, die in engem Zusammenhang mit der Macht steht, die der Prophet aus seiner Heiligkeit gewinnt – vergleichbar den Vorstellungen, die in traditionellen afrikanischen Gesellschaften an die Königswürde geknüpft sind.

Sufische Weisheit: »Abu Saᶜid al-Kharraz erzählte: ›Im Traum sah ich den Propheten, und ich sagte zu ihm: ›Verzeih, o Gesandter Gottes: Die Liebe zu Gott hat mich so sehr erfaßt, daß ich darüber deiner Liebe nicht mehr gerecht wurde.‹ ›Gesegnet seist du!‹ erwiderte er ›Wer Gott liebt, der liebt auch mich.‹‹« (Dermenghem, *LPBTA*, S. 250)
Lit.: Bukhari, Dermenghem, Tabari.
Siehe auch: Frauen des Propheten, Harem, Polygamie, Scham.

MONATSREGEL *(haid, hiyad)* s. Menstruation.

MOND (arab.: *qamar, badr:* »Vollmond«, *hilal:* »Halbmond«, pers.: *mah*). In der arabisch-persischen Dichtung ist der Mond ein Sinnbild der weiblichen Schönheit (das persische Wort *mah* bedeutet zugleich ›Mond‹ und ›Schönheit‹), mit ihm verbinden sich auch Vorstellungen von Klarheit, Frieden, Treue und Vollkommenheit. So heißt es am Beginn eines alten Liedes, das die Ankunft des Propheten in der Stadt Medina preist: *talaᶜa al-badru ᶜalaina,* »der Mond ist (über uns) aufgegangen«.

Obwohl der Mond im Arabischen männlichen Geschlechts ist, zitieren ihn die Frauen in Tunesien gern in den Namen, die sie neugeborenen Mädchen geben: Munira (Leuchtende), Gamriya (kleiner Mond), oder, abgeleitet von *badr* (Vollmond), Badra (Vollmond) und Badranur (strahlender Mond).

»Bei (den Tunesiern)«, meint Graf de la Salle, »und vor allem bei den Frauen, nimmt dieses Gestirn einen wichtigen Platz im alltäglichen Leben ein. Der Mond taucht in zahlreichen Metaphern auf, ebenso in Liedern, Rätseln, Sprichwörtern und Redewendungen, und er spielt auch eine wichtige Rolle im Aberglauben und in bestimmten Gebräuchen.« (de la Salle, S. 165 f.)

Koran: »Er ist es, der die Sonne zur Helligkeit am Tag und den Mond zu Licht (bei Nacht) gemacht und Stationen für ihn bestimmt hat, damit ihr über die Zahl der Jahre und die Berechnung der Zeit Bescheid wißt. Gott hat dies wirklich geschaffen. Er setzt die Zeichen auseinander für Leute, die Bescheid wissen« (Koran, 10, 5).
Redensarten: »Hast du den Mond, was kümmern dich die Sterne.« (de la Salle) In Tunesien wie im Libanon verbreitet.
»Wenn dich der Sichelmond liebt, laß die andern nach den Sternen schauen« (Messaoudi).
»Selbst der Mond hat einen Fehler.« (de la Salle) Mit anderen Worten – nichts auf der Welt ist vollkommen (tunesische Redensart).
Lit.: De la Salle, Hafiz, Messaoudi, Pellat.
Siehe auch: Astrologie, Liebes- und Sexualsymbolik, Qamar, Schönheit.

MONOGAMIE. Die Prozesse des Wandels, die sich seit etwa hundert Jahren in den islamischen Gesellschaften vollziehen, haben unter anderem dazu geführt, daß allmählich das Prinzip der Monogamie an die Stelle der Polygamie getreten ist. Heute kommt es kaum noch vor, daß eine junge Frau bereit ist, einen Mann zu ehelichen, der bereits verheiratet ist; und mit einer anderen Gattin unter

einem Dach zu leben, wird sie erst recht nicht akzeptieren. Auch die Personenstandsgesetze tragen den veränderten Umständen Rechnung: Inzwischen kann die Monogamie im Ehevertrag festgelegt werden.
Man mag das als einen Erfolg für die Frauen verbuchen – allerdings nur in der Alltagspraxis, denn auf der politischen und weltanschaulichen Ebene gibt es noch immer erheblichen Widerstand von seiten einflußreicher religiöser Kreise und ihrer Gefolgschaft in Staat und Regierung. Und auch jene Muslime, die monogam leben, sind kaum bereit, den Grundsatz in Frage zu stellen, daß ihnen, wie einst in den Nomadengesellschaften, vier Ehefrauen zustehen. Gegen diese Haltung richtet sich der Kampf, den die arabischen und muslimischen Feministinnen führen. Die Auseinandersetzung wird auf vielen Ebenen geführt: Es geht um die rechtliche, soziale, politische und wirtschaftliche Gleichstellung, um die Bildungschancen usw.
Siehe auch: Berühmte Liebespaare, Frauentausch, Höfische Liebe.

MOSCHUS s. Parfum.

MU'ANASA (Zusammenkunft, ›gastfreies Haus‹) **s. Orientalische Lebensart.**

MUᶜADHDHIR (ein junger Mann mit dem ersten Bartflaum) **s. Flaum, Mignon.**

MUHALLIL (wörtl.: »der Freigebende«) **s. Aufhebungsehe, Verstoßung.**

MUKARRAMA (von *takrim*, »achten, ehren«). Bezeichnung für eine Frau, die man verehrt; auch die Anrede für eine Dame von Stand, der man ein besonderes Kompliment machen will.

MUND *(fam)*. Der Mund gilt in der islamischen Kultur als die vollkommenste Form, der geometrisch gelungenste Teil des menschlichen Körpers. So schreibt Sharif-addin Rami:
»So, wie der Mund die Goldmine des Wortes ist, so ist er auch ein Schmuckkästchen; und um ihn sich formvollendet vorzustellen, hat man ihm vierzehn Eigenschaften zugeschrieben, von denen sieben im Arabischen geläufig sind – *khatim dardjᶜ*: Siegel des Kästchens; *dharra*: Senfkorn; *djauhar fard*: einzigartiges Juwel; *nuqta mahum*: geometrischer Punkt; ᶜ*adam*: das Nichts; *hal*: der Zustand; *mim*: der vierundzwanzigste Buchstabe des arabischen Alphabets. Die sieben anderen Vergleiche entstammen der persischen Sprache: Honigquelle, Zuckersäckchen, Pistazie, Rosenknospe, Schönspielerei, Koralle, Haarspitze – fein wie ein Haar.«
(*Anis al-ᶜUshshaq*, S. 69)
Für einen persischen Dichter aus der Schule der Muᶜtazaliten* ist der Mund ein Zustand *(hal)*:
»In diesem Kreis, den das Antlitz formt von jenem Mond, der einem Götzenbild ähnelt, ist ihr Mund, so klein er ist, ein Punkt, der ihr die Mitte ist; er ist nicht Wirklichkeit noch Nichts, dies Organ der Rede – o Muᶜtazalit, sag mir, von welchem Stand ist dieser Zustand?« (Ebd., S. 68)

Der Koran macht den Mund zur handelnden Person, ruft ihn zum Zeugen auf gegen jene, die Unrecht begangen haben. Diese Erhöhung eines Organs paßt sehr gut zu dem Bild, das die volkstümliche Kultur vom Mund gezeichnet hat: das eines kastrierenden, klaffenden, phantasmatischen, tiefgründigen, monströsen und tödlichen Organs. Doch kommt es vor, daß er auch Freudenspender ist, wie uns, mit einer bitteren Note, der Schirazer Dichter Hafiz (14. Jh.) in Erinnerung ruft: »Du armer Verliebter, da doch der kräftigende Mund des geliebten Wesens/Weiß, wieviele Küsse er schuldig ist, wozu sie einfordern?« (zit. nach Martino/Bey, S. 43)

In der erotischen Dar- und Vorstellung gilt der Mund als eindeutig anstößig.

Voller Staunen notierte Bonaparte in seinen *Diktata*, »die ohne Gesichtsschleier überraschten Araberinnen [verwendeten] den vorderen Teil der Chemise zur Bedeckung der Visage und gaben hierdurch ihren ganz entblößten Unterkörper lieber als das Gesicht den Männerblicken preis.« (zit. nach Dufour, Bd. 2, S. 173)

Insofern ist der Mund sogar noch deutlicher erotisch besetzt als andere Körperöffnungen, so daß seine Verschleierung (nicht zu verwechseln mit dem *hidjab*, welcher lediglich das Haar der Frau bedeckt) in manchen Gemeinschaften immer wieder angeordnet wird: sei es für die Frauen (bei den Arabern der Wüste und, unter fundamentalistischem Regime, im Iran und in Afghanistan), sei es für die Männer (bei den Tuareg).

Lit.: Dufour, Rami.
Siehe auch: Alphabet, Fellatio, Körper, Kuß, Lippen, Schönheit, Vagina.

MUNDSCHENK (*al-saqi:* wörtl.: »der Bedienende«, der die Kanne, den Weinkrug führt, den Zapfhahn dreht). Ein Gefährte niederen Standes, gleichwohl unverzichtbar, dem man in der erotischen Literatur und in den Trinkliedern immer wieder begegnet – vor allem bei Omar Khayyam.
Lit.: Khayyam, *1001 Nacht*.
Siehe auch: Jüngling, Ephebe, Fatan, Ghulam.

MUSCHEL (*sadafa*, Kaurischmuck; *qauqaᶜa, sadafa:* Muschel in Verwendung als Liebestrank oder Talisman). Von der leeren Muschelschale als vergänglicher Behausung eines vergangenen Lebens ging seit jeher ein Geheimnis und eine Symbolkraft aus, und beides hat sie bis heute bewahrt. In der libyschen Wüste wie in Mauretanien, in Nubien wie in den Sümpfen zwischen Euphrat und Tigris gehört die Muschel, z.B. die der Kaurischnecke, zu den Attributen der weiblichen Eitelkeit und der Magie. So schmücken sich die jungen Männer mit schweren Halsketten aus Kaurimuscheln, die sie für wirksame Schutzinstrumente halten. Nach Jean Gabus ist »der Muschel-Talisman bei den Tuaregs ein kostbarer und erlesener Halsschmuck, der den Wert von einem oder zwei Reitkamelen haben kann.« (Gabus, S. 47)

Zudem schwankt die Symbolik der Muschel ständig zwischen ihrer schützenden Kraft, ihrem äußerlichen, ästhetischen Aspekt – daher die wichtige Rolle der Kauri in der weiblichen und männlichen Verführungskunst bei den Massai wie in den übrigen Regionen Afrikas – und ihrer geheimnisvollen Funktion im Bereich der Erotik und der Fruchtbarkeit (**s. Kaurimuschel**).

Diese dreifache Sexualsymbolik der Muschel – Schutz, Schönheit, Fruchtbarkeit – ist praktisch in allen Kulturen zu finden: »Die Austern, die Seemuscheln, die Schnecke und die Perle«, schreibt Mircea Eliade in *Ewige Bilder und Sinnbilder*, S. 141, »sind für die Lehre, daß die Welt aus dem Wasser entstehe, wie auch für die geschlechtliche Symbolik, gleichsam typenbildende Muster. Sie alle haben teil an den in Gewässern, im Mond und in der Frau konzentrierten heiligen Kräften; sie sind ferner, aus verschiedenen Gründen, Sinnbilder für diese Mächte: Ähnlichkeit zwischen der Seemuschel und den weiblichen Genitalien, Beziehungen, die Austern, Gewässer und Mond miteinander verbinden, zuletzt die gynäkologische und embryologische Symbolik der Perle, die sich in der Auster bildet.« Die Muschel hat bis heute eine Mittlerrolle zwischen Mensch und Kosmos, da sie die Menschen in der Vorstellungswelt aller Kulturen ständig auf jene Elemente der Integration und Regeneration verweist.

Lit.: Eliade, Gabus, Gobert, Joleaud.

Siehe auch: Frau, Fruchtbarkeit/Sterilität, Kaurimuschel, Liebes- und Sexualsymbolik, Tätowierung, Vulva.

MUSIK *(musiqa, ᶜilm al saut, ᶜilm al-lahn)*. In der islamischen Welt spielte die Musik stets eine wichtige Rolle, aber ihre Bedeutung war von Land zu Land unterschiedlich. Letztlich muß man sie im Zusammenhang mit den jeweiligen Sitten und Gebräuchen sehen – und natürlich auch mit den vielfältigen Formen des Liebeslebens. Denn die Verliebtheit fand zu allen Zeiten Ausdruck in Liedern, in Volksweisen und traditionellen Melodien: Anzügliche oder romantische Verse wurden gesungen, ein Morgenständchen an die Geliebte oder ein klagendes Schäferlied ...

Wie im Abendland gab es auch im Orient Musikschulen und große Meister, die ihren Beitrag zum klassischen Repertoire geleistet haben, ob Ibrahim al-Mausili (743-804), der berühmte Sänger und Gesangslehrer in Bagdad, sein Schüler Ziryab (Abu-l-Hasan Ali ibn Nafiᶜi), ein persischer Sänger und Musiker und Lebemann, der im 9. Jh. von Bagdad nach Córdoba emigrierte und die andalusische Musik durch neue Kompositionsformen und die Einführung der fünften Saite auf der Laute bereicherte, oder schließlich al-Farabi (878-950), ein Philosoph von Rang (im Westen als Alfarabius bekannt), der auch ein großes Werk über die Musik *(Kitab al-musiqi al-kabir)* verfaßt hat. Die Musik, obwohl in der Glaubenslehre geächtet, blieb in allen Schichten der islamischen Gesellschaft stets eine sehr lebendige Kraft.

Die Reichhaltigkeit dieser Tradition wird vor allem in der Volksmusik deutlich, in den überlieferten Weisen, Rhythmen und Tänzen (**s. Tanz**). Sie zeigt sich aber auch darin, daß man im Orient ein gutes Ohr für die schönen Verse hat, ganz gleich, ob sie von einem berühmten Dichter oder einem Volkssänger auf dem Markt stammen. Und nicht zuletzt läßt sich das besondere Verhältnis zur Musik auch daran ablesen, daß Männer wie Frauen jederzeit gern bereit sind, zu tanzen und zu singen, wenn sie von Musikern in die rechte Stimmung gebracht werden. Die klassische arabische Musik, die auf bestimmten Grundformen, wie der Tonart *maqam* (pl. *maqamat*), dem Stil *tabᶜun* (wörtl.: Charakter) und der Spielfreude *tarab* beruht, ist vor allem in der kompositorischen Tradition des Mashreq* bewahrt. Spuren der arabisch-andalusischen Musik finden sich dagegen vor allem im Maghreb. Aber auch das volkstümliche *zadjal* und das klassische *muwashshah* (Formen von Liebesliedern, die in Spanien wie in der arabischen Welt noch populär sind) erinnern an Musik und Dichtkunst dieses verlorenen Paradieses Andalusien, das von den Chronisten als ein Ort beschrieben wurde, wo sich islamische, christliche und jüdische Einflüsse trafen, wo die Überlieferung der Araber wie der Berber, und letztlich auch die Kultur der Mozaraber (der arabisierten Christen) neue Verbindungen eingingen.

Man darf auch nicht vergessen, daß Musiker und Sänger bis in die jüngste Zeit eine bedeutende Rolle in der Gesellschaft spielen – die Verehrung, die etwa Umm Kalthum, der legendären ägyptischen Sängerin, entgegengebracht wurde, sprengte alle Maßstäbe.

Schon in den Geschichten aus *1001 Nacht* werden die Musik, die Sängerinnen und Tänzerinnen immer wieder gerühmt:

»Darauf ließ sie sich eine Laute bringen und begann zu singen. Nie zuvor hatte ich eine Stimme gehört, die einen so reichen, tragenden und vollkommenen Klang besaß, nie eine so vollendete Gesangskunst. Sie bemerkte mein Entzücken und fragte mich: ›Wißt ihr, wer die Verse und wer die Musik geschrieben hat?‹ Da ich mich in diesen Dingen nicht auskannte, gab ich zur Antwort: ›Das ist mir gänzlich unbekannt, o meine Herrin!‹ Daraufhin rief sie: ›Wie kann es sein, daß irgend jemand dieses Lied nicht kennt! So wißt, daß die Verse von Abu Nuwas sind und die Musik, die Bewunderung verdient, von dem berühmten Musiker Ishaq Mausili stammt.‹« (*1001 Nacht*, M, Bd.VII, »Le Parterre fleuri ...«)

Lit.: Arzik, Corriente/Saenz/Badillos, Djahiz (Pellat), During, Malcolm, Mas'udi, Rouanet, *1001 Nacht*.

Siehe auch: Bauchtanz, Orientalische Lebensart, Rai, Raqs, Tanz, Tarab.

MUWARABA s. Hochzeitsnacht.

MYSTISCHE LIEDER s. Qawwali.

NABEL (**surra**; ʿ**ain**, wörtl.: »Auge«). Der Nabel, auch Omphalos (nach dem Namen der griechischen Göttin der Wollust Omphale), gilt als eine betörende intime Stelle des Körpers und ein Kriterium der Schönheit eines Menschen. Er verdient eine eigene Abhandlung, denn seine Wirkung ist einfach unbeschreiblich. Er symbolisiert die Trennung von der Mutter und gleichzeitig die Stelle, an der sich die Körper beim Liebesspiel berühren: Deshalb ist der Nabel das Sinnbild einer unwiederbringlich verlorenen Erinnerung, genauso aber auch der Erfüllung des Verlangens. Zum Phänomen dieser anatomischen Zweideutigkeit lesen wir bei Gutierre Tibon: »Der Nabel ist mystisch und sinnlich, keusch und sinnenfreudig, das asexuelle Attribut der Fortpflanzung. Der Mythos vom Götterpaar Sonne – Mond wie auch der Aphroditemythos erhellen ein bei aller Offensichtlichkeit doch recht aufschlußreiches Phänomen: die Doppelgeschlechtlichkeit des Nabels.« (Tibon, S. 43)
Die Mythologie des Nabels ist insofern orientalisch, als sie die philosophischen Vorstellungen vom Körper und das Selbstbild des Orients deutlich macht. In Indien werden Frauen mit einem auffälligen Nabel dargestellt; ebenso auf den persischen Miniaturen, auch der Bauchtanz (**s. dort**) ist eine mehr oder weniger direkte *hommage* an den Nabel. Im Orient wurde um den Nabel, der aus biologischer Sicht eigentlich nur eine vernarbte Wunde darstellt, eine reiche Bilderwelt gesponnen, die seine mannigfachen Escheinungsformen würdigt: der Nabel in Form einer Kaffebohne oder Rosenknospe, der herzförmige Nabel oder der Nabel, der an ein Katzenauge erinnert.
»Ihr Nabel ist weit genug, um eine Unze schwarzen Moschus zu fassen«, kann man in *1001 Nacht* lesen, wo mit dem Nabel oft die nicht zu überschreitende Grenze der Intimität einer Frau, ihre Nacktheit und Hingabe verbunden wird (**s. Nacktheit**).
Lit.: *1001 Nacht*, Tibon.
Siehe auch: Bauchtanz, Kunst, Nacktheit.

NACHT DES IRRTUMS / NACHT DES FEHLERS *(lailat al-ghalta)*. Es ist umstritten, ob es sich bei der »Nacht des Irrtums« um eine gängige Praxis oder um eine ethnographische Fälschung handelt. Sie erscheint als alter Brauch, der bei einigen Stämmen in Zentral- und Ostalgerien, in Marokko und im durch die Wüste verlaufenden Grenzgebiet zwischen Marokko und Algerien gepflegt wird. Zu einer bestimmten Jahreszeit *(mausim*)* wird eine Art Karnevalsnacht organisiert, in der Männer und Frauen zusammenkommen, dabei sind auch sexuelle Begegnungen erlaubt. Dieses »schmetterlingshafte von Blüte zu Blüte Flattern«, das an eine Orgie erinnert, erfolgt an einem geschlossenen Ort, in einem Dorf und in stockfinsterer Nacht. Eine solche Praxis läßt sich damit rechtfertigen, daß für bestimmte Berberstämme eine Ehe auch heute noch nicht wieder rückgängig gemacht werden darf. Eine verheiratete Frau, die kinderlos bleiben mußte, weil ihr Mann zeugungsunfähig ist, erhält so die Chance, schwanger zu werden, sie muß in dieser Nacht von den möglichen sexuellen Begegnungen nur ausgiebig Gebrauch machen. Die gesellschaftliche Ächtung, der sie ausgesetzt wäre, wenn sie außerhalb dieses Rituals geschwängert würde, braucht sie in diesem Fall nicht zu befürchten.

Lit.: Dermenghem, Doutté.
Siehe auch: Frauentausch, Fruchtbarkeit/Sterilität, Prostitution, Sexualmythen.

NÄCHTLICHE ERSCHEINUNGEN (*daif al-khayal*, Plur.: *duyuf al-khayal*). Régis Blachère zufolge handelt es sich hierbei um ein altes und häufig vorkommendes Motiv in der erotischen Poesie und Liebesdichtung. Der Geist der Geliebten erscheint dann im Traum:

Von neuem entfacht wurde mein Verlangen durch die flüchtige Erscheinung
  einer reinen, keuschen Geliebten,
die, fern von hier, des Nachts furchtlos dunkles Dickicht durchquerte,
  um bis zu unseren Biwaks zu gelangen.
So vertraut ist sie mir, diese Erscheinung, sie schiebt sich zwischen den Schlaf
  und mich, und der Schlaf weicht.
(Souwayd Yachkour, zit. nach Blachère, *HLA*, Bd. 2, S. 396)

Lit.: Blachère, *1001 Nacht*.
Siehe auch: Erotischer Traum der Frau, Ghazal.

NÄCHTLICHER SAMENERGUSS (*istimna' laili, ikhtilam*). Unwillkürlicher Samenerguß im Schlaf bei Jugendlichen und jungen Männern, häufig infolge eines erotischen Traumes.
Die plötzliche Gefühlsaufwallung von Abdal Rahman I (731-788), dem Umayyadenherrscher* von Córdoba, ist einer der Fälle, wo ein nächtlicher Samenerguß, hier bei einem erwachsenen Mann, den Fortgang der Ereignisse veränderte. Diese Geschichte berichtet Ibn al-Qutiya in seinem Werk *Ta'rikh iftitah al-Andalus (Die Geschichte der Eroberung Andalusiens)*:
»Es wird erzählt, Abdal Rahman habe einen nächtlichen Samenerguß gehabt, als er sich gerade in Guadalajara auf dem Weg zu einem Feldzug in Richtung Grenze befand. Er erhob sich, um sich zu reinigen, und als er damit fertig war, rief er nach Ibn Shamr, noch während der Diener seinen Kopf wusch. Zu diesem sprach er folgenden Vers: ›Wachsende Flut, die sich des Nachts ergoß, ohne daß ich mir dessen bewußt war.‹
Ibn Shamr antwortete ebenfalls mit einem Vers:
›Zeigte sie sich dir durch das Dunkel der finsteren Nacht? Ein Willkommen an die, die dich in der Dunkelheit aufsucht!‹
Das erregte seine Sinne so stark, daß er ein heftiges Verlangen nach seiner Lieblingsfrau empfand, seinem Sohn al-Hakim die Führung der Armee übertrug und auf der Stelle nach Córdoba zurückkehrte. Diese Rückkehr inspirierte Ibn Shamr zu folgenden Versen, die sich auf die Silbe *ba* reimen und Abdal Rahman in den Mund gelegt wurden:

Immer wenn ich sehe, wie die Sonne aufsteigt und den Tag erhellt, denke ich an Tarub.
Junges Mädchen, voller Anmut und Schönheit. Das Auge glaubt, eine schöne Gazelle zu erblicken. Ich bin der Sohn Hishams, aus der Familie der Ghabil. Ich entfache das Feuer des Krieges und lösche es wieder.«
(Sanchez-Albornoz, S. 139)
Lit.: Bukhari, Sanchez-Albornoz.
Siehe auch: Erotischer Traum der Frau, Koitus, Masturbation, Reinigung, Sperma.

NACKTHEIT (ᶜara', ᶜurya, ᶜuryan, ᶜaura; sau'a: koranischer Begriff). Körperteil, den es zu bedecken gilt. Die Scham symbolisiert die Grenze zwischen zulässiger und unzulässiger Blöße im islamisch geprägten Raum:
»Ihr Kinder Adams!
Wir haben Kleidung auf euch herabgesandt, daß sie eure Scham verberge *[libasan yuwarri sau'atikum]*, und Flaumhaar. Aber die Kleidung der Gottesfurcht, die ist besser.« (Koran, 7, 26)
Nacktheit ist eine dem Paradies vorbehaltene Gottesgabe. Dort ist sie ihrer Natur nach *kashf,* »Entschleierung«. Mit Adam und Eva schuf der Schöpfer auch gleich Kleidung für die beiden, denn Nacktheit und das Bedecken der Blöße sind von Anbeginn miteinander verbunden:
»Ihr Kinder Adams! Daß euch der Satan nur nicht in Versuchung führt, wie er eure Eltern aus dem Paradies vertrieben hat, indem er ihnen ihre Kleider auszog *[yanziᶜu ᶜanhuma libasahuma]*, um sie ihre Scham sehen zu lassen *[liyuriyahuma sau'atihima]*.« (Koran, 7, 27)
Etwas nüchterner betrachtet könnte man Nacktheit auch als den männlichen oder weiblichen Bereich des Körpers definieren, der vor dem anderen Geschlecht verborgen werden muß. Dieses Prinzip gilt auch, wenn Männer und Frauen jeweils unter sich sind: Männer müssen die Partie zwischen Nabel und Knie bedecken. Da in den Augen bestimmter orthodoxer Theologen der gesamte Körper einer Frau als ᶜaura (Schamteil) gilt, wird sie dazu aufgefordert, ihre Blöße zu bedecken, wenn sie sich in Gesellschaft von Männern befindet, selbst dann, wenn es sich um nahe Verwandte handelt, auch in Gegenwart Heranwachsender, ja sogar anderer Frauen. An geschlossenen Orten jedoch legen arabischmuslimische Frauen in Gegenwart anderer Frauen problemlos ihren Schleier ab. Bei allen rituellen Handlungen und wichtigen Tätigkeiten hingegen müssen die islamischen Kleidervorschriften befolgt werden.
In allen theologischen Schulen ist Nacktheit mit einem massiven Verbot belegt, das für Mann und Frau gleichermaßen gilt. Das kann teilweise so weit gehen, daß selbst von noch nicht heiratsfähigen Kindern erwartet wird, daß sie sich verschleiern. In einigen Fällen, besonders bei den Schafiiten*, einer sunnitischen* Rechtsschule, die vom Imam Shafiᶜi im 9. Jh. gegründet wurde, nimmt dieses Verbot regelrecht die Gestalt eines Tabus an. Es betrifft nicht nur Männer und Frauen, sondern auch junge, noch nicht heiratsfähige Mädchen und Heranwachsende. Verfechter der islamischen Orthodoxie gehen so weit, daß sie Nacktheit in Operationssälen, manchmal sogar im gesamten Krankenhaus verbieten. Einige Abhandlungen des *fiqh** lassen angesichts ihrer strengen Begriffe und

ihrer scharfen Vorschriften den Verdacht einer Phobie gegen alles Nackte aufkommen, einer fast schon ans Pathologische grenzenden Obsession. Man kann also behaupten, daß die Nacktheit, ganz im Gegensatz zur sexuellen Erfüllung, im Islam immer problematisch war. Natürlich gibt es zahlreiche verstreute Zeugnisse, die die Nacktheit in der Zeit der *Djahiliya* erwähnen, doch sie sind historisch oft nicht abgesichert. Seit der Offenbarung folgender Koranverse gibt es eine eindeutige Postion dazu:

»Und sag den gläubigen Frauen, sie sollen ihre Augen niederschlagen, und sie sollen darauf achten, daß ihre Scham bedeckt ist, den Schmuck, den sie tragen, nicht offen zeigen, soweit er nicht sichtbar ist, ihren Schal sich über den Schlitz ziehen und den Schmuck, den sie tragen, niemand offen zeigen, außer ihrem Mann...« (Koran, 24, 31)

»Ihr Gläubigen! Eure Sklaven und diejenigen von Euch, die noch nicht den Zustand der Pubertät erreicht haben, sollen zu drei Zeiten um Erlaubnis fragen: vor dem Frühgebet, wenn ihr um die Mittagszeit eure Kleider ablegt, und nach dem Gebet am späten Abend. Das sind drei Zeiten, in denen Geschlechtsteile von euch zu sehen sein könnten. [...] Und wenn die Kinder von euch den Zustand der Pubertät erreicht haben, dann sollen sie beim Betreten einer Wohnung um Erlaubnis fragen, wie das von jeher Sitte war.« (Koran, 24, 58-59)

»Prophet! Sag deinen Gattinnen und Töchtern und den Frauen der Gläubigen, sie sollen sich etwas von ihrem Gewand über den Kopf herunterziehen. So ist es am ehesten gewährleistet, daß sie als ehrbare Frauen erkannt und daraufhin nicht belästigt werden.« (Koran, 33, 59)

Nacktheit wurde immer in Verbindung mit Begriffen wie Unzucht, *fitna* (s. dort) und Ausschweifung behandelt, und Theologen und Juristen stellten strenge Regeln auf, um sie zu unterbinden.

Es gab eine Zeit, in der acht- oder neunjährigen, noch nicht geschlechtsreifen Jungen der Zutritt zum Frauenhammam gewährt wurde, ohne daß eine Frau sich deswegen beschwert hätte, solange der kleine Junge keine sexuelle Neugierde an den Tag legte. Heutzutage läßt eine Hammambesitzerin einen Jungen über fünf oder sechs Jahre nicht mehr mit den Frauen in den Hammam, er muß mit den Männern ins Bad. Den kleinen Mädchen ist der Zutritt zum Hammam der Männer von Geburt an verwehrt. Männer müssen sich im Hammam mit einem Tuch oder einer Badehose bedecken. Frauen untereinander bewegen sich ungezwungener.

In der Vorstellungswelt der Erotik und Liebe gilt Nacktheit als ein Geschenk an den geliebten Menschen. Sie wird demnach sehnsüchtig erwartet und begehrt. Hören wir, wie Hasan von Basra in *1001 Nacht* die Nacktheit einer jungen Frau beschreibt, die er beim Verlassen ihres Bades überrascht hatte:

»Und immer wieder schaute er auf die Reize jener Maid; denn sie war das lieblichste Wesen, das Allah zu ihrer Zeit geschaffen hatte, und sie übertraf an Schönheit alle Menschen. Sie hatte einen Mund gleich Salomons Zauberring; ihr Haar war schwärzer als die Nacht für den Liebeskranken, wenn ihn die Geliebte mit Härte empfing. Dem Neumond am Ramadan-Feste glich ihre Stirn, die helle; ihre Augen waren wie die der Gazelle. Ihre Adlernase war von Strahlenglanz umfangen; rot wie Anemonen waren ihre Wangen. Korallengleich waren ihre Lippen beide; ihre Zähne glichen Perlen auf güldenem Geschmeide. Ihr Hals war wie ein Silberbarren über einem Rumpfe, dem Weidenzweige gleich; ihr Leib war an Fältchen und Winkeln reich. Und sein Anblick hätte den Liebeskranken zu Allah flehen lassen; ihr Nabel konnte eine Unze Moschus vom süßesten Wohlgeruch fassen. Ihre Schenkel waren dick und rund wie ein marmornes Säulenpaar, oder wie zwei Kissen, deren jedes mit Straußendaunen angefüllt war. Und dazwischen war etwas einem herrlichen Hügel gleich, oder wie ein Hase mit gestutzten Ohren, so weich, und es hatte Dach und Pfeiler zugleich. Diese Maid übertraf an Schönheit und Wuchs alle beide, das Schilfrohr und den Zweig der Weide.« (*1001 Nacht*, Bd. V, S. 348f.)

Sprichwort: »Gott verfluche den Hammam, der mir den [nackten] Hintern desjenigen zeigt, dessen Gesicht ich nicht sehen will.« (Burckhardt, S. 207)

Lit.: Bukhari, Burckhardt, Chebel *(IAM)*, Koran, Qairawani, *1001 Nacht*.

Siehe auch: Kashf, Nabel, Scham, »Schamteile«, Schleier, Sexuelle Perversionen, Präsentation der Braut, Vagina.

NAFZAWI oder **NEFZAWI** (Abu Abdallah Mohammed ibn Omar al-), 15. Jh., genannt Scheich al-Nafzawi. Er ist der Autor des berühmtesten und prägnantesten arabischen Handbuchs der Erotik: *al-Raud al-atir fi nuzhati al-khatir (Der duftende Garten zur Erholung)*, gewöhnlich unter dem Kurztitel *Der duftende Garten* bekannt. Dieses wohl um 1420 verfaßte Buch genießt einen besonderen Ruf in der arabischen Welt, vergleichbar mit der Bekanntkeit von *1001 Nacht*. Der Autor endete am Galgen, was dem Werk zusätzliche Popularität verlieh.

Sein Mentor war Mohammed, Sohn des ᶜAwana al-Zawawi, der Wesir des Hafsidensultans Abd al-Aziz Abu Faris (1410-1434). Nafzawi stammt von den Nafzawa aus dem Süden Tunesiens; seine Darstellung von Themen der Sexualität besticht durch einen klaren, allgemein verständlichen Stil und ist auch rhetorisch brillant. Er brach mit einer wesentlichen Grundlage des Islam, weil er sich – wie er selbst betont – nicht scheute, dieses Wissen über Sexualität auch an die junge Generation weiterzugeben, um damit der »schändlichen Unwissenheit« ein Ende zu bereiten. Darum schöpft er für den *Duftenden Garten* aus allen erdenklichen erlesenen Quellen des damaligen Diskurses über die Liebe und macht bei der Medizin und der Philosophie Anleihen, ja sogar beim extravaganten Erotismus, wie man ihn oft in den bekanntesten Geschichten des Orients findet. Einige Passagen dieses außergewöhnlichen Werkes tragen sehr persönliche Züge. *Der duftende Garten* besteht aus folgenden Themenkreisen: Das erste Kapitel handelt von lobenswerten Männern; das zweite ist den lobenswerten Frauen gewidmet. In diesen beiden Abschnitten werden Mann und Frau in ihren allgemeinen Anlagen dargestellt. Das dritte und vierte Kapitel beleuchtet die möglichen physischen und psychischen Mängel der Liebenden. Dann geht der Autor auf die sexuelle Begegnung ein, beginnend bei den Genitalien und deren Funktion, er endet mit allgemeinen Betrachtungen. Den Genitalien der Tiere und deren Wohltaten ist ein Nachtrag in Kapitel 10 gewidmet. Es folgt ein psychologischer Teil, in dem die Natur der Begierde, die Feinheiten einer Beziehung, die Sinnenlust sowie die List anhand zahlreicher Anekdoten behandelt werden.

Da arabische Erotikhandbücher meist auch medizinische Informationen enthielten, findet der Leser in den Kapiteln 14-18 ebenfalls einen Abriß von halb wissenschaftlichen, halb mythischen Details, die Unfruchtbarkeit, Abtreibung, Impotenz, Knotenschlagen (**s. dort**) und die jeweiligen Auswirkungen auf das Liebesleben eines Paares betreffen, außerdem werden Heilmittel empfohlen. Zu guter Letzt wird der Leser zu einem Streifzug durch die Ästhetik der Liebe und die Liste der Aphrodisiaka eingeladen.

Da diese Art von Literatur in erster Linie zur Zerstreuung des Mannes gedacht war, werden rein frauenspezifische Fragen selten erörtert. Das Thema Fruchtbarkeit wird zwar ausführlich behandelt, Frigidität jedoch, ein Komplex, der indirekt mit der Frage verbunden ist, ob Frauen einen Orgasmus bekommen können, wird kaum angesprochen. Allerdings macht Scheich Nafzawi keinerlei Zugeständnisse an die zu seiner Zeit verbreitete Frauenfeindlichkeit und Abwertung des Weiblichen. Ganz im Gegenteil, die Art, wie er über Frauen schreibt, ist vergleichsweise ausgewogen, er neigt eher dazu, Frauen zu verherrlichen.

Der duftende Garten wurde oft plagiiert und zitiert, doch das schmälerte seine herausragende Bedeutung keineswegs, kein anderes Werk vermochte ihn zu übertreffen. Er hält einem Vergleich mit seinen indischen, chinesischen oder japanischen Pendants (**s. Kamasutra**) ohne weiteres stand und spiegelt die Toleranz und verfeinerten Sitten der mittelalterlichen arabischen Gesellschaft wider. Der folgende Auszug gibt einen Eindruck von der erfrischenden Direktheit und dem pädagogischen Duktus des Werkes:

»Es war einmal eine Frau, namens Moarbeda, die als klügste und weiseste Person ihrer Zeit galt. Sie war eine Philosophin. Eines Tages wurden ihr verschiedene Fragen gestellt, darunter die folgenden, die ich hier samt ihren Antworten wiedergebe.

›In welchem Körperteil der Frau wohnt ihre Klugheit?‹
›Zwischen ihren Schenkeln.‹
›Und ihre Freude?‹
›Ebendort.‹
›Und wo wohnt die Liebe zum Mann und der Haß gegen ihn?‹
›In der Scham‹, sagte sie (...)
›Wo ist bei der Frau der Sitz der Erkenntnis, der Liebe und des Geschmacks?‹
›Im Auge, im Herzen und in der Scham.‹

Als man sie um nähere Erklärungen zu diesem Gegenstand bat, erwiderte sie: ›Die Erkenntnis wohnt im Auge, denn das Auge der Frauen nimmt die Schönheit der Form und der äußeren Erscheinung wahr. Durch das Auge dringt die Liebe ins Herz, schlägt dort ihren Sitz auf und legt es in Ketten. Eine liebende Frau verfolgt den Gegenstand ihrer Liebe und stellt ihm Fallen. Wenn sie Erfolg hat, gibt es eine Begegnung des Geliebten mit ihrer Scham. Sie verkostet ihn und kennt dann seinen süßen oder bitteren Geschmack. Sie ist es, in der Tat, die durch den Geschmack das Gute vom Bösen zu unterscheiden weiß.‹

›Was für männliche Glieder bevorzugt die Frau? Welche Frauen haben das größte Verlangen nach Vereinigung und welche verabscheuen sie? Welche Männer werden von den Frauen bevorzugt und welche werden von ihnen verabscheut?‹

Sie antwortete: ›Nicht alle Frauen haben dieselbe Form der Vulva, und so unter-

scheiden sie sich auch in ihrer Art zu lieben sowie in ihrer Liebe zu Dingen und in ihrer Abneigung gegen sie. Die gleichen Verschiedenheiten bestehen bei den Männern, sowohl bezüglich ihrer Organe als bezüglich ihres Geschmacks. Eine Frau von runden Formen und flachliegender Gebärmutter braucht ein Glied, das kurz und dick ist und ihre Vagina ausfüllt, ohne den Grund zu berühren. Eine Frau mit tiefliegender Gebärmutter und infolgedessen langer Vagina verlangt ein Glied, das lang und umfangreich ist und sie in ihrer ganzen Ausdehnung ausfüllt; sie verschmäht den Mann mit kleinem, schlankem Glied, denn er könnte sie nie befriedigen.‹ (...)
›Es wurde beobachtet, daß unter allen Umständen kleine Frauen die Vereinigung mehr schätzen und dem männlichen Glied mehr Interesse entgegenbringen als hochgewachsene. Nur ein langes und kräftiges Glied sagt ihnen zu, bei ihm finden sie höchste Daseinsfreude.‹
›Es gibt ferner Frauen, welche die geschlechtliche Vereinigung nur am Rande der Vulva leiden mögen, und wenn der Mann tiefer eindringen will, lassen sie es nicht zu und verweisen ihn zwischen die Lippen der Vulva.‹«
(*Der duftende Garten*, übers. v. Kolb/Weltmann, S. 306-308)
Lit.: Nafzawi, Khawam.
Siehe auch: Aphrodisiaka, Entfesselter Koitus, Erektion, Erotik, Ibn Falita, Liebe, Orgasmus, Theologen der Liebe.

NAHNU QAUMUM LI-L-GHARAMI KHULIQNA (wörtl.: »Wir sind eine für die Liebe geschaffene Nation.« Einfacher: »Wir sind die Nation der Liebe«). Literarischer Ausdruck, den man sowohl in der klassischen arabischen Poesie des Nahen Ostens als auch in der mündlichen Poesie des Maghreb findet.
Lit.: Abu Rub, Blachère, Pérès, Vadet.

NAILA (Pl. nailiyat) s. Aulad Nail.

NAKKAH, NIYAK (Rammler, wörtl.: paarungswütiges Kaninchen). Außer der Polygamie, durch die ein Mann seine Libido legal ausleben kann, gibt es noch andere etablierte Formen von »Donjuanismus«, sowohl in der Realität wie in der Fiktion.
Unter erstere fällt das Phänomen der Jugendbanden, in denen jeder mit seinem Konkurrenten wetteifert, indem er seine Eroberungen auflistet. Zum zweiten Typus gehört der unverbesserliche Lebemann, wie ihn einige berühmte Figuren der frühislamischen Geschichte repräsentieren. So werden z.B. Hasan Ibn Ali, dem Sohn des vierten rechtgeleiteten Kalifen Ali Ibn Abi Talib (7. Jh.), mehr als 200 Frauen zugeschrieben, die alle legitime Ehefrauen waren. Er nahm sich immer vier Frauen gleichzeitig und konnte sie dann auch alle auf einmal verstoßen. Ghazali (1058-1111), dem wir diese Information verdanken, fügt noch hinzu: »Al-Mughira ibn Shuʿba (gest. 669) heiratete 80 Frauen; es gab einige Prophetengefährten, die drei oder vier Frauen hatten, und zahlreiche mit zwei Frauen.« (S. 31)
Lit.: Bouhdiba, Ghazali, Nafzawi.
Siehe auch: Entfesselter Koitus, Homosexualität, Nikah, Nymphomanie, Penis, Polygamie.

NARGILEH / NARDJILA (vom türkischen *nargile*, im Maghreb *argila:* Wasserpfeife). Der Wasserpfeifenraucher gehört zum Erscheinungsbild der islamischen Stadt, besonders der Medina*. Man verbindet ihn mit lässiger Behaglichkeit, Zeitvertreib und orientalischem Geschmack.
Siehe auch: Geschmack, Haschisch, Opium, Orientalische Lebensart.

NARZISSMUS (*ananiyya, ᶜishq al-dhat;* wörtl.: *Eigenliebe*). Definiert als Liebe zu sich selbst, wie sie der griechische Mythos von Narziß beschreibt, der von solcher Liebe zu seinem sich im Wasser spiegelnden Antlitz erfaßt wurde, daß er erstarrte und starb. Es handelt sich also um Liebe zur eigenen Schönheit. Der Begriff wurde zum ersten Mal von dem englischen Arzt Henry Havelock Ellis in seinen *Sexualpsychologischen Studien* (1897-1898) verwendet und erfuhr durch Sigmund Freud Anfang des 20. Jh.s eine schnelle Verbreitung. Im Idealfall ist Narzißmus eine psychische Struktur, die eine Ethik der Nächstenliebe begünstigt, auch wenn sie ursprünglich auf sich selbst gerichtet ist.
Es gibt keine mythische arabische, persische oder islamische Figur, die mit dem berühmten Griechen verglichen werden könnte und diese allgemein verbreitete Neigung der menschlichen Psyche verkörpern würde. Dennoch findet Narzißmus im Orient vielfältige Ausdrucksformen, besonders in der Literatur wie z. B. *1001 Nacht* und im Lied. Themen wie das »allwissende Ich«, das leidende Ich und das Zurschaustellen des Leidens im allgemeinen sind dort sehr beliebt.
Lit.: Ellis, *1001 Nacht.*
Siehe auch: Eitelkeit, Fetischismus, Kosmetik, Schönheit, Sexuelle Perversionen, Spiegel.

NASE (*anf; adlaf:* eine schöne, gerade und adlerförmige Nase). Wegen ihrer Seltenheit wird die gerade, nur leicht adlerförmige Nase am meisten gepriesen. Sie ist der Inbegriff körperlicher Schönheit: »Egal, ob sanft oder schrecklich, in seiner Nase ruht Harmonie«, singt Mohammed Belkheir, ein Sänger der algerischen Hochebenen, der 1905 starb.
Begehrt man einen Menschen, so ist dies immer auch damit verbunden, daß man seinen Geruch als angenehm wahrnimmt. Jemandes Duft riechen, an seinem Nacken schnuppern, sich mit seinen lieblichen Düften vermischen, seinen Atem aufnehmen, den Duft seiner Brust kosten, bedeutet, ihn innerlich vorbehaltlos willkommen zu heißen. Darum wird das Organ, das diese Art der Eroberung begünstigt, mit verschiedenen poetischen Begriffen umschrieben: Am häufigsten findet man *shamam* (eine schöne Nasenform) und *ᶜirnin* (Nasenbein, Symbol von Stolz und edlem Charakter). (Boudot-Lamotte, S. 156f.)
Seltsamerweise erwähnt Sharif-addin Rami, der den Begriffen, mit denen Schönheit sowohl bei den Arabern als auch bei den Persern im übertragenen Sinn umschrieben wird, eine ganze Abhandlung gewidmet hat, die Nase mit keinem Wort. Das liegt vermutlich daran, daß die für seine Untersuchung konsultierten Dichter keine besonderen Bezeichnungen für dieses Organ verwandten. Dennoch liefert uns der Autor einen sehr subtilen Vierzeiler, in dem die Nase vorkommt:

Zwischen den beiden Augen meiner Freundin, vom *nun* ihrer Brauen bis zu ihrem Mund in Form eines *mim*, ist die Nase ein auf ein silbernes Gesicht gezeichnetes *alif* [*nun, mim, alif* sind Buchstaben des arabischen Alphabets].
Nein, nein, ich irre mich nicht, das Wunder ist perfekt, ihre Nase ist der Finger des Propheten, der den Mond [ihr Gesicht] in zwei Hälften teilt.
(*Anis al-ᶜUshshaq*, S. 41)

Clément Huart, der Übersetzer dieses Werkes, fügt einen von ihm stammenden Verweis ein, einen Vers aus Firdausis *Shah-nameh:* »Ihre Augen sind dunkel, ihre Augenbrauen sind wie Bögen; ihre Nase ist eine schlanke Säule wie ein silbriges Schilfrohr.« (Ebd. S. 41)
Lit.: Boudot-Lamotte, Rami.
Siehe auch: Geruch, Körper, Schönheit.

NASIB. Erotischer Teil der Einleitung des *Ghazal*, d.h. einem altarabischen Liebesgedicht. Die Beispiele hierfür sind zahlreich. Eine *Qasida* (Kasside), die nicht mit einem *nasib* beginnt, nennt man unvollständig *(mabtur)*, ebenso wie einen Koranvers, dem die traditionelle Einleitungsformel *(bismillah)* fehlt.
Lit.: Blachère *(HLA)*, Dermenghem, Vadet.
Siehe auch: Ghazal, Höfische Liebe, Qasida.

NEFESBAKHSHI s. Ius primae noctis.

NEIDER s. Eifersucht.

NEKROPHILIE. Der griechische Historiker Herodot (484-425 v.Chr.) weist auf eine seltsame Begebenheit hin, die in Ägypten beobachtet wurde:
»Die Frauen angesehener Männer schickt man nicht sofort nach dem Tode zur Einbalsamierung, auch nicht schöne Frauen oder solche aus besserem Hause. Man übergibt sie erst drei oder vier Tage nach dem Tode den Balsamierern. Das tut man, damit sich diese Leute nicht an den Verstorbenen vergehen. Man erzählt, es sei einmal einer ertappt worden, der sich an der frischen Leiche einer Frau verging; ein Zunftgenosse habe ihn angezeigt.«
(*Historien*, Bd. 1, S. 271)
Nekrophilie ist kein gängiges Thema in der arabischen Literatur. Es gibt zwar manchen höfischen Dichter, z.B. Madjnun-Laila, der seiner Geliebten die Treue noch über den Tod hinaus schwor, doch dies ist lediglich eine Metapher, die die Intensität und Dauer der empfundenen Liebe zum Ausdruck bringt. In *1001 Nacht* hingegen wird in mindestens zwei Geschichten Nekrophilie erwähnt (*Die Geschichte des Königs 'Umar ibn en-Nu'mân und seiner Söhne Scharkân und Dau el-Makân und dessen, was ihnen widerfuhr an Merkwürdigkeiten und seltsamen Begebenheiten*, und *Die Begegnungen von Harûn er-Raschîd auf der Brücke von Bagdad*). Leider existiert keine vollständige Studie zu diesem Themenkomplex, besonders im Hinblick auf die kriminologischen und psychiatrischen Aspekte.

Ein anderer Fall von Nekrophilie ist der der Hexen, die frisch bestattete Leichname wieder ausgraben und ihnen Organe entnehmen sollen, die sie zur Anfertigung ihrer Liebestalismane benötigen. Ob sie erotische Beziehungen mit diesen Leichnamen haben, ist ungeklärt; das Thema der grabschänderischen Hexen wird kontrovers diskutiert.

Lit.: Herodot, *1001 Nacht.*
Siehe auch: Sexuelle Perversionen.

NELKE *(qaranful).* Laut Lady Mary Montagu, die in ihrem Buch *L'Islam au péril des femmes* (S. 194) das nachstehende Scharade-Couplet zitiert, wurde die Nelke *(qaranful)* im 18. Jh. in der Türkei zusammen mit den kleinen Gedichten überreicht, die die Verliebten einander aufsagten:

Ihr seid schlank wie diese Nelke.
Erbarmt Euch meiner Liebe doch.
Ihr seid eine aufgeblühte Rose.
Ich liebe Euch schon lange,
doch Ihr habt es nicht wissen wollen.

Lit.: Montagu.
Siehe auch: Duft, Parfum, Talisman.

NIKAH (koranische Bedeutung: Ehe. Der Begriff *nikah* ist mehrdeutig, weil er sowohl Ehe als auch Koitus bedeutet). Die Institution des *nikah*, des rechtlichen Nachweises der Ehe, ist von grundlegender Bedeutung in der arabisch-islamischen Kultur. Eine verheiratete Frau genießt einen ganz anderen Status als eine unverheiratete, denn mit der Ehe ist der notwendige Einfluß verbunden, der sie zu einem geschäftsfähigen Mitglied der Gesellschaft macht, einem Individuum mit allen bürgerlichen Rechten.
Siehe auch: Koitus, Unzucht, Ehe.

NISA' (Frauen). Name der vierten Koransure.
Siehe auch: Akhbar al-nisa', Frau.

NUN s. Alphabet.

NYMPHOMANIE *(ightilam, shabaq:* »Nymphomanin«). Definiert als krankhaft übersteigerter Geschlechtstrieb bei Frauen, unterstellt Nymphomanie eine pathologische Sexualität. Sie kann auch als Symptom verwandter Pathologien auftreten. In der arabischen Literatur gibt es keine detaillierten Beschreibungen von Nymphomanie. Es lassen sich lediglich spärliche Hinweise in einigen erotischen Werken finden, die erlauben, ihre Bedeutung und Verbreitung sowie die Einstellung seitens der Männer einzuschätzen.

Auch wenn die unbekümmerte Lebensweise einer Frau nicht unbedingt betrügerisch oder sie selbst deswegen nicht gleich eine Nymphomanin sein muß, liefert ihr Verhalten gern Anlaß zum Verdacht. Das verdeutlichen auch die folgenden Verse des andalusischen Erotologen Ibn al-Hazm (991-1063):

Auf deine Liebe lasse ich mich besser nicht ein:
Sie ist falsch, du empfängst jeden mit offenen Armen.
Ein Liebhaber allein genügt dir nicht;
in deiner Nähe wimmelt es nur so von Liebhabern.
(*CC*, S. 177)

Außenstehende Beobachter interpretieren Nymphomanie gern als kulturellen Bestandteil dieser oder jener Gesellschaft. Dieses Klischee findet sich auch bei Henri de Montety in bezug auf Beduinen, denen er unterstellt, Träumer, Poeten und feurige Liebhaber zu sein:
»Auch die Beduinin ist – genau wie ihr Mann – in der Liebe unersättlich und stets bereit, sich hinzugeben. Ehebruch ist keine Seltenheit, und die beduinischen Liebhaber besitzen eine unglaubliche Kühnheit; sie setzen ihr Leben aufs Spiel, denn in dieser rauhen Gesellschaft ist mit Untreue nicht zu spaßen. Der Verführer riskiert die Kugel; die Schuldige wird immer getötet, ein Mädchen, das vorgibt, noch Jungfrau zu sein, erleidet dasselbe Schicksal: Es gibt unzählige junge Mädchen, die in Brunnen ertranken, ohne daß die Fahrlässigkeit, die dazu geführt haben mag, jemals erklärt werden konnte.« (*Femmes de Tunisie*, S. 25)

Lit.: Ibn Falita, Ibn Hazm, Montety, *1001 Nacht*.
Siehe auch: Lust (sexuelle).

OBSZÖNITÄT/OBSZÖNITÄTEN *(sukhf, fahsha', kalim qabih)*. Obszönität, eine Beschimpfung auf sexueller Ebene, kann ein Zeichen für Verbundenheit, aber auch Stein des Anstoßes zwischen den Geschlechtern sein. Sie funktioniert wie die ins Gegenteil verkehrte Sprache der Liebe. In unserem Buch *L'Esprit de sérail* wurde dieser Frage ein ganzes Kapitel gewidmet, hier sei folgendes erwähnt: Wenn es einem jungen Mann nicht gelingt, die Gunst des Mädchens, das er begehrt, zu erlangen, so ersetzt er dies im übertragenen Sinn durch Obszönität. Das heißt, der junge Mann erklärt sich seiner Angebeteten auf dem Umweg der Vulgarität. Der Grad der Beleidigung macht deutlich, wie sehr ihm an ihr gelegen ist. Obszönität kommt auch in geschlossenen Räumen und in gleichgeschlechtlichen Gruppen vor. Dort entfaltet sich oft eine Art Wechselrede drastischer Intimitäten, die den Zweck hat, die ungestillten Erwartungen des Geschlechtstriebs nach außen zu tragen. Die bedeutungsschwersten Äußerungen fallen in bezug auf die am meisten verehrte Person: die Mutter: »Fick deine Mutter« ist der Prototyp. Die Mutter, die in der islamischen Gesellschaft als die zugleich verborgenste und sittsamste Frau gilt, wird also zur unzüchtigsten umgedeutet. Dieser rein imaginär entweihende Akt erscheint deshalb besonders lustvoll, weil er eine Art Kompensation für infantile Inzestphantasien liefert. Zum einen kann der eigene Schmerz nach außen projiziert werden; ein anderer Aspekt liegt in der mit einer solchen Äußerung verbundenen Selbstinszenierung.

Obszönität ist jedoch nicht allein frustrierten Menschen vorbehalten, sie gehört zur gesamten mündlichen Volkstradition, und zwar der Dichter wie auch der Straße. Letztere bildete immer schon ein Gegengewicht zu der eleganten und ausgefeilten Terminologie der Dichter; das gemeine Volk stellt sich mit seiner Sprache gleichberechtigt neben die vornehmen Bürger. Der andalusische Dichter Ibn al-Milh schreibt: »Die Geliebte betrachtet die Klage, mit der ich meine Liebe zum Ausdruck bringe, als eine obszöne Äußerung *(rafath)*.« (Zit. nach Pérès, *PAAC*, S. 412)

Hier muß auf den unglaublichen Reichtum an obszönen Wendungen in der arabischsprachigen Welt verwiesen werden. Nach Ansicht von Spezialisten wie Caetani und Kasimirski gehört das Arabische neben dem Sanskrit zu den Sprachen mit dem größten obszönen Wortschatz.

Es folgen einige Beispiele, die A. Boudot-Lamotte anhand einer Kompilation von Lexika und Studien über die arabische Welt zusammengestellt hat; dabei stützt er sich hauptsächlich auf Arbeiten von William Marçais; diese werden durch Flüche ergänzt, die J. Jouin zwischen Meknès und Rabat zusammengetragen hat.

1. Sohn eines Verderbten *(ibn al-faᶜil*; wörtl.: »Sohn eines Schwulen, und zwar desjenigen, der penetriert«).
2. Bastard *(walad al-haram*; wörtl.: »Sohn der Sünde«).
3. Verflucht sei das Geschlecht deiner Mutter *(yanᶜal zanbur ummuk*: Tunesien).

4. Hurensohn (*walad al-qahba:* Maghreb).
5. Tochter der Verderbtheit *(bint al-khanza).*
6. Verflucht sei der Hintern deiner Mutter (*yanᶜal tiz ummuk:* Variante von 3; auch als *hatshun yemmak:* Kabylei).
7. Verflucht sei die, die dich ausgekackt hat *(yanᶜal alli zablatak).*
8. Verflucht sei die, die dich zur Welt brachte (eigentlich »schiß«) und die, die dir half, zur Welt zu kommen und die, die (deinem Vater) die Nachricht von deiner Geburt überbrachte (*yanᶜal alli khratak walli sablat walli bashrat bik:* W. Marçais/ A. Guiga, Gloss., VI, S. 3096).
9. Hurensohn, Sohn einer Ehebrecherin (*ya ibn al-fadjra:* Ebd., I., S. 401).
10. Was für eine Hurentochter *(hadhi bint al-qahba).*
11. Was für eine Bastardin *(hadhi bint al-haram).*
12. Päderast (*farkh, friwakh;* wörtl.: »Früchtchen«, »kleines Früchtchen«).
13. Weibischer Jüngling *(ya nayyak).*
14. Kuppler *(ya qawwad).*
15. Miese Kupplerin *(ya al-qawwada).*
16. Hahnrei, gehörnter Ehemann *(ya qarran).*
17. Passiver Päderast (*ya aᶜtay;* d. h. derjenige, der sich penetrieren läßt).
18. Was für eine Ehebrecherin (*ya aᶜtaya,* fem. von *aᶜtay;* d.h. die sich penetrieren läßt).
19. Du Hurentochter *(ya bint al-aᶜtaya).*
20. Aktiver Päderast (*ya taffar;* d.h. derjenige, der penetriert) in Djidjelli (Küstenstadt in Algerien).
21. Mieser Betrüger *(ya wahid al-khudaᶜa).*
22. Furzerin (*ya tarrata,* im Maghreb).
23. Knattertante *(ya hazzaqa).*
24. Du bist eine, die Scheiße vom Fenster ableckt *(ya lahhasat al-khara' min al-taqa).*
25. Stinktier, Oberstinktier *(ya khanza, ya al-mtauta).*
26. Schamlose Frau *(imra'a bila hiya, bila hashma).*
27. Du bist eine, die kein Schamgefühl den Männern gegenüber hat *(ya alli ma tashi min al-ridjal).*
28. Miese Witwe (*wahd al-hadjal;* s. Witwe).
29. Du widerliches Aas (*al-djifa al-ᶜifa:* Algerien).
30. Ekelhaftes Aas (*djifa al-ᶜifa:* marokkanische Variante von 29).
31. Kläffende Hündin *(kalba nabbaha).*
32. Verwandelte Vogelscheuche *(qarda mamsukha).*
33. Schwarze Kakerlake *(khunfusa kahla).*
34. Schaf mit Durchfall *(naᶜdja mahrara).*
35. Stinkstiefel *(garbat al-khanz).*
36. Tochter eines Hundes *(bint al-kalb).*
37. Hündin, Tochter einer Hündin (*kalba, bint al-kalba;* Variante von 36).
38. Hure ohne Kupplerin *(qahba bila qawwada).* Ägyptische Variante: »Eine geborene Hure braucht keine Kupplerin« (Rassim, S. 154).
39. Du bist eine, die sich über die Schenkel pißt *(buwwala ᶜala fakhadik).*

Eine Beleidigung oder Obszönität zeigt sich nicht nur in Worten, sondern auch in Gesten, manchmal sogar in der Körperhaltung. Die obszöne Folklore ist daher Teil eines reichen mündlichen Erbes, das allen Schichten gleichermaßen zu eigen ist. Ein Beispiel dafür ist folgender Gassenhauer, den Jugendliche immer wieder anstimmen:

Dreh dich, dreh dich um sie herum, o Alter,
Dreh dich um sie herum, sie wird für sich und für dich arbeiten.

*(Dur biha al-shibani, dur biha
Dur biha takhdam ʿalaik wa ʿalaiha)*

Im Arabischen wird nicht deutlich, ob es sich um den Podex handelt (dann wäre der Mann ein Päderast, *tirma*, Hintern, feminin im Arabischen) oder ob eine Frau bzw. Prostituierte gemeint ist, (dann wäre der Mann ein Kuppler).

Obszöne oder beleidigende Redensarten und Sprichwörter:
»Erst nachdem der zehnte in sie eingedrungen war, rief sie um Hilfe.« (*baʿda ma nakuha ʿashara sat li'l-ghufra:* Burckhardt, S. 44)
»Er hätte gerne eine enthaarte Vulva und ein Handtuch daneben.« (Rassim, S. 80)
»Als seine Hämorrhoiden herunterhingen, sagte er: Gib mir ein bißchen Fleisch für meine Katze.« (Ebd., S. 150)
»Wenn eine Hure bereut, wird sie Kupplerin.« (Ebd., S. 152)
»Er schlief mit seiner Frau, und die Nachbarin zappelte, als ob sie selbst einen Orgasmus hätte.« (Ebd., S. 161)
Lit.: Boudot-Lamotte, Bourke, Burckhardt, Chebel *(ES)*, Jouin, Pérès, Rassim.
Siehe auch: Furz, Homosexualität, Kuppler(in), Päderastie, Podex, Prostitution, Rai, Scham, Skatologie, Urin, Vulva, Witwe.

ÖFFNUNGEN *(infitahat, infiradjat).* Das Thema Öffnungen spielt in der Liebesdichtung *(ghazal)* und der täglichen Realität eine große Rolle, unter anderem, weil die arabische bzw. islamische Gesellschaft traditionellen Regeln unterliegt und mehr oder weniger starke visuelle Trennungen und Verbote gelten. Öffnungen sind in gewisser Weise ein akzeptabler Kompromiß zwischen dem Harem, d.h. dem abgeschlossenen Bereich der Frauen, und dem den Männern vorbehaltenen öffentlichen Bereich; deshalb sind die *mashrabiya* (geschnitzte, vorspringende Gitterfenster), Umzäunungen, Vorhänge, Behänge und andere Arten von Paravents so wichtig. Da Öffnungen diesen sogenannten »dritten Raum« freigeben, tragen sie dazu bei, daß Verführung noch auf andere und vielfältige Art stattfinden kann, selbst wenn eine auf solchen Umwegen entstandene Beziehung mit Risiken verbunden ist, besonders dem Risiko, von einem Dritten beobachtet zu werden (**s. Raqib**).
Auch auf körperlicher Ebene spielen Öffnungen eine Schlüsselrolle im Verlauf der Verführung. Augen sind gefürchtete Mörderinnen, die Falten des Schleiers *(hidjab)* sind ein Versprechen, der Nabel der Bauchtänzerin ist eine zweideutige Öffnung, die mehr andeutet, als sie zeigt, und mehr zeigt, als sie andeutet. Die Enthüllung der Achselhöhlen *(ibt, abat)* hat eine starke erotische Wirkung, weil sie eine wichtige Phase der endgültigen Eroberung darstellt, ohne allerdings gleich eine Erfolgsgarantie liefern zu müssen. Mehr noch als der Schleier ist die Öffnung ein Zeichen für die sexuelle Entfaltung, d.h. die Art, wie die Libido in

einer Gesellschaft fließt. Die Öffnung ist somit das Gegenstück zum Schleier und dem Verbotenen: Ohne Öffnung besäße ein Schleier nicht diese erotische und sinnliche Macht.
Jeder Körper besitzt also eine bestimmte Anzahl mehr oder weniger erotischer Öffnungen. In Anlehnung an einige chinesische Philosophen, die dem Körper neun Öffnungen zuschreiben: zwei Augen, zwei Ohren, zwei Nasenlöcher, Mund, Anus und Geschlecht, erklärt die spirituelle Bewegung der Ikhwan al-Safa' (wörtl.: »Bruderschaft der Reinheit«, 10. Jh.) den Körper zu einer »gut ausgestatteten Bleibe«. Ihnen zufolge entspricht jedes Organ einem Zeichen im Tierkreis. Davon leiten sie eine Reihe geomantischer und alchimistischer Entsprechungen auch für den erotisch-genitalen Bereich ab.
Lit.: Chebel *(LS)*, Marquet.
Siehe auch: Maqsura, Mashrabiya, Raqib, Schleier.

OHR *(udhun*, Pl. *adhan*, Dual *udhnain*: beide Ohren; *samʿiya)*. Mit dem Ohr als Gehörorgan verbindet man literarische Darbietungen und Gesellgkeit, die Männer und Frauen – abgesehen von den Tuareg und zusehends auch in den Städten – jeweils getrennt genießen. Auch wenn ein Sprichwort aus dem Maghreb den Ohren wieder eine größere Bedeutung als dem Mund zuzuschreiben versucht, so gilt das Gehör doch im allgemeinen als Stiefkind der fünf Sinne. Frauen widmen den Ohren oft mehr Aufmerksamkeit und schmücken sie vielfältig. In Indien ziert ein kleiner Ring den Nasenflügel; bei bestimmten afrikanischen Stämmen werden auch Lippen oder Nasenflügel mit Ringen geschmückt; im Okzident tragen die Ohrläppchen, seit kurzem auch die Ohrmuschel, Schmuck; in der arabischen Welt ist Gesichtsschmuck allein dem Ohrläppchen vorbehalten.
Sprichwort: Man sagt zu einem zerstreuten Kind: »Gott gab dir nur eine Zunge und zwei Ohren, damit du mehr zuhörst als redest« (*Inna Allah taʿla yakhluqa laka udhnain wa lisanan wahidan illa litasmaʿa akthar mimma tatakallamu bihi*).
Siehe auch: Auge, Körper, Schönheit.

OKZIDENT s. **Orientalismus.**

OLIBANUM (von arab. *al-luban*). Name, den die Araber ihrem Weihrauch gaben, und zwar dem Weihrauch, der von der arabischen Halbinsel kommt, genauer aus Oman und dem Jemen. Im 19. Jh. zitierte der Hodscha* Omar Haleby Abdallah ibn Marwan:
»Drei Dinge, die auf der ganzen Welt verbreitet sind, kann man einzig und allein im Jemen finden: den Olibanum, den *wars* [Memecyclon tinctorium; eine Färberpflanze] und den *burd* [Mantel].« (Haleby, S. 221)
Lit.: Haleby.
Siehe auch: Parfum.

OMAR IBN ABI RABIʿA s. **Ibn Abi Rabiʿa.**

OMAR KHAYYAM s. **Khayyam.**

ONANIE s. Autoerotik, Masturbation.

OPIUM *(afyun).* Da unter Einfluß von Opium Emotionen leicht aufsteigen können, kann es als Ersatz für die Liebe selbst fungieren:
»Die Ägypter benutzen sehr oft Opium. Sie nennen es *afyun*. Sie sind schon seit langer Zeit daran gewohnt, einige von ihnen nehmen sogar bedenkenlos bis zu drei Drachmen [ca. 10 g] zu sich, ohne Angst zu haben. Sie glauben, es mache die Menschen für zwei oder mehr Stunden fröhlicher, dadurch seien sie eher in der Lage, ihre Pflichten gut zu erfüllen, besonders was den Krieg und die Liebe angeht (...) Ziemlich viele glauben auch, daß diese Substanz ihnen dazu verhelfe, im Schlaf sehr schöne und angenehme Gärten und charmante Mädchen zu schauen, mit denen sie sich zerstreuen können.« (Alpin, Bd. 2, S. 332)
Lit.: Alpin.
Siehe auch: Aphrodisiaka, Flora, Haschisch, Wein.

ORGASMUS *(intiʿadh, ruʿsha).* Erotikhandbücher definieren den Orgasmus als Gipfel der Lust. Marc Aurel spricht von einem »kleinen Krampf«, später nannte man den Orgasmus den »kleinen Tod«. Beim Mann ist er mit der Ejakulation des Sperma verbunden; dieser Genuß soll den Körper beruhigen und entspannen. Bei einer Frau ist der Orgasmus unbestimmter, er kann jedoch stärker und umfassender als bei ihrem Partner sein. Zuvor werden die Scheidenwände feucht *(balla)*, und die Gefäße der Klitoris erweitern sich.
Man unterscheidet eine erste Phase der Lust (die Deutschen nennen sie Vorlust) und eine abschließende Phase (Endlust) oder Orgasmus. Dieser bringt ein enormes Spektrum körperlicher und psychischer Fähigkeiten zum Schwingen; der ganze Körper ist betroffen. Es beginnt mit einer spielerischen Phase zwischen den Liebenden (**s. Vorspiel**), der die allmähliche Erregung durch die Liebkosung (**s. Zärtlichkeiten**), das Erwecken des Verlangens jedes einzelnen Organs und des gesamten Organismus folgen. Hier kommt es dann auch zu besonderen Praktiken wie Cunnilingus oder Fellatio (**s. dort**). Wenn das Geschlechtsorgan der Frau feucht und der Penis des Mannes erigiert (**s. Erektion**) ist, kann der eigentliche Koitus beginnen, den das Paar nach seinem eigenen Rhythmus und dem reichen kulturellen Schatz körperlicher Gewandtheit (**s. Stellungen beim Koitus**) gestalten kann, das Hauptziel besteht darin, die Lust zu steigern und dadurch auch die Qualität des Orgasmus.
Unter arabischen Ärzten war das Phänomen des Orgasmus seit langem bekannt. Die folgende wissenschaftliche Beschreibung des Gelehrten Arib ibn Saʿid al-Katib al-Qurtubi (918-980) aus Córdoba aus dem 10. Jh. veranschaulicht dies:
»Wenn das jedem Tier angeborene Verlangen der Annäherung *(shahwa)* aufsteigt, wenn die Sinne in Erregung geraten, um es zu befriedigen, dann kommt das Blut des Herzens in Wallung, diese natürliche Hitze überträgt sich auf das Glied durch die weiter unten beschriebenen Blutgefäße, der Körper insgesamt gerät in Wallung, diese Gefäße lassen Sperma austreten, die Blutgefäße des Gliedes füllen sich damit und gleichzeitig spannen sich die Nerven von der vom Herzen ausgehenden Flüssigkeit. So richtet sich das Glied auf und so erfolgt die Erregung der Gefäße, die den Samen enthalten, damit sich der Inhalt ergieße

(li-qadhfi); dann brauchen sie Bewegungen, damit sie sich vom durch diese Wallung entstandenen Überschüssigen befreien können; sie empfinden große Lust, wenn das Glied einen warmen und zarten Körper berührt und sich daran reibt *(ahtakka bihi)*: es spürt dadurch ein angenehmes Kitzeln wie wenn andere Körperteile gerieben und geneckt werden. Wenn das Organ übermäßig viel heiße und beißende Flüssigkeit enthält, die von der beim Reiben entstandenen Lust herrührt, sind alle Nerven erregt, dann verströmt die Flüssigkeit, der Ursprung des Embryos: Ehre sei Gott für Seine schöne Schöpfung.« (Sournia, S. 83)

In der Beschreibung der sexuellen Lust lassen sich die Theologen der Liebe (**s.dort**) oft dazu hinreißen, die Kontraktionen *(tashannudj)* beim Orgasmus zu erwähnen. Sie wählen dabei Metaphern, die das befreiende Element des Orgasmus betonen und dessen Bedeutungsspektrum erweitern.

Obwohl die Art, wie eine Frau ihre Lust erlebt, ähnlich wie bei ihrem Partner verläuft, versteht der Mann die Mechanismen des weiblichen Orgasmus mit ihrem eigenen Höhepunkt meist nur teilweise oder überhaupt nicht. Daher betonen die Erotologen, wenn der Erregungszustand der Frau beschrieben wird, daß sie auf den Koitus vorbereitet werden und mit ihm einverstanden sein soll *(qabila al-mudhadja')*, sie schildern sodann ihre plötzlich bestrickend werdenden Liebkosungen, ihr verliebtes Säuseln *(hams, hasis)* und alle Haltungen, die sie für die Penetration gut vorbereiten.

Lit.: *Enzyklopédie du sexe*, Ibn Falita, Nafzawi, Sournia, Tifashi.

Siehe auch: Cunnilingus, Entfesselter Koitus, Ejakulation, Erektion, Erotischer Traum der Frau, Fellatio, Glied, Koitus, Lust (sexuelle), Stellungen beim Koitus, Vagina, Vorspiel, Zärtlichkeiten.

ORIENTALISCHE LEBENSART. Die von Reisenden und Dichtern so oft zitierte orientalische Lebensart läßt sich vielleicht am ehesten als eine feine Mischung aus Annehmlichkeit, Sinnlichkeit und Einfachheit beschreiben. Sie ist im zwischenmenschlichen Bereich, in der Stadt, auf dem Basar, im Hammam und im Café spürbar. Für einen Orientalen jedoch spiegelt sie sich am allerbesten in dem mit nichts zu vergleichenden Vergnügen, die Zeit einfach verstreichen zu lassen und es in dieser Fertigkeit zum Meister zu bringen.

Da die Liebe keine abstrakte Emotion ist, sondern einem genau festgelegten Kodex zwischen den Liebenden und ihrem Umfeld unterliegt, ist auch sie in gesellschaftliche Umgangsformen eingebunden. Traditionarier, Soziologen und muslimische Moralisten (Bukhari, Miskawaih, Ibn Khaldun) interessierten sich gleichermaßen für das Thema Lebensart. So gibt es feste Regeln, wie man sich bei Tisch zu verhalten hat, oder wie man sich kleiden, sich unterhalten, grüßen etc. sollte. So schickt es sich nicht, in der Öffentlichkeit zu gähnen *(tathawwub, fakhr al-famm)*, sich zu strecken *(taqawwus)*, auszuspucken *(basqa, dufl)*, zu rülpsen *(djusha')*, einen Furz zu lassen *(durat)* oder irgendeine andere Äußerung zu tun, die ein angenehmes Zusammenleben stören könnte.

Der Engländer Charles Doughty, Autor eines wunderbaren Reiseberichts und Beobachter der Beduinengesellschaft Arabiens, wurde von seinen Weggefährten oft folgendes gefragt:

»Die Araber haben mich oft gefragt, ob wir uns ebenfalls [wir Engländer, wir

Europäer] des Abends freundschaftlich ums Feuer versammeln, und ob Nachbarn sich gegenseitig oft besuchen kämen, um nicht allein zu sein und zusammen einen Kaffee zu trinken.« (Doughty, S. 103)
Schon Djahiz (ca. 776-868/69), mit Sicherheit einer der besten Kenner der muslimischen Gesellschaft, erklärt den Begriff Lebensart:
»Wie ja bekannt, bestand bei den (Wüsten-)Arabern keine Trennung der Geschlechter. Aber nicht nur, dass sie den Frauen frei ins Gesicht sahen, sondern sie kamen mit ihnen auch zur nächtlichen Unterhaltung zusammen ... Und die, so sich gern mit Frauen unterhielten, nannte man ›zîr en-nisâ‹. All dies aber geschah nicht etwa heimlich, sondern unter den Augen der nächsten Anverwandten des Mädchens, ja selbst der Gatten, die – solang' nicht wirklich Verbotenes stattfand – zu dem Uebrigen gern ein Auge zudrückten.«
(*Excerpte und Übersetzungen*, S. 79)
Noch im 19. Jh. waren zahlreiche Reisende erstaunt über die offensichtliche Leichtigkeit der Orientalen, z.B. aus Bagdad, Isfahan, Damaskus oder Sana', mit der diese sich Zeit nehmen und sie entsprechend genießen.
Olympe Audouard, die im letzten Jahrhundert die Türkei besuchte, ist von der verfeinerten Lebensart der Bürger dieses Landes überrascht, besonders der Frauen, die sie besser beobachten konnte:
»Diese Damen leben, wie Sie sehen, in großem Luxus; sie geben viel aus; der Sultan kann ihnen nichts abschlagen.« (Audouard, S. 60)
Zuvor schreibt sie voller Bewunderung:
»Die türkische Küche unterscheidet sich ein wenig von der unsrigen. Sie haben einige Gerichte, die wir nicht kennen; sie essen viel Zuckerwerk, das sie sehr gut machen (...). Wenn das Dessert kommt, ersetzt man das Tuch aus Musseline durch ein unbenutztes Tuch (denn es ist Sitte, diese Musseline nie zweimal zu benutzen, das gilt für Kattun ebenfalls; sie müssen neu sein), und dann serviert man das Dessert; daraufhin kniet die Sklavin, die das Essen gereicht hat, erneut vor der Sultanin nieder und reicht ihr den Wasserkrug. Mit ihren reizenden Händen nimmt sie Wasser, um sich den Mund zu waschen.« (Ebd., S. 58f.)
In einer kurzen Studie über die Kaffeehäuser von Kairo in der zweiten Hälfte des 19. Jh.s hebt Jeannette Tagher all die kostbaren Accessoires des ägyptischen Savoir-vivre hervor: Tschibuks (langes Pfeifenrohr mit Tonkopf, A.d.Ü), Nargilehs, Porzellantäßchen, in denen man Kaffee und Tee – und zwar heißen Tee! – reicht. Sie stellt außerdem fest:
»Das Lieblingsthema der arabischen Dichter ist die Liebe, die Liebe, wie man sie im Orient kennt, das heißt eine Mischung aus Mystik und Sinnlichkeit, in der der orientalische Fatalismus eine große Rolle spielt und der Name Gottes mitten in den sinnlichsten und laszivsten Gefühlswallungen auftaucht, mit melancholischen Umschwüngen über die Nichtigkeit der Dinge und die flüchtige Zeit.«
(S. 192)
Die Liebe ist und bleibt der wichtigste Kristallisationspunkt des Savoir-vivre des Orients. Sie stellt auch das häufigste Gesprächsthema, egal, ob auf dem Land oder in der Stadt, in herrschaftlichen Häusern oder auf dem Basar. Dasselbe gilt für die Bäder, denn dieser Ort lebt von der Geselligkeit und zieht Heiratsvermittlerinnen, ob sie nun im Dienst eines Paares (**s. Ehestifterin**) wirken oder gegen

dieses (**s. Rivalität in Liebesdingen**), ebenso an wie Liebhaber und Freunde der Homosensualität (**s. dort**), Voyeure jeder Art und Schönredner (**s. Konversation**). Liebe ist natürlich auch ein zentrales Motiv der Ghazaldichtung (**s. dort**) und Verführung (**s. dort**) sowie der Sängerwettbewerbe der Tuareg, die auch heute noch in der großen Tuaregkonföderation (Niger, Mali, Burkina-Faso, Libyen und Algerien) stattfinden.

Oft mißdeutet und mit Klischees überfrachtet, bleibt die traditionelle orientalische Lebensart doch bis heute lebendig. Für das 18. bis 20. Jh. finden sich anschauliche Zeugnisse in den Texten von Gérard de Nerval, Arthur Rimbaud, Wilfried Thesiger oder Albert Londres.

Lit.: Dermenghem, Doughty, Gardet, Ibn Khaldun, Lemaire, Londres, Miskawaih, Nerval, Pellat, Pérès, Péroncel-Hugoz, Rimbaud, Sourdel, Stendhal, Tagher, *1001 Nacht*, Thesiger, Vadet.

Siehe auch: Ahal, Duft, Eleganten (Die), Ehestifterin, Freßlust, Geschmack, Ghazal, Homosensualität, Konversation, Kunst, Kuppler(in), Nargileh, Persien, Persische Miniaturen, Reinigung, Rivalität in Liebesdingen, Siesta, Verführung, Zärtlichkeit.

ORIENTALISMUS (*istishraq*; *istishraqiyun* oder *mustashriqun:* »Orientalisten«). In seiner ursprünglichen Bedeutung bezeichnet der Begriff einen im Zuge der europäischen Aufklärung entstandenen Wissenschaftszweig: das kritische philologische Studium orientalischer Texte in den jeweiligen Originalsprachen. Diese neue wissenschaftliche Disziplin entwickelte sich im 18. Jh., als etwa Bacon oder Leibniz Interesse an den islamischen Wissenschaften und der islamischen Philosophie bekundeten oder Voltaire und Montaigne muslimische Schauplätze wählten, um literarische Utopien zu entwerfen und ihrer Kritik an den europäischen Regierungen Ausdruck zu verleihen. In akademischer Hinsicht widmete man sich überwiegend dem philologischen Studium von Texten. 1795 wurde das erste Institut, die *Ecole des Langues Orientales Vivantes*, in Paris gegründet. Die 28-bändige *Description de l'Egypte* (Beschreibung Ägyptens, Paris 1809-1828) ist eines der Hauptprojekte des Institutes und gleichzeitig der erste Versuch, das historische, kulturelle und wissenschaftliche Erbe der islamischen Länder systematisch zu erfassen. Parallel dazu entwickelte man Projekte zu Algerien und Marokko. Im vom Empirismus geprägten 19.Jh. entstanden Zeitschriften, wurden zahlreiche Grammatiken, Lexika, Manuskriptkataloge, Übersetzungen und Editionen verfaßt.

In diesem Jahrhundert erhält der Begriff Orientalismus noch eine zusätzliche Bedeutung: Er ist Ausdruck einer romantisierenden Exotik v.a. in der darstellenden Kunst, Literatur und Musik, was wir anhand der Malerei noch verdeutlichen werden. Mitte des 20. Jh.s, im Zuge der Unabhängigkeitsbewegung gegen den Kolonialismus, regten Intellektuelle wie J.-P. Sartre und Frantz Fanon eine kritische Diskussion über den Orientalismus als akademische Disziplin an und wiesen darauf hin, daß das Fach nicht ohne die Hintergründe des westlichen Imperialismus zu verstehen ist. Edward Saids Studie *Orientalism* (1978) macht deutlich, daß es sich auch um einen ideologischen Diskurs handelt, der untrennbar mit der europäischen Macht bzw. dem Imperialismus verbunden ist. Trotz der Diskussionen um den Orientalismus und des anhaltenden Forschungsinteresses blieb das Bild des Orients im Westen von Stereotypen geprägt, zumal sich der Okzident jahrhundertelang als Gegenpart zum Orient begriff. Im Gegensatz zum fortschrittlich-toleranten Okzident wurde der Orient mit Gewalt und Blut assoziiert; mit Treulosigkeit und Sittenverfall, wenn er nicht gar als Heimat aller Arten von Wollust gilt.

Doch das Bild vom Orient findet seine Entsprechung im Bild, das sich ein Orientale vom den Orient ablehnenden Okzident macht. Hier verbinden sich Faszination und Ablehnung des abendländischen Luxus mit Neid oder manchmal schlichter Verdrängung. Dieser »gottlose« Okzident nämlich bietet seltsame Befriedigungen: Einerseits wird er für alle offen gezeigten Verlockungen verabscheut, besonders auf sexueller Ebene, und zwar deshalb, weil er dem Bereich der Scham keinerlei Bedeutung mehr beizumessen scheint; andererseits spricht er geheimste erotische Wünsche an.

Die stärkste Faszination für den Okzident ging immer von der orientalischen Frau und ihrer Welt aus. Für den Araber ist sie die gute Fee des Hauses, und dennoch erscheint sie im arabisch-muslimischen Raum als die geheimnisumwitterte »Andere«, die beunruhigende Gefühle auslösen kann.

Zahlreiche Reisende, Maler, Schriftsteller, ja sogar Soldaten gerieten seit dem 18. Jh. über die hinter den Mauern der Harems verborgenen Geheimnisse (**s. Maqsura, Mashrabiya**) in Verzückung. Da es ihnen jedoch nicht gelang, ihre Bedeutung zu ergründen, ließen sie ihrer Phantasie freien Lauf, je nach Forschergeist und persönlichem Scharfsinn. Wieviele Autoren haben in diesem Zusammenhang über die unergründliche Seele der Araber geschrieben? Die Reisenden ihrerseits ließen sich Unglaubliches einfallen, um die geheimen Pforten des Harems zu überwinden, in die Frauengemächer einzudringen und diesen geheiligten Bereich betreten zu können. Das Motiv des Harems erfreute sich auch bei Malern besonderer Beliebtheit, unabhängig von den fragwürdigen realen Kenntnissen der Künstler. Man bezeichnet diese Maler als »Orientalisten«; der Name wurde zu einem Gattungsbegriff in der Malerei des 18. und 19. Jh.s. Aus den zahlreichen idealisierten arabischen Interieurs mit ihren sinnlichen und wohlbeleibten Odalisken wählen wir hier nur die Werke aus, die unmittelbar erotische Themen aufgreifen: Bauchtanz, Hammam und Harem, drei fast ausschließlich den Frauen vorbehaltene Bereiche.

Zunächst: Der Orientalismus der europäischen Malerei des 18. und 19. Jh.s bringt eine doppeldeutige Erotik zum Ausdruck, die auch heute noch nicht einfach zu entschlüsseln ist. Dabei muß klargestellt werden, daß diese Erotik der Phantasie der Maler entspringt, die sie dann auf den Orient projizierten. Das so entstandene Bild entspricht dem Orient als geographischem Raum und als Kultur in keiner Weise. Das Phänomen des Orientalismus gibt also eher Auskunft über die Psychologie der Maler als über ihr vermeintliches Studienobjekt; er sagt mindestens ebensoviel über die westliche Vorstellungswelt wie über die der Araber und Perser aus. Es ist darum nicht verwunderlich, daß *La Grande Odalisque* (Die große Odaliske, 1814) von Ingres nichts Orientalisches im ethnographischen Sinn an sich hat, genausowenig wie *Le Bain turc* (Das türkische Bad, 1862). Das Bild *L'Odalisque et l'esclave* (Die Odaliske und der Sklave, 1842) nimmt bereits den Kitsch vorweg.

Mit schöner Regelmäßigkeit wird in der Literatur, der Malerei, der Lyrik sowie in Reiseberichten der orientalische Mann als geheimnisvolles, sinnliches, rätselhaftes, unnahbares, manchmal gefährliches Wesen dargestellt. Frauen werden jedoch weitaus häufiger als Männer abgebildet. Nach außen hin islamisiert, erscheint Erotik hier als Parade üppiger Körper, die – legitimiert durch das warme Klima – freizügig zur Schau gestellt werden. Es scheint, als ob es der orientalistischen Malerei nicht gelungen sei, die enorme Spannung zwischen Realität und Ästhetik aufzulösen, als ob diese Malerei als unverbrüchliche Dimension des Werkes ihre eigenen Paradoxa aufstellen würde. Dafür zeugt, daß in der Darstellung von Frauen die Dimension des Intimen (s. dort) völlig ausgespart bleibt. Das zeigt z.B. das Bild des englischen Malers John Faed, auf dem der Beduine seine junge Sklavin gegen eine Rüstung eintauscht; ihre Scham ist bedeckt, ihr Oberkörper entblößt. Auf dem Bild *Marché aux esclaves* (Sklavenmarkt) von Jean-Léon Gérôme wird die junge Bauchtänzerin ihren potentiellen Käufern im Evaskostüm präsentiert, und zwar mit völlig enthaarter Scham. Noch offensichtlicher tritt die diesen Gemälden unterstellte Erotik auf Ingres' berühmtem Bild *Le Bain turc* (Das türkische Bad) zutage. Dieses im Louvre ausgestellte Werk gewährt Einblick in einen Harem mit eher füllgen Frauen, die etwa zwischen der Üppigkeit eines Rubens und der Leichtigkeit der *Baigneuses* (Die Badenden) von Fragonard angesiedelt sind. Auf derselben Linie liegt das Bild *Harem* von John Frederick Lewis (1850), das Frauen mit einer Gefühlsskala in Szene setzt, die mit der im Orient zur Schau gestellten konventionellen Sinnlichkeit wenig gemein hat. Zudem entsprechen die Personen keiner nachvollziehbaren Realität: Wir sehen einen muslimischen Prinzen mit den Zügen eines Moghuls, Frauen, die ebensogut Italienerinnen, Spanierinnen oder Chinesinnen sein könnten, und Araber, die nichts an sich haben, das irgendwie »arabisch« wäre, usw.

Algerien ist neben Ägypten am stärksten in der orientalistischen Malerei vertreten, das liegt an den engen Verbindungen zu Frankreich, das zu Kolonialzeiten das »Mutterland« war. Man darf nicht vergessen, wie verbunden die reisenden Maler sich mit diesem Land fühlten, z.B. Eugène Fromentin (1820-1876), Etienne Dinet (1861-1929), aber auch Eugène Delacroix (1798-1863), dem wir das Bild *Femmes d'Alger dans leur appartement* (Frauen aus Algier in ihrer Wohnung) verdanken. Man vermutet allerdings, daß dieses Bild in Marokko gemalt wurde! Das Gemälde zeigt drei plaudernde Frauen in einem mit Kostbarkeiten überladenen Salon, der auf ihre hohe gesellschaftliche Stellung hinweist, was auch an der *wasifa* (d.h. einer schwarzen Sklavin) deutlich wird. Die Farben sind in warmen, anregenden Tönen gehalten: pastellrosa, weiße Sprenkel, dunkles Rot, olivgrün, grüne Fayence, mit goldenen Pailletten besetzte Kleider und durchsichtige Blusen, die verlockende, milchweiße Haut ahnen lassen. Hier findet man alles: die orientalische Pracht mit Sofas, die echter als die Wirklichkeit aussehen, Schmuck, kostbare Teppiche, ausgewählten Zierat und den Traum exotischer Düfte, erlesene Parfums, Nargilehs, eine Stimmung des Müßiggangs, evoziert durch die gesamte Palette einer hochkultivierten Salonmalerei.

Im Bild solcher traumhaften Geschöpfe mit weichen Konturen, folgsamem Blick und viel sinnlicher Ausstrahlung wird ein Archetyp konstruiert, und zwar aus der Perspektive des distanzierten Betrachters; ein Inbegriff von Weiblichkeit, die

weder etwas mit den Frauen aus Algier, noch mit denen aus Fés oder Marrakesch zu tun hat, und mit dem sich die orientalistische Malerei den Vorgaben der Gesellschaft folgend, die sie finanziert, eine imaginierte Wirklichkeit erschafft.
Lit.: Berchet, Chardin, Doughty, Fromentin, Lawrence, Maupassant, Nerval, Said.
Siehe auch: Aulad Naïl, Bauchtanz, Frau, Kunst, Maqsura, Mashrabiya, Nargileh/Nardjila, Orientalische Lebensart, Parfum, Persische Miniaturen, Sklave.

ᶜOSHEQA (maghrebinischer Begriff, abgeleitet vom Hocharabischen ᶜashiqa, leidenschaftlich lieben, von ᶜishq, Liebesglut). Bezeichnung für eine Brandwunde aus Liebe, besonders wenn sie absichtlich zugefügt wurde, wie z.B. die unvergängliche Narbe einer Zigarette, um eine Liebesenttäuschung zu rächen. Den eigenen Körper mit Zeichen zu versehen kann zum einen ein zusätzlicher Beweis der Zuneigung sein, gilt aber auch als Hinweis auf eine Unempfindlichkeit, die ans Pathologische grenzen kann.

Darüber hinaus kann eine solche Brandwunde die Zugehörigkeit zu einer bestimmten Gruppe, oftmals zu einer Randgruppe signalisieren; außerdem fungiert sie als eine Art Initiationsritus in die Mysterien und den Zauber der Fleischeslust.

PÄDERASTIE (*liwat:* »Knabenliebe«, von griech. *paiderastes*, einem Kompositum von *pais* oder *paidos:* »Kind« und *erastes:* derjenige, der dieses Verlangen spürt, *eros*). Päderastie wird zwar oft mit Homosexualität in Verbindung gebracht, darf jedoch nicht mit dieser verwechselt werden, denn Homosexualität wendet sich an einen Erwachsenen, Päderastie jedoch bezeichnet eine Liebesbeziehung zwischen einem Erwachsenen und einem Heranwachsenden, manchmal auch einem Kind.
Im antiken Griechenland betraf die sogenannte »philosophische« Päderastie nur die höheren Gesellschaftsschichten. In der Beziehung eines reifen Mannes, dem *eraste*, zu einem heranwachsenden Jungen, dem *eromenos* (wörtl.: derjenige, der geliebt wird) werden gern die Anfänge von Männerbünden gesehen, wie sie im Islam später mit den *futuwa* (**s. dort**) aufkamen; das Ausschlaggebende in einer solchen Beziehung waren jedoch die Aspekte der Erziehung und Initiation. Natürlich stand einer körperlichen Verbindung nichts im Wege, sie war aber auch nicht zwingend; während heute die Bedeutung des Begriffs Päderastie auf den sexuellen Aspekt reduziert ist. Von Griechenland gelangte die Idee der Päderastie nach Persien (**s. dort**) und von dort in die arabische und muslimische Welt.
Im Zuge der islamischen Expansion gelangte Ibn Fadlan im 10. Jh. bis an die Grenzen der Wolga. Dieser Eroberungszug führte ihn auch durch die Türkei. Der Reisende und Botschafter, der auch ein guter Beobachter war, schickt seinem Bericht voraus, daß Päderastie eine große Sünde sei und mit dem Tode bestraft werde, vor allem bei den Mongolen:
»Eines Tages kam ein Khwarizmi zum Stamm der Kudherkin [Vizekönig der Türken]. (…) Der Türke hatte einen Sohn, der bartlos war. Der Khwarizmi schmeichelte ihm ohne Unterlaß und machte ihm unsittliche Angebote, bis der junge Mann ihm gewährte, was er verlangte. Der Türke kam plötzlich und fand die beiden, wie sie gerade den Akt vollzogen.« (Ibn Fadlan, S. 42)
Der Vorfall wurde dem Vizekönig vorgetragen. Nach zahllosen geheimen Zusammenkünften konnte schließlich verhindert werden, daß die beiden Schuldigen zum Tode verurteilt wurden: »Der Händler und er [der Sohn] müssen beide sterben«, sagte der Vizekönig. Aber der Türke weigerte sich, seinen Sohn auszuliefern. »Dann soll sich der Händler freikaufen und ein Lösegeld zahlen«, sagte der Richter. Also mußte der Händler vierhundert Schafe bezahlen, um sich aus der Affäre zu ziehen. Dieser Geschichte verdanken wir das Wissen, daß Päderastie strafbar war. Grundsätzlich gilt Päderastie als eine Unsitte, die jedes Volk seinem Nachbarn anlastet.
In *1001 Nacht* finden wir folgende Geschichte in Versen, die von einem Derwisch und der Versuchung handelt, einen reizenden Jüngling, so frisch wie Basilikum, zu besitzen:
»Doch ehe er sich dessen versah, kam von der anderen Seite des Basars ein Wanderderwisch des Wegs, ein Mann, der das Gewand der frommen Diener Allahs

trug; der schritt auf den Jüngling zu, und er hub an, seine Litaneien zu singen und ließ einen Tränenstrom aus seinen Augen dringen. Doch als er Kamar ez-Zamân dort sitzen sah, an Schönheit reich, einem Weidenzweige auf einem Safranhügel gleich, begann er in noch heftigere Tränen auszubrechen und diese Verse zu sprechen:

Ich sah ein Reis auf einem Hügel sprießen,
Dem Vollmond gleich in seinem hellen Schein.
Ich rief: ›Wie heißt du?‹ Und es sagte: ›Perle‹.
Ich sprach: ›Für mich? Für mich?‹ Es rief: ›Nein, nein!‹

Darauf schritt der Derwisch langsam hin und her, indem er mit seiner rechten Hand über sein graues Haar strich, und die Menge wich aus Ehrfurcht vor ihm mitten auseinander. Doch als er den Jüngling wieder anschaute, verwirrten sich ihm Blick und Verstand, und es schien, daß der Dichter für ihn diese Worte erfand:

Als jener schöne Knabe dort im Hause weilte,
Und als der Festesmond aus seinem Antlitz schien,
Da kam ein würdevoller alter Mann des Weges,
Und Ruhe und Bedächtigkeit erfüllte ihn,
An ihm ward der Entsagung Spur geschaut.

Er hatte Tag und Nacht das Liebesspiel gekostet,
Er tauchte in des Guten und des Bösen Reich.
Den Frauen und den Männern hat er sich ergeben;
Er ward an Hagerkeit dem Zähnestocher gleich
Und ward ein alt Gebein, bedeckt von Haut.

Er war in jener Kunst ein Mann von Art der Perser,
Der Alte, dem zur Seite sich ein Knabe fand.
In Frauenlieb war er ein Mann vom Stamm der Asra, –
In beiden Dingen kundig und von Lust entbrannt:
Ihm waren Zaid und Zainab gleich vertraut.

Zur Schönen zog es ihn, er liebte heiß die Schöne;
Des Lagers Spur beweinte er, von Schmerz erregt.
Ob seiner großen Sehnsucht glich er einem Aste,
Der sich im Frühlingswinde hin und her bewegt.
Von harter Art ist, wem vor Tränen graut.

Er war erfahren in der Wissenschaft der Liebe
Und spähte wachsam aus für sich zu jeder Zeit.
Er wandte sich zu allem, Leichtem oder Schwerem;
Und schlang die Arme um den Knaben und die Maid.
Zu alt und jung war ihm die Liebe traut.

Dann trat er nahe an den Jüngling heran und gab ihm eine Wurzel des Basilienkrauts; (...) und setzte sich auf die Bank vor dem Laden, dem Jüngling gegenüber, und er begann ihn anzustarren und zu weinen, so daß ein Tränenstrom gleich einer sprudelnden Quelle aus seinen Augen drang, während sich Seufzer auf Seufzer seiner Brust entrang. Da begannen die Leute ihn anzuschauen und ihm Vorwürfe zu machen; einige sagten: ›Alle Derwische sind doch unzüchtige Kerle‹, und andre: ›Wahrlich, das Herz dieses Derwisches ist in Liebe zu dem Jüngling entbrannt.‹« (*1001 Nacht*, Bd. VI, S. 435 f., »Die Geschichte von Kamar ez-Zamân und seiner Geliebten«)

Liebe der Sufis: Ein Mann gab vor, einen anderen leidenschaftlich zu lieben. Der geliebte junge Mann sagte eines Tages zu ihm: »Ach, du liebst mich! Dort sieh meinen Bruder, dessen Gesicht weitaus hübscher als das meine ist und dessen Schönheit vollkommener ist.« Der Mann wandte den Kopf; da stieß ihn der junge Mann von der Terrasse und sprach: »Das ist der Lohn dessen, der vorgibt, uns zu lieben und seine Blicke auf andere richtet.« (Quraishi, zit. nach Dermenghem, *LPBTA*, S. 250)

Lit.: Abu Nuwas, Bouhdiba, Chebel *(ES, IAM)*, Dermenghem, Guiraud, Hafiz, Ibn Fadlan, Jacobus, *1001 Nacht*, Venture de Paradis.

Siehe auch: Bisexualität, Eitelkeit, Ephebe, Futuwa, Homosensualität, Homosexualität, Mignon, Persien, Prostitution, Schöner Jüngling, Türke (junger), Unzucht.

PÄDOPHILIE (vom griech.: *paidos:* »Kind«, und *philia*: »Freundschaft, Zuneigung«; arab.: *liwat*). Wörtlich: »Liebe zu Kindern« seitens eines Erwachsenen. Diese Liebe muß nicht unbedingt mit einer sexuellen Beziehung verbunden sein, ist jedoch immer erotischer Natur und richtet sich meistens auf Knaben.

Ein ausgefallenes Beispiel von Pädophilie verkörpern jene Sufis, die in der unaussprechlichen Schönheit junger Menschen eine göttliche Botschaft sehen wollen, die es unabhängig vom *dhikr*(**s. dort**), auf den sie sich berufen, zu lobpreisen gelte. Hudjwiri (11. Jh.) schreibt in seiner *Theologischen Summa*, diese Haltung, die offensichtlich Züge von Päderastie trägt, entspreche nicht der islamischen Tradition:

»Es ist verboten, junge Menschen *(ahdath)* zu betrachten und sich mit ihnen zu verbinden, und wer immer erklärt, es sei erlaubt, der ist ein Ungläubiger. Die Argumentation in dieser Angelegenheit ist fruchtlos und dümmlich. Ich habe unwissende Menschen gesehen, die die Sufis besagter Sünde verdächtigten und sie mit Entsetzen betrachteten, und ich mußte feststellen, daß einige daraus eine Regel ableiteten. Alle Sufischeichs [shaikh] indes halten diese Praktiken für pervers, die gewisse Mitglieder der *Hululiyan*-Sekte [Anhänger der Inkarnationslehre] – Gott verfluche sie! – den Heiligen Gottes und denjenigen, die sich dem Sufismus zuwenden wollen, als Schandmal hinterlassen haben.« (Hudjwiri, S. 469f.)

Lit.: Hafiz, Hudjwiri, Navarian, Venture de Paradis.

Siehe auch: Bisexualität, Ephebe, Futuwa, Homosexualität, Mignon, Paradies, Prostitution, Schöner Jüngling, Türke (junger).

PARADIES *(djinna)*. Das Paradies, der wunderbare Garten Eden, zu dem jeder Erwählte Zutritt erhält, oder *Firdaus*, wie die Perser sagen, ist für den Gläubigen der Ort, an dem die irdischen Wünsche erfüllt werden. So steht im Koran: »Diejenigen, die glauben und tun, was recht ist, die leitet ihr Herr durch ihren

Glauben recht. Zu ihren Füßen werden dereinst Bäche fließen, in den Gärten der Wonne *(djinnati al-naʿim)*.« (10, 9)
Und an anderer Stelle finden wir:
»Und wenn nun einer zu denen gehört, die Gott nahestehen, werden ihm eine kühle Brise, duftende Kräuter und ein Garten der Wonne zuteil *(djannatu naʿimin)*.« (56, 88-89)
Der Koran spart nicht mit Hinweisen und mehr oder weniger präzisen Anspielungen auf die Belohnungen im Jenseits. Über hundertfünfzig Verse sind dem Paradies gewidmet, damit wird es genauso häufig erwähnt wie der Tag des Jüngsten Gerichts und häufiger als Engel und Propheten.
Jeder Gläubige kann kraft der Intuition seines Glaubens den muslimischen Garten Eden ahnen; seit die orthodoxe Tradition jedoch die Lehre des Koran und den Moralkodex zunehmend festgeschrieben hat, ist diese Ahnung zu einer theologischen Realität geworden, die wenig Raum läßt für die Vorstellungen des einzelnen. Das Paradies der Liebenden zeigt sich als eine Welt, die von Sorgen und Einschränkungen nicht betroffen ist. Es ist ein Quell der Wohltaten unter dem Dach des Glücks und der Sorglosigkeit: Hier finden sich blühende Blumenrabatten, Flüsse, Quellen und Bäche, köstliche Gärten, die die Luft mit Wohlgerüchen erfüllen, Nektar, Früchte und süße Köstlichkeiten. Auch die Menschen im Paradies sind eine Augenweide: Zuvorkommende und schöne Jünglinge *(ghilman)* und Huris *(huriyat, ʿain al-hur)*, ewige Jungfrauen, die Aloe, Weihrauch, Myrrhe, Milch und Honig darbieten, bevölkern den Garten Eden.
Der andalusische Reisende Ibn Djubair (12. Jh.) beschreibt Damaskus mit einer so jubelnden und leidenschaftlichen Begeisterung, daß man meinen könnte, er spräche vom Paradies:
»Gott schütze sie! Paradies des Orients, Horizont, an dem die strahlende und glänzende Schönheit aufsteigt, sie war das Siegel aller Länder des Islam, die wir besuchten, die junge Ehefrau unter all den Städten, deren Schleier wir lüfteten; sie ist geschmückt mit wohlriechenden, blühenden Pflanzen, und sie erhebt sich unter dem seidigen Schmuck ihrer Gärten. Sie nimmt einen herausragenden Platz ein, was die Stellung der Schönheit betrifft. Der glänzendste Schmuck erstrahlt auf ihrem Prunkbett. (...) Sie zeigt sich dem Betrachter in einer funkelnden Entschleierung; sie ruft ihnen zu: ›Eilt herbei zu nächtlicher Pause und zur Siesta, um der Schönheit willen‹ (...) Wie wahr sprechen die, die von ihr sagen: ›Wenn es ein Paradies auf Erden gibt, dann ist Damaskus gewiß ein Teil davon; wenn es im Himmel ist, ist Damaskus das irdische Pendant und Duplikat.‹« (Bd. 3, S. 301)
Unterschwellig scheint die Vorstellung vom »Paradies der Liebenden« geradezu zur Häresie einzuladen: Eine solche Verheißung macht nur dann Sinn, wenn man sie auch auf die Wirklichkeit überträgt. Das meint auch Omar Khayyam im folgenden Vierzeiler:

Besorge dir Tänzer, Wein und eine Frau mit den bezaubernden Zügen
        einer Huri, wenn es überhaupt Huris gibt;
oder suche ein schönes fließendes Gewässer am Ufer des Rasens,
        wenn es überhaupt Rasen gibt,

und verlange nichts Geringeres; kümmere dich nicht um diese erloschene Hölle, denn in Wahrheit gibt es kein anderes Paradies als das, das ich dir zeige,
wenn es überhaupt ein Paradies gibt.
(*Quatrains*, S. 42)

Lit.: Alric, Ibn Djubair, Khayyam, Koran.
Siehe auch: Ghulam, Huri, Parfum, Wunder.

PARFUM (*tib, riha; ra'iha; shamm:* »Geruchssinn«). Ob Amber, Moschus, Jasmin, Benzoe, Rosenwasser, Olibanum, oder Weihrauch, die Ingredienzien des Parfums sind untrennbar sowohl mit Hygiene wie mit Schönheit und Erotik verknüpft. Der göttliche »gute Duft« war in dem Teil der Erde, aus dem das Parfum stammt, immer schon zu Hause: *Arabia Felix*, der heutige Jemen und Oman, das Land des Olibanums, der Hadramaut, Persien, das Paradies der Rose, Damaskus, Syrien, Palästina, Anatolien und schließlich die gesamte Mittelmeerküste. Schon der griechische Historiker Herodot wies darauf hin, daß Weihrauch, Myrrhe, Zimt und Ledanon spezifisch arabisch seien. Das *Glossarium eroticum linguae latinae* (1826) von Pierrugues macht deutlich, wie bekannt bestimmte Essenzen, Salben und aromatische Pflanzen aus dieser Region waren. Duftblumen, Extrakte, seltene Essenzen, Salben (*marham*) sowie kostbare Düfte werden traditionellerweise im Basar der Parfumhändler (*suq al-ʿattarin*) verkauft.

Natürlich gehört Parfum zu den ständig wiederkehrenden und beliebten Motiven in der arabisch-persischen Dichtung. Denken wir nur an den Hadith* des Propheten Mohammed, in dem er versicherte, nichts so sehr zu lieben wie Frauen, Parfum und das Gebet. Seither dürfen in keiner Beschreibung der Schönheit oder eines zärtlichen Gefühls Bilder aus dem Pflanzenreich oder der Welt des Parfums fehlen, und die raffiniertesten Allegorien kommen kaum ohne eine Anspielung auf diese oder jene Essenz, diesen oder jenen Duft aus. In Dichtung und Erzählkunst, den häufigsten Literaturgattungen der islamischen Welt, zählen Moschus, Jasmin, Narzisse, Amber, Rose, Sandelholz, Nelke und Lorbeer zu den am häufigsten verwendeten Bildern. So lesen wir in *1001 Nacht:* »Und er spürte diesen Körper an sich, der zarter noch als Butter war, und diesen Atem, noch angenehmer als Moschusduft.« Weiter lesen wir:

»Sie warf ihre Schleier von sich und entkleidete sich völlig, bis sie so nackt erschien, wie sie geboren war. Gelobt sei der Schoß, der sie trug! Jetzt erst konnte Nûr ermessen, welcher Segen ihm zuteil geworden war! Und er sah, daß die Prinzessin von einer Schönheit so süß und weiß wie Linnen war, und sie duftete so lieblich nach Amber wie eine Rose, die ihr ureigenstes Parfum verströmt.«
(*1001 Nacht*, M., Bd. XI, »Histoire du jeune Nour«)
Der tadschikische Dichter Roudaki (914-943) schreibt:

Ich möchte nur noch diese duftenden Locken
und den Zauber dieses Hurimädchens erleben.
(Safâ, S. 37)

Emile Dermenghem macht darauf aufmerksam, daß Benzoe *(djawi)* bei Räucherritualen am häufigsten verwendet wird. Er schreibt in seiner Studie über den Heiligenkult im Maghreb:
»Der vollständige Satz besteht aus sieben Ingredienzien, den *sabʿa bakhurat: djawi, luban* (Weihrauch), *kusbara* (Koriander), *miʾat mubarka* (Styrax), *ʿud al-qumari* (Aloe), *ʿanbar* (Amber), *misk* (Moschus).« (*CSIM*, S. 123)
Manchmal fügt man noch Kampfer hinzu *(kafur)*.
Natürlich ist die Palette orientalischer Parfums noch viel reichhaltiger. Hier finden wir die meisten uns bekannten Essenzen, ob aus heimischen Pflanzen gewonnen oder aus aller Welt importiert: Kamille, Wermut, Levkoje, Lebensbaum, Safran, Narde, grauer und schwarzer Amber, Beifuß, Rose, Jasmin, Mimose, Akazie usw. Nafzawi (15. Jh.) preist Myrrhe als »reinigend für die Vagina«, Kampfer gilt als »Begleiter des Todes«. Imru' al-Qais (gest. um 540) beschwört den Moschus, der aus der Geliebten strömt wie »die mit Nelkenduft erfüllte Morgenbrise« (Schmidt, *Les Muʾallaqat*, S. 56). Aischa, die jüngste Frau des Propheten, berichtet: »Ich parfümierte den Gesandten Gottes, wenn er in den Zustand der Weihe trat und wenn er vor dem die Wallfahrt abschließenden Umlauf um die Kaaba seinen Weihezustand beendete.« (Bukhari, S. 204)
Und sie fügt hinzu:
»Mir ist, als würde ich noch immer den Duft des Parfüms auf dem Scheitel des Gesandten Gottes wahrnehmen, als er im Zustand der Weihe war!« (Ebd.)
Keine andere materielle Substanz kommt der Beschwörungskraft des Parfums gleich, übt eine so nachhaltige und erregende Wirkung auf die Gefühle aus. Natürlich sind schöne Düfte auf der Straße, in Wäldern und Gärten im Überfluß vorhanden; daneben schafft der Mensch noch eigene Duftkreationen. In der Sprache der Liebe können sie durchaus als Erkennungszeichen dienen.
Ein von Liebe trunkener Mann wußte nicht mehr, wie er seine Geliebte wiederfinden sollte, dank dem Hauch ihres Parfums gelang es ihm jedoch, sie zu finden: Sie lachte voller Stolz und sagte zu dem der Mädchen, das ihre engste Freundin war:
»Suche ihn und sage ihm: ›Triff mich im Schatten der Nacht;
Hüte dich vor Feinden und nimm dich in acht vor forschenden Blicken.
(...)
Begib dich in das Haus [in dem ich wohne], du findest mich hinter den Räumen [unseres Hauses].‹
Nachdem ich fast schon verzweifelt war, gelang es mir, sie zu finden, ihre Düfte leiteten mich.
Und wir hielten uns in den Armen wie zwei *alif* (**s. Alphabet**), einer um den anderen geschlungen.« (Pérès, *La poésie arabe d'Andalousie*, S. 115)
Ibn Djauziya (1292-1350) berichtet in seinem *Kitab al-Azkiya'*, wie aufgrund eines Parfums ein Ehebruch entdeckt wurde. Die Geschichte spielt zur Zeit des Prinzen al-Mansur (8. Jh.), der ein seltenes Parfum besessen haben soll. Er gab es dem gehörnten Ehemann, der sich ihm anvertraut hatte, und bat ihn, es vor seiner Frau über alle Maßen zu loben: »Sie wird nichts besseres zu tun wissen, als es dir zu entwenden, um es ihrem Freier zu schenken.« Da es ein sehr kostbares und äußerst seltenes Parfum war, konnte man es unter Hunderten wieder-

erkennen. Das Ende der Geschichte ist einfach: Der Prinz Mansur postierte seine Späher an allen Ausgängen der Stadt, und es dauerte nicht lange, bis sie den taktlosen Geliebten entdeckten. So ging die Ehebrecherin mit Hilfe eines Parfums in die Falle (Basset, *MUCRL*, S. 14), eine Geschichte, die seither von zahlreichen Erzählern, Barden und anderen öffentlichen Spaßmachern wieder aufgegriffen wurde.

Hadith: »Anas berichtet, er lehnte nie Parfum ab, und er versichert, daß der Prophet nie welches ablehnte.« (Bukhari, *TI*, Bd. 4, S, 128).

Religiöse oder poetische Redensarten: »Deine Liebe ist lieblicher als Wein. Es riechen deine Salben köstlich; dein Name ist eine ausgeschüttete Salbe, darum lieben dich die Mädchen. (...) Als der König sich herwandte, gab meine Narde ihren Duft. Mein Freund ist mir ein Büschel Myrrhen, das zwischen meinen Brüsten hängt. Mein Freund ist mir eine Traube von Zyperblumen in den Weingärten von En-Gedi.« (Das Hohelied Salomos, I, 2-3, 12-14) »Als ich aus einem bestimmten Haus kam, atmete ich einen Duft ein, der noch angenehmer war als das Parfum einer schönen Braut im Augenblick der Hingabe.« (zit. nach Thaʿalibi, S.104).

Lit.: Nafzawi, Basset, Bibel, Bukhari, Chebel *(IAM)*, Dermenghem, Gobert, Koran, Masʿudi, Pérès, Rami, Safâ, Schmidt, *1001 Nacht*, Thaʿalibi.

Siehe auch: Aphrodisiaka, Basar, Duft, Flaum, Flora, Furz, Haar, Hammam, Olibanum, Räucherwerk, Reinigung, Rose, Serailpastillen, Sexuelle Perversionen, Verführung.

PENIS (arab., pers.: *alat al-tanasul; qadib*, »Rute, Eichel«; *al-safan*, »Hodensack«). Neben den keuschen Begriffen *alat al-tanasul* (wörtl.: »Fortpflanzungsorgane«) oder *dhakar*, Plur.: *dhukur* (wörtl.: »das Männliche, Penis«) müssen die unzähligen obszönen oder vulgären Ausdrücke genannt werden wie *numm, qalam* (Schreibfeder), *al-ham al-raqiq* (der heikle Körperteil): Marçais, *EADAA*, S. 429. Oder aber: ʿir (Penis mit großer Eichel), *htauta* (sehr kurzer Penis, Marokko). Es gibt noch *kuzbur* (langer und dicker Penis); *zubb*, Plur.: *azbab*, ist der gebräuchlichste Name. Ein hängendes Glied nennt man *raffad*, ein dickes *khalʿa*. Abgesehen von der obszönen Sprache oder dem Vokabular von Jugendlichen, das vor allem darauf abzielt, Eindruck zu schinden, wird ein aufgerichteter Penis kaum erwähnt. Wenn der Penis nach mehrfachem Verkehr entzündet ist, bezeichnet man ihn als *helaq* (von *halaq*: wörtl.: »in Gefahr«); *zanbur*, Plur.: *zanabir*, tunesischer Begriff, der auch für die Vagina, den weiblichen Hintern etc. verwendet wird; *bul ward* (wörtl.: »der blühende Penis«), wenn das Glied aus seiner Hülle herauskommt; *ishmaʿa, mushmaʿat* (wörtl.: »sich wie eine Kerze aufrichten«): erigiertes Glied; *ismiʿtat:* physiologischer Begriff für Erektion; *waqqaf, qiyyam, tashdid, nuhud, huyudj:* erigiert sein, eine Erektion bekommen, in Wallung geraten (Gasselin).

Seit dem 10. Jh. haben arabische Ärzte das männliche Glied und seine Funktionsweise (die Erektion) genau untersucht und dokumentiert. Hier folgt ein Auszug aus einem arabischen Manuskript der Bibliothek des Escorial, das ʿArib ibn Saʿid al-Katib mit dem Beinamen al-Qurtubi (d.h. aus Córdoba stammend; gest. um 980) zugeschrieben wird:

»Das männliche Glied besteht aus Nerven *(ʿasab)* und Gefäßen *(ʿuruq)*, es hat lange und schwammartige Hohlräume *(tadjawif)*, weil es manchmal erigiert und manchmal entspannt ist und deshalb Flüssigkeit stauen können muß,

damit es sich, wenn es zum Geschlechtsverkehr *(al-djima^c)* kommt, aufrichten und sein Sperma sich in den Uterus ergießen kann *(qadf al-mina)*; die Gefäße führen vom Herzen kommendes Blut. Seine Wurzel ist eng mit dem Blasenhals verbunden *(al-mathana)*; in der Mitte liegt ein gerader, in die Harnblase mündender Kanal, durch den der von dort stammende Urin abfließen kann. Im männlichen Glied *(dhakar)* befindet sich noch ein weiterer, feinerer Kanal als der eben genannte, in dem das Sperma durch feine Röhrchen zirkuliert; dieser Kanal geht durch das Glied und mündet in die Harnröhre; dann gehen sie ineinander über, an dieser Stelle des Zusammentreffens ergießen sich Sperma und Urin. Die Gefäße, die ins männliche Glied münden, sind an ihrem oberen Ende schmal und an ihrem unteren Ende weit; dadurch können sie sich leicht mit Flüssigkeit füllen, wenn es anschwillt. Gott, der Allmächtige, gab der Wurzel des männlichen Gliedes vier kleine Muskelpaare, die ganz fest am Blasenhals sitzen, um dem Glied Festigkeit zu verleihen, wenn es sich aufrichtet.«
(Zit. nach Sournia, S. 83)
Neben solchen medizinischen Beschreibungen hat sich um den Penis auch eine blühende Metaphorik entwickelt.
Folgende erotische Begriffe finden wir bei Nafzawi:
El dekeur, das männliche Glied. *El kamera*, der Penis. *El air*, das Zeugungsglied. *El hamama*, die Taube. *El teunnana*, der Klingler. *El heurmak*, der Unbezähmbare. *El ahlil*, der Befreier. *El zeub*, der Stab. *El hammache*, der Erreger. *El naasse*, der Schläfer. *El zodamme*, die Brechstange. *El khiade*, der Schneider. *Mochefi el relil*, der Löscher der Leidenschaft. *El khorrate*, der sich Umdrehende. *El deukkak*, der Schläger. *El aouame*, der Schwimmer. *El dekkal*, der Einbrecher. *El aouar*, der Einäugige. *El fortass*, der Kahle. *Abou aine*, der mit dem Auge. *El atsar*, der Treiber. *El dommar*, der Starkköpfige. *Abou rokba*, der mit dem Nacken. *Abou quetaia*, der Haarige. *El besiss*, der Unverschämte. *El mostahi*, der Schüchterne. *El bekkai*, der Weinende. *El hezzaz*, der Stöberer. *El lezzaz*, der Verbindende. *Abou laaba*, der Speier. *El fattache*, der Sucher. *El hakkak*, der Reiber. *El mourekhi*, der Schlaffe. *El motela*, der Plünderer. *El mokcheuf*, der Entdecker.
(Nafzawi, *Der Duftende Garten*, übers. v. Kolb/Weltmann, S. 248)
Eine ähnliche Liste liefert uns Scheherazade, die Heldin aus *1001 Nacht*. Sie erzählt die Geschichte eines Mannes aus dem Volk, eines »Verrückten«, der die unglaublichsten Abenteuer mit einer merkwürdigen Maid erlebt:
»Und alsbald kam sie zu mir und nahm mich, sie stürzte sich auf mich und rieb mich mit einer erstaunlichen Leidenschaft. Und ich, o mein Herr, ich fühlte, wie meine Seele sich völlig – du weißt schon wo – niederließ. Also vollbrachte ich das Werk, für das ich geschaffen war und erfüllte die mir aufgetragene Aufgabe. Und ich unterwarf, was bis dahin unbeugsam war, ich raubte, was ich rauben konnte, nahm, was ich konnte und gab, was erforderlich war, ich erhob mich und streckte mich aus, stürzte mich auf sie, drang tief in sie ein, stieß sie, forcierte, stopfte sie, machte sie scharf, wurde heftiger, reizte und kreischte, drehte sie, wurde wilder und begann von neuem. O mein Herr und Sultan, am Abend war der, den du kennst, wirklich ein Bursche, den man den Bock nennen konnte, er war der Hammerschmied, der Schlächter, der Unheilvolle, der Lange, das Eisen, der Klagende, der Öffner, der Stoßende, der Abreiber, der Unwiderstehliche, der Stab

des Derwischs, das wunderbare Werkzeug, der Funkensprühende, der stürmische Verrufene, das Schwert des Kriegers, der unermüdliche Schwimmer, die Nachtigall, die über mehrere Tonarten verfügt, der mit dem kräftigen Hals, das Energiebündel, der mit den dicken Eiern, der mit dem Turban, der Kahlköpfige, der Wonne schenkende, der Schrecken verbreitende, der kamm- und stimmlose Hahn, das Kind seines Vaters, das Erbe des Armen, der launenhafte Muskel und die enorme Kraft der Süße. Und ich glaube wohl, oh, mein Herr und Sultan, daß an diesem Abend jeder Beiname eine Erklärung fand, jede Eigenschaft unter Beweis gestellt und jedes Merkmal erfahrbar werden konnte.«
(*1001 Nacht*, M, Bd. XIII, »Histoire compliquée de l'adultérin sympathique«)
Die in der arabischen Welt schon fast religiöse Verehrung der männlichen Stärke findet ihren Ausdruck in der Beschreibung und Bewunderung des Penis. Ein schönes Glied wird von Männern wie Frauen gleichermaßen gepriesen. Ihm wird jede mit Männlichkeit verbundene Eigenschaft, von Zeugungskraft bis hin zum Mut, zugeschrieben. Sexuelle Potenz gilt als individuelle Auszeichnung, auch wenn sie das Kennzeichen des gesamten Tierreiches sein mag. Frauen wiederum verehren den Penis als Instrument, von dem sie sich himmlische Wonnen erhoffen. Der ägyptische Polyhistor Suyuti schreibt in seinem Buch *Hochzeitsnächte*:
»Als sie sah, wie sich sein Instrument erhob und wuchs, begann sie schallend zu lachen, klatschte in die Hände und gab Freudenschreie von sich, um es herzlich willkommen zu heißen. (...)
Das größte männliche Instrument mißt zwölf Zoll, das entspricht der dreifachen Länge einer Faust; das kleinste mißt sechs Zoll, etwa die anderthalbfache Länge einer Faust. Bestimmte Männer haben ein zwölf Zoll langes Instrument; andere ein zehn Zoll bzw. zweieinhalb mal so langes wie eine Faust; andere ein acht Zoll bzw. zweimal so langes wie eine Faust; andere ein sechs Zoll bzw. anderthalb mal so langes wie eine Faust. Frauen haben von Männern mit einem Instrument, das weniger als sechs Zoll mißt, im Bereich der körperlichen Vereinigung nichts Gutes zu erwarten.« (Abdal Rahman al-Suyuti, *Hochzeitsnächte*, S. 64)
Entsprechend groß sind angesichts solcher Vorgaben und Erwartungen auch die Ängste, der Penis könne seinen Dienst versagen:
Die Geschichte vom unheilvollen Penis:
»Ich habe einen unheilvollen *zubb*. Er ist aus schmelzendem Wachs, denn er wird immer weicher, je mehr man ihn berührt.
Vergebens rufe ich ihn zur Vernunft, er beharrt darauf zu schlafen, wenn er wach sein muß. Das ist ein fauler *zubb*!
Bin ich jedoch allein mit ihm, da packt ihn plötzlich ein kriegerischer Eifer! Ach! Das ist ein unheilvoller *zubb*!
Er ist geizig, wenn er großzügig sein soll, und freigiebig, wenn er sparen soll. Dieser Hundesohn! Sobald ich schlafe, regt er sich; und sobald ich mich rege, schläft er ein. Das ist ein unheilvoller *zubb*! Verflucht sei der, der Mitleid mit ihm fühlt!«
(*1001 Nacht*, M, Bd. XI, »Histoire du jeune Nour avec la Franque héroïque«)

Lit.: Chebel *(ES, IAM)*, Ibn Falita, Gasselin, Marçais, Nafzawi, Suyuti, Sournia, *1001 Nacht*.
Siehe auch: Erektion, Eunuch, Genitalien, Hand, Haut, Hoden, Kamasutra, Koitus, Kunst, Linga/Lingam, Männlichkeit.

PERLE *(lu'lu', durr, djauhara)*. Die Perlensymbolik ist persischen Ursprungs; die Perle wird in der Regel mit Jungfräulichkeit verbunden. Für die kurdischen Mystiker ist die Perle wie ein Embryo, das am Grund seines Muscheluterus schlummert. Dieses schöne Bild geht zurück auf den großen Dichter Saʿdi aus dem 12./13. Jh. Er sieht in der Perle einen Regentropfen, der vom Himmel in eine Muschel gefallen ist. Diese stieg nur deshalb an die Wasseroberfläche, um den Tropfen in sich aufzunehmen, danach verschloß sie sich wieder (Ali-Shah Elahi, *Kurdische Esoterik*, S. 16).
Die Araber, für die die Perle ein Symbol der Reinheit ist, betrachten sie als das kostbarste Kleinod unter allem Geschmeide (*EI*, Bd. 2, S. 645). Frauen oder bestimmte Körperpartien wie z.B. Zähne werden oft mit Perlen verglichen, doch die Perle ist auch wegen ihrer Heilkraft und ihrer Wirkung als Talisman berühmt. Mircea Eliade schreibt über die Perle als allgemeines Symbol: »Da sie zuerst das Symbol der in den Gewässern schlummernden Kräfte sowie der Zeugungskraft gewesen war, vermochte sie sich in einer späteren Epoche zu einem allgemein anerkannten Tonikum zu entwickeln, das sowohl als Aphrodisiakum wie als Heilmittel für Melancholie und Wahnsinn diente, Krankheiten, die beide auf den Einfluß des Mondes zurückgehen und daher auf die Wirkung jedes Symbols ansprechen, das der Frau, dem Wasser, der Erotik als Ausdruck dient.« (Eliade, S. 159)
Der Koran schießlich gesteht Perlen einen ganz besonderen Rang zu. Sie werden zwar nur als Vergleich mit schönen Jünglingen *(ghilman)* und den Huris mit den großen Augen *(hur ʿainun)* herangezogen, dennoch erhalten sie durch Begriffe wie »wohlverwahrte Perlen« *(lu'lu' maknun:* 52, 24; 56, 22-23) oder »ausgestreute Perlen« *(lu'lu'an manthuran:* 76, 19) ein höheres Ansehen.
Lit.: Ali-Shah Elahi, Chebel (*DSM*), EI, Eliade, Koran, Mokri, Rami, *1001 Nacht*.
Siehe auch: Augen, Huri, Zähne.

PERSIEN *(al-furs)*. Persien übte aufgrund seiner alten Kultur und Religion schon seit dem Altertum eine starke Faszination auf Fremde aus. Nach der Eroberung des Landes durch die muslimischen Araber folgte auf den Zoroastrismus der Islam, der eine neue kulturelle Entwicklung einleitete. Die schiitische Ausprägung des Islam ist in erster Linie in Persien beheimatet; außerdem befinden sich einige bedeutende muslimische Heiligtümer auf persischem Boden. All dies verleiht Persien eine besondere Stellung in der muslimischen Welt. Über die kulturelle Offenheit der Perser und die Rolle Persiens als Schnittstelle vieler Kulturen berichtet Herodot:
»Die Perser sind es, die am meisten von allen fremde Bräuche bei sich dulden. Sie halten die medische Kleidung für schöner als ihre eigene und tragen sie deshalb. Im Kriege legen sie den ägyptischen Brustpanzer an. Alle Vergnügungen und Genüsse, die die kennenlernen, führen sie bei sich ein. So haben sie auch von den Griechen die Knabenliebe angenommen. Jeder von ihnen heiratet viele rechtmäßige Frauen und besitzt außerdem eine größere Zahl von Nebenfrauen.« (*Historien*, Erster Band, Bücher I-V, S. 131)
Persiens Beitrag zur Literatur ist bemerkenswert, viele berühmte Dichter stammen von dort, wie z.B. Hafiz, Saʿdi, Firdausi oder Rumi, sie werden teilweise in

eigenen Einträgen in dieser Enzyklopädie behandelt. Zu nennen ist auch ᶜUbaid Zakani (14.Jh), der Autor des *Buches der Verliebten* (ᶜ*Ushshaq nameh*, 1350), das sich vor allem mit Rhethorik befaßt (Pareja, *Islamologie*, S. 912). Auch die berühmten persischen Miniaturen (**s. dort**) dürfen nicht unerwähnt bleiben.

Lit.: Chardin, Corbin, Daudpota, Dermenghem *(LBPTA)*, Hafiz, Herodot, Masᶜudi, Malcolm, Massé, Poliakova/Rakhimova, Rami, Saᶜdi, Surieu, *1001 Nacht*.

Siehe auch: »Luwat khorasani«, Persische Miniaturen, Shirin und Khusrau.

PERSISCHE MINIATUREN *(munamnama farisiya; musaghghara).* Die großen europäischen Bibliotheken, so auch die Französische Nationalbibliothek, besitzen Sammlungen der schönsten persischen und türkischen Miniaturen. Abgesehen von allgemeinen Themen aus dem Bereich der Wissenschaft und des Wissens – etwa der Augenheilkunde, der Chirurgie, der Kräuterheilkunde – geht es in den Darstellungen, die sich durch ihren feinen und genauen Pinselstrich und den reichen ornamentalen Schmuck auszeichnen, überwiegend um die Schilderung von Sitten und Gebräuchen der Führungsschichten unter den verschiedenen islamischen Dynastien. Dieses Spektrum ist weit gefaßt: Es reicht von Zentralasien (Bukhara und vor allem Samarkand) über Persien (Isfahan, Schiraz, Herat, Tabriz) bis nach Kaschmir oder Anatolien und bis in die syrische Wüste und manche entlegene Karawanserei. Und eine wichtige Rolle spielte dabei natürlich die Liebe: Man findet neben Jagdszenen, Schlachten zwischen Reiterheeren, geselligen Zusammenkünften und höfischen Festen auch Schilderungen von Gaumenfreuden, bis hin zu so gewöhnlichen Genüssen wie Eisessen und Teetrinken – die persischen Miniaturen sind berühmt für ihren Detailreichtum. Auch die großen Gestalten aus den Liebeslegenden des Orients sind vertreten: Shirin und Farhad und Shirin und Khusrau, Madjnun und Laila, Joseph und Suleika, Alexander und die Sirenen usw. Die Paare werden meist im entscheidenden Moment ihrer Geschichte gezeigt, mit einer deutlichen Vorliebe für das romantische Stelldichein: der Liebhaber unter dem Fenster der Geliebten, ein züchtiges Zusammentreffen, das oft ein wenig wie ein sonntägliches Picknick im Grünen wirkt ...

Persien ist vor allem für seine Dichtkunst berühmt, aber die Kunst der Miniaturen ist ihr ebenbürtig und gilt als anerkanntes und eigenständiges Ausdrucksmittel in der Schilderung der Liebe und der höfischen Sitten in jenem bedeutenden Teil der islamischen Welt.

Lit.: Blochet, Poliakova/Rakhimova.

Siehe auch: Berühmte Liebespaare, Freßlust, Galanterie, Ghazal, Konversation, Kunst, Orientalische Lebensart, Persien, Serail.

PFERD s. Esel, Tiere.

PLATONISCHE LIEBE s. Höfische Liebe, Spirituelle Liebe.

PODEX (*ist* oder *wasit:* »der in der Mitte Befindliche«, *tirma* in Algerien; *tiz, dubur*). A. Boudot-Lamotte schreibt in einer Studie über den metaphorischen Gebrauch der Begriffe für einige Körperteile zum Podex:

»Viele Redensarten und Sprichwörter drehen sich um dieses Wort, das erklärt auch die Anekdote, die al-Muʿarridj berichtet: Einer, der sich bewundernd über eine sehr schöne Sklavin in der Gesellschaft Sulaiman ibn Abd al-Maliks (8.Jh.) geäußert hatte, erhielt von diesem folgende Antwort: ›Sie gefällt dir? Nun, sie sei dein, wenn du mir sieben Sprichwörter mit dem Wort *ist* nennen kannst.‹« (S.153)

Diese zählte er sofort auf. Die von al-Muʿarridj genannte Bedingung dokumentiert das große Interesse, das die Araber sowohl dem Körper und der Sinnlichkeit wie deren dichterische Darstellung entgegenbrachten. Dem erotischen Aspekt des Frauenhintern verdankt sich ein sehr reichhaltiges anzügliches bis zotiges Vokabular, das entweder die Wertschätzung der Partnerin zum Ausdruck bringt oder ihr geringschätzig sexuelle Freizügigkeit unterstellt.

Auch Frauen finden Vergnügen daran, den Hintern eines Mannes zu loben; starre Blicke auf sein Glied kann sich dagegen keine Frau erlauben, Schamgefühl und soziale Konventionen lassen dies nicht zu.

Erotische Phantasien weckt auch der Podex eines schönen Jünglings oder Epheben; in den einschlägigen erotischen Texten werden seine Weichheit und Glätte gerühmt.

Lit.: Boudot-Lamotte, Chebel, Ibn Falita, Marçais *(EADAA)*, Nafzawi.
Siehe auch: Analverkehr, Anus, Glatte Haut, Hintern, Haut, Koitus, Pädophilie, Schambereich, Tzaʿbil, Wassermelone.

POLYGAMIE *(taʿaddud al-zaudjat).* Gustave Thibon schrieb: »Rein biologisch gesehen und unabhängig von kulturellen Einflüssen ist der Instinkt weder poly- noch monogam; er befindet sich jenseits dieser Kategorien« *(PA,* S. 28). Gleichwohl war die Polygamie (Chatila spricht von Tetragamie, das sind vier Ehefrauen) während der ersten Jahrhunderte der Ausbreitung des Islam weit verbreitet. Damals war es den politischen Führern seitens der großen Dynastien gestattet, über einen ganzen Harem zu verfügen. Polygamie wurde sogar von Juristen und Religionsgelehrten, also den moralischen Autoritäten, hochgelobt. Damals konnte ein Mann vier rechtmäßige Ehefrauen nehmen und soviele Konkubinen, wie sein Vermögen erlaubte. Das gehört heute, zum Teil auch dank einer veränderten Mentalität, der Vergangenheit an. In Tunesien z.B. ist Polygamie seit 1956 durch das Personenstandsgesetz verboten. Im Koran steht zum Thema Polygamie:

»Und wenn ihr fürchtet, in Sachen der euerer Obhut anvertrauten weiblichen Waisen nicht recht zu tun, dann heiratet, was euch an Frauen gut ansteht, zwei, drei oder vier. Wenn ihr aber fürchtet, so viele nicht gerecht zu behandeln, dann nur eine, oder was ihr an Sklavinnen besitzt.« (Koran, 4, 3 *al-nisa',* »Die Frauen«) Dieser Vers nennt als eine Bedingung, daß der Mann seine rechtmäßigen Ehefrauen genau gleich behandeln muß, sonst ist seine Ehe der Scharia* zufolge nicht gültig. Selbst in Ländern, wo grundsätzlich keine Bedenken gegen eine Zweitfrau bestehen, konsultiert ein Mann seine Frau heutzutage, bevor er sich eine weitere Frau nimmt. In den drei Maghrebländern wird Polygamie mehr oder weniger offen bekämpft, zwar nicht in den Texten, die männliche, der Moschee nahestehende Juristen verfaßt haben, so doch de facto. Auch die Frauen tragen ihren Teil zum Kampf gegen diese grundlegende Ungerechtigkeit bei, indem sie Frauenvereine mit emanzipatorischen Zielsetzungen gründen und die Jüngeren entsprechend informieren und erziehen.

Sprichwort: »Wer eine Mühle, einen Garten oder eine zweite Frau besitzt, verbringt keine ruhige Nacht«: *mul tahuna wa saniya wa mra thaniya ma ʿinu haniya* (aus Rabat).

Lit.: Bousquet, Bukhari, Chatila, Ghazali, Pesle, Tabari, Thibon.

Siehe auch: Ehe, Frauen des Propheten, Genußehe, Koitus, Konkubinat/Konkubinen, Mohammed, der Prophet, Wiederverheiratung.

PORNOGRAPHIE (*khilaʿiya, ibahiya:* auf den literarischen Bereich beschränkt). In der arabischen Welt ist Pornographie ein eher marginales Phänomen, das Unverheirateten, bisweilen auch Paaren der Stadtbevölkerung vorbehalten ist. Eine Pornoindustrie als solche existiert nicht, allerdings begann der Konsum von Pornographie mit der Entwicklung des entsprechenden Marktes in Europa und Amerika. Aufgrund der traditionellen Tabus besitzen wir leider keine zuverlässigen soziologischen Studien, die Auskunft darüber geben könnten, inwiefern Zeitschriften, Videos oder Filme tatsächlich im Handel sind.

Pornographie ist jedoch in erster Linie ein Produkt des Westens; Orientalen begegnen diesem Phänomen oft erst in einem westlichen Land über Sex-Shops, Zeitschriften, Computerspiele oder Pornoclubs. Nordafrika, Ägypten und der Libanon werden von Italien, Frankreich und Spanien beliefert; für die Türkei fungiert Deutschland als Hauptlieferant, für die Golfstaaten und Iran ist es Großbritannien. Neben den USA, Kanada gewinnen die asiatischen Länder als Anbieter einer »exotischen« Erotik zunehmend an Gewicht.

Da dieses Phänomen jüngeren Datums ist und dementsprechend instabil, lassen sich noch keine verbindlichen Aussagen darüber treffen. Haben früher Reisende das Klischeebild von der Gewalttätigkeit des Orients geprägt, so empfinden viele Muslime Pornographie heute als eine Art »westlicher Gewalt«, die ihre Kultur bedroht. Mehr noch, sie gilt als beredtes Zeichen des Sittenverfalls in der materialistischen Kultur.

Siehe auch: Erotik, Sexuelle Perversionen.

PROPHET s. Mohammed, der Prophet.

PROSTITUTION (*khanan, bighaʾ, zinaʾ*; eine Prostituierte nennt man *zaniya, fadjira, fasida, baghiy, ʿahira:* »Frau mit einem schlechten Lebenswandel«, »liederliche Frau«; *qahba:* »Hure«; *khardja:* wörtl.: »die vom Weg abgekommene«). Die Ursprünge der Prostitution *(bighaʾ)* in den arabischen Ländern gehen bis in die graue Vorzeit zurück. Masʿudi (gest. 956) datiert ihre Anfänge in vorislamische Zeiten. Tifashi widmete der Prostitution und sexuellen Anomalien im 13. Jh. ein Büchlein mit dem Titel *Die Freuden der Herzen (von denen in keinem Buch die Rede ist): Nuzhat al-qulub fima la yudjad fi kitab,* in dem er unter anderem die »unterschiedlichen Vertreter von Ausschweifung«, Kuppler, Transvestiten und Huren behandelt.

Der Koran verbietet die Prostitution eindeutig:

»Und zwingt nicht eure Sklavinnen, wenn sie ein ehrbares Leben führen wollen,

zur Prostitution *(wa la tukrihu fatayatikum ʿala al-bigha')*, um auf diese Weise den Glücksgütern des diesseitigen Lebens nachzugehen!« (Koran, 24, 33) Der Kuppler *(al-qawwad)* wird verurteilt und bestraft. Wenn die Frau zur Prostitution gezwungen worden ist, so hat man jedoch Nachsicht mit ihr:
»Wenn jedoch jemand sie wirklich dazu zwingt, ist Gott, nachdem dies nun einmal geschehen ist, barmherzig und bereit zu vergeben.« (Koran, 24, 33)
Die heiligen Texte ähneln sich hier in ihrer Argumentation, auch im Matthäusevangelium lesen wir:
»Wahrlich, ich sage euch, Zöllner und Huren kommen eher ins Reich Gottes als ihr.« (Matth. 21, 31)
Schenkt man den Historikern Glauben, dann ist Prostitution eine Begleiterscheinung der Entwicklung der türkischen Städte. Unter der Regentschaft von Selim II. (15. Jh.) waren einige Kurtisanen so berühmt wie mancher Dichter. Freudenhäuser warben Griechinnen, Jüdinnen, Armenierinnen, ja sogar Europäerinnen an, selbst Musliminnen (Syrerinnen, Iranerinnen oder Türkinnen). Andere Frauen, freie Frauen oder Prostituierte, gingen in Kabarets oder in die kleinen Läden der *kaymakçi* (Sahneverkäufer). Ende des 16. Jh.s hatten Istanbuls Viertel Galata, Top-hane und Eyub den schlechtesten Ruf.
Auch in Persien war Prostitution seit ältesten Zeiten in die Gesellschaft integriert. Ende des 17. Jh.s äußert der Reisende Chevalier de Chardin sein Erstaunen über die besondere Dynamik dieses lukrativen Geschäfts:
»Ungeachtet dessen, was ich gerade gesagt habe, gilt Unzucht als Sünde bei den Mohammedanern, ihre Religion verbietet es, die Dienste von Prostituierten in Anspruch zu nehmen. Rechtschaffene Leute betrachten dies als schändlich, zumindest aber als sehr anstößig. Nichtsdestotrotz sind die Städte voll davon; und auch Leute, die als überaus wohlanständig und fromm geachtet werden, machen Gebrauch davon. Wenn man abends durch die Schulen oder Moscheen schlendert, kann man immer wieder verschleierte Freudenmädchen sehen, gefolgt von ihren Bediensteten oder alleine. Sie betreten die kleinen Wohnungen von Geistlichen oder Regenten, bald die eine, bald die andere. Die Tür schließt sich sofort hinter ihnen, und zwar bis zum kommenden Morgen. Bei Tagesanbruch oder später ziehen sie sich dann zurück, ohne daß jemand daran Anstoß nehmen würde; dasselbe ist in Karawansereien zu beobachten – das heißt bei den kleinen Leuten und fremden Händlern.« (*VPI*, Bd. 2, S. 59)
Prostitution ist ein stets wiederkehrendes Motiv der Reiseliteratur; Franzosen, Engländer oder Deutsche, aus den unterschiedlichsten Bereichen und Berufszweigen, hinterließen schillernde Beschreibungen und Zeugnisse. Noch in Isabelle Eberhardts Schilderung aus einer *qasr* (befestigtes Dorf) in Kenadsa, südlich von Oran, erscheint Prostitution als ein quasi natürliches Phänomen unter der schwarzen Bevölkerung:
»Sie [die Königinmutter] wird umschwärmt von einem Kreis bleicher Frauen, den Gattinnen der Marabouts. Tiefer in der Hierarchie kommt das Volk der jungfräulichen, verheirateten, verwitweten oder geschiedenen Negerinnen. Unter den farbigen Frauen haben die Sitten stark nachgelassen. Für ein paar Pfennige, für irgendeinen Kleidungsfetzen oder gar um der Lust willen geben sie sich jedem hin, ob Araber oder Neger. Den Gästen machen sie offene Avancen, sie

bieten sich mit unbewußter, oft jedoch eher komischer Schamhaftigkeit an. Die männlichen Sklaven beherrschen ihre Blutaufwallungen noch ein wenig. Aber die ganze schwarze Weiblichkeit überläßt sich dem Instinkt, und ihre Streitigkeiten sind ebenso leichtfertig wie ihre Lieben.« (*Sandmeere*, Bd. 1, S. 277)

Über die Prostitution im Maghreb* gibt es mehrere Studien, die sich teils mit ihren epidemiologischen Auswirkungen, teils mit ihrer sozialen und kulturellen Einbettung und den verschiedenen Formen von Prostitution beschäftigen. Es ist bekannt, daß Prostitution in der Stadt anderen Regeln folgt als in den Dörfern, und es ist nicht dasselbe, ob sich eine junge Frau oder ein junger Mann prostituiert. In *Algier im 18. Jahrhundert* von Venture de Paris lesen wir folgendes:

»Ein Militärgesetz Algiers verbietet den Soldaten, sich zu verheiraten, bei Strafe, keinen Anspruch mehr auf das Brot des Beiliks und andere Vorteile zu haben. Der geringe Lohn, den ein *Yoldash** zu Beginn seines Dienstes erhält, legt ihm diese Verpflichtung auf. Die Regierung mußte allerdings ein Auge zudrücken und zwei Laster offen tolerieren, die die Folge dieses Junggesellendaseins sind: Freudenmädchen und käufliche junge Männer. Jedes maurische Mädchen, das als Hure arbeiten will, läßt sich in die Register von Mezouar eintragen, ihre Eltern haben dann kein Recht mehr auf sie; sie wird die Frau der *Yoldash*. Mauren kann sie sich jedoch nur mit Erlaubnis des Polizeioberleutnants hingeben, und wenn sie bezahlt; sie gehört ganz den Soldaten, die, sobald sie etwas Geld haben, ein Zimmer in einem *Funduq** mieten, wo sie sie empfangen. Was käufliche junge Männer angeht: Dieses Laster kommt bei den Türken – von Algier – noch häufiger vor, und keiner macht einen Hehl daraus. Es gibt wenig in Algier geborene Kinder, die nicht dazu gedient hätten, die Leidenschaften der *Yoldash* zu befriedigen, egal ob freiwillig oder gezwungenermaßen. Und das ist in solchem Maße wahr, daß viele Türken lieber ledig bleiben, um nicht über ihre Kinder diesem Schimpf ausgesetzt zu sein. Wenn ein *Yoldash* einen jungen Mauren oder Juden erblickt, beeilt er sich, auf diesen zuzugehen und sich mit ihm zu einigen: wenn dieser sich widersetzt, nimmt er ihn mit Gewalt in seine Kaserne mit, wo er die Beute seiner Kameraden wird, ohne daß die Regierung ihn diesen entreißen könnte. Kasernen sind freie Orte, in die die Häscher der Regierung kaum eindringen können.« (S. 128)

Nach Emile Dermenghem folgt die Prostitution der Nailiyat in Delfa Sitten, die man sonst nirgendwo findet:

»Das junge Mädchen wird grundsätzlich schon in der Kindheit darauf vorbereitet, sich zu schmücken, sich zu waschen, zu rasieren, zu tanzen, zu lächeln, zu gefallen und Listen zu gebrauchen.« (*PA*, S. 67)

»Dann zieht das Mädchen in der Regel mit einer, zwei oder drei Schwestern, Cousinen oder Freundinnen unter Aufsicht ihrer Mutter oder einer Alten der Familie in ein kleines Haus in einem der eigens dafür vorgesehenen Viertel.« (Ebd.)

Der Autor beschreibt sodann ihre Kleidung, ihre Umgangsformen, ihren Terminplan und ihr weiteres Schicksal. Wobei er die recht idyllische Überzeugung äußert, diese Art der Prostitution sei rein funktional und habe kaum Auswirkungen auf die moralische Einschätzung und den guten Ruf dieser Mädchen, die oft sogar eine ehrbare Heirat eingingen.

Heute wird die Prostitution von den Islamisten als nicht zu sühnende Ausschweifung heftig bekämpft. Sie übten z.b. in Algerien einen enormen Druck aus, damit die politisch Verantwortlichen den Kampf gegen das Gewerbe im Herzen der Stadt aufnahmen.

Ägyptische Sprichworte: »Die Eifersucht der Kurtisane zeigt sich im Ehebruch; die der ehrbaren Frau durch Tränen.« (*ghirat al-qahba zinan wa ghirat al-hurra bukan*: Burckhardt, S. 154; Rassim, S. 158).

»Als die Prostituierte die Moschee putzte und ihr eigenes Haus verkommen ließ, sagte man [über sie], sie bereue.« (Burckhardt)

»Nach einer Nacht der Ausschweifung sagte die Prostituierte: Gibt es denn niemand [von der Polizei], der endlich die Huren verhaftet?« (Ebd.)

»Eine Prostituierte braucht keine Kupplerin.« (Rassim)

»Eine Hure kann Ausschweifung und Prostitution nicht vergessen, selbst wenn sie mit Kamelleder gepeitscht worden ist.« (Ebd.)

»Wenn eine Hure bereut, wird sie Kupplerin.« (Ebd.)

Lit.: Bourke, Burckhardt, Chardin, Dermenghem, Eberhardt, Haleby, Lama, Larguèche, *1001 Nacht*, Mantran, Marçais (W.), Rassim, Tifashi.

Siehe auch: Alcahueta, Aulat Naïl, ʿAzria, Begehren, Bordell, Koitus, Konkubinat/Konkubinen, Kuppler(in), Obszönität/Obszönitäten, Sängersklavin, Scham, »Scheherazade-Komplex«, Sexuelle Gastfreundschaft, Tätowierung, Tifashi, Unzucht.

PRÜFUNG *(imtihan).* Daß sich die Liebenden Prüfungen abverlangen ist ein typisches Phänomen in der arabischen Kultur der Liebe. In der höfischen Literatur kommen solche Prüfungen immer wieder vor, aber viel interessanter sind die Beispiele aus dem Alltag: Auch wenn sie ihn liebt, wird eine junge Frau erst dann bereit sein, mit einem Mann zusammenzutreffen, wenn sie sich von seiner Zuneigung, Geduld und Verschwiegenheit überzeugt hat. In den alten Zeiten prüfte ein Mann seine Zukünftige vor allem darauf, ob sie körperliche Mängel habe, und ob sie treu und unterwürfig sei. Heute sind die Treuebeweise zu einer Art gegenseitiger Überwachung geworden, die manchmal wahnhafte Züge annimmt.

Siehe auch: Eifersucht, Treue, Vorwürfe.

PUBERTÄT *(bulugh; murahaqa, sinn al-rushd).* In der arabischen Welt geht man davon aus, daß Mädchen zwischen zehn und zwölf Jahren geschlechtsreif werden, Jungen zwischen dreizehn und vierzehn Jahren. Geschlechtsreife ist für ein Mädchen im Hinblick auf das Erbrecht und für ihre Zustimmung zur Ehe gesetzlich erforderlich; ein junger Mann unterliegt jedoch nicht denselben Beschränkungen. Ab dem Zeitpunkt, ab dem eine körperliche Beziehung möglich ist, kann ein junger Mann auch ein noch nicht heiratsfähiges Mädchen heiraten. Das war z.B. der Fall bei der Heirat des Propheten mit seiner jüngsten Frau, Aischa, die erst fünf Jahre alt war, als er um ihre Hand anhielt, und neun, nach anderen Quellen elf, als er erstmals sexuelle Kontakte mit ihr hatte. Die islamische Jurisprudenz *(fiqh*),* besonders die malekitische Rechtsschule, verbietet dem noch nicht geschlechtsreifen Ehemann, seine Ehefrau zu verstoßen (*wa la talaq li-sabiy*: Qairawani, S. 189). Mit anderen Worten: Der Ehesta-

tus eines solchen Mannes und das damit verbundene Recht auf Fortpflanzung ist rechtsgültig, alle weiteren mit der Ehe erworbenen Rechte allerdings noch nicht.
Lit.: Qairawani.
Siehe auch: Schöner Jüngling, Sexuelle Initiation.

PUTZ (*libas*: »Gewand«, *zina*: »Putz; Toilette«). Seit dem alten Ägypten gehört die Kunst der orientalischen Toilette zur Macht der Verführung einer Frau. Eine patriarchalische Sicht zieht aus der Art, wie sie sich kleidet und schmückt, Rückschlüsse auf Stand und Persönlichkeit. Die Kleidung von Städterinnen verrät ihren Geschmack *(dhauq)* und ihre Umgangsformen. Neben ihrer guten Erziehung und ihrer Lebensart werden außerdem die Vermögensverhältnisse des Mannes, der sie versorgt, deutlich. Denn die Kleidung ist in erster Linie ein Zeichen, das das soziale Prestige betont, insbesondere durch Accessoires, Kosmetik, Tätowierung und Schmuck:
»Als er vom Schlaf erwacht war, weckte er sie und brachte ihr ein Hemd aus feinem Stoff, ferner ein Kopftuch im Wert von tausend Dinaren, ein Gewand mit türkischer Stickerei, und Schuhe, durchwirkt mit rotem Golde und besetzt mit Perlen und Edelsteinen. Auch hängte er an jedes ihrer Ohren einen goldenen Ring mit einer Perle im Werte von tausend Dinaren, und um den Hals legte er ihr eine goldene Kette, die bis zwischen die Brüste reichte, und eine Kette aus Bernsteinkugeln, die über die Brust bis oberhalb des Nabels herabhing. An dieser Kette hingen zehn Kugeln und neun Halbmonde, und jeder der Halbmonde trug in der Mitte einen roten Hyazinthstein und jede Kugel einen Ballasrubin; der Wert der Kette betrug dreitausend Dinare, und jede der Kugeln kostete zwanzigtausend Dirhems, so daß das Gewand und der Schmuck, mit denen er sie ausstattete, insgesamt eine ungeheure Summe wert waren. Als sie all das angelegt hatte, hieß der Händler sie sich schmücken; da schmückte sie sich wunderbar schön und ließ einen kostbaren Schleier über die Augen fallen. Und dann ging sie mit dem Kaufmann, der ihr vorausschritt, fort. Wie aber die Leute sie sahen, da staunten sie ob ihrer Schönheit und riefen: ›Hochgepriesen ist Gott, der herrlichste Schöpfer! O glücklich der Mann, in dessen Hause sie ist!‹«
(*1001 Nacht*, Bd. II, S. 596f.)
Lit.: Erman/Ranke, *1001 Nacht*.
Siehe auch: Auge, Eitelkeit, Kleidung, Kosmetik, Hammam, Parfum, Schmuck, Tätowierung.

QADH (Gesichtsform) **s. Husn.**

QAINA (Plural *qiyan*) **s. Sängersklavin.**

QAIS UND LAILA (7. Jh.). Man nennt Qais ibn al-Mulauwah auch *Madjnun Laila*, »den nach Laila Verrückten«. Wir erwähnen ihn hier wegen des ihm unterstellten Liebeswahns. Leider gibt es keine eindeutigen Hinweise, ob sich hinter dieser Romanfigur auch eine reale Person verbirgt. **S. Madjnun-Laila.**
Siehe auch: »Scheherazade-Komplex«.

QAIS UND LUBNA (7. Jh.). Régis Blachère äußert in seinem Meisterwerk *Geschichte der arabischen Literatur* einige Vorbehalte, was die Authentizität der Qais zugeschriebenen Gedichte betrifft. Jedesmal, so schreibt er, wenn die alten Autoren in der Nachfolge von Djahiz, denen es wenig auf wissenschaftliche Exaktheit ankam, auf einen Vers oder eine Anmerkung im Zusammenhang mit Lubna oder Lubaina, der Koseform von Lubna, stießen, dann schrieben sie diese immer dem Dichter Qais zu, der diesen Namen besungen hat, ohne genauere Nachforschungen anzustellen. Das gleiche gilt für Madjnun und Laila und in geringerem Maße auch für alle Liebespaare aus der Mythologie (**s. Berühmte Liebespaare**), um die die Volkslegende ihre Liebesdichtung und ihr Heldenepos gesponnen hatte.
Régis Blachère schreibt:
»Qais ibn Darih gehörte zum Stamm der Lait (einer Gruppe der Kinana) aus der Gegend von Medina (…). Einige wenige Hinweise legen die Vermutung nahe, daß er im Schutz der Macht ein relativ freizügiges Leben geführt haben muß; seine leidenschaftliche Liebe zu einer gewissen Lubna kann durchaus eine historische Tatsache gewesen sein (…). Doch die geschichtliche Wahrheit verblaßte sehr schnell, und Qais wurde zu einem Romanhelden: Er war mit Lubna verheiratet und erlebte eine unsagbare Liebe. Doch das Paar blieb kinderlos, auf Drängen seines Vaters verstieß Qais die Frau, die er liebte und die ihn ebenfalls innig liebte. Daraufhin begann ein Leben des Leidens, das einer Version zufolge im Tod der Liebenden, einer anderen Version zufolge in ihrer erneuten Vereinigung gipfelte.« (*HLA*, Bd. 3, S. 649)
Die höfischen Elemente des unzusammenhängenden Textkorpus, den man Qais zuschreibt, stammen von den Einflüssen auf den Text Ende des 8. Jh.s oder früher. Man kann davon ausgehen, daß die meisten Gedichte dieses Autors zunächst mündlich von Stamm zu Stamm weitergegeben wurden, bevor sie im 9. Jh. zu einem Diwan zusammengefaßt wurden.
Lit.: Blachère *(HLA)*.
Siehe auch: Berühmte Liebespaare, Madjnun-Laila, Tod.

»QALA MUSHABBIBAN BIL-NISA'«/«QALA YATAGHAZZALU BIL-NISA'«
(Frauen in einem Lobgedicht besingen). Literarische Äußerung zu Ehren von Frauen. Sie beschreibt eine Form der Beziehung, die auf Eroberung und Verführung ausgerichtet ist.
Lit.: Abu Rub, Blachère, Djahiz (Pellat), Pérès, Vadet.
Siehe auch: Galanterie, Ghazal, Höfische Liebe, Verführung, Tashbib.

QAMAR (Mond, Vollmond). Daher stammt der weibliche Vorname Gamra, »Vollmond«, und natürlich Kamar ez-Zamân, wörtl.: »Mond der Zeit«, der androgyne Vorname aus *1001 Nacht.*
Lit.: *1001 Nacht.*
Siehe auch: Mond, Schönheit.

QASIDA (Kasside). Unter einer *qasida* versteht man ein langes Gedicht, das sowohl die Erinnerung an die Geliebte wachruft **(s. Nasib)**, als auch ein begeistertes Loblied auf den Stamm und dessen große Taten singt. Imru' al-Qais (500-540), der »umherirrende Prinz«, gilt als ihr poetischer Stammvater. Die *mu'allaqa** aus dem Hedjaz (Gegend auf der arabischen Halbinsel) des 6. Jahrhunderts gilt als die reinste Form der *qasida*. Seit damals sind zahlreiche ästhetische Veränderungen vorgenommen worden, darum bezeichnet der Begriff *qasida* heute in erster Linie eine lange, dem Ruhm des Propheten und der Heiligen gewidmete Lobeshymne.
Lit.: Berque, Blachère *(HLA)*, Schmidt.
Siehe auch: Ghazal, Imru' al-Quais, Nasib.

QAT s. Haschisch.

QAWWAD (fem. *qawwada*) **s. Kuppler(in)**.

QAWWALI. Heiliger Gesang einer Bruderschaft (der Qawwal, wörtl.: »die Erzähler«, vom arabischen *qaula*, »Ausspruch, Wort«), die vor allem in Pakistan und Afghanistan verbreitet ist. Das Besondere an dieser Bruderschaft besteht darin, daß sie Konzerte organisiert, bei denen die Namen Gottes und des Propheten bis zur Erschöpfung der Betenden gepriesen werden.
»Eine Qawwali beginnt mit dem Lobpreis des Propheten, dem folgt ein Liebesgedicht an Gott oder den Propheten, das in eine Phase mündet, die *fana'*, das Aufgehen in Gott und dann das Einssein mit dem Absoluten *(baqa')* beschreibt, zum Schluß kehrt man zur Klarheit *(sahw)* zurück.« (Glassé, S. 322)
Hier ein Beispiel für einen Lobgesang auf den Propheten Mohammed, *na't sharif*, von Hazrat Bedam Shahwarsi, in Urdu gesungen, aus einer Musikanthologie der UNESCO (Pakistan, *Die Musik der Qawwal,* fahrende Sänger):

Ich kam aus dem Nichts und lebte in Liebe zum Propheten.
Ich irrte herum auf der Suche nach ihm,
Forschte nach seinen Spuren.
Ich wischte mit meinem Wimpern jeden noch so geringen Staub

Vom Weg, den er gegangen war.
Lob sei Gott, der meinem Herzen
Diese leidenschaftliche Liebe schenkte, die mich zum Propheten drängt.
Die Blumen in Zohras Garten blühen;
Sie haben die Farbe von Ali und den Duft des Propheten.
Welch ein Entzücken am jüngsten Tag,
Wenn alle vor Gott erbeben,
Und ich, Bedan,
an der Seite des Propheten stehen könnte.

Disk.: Musical Atlas (A. Daniélou).
Lit.: Glassé.
Siehe auch: Derwisch, Dhikr, Göttliche Liebe, Liebeslieder.

»QURRAT AL-ᶜAIN« (wörtl.: »Augentrost«). Begriff aus der Literatur oder dem Koran (28, 8), der die innere Bewegung ausdrückt, die man empfindet, wenn die geliebte Person nach einer langen Trennung wiederkehrt. Ibn Hazm (991-1063) schreibt:
»Als Ihr Euch nähertet, erfrischten sich meine Augen wieder, die unsäglich brannten, als Ihr verschwandet und von mir getrennt wart (*laqad qurrat ᶜainaini bil-qurb minkum kama sakanat ayyama yatwikumu'l-bu'du*).« (*CC*, S. 241)
Lit.: Ibn Hazm, Koran.
Siehe auch: Auge, Fieber.

QUNᶜAN / QANAᶜ (Befriedigung, Tröstung). Roger Arnaldez hat den Begriff der ›Dialektik der Tröstung‹ eingeführt, um die Bedingungen zu beschreiben, unter denen ein Liebhaber sich von den Gunstbezeigungen befriedigt zeigt, die ihm von der Geliebten gewährt werden. Es handelt sich hier um ein typisch orientalisches Verhalten: Wenn die Frauen verborgen und unerreichbar sind, gilt jedes Zeichen, das von ihnen kommt, als besonders kostbar.
Lit.: Arnaldez, Ibn Hazm, Pérès.

RABIʿA AL-ADAWIYA (721-801). Ehemalige Sklavin bei den al-ʿUtaik, vom Stamm der Qais, Flötenspielerin. Sie lebte nach ihrer Freilassung fast völlig zurückgezogen in Basra und soll die Liebe zu Gott *(hubb)* auf besonders bewegende Art besungen haben: Ihre Poesie trug den »Hauch einer Heiligkeit, die sich nicht verliert« (Massignon). Das folgende Gedicht stammt von ihr:

»Meine Liebe zu dir hat zwei Gesichter: die Liebe zu dir als meinem Glück
Und die [perfekte] Liebe, die [danach verlangt, Dir all das zu geben, das] Deiner
                                                                            würdig ist!
Diese Liebe zu meinem Glück läßt mich nur an Dich denken,
An Dich allein, an keinen anderen.
Und diese andere Liebe [Dir zum Wohl], die Deiner würdig ist,
Erfüllt mich mit Sehnsucht, Deine Schleier mögen doch fallen und ich Dich
                                                                            schauen!
Ich suche keinen Ruhm für mich, weder in der einen noch der anderen Liebe,
Oh, nein! Dich allein will ich preisen im Namen der einen wie der anderen!
(Zit. nach Massignon, *Essai*, S. 216)

Lit.: Khawam *(PAMM)*, Massignon, Siauve.
Siehe auch: Göttliche Liebe.

RACHE *(intiqam)*. Der Akt der Rache ist in den konfliktträchtigen Geschlechterbeziehungen des Orients immer in einer komplexen Verkettung an den Schlüsselbegriff der Ehre **(s. dort)** geknüpft. Wenn die Ehre »beschmutzt« ist, muß sie wieder gereinigt werden. In der altarabischen Stammesgesellschaft hatte dies ganz allgemein Blutrache zur Folge, auch unter dem Begriff Talionsrecht bekannt **(s. Gesetz der Vergeltung)**, ein Gewohnheitsrecht, das bei den Beduinen des Hedjaz (auf der arabischen Halbinsel) gang und gäbe war.
Den Vergehen gegen die Ehre liegt oft eine weitere Konfliktquelle zugrunde: die Jungfräulichkeit **(s. dort, s. Defloration)**. Wer einer Frau ihre Jungfräulichkeit raubt, begeht ein Verbrechen, das gerächt werden muß, auch wenn diese Rache eine weitere nach sich ziehen kann. Viele Stammeskonflikte in der Vergangenheit entbrannten wegen eines Jungfernhäutchens, das am falschen Ort oder zum falschen Zeitpunkt zu Schaden kam.
Jedes System der Rache beruht auf dem Prinzip der Entsprechung: Man kann ein Vergehen nicht mit einer Aggression beantworten, die zur Tat in keinem Verhältnis steht. Diese »Ethik der Gewalt«, derzufolge ein Verbrechen nur durch ein ebenso schwer wiegendes bestraft werden darf, damit die Strafaktion nicht weitere Repressalien nach sich zieht, war für tribal organisierte Gesellschaften unter den extremen Lebensbedingungen der Wüste eine wichtige Form, das Überleben des eigenen Stammes zu sichern. Es wäre falsch anzunehmen, daß diese

Form der Konfliktlösung rein willkürlich erfolgte, im Gegenteil, es gab feste Regelungen, die strikt eingehalten wurden. Der Komplex der Ehre ist nach wie vor ein wichtiger Faktor in der arabisch-muslimischen Gesellschaft, vor allem auf dem Land – das gilt in diesem Maße allerdings auch für zahlreiche nichtmuslimische Länder z.B. des Mittelmeerraumes –, weshalb Verbrechen, die im Namen der Ehre bzw. der Rettung der Ehre begangen werden, auch heute noch vorkommen. Doch dies soll nicht zu der Annahme verleiten, daß sämtliche Konflikte, die im Zusammenhang mit der Ehre stehen, auf diese Art und Weise gelöst werden.

Lit.: Abu Lughud, Bousquet, Farès, Jaussen, Verdier.

Siehe auch: Defloration, Ehre, Gesetz der Vergeltung, Jungfräulichkeit.

RACIM (Mohammed) (1896-1975). Algerischer Miniaturenmaler. Racim (wörtl.: »Zeichner, Maler«, von *rassam*) stellte vor allem städtisch geprägte Frauen aus Algier Ende des 19., Anfang des 20. Jh.s dar, die noch der osmanischen Tradition verbunden waren, aus eher wohlhabenden Schichten stammten und die schönen Künste und Literatur zu schätzen wußten. Auf dem Bild *Lendemain de Mariage* (Am Tag nach der Hochzeit) zeigt Racim eine reine Frauengesellschaft, sogar das Orchester besteht nur aus Frauen. Die Gäste sind im Patio eines stattlichen maurischen Hauses versammelt und tragen Prunkgewänder: seidene, mit üppigen Stickereien verzierte Kleidung, edlen Brokat, Gold und Silber. Geschwungene Säulen, Sofas, gemusterte Fayencen, Fächer, Teeservice, bauschige Pluderhosen, Blumengebinde und ein Kronleuchter in der Mitte verraten den Reichtum des Hauses, das auch Züge westlicher Einflüsse aufweist. Auf einem anderen Gemälde, *Les Danseuses Orientales* (Die orientalischen Tänzerinnen), finden wir ebenfalls den feinen und akkuraten Pinselstrich des Miniaturenmalers und seine klassische Sicht der Frau. Die orientalischen Tänzerinnen sind weniger üppig geschmückt dargestellt als auf dem Bild *La Fête Traditionelle* (Das traditionelle Fest) – ein weiteres Gemälde, auf dem sich Frauen vor einem rein männlichen Publikum bewegen –: Das Tuch, das sie um ihre Hüften geschlungen haben, verrät dem Betrachter, daß sie einen für die Gegend typischen Bauchtanz vorführen. Die ganze Art, sich zu kleiden, Oberteile und Gürtel lassen erkennen, daß wir uns in bürgerlichen Kreisen befinden. Auch die Einrichtung mit einem Springbrunnen in der Mitte spricht dafür, selbst das traditionelle Weihrauchgefäß und Orientteppiche fehlen nicht. Mauernischen im Hintergrund deuten die Kasbah von Algier an, um der Zeremonie den entsprechenden Rahmen zu geben.

Lit.: Baghli.

Siehe auch: Frau, Kunst.

RAI (*ra'y*, mehrdeutiger Begriff: »Meinung«, »Ansicht«, im Sinne von »schlechte Wahl« oder »Unglück«). Name einer Musikrichtung aus Oran: Vor ca. 30 Jahren gaben junge Musikgruppen, angeführt von sogenannten *Chebs* (*shabb;* fem. *shabba;* Pl. *shabbat,* wörtl.: junge Leute), alten Liedern eine moderne Form. Die Bezeichnung *Cheb* ist bewußt gewählt, denn diese Musik versteht sich als Bruch mit dem leicht steifen, dennoch ausgefeilten Stil der Meister der klassischen arabischen Musik, sei es nun *shaʿbiya*-Musik (aus Algier) oder arabisch-andalusische Musik (aus Tlemcen, Algier, Constantine).

Rai ist die Musik der fiebrigen Liebe, die Musik der Randgruppen und verrufenen Viertel, es ist die Musik der brodelnden Vorstädte von Oran, Sidi bel-Abbès, Relizane oder Mostaganem, mit den Spuren ausschweifender Feste und des Protests. Diese Musik ist ein Zeichen der stummen Revolte der jungen Generation, aber auch der würdevollen *shaikhat*. Dieser Begriff ist ambivalent, denn er kann sowohl »Orgie« als auch »große Priesterin« bedeuten, d. h. tanzende Sängerin und/oder marokkanische Prostituierte, und bezeichnet bisweilen sogar die Begegnung mit einer solchen Frau.

Denn wie Marie Virolle-Souibès sehr richtig feststellte:
»Frauen haben wesentlich zur Ausarbeitung und Verbreitung der Rai-Lieder beigetragen, auch der modernen. Es waren die tanzenden Sängerinnen aus Bordellen, Kabarets und anderen Tavernen – vor der Unabhängigkeit [Algeriens]; die *shaikhat* (...), *gasrat*, »Zusammenkunft, um sich zu entspannen«, und »Hochzeitsabende«; Gruppen der *maddahat*, »Frauen, die (den Propheten und Heilige) lobpreisen«, begannen seit den 60er Jahren, immer mehr Rai-Lieder in ihr Repertoire aufzunehmen, das sie bei Zusammenkünften unter Frauen, vor allem dem *mahdar*, d.h. dem musikalischen Teil einer Hochzeit, zum besten gaben. Und schließlich stehen die *shabbat*, »die jungen Frauen«, genau wie ihre männlichen Pendants, die *shabb*, im Rampenlicht. Zuweilen singen sie im Duett mit einem *shabb*, doch sie bleiben immer dem Repertoire ihrer Vorgängerinnen treu. Ihre rauhen Stimmen mischen sich mit den Klängen der Synthesizer, im Takt der Rhythmusinstrumente; auch die traditionelleren Auftritte im kleinen Kreis verachten sie nicht.« (Virolle-Souibès, S. 194)

Heute hat sich der Rai nach einer langen Durststrecke einen festen Platz in der Gesellschaft erobert, den ihm weder die städtische Musik noch die traditionelle Folklore streitig machen können.

Lit.: Virolle-Souibès.
Siehe auch: Liebeslied, Musik, Obszönität/Obszönitäten, Orientalische Lebensart.

RAQIB (wörtl.: »Aufpasser«, »Wache«, »Aufseher«, der *gardador* der alten Troubadoure). Der Aufpasser *(raqib)* ist in einer Liebesbeziehung der ständig präsente Dritte. Er ist unparteiisch oder arglistig, zynisch und neugierig, er überwacht, beobachtet und erstattet Bericht. Ein Aufpasser ist seinem Wesen nach jemand, der verleumdet, denunziert und diffamiert, er ist der erklärte Feind einer Beziehung *(ʿaduw)*. Ibn Hazm (991-1063) unterscheidet drei Kategorien von Aufpassern, auch Argus genannt (nach dem hundertäugigen Riesen der griechischen Mythologie), sie gelten allesamt als »Unglück für die Liebe«:

»Zunächst ist der Beobachter zu nennen, der dadurch lästig fällt, daß er sich unabsichtlich an einen Ort setzt, wo sich ein Mann mit seinem Lieb getroffen hat und sie vorhatten, einander etwas von ihren geheimen Empfindungen kundzutun, sich ihre Liebesglut zu offenbaren und einsam miteinander zu plaudern. (...) Weiter ist der Beobachter zu nennen, der den geliebten Menschen überwacht. Das einzige Mittel, ihm zu entrinnen, besteht darin, daß man ihn günstig stimmt. (...)«

Am abscheulichsten ist der Beobachter, wenn er ein Mensch ist, der einst selbst die Liebe erfahren hat, von ihr heimgesucht worden ist, lange in ihr verharrt, sich aber später, nachdem er ihre Erscheinungen genau kennengelernt hat, ihrer entledigt hat. (Ibn Hazm, *Das Halsband der Taube*, S. 55-57)

Lit.: Abu Rub, Blachère, Dermenghem, Ibn Hazm, Pérès, Vadet.

Siehe auch: Auge, Bote, Mashrabiya, Öffnungen, Sahib.

RAQS (Tanz). Dieser Begriff umfaßt verschiedene Tanzstile: den orientalischen Tanz: *raqs sharqi*; Volkstänze (und ländliche Tänze, d.h. Folklore insgesamt): *raqs baladi*; und die modernen Tänze: *raqs ʿasri*, usw.

Siehe auch: Bauchtanz, Musik, Tanz.

RASUR (des Schambereichs) s. Schambereich.

RÄUCHERWERK *(bakhur)*. Das Abbrennen von Räucherwerk soll den Menschen die Angst nehmen, die sie an Wendepunkten in ihrem Leben erfaßt: in der Pubertät, in der Hochzeitsnacht, bei der Geburt des ersten Kindes, bei der Beschneidung usw. In der bäuerlichen Bevölkerung, und dort besonders unter den Frauen, ist dieser Brauch sehr verbreitet, er hat vor allem mit der tiefsitzenden Überzeugung zu tun, daß in solchen Momenten der Prüfung die bösen Geister (Dschinn*), die sich um das Haus versammeln, bereit sind, sich an den Kindern und auch an den Eltern zu vergreifen. Räucherwerk gehört auch zu allen Ritualen von Zauber und Gegenzauber, ob es um das Knotenschlagen geht, um die Behandlung von Frigidität oder Sterilität, die Impotenz des Mannes oder seine Abkehr von Heim und Herd. Im Bereich der Erotik schließlich sind die Wohlgerüche ein wichtiges Mittel, um den Geliebten oder die Geliebte in die rechte Stimmung für die Freuden der Liebe zu versetzen. So heißt es im *Duftenden Garten* von Scheich al-Nafzawi:

»Errichte morgen früh außerhalb der Stadt ein Zelt aus Brokat in verschiedenen Farben, geschmückt mit Seide und Kostbarkeiten. Erfülle es dann mit köstlichen Wohlgerüchen mannigfacher Art, mit Ambra, Moschus und allen möglichen anderen Düften – wie Rose, Orangenblüte, Narzisse, Jasmin, Hyazinthe, Nelke und andere Pflanzen. Alsdann stelle in das Zelt goldene Räucherpfännchen, die mit verschiedenen Wohlgerüchen gefüllt sind, wie grüner Aloe, Ambrargis, Nedde und anderen. Weiter bindest du die Seile des Zeltes fest, damit nichts von den Wohlgerüchen entweiche. Hierauf, wenn du sehen wirst, daß ihr Duft stark genug ist, um das Wasser damit zu erfüllen, setze dich auf deinen Thron, schicke zur Prophetin, lasse sie in dein Zelt rufen und verweile dort mit ihr allein. Seid ihr solcherart beisammen und atmet sie die Düfte ein, so wird sie in Verzückung geraten, ihre Glieder werden sich lösen, in weicher Erschlaffung endlich wird sie das Bewußtsein verlieren.«
(Nafzawi, *Der duftende Garten...*, S. 273)

Lit.: Nafzawi.

Siehe auch: Bakhkhara, Frigidität, Fruchtbarkeit, Parfum, Sexualmythen, Weihrauch, Zauber.

»RAWADA ʿAN NAFSIHI« (jemandem den Hof machen, sich in ihn verlieben, ihn verführen wollen). Ausdrucksweise aus dem Koran, die fünfmal in Sure 12 (»Josephssure«) vorkommt: Die Frau des großen Verwalters hatte ihrem Diener und Pagen den Hof gemacht, allerdings ohne Erfolg:
»Und als er mannbar geworden war (...) wollte die Frau, in deren Haus er war, daß er sich ihr hingebe: *wa rawadathu ... ʿan nafsihi.*« (12: 22, 23)
»Und einige Frauen in der Stadt sagten: ›Die Frau des hochmögenden Herrn will von ihrem Burschen, daß er sich ihr hingebe: *turawidu fataha ʿan nafsihi.*‹« (12, 30)
»Der König sagte zu den Frauen: ›Wie war das damals mit euch, als ihr wolltet, daß Joseph sich euch hingebe?: *ma khatbukunna idh rawdtunna yusufa ʿan nafsihi.*‹« (12, 51)
»Die Frau des hochmögenden Herrn sagte: ›(...) ich wollte, daß er sich mir hingebe‹«: *ana rawdtuhu ʿan nafsihi.*« (12, 51)
»Joseph sagte: ›Sie wollte, daß ich mich ihr hingebe.‹: *rawadatni ʿan nafsi.*« (12, 26)
Lit.: Koran, Sure 12.
Siehe auch: Begehren, Joseph und Suleika, Verführung.

REBHUHN (*hidjla, karawan:* Brachvogel). In der Poesie der Kabylei symbolisiert das Rebhuhn Anmut und Schönheit, auch die Autoren der arabischen Welt, wo es für »Wild« steht, verehren es einhellig. Der angehende Liebhaber begehrt dieses Wild aufs heftigste. Viele der angebeteten Frau gewidmete Elegien tragen darum den Titel *al-hidjla* (Rebhuhn) oder *al-hadjiyal* (Diminutiv in maskuliner Form oder nähere Bestimmung einer Rebhuhnart). Der Begriff Rebhuhn wird ähnlich wie der der Taube oder Turteltaube verwandt.
Siehe auch: Taube.

REGLOSIGKEIT (*djumud*, wörtl.: Erstarren). Nach Ibn ʿArabi ist dies einer der typischen Zustände, in die der verlassene Liebhaber und manchmal auch der Neuverliebte verfällt. **S. Ibn ʿArabi.**

REH (*zabya* – zoologischer Begriff –, aber auch: *ghazala*). Während der Hirsch als literarische Metapher bei den Dichtern nicht allzu viele Anhänger zu haben scheint, nimmt das Reh oder die Hirschkuh einen bedeutenden Platz im poetischen Bestiarium ein, um die gewünschten Eigenschaften zu beschreiben. Die poetischen Bilder und literarischen Wendungen (scheue oder furchtsam wirkende Miene, große und schwarze, leicht wässrige Augen usw.) stehen dabei vor allem für die Bereitschaft zu Passivität, Unterwerfung und Sanftheit. Zitieren wir als Beispiel, was einer der größten Dichter der vorislamischen Zeit, ʿAntara ibn Shaddad, zu diesem Thema ausrief: »O Reh, welch' Wild/Für den, dem es erlaubt ist ...«
ʿAntara sandte seine Dienerin, die Geliebte auszukundschaften und ihm genau Bericht zu erstatten. Die Dienerin antwortete mit einem Bild: »Das Reh ist dem guten Jäger erreichbar.« (Zit. nach Berque, S. 115)
Lit.: ʿAntara.
Siehe auch: Gazelle, Schönheit, Weiblichkeitsideal.

REINIGUNG *(tahara).* Der Islam erlaubt jede körperliche Vereinigung, allerdings sind die Bedingungen, unter denen sie stattfinden kann, peinlich genau festgelegt. Die Vorschriften, die es zu befolgen gilt, sind zwar nicht extrem streng, doch ihre Einhaltung erfordert sowohl eine körperliche wie auch mentale Disziplin. Der Prophet erklärte einmal:
»Wenn ein Mann in den Armen einer Frau und zwischen ihren Schenkeln liegt und wenn eine Penetration erfolgt, dann ist eine Waschung Pflicht.«
Natürlich kann es vorkommen, daß eine sexuelle Begegnung an einem unbewohnten Ort stattfindet, wo es keine Quellen gibt und demzufolge die vorschriftsmäßige Reinigung nicht möglich ist. Dann muß zum Ausgleich eine symbolische Reinigung durchgeführt werden. Im Koran lesen wir folgendes:
»Ihr Gläubigen! (...) wenn ihr mit Frauen in Berührung gekommen seid und kein Wasser findet, um die Waschung vorzunehmen, dann sucht einen sauberen hochgelegenen Platz auf und streicht euch mit etwas Erde davon über das Gesicht und die Hände!« (Koran, 5, 6)
Diese Vorgehensweise nennt man *tayammum**, eine Art Ersatzwaschung, auch trockene Reinigung genannt, die den Wert einer normalen Waschung besitzt. Ubay ibn Ka'b (7. Jh.) fragte den Propheten einmal:
»›Was ist, wenn ein Mann einer Frau beiwohnt und dabei nicht ejakuliert?‹ – ›Dann soll er die Körperpartien, die mit der Frau in Kontakt waren, reinigen, die übliche Waschung vor dem Gebet vollziehen und beten‹, entgegnete der Gesandte Gottes.«
Seitdem reicht es aus, mit einer euphemistischen Bemerkung zu bestätigen, daß man zwischen dem Abend- und Morgengebet keine Waschung vorgenommen hat, um dem Gegenüber zu verstehen zu geben, daß zwischenzeitlich kein Geschlechtsverkehr stattgefunden hat (Marçais).
Die verschiedenen Kompilatoren der Traditionen *(hadith*)* liefern uns weitere Aussagen zu diesem Thema. Aischa, die Lieblingsfrau des Propheten, berichtet, wie ihr frommer Gatte das Haus in einem Kleidungsstück verließ, das sie soeben vom Sperma ihrer Liebesnacht gereinigt hatte. Qairawani schreibt:
»Es gibt unterschiedliche Meinungen darüber, ob eine Frau, die ihr eigenes Geschlecht berührt hat, die Waschung vollziehen muß oder nicht.« (*Risala*, S. 29)
Dasselbe gilt für einen Mann, der sein Geschlecht berührt, auch wenn kein Sperma austritt. Léon Bercher, Herausgeber der *Risala*, merkt dazu an:
»Der Tradition zufolge ist die vorherrschende Meinung, daß dies keine Waschung erforderlich mache; die Berührung des Anus, der Hoden und des Teiles, an dem bei den Eunuchen die Kastration vorgenommen worden ist, macht eine Waschung ebensowenig erforderlich.« (Ebd., S. 338)
Das Reinigungsgebot gilt auch für die Menstruation. Eine menstruierende Frau gilt als unrein *(ghair mutahhara)* und erhält keinen Zutritt zur Moschee. Außerdem darf sie ihr Gebet nicht verrichten, nicht fasten oder auch nur den Bereich der Moschee betreten. Die Intimsphäre unterliegt so ständiger Überwachung.
Auch andere Bereiche der Körperlichkeit sind vom Reinigungsgebot betroffen, so z.B. Schweiß. Männerschweiß ist ein Zeichen von Männlichkeit und Kraft, darum wirkt er wie ein Aphrodisiakum auf eine Frau, vorausgesetzt natürlich, daß er aus dem ausgelassenen Liebesspiel resultiert. Denn Schweißgeruch im

Ruhezustand oder kalter Schweiß gehören zum Bereich des Unreinen und müssen verschwinden. Im Islam ist Schweiß oft Anlaß zur Reinigung *(ghusl)* ebenso wie die anderen Absonderungen des Körpers *(ikhradj)*: Sperma *(djanaba)*, Furz *(durat)*, Rülpsen *(djusha')*, Exkremente *(istindja')* und Urin *(istibra')*, auch wenn diese Reinigung oft nur symbolischer Art sein kann.

Reinigung nimmt im Islam bisweilen Züge einer kollektiven Obsession an. Sie bestimmt alle Aktivitäten eines Gläubigen, indem sie klare Grenzen zwischen »Reinheit« *(tahara)* und Sauberkeit *(nazafa)* zieht und die Grenze zur »Unreinheit« *(djanaba)* definiert.

Koran: 2: 125, 129, 151, 174, 222, 223; 3: 42, 55, 77, 164; 4: 43, 49; 5: 6, 41; 8, 11; 9: 103, 108; 10, 76; 24: 21, 28, 30; 22, 89; 33: 33, 53; 35, 18; 38, 46; 53, 32; 56, 79; 62, 2; 74, 4; 80: 3, 7; 87, 14; 92, 18.

Lit.: Bouhdiba, Bourke, Bousquet, Bukhari, Ghazali, Marçais, Qairawani, *1001 Nacht*.

Siehe auch: Djanaba, Duft, Epilation, Erotischer Traum der Frau, Eunuch, Furz, Hammam, Hoden, Koitus, Menstruation, Nächtlicher Samenerguß, Parfum, Schambereich, Sekretionen, Sperma, Urin, Waschungen.

RENDEZVOUS *(mauᶜid, malqan, multaqan)*. In den meisten Gegenden wird Geschlechtertrennung zwar absolut und wie ein unumstößliches Dogma postuliert, dennoch gelingt es den jungen Leuten problemlos, sich ohne Wissen ihrer »Gefängniswärter« zu treffen. Natürlich ist ein Rendezvous nicht immer einfach zu bewerkstelligen; es kann sich stufenweise entwickeln, vom einfachen Blickkontakt (**s. »Winken mit den Augen«**) über Gestik, die in der Regel Liebe oder Zärtlichkeit ausdrückt, bis hin zum Flirt. Die Fürsprache eines Boten, ein Brief, seit einigen Jahrzehnten auch ein Telefonat, können dazu beitragen, daß das Treffen endlich zustande kommen kann. Das Rendezvous ist auch im Orient alltäglich geworden.

Du, in Leinen gekleidete,
Die du mich rufst,
Du betrübst mich, meine Geliebte,
Mit deinen Tätowierungen auf der Brust,
Deiner samtenen Haut,
Das Verlangen nach dir betört mich,
Bei den heiligen Wächtern, ich flehe dich an,
Sag mir, komm zum Stelldichein
oder sage: Geh, Bruder, und entferne dich!
(Yacine Titouh, *L'Izli*, S. 137)

Lit.: Yacine Titouh.
Siehe auch: Bote, Verführung, »Winken mit den Augen«.

RIVALITÄT IN LIEBESDINGEN *(munafasa djinsiya)*. Eingeschlossen in den Bereich des Harems oder des Hauses, kann die Frau im Orient nicht frei über ihr Leben bestimmen. Deshalb wird Frauen oft (kollektiv) unterstellt, sie neigten zu Eifersüchteleien, Tratsch und Klatsch und führen ihr Leben nur mit Hilfe von Listen und Intrigen, von ihrer Raffinesse im Einsatz von Liebestränken und Talismanen ganz zu schweigen.

Der englische Arzt William Lemprière (18. Jh.), der ans Bett der Favoritin des marokkanischen Königs gerufen wurde, berichtet von einer Verschwörung der Frauen des königlichen Harems:
»Lella Sara, die Tochter Mohrischer Eltern, war ungefähr acht Jahre vorher durch ihre Schönheit und ihre Vollkommenheiten ausgezeichnet, und daher in jeder Rücksicht die Favorite des Kaisers. Eines so gefährlichen Vorranges konnte sie nicht genießen, ohne die Eifersucht der andern Frauenzimmer, deren Reize weniger auffielen, zu erregen; denn außer der Kränkung, nicht so schön zu sein, hatten sie auch noch den Schimpf, von ihrem Herrn vernachlässigt zu werden. Mit dem Entschlusse, sie zu stürzen, wählten sie das Mittel, irgend ein Gift (wahrscheinlich Arsenik) unter ihre Speisen zu mischen. Diesen teuflischen Anschlag führten sie auch mit so vieler List und Geschicklichkeit aus, daß das Gift nicht entdeckt ward, als es schon seine verderblichen Wirkungen an ihr äußerte. Sie bekam sehr heftige Krämpfe mit einem immerwährenden Erbrechen; und wäre nicht ihre Natur so ungewöhnlich stark gewesen, so hätte sie sogleich ein Opfer von der Bosheit ihrer Nebenbuhlerinnen werden müssen. Nach einem schweren Kampfe zwischen Tod und Leben ließen zwar die Wirkungen des Giftes etwas nach; die unglückliche Frau behielt aber eine schreckliche Schwäche und Reizbarkeit, besonders im Magen, von der vielleicht keine Medizin sie wieder befreien konnte. Auch ihre Schönheit, die traurige Veranlassung zu ihrem Unglücke, ward gänzlich zerstört (...).«
(*Reise von Gibraltar über Tanger...*, S. 212)
Auch heute noch bedient man sich in ländlichen Gegenden mehr oder weniger wirksamer schamanistischer Rituale und aller möglichen Zauberei, um eine Rivalin zu beseitigen oder um ihr in der Gunst des Angebeteten den Rang abzulaufen.
Rivalität in Liebesdingen kann mit einer Fülle oft merkwürdiger magischer Praktiken gebannt werden: durch Dschinns, den bösen Blick, Hexerei oder Entführungsversuche magischer Art. So ist zum Beispiel bekannt, daß der Weg, den die zukünftige Braut zum Hammam zurücklegen muß, mit Fallen gespickt ist, die es zu vermeiden oder auszuschalten gilt. Auch die Vorstellung der Braut ist eine risikoträchtige Zeremonie, weil gerade dann viele Feinde versuchen, Zweifel in die Herzen der Familie der Schwiegereltern zu säen (**s. Vorstellung der Braut**). Ein marokkanischer Berberstamm praktiziert eine Art Ritual, das auf die mit der Brautzeremonie verbundene Angst schließen läßt.
»Die zukünftige Braut, deren Haut mit Henna gefärbt werden soll, ist von sieben jungen Mädchen umgeben, die ihre Größe haben und auf dieselbe Weise geschmückt sind wie sie, so sehen sich alle ähnlich. Sie verhalten sich so, daß nicht zu erkennen ist, welche in ihrer Gruppe nun die Braut sei, damit sie gegen jede böse Zauberei geschützt ist.« (Emile Laoust, *Noces berbères*, S. 144)

Sprichwort: »Hüte dich vor den Fallen der Nachbarn, nimm dich in acht vor ihren Lagern.« (E. Laoust, *NB*, S. 182)

Lit.: Alpin, Chardin, Chebel (*ES*), E. Laoust, Lemprière.

Siehe auch: Frauen des Propheten, Galanterie, Geheimnis, Harem, Liebesleid, Listen und Intrigen, Ruf (guter), Vergängliche Liebe, Vorstellung der Braut, Wandel der Liebe, Weibliche Komplizität.

ROSE (*ward* oder *warda, ma' ward:* »Rosenwasser«). Die Rose ist die bei Dichtern beliebteste Metapher für Schönheit. Das gilt in besonderem Maße für die persische Dichtkunst, die fast schon als kulturelle Heimat der Rose betrachtet werden kann. Hafiz (1320-1389) besingt sie, Saᶜdi (1200-1291) huldigt ihr, und Khayyam (1050-1123) erwähnt sie in zahlreichen Vierzeilern, wie z.B. folgenden:

Es ist wieder Rosenzeit. Ach, ich möchte eine meiner Ideen umsetzen.
Ich möchte etwas tun, das die Scharia [religiöses Gesetz] verletzt.
Ja, mich verlangt, nach Tagen in Begleitung von schönen Frauen mit
    rosig-samtenen Wangen,
ja, mich verlangt danach, die Wiese in ein Tulpenfeld zu verwandeln,
    darum besprenge ich den Rasen mit rosenfarbigem Wein.
(*Quatrains*, S. 154)

Sein Landsmann Saᶜdi zeichnet ein anderes sehr beliebtes Bild, das Rose und Zypresse (**s. dort**) personifiziert:

In diesem Blumengarten, wo der lächelnde Rosenstrauch lebt,
erhebt sich die schlankgewachsene Zypresse und verlangt nach Entschädigung.
Warum öffnet die Rose so prachtvoll ihre hundertblättrige Blüte?
Warum entfaltet die Tanne ihre Gestalt und ihren Wuchs? Ich weiß es nicht.
(Zit. nach Safâ, S. 233)

Auch *1001 Nacht* steht dem in nichts nach. Wir lesen dort:

Bei seinen rosigen Wangen, dem Haarflaum, so wunderbar fein,
Und den korallenen Lippen, der Zähne Perlenreihn;
Bei seinem duftenden Atem und bei dem Tau so rein,
Der in seinem Munde fließet, süßer als alter Wein; (...)
Der Moschus ist ein Abglanz von seinem Wangenmal;
Von seinem Hauche duften die Wohlgerüche zumal.
(*1001 Nacht*, Bd. II, S. 363)

Die kostbarste Rose ist die hunderblättrige, sie stammt aus Persien oder Indien, eventuell aus Damaskus.
Lit.: Khayyam, Safâ, *1001 Nacht*.
Siehe auch: Flora, Parfum, *1001 Nacht*, Zypresse.

ROTE HAARFARBE (*shuqra, shugra*). Rote Haare haben dieselbe stimulierende Wirkung auf die Phantasie wie blonde Haare. Sie waren in den Palästen unter osmanischer Herrschaft sowie in den Jahrhunderten, in denen Sklaverei noch völlig normal war, in der gesamten islamischen Welt sehr geschätzt.
Lit.: *1001 Nacht*.
Siehe auch: Sklave.

RUF (guter) (*ᶜiffa, sharaf, shuhra, sumᶜa*). Im komplexen Spiel der Äußerlichkeiten ist der Ruf eines Menschen, meistens der einer Frau, gleichbedeutend mit ihrem Kapital, d.h. ihrer »Ehre«; er ist also äußerst kostbar. Natürlich kann auch der Ruf eines Mannes auf dem Spiel stehen, wenn entsprechende Klatschge-

schichten kursieren. Bei den Beduinen galt der Ruf als alte Tugend, die den Erfolg oder Mißerfolg eines Lebens bestimmte. Bichr Farès schreibt in seinem Buch *L'Honneur chez les Arabes avant l'Islam* (Die Ehre bei den Arabern vor dem Aufkommen des Islam):
»Der schlechte Lebenswandel einer Frau bedeutete Schmach für ihre Familie. Wenn ein Dichter zu Ehren eines jungen Mädchen Liebesgedichte verfaßte, dann betrachteten die Araber dieses Mädchen als entehrt und den Ruf ihres Vaters als besudelt.« (Farès, S. 76)
Die Ehre einer Frau *('iffa)* ist eng mit ihrer Keuschheit verbunden (**s. Galanterie, Keuschheit**) wie Farès weiter schreibt:
»Der Ehemann rühmte sich der reinen Lebensweise seiner besseren Hälfte, und zwar mehr noch als seiner eigenen Kühnheit.«
Der gute Ruf einer Person läßt sich letzten Endes auf Vorstellungen zurückführen, die die arabische Familie und die islamischen Sitten im allgemeinen prägen. Er muß darum immer auch im Kontext mit Jungfräulichkeit, die bis zur Ehe bewahrt werden muß, Blutrache (**s. Gesetz der Vergeltung**), Familienehre (**s. Ehre**) und dem Ansehen des Familiennamens betrachtet werden. Heute noch wird in manchen abgelegenen Gegenden eine Frau, die vor ihrer Ehe verführt wurde, als Schande für die ganze Familie betrachtet, selbst wenn ihr Verführer sie sofort zur Frau nimmt. Die Entjungferung außerhalb der Ehe wird mit einer schweren Gefängnisstrafe geahndet (**s. Defloration**). Harems hingegen – d. h. der geschützte Bereich eines Hauses – bedeuten eine gewisse – wertsteigernde – Sicherheit für heiratsfähige junge Frauen (**s. Harem**).

Sprichwort: »Ach, Versprochene, ach, edle Dame, wenn ein Hirte ohne Bleibe dir zuraunt:
›Mach mich zu deinem Geliebten, ich werde deine Wünsche erfüllen.‹
Auch wenn er nicht erhört wird, und vergeblich etwas in die Wege geleitet haben sollte,
Von dem man sich besser fernhalten sollte, So wirst du trotzdem verleumdet.«
(E. Laoust, S. 68)

Lit.: Bukhari, Chebel *(ES)*, Farès, Laoust (E.).
Siehe auch: Defloration, Ehestifterin, Frau, Galanterie, Gesetz der Vergeltung, Harem, Jungfräulichkeit, Keuschheit, Nacktheit.

RUHELOSIGKEIT *(hiyam)* s. Liebesleid.

RUMI (Djalal-addin, auch **Galal ad-Din** oder **Djalaluddin)** 1207-1273, gilt als »größter persischer Mystiker«. Geboren in Balkh im heutigen Iran, lebte er größtenteils in Konya (Türkei), wo er den Orden der Tanzenden Derwische gründete. In seiner Gedichtsammlung *Mathnawi* (auch *Mesnevi*) preist er seine Beziehung zu Gott:

Wenn ich bei dir bin, bleiben wir die ganze Nacht lang auf.
Wenn du nicht hier bist, finde ich keinen Schlaf.
Gepriesen sei Gott für diese zwei Schlaflosigkeiten!
Und den Unterschied zwischen ihnen.
(Rumi, *Offenes Geheimnis*, S. 24)

Du bist der Sonne Ruf am Morgen,
Die Hoffnung aller, die in Not.
Du bist der Sucher, bist das Ziel
Und das Gesuchte selbst.
Indem du im Herzen ein Feuer entfachst
Und den rastlosen Geist beruhigst,
Bist du der Seher, das Sichtbare und das Sehen.
(Rumi, *Das Lied der Liebe*, S. 133f.)

Du bist mein Herrscher, bist mein Gott:
Du bist mein Herz, bist meine Seele

Und das, woran ich glaube.

Durch deinen Atem lebe ich,
Was ist ein Leben denn?
Du bist mein hundertfaches Leben.

Das Brot kann ohne dich den Menschen nicht ernähren;
Du bist mein Wasser und mein Brot.

Durch deine Hand wird Gift zur Medizin;
Du bist mein Heil, der süße Nektar meines Lebens.

Du bist der Garten, das Gras und der Himmel;
Bist meine Zypresse und mein Jasmin.

Ich habe die höchste Stille betreten
Bitte, geh weiter ...
Mein Mund mag sich auftun,
Und Worte mögen ihm entströmen:
Du allein bist mein Gesang.
(Ebd., S. 214f.)

Djalal-addin Rumi ist außerdem der Autor der Geschichte der »tödlichen Begierde« (**s. dort**).
Lit.: Mecit Mehmet (in *L'Islam et l'Occident*).
Siehe auch: Liebe der Mystiker, Tödliche Begierde.

RUZBIHAN (Baqli, aus Schiraz), 1128-1209. Großer persischer Sufi, in Pasa, 140 km von Schiraz entfernt, geboren. Er ist der Autor zahlreicher Werke der spirituellen Strömung der Malamatiyya, darunter *Der Jasmin der Getreuen der Liebe (Kitab ʿAbhar al-ʿashiqin)*. Die einzige Übersetzung dieses Werkes stammt von Henri Corbin. Die im Titel genannten Getreuen sind die Sufis selbst. Die Abhandlung über die Liebe zu Gott, die einen hermetischen Blickwinkel verrät und eine reiche Symbolik aufweist, besteht aus zweiunddreißig Kapiteln, von denen hier die wichtigsten aufgeführt werden sollen:
Kapitel 2: Von der Verliebtheit als Vorbote des Eros.
Kapitel 7: Wo von der Beständigkeit der Liebe bei den Getreuen der Liebe die Rede ist.

Kapitel 9: Von den besonderen Eigenschaften der Getreuen der Liebe, die den spirituellen Pfad mit Hilfe der Erfahrung der Liebe zum Menschen betreten.
Kapitel 10: Wie die Liebe entsteht.
Kapitel 11: Über die Anfänge und die Prüfung der Liebe.
Kapitel 12: Von den Folgen und Einflüssen der Liebe.
Kapitel 13: Von der Pädagogik der Einweihung in die Liebe.
Kapitel 14: Vom Eintauchen in die Liebe.
Kapitel 15: Über den Weg der Liebe im Herzen des Getreuen der Liebe.
Kapitel 16: Übersicht über die Phasen der Liebe zum Menschen und ihre Steigerung zu den Phasen der Liebe zu Gott.
Kapitel 17: Vom Wesentlichen in der Liebe zum Menschen.
Kapitel 19: Wie die Liebe zu Gott entsteht.
Kapitel 23: Von der Ehrfurcht, die die Getreuen der Liebe in der Liebe empfinden.
Kapitel 30: Von der Liebe bei den Getreuen der Liebe.
Kapitel 31: Vom glühenden Verlangen bei den Getreuen der Liebe.
Kapitel 32: Von der Vollkommenheit der Liebe.
Im zweiten Kapitel, das sich mit der Klärung von Begriffen befaßt, schreibt Ruzbihan folgendes:
»Es gibt fünf Arten der Liebe: die Liebe zu Gott, die die höchste Stufe der verschiedenen Stationen [maqamat] der Liebe ist; die animalische Liebe findet sich bei lasterhaften Geschöpfen, bei tadelnswerten und verdorbenen Menschen, bei Streitsüchtigen und Ungehorsamen; die körperliche Liebe hat ihren Ursprung in der Sinnlichkeit der vier Elemente. Auf der rechten Seite erregt sie die denkende Seele, auf der linken Seite die fleischliche Seele. Weiter oben befindet sich die vollständige Seele, darunter die trügerische Seele [nafs faribandi]; die spirituelle Liebe, von auserlesenen Menschen [khavass al-nas], geht davon aus, die ihr eigenen Formen und Inhalte hätten die Reinheit des hochheiligen Geistes [ruh muqaddas] erreicht; die intellektuelle Liebe [ʿishq ʿaqli] leitet die göttliche Liebe [ʿishq illahi] ein, den absoluten Höhepunkt.« (Ruzbihan, S. 58 und 59)
Lit.: Ruzbihan.
Siehe auch: Göttliche Liebe, Liebe der Mystiker.

SABA (fesseln, bezaubern, bestricken). Man sagt *djamalak sabani:* »dein Charme hat mich bezaubert«. S. Verführung.

SABBAH (Hasan ibn) s. Hasan ibn Sabbah.

SADISMUS (*sadiya:* arabischer Neologismus nach dem französischen Begriff). Die literarischen Werke des Marquis de Sade (1740-1814) standen Pate für diesen Begriff. Sadismus ist eine perverse, also vom Normalen abweichende Lust, die nur befriedigt werden kann, indem dem Partner Leid zugefügt wird. Geschieht dies direkt, so spricht man von körperlichem Sadismus, geschieht es indirekt, von mentalem. Sadismus als Perversion – Freude an der Qual, die einem anderen zugefügt wird – ist nicht typisch für die arabische oder islamische Gesellschaft. Auch hier – wie andernorts – gehört diese Einstellung in die Psychiatrie.

Dennoch spielt der Sadismus in der psychischen Verfassung und Vorstellungswelt der arabisch-muslimischen Kultur eine Rolle.

Den besten Einblick – auf fiktiver Ebene –, was das Auftreten sadistischer Tendenzen betrifft, gibt zweifelsohne *1001 Nacht*. In mindestens vier verschiedenen Geschichten ist die Rede davon: *Die Geschichte des Lastträgers und der drei Damen* (Bd. I); *Die Geschichte des Buckligen und des Schneiders* (M., Bd. II); *Die Geschichte von ᶜAzîz und ᶜAzîza* (Bd. II); und *Die Geschichte von Masrûr und Zain al-Mawâsif* (Bd. V).

Sie sind alle nach demselben Prinzip aufgebaut: Jemand wird getäuscht oder man setzt ihm Hörner auf, mit zahlreichen Helfern wird eine Falle ausgelegt, die Qual des Schuldigen, die in keinem Verhältnis zu seinem Vergehen steht, wird mit Lust ausgemalt, und das unglückliche Opfer klagt einer staatlichen Autorität, dem König, einem Richter oder einem Wali, sein Leid:

»Die heimtückische junge Frau jedoch hatte mit dem Einverständnis ihres Gatten einen gemeinen Plan ausgeheckt, um sich meines Bruders zu entledigen, denn so mußten sie die bei ihm bestellten Gewänder nicht bezahlen (...). Und mein Bruder Bakbuk war völlig ahnungslos! Er hatte überhaupt keine Vorstellung davon, welcher Listen und Fallen Frauen fähig sind. Als nun der Abend hereingebrochen war, holte ihn eine junge Sklavin ab und führte ihn zu ihrer Herrin, die sich sogleich erhob, ihn lächelnd begrüßte und sagte: ›Bei Gott! Oh, mein Gebieter, wie brannte ich, dich endlich bei mir zu wissen!‹ Und Bakbuk entgegnete ihr: ›Mir erging es ebenso! Doch schnell einen Kuß! Und dann ...‹ Doch er hatte noch nicht zu Ende gesprochen, als die Tür aufging und der Gatte der jungen Frau mit zwei schwarzen Sklaven eintrat, die sich auf meinen Bruder Bakbuk stürzten, ihn zu Boden warfen, ihn fesselten und damit begannen, mit ihren Peitschen auf seinen Rücken einzuschlagen. Dann luden sie ihn auf die Schultern und brachten ihn vor den Wali, der ihn sogleich zu folgender Strafe verurteilte:

Nachdem ihm zweihundert Peitschenhiebe verabreicht worden waren, hob man ihn auf ein Kamel, band ihn fest und führte ihn durch alle Straßen Bagdads; ein Ausrufer schrie mit lauter Stimme: ›So bestraft man jeden Mann, der die Frau eines anderen belästigt!‹«
(*1001 Nacht*, M, Bd. II, »Histoire du bossu avec le tailleur)
In der arabischen Kultur sind solche Schauspiele äußerst beliebt, bei denen ein armer Schlucker durch die ganze Stadt geführt, mit Verachtung gestraft, ausgepfiffen und mit Steinen beworfen wird. Sicher ist es genau diese Art von Gewalt, mit all ihren Auswüchsen, die nichtmuslimische Beobachter so in Erstaunen versetzt hat, als sie Gegenden bereisten, in denen der Islam Staatsreligon ist.
Lit.: *1001 Nacht.*
Siehe auch: Gesetz der Vergeltung, Sexuelle Perversionen.

SAFRAN *(zaʿfaran)* s. Gewürze.

SAHIB (Gefährte, Freund, Vertrauter). Der Beschützer einer Liebesbeziehung. Vermittler, Überbringer von Botschaften und Informant. Da die Beziehungen zwischen Mann und Frau ganz besonderen Gesetzen unterworfen sind, kommt dem *sahib* eine gewichtige Rolle zu. Er leitet Informationen über entbrannte Leidenschaften weiter, ermutigt den schüchternen Liebhaber, wenn dieser niedergeschlagen ist, greift vermittelnd ein, manchmal jedoch wirkt er auch gegen eine Verbindung. Er ist das Gegenstück zum *raqib*.
Lit.: Ibn Hazm, Pérès, Vadet.
Siehe auch: Bote, Eifersucht, Höfische Liebe, Raqib.

SAIF (Schwert). Das Schwert gilt als das Symbol für Männlichkeit schlechthin, es ist auch das Zeichen eines Kriegers, in der islamischen Heraldik fungiert es als eines der Staatsembleme.
Saif al-Daula, »das Schwert des Staates«, der Prinz der Hamdaniden aus Aleppo und berühmter Mäzen, regierte von 945 bis 967. Ein anderer Beiname ist *Saif al-Muluk*, wörtl.: »das Schwert der Mächtigen, der Könige«.
Lit.: Chebel *(DSM).*
Siehe auch: Penis.

SALKH (vom Verb *salakha:* »abhäuten«; »Umgang haben«). Technik der Abhäutung in Jemen, die darin besteht, einem jungen Mann die Haut des ganzen Penis' bis zum Hodensack abzureißen. Diese Operation, die als Beweis der Tapferkeit und als Beschneidung gilt, findet bei der Hochzeit des Mannes statt. Den wenigen hierzu existierenden Zeugnissen zufolge, wohnt die Braut dieser Operation bei und versucht herauszufinden, ob ihr Zukünftiger mutig genug ist, den Schmerz zu ertragen, den diese »Häutung« bei lebendigem Leib in jedem Fall verursacht. Die extreme Barbarei dieser Praxis veranlaßte die Verantwortlichen des Landes Anfang des Jahrhunderts, diese zu verbieten.
Lit.: Chebel *(HC).*
Siehe auch: Beschneidung.

SALOMO UND BALKIS. König Salomo, der Suleiman der Araber, ist im Islam sehr bekannt. Er gilt als außergewöhnlich weiser Mann, gerühmt wird seine schon sprichwörtliche Zeugungskraft. Exemplarisch ist seine Liebe zu Balkis oder Bilkis, der Königin von Saba. Der Wiedehopf *(hud-hud)* fungierte als Mittler zwischen diesen beiden außergewöhnlichen Personen, an die sich zahlreiche Legenden knüpfen. Dieser Vogel spielt auch die Hauptrolle in den *Vogelgesprächen (Mantiq al-tair)* des persischen Mystikers Farid-addin al-ᶜAttar (12. Jh.).

Der Koran erzählt die Legende von Salomo und Balkis, ebenso der berühmteste muslimische Chronist, der Perser Abu Djaᶜfar Mohammed Tabari (839-923):
»Der Wiedehopf war losgeflogen und dort angekommen, wo Balkis lebte, das heißt im Gebiet von Saba. Dort herrschte eine Frau. Sie war eine Königin, und die ganze Gegend von Saba unterstand ihr. Man sagt, seit Josephs Tod habe es kein schöneres Wesen auf der Welt gegeben als Balkis: denn ihre Mutter war eine Peri* und ihr Vater ein Prinz.« (Tabari, S. 14)

Balkis betete die Sonne an. Salomo wollte sie bekehren und ihr den Weg Allahs zeigen. Nach zahlreichen Ereignissen nahm Balkis, die sich inzwischen in Salomo verliebt hatte, den Islam an und vereinigte sich mit dem wunderbaren König. Tabari schreibt weiter:

»Die Divs* waren eifersüchtig auf Balkis und wollten erreichen, daß Salomo ihr sein Herz nicht weiter schenke. Balkis jedoch war sehr schön und ohne Makel, bis auf einige Ziegenhaare an den Beinen. Die Divs sagten zu Salomo: Balkis hat viele Haare an den Beinen. Salomo wollte die Beine von Balkis sehen, um sich selbst davon zu überzeugen. Also befahl er den Divs, ein Schloß zu bauen, und vor diesem Schloß eine Straße aus Kristall, die hundert Ellen lang und hundert Ellen breit sein sollte, auf diese Kristallstraße sollten sie Wasser schütten. Dann befahl er, seinen Thron so darauf zu stellen, daß, wer ihn sah, glauben sollte, es sei Wasser. Salomo nahm dort Platz. Um zu ihm zu gelangen, mußte Balkis diesen Platz überqueren. Sie raffte ihre Beinkleider hoch, wie Frauen, wenn sie durch Wasser gehen, und entblößte so ihre Beine. Salomo sah sie, war überrascht und zufrieden. So ist es auch heute noch Sitte, daß ein Mann, wenn er sich mit einer Frau vermählen möchte, ihre Beine sieht [...]. Alsbald nahm Salomo sie zur Frau und sandte sie ins Frauengemach. Die ganze Armee von Balkis konvertierte, und sie schenkte ihm diese Armee und auch ihr ganzes Königreich. Dann ließ Salomo die Haare von Balkis' Beinen ausreißen; doch die Haut löste sich ebenfalls ab. Da stellten die Divs eine Mischung aus Kalk und Arsen her, um die Haare zu entfernen. Salomo war der erste, der diese Mischung zur Haarentfernung benutzte. Salomo besaß fünf Dinge, die den Königen vor ihm nicht bekannt waren: Salbe zur Haarentfernung, das heiße Bad, die Kunst, Perlen zu durchbohren, die Kunst des Tauchens und die Kunst, Kupfer zu schmelzen. Bald darauf schenkte Balkis Salomo einen Sohn.« (Ebd., S. 18)

Koran: 2, 102; 4, 163; 6, 84; 21: 78-79, 81-82; 27, 15-44; 34, 12-14; 38, 30-40.

Sufiweisheit: »Eine männliche Schwalbe machte einer weiblichen in Salomos Pavillon (Gott segne ihn!) den Hof. Das Weibchen weigerte sich. Das Männchen sprach zu ihr: ›Wie! Du weist mich zurück! Wenn ich wollte, könnte ich diese Kuppel über Salomo einstürzen lassen!‹ Da rief Salomo (der die Sprache der Vögel verstand) ihn herbei und

sagte zu ihm: ›Was treibt dich dazu, so etwas zu sagen?‹ Und der Vogel entgegnete: ›Man darf die Worte von Verliebten nicht ernst nehmen.‹ – ›Du hast recht‹, sagte Salomo.«
(Quraishi, zit. nach Dermenghem, *LBPTA*, S. 251)
Lit.: Bibel (1. Buch der Könige), Koran, Dermenghem, Tabari.
Siehe auch: Bein, Berühmte Liebespaare, Epilation, Hammam, Wunder.

SALUTSCHUSS *(ciyar nari).* Der Brauch des Salutschusses als Zeichen des glücklichen Verlaufs der ehelichen Beziehungen ist vom Hohen Atlas Marokkos bis in die hintersten Winkel des Elbrus und Anatoliens und in allen angrenzenden Gebieten von großer Bedeutung und wird dementsprechend gepflegt. Es ist üblich, auf diese Weise den verschiedenen betroffenen Parteien anzuzeigen, daß der sexuelle Vollzug der Ehe erfolgreich stattgefunden hat. Dieser ›Feuerstoß‹ hat eine eindeutig phallische Symbolik, seine unmittelbare Bedeutung ist jedoch die, daß er gleichzeitig die Jungfräulichkeit der Ehefrau und die Potenz des Mannes anzeigt. Ist eine der beiden Bedingungen nicht erfüllt, so wird der Salutschuß nicht abgegeben. Sehr wahrscheinlich geht dieses Signal auf archaische Fruchtbarkeitsrituale zurück, denn der Ejakulationsaspekt der Salutschußsalve (das »Spannen des Hahns« und das »Abdrücken«) wird aufgrund der unbewußten Gleichsetzung Feuerstoß = Lendenstoß häufig mit dem männlichen Orgasmus assoziiert. Daneben aktualisiert der Salutschuß in symbolischer Abwandlung die Freudenschreie und anderen Lautäußerungen (Jubel, Applaus, Gesänge), mit denen die Frauen in der Hochzeitsnacht das Durchstoßen des Hymens zu feiern pflegen. Mahmud Makal, ein anatolischer Dorfschullehrer, schreibt dazu:
»An diesem Abend wartet die Lauscherin auf ihre Stunde. Von Memiche [der jungen Verlobten] kein Laut zu vernehmen. Sie wartet zwei Stunden: keinerlei Nachricht! Bei einem anderen Ehemann hätte man schon längst Salut geschossen. Dies war nämlich ein Zeichen dafür, daß die Braut noch Jungfrau und der Bräutigam nicht impotent war. Außerdem muß der Ehemann sehr rasch ans Werk schreiten. Noch bevor es Zeit für Zärtlichkeiten gehabt hat, muß das Paar nämlich den draußen Wartenden die blutigen Laken vorweisen. Erst dann können die Eltern der beiden Eheleute ruhig schlafen!« (Makal, S. 105f.)
Lit.: Chebel (*ES*), Makal.
Siehe auch: Defloration, Ehe, Freudentriller, Hochzeitsnacht, Hymen, Jungfräulichkeit, Koitus.

SÄNFTE *(mahmil, mihfa, haudadj).* Kamelsänften sind ein sehr beliebtes Motiv in der Beduinendichtung. Das gern als »Wüstenschiff« umschriebene Kamel – das oftmals gar kein Kamel, sondern ein Dromedar ist – spielt in der Welt der tribalen Wüstengesellschaft eine zentrale Rolle; entsprechend wichtig ist es auch für die Liebenden. Die Nomaden mußten große Entfernungen zurücklegen, und eine Karawane bot für eine Begegnung guten Schutz. Als besonders kühn und ruhmhaft gilt ein Treffen, das in einer Sänfte stattfindet, noch dazu am hellichten Tag. Imru' al-Qais (500-540) vom Stamm der Kinda sagt dies nicht ohne gewissen Stolz:

Und an jenem Tage drang ich in die Sänfte ein,
In die Sänfte der ʿUnaiza; da sprach sie:
Wehe dir, du zwingst mich ja zu Fuß zu gehen.
Sie sprach, während der Sattel mit uns beiden zu wanken begann:
Du schindest ja mein Tier, o Imrulqais,
So steig doch ab!
Da sprach ich: Ziehe [nur weiter] und laß ihm locker den Zügel
Und entferne mich nicht von deiner durststillenden Frucht.
(*Die Muʿallaqa des Imrulqais*, S. 26 ff.)

Labid (560-661) findet in seiner *Muʿallaqa* noch poetischere Worte: »In einer Fata Morgana ähnelten ihre Sänften den mit Tamarisken und großen Felsen gesäumten Tälern von Bicha.« (Ebd., S. 205)
Sieht man von der psychologischen und emotionalen Wirkung eines solchen Ortes einmal ab, so symbolisiert diese Motivwahl auch das Prestige des Liebenden: Nur die angesehensten jungen Männer der altarabischen Stämme konnten sich eine solche Liebeserklärung in einer Sänfte erlauben, ohne gleich den Bann des Oberhauptes der Karawane fürchten zu müssen.
Lit.: Ennaji, Schmidt.
Siehe auch: Höfische Liebe, »Schlafzimmerkultur«, Verführung.

SÄNGERSKLAVIN (*qaiyna*, pl. *qiyan*). Die Tradition der Sklavinnen, die durch ihren Gesang zur Unterhaltung bei Hofe beitrugen, bestand schon bei den persischen Sassaniden* und den vorislamischen arabischen Herrschern. Nach ihren Fähigkeiten und ihrer sozialen Stellung sind sie etwa den japanischen Geishas zu vergleichen. Über ihre Rolle in der islamischen Zeit heißt es bei al-Djahiz (776-868/69): »Nach alter Sitte gilt, daß ›die besten unter euren Frauen diejenigen sind, die über die Gabe verfügen, zu bezaubern und zu verführen‹, doch was den *qiyan* gelingt, das vermögen weder Harut und Marut, noch Moses mit seinem Stab oder der Pharao mit seinem Zauber.« (Zit. nach Pellat, *Les esclaves chanteuses...*, S. 144)
Dem großen Schriftsteller Djahiz verdanken wir im übrigen auch die beste Schilderung der Sängersklavinnen, die eine Art Mischung aus Animierdamen, *callgirls* und Kurtisanen darstellten:
»Die Sängersklavin meint es fast nie aufrichtig mit ihrer Zuneigung und kennt keine Treue in ihrer Liebe, weil sie dazu erzogen wurde und von Natur aus dafür geschaffen ist, den Männern Netze zu legen und Fallen zu stellen, damit sie in ihre Schlingen geraten (...).
Sie wirft ihm Vergehen vor, ist eifersüchtig auf seine Gattin, untersagt ihm, ihre Freundinnen zu betrachten, läßt ihn die Hälfte ihres Bechers trinken, liebkost ihn mit dem Apfel, in den sie gebissen hat, schenkt ihm etwas von ihrem Basilienkraut und gibt ihm bei seinem Weggang eine ihrer Haarlocken, ein Stück ihres Schleiers und einen Splitter des Stäbchens, mit dem sie die Saiten anschlägt, mit. Anläßlich des *nuruz* widmet sie ihm eine Hosenschnur und Zuckerwerk und zum *mihradjan* einen Siegelring und Äpfel. In ihren Ring läßt sie seinen Namen eingravieren, und sein Name ist es auch, der ihr bei einem Fehltritt über die Lippen kommt. (...)

Bisweilen kommt es vor, daß dieses Spiel sie zur Wirklichkeit hinführt und sie mit ihrem Freund die Prüfung teilt, so daß sie in sein Haus geht, um ihm einen Kuß und was darüber hinaus ist zu ermöglichen und sich ihm hinzugeben, falls er dies von ihr für erlaubt hält. (...)
Meistens aber fehlt es ihr an treuer Gesinnung, und sie treibt ein falsches Spiel und wendet List an, um alles, was ihr Liebhaber besitzt, herauszuholen und ihn dann zu verlassen.« (Zit. nach Pellat, *Arabische Geisteswelt*, S. 427 f.)
Abschließend wäre noch an eine Bemerkung von Frédérique Sicard zu erinnern, in der ein Zusammenhang zwischen den Rollen der *qaiyna*, der griechischen Hetäre und der Geisha hergestellt wird:
»Ähnlich wie die griechische Hetäre oder die japanische Geisha spielt die *qaiyna* die Rolle der Angebeteten, während der *zarif* den verliebten Dichter gibt, und es scheint, als bestünde für Djahiz die größte Gefahr weniger in der Unzucht als vielmehr darin, daß man den Fehler macht, auf die *qaiyna* hereinzufallen und ihr Spiel ernst zu nehmen.« (*Arabica*, Bd. 34, S. 336)
Lit.: Blachère, Pellat, Pérès, Sicard, *1001 Nacht*, Vadet.
Siehe auch: Abweisen, Azria, Eleganten (Die), Harut und Marut, Liebeszauber, Prostitution, Zina'.

SARMAK. Aphrodisierend wirkende Pflanze, die Leo Africanus zufolge im Maghreb früher *zubb al-ard* (wörtl.: »das Geschlecht der Erde«) oder auch *zubb al-rih* (wörtl.: »Penis des Windes«) genannt wurde.
Siehe auch: Aphrodisiaka.

SAYYIDA (Dame). Ehrentitel für eine Dame, eine couragierte Frau oder eine Herrin.

SCHAHZAMAN. Bruder von Schehrijâr, dem König von Indien aus *1001 Nacht*. Schâhzamân erscheint dort als König von Samarkand im Perserland.
Siehe auch: Schehrijâr, *1001 Nacht*.

SCHAM (*hishma, haya', ihtisham*: »Schüchternheit«; *'ird*: »Würde, Zurückhaltung«). Scham ist eines der Kriterien einer guten Erziehung; sie ist insbesondere der Prüfstein der Erziehung einer Frau und manchmal deren lähmendstes Moment. Scham, als Summe aller anderen weiblichen Attribute, ist mit Ehre verbunden, die wiederum als Inbegriff des Ansehens der Familie gilt.
Bei Miskawaih (gest. 1030) ist die weibliche Schamhaftigkeit ein Zeichen von Intelligenz (*Abhandlung über die Ethik*, S. 93); in bestimmten Fällen nennt man sie auch *tahmirat al-wadjh* (wörtl.: »Röte auf den Wangen«, »Schamröte«), sie wird mit Keuschheit und Jungfräulichkeit gleichgesetzt. Fehlt diese Schamesröte, so bedeutet dies, daß das junge Mädchen keine Jungfrau mehr und unmoralisch ist, denn nach allgemeinem Verständnis errötet nur ein schamloses Mädchen nicht, wenn man in ihrer Gegenwart das Thema Sexualität anspricht.
Der Koran regelt auch die Schamgrenzen; so erteilt er den guten Muslimen den Befehl, eine diskrete Zurückhaltung anzunehmen, wenn sie sich an ein Mitglied aus dem Harem des Propheten wenden:

»Und wenn ihr die Gattinnen des Propheten um irgend etwas bittet, das ihr benötigt, dann tut das hinter einem Vorhang! Auf diese Weise bleibt euer und ihr Herz eher rein. Und ihr dürft den Gesandten Gottes nicht belästigen und seine Gattinnen, wenn er einmal nicht mehr da ist, in alle Zukunft nicht heiraten. Das würde bei Gott schwer wiegen.« (Koran, 33, 53)

Im Harem des Propheten galten jedoch andere Regeln:

»Es ist keine Sünde für sie (d.h. für die Gattinnen des Propheten), ohne Vorhang mit Männern zu verkehren, wenn es sich um ihren Vater, ihre Söhne, ihre Brüder, die Söhne ihrer Brüder und ihrer Schwestern, ihre Frauen und ihre Sklavinnen handelt.« (Ebd.)

In derselben Sure wird deutlich, daß das Tragen des Schleiers bereits eine Pflicht war, der die Frauen des Propheten als ehrbare Frauen nachkommen mußten:

»Prophet! Sag deinen Gattinnen und Töchtern und den Frauen der Gläubigen, sie sollen, wenn sie austreten, sich etwas von ihrem Gewand über den Kopf herunterziehen. So ist es am ehesten gewährleistet, daß sie als ehrbare Frauen erkannt und daraufhin nicht belästigt werden.« (Ebd., 33, 59)

Da die Frau der Inbegriff häuslicher Vertraulichkeit ist, unterliegt sie automatisch zusätzlichen Vorsichtsmaßnahmen, doch auch ein Mann muß sich diskret und bescheiden verhalten. Ali ibn Abi Talib (600-661), dem vierten rechtgeleiteten Kalifen des Islam, wird ein Ausspruch zugeschrieben, demzufolge Scham »einem Mann als Schleier« dienen soll. Exhibitionismus wird verabscheut, ebenso der hartnäckige Verführer, der unverbesserliche Don Juan sowie der abgewiesene Liebhaber, der dem ganzen Stamm sein Leid klagt.

Nicht jeder Teil des Körpers ist auf dieselbe Weise dem Schamgefühl unterworfen. Die Haare einer Frau, ihre Genitalien und für die Orthodoxen ihr gesamter Körper, müssen derart bedeckt sein, daß jeglicher körperliche Reiz verschwindet. Der Körper eines Mannes unterliegt diesen Beschränkungen nur zum Teil. Auch in der Rechtsprechung gibt es verschiedene Auslegungen und Kommentare zu der Frage, welche Körperteile bei Männern oder Frauen zu verhüllen sind.

Sprichwörter oder literarische Äußerungen: »Scham ist ein Zweig des Glaubens«: Ausspruch des Propheten (Thaʿalibi, S. 36).

»Eine Frau ohne Scham ist wie ein Gericht ohne Salz«: *lamra alli ma fiha hiya bihal atʿima bila milh* (marokkanisches Sprichwort).

»Er hat eine feine Lippe«: *innahu la khafif al-shafah* (Freytag). Das sagt man von jemand, der aus übertriebener Scham um nichts bittet.

Lit.: Qairawani, Boudot-Lamotte, Marçais, Miskawaih, Naamane-Guessous.

Siehe auch: Böses Weib, Ehre, Frau, Haar, Hammam, Harem, Koitus, Jungfräulichkeit, Mohammed, der Prophet, Nacktheit, Prostitution, Schleier, Wiederverheiratung, Zinaʾ.

SCHAMBEREICH (Pubes) (*al-ʿana*, *ʿasb*, Plur.: *ʿasab*, *shiʿra*: »Haar«, wegen der Rasur des Schambereichs). Die Araber benutzen eine derbe Metaphorik, um den Schambereich zu benennen, unter anderem: *ʿasb*, Plur.: *ʿasab*, das ist der anatomisch korrekte Begriff; *rakab*: »Schambereich«; *adam al-ʿana*: wörtl.: »Schambein«; *shafr*, Plur: *ashfar*: »Schamlippen«; *shiʿra*, »Schamhaare«.

Bukhari zitiert einen Ausspruch, den er Omar in den Mund legt:

»Zur Tradition gehören drei Dinge: daß man sich den Schambereich rasiert, sich die Fingernägel schneidet und sich den Schnauzbart stutzt.« (*TI*, Bd. 4, S. 213)
Als der Prophet von einem Feldzug zurückkehrte, bat er seine Gefährten, ihre Kamele anzuhalten, damit ihre Frauen
»Zeit hätten, nach einer langen Abwesenheit ihr Haar in Ordnung zu bringen und sich [die Scham] zu rasieren.« (Ebd., Bd. 3, S. 605)
Außerdem wurde es üblich, die Achselhaare zu entfernen. Das ausschlaggebende Merkmal des Schambereichs ist, dem größten Teil der arabischen erotischen Literatur zufolge, daß er glatt und weich sein muß. Am schönsten ist er dann, wenn er einem Kinderpopo gleicht, eine schöne Vagina sollte einerseits an einen schönen Bauchnabel erinnern, das bedeutet dann, daß sie eng ist, und an die geheimnisvollen Fältchen der Achselhöhle. Dann wirkt sie, den alten Handbüchern zufolge, sexuell ganz besonders verführerisch und »aphrodisierend«.
Prosper Alpin (16. Jh.) beschreibt die exzessive Pflege des Schambereichs bei den Ägypterinnen:
»Die Pflege, die Italienerinnen und Frauen aus anderen Ländern auf ihr Haar und ihr Gesicht verwenden, lassen die Ägypterinnen ihrem Schambereich und den verborgenen Körperteilen angedeihen. (...) Im Bad waschen sie sie zunächst, dann enthaaren sie sie, damit sie immer glatt sind, weil es dort eine Schande ist, wenn die Vulva einer Frau behaart ist. Nachdem sie diese Bereiche des Körpers gewaschen und enthaart haben, parfümieren sie sie mit verschiedenen Düften: Wer es sich leisten kann, nimmt Moschus, Amber, Aloe oder Zibet; die anderen tragen wohlriechende Pflanzen auf, die dort überall günstig verkauft werden. Sie verschwenden ständig eine unglaubliche Menge an Parfum, um ihre Vulva zu beduften, ihr den schlechten Geruch zu nehmen und den Männern, die mit ihnen schlafen, Lust zu bereiten.« (*La Médecine des Egyptiens*, S. 294)
Sufiweisheit: Eine Frau fragte einen Vorbeter: »Ist der Wert der Gebete verloren, wenn man versäumt, sich den Schambereich zu rasieren?« Der Vorbeter antwortete: »Wenn die Haare zu lang sind, wird das Gebet dadurch beschmutzt, es ist also besser, sie zu rasieren, damit eure Gebete rein sind.« Eine andere Frau fragte daraufhin: »Welche Länge ist erlaubt?« – »Wenn die Haare länger als ein Gerstenkorn sind, dann muß man sie rasieren« entgegnete der Vorbeter. (Rumi, *Mathnawi*, S. 160).
Lit.: Bukhari, Gasselin, Rumi.
Siehe auch: Aphrodisiaka, Epilation, Glatte Haut, Körperhaar, Nabel, Nacktheit, Tätowierung, Vagina, Vulva.

SCHARIA (*shariʿa*). Islamisches Recht, das den von den Vorfahren aufgezeichneten Weg repräsentiert, wie es im Koran (45, 16-17; 46, 30) verkündet wird, und dem jeder Muslim folgen muß. Es handelt sich hierbei um einen Korpus alter Texte (9. Jh.), nicht etwa um kodifiziertes Recht, auf den sich muslimische Rechtsgelehrte der vier sunnitischen Rechtsschulen stützen. Diese Rechtsschulen tragen die Namen ihrer Gründer: Die hanafitische wurde von Abu Hanifa (697-767) gegründet, die hanbalitische von Ibn Hanbal (780-855), die malekitische von Malik ibn Anas (gest. 795 oder 796) in Medina und die schafiitische von

Imam Shafiʿi (767-820). Der schiitische Islam, der vor allem im Iran vertreten ist, sowie die kharidjitische Ibadiya (im algerischen M'zab und Oman vertreten) haben ihre eigene Gesetzgebung.

Der sunnitische Islam, dem über 80% aller Muslime angehören, setzt sich aus verschiedenen Rechtswissenschaften zusammen: Prophetenhadithe, Qiyas (Analogieschluß), Idjmaᶜ (Konsens der Autoritäten in Rechtsfragen). Alle gehen auf ein und dieselbe Quelle zurück: den Koran. Die Scharia ist also die Summe der muslimischen rechtlichen Theologie und Jurisprudenz. Als solche regelt sie das tägliche Leben der Gemeinschaft, unter anderem Heirat und Erbe, insbesondere berührt sie alle die individuelle Intimität betreffenden Fragen. So befaßt sich z. B. ein großer Teil der rechtlichen Vorschriften der Muslime mit der Frau und ihren besonderen biologisch bedingten Rhythmen. So ist z.b. eine menstruierende Frau im Zustand ritueller Unreinheit, es gelten andere Bedingungen im Zusammenhang mit der Einhaltung des Fastens, des Gebets oder mit Moscheebesuchen.

Die Scharia ist nur eine von vielen Lesarten des islamischen Dogmas, das äußere Gepräge, das nicht den zentralen Punkt berührt, der für jeden Muslim der Glaube an Gott ist. Sie kann auf keinen Fall an dessen Stelle treten. Natürlich kann eine solche Lesart zu dem einen oder anderen Zeitpunkt der Geistes- und Ideengeschichte toleranter oder rückwärtsgewandter ausfallen.

Die Scharia regelt das Leben der Muslime, eine Anpassung an veränderte Gegebenheiten oder neue Entwicklungen innerhalb der jeweiligen Gemeinschaft fand allerdings nie statt, denn die Scharia gilt als heilig und darum auch unantastbar. Die letzten Jahre zeichnen sich durch eine Krise des Selbstverständnisses aus, die überwiegend als Konflikt zwischen Tradition und Moderne wahrgenommen wird. In einer Zeit der Unsicherheit, was die eigene Identität betrifft, erhoffen sich viele mit einer konservativen oder traditionellen Einstellung von der Rückbesinnung auf Religion oder Tradition wieder Halt und Stabilität. Neue Gewohnheiten werden eher als bedrohlich eingeschätzt, der Ruf nach dem Gesetz wird lauter. Das erklärt zumindest zum Teil den wachsenden Einfluß religiöser Autoritäten, und daß die reaktionärsten Vertreter islamischer Jurisprudenz (die Azhar-Moschee und -Universität in Kairo oder die Konferenz der Theologen in Mekka) ohne nennenswerte Schwierigkeiten ihre Sichtweisen durchsetzen können.

Von diesem Konflikt ist in besonderem Maße die muslimische Frau betroffen: in allen muslimischen Ländern – ausgenommen Tunesien – orientiert sich das Familienrecht an der Scharia, die unveränderbaren Charakter besitzt, wohingegen Strafrecht oder öffentliches Recht internationalen Vorbildern folgen. Überdies haben alle muslimischen Länder die UN-Charta und die Allgemeine Erklärung der Menschenrechte unterzeichnet, womit sie die unveräußerlichen Rechte der Person anerkennen. Doch genau diese Grundrechte kollidieren mit der Familiengesetzgebung, denn im familiären Rahmen gilt die Frau nicht als freie und mündige Bürgerin, sondern ist den Regeln des Gehorsams dem Ehemann oder Familienvorstand gegenüber unterworfen, als Gegenleistung für dessen Unterhaltsgarantie, zu der er rein rechtlich gesehen verpflichtet ist. Eine vollständige Garantie der in der UN-Charta benannten Rechte für die muslimischen Frauen wäre nur um den Preis einer Veränderung des Familienrechts möglich, d.h. um den Preis eines Eingriffs in göttliches Recht. Darüber hinaus würde dies einem Verzicht auf einen – in den Augen konservativer Muslime – wesentlichen Bestandteil der Identität gleichkommen, nämlich der Institution der muslimischen Familie. Emanzipatorisch engagierte Frauen nehmen den Konflikt zwischen diesen miteinander unvereinbaren Gesetzesvorlagen zusehends als politisches Problem wahr und fordern entsprechende Veränderungen.

SCHEHERAZADE (SCHEHREZAD). Heldin der Erzählungen aus *1001 Nacht.* Im Laufe der Zeit wurde diese herausragende Frauengestalt – furchtlose Gemahlin des grausamen Königs Schehrijâr und direkte Erzählerin der weltberühmten Geschichten (**s. 1001 Nacht**) – zum literarischen Symbol der List, des Wissens und der Schönheit der Frau. Scheherazade (Schehrezâd) ist die Tochter des Großwesirs, und dieser ist dem wahnsinnigen König untertan und muß ihm Nacht für Nacht eine junge, unberührte Frau des Landes, ausgesucht unter den allerschönsten, zuführen. Jede Nacht muß eine weitere den fleischlichen Gelüsten des Tyrannen zu Willen sein und wird danach umgebracht. Als nach dieser brutalen Auslese im ganzen Land keine Jungfrau mehr zu finden ist, die den Anforderungen des Königs entspricht, fällt schließlich das Los auf Scheherazade, die ältere der beiden Töchter des Großwesirs. Aber diese bittet ihren Vater, sie seinem Landesherrn ruhig auszuliefern:
»Bei Allah, mein Väterchen, vermähle mich mit diesem König! Dann werde ich entweder am Leben bleiben, oder ich werde ein Opfer sein für die Töchter der Muslime und ein Werkzeug zu ihrer Befreiung aus seinen Händen.«
(*1001 Nacht*, Bd. I, S. 27)
Mit List und Intelligenz gelingt es Scheherazade, den Zorn und Haß ihres Gemahls immer mehr zu besänftigen, indem sie ihm unendlich viele Geschichten, eine märchenhafter als die andere, erzählt, deren Abfolge die Erzählungen aus *1001 Nacht* bildet. Für viele Autoren ist Scheherazade ein Symbol von Freude und Liebe, Jugend und Leben, während König Schehrijâr das Emblem von Tod und Despotismus darstellt. Klugheit und Intelligenz gegen Bosheit und Gemeinheit, Zivilisation gegen Barbarei: Diese Philosophie, die am Ende jenes Kampfes triumphiert, bildet für sich bereits stets aufs neue die Legitimation für die Liebe, zu der Scheherazade ein idealisiertes Beispiel liefert.
Lit.: Aboul-Hussein/Pellat, Azar, Bouisson, Lahy-Hollebecque, *1001 Nacht.*
Siehe auch: Dinazâd, *1001 Nacht.*

»SCHEHERAZADE-KOMPLEX«. Mit diesem Begriff wollen wir die schöpferische Phantasie der Frau bezeichnen, und zwar nicht nur auf dem Gebiet der Erotik und Liebeslyrik – das unser eigentliches Thema ist –, sondern auch auf dem Gebiet des Intellekts (Exegese, Philosophie, Wortstreit, Rhetorik).
Über die Jahrhunderte hat sich die Rolle der muslimischen Frau in der Liebe nämlich keineswegs auf die der passiven Gespielin, Kurtisane und Ehefrau beschränkt. So wirkt sie als Muse, die sich durchaus darauf versteht, auch Geburtshilfe geistiger Art zu leisten; besonders deutlich wird dies in einer Gestalt voller Scharfsinn, Feinsinnigkeit und Anmut wie der Scheherazade in den Erzählungen aus *1001 Nacht.*

Die meisterlichsten Leistungen vollbringt die Frau in der mündlichen erotischen Literatur. Berühmt sind auf diesem Gebiet bis heute die Sängerinnen der Tuareg, des kabylischen **Izli** oder des **Rai** aus Oran (**s. dort**); die Berber-Mädchen aus dem Aurès-Massif, die in jüngster Zeit in einigen verrufenen Lokalen der Großstädte im Osten Algeriens auftraten; die Berberlieder aus Tassaout (Marokko), die durch Mririda N'Aït Attik populär gemacht wurden, schließlich all die ägyptischen oder libanesischen Sängerinnen.

Während sich die männliche Kreativität vor allem auf die Bereiche Mystik und Philosophie konzentrierte, waren die Frauen insbesondere auf dem Gebiet poetischer und literarischer Bilder innovativ. Und dabei scheuten sie keineswegs vor erotischen, lustbetonten Metaphern zurück, in denen z.B. die Macht und Größe des Penis gepriesen wird. Berühmt sind ferner die Traueroden von Dichterinnen wie al-Khansa (6.-7. Jh.) oder Laila al-Akhyaliyya (7. Jh.), doch bereits Aischa, die Lieblingsfrau des Propheten, hat die Sprache der Liebe ungeheuer bereichert, indem sie eine Vielzahl prophetischer Aussprüche (Hadith*) überlieferte, von denen manche alles andere als keusch und züchtig sind. Aischa verdanken wir zudem, daß wir heute relativ genau wissen, welche Haltung die ersten Muslime gegenüber intimen Problemen wie Menstruation, nächtlicher Pollution, erotischen Träumen, Verkehr mit Tieren, Masturbation etc. einnahmen; ferner, wie sie etwa über sexuelle Abstinenz, das Leben als Witwe und die Heiligkeit der gläubigen Frauen dachten. Letztlich wurden alle Bräuche und Rituale im Bereich von Hygiene und Reinigung nach Aussagen von Aischa kodifiziert. Die Tatsache, daß sie diese Mittlerrolle zwischen dem Propheten und seiner Gemeinde ausübte, wird von allen Muslimen, selbst den frauenfeindlichsten, anerkannt. Hier zeigt sich auch noch eine differenziertere Einstellung zur Frau, die sich stark von der unterscheidet, die sich einige Jahrhunderte später entwickelte.

So wird dem Propheten z.B. der folgende Ausspruch zugeschrieben, den im übrigen auch Ibn Hazm (994-1064) aus Córdoba in seinem berühmten Werk *Das Halsband der Taube (Tauq al-hamama)* zitiert: »Wer mir den Gebrauch dessen, was zwischen seinen Kiefern ist (Zunge), und dessen, was zwischen seinen Beinen ist (Scham), garantiert, dem garantiere ich das Paradies« (Bukhari in: Koran [Ü.: Khoury], Anhang, S. 533). Ibn Hazm, der zugleich auch Theologe war (**s. Theologen der Liebe**), gibt dazu folgenden Kommentar:

»Ich höre viele Leute sagen: ›Im Gegensatz zu den Frauen bietet bei den Männern die Überwindung der Leidenschaften sittlichen Schutz.‹ Über diese Äußerung wundere ich mich sehr. Ich sage vielmehr, und davon gehe ich nicht ab: Männer und Frauen sind in ihrer Neigung zu diesen beiden Dingen gleich. Es gibt keinen Mann, dem eine schöne Frau ihre Liebe anbietet und der, wenn es lange geschieht und kein Hindernis vorliegt, nicht in des Satans Schlinge fällt, den die Sünden nicht in ihren Bann schlagen, die Begierde nicht in Erregung versetzt und das Verlangen nicht irreleitet. Und es gibt auch keine Frau, die ein Mann unter gleichen Umständen zu verführen sucht und die sich ihm nicht hingibt, gemäß dem von Gott getroffenen Ratschluß und seinem wirksamen Befehl, dem man sich in keiner Weise entziehen kann.« (*Das Halsband der Taube*, S. 122)

Später kamen die Frauen an den Höfen der Kalifen zu hohem Ansehen, und zwar keineswegs nur als Musen. Besonders deutlich ist dies etwa bei den Frauen der persischen (s. Chardin, *Kitabi Kulsum nameh*) und türkischen (s. Audouard, Castellan) Herrscherhöfe zu sehen. Diese Frauen konnten sich selbst mit den berühmtesten Dichtern messen und setzten ihnen ihre eigenen erotischen Oden oder auch Satiren und Schmähschriften entgegen, die man geradezu als obszön bezeichnen könnte.

In der Blütezeit des andalusischen Spanien wurde ein berühmtes Paar geboren, nämlich der Dichter Ibn Zaidun und eine Prinzessin namens Wallada (gest. um 1090). Diese Prinzessin, die in der Dichtung ihres verschmähten Liebhabers Ibn Zaidun so hochmütig und niederträchtig dargestellt ist, war selbst eine erotische Dichterin von hohem Rang. Sie starb unverheiratet und hat dennoch die Passion der Liebe in all ihren Formen besungen. Bald danach taucht im Laufe des 12. Jh.s in den Annalen Andalusiens der Name Hafsa bint al-Hadjdj, einer Dichterin aus Granada zur Zeit der Almohaden*-Dynastie, auf (s. Diacomo).

Weiter südlich, in Fes, florierte eine traditionelle Gattung höfischer Dichtung in Form von Vierzeilern, die von Frauen gesungen wurden. Hier einige Beispiele (nach der französischen Übersetzung von Mohammed al-Fasi):

O könntest du, mein schöner Freund, mir meinen Wunsch erfüllen und mir Hoffnung geben, daß ich dir begegne, indem du mich aufsuchst in meinem Haus! Niemand würde es merken, niemand außer mir! Und mein Bangen wär vorbei und all mein Kummer. Keinerlei Unglück kann den bedrücken, der es geduldig erträgt.
Ich vergleiche die Liebe mit einem tiefen Fluß, und das Herz des Liebenden beeilt sich, ihn zu überqueren.
Der Liebende setzt seinen Fuß ins Wasser ohne Furt und in Finsternis. Er versinkt in den Fluten; er winkt mir mit den Händen zu. Mein Geliebter will mich verlassen, doch ich halte an ihm fest. Ich fürchte Blindheit für meine Augen. Und was die Tränen angeht, so wußte ich wohl, daß ich welche vergösse, wenn ich lieben würde.

Ein weiteres Beispiel:

O du, der du dich ins Meer der Leidenschaft stürzst, wisse, daß du dich in große Gefahr begibst. Halt dich fern von diesem Meer, denn seine Strömungen können dich vernichten. Unter den berühmten Liebenden hat sich nur Qais (**s. Qais und Laila**) hineingewagt. Als er heraus kam, hing ihm das Haar wie Rabenfedern vor den Augen. Doch der Verliebte muß alles dulden, was ihm widerfährt, und darf sich deshalb nicht sorgen.
(*Chants anciens des femmes de Fez*, S. 21f.)

In vielen Dichtungen wird der Mann zwar mit kühnsten Wunschbildern umgeben, bewundert und umschmeichelt, aber sobald er sich bewußt entzieht oder sich verspätet, ja, seiner Geliebten die Gesellschaft von Männern vorzieht, wird mit Vorhaltungen nicht gespart, oder er wird gar unumwunden aufgefordert, auf seine nächtlichen Ausflüge zu verzichten und sein Verhältnis zu irgendwelchen Freudenmädchen gefälligst zu beenden.
Wenn es unter den Frauen trotz alledem im Vergleich zu den Männern eher wenige Dichterinnen und Erotologinnen gibt, so hängt dies im wesentlichen mit

den gesellschaftlichen Zwängen zusammen, die es ihnen noch heute in aller Schärfe verbieten, sich auf diesem Gebiet sprachlich zu artikulieren und sexuelle Dinge sowie die indiskreten Spiele des Eros in Worte zu kleiden.

Lit.: Abd ar-Raziq, Abès, Amrouche, Belhalfaoui, Camps, Castellan, Chardin, Cour, Djahiz (Pellat), Fasi, Giacomo, Haddad, Ben Hajj Serradj, Haurani, Ibn Hazm, Jouin, Keddie/Beck, *Kitabi Kuslum nameh*, Lemsine, Mernissi, Mririda N'Aït Attik, Ibn Abi Tahir Taifur, *1001 Nacht*, Vadet, Walther, Yacine-Titouh, Ibn Zaidun.

Siehe auch: Berühmte Liebespaare, Böses Weib, Dassine, Frau, Harem, Höfische Liebe, Izli, Lesbianismus, Liebe, Listen und Intrigen, Rai, Sängersklavin, Sexuelle Freiheiten, *1001 Nacht*.

SCHEHRIJAR. Name des Königs von Indien; wie sein Bruder Schâhzamân eine der Hauptfiguren aus *1001 Nacht*. Er ist der direkte Adressat und Zuhörer der Erzählungen und bildet zugleich auch Scheherazades *alter ego* und Gegenpart.

Siehe auch: Scheherazade, *1001 Nacht*.

SCHLAF *(naum)*. Liebesleid bringt auch Schlaflosigkeit mit sich, ebenso wie Appetitlosigkeit. Als erstes Anzeichen und Beweis für echten Liebesschmerz findet sich dieses Motiv in nahezu allen Gedichten über die Trennung von Liebenden.

Siehe auch: Liebesleid, Vernunft/Unvernunft.

»SCHLAFENDES KIND« *(bu murraqid; raqid:* schlafend). Ein alter Volksglaube, der besagt, daß eine Frau über die neun Monate hinaus schwanger sein kann, die normalerweise von der Zeugung bis zur Geburt eines Kindes vergehen. Meist ist von zwei Jahren die Rede, aber einige Rechtsgelehrte halten sogar einen Stillstand von sieben Jahren in der embryonalen Entwicklung für möglich. Man darf vermuten, daß dieses Nichteintreten der Geburt vor allem als Erklärung herangezogen wird, wenn es darum geht zu verschleiern, daß eine Frau keine Kinder bekommen kann. »Von dieser Theorie des schlafenden Kindes« bemerkt Pierre Lalu, der als Arzt in den ländlichen Gegenden gearbeitet hat, »sind in Marokko die Muslime aller Schichten überzeugt, daran glauben die Bäuerinnen ebenso fest wie die Frauen des Bürgertums.« (Lalu, S. 642). Der Autor sieht die Erklärung darin, daß einer Frau natürlich alles daran gelegen sein muß, ihrem Mann und dessen Verwandtschaft, solange es geht, die – wenn auch vergebliche – Hoffnung auf eine verzögerte Geburt zu erhalten – ihr droht schließlich die Verstoßung. Der Mythos des schlafenden Kindes dient also der Erhaltung des ehelichen Friedens; gelegentlich wird er auch benutzt, um eine Erklärung für die Folgen einer außerehelichen Beziehung zu liefern, vor allem während einer langen Abwesenheit des Ehemannes oder nach seinem Tod.

Lit.: Desparmet, Dubouloz-Laffin, Lalu, Lens.

Siehe auch: Ehebruch, Fruchtbarkeit, Geburt, Schwangerschaft, Verstoßung.

SCHLAFLOSIGKEIT *(suhad)*. Keinen Schlaf zu finden ist ein typisches Merkmal der Liebeskrankheit – sowohl am Beginn einer Beziehung wie nach ihrer Beendigung. Ibn ᶜArabi (1165-1240) rechnet die Schlaflosigkeit zu den untrüglichen Zeichen der Verliebtheit.

Lit.: Ibn ᶜArabi.

Siehe auch: Ibn ᶜArabi, Liebesleid.

»SCHLAFZIMMERKULTUR«. In den orientalischen Zivilisationen gibt es vor allem in den Kreisen des Adels eine ausgeprägte »Schlafzimmerkultur«, da die Gemächer der Frauen ein bevorzugter Aufenthaltsort sind, an dem man besonders lange zu verweilen pflegt. Hinzu kommt die Vorliebe für die Siesta am frühen Nachmittag; anschließend trifft man sich dort bei Gebäck und kühlen Getränken zu geselliger Konversation, bis der Tageslauf schließlich tief in der Nacht mit intimen Festen endet, zu denen nur die würdigsten Ritter geladen werden.

Hier werden z.B. dichterische Abende, Vorträge, Lesungen, oder Liedkonzerte veranstaltet und mit Darbietungen von Jongleuren, Tänzern und anderen öffentlichen Unterhaltern umrahmt. Das erklärte Ziel solcher Zusammenkünfte war stets die Vermittlung von Kenntnissen, Austausch der Erfahrungen oder auch nur reine Freude und Unterhaltung für die Gäste, um ihnen die Nichtigkeit des Lebens vor Augen zu führen oder auch diese oder jene Begierde in ihnen zu erwecken.

Eine der sinnlichsten Séancen dieser Art ist in *1001 Nacht* der Auftritt der gelehrten Dame Sympathia in Gegenwart der Gelehrten des berühmten Abbasiden-Kalifen Harun al-Raschid (776-809). Nach tausend Fragen aus den verschiedensten religiösen und wissenschaftlichen Disziplinen stellt man ihr schließlich die Frage aller Fragen, nämlich über das Thema Beischlaf. Als die junge Frau diese Frage vernimmt, errötet sie und senkt den Blick. Der Kalif ist verblüfft und glaubt, man habe sie wenigstens dies eine Mal in Verlegenheit gebracht. Er fordert sie auf, ruhig zu antworten und sich nicht zu genieren. Da antwortet sie wie folgt:

»›Der Beischlaf ist der Akt, welcher Mann und Frau geschlechtlich vereint. Er ist ein köstlich Ding, und seine Wohltaten und Tugenden sind ohne Zahl. Der Beischlaf nimmt dem Körper Gewicht und Schwere dem Geist, vertreibt die Schwermut, mäßigt die Hitze der Leidenschaft, zieht die Liebe an, befriedigt das Herz, tröstet über Abwesenheit hinweg und bringt Heilung bei Schlaflosigkeit. Dies gilt wohlgemerkt für den Beischlaf zwischen einem jungen Mann und einer jungen Frau, doch ganz anders ist es, wenn die Frau alt ist, denn dann gibt es kein Übel, das dieser Akt nicht verursachen könnte. Kopuliert man mit einem alten Weib, so führt dies zu Übeln ohne Zahl, darunter zu Augenleiden sowie zu Schmerzen in den Lenden, Schmerzen in den Schenkeln und Schmerzen im Rücken. Mit einem Wort: es ist entsetzlich! Daher meide man dies so sorgsam wie ein Gift, gegen das es kein Mittel gibt. Am besten wähle man zu jenem Akt eine erfahrene Expertin, die mit einem einzigen Blick versteht, die die Sprache der Arme und der Beine spricht, und die demjenigen, der sie besitzt, einen ganzen Park und Beete voller Blumen ersetzt!‹

Die ehrenwerte Versammlung war sprachlos. Wie konnte ein junges Mädchen, so rein und noch unberührt, sie noch Dinge lehren über jenen wesentlichen Akt, über den sie bis ins letzte Bescheid zu wissen glaubten? Sie beschloß ihre Rede: ›Alle vollkommen vollzogene Kopulation ist vom Entstehen von Feuchtigkeit begleitet. Diese Nässe wird bei der Frau durch die Emotion hervorgerufen, welche die ehrenwerten Partien ihres Körpers empfindet, und beim Manne durch den Saft, den seine zwei Eier ausscheiden. Dieser Saft nimmt einen hochkomplizierten Weg. Der Mann besitzt nämlich eine mächtige Vene, der alle anderen

Venen entsprießen. Das Blut, das all diese Venen, dreihundertsechzig an der Zahl, durchfließt, strömt schließlich in einem Kanal zusammen, der in das linke Ei mündet. In diesem linken Ei wird das Blut kraft seiner durchlaufenen Zirkulation geklärt und verwandelt sich in eine weiße Flüssigkeit, die sich dank der Wärme des Eis verdickt und deren Geruch an Palmmilch gemahnt.‹«
(*1001 Nacht*, M, Bd. VI, »Histoire de la Docte Sympathie«)

Die »Schlafzimmerkultur« ist ein Allgemeingut, das von allen gesellschaftlichen Schichten mit Begeisterung geteilt wird. Zuweilen beeinflußt sie sogar die Organisation der Karawane, und die jungen Liebhaber setzen selbst dort den Vortrag ihrer schmachtenden Elegien fort, so daß die Angebetete, sei es auch nur aus der mitgeführten Sänfte heraus, weiter in ihren Genuß kommt. Der dichtende Krieger Salama ibn Djandal aus dem 6. Jh. schreibt dazu:

»Aus jeder verschleierten Sänfte blicken uns weiße Gefährtinnen an, die kaum ihresgleichen finden.

Wer sie sieht, vergleicht sie mit Gazellen in einem Wüstenwinkel!

Sie tragen langes Haar, das ihnen unter seines Gezweiges Schatten Schutz gewährt. Aus ihrer Schar die Edelste hat ihre Dienerin dabei: Sie wird des Lebens Wonnen und die lange Mittagsruh genießen.« (*Diwân*, S. 33)

Lit.: Nafzawi, Salama ibn Djandal, *1001 Nacht*.

Siehe auch: Azria, Galanterie, Izli, Koitus, Lust (sexuelle), Orientalische Lebensart, Sänfte, Stellungen beim Koitus, Verführung, Vorspiel.

SCHLANKHEIT *(riqqa, rahafa).* Traditionell gilt die Schlankheit einer Frau, als ästhetisches Gegenbild der allgemein geschätzten Üppigkeit, nicht allzuviel in der islamischen Welt. Man neigt dazu, bei Schlankheit oder gar Magerkeit an Schlimmeres, etwa an Rachitis oder Blutarmut zu denken. Im direkten Vergleich – wie etwa in jenem Wettstreit zwischen einer Dicken und einer Dünnen, der in *1001 Nacht* beschrieben wird (**s. Üppigkeit**) – erhält stets die Üppigkeit den Vorzug. Inzwischen hat allerdings ein Wandel der Sitten im Orient eingesetzt, in dessen Verlauf die schlanken Frauen immer besser angesehen sind; das liegt vor allem am Vordringen des europäischen Schönheitsideals. An der Vorliebe für rundliche Frauen – besonders bei Ehestifterinnen und Schwiegermüttern – hat sich dadurch nichts geändert.

Lit.: *1001 Nacht*.

Siehe auch: Ehestifterin, Schönheit, Üppigkeit, Weiblichkeitsideal, Wuchs.

SCHLEIER *(hidjab, khimar, malhafa, safsari, ha'ik, izar, litham).* Das sind die allgemeinen Begriffe für diverse Formen des Schleiers der muslimischen Kleiderordnung, es gibt noch weitere gängige Bezeichnungen: *mula'a, niqab, ʿabaya, tarha, burquʿ* (arabische Welt), *Tschador* (Iran), *bashlik, bashörtü* (Türkei), *Purdah* (Indien). Stoffe, Farben, die Art des Schleiers, d.h. welche Körperteile er verhüllt, und die Bedeutung sind von Region zu Region, von Schicht zu Schicht, manchmal sogar von einer Generation zur anderen verschieden. Ein Blick auf die Geschichte des Schleiers zeigt, daß Verschleierung nicht originär islamisch ist, sondern bereits in vorislamischer Zeit in Byzanz und den persischen Reichen üblich war. Als fester Bestandteil der Kleidung war der Schleier jedoch erst gegen

Ende der Abbasiden*herrschaft (12./13. Jh.) etabliert. Zusätzlich zum *khimar*, einem Schal, der Brust und Kinn bedeckte und bisweilen auch als Kopfbedeckung fungierte, legte eine Frau einen *niqab* oder *burquʿ* an, einen Gesichtsschleier im eigentlichen Sinn, wenn sie das Haus verließ. Bisweilen diente die ʿ*isaba*, ein um den Kopf geschlungenes, oft aufwendig verziertes Band, als zusätzlicher Schmuck. Die Schleierpraxis der Frühzeit ist in erster Linie ein städtisches Phänomen, unter Beduinenfrauen und Bäuerinnen setzte sie sich nur in dem Maße durch, in dem Blick- und Bewegungsfreiheit bei der Arbeit in Haus und Feld nicht eingeschränkt wurden. In der Stadt gab der Schleier außerdem Auskunft über den Status einer Frau: Er unterschied Städterinnen von Nomadinnen, reiche von armen Frauen, freie Frauen von Sklavinnen und Musliminnen von Nichtmusliminnen. Allerdings trugen im Laufe der Geschichte zusehends auch vornehme Jüdinnen und Christinnen einen Schleier, wie z.B. in Ägypten oder im Libanon des 19.Jh.s.

Natürlich ist ein Schleier nicht nur und nicht wesentlich ein deutliches Zeichen eines höheren gesellschaftlichen Ranges, er setzt auch eine Schranke, zieht unsichtbare Grenzen, die sowohl für die ihn tragende Frau als auch für den männlichen Betrachter gelten. Verfechter des Schleiers argumentierten zu allen Zeiten mit dem Koran, um ihren Forderungen Nachdruck zu verleihen:

»Und sag den gläubigen Frauen, sie sollen, statt jemanden anzustarren, lieber ihre Augen niederschlagen, und sie sollen darauf achten, daß ihre Scham bedeckt ist, den Schmuck, den sie am Körper tragen, nicht offen zeigen, soweit er nicht normalerweise sichtbar ist, ihren Schal sich über den vom Halsausschnitt nach vorne heruntergehenden Schlitz des Kleides ziehen ...« (Koran, 24, 31)

»Prophet! Sag deinen Gattinnen und Töchtern und den Frauen der Gläubigen, sie sollen, wenn sie austreten, sich etwas von ihrem Gewand über den Kopf herunterziehen. So ist es am ehesten gewährleistet, daß sie als ehrbare Frauen erkannt und daraufhin nicht belästigt werden.« (33, 59)

Durch das mehr oder weniger strikt befolgte Gebot der Verschleierung erhält der Schleier eine soziale Bedeutung, die sich auf das Verhalten der Trägerin und den Umgang mit ihr auswirkt. Seine gesellschaftliche Funktion liegt demnach nicht in seiner Natur, sondern in seiner Verwendung und der ihm zugeschriebenen Symbolik; insbesondere kommt ihm im Zusammenhang mit dem Keuschheitsgebot, das wiederum eng mit dem Komplex der Ehre verbunden ist, eine wesentliche gesellschaftliche Schutzfunktion zu. Der Ursprung ist in der muslimischen Sexualethik zu suchen: Frauen gelten als ständige Versuchung (*zina'*, **s. dort**) und gefährden die gesellschaftliche Ordnung und zwar in zweifacher Hinsicht: als begehrte Frau und Tochter eines anderen, außerdem als die eigene Frau oder Tochter, die von anderen Männern begehrt wird. In der Beziehung der Geschlechter zueinander erscheint die Frau als Trägerin einer aktiven, zerstörerischen, alles verschlingenden Kraft, die so stark ist, daß die Männer nicht mehr widerstehen können und zu willenlosen Opfern ihrer geweckten Begierde werden. Dadurch entsteht die Gefahr von gesellschaftlichem Chaos (*fitna*, **s. dort**). Der Schleier ist somit neben der Geschlechtertrennung ein Mittel, die Männer zu schützen und die Sexualität der Frauen zu kontrollieren und zu kanalisieren. Hier sei darauf hingewiesen, daß im Islam Triebbefriedigung nicht wie im Judentum und Christentum tabuisiert wird, ganz im Gegenteil, allerdings darf sie nur im legalen Rahmen der Ehe stattfinden.

Ein Schleier ermöglicht einen neutralen Kontakt zwischen Frau und Mann in der Öffentlichkeit, weil die unter ihm verborgene Frau als sexuell nicht verfügbar und damit als ehrbar erkennbar ist. Sie ist sämtlichen Blicken entzogen, nahezu unsichtbar, denn sie kann in ihrer individuellen Erscheinungsform nicht wahrgenommen werden und deshalb auch keinen Schaden anrichten. Hier wird deutlich, daß die soziale Beziehung der Geschlechter immer auch als Geschlechtsbeziehung begriffen wird, deshalb muß ein Rahmen geschaffen werden, der *zina'* und *fitna* verhindert.

Nicht erst seit dem Erstarken fundamentalistischer oder traditionalistischer Bewegungen ist der Schleier zusehends beliebter geworden. Die Motive, weshalb Frauen wieder zum Schleier greifen, können darum auch nicht allein durch den zunehmenden Fundamentalismus erklärt werden. Der Schleier kann durchaus auch als Mittel verstanden werden, das System von innen heraus auszuhöhlen, als Möglichkeit, sich ungehinderten Zugang zur Öffentlichkeit zu verschaffen, ohne ständig Belästigungen seitens der Männer ausgesetzt zu sein, was nicht nur gläubige Musliminnen schätzen. Bisweilen schwingt hier auch eine anti-westliche Komponente im Sinne von Kritik an den moralischen Zuständen in der westlichen Welt mit. So kann der Schleier – wie es auch im algerischen Befreiungskampf oder während der iranischen Revolution gegen den Schah der Fall war – zu einem Symbol der nationalen oder national-religiösen Identität werden.

Angesichts der aktuellen politischen Tendenzen und Konflikte in zahlreichen muslimischen Ländern sollte man die Möglichkeit, auch unter dem Schleier Kritik zu üben, jedoch nicht überbewerten: Gerade die Kräfte, die sich für die Verschleierung der Frauen einsetzen, arbeiten langfristig auf die Errichtung eines theokratischen Staates hin, dessen Gesetzgebung (**s. Scharia**) sich für die Frauen zweifelsohne nachteilig auswirken wird.

Abgesehen von der angesprochenen Schutzfunktion, besitzt ein Schleier auch eine erotische Komponente: Der Reiz, das Geheimnis zu ergründen, das sich unter ihm verbergen mag, und den Schleier zu lüften *(kashf)*, wird in vielen Dichtungen besungen. Mohammed Belkheir sagt:

O Brüder der Liebe! Die Frauen mit den verschleierten Gesichtern
haben mir den Schlaf geraubt.
Mein Herz schmerzt, ich kann kein Auge zutun,
Ich sehne den Morgen für das Gebet herbei.
(*Etendard interdit*, S. 66)

Ein iranisches Volkslied lautet:

Von oben steigt, taubengleich,
eine Gruppe von Mädchen hinab, den Tschador tief in der Stirn.
Von dort oben gehen die Huris zusammen von dannen,
– mit dem Tschador bedeckt, mit kristallener Brust.
(Massé, *CCP*, Bd. 2, S. 497)

Ebensooft erscheint der Schleier bei den Dichtern als der beste Verbündete einer Frau und ihres Verehrers, kann er doch im Zusammenhang mit der Liebe auch zu »subversiven« Zwecken eingesetzt werden. Eine verliebte Frau kann unter ihrem Schleier verborgen und unerkannt der männlichen Gesellschaft trotzen, sich in ihr bewegen, um ihren Geliebten zu treffen. In einem Lied aus Algier, das wir R. Ksentini (wörtl.: der aus Constantine stammt) verdanken, heißt es:

Nie werde ich den Tag vergessen,
An dem ich, als ich durch die Straßen schlenderte,
Eine Gazelle traf,
Eine Schönheit mit schwarzgeschminkten Augen,
Die einherschritt, entzückend anzuschaun,
(Nie werde ich den Tag vergessen, an dem ich)
Der Schönheit hinter ihrem Schleier gewahr ward.
(Ben Cheneb, *CSA*)

Lit.: Ahmed, Belkheir, Ben Cheneb, Boutarfa, Chebel *(ES, DSM)*, Massé, Taal, Tillion.
Siehe auch: Frauen des Propheten, Harem, Kashf, Kleidung, Mashrabiya, Nacktheit, Öffnungen, Scham.

SCHMOLLEN *(harad)* s. Abweisen.

SCHMUCK *(huliy, djawhara, zarif)*. Die Funktion des weiblichen Schmucks als Mittel der sozialen Unterscheidung scheint in der islamischen Welt so bedeutend, daß die Frauen sich im Hammam zwar aller Kleidung entledigen – ihre Geschmeide und Armbänder jedoch anbehalten. Es fällt dabei auf, daß die Badehäuser, abseits ihres Stellenwerts für die Hygiene, zu einer Art Basar werden, in dem die Verschiedenartigkeit der Körper zur Schau gestellt wird, ihr Alter und ihre Schönheit, während zugleich, im Geklirr des Schmucks, das Säbelgerassel des Wettbewerbs erklingt. Für den Liebhaber kündet der Zierat von der Anwesenheit oder Ankunft der Angebeteten. »Das Klirren ihres Schmucks um die Fesseln erfüllt mein Herz«, schreibt Mohammed Belkheir (1835-1905) in seinem Gedicht an Fatna (*Étendard interdit*, S. 62).
Beachtung gebührt auch der sexuellen Bedeutung des Schmucks. Die verschiedenen Materialien geben, der verbreiteten Vorstellung nach, den Frauen die Mittel an die Hand, sich so zu schmücken, daß sie den Mann ihrer Sehnsüchte auf sich aufmerksam machen: Gewürznelken, rote Korallen, grauer oder gelber Amber, verschiedenfarbige Perlen, Emaille, Wildschweinhauer, Muscheln und Kauris; jedes für sich hat, so Camps-Farber in einer Arbeit über den Schmuck der Berber, eine Dimension magischen Schutzes, eine Rolle in der Abwehr des bösen Blickes oder eine aphrodisische Wirkung.
Lit.: Belkheir, Camps-Farber, Eudel, Hafiz.
Siehe auch: Eitelkeit, Kleidung, Leberfleck, Putz.

SCHNURRBART (*sharib*, pl. *shawarib*; *shlagham* im Maghreb). Der Schnurrbart ist das offensichtlichste und typischste Zeichen der Männlichkeit (**s. dort**) im Orient. Seine Pflege wird von den islamischen Rechtsgelehrten nicht nur empfohlen, sondern nach Art und Häufigkeit genau vorgeschrieben – ein guter Muslim ist gehalten, ihn genau bis zum Rand der Oberlippe zu stutzen. Durch das Tragen eines Schnurrbarts setzt sich der stolze, zeugungsfähige, seiner Männlichkeit bewußte Mann gegen den effeminierten, weichen, unkonturierten Mann ab (s. Mann). Im bäuerlichen Milieu und in den ärmeren Wohnvierteln der großen Städte spielt die Bartpracht auch eine wichtige Rolle bei der Brautwerbung. Hier ist sie Ausdruck eines bestimmten Lebensstils, einer Art, sich zu kleiden und zu geben, sie zeigt auch, daß ein Mann gut situiert ist – und nicht zuletzt dient der Schnurrbart als magisches Zeichen, das Unheil abwehren soll.

Lit.: Chebel *(CTM)*, *1001 Nacht.*

Siehe auch: Bart, Epilation, Haarlos, Mann, Männlichkeit.

SCHÖN / DAS SCHÖNE *(djamal, al-djamal,* ägypt.: *gamal; al-djins al-latif:* das »schöne Geschlecht«). In der islamischen Welt definiert sich das Schöne, namentlich die körperliche Schönheit, vor allem nach der Symmetrie. Nach einer platonischen Konzeption dieser Geometrie des Schönen stellt sie eine Architektur aus verschiedenen abstrakten und konkreten Gegebenheiten dar: zarte Schwünge, Kontrast der Formen und der Farben. In diesem Verständnis haben Haarpracht *(fahim)*, Gesicht, Lippen, Zähne *(asnan)*, Hornhaut und Iris *(ahwar)*, Finger *(asabi^c)* und Nägel dieser geometrischen Anforderung zu entsprechen. Dieser Aspekt der islamischen Philosophie des Schönen ist keineswegs marginal, vielmehr begründet er eine bestimmte Weltsicht. Man findet sie unverfälscht in der frühen Poesie, und Seifeddine al-Munadjid, der 1957 das Standardwerk *Die Schönheit der Frau bei den Arabern* schrieb, beruft sich, im Gefolge sämtlicher »Theologen der Liebe«, auf ebendieses Ideal. Allerdings liegen zwischen dem Schönen – als philosophischer Denkstruktur – und der Schönheit, einer faßbaren Wirklichkeit, die mit Blicken wahrgenommen und einem lebenden Individuum zugeordnet werden kann, eine ganze Reihe von Stufen der Erkenntnis, die für die islamische Welt bislang nicht erschöpfend untersucht sind.

Ergänzend: »Gott ist schön; Er liebt die Schönheit« *(Allahu djamil yuhibbu al-djamal):* Hadith*, auf den die Mystiker sich berufen, wenn sie die Anwesenheit verführerischer Knaben und schöner Jünglinge in ihren Kreisen erklären sollen (**s. Liebe der Mystiker**).

Lit.: Ibn ^cArabi, Ibn Hazm, Munadjid, Tha^calibi.

Siehe auch: Koran, Kunst, Schönheit, Theologen der Liebe.

SCHÖNER JÜNGLING. Der schöne Jüngling, geschlechtsreif, aber bartlos, grazil, doch kräftig gebaut – dabei gelehrig und fügsam –, mit einem leichten Flaum auf der Oberlippe und den Wangen, ist eine zentrale Figur des maskulinen Universums im Orient. Bei den Arabern zieht er einen großen Teil der zärtlichen und sexuellen Gefühle auf sich, die gewöhnlich den Frauen gelten. Für die Männerrunden ist er der »hübsche Bursche« *(ghulam)*, er ist der junge Hirsch in der Dichtung des Abu Nuwas (gest. um 815), der Vertraute *(sahib)* bei Imru al-Qais (6. Jh.), der schöne Knabe im Koran und der Hermaphrodit *(khunta)* im Freudenhaus oder im Serail, der Page *(fatan)* in den Bruderschaften. Gepriesen von den besten Federn der erotischen Literatur, wird der Jüngling, wenn auch oft widerwillig, zum Motiv homosexueller Phantasien, die keine Grenzen kennen außer denen des erzählerisch gebotenen Anstands, Träumerei und Übertreibung aber keineswegs ausschließen. Abu Nuwas im 8. Jh., Omar Khayyam im 12. Jh., al-Nawadji (15. Jh.) oder der Scheich al-Nafzawi (16. Jh.) haben blumige Verse verfaßt, in denen der Sanftheit der jungen Männer gehuldigt wird, dem goldbraunen Schimmer ihrer Haut, dem milchigen Geruch ihrer Körperflüssigkeiten:

Ich habe gesehen, wie die Frauen in jungen Männern
die dauerhaften Eigenschaften suchen, die den fertigen Mann auszeichnen.
Die Schönheit, die Heiterkeit, die Aufopferung, die Stärke,
ausgeprägte Männlichkeit, die ihr das selige Glück schenkt.
Auch ein schweres Hinterteil, eine langsame Ergießung,
Eine leichte Brust, die gleichsam auf ihnen schwimmt,
Eine langsam nahende Ergießung, so daß jedesmal
Die Wonne sich unendlich verlängere,
Daß sein Glied dann bald zu neuer Aufrichtung gelange,
Und daß es immer wieder dahingleite über ihrem Schoß.
So ist der Mann beschaffen, dessen Eignung das Glück der Frau bedeutet
Und der bei ihr die größte Wertschätzung genießt.
(Scheich al-Nafzawi, *Der duftende Garten*..., S. 14)

Für den Astronomen Ibn al-ᶜAmid (10.Jh.) ist der schöne Jüngling der Sonne ebenbürtig:

Da war er, bot mir seinen Schatten gegen die Sonne,
dieses Wesen, meinem Herzen teurer als mein eignes;
Wie oft hab ich gesagt: »O welch Wunder mir,
Wunder einer Sonne, die in der Sonne Schatten wirft!«
(Zit. nach Thaᶜalibi, S. 133)

Für Hafiz von Schiraz (um 1325-1390) ist der »schöne Jüngling« notwendig ein türkischer Knabe, ein Ausländer also, ob nun tatsächlich türkischer oder slawischer Herkunft – das Osmanische Reich befand sich noch in der Phase seiner Expansion. Er hat »schöne schwarze Augen«, ist schlank, schmuck, launenhaft und großzügig mit Küssen, aber vor allem ist er von unerreichter Schönheit:

Von unserer Liebe so unvollkommen
wollte er nichts, der schöne Freund,
denn er bedarf keiner Schminke,
keiner Schönheitsflecken und keiner Bemalung.
(Zit. nach Martino/Bey, S. 21)

In seinem Loblied auf die schönen Jünglinge schreibt Mohammed al-Nawadji (15.Jh.): »Einer der Brüder, den ich kennenlernte, bat mich, in einem einmaligen Band eine Auswahl liebenswürdiger Wendungen zu versammeln, die sich auf schöne Jünglinge beziehen (...). Ich kam der erhabenen Anweisung nach. Für jenen Freund zerriß ich den Faden einer Kette von Perlen, die so angenehm im Ohr klingen.« (*La Prairie des gazelles*, S. 15)
Daraufhin liefert der Autor eine Vielzahl kleiner Gedichte wie dieses, das er einem schönen Jungen namens Shaᶜban widmete:

Entzückendes türkisches Kind,
unnahbares Kind!
Ich liebe ihn über alles Maß!
Der blankgezogene Säbel seines Augensterns
in seiner Gänze bezaubernd
und bereit zur Attacke.
Auf seinem Antlitz strahlt das Licht,
sein Mund ist ein Nest der Naschhaftigkeit.
(Ebd., S. 27)

Lit.: Abu Nawas, Hafiz, Nafzawi, Nawadji, Thaᶜalibi.
Siehe auch: Adoleszenz, Eitelkeit, Ephebe, Flaum, Futuwa, Hermaphrodit, Homosexualität, Jungfrau, Mignon, Mond, Päderastie, Schön, Schönheit, Türke (junger), Tzaᶜbil.

SCHÖNHEIT *(djamal, malaha;* gelegentl. *husn,* mit einem Beiklang von »Güte«; *al-djamaliyat:* wörtl. »die Schönheiten«, Ästhetik, die »schönen« Disziplinen; im Kurdischen: *spehiti).* Die Schönheit ist nicht mit dem »Schönen« gleichzusetzen: erstere ist ein körperliches Merkmal der Vollkommenheit, so, wie sie zum jeweiligen Zeitpunkt durch ihre Ideale definiert ist; das zweite ist eine geistige Struktur, die auf die Vorgaben des Bewußtseins abzielt und keineswegs auf das akute Beispiel (**s. Schön**). Die Schönheit ist in erster Linie körperliches Attribut, auch wenn häufig psychologische und moralische Wertungen mit ihr assoziiert werden. Sie erschließt sich nicht dem direkten Zugang, sondern offenbart sich schrittweise, mit unsichtbaren Anrührungen und zarten Gesten.
Entsprechend hält sich, in *1001 Nacht,* der Dämon Dahnash, als er die Schönheit der Tochter des Königs el-Ghajûr von China, des Herrn »der Inseln und der Meere und der sieben Schlösser«, beschreiben soll, an die Beschreibung ihrer physischen Attribute, freilich in überbordender Metaphorik, die in der kongenialen Reimprosa der deutschen Übersetzung gut zum Ausdruck kommt:
»Ich kann sie dir nicht beschreiben; denn meine Zunge vermag sie nicht so zu schildern, wie es sich gebührt. Trotzdem will ich dir etwas von ihren Reizen berichten und will der Wahrheit nahezukommen versuchen. Ihr Haar ist dunkel wie die Nächte des Scheidens und Voneinandergehens, ihr Antlitz aber ist hell wie die Tage des seeligen Wiedersehens; (...). Ihre Nase ist wie des gefegten Schwertes Schneide; ihre Wangen sind wie Purpurwein, ja, wie rote Anemonen sind sie beide. Ihre Lippen scheinen Korallen und Karneole zu sein; der Tau ihres Mundes ist lieblicher als alter Wein, und sein Geschmack löscht die Feuerpein. (...) Ihr Busen berückt einen jeden, der ihn erblickt – Preis sei Ihm, der ihn geschaffen und gebildet hat! – (...). Und sie hat zwei Brüste wie Kästchen aus Elfenbein, von deren Glanze Sonne und Mond ihr Licht entleihn (...); und einen Leib mit Falten so zart wie ein koptisches Gewebe von ägyptischer Art, (...) der schließt sich an einen schlanken Rumpf, undenkbar dem menschlichen Verstand, über Hüften gleich Hügeln aus Wüstensand (...). Und diese Hüften werden getragen von zwei Schenkeln, rund und weich, und zwei

Waden, Perlensäulen gleich.« (»Die Geschichte von Kamar ez-Zamân«, Bd. II, S. 373 f.)
Kein anderer arabischer Begriff wird in der Poesie und zur Beschreibung der Verführung so häufig gebraucht wie der der Schönheit. Er ist auch als männlicher *(Djamal)* wie weiblicher *(Djamila)* Vorname gebräuchlich. Sharif-addin Rami (15. Jh.) zählte die Kapitel der Schönheit auf neunzehn: Haar, Stirn, Brauen, Augen, Wimpern, Gesicht, Flaum, Schönheitsfleck, Lippen, Zähne, Mund, Kinn, Hals, Brust, Arme, Finger, Größe, Taille und Beine – darüber hinaus hält er die Frisur für die »Königin der Schönheit«, zumindest bei der Frau (*Anis al-ᶜUshshaq*, S. 9). Al-Djahiz, der große arabische Prosadichter des 8. Jh.s, sagt von der Schönheit, sie sei vor allem *tamam wa ittisal* (»Vollkommenheit und Harmonie«). Zugleich ist sie Erhabenheit, wie der arabische Ausdruck *djamal mutlaq* nahelegt, »vollkommene Schönheit«. Der indo-persische Dichter Fayzi (1556-1605) legt Zeugnis ab von der Schönheit der Frauen aus Turkestan:

Ungeduldig stürzte der Schmetterling sich in die Flammen.
Denn heut' nacht waren meine Blicke erleuchtet
von der Fackel aus Tschaguel [Gegend in Turkestan].
(Zit. nach Safâ, S. 281)

Diese fortwährende Huldigung erklärt sich großteils aus der herausragenden Rolle, welche die Frau in der frühen, vorislamischen Poesie und in der Tradition der Araber einnimmt. Ihre Schönheit zu besingen, galt als edelste Beschäftigung des (heldenhaften) Dichters (**s. Imru' al-Qais**). Allerdings hat das orientalische Schönheitsideal im Lauf der Jahrhunderte einen bedeutenden Wandel erfahren: Noch zur Zeit der islamischen Verkündigung galt eher die füllige Frau als Inbegriff der Schönheit – zweifellos auch aufgrund der großen Hungersnöte, die weibliche Leibesfülle als Zeichen ersehnten Wohlstands erscheinen ließen. Später, als die Feinheiten der urbanen Gesellschaft sich herausgebildet hatten – will heißen: ab dem letzten Viertel des 12. Jh.s in Andalusien und dann wieder im 20. Jh., in den westlichen Einflüssen unterworfenen arabischen Städten – ist es die Schlankheit der Frauen, die angestrebt und verehrt wird. Gleichwohl haben wir es bis heute mit zwei Modellen weiblicher Schönheit zu tun, deren erstes durch Rundheit der Formen für »ländliche«, familiäre – und insofern auch orthodox-islamische – Werte steht, während letzteres, die Eleganz der Linie betonend, Ausdruck einer kosmopolitischen, urbanen – in den jüngeren Generationen aber auch: materialistischen, am Westen orientierten – Einstellung ist. Die Evolution des Frauentyps ist allerdings auch bezeichnend für die komplexe Beziehung des Mannes zu seinen Lüsten einerseits und seinem Glauben andererseits (Pellat, *Djinns*, in: EI, Bd. 2, S. 565). Allgemein wird Mohammed ibn Ahmad al-Tidjani, gestorben um 1309, für die Kodifizierung jenes Kanons der weiblichen Schönheit verantwortlich gemacht, die er in einem 1301 in Kairo veröffentlichten Buch festhielt: *Tuhfat al-ᶜarus wa raudat al-nufus* (*Die Zierde der Braut und der Garten der Seelen*). Dieser Kanon behielt unabänderlich Gültigkeit für mehrere aufeinander folgende Generationen von Autoren, Dichtern, Barden und anderen, die das weibliche Ideal besungen haben – so nachhaltig, daß wir seine Spuren noch zu Beginn unseres Jahrhunderts finden, in der träumerischen Art, in der Mohammed Belkheir (1835-1905) seine geliebte Melha beschreibt.

Sie ist das Licht in diesen Festtagen,
vom Ansehen ihrer Schönheit beneidet.
Sie strauchelt, wie vom Schlaf übermannt,
lustvoll in einen Tag der Freude.
Am Abend beschämt sie das Mondlicht
dann das heraufziehende Morgengrauen.
Deine Brauen, die zwei *nun*
verzieren die hoch aufragende Nase.
Dein verstohlener Blick, Gewehr und Jäger,
verfehlt nie sein Ziel.
Deine rosa Wangen zwischen aufgeblühten Blumen
im Rosengarten zwischen Düften und Essenzen.
Deine Zähne, auf Rubin funkelnde Perlen:
für einen Kuß gäb ich hundert Kamelstuten.
Dein Hals, aufgepflanztes Banner inmitten der Ritter
im Gemenge am Tag der offenen Schlacht.
Dein Busen, Taubenei in rotem Käfig
abgestellt im ruhenden Wald.
Dein Bein, das kostbare Schwert,
glücklich, der es besitzt...
(Belkheir, S. 64 f.)

Wenn ein junger Mann vom kurdischen Stamm der Guran das Alter erreicht, in dem man für gewöhnlich verheiratet wird – wobei die Hochzeiten traditionell arrangierte Verheiratungen sind –, kommt eine alte Frau aus seiner Umgebung zu ihm und singt ihm das Loblied der Schönheit jener Frau, die für ihn ausgesucht wurde:

Ich kenne eine junge Frau, die ist ein Spiegel ohne Makel.
Ihre Augen sind groß und glühend wie Pokale aus glänzender Bronze.
Ihre Wimpern durchbohren das Herz wie Pfeile.
Ihre Nase ist eben wie ein Schilfrohr.
Ihre Lippen sind Rosenblätter.
Der Schwung ihres Mundes ist süß wie Zucker.
Ihre Zähne sind Muscheln.
Ihre Stirn ist wie ein in der Ferne funkelnder Spiegel.
Ihre Kehle ist aus Kristall; man sieht das Wasser, wenn sie trinkt.
Ihr Hals ist der einer Antilope.
Ihr Ohrläppchen glänzt wie Glas.
Ihre Wangen sind feuerrot wie Granatäpfel.
Ihre Zöpfe sind Geflechte aus Seide.
Ihre Wimpern kohlrabenschwarz.
Ihr Busen ist weiß und glatt wie Marmor.

Ihre Brüste fest in der Hand, junge, duftende Früchte.
Ihre Nägel sind wie Perlmutt.
Ihr Profil ist das einer Gazelle.
Ihre Figur die einer Zypresse, die mit Grazie ausschreitet
(...).
(Zit. nach Mokri, *Le Mariage chez les Kurdes*, S. 44)

Der jungen Versprochenen, die sich kaum gegen die von den Eltern getroffene Wahl auflehnen kann, zeichnet man ein ebenbürtiges Porträt, in dem ihr Zukünftiger gerühmt wird:

Gibt es auf der Welt einen tapferen jungen Mann, dann ist es dieser.
Er ist gut zwei Meter groß.
Er hat einen schwarzen Schnurrbart, funkelnd wie Feuerstein.
Seine Augen sind hell, die Nase fein und zart.
Sein Mund ist voller Reiz.
Seine Zähne blinken wie Reiskörner.
In seinen breiten Handgelenken hat er die Kraft eines Löwen.
Sein glänzendes schwarzes Haar fällt bis auf die Schultern.
Er hat eine breite Brust wie Rustam, der Held.
Und das Brusthaar ist dicht wie ein Wald und ganz verknäuelt.
Er hat Schenkel, stark wie die Beine eines Elefanten (...).
(a.a.O., S. 46)

Gelegentlich wird die Gestalt der Frau zum Bindeglied zwischen dem Schönen und der Schönheit, da sie in den Augen ihrer Bewunderer eines der Meisterstücke des göttlichen Werkes darstellt. So äußert der Dämon Zweifel und Mißtrauen, als Gott ihm mit der Demonstration einer beeindruckenden Schönheit antwortet: »Möge doch Gott«, ruft al-Muhalabi (903-963) aus, »mich dein Antlitz alle Tage sehen lassen, Morgen des glücklichen Vorzeichens und der Glückseligkeit. Möge er meinen Augen die blütenweißen Seiten deiner Wangen darbieten, daß ich in diesen teuren Zeilen die Schönheit läse!« (Zit. nach Ta'alibi, S. 133)

Auch in den esoterischen Zirkeln der Kurden wird die Schönheit *(djamal)* mitunter mit der göttlichen Macht *(djalal)* assoziiert. Beide sind Ausdruck der Größe Gottes: »Die Schönheit«, schreibt Corbin, »ist von spirituellem Wesen; das Phänomen der Schönheit ist eine übersinnliche Erscheinung«. Der Sufi ist für Corbin »in gewisser Weise der Prophet der absoluten Schönheit« (*L'Herne*, S. 170). Gegen Ende des 17. Jh.s schrieb Chardin, der Persien bereist hatte: »Die Perser sagen, daß der Kalif [Ali], den der Prophet zu seinem Schwiegersohn gemacht hatte, der schönste Mann gewesen sei, von dem man jemals habe reden hören; und wenn sie etwas von großer Schönheit beschreiben wollen, sagen sie: *Das sind die Augen Alis.*« (Chardin, Bd. 2, S. 107)

Sprichwörter und poetische Wendungen: »Kleide einen Suppenlöffel ein, und er wird schön wirken« (Amrouche): über den täuschenden Charakter weiblicher Schönheit.
»Eine Triefäugige gilt im Hause der Blinden als Frau mit schönen Augen« *(al-ʿamsha fi-dar al-ʿumyan tazhar kahlat al-ʿain)*: algerisch-tunesisches Sprichwort.
»Die Schönheit des Mannes liegt in seiner Intelligenz; die Intelligenz der Frau liegt in ihrer Schönheit.« (dass.)

»In den Augen seiner Mutter ist jeder Affe eine Gazelle.« Variante in der femininen Form: »In den Augen ihrer Mutter ist jede Äffin…« (dass.)
»Die Schönheit ist die Beute des Herzens.« (al-Qasam ibn ᶜUbaidallah, 872-904)
»O du, die du vom Vollmond die Schönheit, das Licht und die Vollkommenheit hast, vom Zweig die Weichheit, den schlanken Wuchs und die gerade Linie, mit der Rose teilst du die Farbe, den Duft und ihre Feurigkeit.« (Abu ᶜUthman al-Khalidi, gest. 1010, zit. nach Thaᶜalibi, S. 71 und 132)
»Die Vollkommenheit unserer Freundin bedarf unserer unvollkommenen Liebe nicht; was kümmern die wahre Schönheit Schminke, Sommersprossen oder Flaum.« *(Anis al-ᶜUshshaq,* Anm. S. 13)
»Alle Schönheit wird geliebt, wenn es jemanden gibt, der sie wahrnimmt«: Ahmad al-Ghazali, welcher der Schönheit eine »kosmische, ontologische und mystische Rolle« zuweist (zit. nach Dermenghem, *ED,* S. 35).
Lit.: Belkheir, Chardin, Corbin, Dermenghem, Djahiz, *EI* (Pellat), Ibn ᶜArabi, Lalo, Masᶜudi, Rami, Safâ, Thaᶜalibi, *1001 Nacht.*
Siehe auch: Abdeker, Frau, Gazelle, »Göttliche Schönheit«, Husn, Imru al-Qais, Leberfleck, Liebe (die dreizehn Definitionen der…), Liebesleid, Mond, Schön/das Schöne, Sklavische Liebe, Taᶜlil.

SCHÖNHEITSKANON s. Schönheit, Üppigkeit, Weiblichkeitsideal.

SCHUHE (*hidha'*, plur.: *ahdhiya*). Bei den algerischen Tuareg des südlichen Maghreb gehören Schuhe zu den Gaben, die die Braut bereits vor der Hochzeit erhält. Der gleiche Brauch ist auch in mehreren Gegenden des mittleren Maghreb und in anderen islamischen Ländern wie der Türkei, dem Irak und in Syrien zu finden. In Tunesien »darf ein Bräutigam seiner Ausersehenen keine Schuhe zum Geschenk machen, denn dies brächte Unglück. Am ›Tag des Brautkorbs‹ schenkt er ihr dafür sieben oder acht Paar Schuhe, die man um sie herum plaziert. Nach der Verteilung der Geschenke an ihre Freundinnen zieht die Braut ein Paar dieser Schuhe an.« (Dubouloz-Laffin, S. 255)
Lit.: Doubouloz-Laffin.
Siehe auch: Kleidung.

SCHWANGERSCHAFT (*hamil, haml,* wörtl.: »Tragen«). Man sagt, die Frucht der Liebe werde in der Schönheit der Schwangerschaft offenbar. In den Regionen, denen unser Interesse gilt, scheint diese Vorstellung nach wie vor Bestand zu haben. Folglich gibt es eine Vielzahl religiös-magischer Gebräuche, die das werdende Leben schützen und der Mutter die besten Bedingungen während der Schwangerschaft sichern sollen **(s. Geburt).** Dazu gehört auch die wichtige Rolle, die der imaginierten Schwangerschaft zukommt: etwa in der Vorstellung vom »schlafenden Kind« **(s. dort),** die im maghrebinischen Volksglauben fest verankert ist. Dabei geht es darum, einer unfruchtbaren Ehefrau die (oft wahnhafte) Hoffnung auf ein Kind zu erhalten und auf diese Weise auch den Ehemann und die Verwandten zu beschwichtigen.
Lit.: Avicenna, Bertherand, Desparmet, Ghazali, *Katabi Kulsum Naneh,* Lens.
Siehe auch: Abtreibung, Fruchtbarkeit, Geburt, Menstruation, »Schlafendes Kind«, Uterus.

SCHWARZ / DIE SCHWARZEN *(aswad, ahl al-sud, balad al-sudan)*. In der altorientalischen Kultur ist der Schwarze eine ambivalente Figur: Er gehört zur unteren Gesellschaftsschicht und führt ein marginalisiertes Dasein. Im günstigsten Fall ist er Sekretär oder Vertrauter, manchmal Kammerherr, im schlimmsten Fall ist er Eunuch oder Kastrat; häufig ist er Page, Diener, Stallknecht oder Gepäckträger, er bleibt jedoch immer ein Sklave. In *1001 Nacht* wie auch in den meisten Reiseberichten (*rihla*, Pl. *rihalat*) aus dem Mittelalter ist der Schwarze eine sinnbildliche Figur, die durch ihr Talent in Liebesdingen und ihr jugendliches Ungestüm auffällt. Dies wird einhellig so beschrieben, ganz als ob alle Schwarzen diesem Bild ausnahmslos entsprechen müßten und sogar beim größten Kummer noch vergnügt seien. Wenn allerdings der entsprechende Autor die sexuellen Leistungen eines Schwarzen erwähnt, wird der rassistische Zeitgeist und die damit verbundene positive Einstellung zur Sklaverei offenkundig. Alle Niederträchtigkeiten, die in der Gesellschaft oder im Harem begangen wurden, wurden in der Regel dem dunkelhäutigen Personal angelastet. Sexuell motivierter Rassismus traf die Unberührbaren, die die Schwarzen nun einmal waren. Unberührbare für die Gesellschaft, für die Frauen jedoch sehr begehrenswert. Die nämlich wurden ihrer Gesellschaft nie müde, schenkt man den bekanntesten Texten, allen voran *1001 Nacht*, Glauben. In der *Geschichte des versteinerten Prinzen* beging die Prinzessin mit einem Schwarzen Ehebruch.

Der Sklave haust in einem armseligen Loch, laviert sich durchs Leben und hat dennoch ganz ungezwungen eine im ganzen Palast gefürchtete Geliebte, obwohl er sein Leben damit gefährdet. Charakteristisch für diese Geschichten sind starke Kontraste oder die Absicht, mit den Paradoxa der oft von der allgemeinen Kultur abweichenden erotischen Kultur zu spielen.

Lit.: *1001 Nacht.*
Siehe auch: Arabischer Eros, Aswad/al-Aswad, Eunuch, Sklave.

SCHWERMUT (*wahsha*: »Melancholie«, *ka'ba*: »Schwermut«). Mit der Trennung von der geliebten Person wird oft das Gefühl von Schwermut und tiefer Melancholie verknüpft. Madjnun, der leidenschaftlich Liebende, klagt:

Ist sie fern, so sterbe ich, ist sie nah, dann lebe ich.
Der Windhauch aus dem Osten belebt meine Traurigkeit
Und meine Augen weinen immer nur um Laila.
Sie lebt in dieser von Verzweiflung gezeichneten Seele.
Es ist, als ob eine Hand mein Herz zusammenschnüre,
sich mit blutenden Nägeln eingrabe und mich schmerzt.
(*L'Amour poème*, S. 44)

Lit.: Madjnun.
Siehe auch: Madjun-Laila, Liebesleid.

SCHWITZEN *('araq)* s. Reinigung.

SERAIL s. Harem.

»SERAILDENKEN«. Dieser in der Arbeit des Verfassers, *L'Esprit de Sérail*, eingeführte Begriff soll bestimmte Besonderheiten in bezug auf die Sexualität in den Vorstellungen der Araber und Berber und der Muslime überhaupt kennzeichnen. Gemeint ist vor allem das Prinzip der Geschlechtertrennung und der damit verbundene Umgang mit Gefühlen wie Eifersucht, Schande, Scham, die zum eigenen Vorteil definiert oder auch verurteilt werden. Zugleich greift man auf überlieferte Sexualmythen und alten Aberglauben zurück: die Vorrechte des Mannes über die Frau, den Weiberhaß, das Jungfräulichkeitsgebot, die wahnhafte Eifersucht usw.

Lit.: Chebel *(ES)*, Grosrichard.
Siehe auch: Eifersucht, Ius primae noctis, Jungfräulichkeit, Männlichkeit, Misogynie.

SERAILPASTILLEN. So nannte man früher kleine kegelförmige Pastillen, denen man aphrodisierende Wirkung zuschrieb und die aus verschiedenen aromatischen Substanzen zusammengesetzt waren: Gummiarabikum, Rosenwasser, Weihrauch, Benzoe, Myrrhe, grauer Amber, Muskat, Sandelholz, Vanilleschote, Nelke, Salpeter, Moschus, Opium, Zimtblüte, Safran, Honig. Räucherstäbchen und Weihrauch der Kirche sind aus ähnlichen Substanzen gefertigt: Perubalsam, Mekkabalsam, Tolubalsam, Gummiarabikum, Tragant, Styrax, Benzoe, Zimtpulver, Zucker, Vanille, Moschus, Wachholderbeeren. Obwohl diese Pastillen nicht unmittelbar aphrodisierend wirken, sollen sie doch das Verlangen und die Lust auf Körperkontakt wecken, indem sie zur Entspannung und zum Wohlbefinden der Liebenden beitragen. Es gibt keinen Harem oder Hammam und kein Bordell, das nicht ein eigenes Sortiment an Duftessenzen, betörenden Balsamen und geheimnisvollen Liebestränken besäße.

Lit.: Hanum, Lens, Traveller, Vonderheyden.
Siehe auch: Aphrodisiaka, Liebeszauber, Parfum, Prostitution.

SEUFZER *(zafarat)*. Seufzer gehören zur Sprache der Liebenden, vor allem, wenn sie getrennt sind oder gerade miteinander gebrochen haben. Bashshar ibn Burd, der ʿAbda, seine Geliebte verloren hat, schreibt:
»Nachdem sie sich einen Augenblick abgewandt hatte, hatte sie gemurmelt:
›Deine Seufzer, deine tiefen Seufzer bringen mich um.‹«
(Roman, *Un poète et sa dame...*, S. 328)
Seufzer sind ein Zeichen für Frustration, für nicht erfülltes Verlangen. In dieser Hinsicht gehören sie zum Komplex Liebesleid **(s. dort)**.

Lit.: Roman, *1001 Nacht.*
Siehe auch: Erinnerung, Liebesleid, Tränen.

SEXUALITÄT (ʿ*ilm al-djins, djinsiya, hayat djinsiya:* »Sexualleben«). Der Islam verdammt Sexualität in keiner Weise. Ganz im Gegenteil, wenn wir den vorhandenen Textkorpus betrachten, der aus Koran, den Kommentaren dazu und den Prophetentraditionen *(Hadith*)* besteht, sowie die erotische Literatur und die psychologischen und die Sexualität betreffenden Studien der »Theologen der Liebe«, können wir sogar davon ausgehen, daß die arabisch-muslimische Welt eine Wissenschaft der Sexualität entwickelt hat. Diese Wissenschaft, die eher ein

Diskurs ist als ein zusammenhängendes Lehrgebäude darstellt, entspricht sicher auf verschiedenen Ebenen einem unmittelbaren Bedarf an klaren Antworten, in anderen Fällen handelt es sich um eine sinnbildliche und allegorische Auseinandersetzung. Die Gelehrten haben aus diesem Thema jedenfalls einen Träger der Symbolisation im Islam gemacht. Außerdem nutzen die Theologen die Neugierde der jungen Leute aus, um ihnen die Grundlagen einer religiösen Wissenschaft einzuschärfen, die in der Moschee und in dazu gehörigen Institutionen *(Madrasa*)* unterrichtet wird. So wird Sexualität zu einer Quelle des Wissens, zum Halt eines authentischen Lebens, das sich auf Erfahrung und Pragmatismus stützt, und bleibt darüber hinaus natürlich Thema unzähliger schlüpfriger Geschichten.

Lit.: Belguedj, Bouhdiba, Bousquet, Bukhari, Chebel *(ES, DSM)*, Chelhod, Dagorn, Ghazali, Ibn ᶜArabi, Munadjid, Qairawani, *1001 Nacht*.

Siehe auch: Analverkehr, Begehren, Begierde, Beschneidung, Bigamie, Bisexualität, Ehe, Ehebruch, Exzision, Feige, Fortpflanzung, Frauen des Propheten, Freudentriller, Genitalien, Genußehe, Ghulam, Harem, Homosexualität, Koitus, Konkubinat/Konkubinen, Koran, Liebes- und Sexualsymbolik, Päderastie, Pädophilie, Penis, Polygamie, Prostitution, Reinigung, Sieben Wellen, Sperma, Sukhun/Sukhuna, Unzucht, Vagina, Zinaʾ.

SEXUALMYTHEN. Mythen und Formen des Volksglaubens, die sich auf die Sexualität beziehen, besitzen oft eine pädagogische Funktion, sie sollen zum Beispiel domestizierend wirken und vor den Folgen übermäßiger sexueller Aktivität schützen. So liest man etwa bei Ghazali:»In drei Nächten des Monats soll man den Beischlaf unterlassen, nämlich in der ersten, letzten und mittelsten. In diesen Nächten stellt sich, wie es heißt, der Teufel bei der Beiwohnung ein, auch sollen die Teufel in diesen Nächten den Beischlaf vollziehen.« *(Von der Ehe,* S. 90) Natürlich kann man zu dem Schluß kommen, daß daran nichts Wahres ist – denen, die das Verbot mißachten, mag auf diese Weise jedenfalls ein besonderer Reiz entstehen.

Nach einem sehr alten Brauch (den bereits Leo Africanus im 15. Jh. beschreibt) muß der jungverheiratete Mann seiner Frau in dem Augenblick auf den Fuß treten, da die beiden zum ersten Mal die Schwelle ihres Hauses oder ihres Zimmers überschreiten. Die alten Frauen erklären den Sinn dieses Verhaltens damit, daß auf diese Weise die Ehefrau sofort von dem Wissen durchdrungen sei, daß sie sich niemals über den Gatten »erheben«, d.h. ihn beherrschen dürfe.

In den populären Vorstellungen von der Sexualität mischen sich Mythen und Bräuche mit Formen von Aberglauben zu einem Geflecht von Vorurteilen.

Zum Beispiel die Jungfräulichkeit, der Mythos der Vollkommenheit der Frau vor der Heirat: Das Hymen *(hidjab al-bukuriya),* Symbol der Züchtigkeit und Wohlerzogenheit, spielt eine entscheidende Rolle in der Herausbildung weiblicher Identität. Nach Ghazali gibt es wenigstens drei Gründe, weshalb eine Verbindung durch die Jungfräulichkeit der Braut »geheiligt« wird:

»Die Jungfräulichkeit hat drei Vorzüge:

Erstens, daß die Frau den Mann lieb gewinnt, mit ihm vertraut wird und so die ersten Eindrücke, von dem, was Liebe heißt, empfängt. Darum sagt auch der Hochgebenedeite: ›Nehmt eine Liebende‹. Die Natur fühlt sich eben am wohlsten bei dem, woran sie von Anfang an gewöhnt ist. (...)

Zweitens wird dieser Umstand der Frau in höherem Maße die Liebe des Mannes sichern, denn die Natur hat einen gewissen Widerwillen gegen eine solche, die schon ein anderer berührt hat, und sie empfindet den Gedanken daran unangenehm. (...)
Drittens wird eine Frau nur nach dem ersten Mann seufzen, und die erste Liebe ist zumeist auch die dauerndste.«
(Ghazali, *Von der Ehe*, S. 65)
Der Hochzeitsnacht sehen die jungen Männer mit einer Mischung aus Angst und Eifer entgegen, sie ist zugleich eine Nacht der großen Gefahren, gegen die man sich schützt, so gut es geht. Im Maghreb trifft man alle nur erdenklichen Vorsichtsmaßnahmen, um, vor allem durch Räucherwerk, die bösen Geister vom Ort der Freuden zu verbannen. Gerade im Maghreb sind noch viele Spuren des alten sexuellen Brauchtums zu finden, das von verschiedenen Autoren genau geschildert worden ist. Bestimmte Bräuche – die »Nacht des Irrtums« (**s. dort**), die rituelle Entjungferung, die sexuelle Gastfreiheit, das *Ius primae noctis* – werden bereits in Texten der Antike, etwa bei Strabon, Plinius oder Herodot erwähnt. Es dürfte sich demnach um Formen handeln, die nicht nur im Maghreb, sondern im gesamten Mittelmeerraum verbreitet waren. Emile Dermenghem bemerkt dazu in seiner Arbeit über die ›Heiligenverehrung im maghrebinischen Islam‹:
»Die Bräuche der Nacht des Irrtums wie der rituellen Defloration sind – was die muslimischen Länder betrifft – auch in Kleinasien und Syrien beobachtet worden, dort vor allem bei den Ansar, wo Slimân Mourchîd noch in unseren Tagen an einer solchen heiligen Zeremonie teilgenommen hat. Den Sultanen von Tuggurt soll angeblich das Recht der ersten Nacht zustehen, (...) der ›Reigen‹ der sexuellen Gastfreiheit wird vereinzelt noch in Nordafrika gepflegt (...). Wie bereits im Zusammenhang mit den Mädchen von Sidi Rahhal beschrieben, gilt es manchmal als unheilbringend und gefährlich für einen Mann, sich dem zu verweigern. Warthilani berichtet, daß bei den ᶜAmriyat in der Region von Sétif den Männern, die sich dem Brauch nicht fügen wollen, mit Unheil gedroht wird.«
(Dermenghem, *CSIM*, S. 242 f.)
Ein Brauch, der bis heute in den ländlichen Gebieten Marokkos und Algeriens verbreitet ist, findet sich in ähnlicher Form auch in Anatolien. Mahmout Makal schreibt darüber in seinem Buch über das anatolische Dorfleben:
»Sobald die Brautleute miteinander allein sind, ist es der Brauch, daß eine Frau durchs Schlüsselloch späht. Das hat zwei Gründe: Zum einen will sie hören, ob das junge Paar miteinander spricht (andernfalls würde das Kind taub geboren!), zum anderen will sie feststellen, ob der Ehemann vielleicht impotent ist (um dann unverzüglich Vater und Mutter davon in Kenntnis zu setzen). Man sagt auch, daß der Ehemann ›gefesselt‹, d.h. impotent wird, wenn im Augenblick, da der *Hodscha** den Ehevertrag schließt, ein Feind einen Knoten in ein Stück Schnur knüpft.« (Makal, S. 105)
Zu den besonders verbreiteten Sexualmythen gehört die Vorstellung, daß ein System der Zusammenhänge zwischen Organen bestehe, so daß die Liebenden einander unmittelbar ablesen können, ob der Partner den geheimen Wunschvorstellungen entspricht. So schließt man von der Nase auf die Länge des Penis,

vom Mund einer Frau auf ihre Vagina, von den Waden auf die Hinterbacken und auf die Brüste usw.: »Frauen mit kleinem Mund haben eine enge Scheide. Das hatte ich sagen hören.« (Choukri, S. 126)
Es scheint diesem System keinen Abbruch zu tun, daß die wirklichen Körperteile, sobald man sie zu Gesicht bekommt, oft den Vorstellungen nicht entsprechen, die man sich gemacht hatte ...

Lit.: Bousquet, Chebel *(IAM)*, Choukri, Dermenghem, Doutté, Ghazali, Leo Africanus, Makal, Malinowski.

Siehe auch: Defloration, Ius primae noctis, Jungfräulichkeit, Keuschheitsgürtel, Knotenschlagen, Koitus, Männlichkeit, Räucherwerk, »Schlafendes Kind«, Sexuelle Tabus, Talisman, Tätowierung, Trance, Zauber.

SEXUELLE FREIHEITEN *(hurriyat djinsiya)*. Aus den Berichten der europäischen Reisenden kann man den Eindruck gewinnen, daß es so etwas wie sexuelle Freiheiten in den Gesellschaften des Orients eigentlich erst gegen Ende des letzten Jahrhunderts gegeben habe. Das ist ein falsches Bild – diese Tradition besteht im Orient schon seit sehr langer Zeit. Bereits der Prophet Mohammed mußte erleben, daß ihn Frauen abwiesen, die man mit ihm verheiraten wollte, ohne sie gefragt zu haben; ähnliche Geschichten finden sich bei allen arabischen Chronisten. In der arabischen Welt des 7. Jh.s, das wird dabei ganz deutlich, konnte kein Ehevertrag geschlossen werden, ohne die Zustimmung der Frau, ob Jungfrau oder Witwe, einzuholen.

Die europäischen Autoren zeigten sich durch die sexuellen Sitten des Orients, ob in der Türkei, in Persien oder in der arabischen Welt, sichtlich beeindruckt: Der Harem, die Polygamie, die Konkubinen, die Homosexualität – all das löste Erstaunen, wenn nicht Verwirrung aus. Aber man darf nicht vergessen, wie kunstvoll und engmaschig das Netz der Sittengesetze ist, das die islamischen Rechtsgelehrten geknüpft haben. Von sexueller Freizügigkeit in dem Sinne, daß man nach Lust und Laune den Partner wechseln kann, war nie die Rede. Als der natürliche Rahmen der Sexualität gilt die Ehe, mit all ihren Regeln und Vorschriften, und eine Einzelperson oder ein Paar können sich keinesfalls mit erotischen Spielen vergnügen, wie man sie im Westen kennt. Was vor allem die westlichen (und zunehmend auch die fernöstlichen) Metropolen bieten – Partnertausch, Kontaktanzeigen, Sexshops, frei verkäufliche Pornographie – ist im islamischen Orient undenkbar. Dennoch findet man in der Praxis häufig einen recht freizügigen Umgang mit der Sexualität, eine pragmatische Haltung ohne den grundsätzlichen Anspruch auf persönliche Freiheiten. Schließlich gilt hier wie andernorts, daß zur Sexualität immer auch die Laster gehören, die Mißachtung der strengen Regeln und die Übertretung der Verbote.

Aber in den arabischen und muslimischen Ländern hat die Freizügigkeit in bezug auf Sexualität ihren Ort vor allem im Bereich des Geistes und des künstlerischen Schaffens. Es ist eine bestimmte Tradition der Auflehnung, aus der viele bedeutende Werke der arabischen Literatur hervorgegangen sind, und ähnliches gilt für die persischen Meisterwerke von Saᶜdi, Hafiz, Khayyam und einigen anderen berühmten Autoren.

Ägyptische Redensart: »Wenn mein Mann nichts dagegen hat, was geht es den Richter an?« (Burckhardt, S. 8).

Lit.: Arzik, Berchet, Bouisson, Bukhari, Dermenghem, Hafiz, Kerhuel, Khayyam, Montety, Saᶜdi, Tabari, Tawhidi, Titouh, Yacine.

Siehe auch: Ahal, Aulad-Nail, ᶜAzria, Ehebruch, Frauentausch, Hafiz, Izli, Khayyam, Konkubinat/Konkubinen, Nacht des Irrtums, Nymphomanie, Polygamie, »Scheherezade-Komplex«, Unzucht.

SEXUELLE GASTFREIHEIT. Eine Reihe von Berichten, vor allem von Reisenden aus dem Abendland, deutet darauf hin, daß es bei einigen Berberstämmen im westlichen Maghreb (im Rif und im Schluh-Gebiet) eine Tradition der sexuellen Gastfreiheit gab, die als eine Art ›Reigen‹ beschrieben wird. Es bleibt offen, ob es sich um eine Form verdeckter Prostitution handelt oder um ein altes Brauchtum bei den Stämmen. Emile Dermenghem schreibt dazu:
»Es ist nicht klar, ob die Mädchen des Nail-Stammes (**s. Aulad-Nail**) wirklich die Tradition der heiligen Prostituierten von Sicca Veneris *(al-Kaf)* und überhaupt der Tempelhuren des Orients fortsetzen. Diese sexuellen Gebräuche, die man in Nordafrika antrifft und die heute außergewöhnlich und abartig erscheinen, muß man vermutlich noch früheren Zeiten und noch älteren Zivilisationen zurechnen: etwa die ›Nacht des Irrtums‹, eine Deflorationszeremonie bei fünf Stammesgruppen in Marokko und im Süden von Oran; den ›Reigen‹ der sexuellen Gastfreiheit, der in einigen Orten der Kleinen Kabylei, im Braz und Warseni gebräuchlich ist. Weniger typisch, aber dennoch erwähnenswert ist die quasi ›saisonale‹ Prostitution zwischen zwei Ehen, die bei den ᶜAzria im Aurès-Gebiet praktiziert wird; wie in anderen Fällen besteht hier ein Zusammenhang mit dem Ertrag der Felder. Doutté hat aus Marokko berichtet, wie er den Töchtern der Sidi Rahlal beiwohnte, denen man sich nicht verweigern darf, ohne Unglück auf sich zu ziehen; auch Wartilani gibt an, daß es schlimme Folgen haben soll, wenn man die Frauen der Amria, in der Gegend von Sétif, abweist.« (Dermenghem, S. 66)
Ähnliches berichten Roux und Özbayri von den Nomaden der Südtürkei, wobei sie ausdrücklich darauf hinweisen, daß diese Gebräuche heute nicht mehr üblich sind:
»Der Besucher (in der Regel ein Scheich, der *baraka** besaß) wurde gleich nach seiner Ankunft von den schönsten Mädchen und Frauen umringt, die besonders prächtig geschmückt waren. Er wählte die eine oder andere von ihnen als Gefährtinnen für die Nacht aus. Nach seiner Abreise mußten die Erwählten sich dann bis zu ihrer nächsten Blutung von den Männern fernhalten. Stellte sich heraus, daß eine von ihnen schwanger war, so ließen ihr Mann und alle Mitglieder des Clans ihrer Freude über die Ehre, die ihnen zuteil geworden war, freien Lauf. Kinder aus einer solchen Verbindung wurden Ali genannt und mit großem Respekt behandelt.« (Roux / Özbayri, S. 306)

Lit.: Dermenghem, Doutté, Laoust (E.), Roux/Özbayri.

Siehe auch: Aulad-Nail, ᶜAzria, Kuppler(in), Prostitution.

SEXUELLE HÖRIGKEIT s. Sklavische Liebe.

SEXUELLE INITIATION *(tadrib djinsiy)*. In der muslimischen Welt vollzieht sich die sexuelle Initiation der Jungen und der Mädchen nach unterschiedlichen Prinzipien und in je eigenen Formen. Für die Erziehung der Jungen gilt der alte Kanon der beduinischen Tugenden, zu denen auch männlicher Mut und Stolz gehören *(muruwa, rudjuliya)*. Dagegen werden die kleinen Mädchen zur Zurückhaltung und zur Fügsamkeit gegenüber ihren Brüdern erzogen, mithin prinzipiell zur Unterwerfung unter die Männer. Natürlich haben auch in der sexuellen Initiation die Knaben den Vorrang; man kann sich in diesen Fragen auf eindeutige Formulierungen des Heiligen Koran berufen: »Die Frauen haben in der Behandlung von seiten der Männer dasselbe zu beanspruchen, wozu sie ihrerseits den Männern gegenüber verpflichtet sind, wobei in rechtlicher Weise zu verfahren ist. Und die Männer stehen bei alledem eine Stufe über ihnen.« (Koran, 2, 228)

Der normale Weg des sexuellen Erwachsenwerdens, der die Knaben vom Mutterschoß zur Ehe führt, ist recht eng abgesteckt. In den Städten genießen sie einige Vorteile, nicht zuletzt, da es dort viele junge Leute gibt. Sie lernen früh, das Mittel der Verführung einzusetzen, Petting ist ab der Pubertät nicht ungebräuchlich, ebenso das Masturbieren, allein oder zu mehreren, oder Besuche in Bordellen, so es sie gibt. Dann sind da noch die verbotenen Spiele, mit Kusinen oder einem Mädchen aus der Nachbarschaft, manchmal sogar mit der Schwester (**s. Inzest**). Wenn es das Verhältnis zu einem Mädchen erlaubt, werden die sexuell reiferen jungen Männer es vielleicht auch mit Cunnilingus und Fellatio (**s. dort**) versuchen, seltener noch ist der Analverkehr das Mittel, sich Befriedigung zu verschaffen, ohne das Hymen anzutasten, das ja bis zur Hochzeitsnacht intakt bleiben muß (**s. Defloration, Hochzeitsnacht**). All das gilt jedoch nicht für jeden: Es kommt durchaus vor, daß ein junger Mann völlig unberührt in die Ehe geht, weil es ihm an Gelegenheit fehlte.

Die sexuelle Initiation der Mädchen erfolgt dagegen zumeist viel später, obwohl es auch hier immer mehr Ausnahmen gibt. Natürlich kann man zu diesem Thema kaum wissenschaftlich exakte Aussagen treffen, nicht zuletzt, weil hier der gesellschaftliche Wandel und die Veränderung der Bevölkerungsstrukturen eine wichtige Rolle spielen. In den Städten sind Liebeleien vor der Ehe nicht ungewöhnlich, das geht so weit, daß ein Mädchen von ihren Freundinnen heimlicher Laster verdächtigt wird, wenn sie keine Verehrer hat ... Dennoch sind, im Unterschied zu anderen Kulturen, der sexuellen Initiation der jungen Frauen bis heute weit engere Grenzen gesetzt als der ihrer männlichen Altersgenossen.

Lit.: Anest, Bousquet, Chebel *(ES)*, Gardet, Koran, Malinowski.
Siehe auch: Auto-Erotik, Cunnilingus, Defloration, Ehe, Fellatio, Futuwa, Hochzeitsnacht, Homosensualität, Homosexualität, Inzest, Ius primae noctis, Jungfräulichkeit, Mann, Männlichkeit, Masturbation, Päderastie.

SEXUELLE PERVERSIONEN *(inhirafat djinsiya)*. Mit *1001 Nacht* verfügen wir über den reichhaltigsten Katalog sexueller Perversionen in der arabischen Welt, aber auch in Persien und Indien. Die erotische Literatur der Theologen der Liebe (10. – 15. Jh., **s. dort**) macht ihr in dieser Hinsicht Konkurrenz, ohne jedoch den Katalog wesentlich zu erweitern.

Sollte je eine Geschichte der sexuellen Mentalität der Muslime in foucaultscher Manier geschrieben werden, dann muß eine ausgeprägte Perversion als Einleitung fungieren: der Voyeurismus.

Voyeurismus ohne sein Pendant Exhibitionismus, also einseitiger Voyeurismus, bildet die Grundlage aller sexueller Abweichungen in einer Kultur, die die trennenden Grenzen zwischen den Geschlechtern betont: Verschleierung, Blickverbot, Unmöglichkeit, den begehrten Partner zu treffen, usw.

Wenn das tiefe Bedürfnis von Mann und Frau nach einer Realisierung ihrer Liebe sich an Verboten stößt, suchen sie nach einer Möglichkeit, dieses allen Einschränkungen zum Trotz zu befriedigen. Voyeurismus (*hadir*, wörtl.: »derjenige, der zugegen ist«) ermöglicht diese Grenzüberschreitung in der islamischen Welt. Ibn Hazm (993-1064) schildert in seinem *Halsband der Taube* außerdem Fälle, wo es den Liebenden gelingt, sich auch über große Entfernungen hinweg zu lieben, sich nur auf einen Blick hin zu verlieben und bisweilen die verrücktesten Hoffnungen zu hegen, und sei es aufgrund eines Schattens. Unser Gelehrter sagt: »Sie besteht darin, daß sich ein Mann auf den ersten Blick in eine Gestalt verliebt, von der er nicht weiß, wer sie ist, und deren Namen er ebensowenig kennt wie ihren Wohnort.« (*Das Halsband der Taube*, S. 30)

Bukhari (810-870) überliefert einen recht erstaunlichen Hadith*, der allein die kulturelle Verwirrung deutlich macht, die der Hang zur Schaulust auslösen kann: »Abdallah ibn Mas'ud berichtet, der Prophet habe gesagt: ›Eine Frau soll nicht häufig eine andere Frau aufsuchen und sie dann ihrem Ehemann so genau beschreiben, als hätte er sie gesehen.‹« (*TI*, Bd. 3, S. 603)

Natürlich ist Voyeurismus nicht die einzige sexuelle Perversion, wenn sie sich auch am ehesten als Reaktion auf die geltenden gesellschaftlichen Normen verstehen läßt. Ohne an dieser Stelle die Liste aller klassischen sexuellen Abweichungen aufführen zu wollen, ist es doch sehr wahrscheinlich, daß sie in der muslimischen Welt weder an Vielfalt noch an Bedenklichkeit der anderer Kulturkreise nachsteht. Als eigene Stichworte behandeln wir Fetischismus (*'ibada*: **s. dort**), Nymphomanie (*ightilam*: **s. dort**), Inzest (**s. dort**), Sadismus (*sadiya*, nach Marquis de Sade, so ins Arabische übertragen: **s. dort**), Sodomie (*wahshiya*, **s. dort**).

Zu klären bleibt jedoch vorab, was unter Perversion zu verstehen ist. Als pervers gilt alles, was aus dem durch die gesellschaftliche Norm vorgegebenen gesetzlichen Rahmen fällt. Perversion ist demnach in erster Linie ein Abweichen von der Norm; ihre Bedeutung ist darum an ihr eigenes kulturelles Umfeld gebunden. Zwei Beispiele im Vergleich sollen dies verdeutlichen: In der westlichen Welt gilt Homosexualität zusehends als etwas »Natürliches«, Polygamie (**s.dort**) hingegen wird als eine Art »Liebe mit wechselnden Partnerinnen« betrachtet. In der arabischen Welt und im Islam ist genau das Gegenteil der Fall: Ersteres wird scharf verurteilt, Homosexuelle gelten dem Koran zufolge sogar als »perverses Volk« (*qaumun musrifun*: 7, 81) oder als Abscheulichkeit (*fahsha'*), Polygamie hingegen ist erlaubt.

Ein weiteres Beispiel ist Sodomie. Hierbei handelt es sich in der Tat um einen sexuelle Handlung, die der islamische Kulturkreis verabscheut; sie wird jedoch weniger hart bestraft als andere sexuelle Vergehen. Qairawani schreibt: »Der sexuelle Akt mit einem Tier zieht nicht die Todesstrafe für den Schuldigen nach sich (*wa la yuqtal wati' al-bahima*).« (*La Risâla*, S. 259)

Khusrau erblickt Shirin beim Bade.
Miniatur aus Nisami, Fünf Epen, Persien, Schiras, 2. Hälfte des 16. Jahrhunderts.
(Bayerische Staatsbibliothek, München)

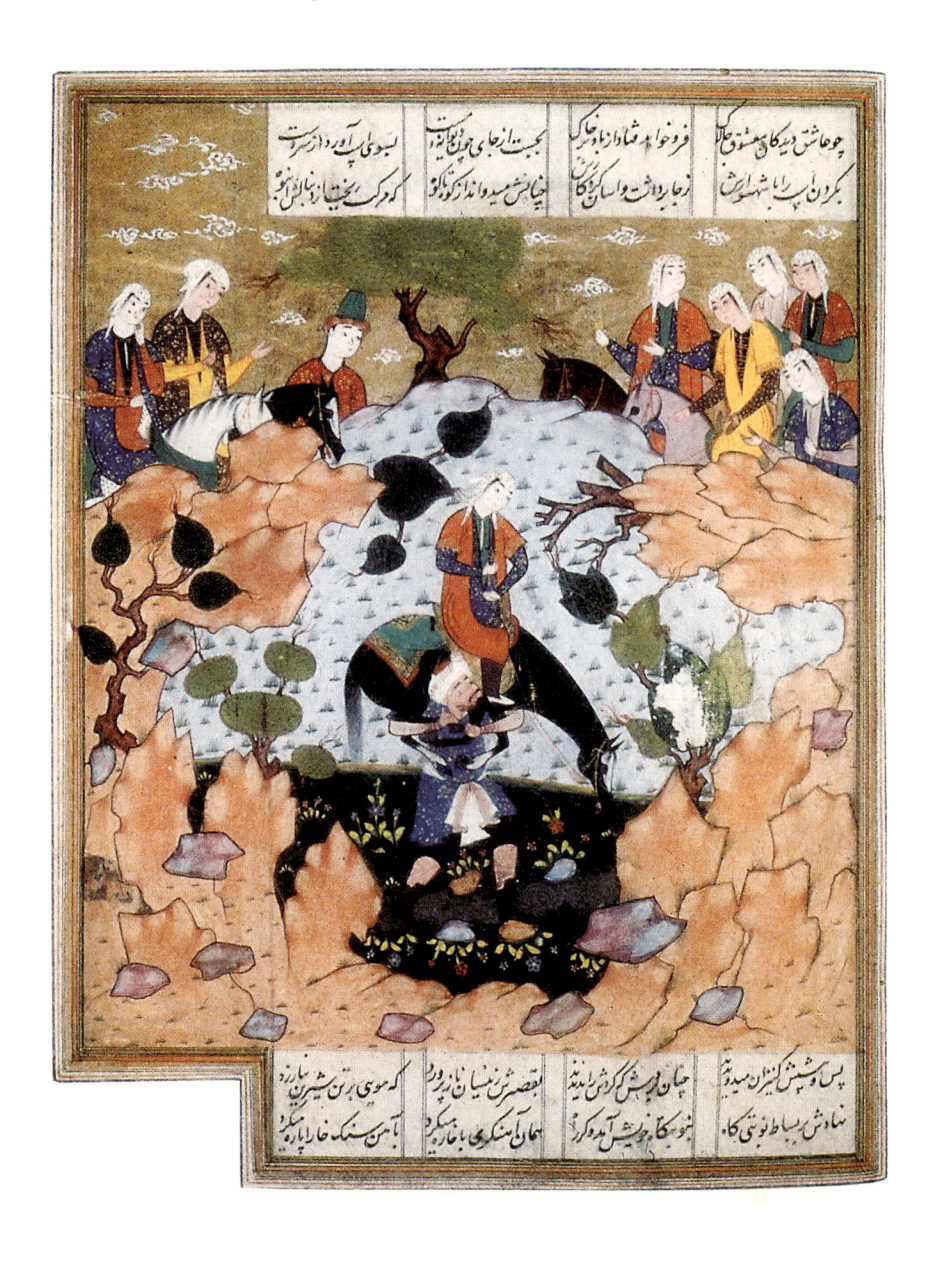

*Khusrau trägt Shirin mit dem Pferd über den Fluß.
Miniatur aus Nisami, Fünf Epen, Persien, Schiras, 2. Hälfte des 16. Jahrhunderts.
(Bayerische Staatsbibliothek, München)*

*Abb. rechts: Mord und Selbstmord von Shirin und Khusrau. Chamsa Nizami,
Persien, möglicherweise datiert 901 (1495/1496)
(Museum für Islamische Kunst / Preussischer Kulturbesitz, Berlin)*

بسیار غنازنی کو شیرمرد	نخوان جان چنین عاشق بسیر دل	آمدپست کومد
غباری بر دمید از راه مبر دا	هم کورش بود نامرد باش	شبیخون کرد برسرین او

رمدماری از دریای اندو	فرومار پیسیل کو برکوه	آمداز خاک زمین است
ازروی نشاط ی تندری خا		سواراکردن خاک زمین است

Der Hahnenschrei. Rati und Kamadeva werden in ihrem Liebesschlummer durch den frühzeitigen Schrei des Hahns geweckt. Der Liebhaber bringt ihn durch einen Schuß mit dem Blütenpfeil zum Schweigen. Das Motiv kommt in Radjput- wie in Moghul-Miniaturen mehrfach vor. 18. Jahrhundert (Museum für Islamische Kunst / Preussischer Kulturbesitz, Berlin)

Obwohl Sodomie verboten ist, fungiert sie weiterhin als unentbehrliche Ersatzform der Sexualität. Dies gilt besonders für junge heranwachsende Männer auf dem Land.

Lit.: Bouhdiba, Bousquet, Bukhari, Chebel *(ES, IAM)*, Delacampagne, Dehoi, Qairawani, Surieu.

Siehe auch: Auspeitschung, Begierde, Cunnilingus, Fetischismus, Homosensualität, Homosexualität, Inzest, Kunst, Lesbianismus, Liebesleid, »Liebe des Esels zur Eselin«, Nekrophilie, Nymphomanie, Obszönität/Obszönitäten, Päderastie, Pädophilie, Polygamie, Sadismus, Sodomie, Unzucht.

SEXUELLE TABUS. In der islamischen Welt gibt es zwei Arten sexueller Tabus: 1. Tabus, die sich auf den verbalen Ausdruck des Sexuellen und dessen Darstellung beziehen. An diese Sprachtabus haben sich alle Familienmitglieder zu halten. Zwei Brüder dürfen z.b. untereinander keine Obszönitäten oder sexuellen Anspielungen austauschen. Dasselbe Tabu gilt auch zwischen Bruder und Schwester (z.B. würde eine Frau oder ein Mädchen ihrem Bruder nie anvertrauen, daß sie ihre Regel hat), zwischen Eltern und ihren Kindern oder auch zwischen jungen und sehr viel älteren Männern. Sprachliche Tabus erschweren auch die Einführung der Sexualerziehung in den Schulen, zumal von einer Überwindung der Geschlechtertrennung noch keine Rede sein kann. Aus denselben Gründen ist es schwierig, Aids-Aufklärungskampagnen durchzuführen, zumal sich der Gebrauch von Präservativen noch keineswegs durchsetzen konnte. Geschwistern ist es außerdem untersagt, sich zu berühren (**s. Inzest**), eine Berührung in freundschaftlicher Zuneigung unter Jugendlichen (**s. Homosensualität**) hingegen wird kaum mit Sexualität in Verbindung gebracht (**s. Berührung**).
2. Tabus eher struktureller Art, die fester in der Gesellschaft verankert sind. Sie betreffen gegengeschlechtliche Beziehungen, Toleranzgrenzen innerhalb desselben Geschlechts, das Verbot, einen bestimmten Partner aus der eigenen Familie zu heiraten (**s. Inzest**). Die Verbreitung des Verbots und seine Ausformung, z.B. allgemein gültige Vorkehrungen dagegen, werden entweder durch die Religion oder die tägliche Praxis geregelt. Zu dieser zweiten Kategorie gehören auch die halb-religiösen Tabus im Zusammenhang mit Menstruation, Unreinheit, Reinigung.
Diese Tabus auf struktureller Ebene bilden den Rahmen der Verbote innerhalb der Familie oder vielmehr Großfamilie *(ʿaʾila)*, denn die traditionelle islamische Familie ist ein viel komplexeres Gebilde als die in europäischen Ländern eher vorherrschende Kernfamilie. Neben Mitgliedern der direkten Verwandtschaft, den Ahnen und Nachkommen, besteht die arabische, im weiteren Sinn auch die orientalische Familie, aus den nahen Verwandten, Schwiegersöhnen und -töchtern, Tanten, Cousins und Cousinen, Milchbrüdern, Halbbrüdern und -schwestern, Schwiegereltern, manchmal sogar aus Nachbarn, Dienstpersonal und anderen Personen, die irgendwie mit der Kernfamilie verbunden sind. Ihr Umgang miteinander wird von Anstandsregeln, teilweise auch von sexuellen Tabus bestimmt. Emile Dermenghem geht in einem reich dokumentierten Artikel zur nordafrikanischen Folklore auf die weitverzweigten Ausformungen der Tabus um Ehe und Heirat ein. Er weist weltweit mehr als siebzig verschiedene Formen

nach, die teils real befolgt werden, teils in der Vorstellungswelt existieren; hier einige Beispiele aus unserem Bereich:
- ein Mann soll das Gesicht der Ehefrau nicht vor der Ankunft in der Heimat sehen (Rif);
- eine Frau soll den Namen des Ehemannes nicht aussprechen, sondern ihn mit einer Umschreibung anreden (arabische Welt);
- eine Frau soll vor den Eltern ihres Ehemanns nicht von diesem sprechen (Ouargla);
- man soll nicht in ein Schlafzimmer eintreten (Maghreb);
- man soll nicht fragen oder tadeln, wenn man jemanden seltsame Dinge tun sieht (Persien, Jemen, Türkei);
- man soll keinen Schmuck verlieren (arabische Welt, *1001 Nacht*);
- eine Braut soll, wenn sie über die Schwelle ihres Hauses kommt, den Boden nicht berühren. Sie wird oft von ihrem Mann über die Schwelle getragen (Maghreb, Indien). (s. **Hochzeitsnacht**);
- eine Braut soll nicht zurückblicken, wenn sie in ihrem neuen Haus ankommt (Maghreb);
- ein Mann soll seiner Ehefrau auf den Fuß treten, damit sie ihm gehorsam sei (Maghreb);
- die Ehegatten sollen die ersten sieben Tage nach der Hochzeit keinen Bach überqueren, sonst könnte es sein, daß ihre Nachkommen wie der Lauf des Wassers »unterbrochen« werden (Palästina);
- die Ehegatten sollen mindestens sieben Tage lang sehr viele Verbote einhalten (Maghreb, Ouargla, marokkanische Berber);
- man soll die Familie der Schwiegereltern meiden, zumindest am Tag nach der Hochzeitsnacht (Maghreb, Bantus, Melanesien). In Algerien betritt der Bräutigam das Brautgemach während der ersten beiden Abende mit bedecktem Gesicht und verläßt es heimlich vor Morgengrauen, aus Scham vor seinen Eltern. In Tunesien kann man diese Sitte noch in Sfax und im Süden beobachten; in Tunis und den Vorstädten ist sie veraltet;
- Burckhardt zufolge vereinigen sich die Araber im Sinai in den Bergen, und die Ehefrau pendelt zwischen den Bergen und dem elterlichen Zelt, bis sie schwanger ist; dann erst läßt sie sich bei ihrem Mann nieder.

Lit.: Belguedj, Bouhdiba, Bousquet, Burckhardt, Chebel *(ES)*, Dermenghem, Desparmet, Doughty, Doutté, Servier, *1001 Nacht*, Thesiger, Van der Leeuw.

Siehe auch: Berührung, Djanaba, Geheimnis, Hochzeitsnacht, Homosensualität, Inzest, Jungfräulichkeit, Menstruation, Obszönität/Obszönitäten, Reinigung, Sexualmythen, Sperma, Tätowierung, Transvestismus, Unreinheit.

SHABISTARI (Mahmud) (gest. um 1321). Der berühmte persische Scheich ist vor allem wegen seines *Rosenflor des Geheimnisses* (*Gulshan-i Raz*) bekannt, einer Abhandlung über die mystische Liebe. Wir wollen aus diesem schwer verständlichen, sehr allegorisch gehaltenen Werk nur die mystisch anmutenden poetisch-erotischen Metaphern aus Kapitel 13 vorstellen, wo es um die Sprache der Symbole geht:

Dreyzehnte Frage.
Sag, was versteht der Mann, deß Innres hell und licht,
Wenn er bedeutungsvoll von Aug und Lippe spricht?
Was meint mit Muttermal, mit Locke und mit Flaum,
Der schwebt im mystischer Begeist'rung höchstem Raum?
Antwort auf die dreyzehnte Frage.
Ein jedes Ding, das sich hier vor die Sinne stellt,
Ist nur ein Widerschein der Sonne jener Welt.
Im Lockenhaar und Flaum', in Muttermal und Brauen,
Ist Sinnbild jener Welt an seinem Ort zu schauen.
(S. 17)

Was Auge und Lippen betrifft, die für die Welt des Geheimnisses stehen, heißt es besonders vom Auge »Koketterie, die Distanz zu ihrem Sklaven wahrt« und von den Lippen »Mitgefühl und Wohlwollen, die Vereinigung gewähren«. Der Scheich aus Shabistar (das ist seine Geburtsstadt, in der Nähe von Tabriz) schreibt weiter:

Betrachte was im Aug des Schönen offenbar,
Und das Nothwendige beachte und bewahr!
Vom trüben Auge wich die Krankheit und der Wein,
Aus dem Rubine fließt die Quelle von dem Seyn;
Von seinem Auge sind die Herzen all' betrunken,
Die Seelen all' von dem Rubin in Lieb versunken;
Die Herzen alle sind ob seines Aug's zerstückt,
Sein Mundrubin Arzney der kranken Seele schickt.
(Ebd.)

Über die Locke, die »auf die Vielheit verweist, die das Licht der Vereinigung vor den Liebenden verhüllt«, heißt es:

Der Lehmen Adams ward erst dann geknetet gahr,
Als er durchflutet ward mit Wohlgeruch vom Haar.
Das Haar hat unsrer Seel' ein Zeichen eingeprägt,
Wodurch es nimmer ruht und immer sich bewegt.
Mit jedem Augenblick hab' ich die Spitz ergriffen,
Und habe so mein Herz aus meiner Seel' gegriffen;
Das Herz wird durch das Haar deßhalben so verwirrt,
Weil des Gesichtes Glanz das Herz mit Gluth umflirrt.
(S. 18)

Zur Wange (das göttliche Wesen) und zum Flaum (die Welt des reinen Geistes) lesen wir:

Die Wang' ist Abglanz nur der Schönheit, die in Gott,
Im Flaume scheint hervor die Majestät von Gott.
Die Schönheitslinie zieht im Gesicht der Flaum,
Und sie begränzet dort den schönheitlichen Raum.
Der grüne Flaum stellt vor die Flur der Seelenwelt,
Weßhalb den Nahmen er vom Lebensquell erhält.

(…)
Du siehst den Strand der Welt im finstren Lockenhaar,
Und in dem Flaume liegt Geheimnis offenbar.
(…)
Die Glieder des Korans, die sieben seh' ich d'rin,
Ein jeder Buchstab ist ein Meer von tiefem Sinn.
(…)
Im Wasser schauest du das Herz von Gottes Thron,
In Wang' und Flaum' schaust du der Schönheit höchsten Thron.
(Ebd.)

Und schließlich finden wir zum Schönheitsfleck, dem Symbol der göttlichen Einheit und dem verborgenen Selbst:

Einfacher Punct ist in dem Angesicht das Maal,
Der Einheit Mittelpunct, der Kreis der Vielheit Zahl,
aus diesem Punct geht aus der Kreis der Doppelwelt,
Geht aus das Lineament, wodurch das Herz zerfällt.
Von diesem Maal ist Herz voll Qual und blut'ger Pein,
Von diesem schwarzen Punct ist Herz der Widerschein.
(Ebd.)

Lit.: Shabistari.
Siehe auch: Auge, Göttliche Liebe, Leberfleck, Liebe der Mystiker, Lippen, Wange.

SHAGHAF (eine der vielen Namen für die *amour-passion* oder bis zum Leiden leidenschaftliche Liebe). Dieser Ausdruck wird im Koran (12, 30) zur Bezeichnung der ungewöhnlich heftigen Leidenschaft verwendet, nämlich der von Potiphars Frau Zulaikha (Suleika) gegenüber Yusuf (Joseph), ihrem Diener, und dort heißt es: *qad shaghafaha hubban*, »sie ist ganz verliebt in ihn« – und zwar so sehr, daß sie will, »daß er sich ihr hingebe«.
Lit.: Chaouki, Ibn Dawud, Koran, Pérès.
Siehe auch: Djamil und Buthaina, Höfische Liebe, Joseph und Suleika, Leidenschaftliche Liebe.

SHAHWA (sexuelles Begehren). Die unmittelbare Lust des Körpers auf den Körper. Der Sexualtrieb im Sinne eines unbedingt zu stillenden Hungers.
Siehe auch: Almosen, Begehren, Entfesselter Koitus.

SHAMS AL-ᶜURAFA' (wörtl.: »die Sonne der Gnostiker«) s. »**Göttliche Schönheit**«.

SHIRIN und KHUSRAU. Ein berühmtes Liebespaar, fast so oft besungen und zitiert wie Madjnun und Laila (**s. dort**); die Legende kursiert bis heute in Indien, Persien, der Türkei und der arabischen Welt. Eine berühmte Fassung stammt von dem großen persischen Dichter Nezami Gandjavi (1141-1209), der auch die Geschichte von Madjnun und Laila erzählt hat.
Die armenische Prinzessin Shirin war die Gattin, oder genauer: eine Nebenfrau

von Khusrau II. Parvis, einem persischen Herrscher aus der Dynastie der Sassaniden*, der von 590 bis 628 regierte. Auf seinem Totenbett soll sie Selbstmord begangen haben.

In anderen Fassungen der Geschichte wird die Liebe zwischen Shirin und Farhad gepriesen – der Baumeister Farhad verliebte sich in sie, als er ihre Stimme vernahm. Er soll einen Kanal für sie gebaut haben, nach anderen Lesarten wurde er, als Khusrau Parvis von seiner Liebe erfuhr, dazu verurteilt, einen Tunnel durch den Berg Bisutun zu graben.

In ihren verschiedenen Spielarten variieren die Liebeslegenden um Shirin sowohl das Thema der Gattenliebe wie der verbotenen, unerfüllten Liebe. Shirin und Farhad waren in der arabisch-islamischen Welt besonders populär: ihre Geschichte wird bei schon bei Tabari und Thaᶜalibi erzählt, es existiert auch eine moderne türkische Fassung (von Nazim Hikmet); die Legende wurde mehrfach dramatisiert und (in Indien) verfilmt.

Lit.: Al-Sayyid-Marsot, Corbin, Gandjavi, Poliakova/Rakhimova, Safa, *1001 Nacht.*
Siehe auch: Berühmte Liebespaare, Madjnun und Laila, Persien, Persische Miniaturen.

SIEBEN WELLEN (*sabᶜa amwadj*). Einem alten Glauben zufolge besitzen Meereswellen und infolgedessen Wasser im allgemeinen ganz besondere magische Eigenschaften. Um gute Bedingungen zu schaffen, damit eine unfruchtbare Frau mit Hilfe von Magie befruchtet werden kann, muß sie vor Tagesanbruch ein wenig Wasser von sieben aufeinanderfolgenden Wellen schöpfen und sich sieben Tage lang damit reinigen. Diese Praxis wird auch bei jungen Frauen angewandt, die den Mann ihres Lebens nicht finden können. Meereswasser, wie auch Quellwasser, übt durch seine lösende Eigenschaft nach wie vor eine einzigartige und irrationale Macht auf den Maghrebiner aus. Robert Montagne schreibt Anfang dieses Jahrhunderts:

»Außerdem kann man beobachten, daß einige Frauen vom Stamm der Aulad al-Hadjdj nackt in kleinen Felsenbuchten baden; unter anderen Bedingungen sind sie ängstlich darauf bedacht, dies vor den Augen eines Fremden zu verbergen. Sie kommen, um sieben aufeinanderfolgende Wellenschläge zu empfangen, wodurch sie im Laufe des Jahres Mutter werden sollen. (...) Die jungen, schamhafteren Mädchen baden an entfernteren Stränden, in der Hoffnung auf eine baldige Hochzeit. Sogar Stuten läßt man die Kraft dieses heiligen Tages zugute kommen: man führt sie mitten in die Wogen hinein ...«
(Zit. nach Dermenghem, *CSIM*, S. 213)

Lit.: Montagne (Dermenghem).
Siehe auch: Sperma, Wasser.

SIESTA (*qailula, qaʾila; qala:* »ein Mittagsschläfchen halten«). Die Siesta gehört zur orientalischen Lebensart, ist ein offensichtliches Zeichen des Dolcefarniente, das in diesen Breiten gilt. Das läßt sich größtenteils mit der Hitze um die Mittagszeit erklären. Gérard de Nerval beschreibt seine Gemütsverfassung und seine Überraschung, als er genau zum Zeitpunkt der Siesta nach Beirut kam:

»Das ging mir durch den Kopf, als ich mich zu Fuß und um jene Zeit des Tages nach Beirut begab, da man, einem italienischen Ausspruch zufolge, kaum

jemand anderen als *gli cani e gli Francesi* in der Mittagsglut herumirren sieht. Nun ist mir dieser Ausdruck immer unzutreffend erschienen hinsichtlich der Hunde, die es zur Stunde der Siesta sehr wohl verstehen, sich träge im Schatten zu räkeln, und keineswegs darauf erpicht sind, einen Sonnenstich zu bekommen. (...)
Ich durchschritt also die Ebene zu jener Stunde des Tages, welche die Südländer der Siesta und die Türken dem *Kif* widmen. Ein Mensch, der sich so herumtreibt, während alle Welt schläft, läuft im Orient große Gefahr, sich verdächtig zu machen, wie bei uns ein nächtlicher Streuner (...).
Ich war vorher nie zu dieser ungelegenen Stunde nach Beirut gekommen und fühlte mich wie jener Mann aus Tausendundeiner Nacht, der eine Zauberstadt betritt, deren Bewohner in Stein verwandelt sind. Alles schlief fest; die Wachposten unter dem Tor, auf dem Platz die Eseltreiber in Erwartung der Damen, die in den hohen Galerien des Bades wahrscheinlich ebenfalls schlummerten; die Dattel- und Wassermelonenverkäufer am Brunnen, der Kahwedschi in seinem Laden mitsamt allen Gästen, der Hammal oder Lastträger, den Kopf auf seine Bürde gestützt, der Kameltreiber bei seinem niedergekauerten Tier und lange Kerls von Albanern, die das Wachkorps vor dem Serail des Paschas bildeten; das alles schlief den Schlaf der Gerechten und überließ die Stadt sich selbst.«
(*Reise in den Orient*, S. 348ff.)
Mit diesem besonderen Teil des sozialen Lebens werden oft Begriffe wie Trägheit, Müßiggang und Faulheit verbunden. Wenn die Hitze immer sengender wird, verbreitet sich eine Mattigkeit, die der Galanterie und körperlichen Zwanglosigkeit sehr entgegenkommt. Kuthayyir, ein Dichter aus dem 8. Jh., ruft aus:

Ich hatte ʿAzza verlassen
doch meine flüchtige Liebe
ließ mich im Schatten einer Wolke die Sehnsucht spüren,
daß die Siesta rufe – und zum Gehen mahne.
(Zit. nach Ibn Khaldun, *Muqaddima*, Bd. 3, S. 1323)

Lit.: Ibn Khaldun, Nerval.
Siehe auch: Eleganten (Die), Freßlust, Kuthayyir, Orientalische Lebensart.

SIHR (Magie, Verzauberung). ʿ*Ain sahhar:* »ein verzaubernder Blick«. **S. Verführung.**

SIWAK s. Suwak.

SKATOLOGIE (Vorliebe für Ausdrücke aus dem Analbereich). Mit dem Analbereich zusammenhängendes Verhalten unterliegt scharfer Kontrolle seitens der religiösen Lehre und wird in zahlreichen Texten systematisch geregelt. Bukhari überliefert, wie man sich abzuwischen hat, nämlich mit einem oder drei Steinen, niemals mit einer geraden Anzahl, mit dieser oder jener Hand, mit dieser Sorte Wasser und keinem anderen usw. Er erklärt, es sei verboten, sich mit der rechten Hand abzuwischen, Männer dürfen sogar beim Urinieren ihr Glied nicht mit

dieser Hand halten. Schließlich muß man vermeiden, dabei in Richtung der Kaaba* zu blicken, denn diese Richtung ist allein dem Gebet vorbehalten:
»Abu Aiyub al-Ansari berichtet, der Gesandte Gottes (S) habe gesagt:
›Wenn ihr eure Notdurft verrichtet, so darf euer Gesicht oder euer Rücken nicht zur Kaaba hin gewendet sein. Wendet euch vielmehr nach Osten oder nach Westen!‹« (Bukhari, S. 61)

Lit.: Bourke, Bukhari.
Siehe auch: Obszönität/Obszönitäten, Urin.

SKLAVE (ᶜabd, weibl.: ᶜabda; wasifa, khadim, -a: Sklaven, Dienstpersonal in Marokko; arab.: djariya, pl.: djawari, türkisch: djaryie, itchoglan, kzmetji kiz). Im Goldenen Zeitalter des Islam spielten die Sklaven eine wichtige Rolle in der Gesellschaft. In allen Städten, in jedem Palast, an allen Höfen und Provinzresidenzen umgaben sich die Herrscher, die Prinzen und Prinzessinnen und alle anderen Edlen mit einem Gefolge von Sklaven. Ihr Reichtum wurde gemessen an der Zahl von Sklaven beiderlei Geschlechts, über die sie verfügten. Weiße Sklaven wurden höher geschätzt als braune oder schwarze, junge galten mehr als alte, und Frauen mehr als Männer. Bei Abd ar-Raziq heißt es dazu:
»Es wird berichtet, daß der ägyptische Sultan an-Nasir Qalaun vier rechtmäßige Ehefrauen besaß, aber dazu noch über zwölfhundert Konkubinen, für die er die ›Sieben Säle‹ *(al-qaᶜat al-sabᶜ)* in der Zitadelle erbauen ließ.« (Abd ar-Raziq, S. 49)
Zumeist handelte es sich bei diesen Konkubinen um Sklavinnen. Die hellhäutige Sklavin wurde besonders geschätzt:
»Darauf drängte er sich in den Ring der Menge hinein, und er fand eine Sklavin, die war fünf Fuß hoch, ihr Wuchs von ebenmäßiger Art, ihre Wangen waren rosig zart und ihre Brüste rund gepaart.« (*1001 Nacht*, Bd. III, S. 212)
Aus den zahlreichen Berichten der Chronisten geht eindeutig hervor, daß der Sklavenhandel in der gesamten islamischen Welt florierte. Hasan ibn Mohamed al-Wazzan, genannt Leo Africanus, hat die beiden Handelsmetropolen des Südens, Timbuktu und Gao, besucht. Er berichtet:
»Unzählige Sklaven und Sklavinnen werden (in Gao) an Markttagen auf einem öffentlichen Platz verkauft. Ein fünfzehnjähriges Mädchen kostet sechs Dukaten und ein Knabe ebensoviel. Der König hält zahlreiche Frauen, Beischläferinnen, Sklavinnen und Verschnittene, um jene zu bewachen, in einem besonderen Palast.« (Leo Africanus, S. 231)
Im Umgang mit den Sklaven waren die Muslime nicht zimperlich, zumal wenn jene, nach gängiger Vorstellung, sich der Unzucht schuldig gemacht hatten:
»Abu Huraira und Zaid ibn Khalid bezeugen, daß der Gesandte Gottes zur Frage der Sklavin, die sich paart, ohne verehelicht zu sein, das Folgende erklärt hat:
›Wenn sie Unzucht treibt, straft sie mit Peitschenhieben; tut sie es abermals, straft sie mit Peitschenhieben, und tut sie es erneut, so straft sie mit Peitschenhieben. Dann sollt ihr sie verkaufen, und sei es für ein Stück Seil.‹«
(Bukhari, Bd.4, S. 396)
Sobald sich eine Sklavin bereit findet, sich zum Islam zu bekennen und den Vorschriften der ehelichen Treue zu folgen, genießt sie jedoch mehr Rechte als Freigelassene, die der göttlichen Botschaft fern stehen. Im Koran heißt es dazu eindeutig:

»Und heiratet nicht heidnische Frauen, solange sie nicht gläubig werden! Eine gläubige Sklavin ist besser als eine heidnische Frau, auch wenn diese euch gefallen sollte. Und gebt nicht gläubige Frauen an heidnische Männer in die Ehe, solange diese nicht gläubig werden. Ein gläubiger Sklave ist besser als ein heidnischer Mann, auch wenn dieser euch gefallen sollte.« (Koran, 2, 221)

Lit.: Abd ar-Raziq, Bukhari, Djahiz, Ennadji, Ibn ͨArabi, Koran, Leo Africanus, *1001 Nacht*.

Siehe auch: Ehe, Eunuch, Konkubinat/Konkubinen, Orientalismus, Sängersklavin.

SKLAVISCHE LIEBE (ͨ*abd al-hubb;* Sklave der Liebe). Dieser Ausdruck bezieht sich auf recht unterschiedliche Phänomene. Sklave zu sein, bedeutet Abhängigkeit, und genaugenommen ist auch verliebt zu sein nichts anderes: »Der verliebte Dichter«, heißt es bei Henri Pérès, »sieht sich als Sklave seiner Angebeteten, und er fühlt sich so sehr unterworfen, daß er von der Geliebten als *sayyid* (›Herr‹) und *maulaya* (mein Meister) spricht.« (Pérès, *L'Islam et l'Occident*, S. 117)

Diese ebenso gewünschte wie gehaßte Abhängigkeit zeigt charakteristische Züge der leidenschaftlichen Liebe, der besitzergreifenden Eifersucht, des ›Liebeswahns‹; ebenso, wenn auch nicht zwangsläufig, kann es sich um sexuelle Hörigkeit handeln. So findet sich bei Ibn Zaidun (1003-1070) der Ausruf: »Sei stolz, ich werde es ertragen; zögere, ich werde geduldig warten; sei hochmütig, ich werde ganz demütig sein, ziehe dich zurück, ich komme dir nach, sprich, ich werde zuhören; befiehl, ich werde gehorchen.« (Ebd., S. 116)

Einige Jahrhunderte später bringt Gevheri, ein türkischer Dichter der höfischen Liebe im 17. Jh., die gleiche Vorstellung in anderen Worten zu Ausdruck:

Du runzelst die Stirn, und mein Herz ist bedrückt
von jedem deiner achtlosen Blicke.
Mit anderen kommst du und gehst du, zerstreust dich,
Gehst dicht an mir vorüber, gleichgültig und stolz ...
(Arzik, *APT*, S. 26)

In jedem Fall ist die sklavische Liebe untrennbar mit dem Liebesleid (**s. dort**) verknüpft, nur mit der Besonderheit, daß sie noch als Glück begriffen werden kann. Madjnun Laila hat geschrieben:

Man sagt zu mir: Du liebst sie, doch sie wird dein Henker sein.
Laßt mich darum den Henker preisen! Ich liebe ihn, er ist so schön!
(Madjnun, S. 27)

Man erzählt, eines Tages habe ein Araber den Propheten aufgesucht und zu ihm gesagt: »Ich habe eine Frau, die sich nicht wehrt, wenn andere sie befingern. – Verstoße sie, erwiderte der Prophet. – Aber ich komme von ihr nicht los!« (Ghazali, *LBUMM*, S. 56). Und im gleichen Zusammenhang wird berichtet, daß Ibrahim ben Adham (einer der Gefährten des Propheten) gesagt habe: »Wer den Schenkeln der Frauen verfällt, der taugt zu gar nichts mehr«; und ähnlich Fayyadh ben Nadjih: »Mit der Erektion verliert man zwei Drittel der Vernunft.« (Ebd., S. 44 u. 27)

Aber unter den Fesseln der Liebe leiden beide Geschlechter gleichermaßen. Aus

Fes stammt die folgende Strophe eines Volkslieds, das Jeanne Jouin aufgezeichnet hat:

Hart unterdrückt mit seinen Truppen mich der Liebe Feldherr,
Und mit dem Blitz aus seinen Augen hat das Herz er mir zerrissen.
O du, der mir die Wunden schlug, die Heilung liegt in deinen Händen.
O Frau, verfahr nach göttlichem Gesetz mit jenem, der dich leidenschaftlich liebt.
(Jouin, *Nouveaux poèmes de Fès* …, S. 157)

Die sklavische Liebe ist ein Schmerz ohne Grenzen und ohne Ende, der sich nicht nur geltend macht, wenn das geliebte Wesen fern ist, sondern ebenso in seiner Gegenwart, die kaum je Erleichterung verschafft. Bei Omar Khayyam (1050-1123) findet sich der folgende Aufschrei:

O Angebetete, voll Schalk und Launen!
Verweile, lindre meine tausend Qualen.
Du sagst, ich soll den Blick nicht auf dich richten,
das wär, als würfe ich den Becher um,
und sollte doch den Inhalt nicht verschütten.
(*Quatrains*, S. 112)

In etwas anderem Sinne könnte man auch zu dem Schluß kommen, es sei geradezu die Berufung des Liebenden, zum Sklaven seiner Leidenschaft zu werden – vor allem dann, wenn es um die Liebe zu Gott geht. So sagt es jedenfalls Ibn ꜥArabi (1165-1240):
»Die Liebe macht aus dem Liebenden einen Sklaven und erniedrigt ihn, obwohl er doch bei seinem Geliebten die Vertrautheit *(idlal)* findet (…). Der Geliebte ist Gott, der durch den Mund seines Propheten gesprochen hat: ›Ich hungerte und du hast Mich nicht genährt. Ich dürstete und du hast Meinen Durst nicht gestillt. Ich war krank und du hast Mich nicht besucht …‹« (Ibn ꜥArabi, S. 254 f.)
Und schließlich gibt es noch eine besondere Form der sexuellen Hörigkeit, die nach dem Gesetz bestraft wird: die Abhängigkeit der Prostituierten von einem Zuhälter, den sie liebt und dem sie darum erlaubt, sie gegen Bezahlung an andere zu verkuppeln.

Poetische Wendungen aus dem andalusischen Spanien: »Für einen freien Mann (*hurr*) ist Unterwerfung eine Zier, wenn er zum Sklaven (*mamluk*) der Liebe wird.« (Kalif al-Hakam Rabadi, zit. nach Pérès, *PAAC*, S. 411)
»Sucht in der Liebe keine Macht (ꜥ*izz*) zu gewinnen, denn freie Männer sind allein die Sklaven, die dem Gesetz der Liebe gehorchen.« (Ibn Ammar, andalusischer Dichter des 11. Jh.s, a.a.O., S. 427)

Lit.: Arzik, Belhalfaoui, Dermenghem, Dib, Djahiz, Ghazali, Ibn ꜥArabi, Ibn Hazm, Jouin, Madjnun, Khayyam, Pérès, *1001 Nacht*, Vadet.
Siehe auch: Bordell, Eifersucht, Ibn ꜥArabi, Kuppler(in), Liebesleid, Prostitution, Sängersklavin, Sklave.

SODOMIE (*wahshiya, haywaniya* von *hayawan*: »Tier«). Sodomie, d.h. körperliche Liebe mit einem Tier, kommt in der arabischen Welt häufig vor, und zwar sowohl real als auch in bildlichen Darstellungen. Wie Homosexualität wird Sodomie ohne extreme Schuldkomplexe praktiziert, auch wenn moralische Autoritäten sich abwertend und negativ dazu äußern. Natürlich kann deshalb noch lange nicht die Rede von einem Tierkult sein, der etwa darin besteht, mit einem Tier ein gemeinsames Leben zu führen oder es zu vergöttern – wie es in fiktiven Geschichten, z.B. in *1001 Nacht*, geschildert wird. Im Koran wird Sodomie an keiner Stelle erwähnt. Konkrete Beobachtungen und literarische Beschreibungen weisen auf eine reale Neigung für Zugtiere hin, ebenso wie die zahlreichen Miniaturen, die in den größten Bibliotheken des Okzidents, unter anderem in der Nationalbibliothek in Paris und der Ambrosiana in Mailand oder in Museen wie dem Museum für islamische Kunst in Istanbul aufbewahrt werden.

Beduinen, Bauern und alle, die in einer isolierten Gegend leben, kennen die Vorteile der Sodomie, auch wenn jede Form davon seitens der islamischen Moral aufs heftigste verurteilt wird. Auf einer Miniatur aus dem 16. Jh., aus der Zeit der Safawiden*, die reiche Kameltreiber darstellt, die sich auf einer Lichtung entspannen, hat der Maler eine prachtvolle Sodomieszene eingeflochten. Nachdem er die Kamelkuh hinter einer Reihe Felsen angebunden hat, klammert ihr Besitzer sich an ihr Hinterteil. Zuvor hatte er das Kamelgeschirr auf halber Höhe der Hinterbeine des Tieres angebracht. Das Kopulieren mit einem Tier kann unvorhergesehene Folgen nach sich ziehen; davon spricht folgende Seefahrererzählung:

»Derselbe hatte mir das Abenteuer eines Matrosen erzählt, der auf einem seiner Schiffe war, das im Jahr 390 (9. Jh.) nach Qâqala unterwegs war. Glücklich am Ziel ihrer Fahrt angekommen, luden sie ihre Waren aus und brachten einen Teil davon in ein Land, das ungefähr sieben Tagereisen von der Küste entfernt war (...) ›Als das getan war‹, sagte der Matrose, ›ließen sie mich mit genügend Vorräten zurück, damit ich das Schiff bewache; sie selbst brachen in die Stadt auf, wo sie blieben, um ihre Ware zu verkaufen und neue zu kaufen. Nachdem sie fort waren, kam eine Horde Affen, die um das Schiff herumstrolchten und dabei hinaufzugelangen versuchten. Ich vertrieb sie mit Steinen. Einer großen Äffin gelang es, aufs Schiff zu kommen. Ich stieß sie hinunter und dachte, sie sei weg. Doch sie täuschte mich, kletterte auf der anderen Seite wieder hinauf und kam zu mir. Ich war gerade beim Essen und warf ihr ein Stück Brot zu, das sie aß. Sie blieb ein Weilchen, kletterte dann hinunter und verschwand vor meinen Augen. Am Abend sah ich sie mit fast zwei Dutzend Bananen im Mund wiederkommen. Sie stieß einen Schrei aus, da half ich ihr aufs Schiff. Sie legte die Bananen vor mich hin, aß und blieb bei mir. Die folgenden Tage ging sie regelmäßig weg und kam dann mit Bananen und anderen Früchten, die sie im Wald gesammelt hatte, zurück. Sie schlief nachts an meiner Seite auf dem Schiff. Sie weckte meine Begierde, und ich stillte meine Leidenschaft mit ihr. Kaum waren drei Monate vergangen, da bemerkte ich, daß sie dicker wurde; ihr Schritt wurde schwerfällig, ich erkannte an ihrem immer dicker werdenden Bauch, daß sie von meinem Tun schwanger war. Das bekümmerte mich zutiefst, denn ich dachte daran, welche Schande sie mir bringen würde, wenn unsere Leute zurückkommen und merken würden, was geschehen war. Also nahm ich das Beiboot des Schiffes, brachte einen Mast, Segel und einen Anker an; ich holte Wasserschläuche, Vorräte, meine Kleidung und mein Hab und Gut. Dann ließ ich das Boot zu Wasser, nahm Kurs

aufs offene Meer und überließ das Schiff sich selbst (...) Wenig später erreichte ich Kalah und traf kurz darauf den Kapitän meines Schiffes und mehrere Leute, die mit ihm auf Fahrt gewesen waren. Von ihnen erfuhr ich, daß sie, als sie zur Bucht zurückgekommen waren, eine Äffin auf dem Schiff vorgefunden hatten, die einen oder zwei Affen zur Welt gebracht habe, mit dem Gesicht eines Menschen, haarloser Brust und kürzeren Ohren, als es bei Affen üblich sei.‹ (...) Der Matrose, der mir diese Geschichte erzählt hat, fügte Mohammed, der Sohn des Bâlichâd (der Erzähler), hinzu, hatte einen sehr kraftlosen Blick. Diese Beschwerden führte er auf seine Beziehungen zu der Äffin zurück, die sich dadurch, daß er so lange auf See gewesen war, noch verstärkt hatten.«
(*Les Merveilles de l'Inde*, S. 58-61)

In *1001 Nacht* werden mehrere Szenen mit offensichtlicher Sodomie erwähnt. Die erste betrifft eine junge Heranwachsende, die an einem alten Bären hängt. Lesen wir, was Wardân, der Fleischer, erzählt, der seiner Kundin heimlich bis zu der Höhle folgte, wohin sie mit ihrem Tier geflohen war:

»Nach beiden Seiten der Tür sah ich genauer hin, und da fand ich eine Nische mit Treppenstufen außerhalb der Saaltür; ich stieg zu ihnen hinauf und entdeckte oben eine kleine Nische mit einem Fenster, das auf den Saal führte. Nun schaute ich in die Halle hinab und sah, wie die Frau das Schaf genommen hatte und die besten Teile davon abschnitt und in einem Topf zubereitete. Das übrige warf sie einem großen Bären von mächtiger Gestalt zu, und der fraß alles bis zum Letzten auf, während sie kochte. Als sie fertig war, aß sie, bis sie satt war; dann trug sie die Früchte und das Naschwerk auf, setzte den Wein hin und begann aus einem Becher zu trinken und gab dem Bären aus einer goldenen Schale zu trinken, bis der Rausch der Trunkenheit über sie kam. Darauf entkleidete sie sich und legte sich nieder. Der Bär aber erhob sich und warf sich auf sie, und sie gewährte ihm das Beste, was den Menschenkindern gehört, bis er zu Ende war und sich niedersetzte. Dann sprang er wieder auf sie zu und warf sich auf sie; und als er zu Ende war, setzte er sich nieder und ruhte aus. Und so fuhr er fort, bis er es zehnmal getan hatte. Schließlich sanken beide in Ohnmacht und blieben regungslos liegen.«
(*1001 Nacht*, Bd. III, S. 343 f.)

In einer weiteren Szene von eindeutiger Sodomie herrscht ein etwas anderes Szenario vor, dennoch ähnelt sie der vorausgegangenen in ihrer Neigung zum Wunder: Es handelt sich um die dritte Tochter des Sultans von Indien, die einen Ziegenbock zum Gatten hatte, der sich in einen eleganten und sehr reichen Jüngling verwandelte:

»Hört die Geschichte von der jungen Prinzessin und ihrem Gemahl, dem Ziegenbock: Als nun der Ziegenbock ins Zimmer des Mädchens gebracht und die Tür hinter den beiden geschlossen worden war, da küßte der Bock die Erde in den Händen seiner Gemahlin, schüttelte sich alsbald, warf sein Ziegenfell ab und verwandelte sich in einen Jüngling, so schön wie der Engel Harut (...). Da die beiden keinen Grund mehr hatten, gegeneinander Verdacht zu hegen, gaben sie sich ihrer natürlichen Neigung hin. Und sie liebten sich innig und verbrachten diese Nacht der Einweihung mit aneinandergeschmiegten Lippen und Körpern in wonnevollem und zärtlichem Beisammensein. Erst mit Anbruch des Morgens beendeten sie ihr ausgelassenes Spiel. Und der Jüngling erhob sich aus den weißen Laken des

Mädchens und nahm seine ursprüngliche Gestalt des Ziegenbocks wieder an, mit Hörnern, Hufen, einem enormen Geschlecht usw. Nichts erinnerte an das Geschehene der vergangenen Nacht, bis auf einige Flecken Blut auf dem Laken der Ehre.« (*1001 Nacht*, M, Bd. VII, »Histoire de Wardân le boucher avec la fille du vizir«)
Sodomie gibt Hinweise, unter welchen Bedingungen Jugendliche den Zugang zur Sexualität finden; es kann zu unbewußten Verbindungen mit der Bestimmung des sexuellen Objektes kommen. Einige Spezialisten verweisen besonders auf die mit dieser Praxis verbundenen ambivalenten Gefühle und Phantasien.

Lit.: Anest, Bouhdiba, Bousquet, Chebel *(ES, IAM)*, Surieu, *1001 Nacht*, Vajda.

Siehe auch: Analverkehr, Harut und Marut, Impotenz, Kunst, Liebes- und Sexualsymbolik, Sexuelle Perversionen, Tiere, Wunder.

SPEICHEL *(luʿab, rudab, riq).* Der Speichel repräsentiert die Bedeutung der vegetativen Anteile in einer sexuellen Beziehung, er wird gern ausgetauscht. Als Symbol der unantastbaren Kraft jedes lebendigen Individuums wurde die Speichelflüssigkeit darüber hinaus immer schon zu magischen Zwecken und bei zahlreichen traditionellen Heilverfahren eingesetzt. Die Bedeutung von Speichel und Atem ist bekannt, wenn es darum geht, Geheimnisse im Rahmen einer Initiation weiterzugeben. In dichterischen Texten wie *1001 Nacht* wird Speichel oft als »flüssiger Honig« (vgl. *Die Geschichte von Kamar ez-Zamân*) und »süßer Wein« beschrieben, wie im folgenden Gedicht, das dem schönsten Prinzen des Orients gewidmet ist, der noch nicht einmal sechzehn Jahre alt war:

Ihn zu küssen, das ist, als ob der ganze Leib von Moschus trunken sei!
In der Umarmung neigt sich sein Körper wie der zarte, feuchte Zweig,
der allein von Windhauch und Tau sich nährt.
Ihn zu küssen! Das macht trunken, doch ohne auch nur Wein zu kosten!
Ich muß es wissen, denn am Abend fühl ich mich ganz berauscht vom süßen
Wein des Lippentaus.
(*1001 Nacht*, M, Bd. III, »Histoire de la mort du roi Omar al-Némân«)

Lit.: Bukhari, Deny, Massignon, *1001 Nacht*.
Siehe auch: Honig, Sekretionen.

SPERMA (arab.: *minan*; pers.: *nutfa; badhr*, Plur.: *bidhar*: »Samen«). Minan ist der Begriff für Sperma im Gegensatz zu *madi*, der Prostataflüssigkeit.
Um Sperma, die lebensspendende Flüssigkeit par excellence, rankt sich eine ganze Mythologie. Schon seine Konsistenz konnte Fragen aufwerfen; ebenso eingehend hat man sich mit den Umständen seiner Erzeugung beschäftigt. Durch die ejakulierte Samenflüssigkeit ist der männliche Orgasmus eng mit Fruchtbarkeit verknüpft, während der weibliche Orgasmus, abgesehen von der Zeit des Eisprungs, nichts mit Fruchtbarkeit zu tun hat. Dies haben Gelehrte schon früh erkannt, auch wenn ihre Sicht der Entwicklung menschlichen Lebens nicht so präzise wie die der heutigen Ärzte war. Plutarch schreibt:
»Auch gibt es einige, die den Samen bey dem weiblichen Geschlecht nicht eine wirkende Kraft zur Zeugung, sondern Materie und Nahrung der Geburt nennen wollen.« (*Von der Isis und dem Osiris*, S. 60)

In *1001 Nacht* wird Sperma mit Eiweiß verglichen, das eine wie das andere gelten im Volksglauben als sehr energiespendend. Es steht im Zentrum einer kleinen Geschichte mit dem Titel *Es gibt Weißes und Weißes*, in der ein eifersüchtiger Ehemann einen Vorrat an getrocknetem Eiweiß für Sperma hielt – die Moral von der Geschichte: Man sollte in jedem Fall den Unterschied kennen.

Ausspruch aus dem medizinischen Bereich: »Verliere so wenig Samen wie möglich, er ist das Wasser des Lebens, das eine Frau dir nimmt«: *aqlil nikahaka ma istataʿta fa-innahu ma' al-hayati yuraqu fi-l-arham* (Ibn Sina (Avicenna) zugeschrieben).

Lit.: Avicenna, Bertherand, Bukhari, Chebel *(DSM)*, Ghazali, Plutarch, Qairawani, Razi, Sournia, *1001 Nacht*.

Siehe auch: Fortpflanzung, Fruchtbarkeit/Sterilität, Reinigung, Sieben Wellen, Wasser.

SPIEGEL *(mirʾah)*. Der Spiegel ist nicht nur ein magisches Objekt, das in vielen Zusammenhängen eine Rolle spielt, er ist auch ständiger Begleiter und wichtiger Helfer der Schönen des Orients. In Ägypten findet er sich bereits auf dem Schminktisch der vornehmen Damen der XXI. Dynastie – mehr als 1000 Jahre v. Chr. In seiner Studie über den marokkanischen Volksglauben berichtet Legey, daß die Frauen im Atlas das Fetischobjekt erst in die Hand nehmen, nachdem sie eine magische Formel hergesagt haben, die den Charakter einer Abbitte hat: »Heil dir, o Zeichen der Zeit, die verrinnt, und der nutzlosen Eitelkeit (*Salama-laik ya udja al-fana waʾl-aʾdam*).« Im Fastenmonat Ramadan ist den Frauen dort die Benutzung des Spiegels verboten. Zu anderen Gelegenheiten ist der Spiegel der einzige Vertraute einer Schönen, die unter Tränen den Geliebten herbeisehnt – so beschreibt es der kunstvolle Vierzeiler von Abu Uthman al-Khalidi (gest. 1010), eines Dichters aus Aleppo:

Des Vollmonds Schleier, eine blasse Wolke
Dient ihm zugleich als Schmuck und als Versteck
Genauso weint die Schöne vor dem Spiegel
Wenn ihren Reizen doch der Gatte fehlt.
(Thaʿalibi, S. 132)

Eine merkwürdige Geschichte über einen Spiegel findet sich bei Abu Ubaid al-Bakri (1028-1094):
»In der Zeit der byzantinischen Herrschaft soll es in der Kirche von Shikka Benaria (dem antiken *Sicca Veneria*, heute der Ort *Kaf* in Tunesien) ein wundersames Objekt gegeben haben, einen Spiegel, in den ein Mann, der seine Frau der Untreue verdächtigte, nur hineinschauen mußte, um zu sehen, wer der Verführer war. Damals bekannten sich die Berber zum Christentum, und ein Angehöriger dieser Rasse, der sich durch besonderen Glaubenseifer hervortat, hatte es geschafft, dort das Amt eines Diakons zu erringen. Nun kam ein Latiner *(rum)*, der voller Eifersucht auf seine Frau war, in die Kirche um den Spiegel zu befragen. Und was sah er? Das Gesicht des Diakons! Der König ließ den Berber ergreifen und verfügte, daß man ihm die Nase abschneiden und ihn in der Stadt öffentlich zur Schau stellen solle. Außerdem ließ er ihn aus der Kirche ausstoßen. In der folgenden Nacht drangen Mitglieder der Familie dieses Mannes in die Kirche ein und zerschlugen den Spiegel. Zur Strafe ließ der König ihre Ortschaft verwüsten.« (al-Bakri, S. 74)

Auch in den Geschichten aus *1001 Nacht* gibt es das Motiv des Zauberspiegels – hier geht es um einen Spiegel, der zeigt, ob eine Frau noch unberührt ist:
»Wenn du die Maid gefunden und angeschaut hast und ihre Schönheit dir gefällt, so öffne den Spiegel, den ich dir geben will; siehst du, daß er klar ist und ohne dunkle Flecken, so wisse, daß die Maid eine Jungfrau ohne Tadel ist (...). Ist sie es aber nicht, so wirst du entdecken, daß der Spiegel dunkel ist und von Staub bedeckt, und dann wirst du wissen, daß die Maid einen Fehl hat; hüte dich, sie zu nehmen!« (*1001 Nacht*, Bd.VI, S. 230 f.)

Lit.: Al-Bakri, Chebel *(DSM)*, Erman/Ranke, Legey, *1001 Nacht*, Tha ͨalibi.

Siehe auch: Eifersucht, Hammam, Hymen, Jungfräulichkeit, Kosmetik, Listen und Intrigen, Schönheit, *1001 Nacht*, Treue.

SPIRITUELLE LIEBE. Von Ibn ͨArabi (1165-1240) als die Liebe »des Liebenden, der sich um nichts bemüht, als dem geliebten Wesen wohl zu sein, derart, daß nichts an ihm sei, nicht geplant noch gewollt, das dem geliebten Wesen entgegenstehen könnte« *(TA, S. 66)* definiert, scheint die spirituelle Liebe – welche nach der göttlichen Liebe kommt – dem zu entsprechen, was wir heute »platonische Liebe« nennen würden; selbst wenn ihre Entfaltung auf die göttliche Domäne beschränkt bleibt.

Lit.: Ibn ͨArabi.

Siehe auch: Göttliche Liebe, Liebe, Liebe (die dreizehn Definitionen der...), Liebe der Mystiker.

STACHELSCHWEIN s. Liebeszauber, Talisman.

STEINIGUNG (*radjm:* »Steinigung des Satans«; *mu ͨaqaba:* »Strafe«). Die verbotene geschlechtliche Vereinigung wird mit Steinigung bestraft:
»Abu Huraira berichtet:
Ein Mann ging zum Gesandten Gottes in die Moschee und sagte zu ihm: ›O Gesandter Gottes, ich habe Ehebruch begangen!‹ Der Prophet aber kümmerte sich nicht um ihn, sondern wandte sich ab. Der Mann wiederholte darauf seine Selbstbeschuldigung. Als er schließlich viermal gegen sich selbst Zeugnis abgelegt hatte, drehte der Prophet sich nach ihm um und fragte: ›Bist du geisteskrank?‹ – ›Nein‹, erwiderte der Mann. ›Bist du verheiratet?‹ – ›Ja.‹ Darauf rief der Prophet einige Leute zu sich und befahl: ›Geht mit ihm hinaus und steinigt ihn!‹« (Bukhari, *Nachrichten von Taten...*, S. 452)

Lit.: Bukhari.

Siehe auch: Sklave, Unzucht, Zina'.

STELLUNGEN BEIM KOITUS. Das vielfältige und bewußte Zusammenspiel zweier Körper in den »Liebesstellungen« hat zum Ziel, die Liebenden zu höchster körperlicher und geistiger Lust zu führen. Ibn ͨArabi (1165-1241) bemerkt zu Recht: »Der Begriff Liebe beim Menschen bedeutet, Vereinigung herbeizuführen: die Vereinigung des Geistes und des Körpers zweier Menschen.«
Zunächst einmal gilt es, die Partnerin in die geeignete psychische Verfassung zu bringen, so daß beide Liebenden eine Seelenruhe und Freude empfinden, die der

Entfaltung der Lust *(inbisat)* förderlich sind. Darauf folgen liebevolle und zärtliche Worte, begleitet von Liebkosungen, Streicheln und anderen Formen der Annäherung. Der Kuß schließlich ist ein wichtiges Element, um nicht zu sagen, der Schlüssel des Vorspiels überhaupt. Die Liebenden teilen ihre heitere Stimmung miteinander, kosten von den Lippen des anderen, entdecken dessen Duft und erfreuen sich an seiner Liebesglut. Dadurch entsteht ein Raum der Vertrautheit, der sie ermuntert, weiter zu gehen. Die eigentlichen Liebestechniken beginnen erst hier, dennoch sind die Phasen davor unerläßlich für eine Begegnung der Sinne. Scheich Nafzawi schreibt:
»Wünschest du die Vereinigung, dann lege die Frau auf den Boden, schmiege dich eng an ihre Brust, deine Lippen dicht auf den ihren; drücke sie an dich, sauge ihren Atem ein, beiße sie; küsse ihre Brüste, ihren Leib, ihre Lenden, schließe sie innig in deine Arme, daß sie vor Vergnügen vergeht; siehst du, daß es so weit ist, dann führe dein Glied ein.« (*Der duftende Garten*, S. 213)
Die muslimischen Erotikautoren beschreiben mehrere Dutzend Stellungen, die die Liebenden im Verlauf des Geschlechtsaktes einnehmen können. Im *Duftenden Garten* werden die typischsten beschrieben:
»Erste Art – Laß die Frau auf dem Rücken liegen, mit erhobenen Schenkeln, lege dich zwischen ihre Beine und führe dein Glied ein.
Diese Stellung wird *hanashi* genannt, d.h. »nach Art der Schlange«.
Zweite Art – Ist dein Glied kurz, so laß die Frau auf dem Rücken liegen, hebe ihre Beine in die Luft, so daß ihr rechtes Bein nahe ihrem rechten Ohr ist und das linke Bein nahe ihrem linken Ohr (…).
Dritte Art – Laß die Frau sich am Boden ausstrecken und lege dich zwischen ihre Schenkel; lege eines ihrer Beine auf deine Schultern, und das andere unter deinen Arm, nahe der Achselhöhle, dringe dann in sie ein.
Vierte Art – Laß sie niederlegen und lege die Beine auf deine Schultern; in dieser Lage wird dein Glied genau der Vulva gegenüber sein, die den Boden nicht berühren darf. Dann führe dein Glied ein.
Fünfte Art – Sie möge sich auf die Seite legen, lege dich neben sie auf die Seite, schiebe dich zwischen ihre Schenkel und führe dein Glied in ihre Scheide ein. Der seitliche Verkehr fördert jedoch rheumatische Schmerzen und Ischias. Die seitliche Stellung nennt man *djanubi* (seitlich).
Sechste Art – Die Frau läßt sich auf Knie und Ellbogen nieder, wie im Gebet knieend. In dieser Stellung ist die Vulva nach hinten geschoben; dann greifst du von dieser Seite an und schiebst dein Glied in sie hinein.
Diese Stellung heißt *baquri*, d.h. nach der Weise eines Stiers.
Siebente Art – Die Frau legt sich auf die Seite, und da kauere dich zwischen ihre Schenkel, eines ihrer Beine auf deiner Schulter und das andere zwischen deinen Schenkeln, während sie auf der Seite liegend bleibt. Dringe dann ein und setze sie in Bewegung, indem du sie mit den Händen, die sie umfaßt halten, gegen deine Brust ziehst.
Achte Art – Lasse sie auf dem Boden ausstrecken, mit gekreuzten Beinen auf dem Rücken liegend; besteige sie wie ein Reiter das Pferd, auf deinen Knien ruhend, während ihre Beine unter ihren Oberschenkeln liegen und führe so dein Glied ein.

Neunte Art – Stelle die Frau so, daß sie mit der Vorderseite oder, wenn es dir lieber ist, mit dem Rücken auf einer mäßigen Erhöhung liegt, während ihre Füße auf dem Boden stehen. So bietet sie die Vulva deinem Gliede dar.

Zehnte Art – Stelle die Frau zu einem niederen Diwan, dessen Rücken sie mit den Händen fassen kann. Schlüpfe unter sie und hebe ihre Beine in die Höhe deines Nabels. Lasse sie deinen Körper mit ihren Beinen umschlingen. Führe in dieser Lage dein Glied ein, während du mit den Händen den Rücken des Diwans faßt. Wenn du die Verrichtung beginnst, müssen deine Bewegungen denen der Frau entsprechen.

Elfte Art – Lasse sie am Boden auf dem Rücken liegen, einen Polster unter ihrem Gesäß; lege dich zwischen ihre Beine und lasse sie die rechte Fußsohle gegen die linke stemmen, so kannst du dein Glied einführen.«
(Ebd., S. 215f.)

Im selben Werk werden noch fünfundzwanzig weitere Stellungen, wie sie in Indien praktiziert werden, beschrieben. Wie bereits vor ihm Ibn Falita und andere, so bemerkt auch Scheich Nafzawi:

»Es ist gut zu wissen, daß die Bewohner jener Länder die Arten, sich der Frau zu erfreuen, vervielfältigt haben und daß sie weiter fortgeschritten sind in ihrer Kenntnis und Erforschung des Coitus.

Unter diesen Arten gibt es die folgenden, genannt:

1. *El asemeud,* das Zustöpseln.
2. *El modefeda,* auf Froschart.
3. *El mokefa,* mit angeklammerten Zehen.
4. *El mokeurmeutt,* mit den Beinen in der Luft.
5. *El setouri,* auf Ziegenbockart.
6. *El loulabi,* die Schraube des Archimedes.
7. *El kelouci,* der Purzelbaum.
8. *Hachou en nekanok,* der Straußenschwanz.
9. *Lebeuss el djoureb,* Socken anziehen.
10. *Kechef el astine,* gegenseitige Ansicht der Gesäße.
11. *Neza el kouss,* der Regenbogen.
12. *Nesedj el kheuzz,* abwechselndes Eindringen.
13. *Dok al arz,* auf der Stelle klopfen.
14. *Nik el kohul,* Verkehr vom Rücken aus.
15. *El keurchi,* Bauch an Bauch.
16. *El kebachi,* nach Widderart.
17. *Dok el outed,* den Pflock einrammen.
18. *Sebek el heub,* Liebesverschmelzung.
19. *Tred ech chate,* nach Schafsart.
20. *Kaleb el miche,* Rollentausch.
21. *Rekeud al air,* das Rennen des Gliedes.
22. *El modakheli,* der Einpasser.
23. *El khouariki,* der eine, der im Hause bleibt.
24. *Nik el haddadi,* Verkehr des Schmiedes.
25. *El moheundi,* der Verführer.«

(Ebd., S. 216f.)

Die Begriffe, die den Geschlechtsakt beschreiben, nehmen sich oft die Tierwelt zum Vorbild: so nennt man eine der bekanntesten Stellungen (Bauch an Hintern) *baquri* (nach Art der Rinder), weil sie an die ineinander verkeilten Tiere erinnert. Die Beckenstöße eines Mannes, der gerade seine Partnerin penetriert, nennt man *natih*, weil sie die kurzen und heftigen Stöße der miteinander kämpfenden oder spielenden Widder beschwören. Die klassische Stellung, die »Missionarsstellung«, nennt man auch *hanashi*, »nach Schlangenart«, sicherlich weil die Gliedmaßen der Partner so eng ineinander verschlungen sind. Da die meisten arabischen Autoren sich diesbezüglich von der erotischen Literatur aus Indien inspirieren ließen, soll Vatsyayana zu Wort kommen:
»Ein geschickter Mensch sollte das Liebesspiel auf vielfache Weise gestalten, und zwar, indem er die verschiedenen Tierarten und Vögel imitiert. Denn diese verschiedenen Arten des Liebesspiels, je nach Landessitte und Phantasie des einzelnen, wecken Liebe, Freundschaft und Respekt im Herzen einer Frau.«
(*Kamasutra*, S. 129)
Lit.: Ibn ʿArabi, Ibn Falita, Nafzawi, Vatsyayana.
Siehe auch: Coitus interruptus, Glied, Indien, Koitus, Kuß, Liebesspiele, Liebes- und Sexualsymbolik, Linga/Lingam, »Schlafzimmerkultur«, Vagina, Zärtlichkeiten.

STIRN *(djabin, djabha, nasiya)*. In der arabischen und persischen Dichtung sind vier Metaphern zur Beschreibung der Stirn (und damit des Gesichtsausdrucks) gebräuchlich, wobei die Sterne, bzw. die Planeten eine wichtige Rolle spielen:
1. *al-kaff al-kadhdhab* (wörtl.: »die [mit Henna] gefärbte Hand«): diese Metapher bezeichnet die finstere Miene der Geliebten, wenn sie zornig oder betrübt ist;
2. *suhail* (Kanopus-Stern): ein Bild, daß vor allem bei den persischen Dichtern beliebt war;
3. *mushtari* (Jupiter): bezeichnet eine hohe und wohlgeformte, reine und stolze Stirn;
4. *al-zuhara* (Venus): die besonders schöne Stirn – eine offene und entspannte Miene.
Lit.: Rami.
Siehe auch: Henna, Körper, Schönheit.

SUFFAH / TASFIH s. Jungfräulichkeit.

SUFISMUS s. Liebe der Mystiker.

SUKHUN, SUKHUNA (»heiß«, männliche und weibliche Form). Pejorative Bezeichnung, mit der eine Frau mit einem schlechten Lebenswandel oder einfach nur vergleichsweise freieren Sitten verurteilt wird. Manchmal kann der Begriff, wenn er von einem werbenden Mann verwendet wird, auch auf die erotischen Qualitäten seiner Partnerin hinweisen, aber nicht, um diese zu verdammen, sondern um sie zu loben. Um diese Bedeutung erweitert, bezeichnet der Begriff *sukhuna* also eine Genießerin im Gegensatz zu einer kühlen Frau *(barida)*, die während des Koitus ein Eisblock bleibt.
Lit.: Chebel *(ES)*.
Siehe auch: Orgasmus, Prostituierte, Sexuelle Freiheiten, Witwe.

SUKKAR (Zucker; *qand, sheker*: persisch). Bezeichnung für den Geliebten, vor allem aber für die Geliebte. Wird in ägyptischen Musikkomödien häufig verwendet, genauso wie ᶜ*asal* (Honig).
Siehe auch: Honig, Speichel.

SULEIMAN s. Salomo und Balkis.

SULTAN AL-HAWAN (wörtl.: »der Herrscher der Liebe«, »die Macht der Liebe«). Ausdruck aus der arabischen Liebesliteratur, der die Kraft des Gefühls der Liebe bezeichnet, die Unfähigkeit des Individuums, ihr irgendeine Willensanstrengung entgegenzusetzen. Der berühmte Dichter ᶜAbbas ibn al-Ahnaf (Ende des 7. Jh.s) soll diese Vorstellung entwickelt haben, sie könnte aber auch auf Harun al-Raschid zurückgehen (Pérès, *PAAC*, S. 421).
»Ich nannte im Zusammenhang mit den drei Schönen (die mein Herz eroberten), das Vergessen *(suluw)* vor der Liebe, und die Liebe verfügte, daß sich ihre Macht *(sultan)* gegen meine richten sollte.
Tadelt keinen König, daß er sich so vor der Liebe *(hawan)* erniedrigt, denn die Demütigung vor der Liebe ist eine Macht und ein zweites Königreich.«
(Sulaiman al-Mustaᶜin antwortet Ibn al-Ahnaf, zit. nach Pérès, ebd., S. 421)
Lit.: Pérès.
Siehe auch: Liebe, Sklavische Liebe.

SULTANA WALIDA s. Harem.

SUQ (auch suk) s. Basar.

SÜSSIGKEITEN *(halwayat)* **s. Freßlust.**

SUWAK / SIWAK / MISWAK. Hölzchen aus der Wurzel des Walnußbaumes *(Capparis sodata)*, das gekaut wird, um dem Zahnfleisch eine karminrote Farbe zu verleihen und den Atem zu erfrischen. Der Prophet benutzte den *suwak* oder *siwak* einst als Zahnstocher. Dieses Hölzchen gehört zur Mund- und Zahnhygiene der Muslime.
Marokkanisches Sprichwort: »Suwak Olibanum, möge er Sonne oder Mond zwischen meinen Zähnen sein; möge er mein Ansehen wie das des Großen Sultans steigern; möge er mir behilflich sein, die Menschen zu unterwerfen wie die Weinlaube die Traube.«
(wörtl.: möge er die Menschen mir zu Füßen liegen lassen, wie die Weintrauben dem Weinstock zu Füßen liegen.) *Suwaki lubani. Au shams au al-qamar baina asnani; wa aᶜali saᶜdi kif sultan fi'l-aᶜlali; wa tah ridjal kif al-aᶜnab fi'l-dawali*.
Lit.: Bukhari, Legey.
Siehe auch: Atem, Hammam, Parfum, Reinigung.

TAʿLIL (Wiegen, im Arm). R. Z. Uzayzi und J. Chelhod beschreiben in der Liebe der Beduinen diesen Augenblick der Intimität und des Flirtes zwischen zwei Liebenden, deren Hochzeit in Kürze stattfinden soll: »Er findet jenseits der elterlichen Überwachung statt, auch wenn es in einer Nische des Zeltes sein mag. Beduinenfrauen schmähen ein junges Mädchen, das keinen Liebsten hat. Es ist eine schwere Beleidigung ihrer Schönheit und Weiblichkeit, wenn sie hört: ›Verflucht sei dein Vater, du hast noch nie taʿlil erfahren.‹« (Uzayzi/Chelhod, S. 270)
Lit.: Uzayzi/Chelhod.
Siehe auch: Ahal, Liebe.

TAFLA. Auch *ghasul* genannt. Frauen benutzen diesen Bimsstein wie einen Kosmetikartikel, um sich zu waschen. Er gehört zu den zahlreichen orientalischen Kosmetikprodukten, die im Hammam verwendet werden, um eine weichere und glattere Haut zu bekommen.
Siehe auch: Hammam, Kosmetik.

TAHAYYUDJ (wörtl.: »Ausströmen«, »flammende Begierde«, »Ausbruch«, manchmal »Liebeswahn«) **s. Entfesselter Koitus.**

TALISMAN (*hirz:* »Amulett«, *hama'il, rasm, hidjab*). Talismane, Amulette und andere amulettartige Gegenstände gehören zur Sammlung der schüchternen Liebenden, der verlassenen Frau oder der Beduinin, die an Zauberkräfte magischer Pflanzen glaubt, die der eine oder andere *Talib** preist. Ein Talisman soll in erster Linie vor bösen Geistern, Schicksalsschlägen, Unglück, vor dem Verlassenwerden und Rivalen in der Liebe schützen:

Sie hat eine Haut wie feines Linnen
Blaue Augen
Meine Seele ging mit der ihrigen von dannen
Da verführte sie ein Jude mit seinen Talismanen.
(Mammeri, *ISM*, S. 118)

Ein Amulett *(hirz)* hingegen hat heilende Wirkung. Es gilt als Heilmittel mit magisch-religiösen Anteilen, das man bei Kindern einsetzt, manchmal auch bei jungen Menschen mit epileptischen Anfällen, teilweisem Gedächtnisverlust, sporadischen Weinkrämpfen und ähnlichen Leiden. Es spielt häufig auch eine Rolle in der Hochzeitsnacht. Oft werden Koransuren darauf geschrieben. Diese Aufgabe kommt zunächst ebenfalls dem *Talib* zu, dem anerkannten Schmied eines guten Schicksals, der aber auch das genaue Gegenteil davon sein kann: ein Feind der Liebenden. Ein marokkanisches Amulett kann folgendermaßen aussehen: »Wenn eine Frau die Vulva eines Stachelschweins bei sich trägt, macht es die

Liebe beständig und bindet den Ehemann oder den Geliebten.« (Schwablé, S. 174) Doch auch das Amulett ist nur eine von vielen Methoden: Die Praxis des Liebeszaubers im Orient ist äußerst vielfältig, darum suchen abgewiesene Frauen oder Männer, die in der Liebe versagen, oft bei Pflanzen Abhilfe und greifen etwa zu Muschelketten oder Gewürznelkenpaste wie in der Kabylei, oder auch zu Aphrodisiaka. Alles ist recht, was dem unheilvollen Werk von Hexern oder Neidern entgegenzuwirken vermag.
Lit.: Belguedj, Doutté, Mammeri.
Siehe auch: Liebeszauber, Wahrsagerin.

TANZ *(raqs)*. Neben der Musik ist der Tanz in allen gesellschaftlichen Schichten und ungeachtet ihrer Herkunft die sichtbarste Form weiblicher Vergnügung und Unterhaltung. Auch in den Erzählungen aus *1001 Nacht* fehlt es nicht an prächtigen Schilderungen dieser jahrtausendealten Kunst:
»Und als das Mahl beendet war, ging Mardschâna hinaus, damit Ali Baba, ihr Herr, sich in Muße mit seinem Gast unterhalten konnte. Aber nach einer Stunde trat das junge Mädchen wieder in den Saal, und zu Ali Babas großer Überraschung war sie als Tänzerin gekleidet, die Stirn bekränzt mit einem Diadem goldener Sequinen, um den Hals eine Kette aus Körnern von gelbem Amber, die Taille umfaßt von einem Gürtel aus goldenen Maschen, und an den Handgelenken und Fesseln geschmückt mit Arm- und Fußgebinden, behangen mit Glöckchen. Und an ihrem Gürtel hing, dem Brauch berufsmäßiger Tänzerinnen gemäß, der Dolch mit Jadegriff, langer gezückter Klinge und scharfer Spitze, der dazu dient, die Tanzfiguren mimisch zu unterstreichen. Und ihre Augen, gleich denen einer verliebten Gazelle und ohnehin bereits groß und von abgrundtiefem Glanz, waren noch hart in die Breite gezogen mit schwarzem Kuhl bis hin zu den Schläfen, und auch ihre Brauen waren gespannt zu einem bedrohlichen Bogen. Und solcherart geschmückt und gewandet trat sie in gemessenen Schritten, schnurgerade und mit schwellenden Brüsten vor. Und hinter ihr trat der junge Sklave Abdallâh ein, trug in der Linken auf der Höhe des Gesichts ein Tamburin mit metallnen Schellen, auf dem er den Takt schlug, doch in verhaltener Weise, um seiner Begleiterin den Rhythmus vorzugeben. Als sie vor meinem Herrn angelangt war, verneigte sich Mardschâna voller Anmut, und ohne daß sie ihm Zeit ließ, sich von seiner Überraschung zu erholen, in die ihn dieser unerwartete Eintritt gestürzt hatte, wandte sie sich nach dem jungen Abdallâh um und gab ihm mit ihren Wimpern ein unmerkliches Zeichen. Und plötzlich schwoll der Tamburinschlag zu einem immer heftigeren Rhythmus an, und Mardschâna begann dahinschwebend wie ein Vogel zu tanzen. Sie tanzte auf jegliche Tanzart und unerschöpflich, entwarf alle erdenklichen Figuren, wie es selbst eine Tänzerin von Beruf in den Palästen der Könige nie getan. Und sie tanzte, wie vielleicht nur der Schäfer David einst vor Saul in seiner schwarzen Schwermut. Und sie tanzte den Tanz der Schleier und den des Schals und den des Stocks. Und sie tanzte die Tänze der Jüdinnen und die der Griechinnen und die der Äthiopierinnen und die der Perserinnen und die der Beduininnen, und dies mit so wundersamer Leichtigkeit, daß – soviel ist gewiß! – nur Balkis, die in Sulaimân Verliebte, dergleichen hätte tanzen können.« *(1001 Nacht,* M, »Histoire d'Ali Baba et des quarante voleurs«)

Auch die Dichter hielten Tanz und Gesang für unerläßliche Formen der Ablenkung und Entspannung und schätzten dieses Talent bei Männern und Frauen. Bereits im 12. Jh. empfiehlt Omar Khayyam (1050-1123):

Such dir Wein und Lautenschläger, such ein Mädchen Huri-schön,
Und in's Grün am Bach gelagert, bei des Saitenspiels Getön,
Schwelg in Paradieseswonne, während du die Maid umfängst;
Denk nicht ferner an die Hölle, denn erloschen ist sie längst.
(*Strophen des Omar Chijam*, S. 53)

Darauf antwortet zwei Jahrhunderte später Hafiz aus Schiras (1320-1389) in einem der Liebe gewidmeten Ghazal:

Tönt aus Schiras ein Lied Hafisens,
So tanzt und wälzet sich sogar
Der schwarzbeaugte Kischmirite,
Die smarkand'sche Türkenschaar.
(Hafis, *Diwan*, S. 697)

Der Tanz, der bereits damals seit mehr als einem Jahrhundert den Beduinentänzen Konkurrenz machte, war jedoch der Bauchtanz (**s. dort**), der, obwohl ein ausgesprochen städtischer Tanz und in den dubiosen Kaschemmen von Kairo geboren, zur hohen Kunst geadelt wurde.

Lit.: Hafiz, Khayyam, *1001 Nacht*, Molé, Rouanet.
Siehe auch: Alme, Bauchtanz, Liebeslieder, Musik, Salomo und Balkis.

TANZENDE DERWISCHE s. Derwisch.

TARAB (ästhetische Gefühlsbewegung, durch große Freude oder Glück hervorgerufen). Tarab wird oft von instrumentaler Musik oder Gesang hervorgerufen und scheint etymologisch mit dem Begriff Troubadour zusammenzuhängen: »Wenn sich das Wort Troubadour von dem okzitanischen Verb *trovar*, das sich zu *trovaire* und *trovairitz* entwickelt hat, herleiten läßt, verzeichnen auch die Arabisten einen gleichbedeutenden Ursprung im Arabischen, *tarab* (Freude) und *tariba*, von dem sich das Wort *mutrib* ableiten läßt, für jemanden, der mit seinen Gedichten und seinem Gesang freudige Gefühle weckt, die die Troubadoure *joy* nennen.« (Morère, S. 13)

Henri Pérès bemerkt in seinem Werk *La Poésie andalouse en arabe classique au XIe siècle* (*Die andalusische Dichtung in klassischem Arabisch des 11. Jh.s*) zum *tarab* bei den andalusischen Dichtern:

Die Verse, in denen man entweder das Wort *wadjd* (Liebesschmerz, schmerzvolle Liebe), oder *tarab* (Freude) oder entsprechende Synonyme findet: *farah, surur, masarra*, sind zahllos. Weiter oben sprachen wir ausführlich über den Schmerz. Nun wollen wir einige Beispiele anführen, um die »Freude« zu zeigen, die ein Dichter beim Gedanken, seine Geliebte wiederzusehen, empfindet. Diese euphorische und überschwengliche Verfassung eines Liebenden scheint uns bei den andalusischen Dichtern am besten dargestellt zu sein, und das verleiht ihrer Poesie eine besondere Note.

Die beredtsten Verse hierzu stammen von einer Frau, Umm al-Hana:

Es kam ein Brief von meinem Geliebten, der mir seinen Besuch verkündete,
und aus meinen Augen strömten unzählige Tränen.
Ich ward von einer solchen Freude *(surur)* überwältigt, daß mich der
Überschwang des Entzückens *(masarra)* weinen ließ.
Ach, Auge, dir wurden Tränen zur Gewohnheit, jetzt weinst du vor Freude
(farah) wie einst vor Kummer *(ahzan)*.
Mach, daß ich vor Heiterkeit *(bishr)* strahle am Tag, da ich ihn wiederseh',
und spare die Tränen für die Nacht der Trennung.
(*PAAC*, S. 415f.)

Lit.: Morère, Pérès, Rouanet.
Siehe auch: Abschied/Wiedersehen, Geschmack, Liebeslieder, Musik, Rai.

TASHBIB (Liebeserklärung). Bezeichnet das verführerische Verhalten eines Mannes, der eine Beziehung zu einer Frau wünscht. Entspricht »balzen«, »liebenswürdige Komplimente machen«, »verführen« und vor allem, wenn der Galan auch ein Dichter ist: »Liebeserklärung«.

Lit.: Abu Rub, Blachère, Djahiz, Pérès, Vadet.
Siehe auch: Ghazal, Höfische Liebe, Qala mushabbiban bil-nisa'/Qala yataghazzalu bil-nisa', Verführung.

TÄTOWIERUNG *(washm)*. Eine der wichtigsten Techniken, den Körper zu schmücken; in erster Linie aber auch ein sozialer Indikator zur Bestimmung ethnischer Verbindungen und Zugehörigkeiten. Nur Frauen sind tätowiert. Manchmal gesellt sich zu einer Tätowierung – die oft der einzige Körperschmuck ist – noch die bei bestimmten Feierlichkeiten übliche Körperbemalung, z.B mit Henna (**s. dort**). Herodot (484-425) verweist auf den entehrenden Charakter von Tätowierungen bei den Ägyptern, wo es das Unterscheidungsmerkmal eines Sklaven von einem Freien war. Die ästhetische Bedeutung als Schmuck hingegen steht eindeutig fest; es handelt sich um eine sehr alte und profane Praxis. In der arabischen Welt ist Tätowieren ein weit verbreitetes Phänomen, besonders im Maghreb, wo sie den ganzen Körper umfaßt. Der Islam allerdings verurteilt sie scharf, woraus man schließen kann, daß ihr eine verborgene erotisierende Kraft zugeschrieben wird. Der Prophet soll gesagt haben:
»Gott verflucht eine Frau, die künstliches Haar herstellt oder trägt, die tätowiert oder sich tätowieren läßt!«
Und weiter steht bei Bukhari:
»ᶜAlqama berichtet, ᶜAbdullah habe gesagt:
Gott verflucht die Frauen, die tätowieren und sich tätowieren lassen, die sich die Gesichtshaare auszupfen, die Zähne feilen oder andere Veränderungen an der Schöpfung Gottes des Erhabenen vornehmen, um besser auszusehen!
Warum sollte ich solche Frauen nicht verfluchen? Auch der Prophet hat sie verflucht!« (Bukhari, S. 412)
Doch das hinderte bislang noch keinen Tätowierer, sich seiner »Lebendkunst«

zu widmen (Ausspruch einer Tätowiererin aus Azemmour an der marokkanischen Atlantikküste). Legey beschreibt eine beliebte Technik der Tätowierung: »Vor der eigentlichen Tätowierung wird ein wenig Bleichmittel als feiner Puder, Ruß eines Kessels oder vom Mutterkorn befallener Weizen auf die Haut aufgetragen. Dann sticht man mit einer Nadel der zuvor aufgezeichneten Skizze entlang leicht in die Haut. Wenn es blutet, wischt man die tätowierte Oberfläche ab und trägt den Puder, den man ausgewählt hat, wieder auf. Beliebt sind Tätowierungen mit blaugrüner Farbe. Um das zu erreichen, mischt man getrocknete und fein pulverisierte Windenblätter *(luwaya)* unter den Puder.« (Legey, S. 220)
Mehrere Forscher, unter anderem J. Herber, heben besonders die Vielfalt und Schönheit marokkanischer Tätowierungen hervor. Das gibt Anlaß zu der Vermutung, es handle sich um eine fest verankerte Tradition. Herber studierte über dreißig Jahre lang die Tätowierungen der Marokkaner. In einem Artikel über die »Tätowierungen des Schambereichs« versucht er, deren Bedeutung herauszufinden:
»Was bedeuten die Tätowierungen des Schambereichs? Man braucht nur das Lächeln der Einheimischen zu sehen, wenn man ihnen diese Frage stellt, um ihre Gedanken zu erraten. Allein schon die Bezeichnung, die sie ihnen geben, ist vielsagend: *tall ʿala:* was darüber ist; *washma fauqahu:* die Tätowierung, die über ihm ist; *hammaqat:* die Tätowierung, die wahnsinnig macht.« (S. 40)
Ihm zufolge kommen solche Tätowierungen einem Initiationsritus gleich:
»›Der Schambereich wird nur während der Pubertät tätowiert‹, sagte man mir in Meknes, ›bevor man mit dem Fasten im Ramadan beginnt‹, einer Sgharna zufolge, d. h. wenn der Geschlechtstrieb erwacht: Es ist wirklich ein Initiationsritus und es erinnert in dieser Hinsicht stark an die Tätowierung des Kinns, die die Mädchen bekommen, wenn sie zu Frauen werden.« (Ebd., S. 41)
Auch im Bereich der Liebesdichtung finden sich zahlreiche Anspielungen, wie im folgenden Beispiel, das wir Jeanne Jouin verdanken:

O junger Barbier, zaubere meiner Schönen eine Tätowierung auf die Wange;
Der Frühling ist gekommen, er näherte sich mir voller Poesie;
Meine Liebe wuchs und meine Leidenschaft wurde heftiger.
O höchste Schönheit, ich bin dein Sklave,
Verkaufe mich und verschwende die Summe, die ich einbringen werde.
(*NPFRS*, S. 149)

Lit.: Bukhari, Herber, Herodot, Jouin, Khatibi, Legey, Yacine Titouh.
Siehe auch: Bismillah, Henna, Izli, Prostitution, Schambereich, Sexualmythen.

TAUBE *(hamama, yamama, hmam barri).* Die Taube ist in der maghrebinischen und arabischen Volksdichtung ein ständig wiederkehrendes Motiv. Sie symbolisiert Frieden, Sanftmut, Treue, Schönheit und Rettung in der Not und ist daher für alle Verliebten ein segensreiches Tier. Das zutrauliche, doch auch scheue Wesen, das sich bei Berührung so himmlisch sanft anfühlt, bei der geringsten Gefahr aber die Flucht ergreift, führte zu dieser Assoziation mit der Geliebten, und damit gehört die Taube zu den Symbolen der Liebe. Hinzu kommt, daß die Taube in den arabischen und islamischen Mittelmeerländern (Syrien, Maghreb,

Türkei) weit verbreitet ist. Was ihrer Wertschätzung jedoch ein wenig schadet und ihr jene Noblesse nimmt, die die Araber in bestimmten Tieren, besonders in denen der Wüste, zu erkennen glauben, ist ihr Ruf eines naiven, leicht flatterhaften Wesens. Das Bild der Taube ist jedoch kein geschlossen einheitliches, denn wenn in den Augen der Dichter auch eine Taube der anderen gleichen mag, so ist in der Zoologie die Gattung der Taubenvögel doch in die verschiedensten Arten wie Türken-, Ringel- und Felsentaube untergliedert, und somit ist eine »Stadttaube« beileibe keine »Wildtaube« und eine »Turteltaube« keineswegs eine »Hohltaube«.

Die häufige Assoziation zwischen der weiblichen Schönheit und der Taube ist also alles andere als ein eindeutiges, geschweige denn statisches Bild, sondern es wandelt sich durch die Zeiten und verdichtet sich zu anderen Bildern: »Das Thema der ›sanften Taube‹ als Botin der Liebe, des Friedens und des Glücks«, so heißt es in der *Encyclopédie de l'Islam*, Bd. 3, S. 112, »hat unweigerlich die arabischen Dichter aller Zeiten und Länder inspiriert, und es ist aussichtslos, die unendliche Fülle der Kassiden (*qasida*, plur. *qasa'id*) auch nur zu zählen, die das immerwährende Bild der zärtlich gurrenden Turteltauben (*al-hawatif*) in den Wipfeln hoher Bäume evozieren.«

Schließlich sei noch daran erinnert, daß einer der bedeutendsten Traktate arabischer Liebeskunst, verfaßt von dem Theologen Ibn Hazm (994-1064) aus dem spanischen Córdoba, bezeichnenderweise den poetischen Titel *Das Halsband der Taube (Tauq al-hamam)* trägt.

Lit.: *Encyclopédie de l'Islam*, Ibn Hazm, Rami.
Siehe auch: Liebes- und Sexualsymbolik, Rebhuhn, Tiere.

TAUQ (Halskette). Bestandteil des Titels eines der berühmtesten arabischen Werke zur Erotik: *Tauq al-hamama fi'l-ulfa wa'l-ullaf (Das Halsband der Taube. Von der Liebe und den Liebenden)* von Ibn Hazm (994-1064), dem berühmten Theologen des muslimischen Spaniens.

Lit.: Ibn Hazm.
Siehe auch: Ibn Hazm.

TAUSENDUNDEINE NACHT *(alf laila wa-laila)*. Berühmte Sammlung persisch-indischer und arabischer Geschichten, die in der arabischen Welt erstmals im Irak zur Zeit der Abbasiden* und im 11. Jh. in Ägypten auftauchten. Im 18. und 19. Jh. wurden sie in verschiedene europäische Sprachen übertragen. Unter den zahlreichen Übersetzungen sind die erste französische Ausgabe von Antoine Galland (1704-1717) und die berühmte englische von R.F. Burton (1886-1888) hervorzuheben. Heute sind die Geschichten aus *1001 Nacht* auf der ganzen Welt bekannt. Um die Jahrhundertwende wurden sie auch ins Deutsche (von Max Hennig), ins Russische, Litauische, Slowakische, Dänische, Spanische und Italienische übersetzt; inzwischen gibt es auch Ausgaben in Bengali, Urdu und Chinesisch.

Abgesehen von den erotischen Aspekten, um derentwillen wir die Erzählungen hier behandeln, bieten die Geschichten aus *1001 Nacht* eine Fülle weiterer Themen: männliche und weibliche Dämonen, Verwandlungen, Reisen, Raubüberfälle und vieles andere. Die Sitten und Gebräuche vieler Länder und Völker werden sehr anschaulich beschrieben, und neben den Hauptfiguren, wie Scheherezade und ihrer Schwester Dinazade oder Harun al-Raschid, spielen auch die Könige von Persien und Indien und die mamlukischen Herrscher ihre Rolle, es werden die Maghrebiner und die Juden geschildert, die Kaufleute, Juweliere, Seeleute usw. Dieses Panorama macht nicht nur deutlich, daß die anonymen Autoren über großes kulturelles Wissen verfügten, sondern auch, daß die Geschichten sehr populär und in der Erzähltradition des Volkes verwurzelt waren. Die Sorgfalt der Personenbeschreibungen läßt darauf schließen, daß die Erzählungen nicht nur unterhalten, sondern ebenso belehren sollten. Sie haben im übrigen eine außerordentlich fruchtbare Wirkungsgeschichte gehabt: Viele Geschichten sind in der Literatur aufgegriffen, zu Theaterstücken verarbeitet oder verfilmt worden.

Die Rahmenhandlung der Erzählungen beginnt mit einer unglücklichen Konstellation: Die List einer Frau, der Erzählerin Scheherazade, steht gegen den Argwohn eines Mannes, eines von seiner Frau betrogenen Königs. Ein Argwohn mit katastrophalen Folgen – der König sucht Rache, zynisch und berechnend. Ausgangspunkt ist die Feststellung, daß es den Frauen im Orient immer wieder gelingt, die Wachsamkeit ihrer Gatten zu überlisten, selbst wenn sie hinter den Mauern uneinnehmbarer Burgen eingeschlossen sind. Ein König, mit Namen Schehrijâr wird von seiner Gattin betrogen. Verwirrt reist er zu seinem Bruder Schâhzamân, der über ein anderes Reich ›in Indien‹ gebietet, um dort festzustellen, daß auch sein Bruder betrogen wird. Standesgemäß bringen beide ihre Ehefrauen um, dann ziehen sie gemeinsam in die Fremde, um ihr Schicksal leichter zu ertragen und die Niedertracht der Frauen zu vergessen. Aber eines Tages, als sie Rast machen, beobachten sie aus einem Versteck einen Dschinn, der ein verschlossenes Behältnis bei sich trägt. Während der Dämon sich erschöpft ausstreckt und einschläft, entsteigt dem Kasten eine Frau; sie wendet sich den Brüdern zu und gibt sich beiden hin. Darauf fordert sie von ihnen ihre Siegelringe, um sie auf eine Schnur zu ziehen, an der schon unzählige andere Ringe hängen – und sie erklärt, die Besitzer all dieser Ringe seien ihr ebenfalls zu Willen gewesen und hätten dem Dämon Hörner aufgesetzt. Mißmutig erkennen die Brüder, daß die List der Frauen stärker ist als alle Gegenmittel.

Sie kehren nach Hause zurück, und Schehrijâr, der ältere, beschließt, von nun an mit keiner Frau mehr als eine Nacht, die ihrer Entjungferung nämlich, zu verbringen. So läßt er sich von seinem Wesir nacheinander alle Jungfrauen seines Landes zuführen, vermählt sich mit ihnen und tötet sie bei Tagesanbruch. Schließlich kommt die Reihe an Scheherezade, die schöne und gebildete Tochter des Wesirs, die aber so gut zu erzählen weiß, daß sie den königlichen Gatten immer wieder von der tödlichen Handlung abbringt, indem sie ihre Geschichten stets am Morgen abbricht, bevor sie beendet sind. Tausendundeine Nacht lang hält sie den König so in Spannung. Unterdessen gebiert sie ihm drei Knaben und bringt ihn so von seinem Plan ab – Scheherezade rettet ihren Kopf und den ihrer Schicksalsgenossinnen.

Diese Geschichte umrahmt die Erzählungen aus *1001 Nacht*, und schon die darin vorkommenden Namen (Shehrijâr, Schehrezâd, Schâhzamân, wie sie in Littmanns Übersetzung geschrieben sind) verraten ihren persisch-indischen Ursprung. Vermutlich im 9. Jh. im Irak aufgetaucht und im 10. und 11. Jh in Ägypten weiterentwickelt, tragen die bekannten Sammlungen jedoch deutlich die Spuren der arabischen Bearbeiter: Wie durch ein Vergrößerungsglas blickt der Leser in die arabische Welt jener Jahrhunderte.

An anderen Namen, wie etwa den im Abendland besonders bekannten des Kalifen Harun al-Raschid und seines berühmten Hofdichters Abu Nuwas, den zahlreichen Erwähnungen barmakidischer Wesire der Abbasidenzeit oder den Hinweisen auf das Ägypten der Fatimiden kann man entnehmen, welche Fassung von *1001 Nacht* zu welcher Zeit entstanden sein muß. Viele unbekannte Autoren haben ihre Beiträge geleistet, es könnten durchaus auch Frauen darunter gewesen sein.

Erotik, Verführungskunst, die Listen der Liebenden, Liebestränke, Perversionen – die Spielarten der Kultur der Liebe und Sexualität, die zur Zeit, als die Texte entstanden, bereits seit Jahrhunderten gepflegt wurden, kommen in all ihren Facetten zur Sprache. Enver H. Dehoï, ein Autor iranischer Herkunft, hat sich seit den sechziger Jahren erfolgreich darum bemüht, die Motive und Formen dieser *ars amandi* herauszuarbeiten. In seinem fundierten Werk über *Die Erotik in den Tausendundein Nächten* schreibt er: »Kaum eine Kultur hat je eine so umfassende Vorstellung von Erotik entwickelt wie jene, die uns in den Tausendundein Nächten entgegentritt. Mit nicht nachlassender Begeisterung, geradezu prall von Bildern, Rhythmen, Wundern, wird hier vorgeführt, welche Bedeutung der siegreiche Islam der Erotik im Leben zumißt.«

Und weiter heißt es: »Auch die Erzählungen aus *1001 Nacht* sind erfüllt von dieser Stimmung [leidenschaftlicher Liebe]. Ihre Erotik ist nie vulgär, sie stellt die persönliche Erfahrung in den Mittelpunkt – die Liebe gilt als himmlischer Zustand, sie hat nichts Niedriges oder Schuldhaftes. Sie zu meistern ist vielmehr eine unabdingbare Voraussetzung des Seelenheils. Und dabei wird kein Unterschied zwischen ihren beiden Formen gemacht: Die fleischliche und die nichtfleischliche Liebe entspringen dem gleichen Gefühl, und letztere beruht auf der ersteren.« (Dehoï, S. 30)

Und Dehoï führt vor, welche Vielzahl von Liebesszenen und -gefühlen sich, verstreut in fast allen Geschichten, findet – bis hin zu Sexualpraktiken die heute in Lehrbüchern der Psychiatrie behandelt werden. Da fehlt kaum eine Spielart: Von Sodomie bis Sadismus, von Masochismus bis Exhibitionismus, Päderastie, Voyeurismus, Transvestismus, Nekrophilie, Fetischismus usw. Ganz zu schweigen von den erotischen Träumen, die in großer thematischer Vielfalt erscheinen. Aber alle diese Praktiken werden ohne moralisches Urteil geschildert, sie gelten als normal in jener hochkultivierten und bereits von Dekadenz geprägten Gesellschaft, die der weltlichen Liebe den Rang eines Gottesgeschenks zu verleihen wußte.

Seit Antoine Galland das abendländische Publikum erstmals mit diesem Geschichtenkreis bekannt machte (ab 1704) sind eine Vielzahl von unterschiedlichen Ausgaben und Auszügen in verschiedenen Sprachen publiziert worden. Nicht alle halten sich an die Originalmanuskripte, oft diente die Vorlage nur als Rahmen und Schauplatz mehr oder minder frei erfundener Begebenheiten. In der vorliegenden Enzyklopädie wird neben der deutschen Übertragung von Enno Littmann (1923-1928), die von der zweiten Calcuttaer Ausgabe von 1839 ausgeht, auch die französische Übersetzung von Joseph-Charles Mardrus herangezogen, die 1900 unter dem Titel *Le Livre des mille et une nuits* in *La Revue blanche* erschienen ist. Mardrus bezieht sich auf die ägyptische Ausgabe (Bulaq, 1835), die besonders viele Ausdrücke der damaligen arabischen Umgangssprache enthält; entsprechend zeichnet sich seine Übertragung durch ihre populäre Diktion aus – bis hin zur Vulgarität.

Lit.: Azar, Basset, Burton, Casanova, Clinton, Critique, Dehoï, Elisséeff, Matarasso, Pérès/Mangion.

Siehe auch: Abu Nuwas, Aphrodisiaka, Bigamie, Erotik, Fetischismus, Frau, Hahnrei, Harun al-Raschid, Homosexualität, Indien, Inzest, Kino, Leberfleck, Lesbianismus, Listen und Intrigen, Misogynie, Nymphomanie, Parfum, Sadismus, Scheherazade, Schönheit, Spiegel, Talisman, Tanz, Verstümmelung, Verführung, Wunder, Zoophilie.

THEOLOGEN DER LIEBE *(fuqaha' al-hubb)*. Es ist charakteristisch für die islamische Kultur, daß sie eine große Zahl von Autoren erotischer Literatur hervorgebracht hat, die gleichzeitig geschätzte Theologen und großartige Korankenner waren. Daher auch der Begriff Theologen der Liebe, den man wörtlich verstehen muß. Diese Theologen werden auch als liebende Scheichs und Scheichs, die sich mit dem Phänomen der Erotik befaßt haben, bezeichnet. Einigen von ihnen (z.B. Ibn ᶜArabi, Ghazali, Tifashi, Ibn Qayyim al-Djauziya, Djalal-addin Rumi) verdanken wir philosophische Abhandlungen über das göttliche Wesen der Liebe und die Mysterien des Fleisches auf spiritueller Ebene, ebenso über die weltliche Liebe und ihre Erscheinungsformen. An dieser Stelle sind noch Ibn Falita, Ibn Hazm, Scheich Nafzawi, Suyuti und andere zu nennen, die diese Fragen schon früher erörterten. Der erste Impuls zu diesen Forschungen und eine Systematisierung der platonischen Liebe stammen von Ibn Dawud (gest. 909), dem berühmten Theologen aus Bagdad.

Ihm und weiteren Theologen gelang es, schwer vereinbare Gegensätze miteinander zu versöhnen: dem Loblied auf das Göttliche steht die unmittelbare Erfahrung gegenüber, nämlich die menschliche Liebe, die sich auf körperlicher Ebene manifestiert. Es wird deutlich, daß diese Gegensätze nur scheinbare sind und es sich letzten Endes um verschiedene Stufen ein und desselben Phänomens handelt.

Nun beschäftigten sich die genannten Autoren zwar auch mit der körperlichen Liebe, im Zentrum ihres Interesses steht jedoch das Göttliche. So nimmt Sexualität im Werk von Ghazali (1058-1111) oder Ibn ᶜArabi (1165-1240) nur wenig Raum ein. Bei Bukhari (810-870) halten sich die Überlieferungen *(Hadith*)* zur Sexualität und zum heiligen Krieg oder zu Rechtsfragen die Waage. Auch Ibn Hazm (994-1064), der Autor der Abhandlung über die Liebe und die Liebenden *Das Halsband der Taube,* war ein sehr aktiver Theologe. Da er eine spitze Feder führte, wurde er gegen seinen Willen in die hitzigen philosophischen Debatten seiner Zeit verwickelt.

Alle hier genannten Theologen sind keine Autoren erotischer Literatur im eigentlichen Sinn; einige sind Mystiker oder Rechtsgelehrte, die sich aber auch nicht zu schade waren, das eine oder andere Kapitel über die »irdische Nahrung« zu schreiben. Auf der anderen Seite waren alle Erotologen ausgebildete Theologen wie z.b. der Tunesier Ahmed al-Tifashi (gest. 1253), ein Jurist der malekitischen Rechtsschule, der ein Buch mit dem Titel *Nuzhat al-albab* (etwa: *Das Vergnügen des Herzens*) verfaßte oder der hanbalitische Theologe Ibn Qayyim al-Djauziya (gest. 1350), der Autor von *Raudat al-muhibbin wa nuzhat al-muttaqin* (etwa: *Der Garten der Liebenden und das Vergnügen des Gottesfürchtigen*). Die Liste derer, die eine Abhandlung oder eine kleine Schrift über die Liebe und die Liebenden (ʿishq und ʿushshaq) verfaßt haben, ließe sich beliebig erweitern.

Was hat es mit diesem für die muslimische Welt typischen Phänomen auf sich, daß Rechtsgelehrte, Theologen und Gelehrte der Koranwissenschaften sich überdies mit Liebeskunst und weltlichen Bereichen beschäftigen? Der Prophet und seine Gefährten verurteilen Sexualität, besonders diejenige, die im Rahmen der Ehe stattfindet, in keiner Weise, im Gegenteil, Sexualität gilt als heiliger Akt, als Almosen *(sadaqa)*, d.h. eine von Gott auferlegte Pflicht. Daher war es in der arabisch-muslimischen Welt kein Widerspruch, gleichzeitig Theologe zu sein und Schriften zu verfassen, die sich mit Erotik und Sexualität beschäftigen. Verfechter der göttlichen Lehre brauchten sich durch die Neugierde eines Scheichs und Erotikautors nicht beleidigt oder angegriffen zu fühlen, war dieser im Bereich des *fiqh** doch ebenso versiert; andererseits hatten Liebende keine Moralpredigt zu befürchten.

Auf methodischer Ebene besteht die Verbindung zwischen Theologen und Autoren von Erotikhandbüchern im beiderseitigen pädogogischen Anspruch. Dieser dient natürlich oft als Vorwand für zahlreiche Phantasien, die sonst mit der gesellschaftlichen Moral in Konflikt geraten würden und von weniger fortschrittlichen Moralpredigern tabuisiert oder verdammt wurden. Doch der Geist des Islam ist ein anderer, denn nach den Aussagen des Propheten selbst kann Sexualität nicht vom Rest der göttlichen Schöpfung getrennt werden.

Lit.: ʿAttar, Bouhdiba, Bousquet, Bukhari, Dailami, *Encyclopédie de l'Islam*, Ghazali, Giffen, Ibn ʿArabi, Ibn Hazm, Koran, Masʿudi, Morère, Nafzawi, Pellat, Suyuti, Tabari, *1001 Nacht*, Tifashi.

Siehe auch: Göttliche Liebe, Höfische Liebe, Liebe, Liebe der Mystiker.

TIERE *(hayawan)*. Stets haben Tiere in der islamischen Kultur im Vordergrund der erotischen Szenerie gestanden – ob in der volkstümlichen Folklore der Region, in den Darstellungen, Erzählungen, Legenden, Obszönitäten, Schimpfwörtern oder in der sonstigen Tierprosa, wie sie ein Djahiz, ʿAttar, Kazwini, Damiri oder Masʿudi so schätzten **(s. Sodomie)**. Was die Tiere in diesem Zusammenhang so reizvoll macht, sind die Spontaneität ihrer Reaktionen und die offene, direkte Äußerung ihrer Bedürfnisse, vor allem dann, wenn sie mit außergewöhnlichen sexuellen Leistungen einhergehen. Insofern erweitern die Tiere den menschlichen Erwartungshorizont – bietet die Tierwelt doch den nachgerade idealen Rahmen für entsprechende Phantasien: Nirgends sonst findet man solche Kraft und Potenz bei den Männchen/Männern; solche Passivität, Schönheit, Sanftheit bei den Weibchen/Frauen. Das Geschlechtsorgan des Esels oder des Pferdes wird nicht so sehr wegen der Wirkung gerühmt, die es auf die Stuten ausübt. Vielmehr ist es aus Sicht der Frau recht eigentlich ein besserer Ersatz für das des männlichen Partners, aus der Sicht des Mannes taugt es als Attribut der Identifikation. Wertschätzung und Ehrerbietung gelten also den in der Phantasie überhöhten männlichen – seltener den weiblichen, da diese von Natur aus verborgen sind – Geschlechtsattributen, und nicht ihrer Funktion. Im Grundsatz handelt es sich um eine kollektive Phantasie, Männern und Frauen so gemein, daß sie im täglichen Umgang oft zu einem simplen Motiv von Scherzen wird.

Vor allen arabischen Autoren war es al-Djahiz (780-869), der den Studien der Fauna seines Landes, des heutigen Irak, und der meisten arabischen Landschaften seiner Zeit große Bedeutung beimaß. Sein *Buch der Tiere (Kitab al-hayawan)* kann als das fortgeschrittenste Standardwerk des Islam zur Zeit der Abbasiden* verstanden werden. Neben ihrer Psychologie und ihrem sozialen Instinkt wird bei al-Djahiz auch das Sexualverhalten der Tiere studiert. So erfahren wir, daß Hund, Wolf, Spinne und Kamel die Tiere sind, welche die Dauer des Geschlechtsakts ausdehnen. Mehrere Tiere des Bestiarium werden sorgfältig beschrieben; zitieren wir zum Beispiel, was al-Djahiz über den Hahn verzeichnet:
»Der Hahn vollzieht den Geschlechtsverkehr sehr rasch. Er kann eine sehr große Zahl von Hennen haben; er schafft es, sie alle an einem Tag zu bespringen (**s. Hahn**).« (Zit. nach Bel-Haj Mahmoud, S. 176)
Über den Ziegenbock:
»Abu Abdallah al-Abras, ein Muᶜtazalit, hat berichtet, der Bock Murathi habe während seiner ersten Krise der Geschlechtsreife mehr als achtzig Ziegen begattet.« (Ebd.)
Besonders suggestiv und präzise wird al-Djahiz jedoch, wenn es darum geht, die Erregung der Tiere in der Brunst zu beschreiben. Zwei Beispiele:
»Manche sagen, daß die Stuten in der Zeit ihrer Brunst am ganzen Körper einen strengen, sehr eigenartigen Geruch verströmen (…).
Die geschlechtliche Lust des Hundes kann sogar vor dem für die Geschlechtsreife normalen Alter von acht Monaten erwachen, und zwar, wenn er zufällig den Geruch des Urins einer läufigen Hündin einatmet.« (Ebd., S. 179)
Über Katzen und Kater fällt das Urteil schärfer aus:
»Im Stande der geschlechtlichen Erregung zermürben die Katzen die Menschen des Stammes durch ihr schrilles Miauen, das Tag und Nacht andauert (…). Die Kater bringen ihrerseits ihr sexuelles Verlangen weniger geräuschvoll zum Ausdruck.«
Doch, fügt der große Gelehrte an:
»Unter den Männchen sämtlicher Tierarten ist keines, bei dem die äußren Anzeichen geschlechtlicher Erregung sichtbarer wären als beim männlichen Kamel. Es ist unablässig schweißbedeckt, es hört auf zu weiden und zu trinken, so sehr, daß seine Rippen sichtbar werden und der Kopf sich bläht. Das kann eine sehr große Zahl von Tagen andauern.« (Ebd.)
Schließlich:
»In der Brunst geraten Esel und Hengst, sobald sie Eselin oder Stute gewahr werden, vor Erregung ganz durcheinander. Der Zustand ihrer sexuellen Aufgewühltheit erreicht ein solches Maß, daß der eine zu schreien beginnt und der andere zu wiehern.« (Ebd., S. 180)

So, wie einige Tiere als Träger guter oder böser Vorzeichen gelten – Rabe, Häher, Kamelstute, Storch, Heuschrecke, Fisch, Ratte, Schlange (wie auch alle anderen Reptilien) oder die gesamte Vogelwelt –, gibt es andere, denen bedeutende sexuelle Kräfte zugeschrieben werden: Ziegenbock, Löwe, Gazelle, Hengst, Stier. Zu diesen beiden Klassen tritt eine dritte Kategorie von Tieren, die gleich mehrere Vorstellungswelten bedienen. Esel, Hund, Hahn oder Wolf zum Beispiel firmieren ebenso in der arabischen Wahrsagerei (vgl. das Standardwerk von Fahd) wie in der Erotologie.

Lit.: ʿAttar (Bel-Haj Mahmoud), Djahiz, Fahd, Masʿudi, *Merveilles de l'Inde, 1001 Nacht*.

Siehe auch: Elefant, Entfesselter Koitus, Esel, Gazelle, Liebes- und Sexualsymbolik, Obszönität/Obszönitäten, Rebhuhn, Sodomie, Taube.

TIFASHI (Ahmed, al-), gest. 1253. Der in Tifasha in Tunesien geborene Jurist der malekitischen Rechtsschule gehört zu den Theologen der Liebe, die sich nicht scheuen, schlüpfrige Themen zu behandeln. In seinem Werk *Nuzhat al-albab fima la yudjad fi kitab* (wörtl.: *Das Vergnügen des Herzens, über das es nichts in Büchern gibt*) dokumentiert er alle Arten der Abweichung von gesellschaftlichen Normen, sexuelle Besonderheiten wie Homosexualität, sowie die verfeinerten Liebespraktiken einer bereits hochentwickelten städtischen Kultur.

Dabei geht der Autor alle Aspekte legitimer, besonders aber illegitimer sexueller Erfüllung durch. Ein Kapitel ist der Kunst des Masseurs gewidmet, ein anderes der Prostitution, ein drittes sexuellen Perversionen, ein viertes dem Ehebruch usw.

Die folgende Passage gibt Einblick in die unzähligen Möglichkeiten, wie die Kunst der Massage eingesetzt werden kann:

»Zuletzt wollen wir diese Erklärung von Rose, der großen Masseuse, zitieren: ›Wir, die wir der Zunft der Masseusen angehören, finden Gefallen daran, uns jeweils mit einer von uns zusammenzutun, eine Weiße mit einer Schwarzen, eine Kräftige mit einer, die so schlank wie ein Bambusrohr ist. Und wir entzücken uns gegenseitig mit der Entdeckung unserer Schätze: Lippen, die einer Chrysantheme gleichen, Haare, so weich wie der Pelz eines Hasen, eine Wange, die an die Blütenblätter einer Anemone oder an einen rosigen Apfel erinnert, eine Brust, die wie die Frucht eines Granatapfelbaumes ist, ein Bauch, den man mit einer Kuppel vergleichen kann, die auf ihren vier Pfeilern ruht, ein weibliches Geschlecht, das leidenschaftlich ist, als ob Feuer darin brenne, mit zwei Lippen, so fleischig wie die einer Färse, mit einem Knubbel, so drall wie der Höcker eines weiblichen Kamels, mit einem kleinen Pelzchen, der an die elfenbeinfarbene Wolle des Schwanzes eines kahlgeschorenen Widders erinnert, all das mit Moschus und Safran getränkt, wie der König Shosroes Anushirwan inmitten seines Thronsaales ... ganz zu schweigen von den schwarzblauen Schmachtlocken auf den Schläfen, den mit Perlen und Hyazinthen geschmückten Busen, den mit Halsketten aus dem Jemen und ägyptischen Tüchern geputzten Hälsen.

So sind die Frauen, mit denen wir uns zurückziehen, uns spielerischen heftigen Liebesvorwürfen hingeben, ausgefeilten musikalischen Modulationen, betörenden Augenaufschlägen, wodurch wir im Handstreich die Herzen gefangen nehmen. Dann, wenn sich die Brüste aneinandergeschmiegt haben, wenn ein Hals

sich an den anderen gepreßt hat, die Lippen aufeinander liegen, wenn jede der beiden, nur mit der anderen beschäftigt, sich so bemüht, daß der Atem immer heftiger geht, die Gefühle sie überwältigen, und das Feuer, das allmählich zu Kopfe steigt, jegliche Zurückhaltung zwischen ihnen verschwinden läßt, dann kommt der Augenblick, in dem man den unzähligen Impulsen der Lust freien Lauf läßt, sowie den geheimsten Gedanken, die man gewöhnlich peinlichst verborgen hält, der natürlichen Geschicklichkeit, den angeborenen Gaben, die sich mit Vorliebe beim Liebesspiel in Form von Saugen zeigen oder von Zupfen, Beweisen, die man erhält und gibt, Erpressungen, Röcheln, Zuckungen, Schnurren, Säuseln, Seufzern, die einem unerfahrenen Jüngling die Seele zerreißen, so daß er um Erbarmen fleht, ob sie einmal auch zu ihm kommen könnten. Und das Ganze wird begleitet von diesen Gesten und dem Schwung, der in die Höhe heben oder erniedrigen, aufwühlen oder verbrennen kann, ohne je Angst auszulösen. Man erhält und gibt nach den Regeln einer königlichen Höflichkeit, auf dem Grund von feinem Seufzen, bis sich das Spiel allmählich zu Ende neigt, die Gefühlsaufwallungen sich langsam beruhigen und du spürst, wie sich dir etwas nähert wie der sanfte Wind, der die Märzblumen liebkost, wie der Duft von Wein, wie dieser eigene Duft, der der Stube des Schankwirts entströmt, bis du schließlich soweit bist, mit Entzücken das Zittern der von Regentropfen zärtlich umhüllten zarten Weidenknospe zu betrachten ...‹« (S. 265f.)
Lit.: Tifashi.
Siehe auch: Ehebruch, Hammam, Homosexualität, Koran, Massage, Prostitution, Theologen der Liebe.

TIRFAS (Trüffel) **s. Aphrodisiaka.**

TLAHLIH. Maghrebinischer Dialekt: heuchlerische Worte, affektierte und süßliche Komplimente, um eine wichtige Person, von der man geschätzt werden will, für sich zu gewinnen.
Siehe auch: Eitelkeit, Galanterie, Verführung.

TOD *(maut)*. In allen Liebesliedern der islamischen Welt spürt man die Vorahnung des Todes, als wollten die Liebenden bannen, was ihnen die größte Furcht bereitet: jenes tragische, ungerechte und willkürliche Schicksal – den Tod. Um so mehr, als er sie ereilen kann, noch bevor sie das Glück der Liebe ganz genossen haben **(s. Berühmte Liebespaare)**.
»Wäre nicht jenes Waisenkind gewesen, ich hätte dem Schmerz ein Ende gemacht, den mir ein Verlust zufügte, der bitterer als Gift und schlimmer als der Tod war. Auf dem Grab hätte ich mein Leben geopfert, wo meine zypressenschlanke Geliebte ruht und sich verhüllt wie der geheimnisvolle Mond. Denn den Tod zu erleiden ist ein geringeres Schicksal, als das Leben fortzuführen ohne die, welche einem teuer sind.« (Zahiri de Samarkand, S. 120)
Pater Antonin Jaussen weist darauf hin, daß es im Nahen Osten einen besonderen Zusammenhang zwischen dem Eheleben und dem Tod gibt: Um ruhig zu sterben, meint er, muß man eine Gattin haben und »im Ehebett hinscheiden *(firash al-halal)*«. (Jaussen, S. 55)

Poetische Wendungen aus Andalusien: »Im Blick meiner Geliebten sehe ich die Liebe und den Tod: Die Liebe wohnt in den Herzen der Liebenden und der Tod in den schwarzen Augen der Mätressen.« (Abu-l-Kassim ibn al-Attar, zit. nach H. Pérès, *PAAC*, S. 408) »Die Liebe hat mir solche Wunden zugefügt, daß mir, wenn meine Zeit gekommen ist, der Tod keine Schmerzen mehr bereiten wird.« (Ibn Shuhaid, ebd., S. 409)
Lit.: Jaussen, Pérès, Zahiri de Smarkand.
Siehe auch: Berühmte Liebespaare, »Märtyrer der Liebe«, Zypresse.

TÖDLICHE BEGIERDE. Anhand der folgenden tragischen Parabel zeigt der berühmte muslimische Mystiker Djalal-addin Rumi (13. Jh.), wie gefährlich es ist, sich von exzessiven Begierden fortreißen zu lassen:
»Eine Sklavin hatte einmal unter der Macht der Begierde einem Esel beigebracht, mit ihr die Liebe zu vollziehen, und das Tier hatte daran Geschmack gefunden. Die Sklavin benutzte einen Flaschenkürbis, um das Bespringen des Esels zu steuern: Im Moment der Vereinigung stülpte diese Hündin nämlich den Kürbis über das Glied des Tiers, um es nur zur Hälfte in sich aufzunehmen, denn ohne diese Vorsicht hätte es ihr die Scheide und die Eingeweide zerrissen.
Ihre Herrin begann sich indes zu wundern, daß ihr Esel von Tag zu Tag mehr dahinsiechte. Kein Tierarzt vermochte das Geheimnis dieser Krankheit zu lüften. Eines Tages erblickte sie jedoch durch den Türspalt ihre Sklavin unter dem Esel. Dieser Anblick stürzte sie in Bewunderung und nicht minder in Eifersucht.
›Wie ist das möglich? Mir gebührt dies viel eher als ihr! Gehört dieser Esel letztlich nicht mir?‹
Der Esel war indes in seinem Fach zum Meister geworden. Festlich war die Tafel gedeckt und die Kerzen waren angezündet. Die Herrin spielte die Ahnungslose und klopfte an die Tür.
›Was fegst du nur so lang mit dem Besen im Stall? Los, öffne die Tür!‹
In aller Hast versteckte die Sklavin ihre prächtige Lockspeise und öffnete, mit dem Besen in der Hand, die Tür (…) Nachdem (die Herrin) ihre Magd um irgendeine Besorgung fortgeschickt hatte, schloß sie berauscht vor Begierde hinter sich die Tür. Endlich allein! Ihre Lust erreichte den Gipfel, als sie mit einem Blick erfaßte, wie groß die Begierde auch des Esels war (…) In voller Ekstase zerrte die Frau den Esel in sich hinein. Doch ihre Bestrafung ließ nicht auf sich warten. Um ihre Begierde zu befriedigen, hatte sie sich rücklings auf das kleine Tischchen gelegt, das die Sklavin zu benutzen pflegte. Als der Esel nahte, hob sie ihre Beine in die Höhe. Das Glied des Esels war heiß wie weißglühendes Eisen. In stattlicher Steifheit drang das Tier in die Frau ein und zerriß sie mit einen Stoß. Der Stall ward über und über begossen von Blut. Das Tischchen stürzte nach der einen, die Frau nach der anderen Seite (…) Die Hitze ihrer Begierde ließ sie das Maß ihres Hungers überschätzen, und so hat der Tod sie an der Kehle gepackt. Drum laß deine Begierde dich nicht aus der rechten Mitte locken. Die Begierde will alles besitzen, aber sie raubt dir alle Sicht. Hüte dich also vor der Begierde, o gieriger Sohn einer Gierigen.« (*Mesnevi*, S. 124f.)
Lit.: Rumi.
Siehe auch: Begehren, »Liebe des Esels zur Eselin«, Rumi, Sodomie.

TRANCE *(hal, indjidhab).* Veränderter Zustand des Bewußtseins, der entweder spontan erfolgt oder durch ein Ritual oder eine Zeremonie bewußt eingeleitet wird. Ein Mensch in Trance ist in unmittelbarem Kontakt mit seinem Unbewußten, d.h. sowohl Verdrängtes wie auch die inneren Ressourcen der Selbstheilungskräfte werden aktiviert. Im Volksglauben wird Trance aufgrund ihrer kathartischen Wirkung in unterschiedlichen Formen als Ritual praktiziert, so z. B. zum Ausleben von unterdrückten Gefühlen und Emotionen, zur Linderung bei Krankheiten und zur Austreibung von Dämonen oder bösen Geistern; dabei spielt vor allem der Trancetanz eine besondere Rolle. Tranceituale finden sich in Marokko im Djnawi-Kult, in Ägypten in der Zeremonie des *zar*, die auch im Hedjaz und Südirak praktiziert wird, im Ritual der Gargabu (Algerien) oder der Stambuli (Tunesien). Auch in der Mystik spielt Trance als Möglichkeit der Gotteserkenntnis durch kosmisch-mystische Ekstase eine bedeutende Rolle, als Zustand der Entgrenzung und damit der vollkommenen Einswerdung mit dem Göttlichen.

Die Zeremonie des *zar*, die vermutlich im 19. Jh. aus Abessinien in den arabischen Raum gelangte, wird zur therapeutischen Behandlung von psychischen Spannungen und Erkrankungen praktiziert. Dabei stellt eine kundige Frau die Art und Anzahl der Dämonen fest, von denen die betroffene Person, meistens eine Frau, besessen ist (*maskuna*, wörtl.: »bewohnt«), und wirkt auf diese ein. Höhepunkt ist ein ekstatischer Tanz mit der oder dem Besessenen. Dabei leiten Profimusiker die Trance mit einer speziellen Musik (mit Flöten und Schlaginstrumenten) und Gesang ein. Professionelle Tänzer unterstützen den oder die Kranke mit ihren sich steigernden Bewegungen, Drehungen und Sprüngen, bis diese/r selbst in Trance fällt. Eine solche Zeremonie kann bis zu sieben Tage dauern. *Zar* finden regelmäßig, meistens unter Frauen, in Wohnungen oder an Heiligengräbern statt.

Trancezustände können die unterschiedlichsten Formen annehmen: Es gibt Zustände absoluter Entspannung, unkontrollierte Erregung und Aktivität, die sich bis zur Hysterie steigern und mit krampfartigen, nicht mehr kontrollierbaren Bewegungen oder auch anormaler Muskelspannung einhergehen kann. Je stärker der Kontrollverlust über die Bewegungen ist, desto ungehinderter kann sich das Unbewußte ausleben; das kommt einer Katharsis gleich. Ein solcher Extremzustand der Anspannung ist vergleichbar mit der Fieberkrise im Verlauf einer Krankheit, das die Wende einleitet, die letztendlich Heilung bringt. Insofern kann eine Zeremonie wie *zar* einen transformatorischen Prozeß auslösen.

Neben dem durchaus sinnvollen Regulativ solcher Zeremonien gibt es natürlich auch dubiose Praktiken sogenannter »Heilkundiger«, die ihren Klientinnen aus einem Zustand vermeintlicher Trance heraus Botschaften und Behandlungshinweise »vermitteln«, oft gepaart mit Zaubertränken zweifelhafter Wirksamkeit, Aphrodisiaka, Amuletten oder Talismanen, je nachdem, ob es um die Behandlung körperlicher Beschwerden oder um einen Liebeszauber oder -bann geht. Bereits Hasan ibn Mohammed al-Wazzan, bekannter unter seinem christlichen Namen Leo Africanus (ca. 1483-1554) warnt vor Scharlatanen – insbesondere auch Frauen –, die »Besessenheit« oder eine vermeintliche Medialität benutzen, um sich zu bereichern oder auf diesem Umweg ihre sexuellen Neigungen auszuleben:

»Die dritte Art besteht aus den Weibspersonen, die dem Pöbel weismachen, daß sie mit gewissen Teufeln von verschiedenen Gattungen, nämlich roten, weißen und schwarzen, Umgang hätten. Sie parfümieren sich, wenn sie wahrsagen wollen, mit gewissen Räucherwerken, und alsdann fährt, ihrer Versicherung nach, der Teufel, welchen sie zitieren, in sie. Dann verändern sie ihre Stimme und stellen sich, als wenn der Geist aus ihnen rede. Die Frau oder der Mann, der, um sich nach etwas zu erkundigen, gekommen ist, legt darauf seine Frage sehr ehrfurchtsvoll und demütig dem Geist vor, gibt, wenn er Antwort erhalten hat, ein Geschenk und entfernt sich. Aber solche Leute, die nicht allein Ehrlichkeit, sondern auch Kenntnisse und Welterfahrung haben, nennen jene Frauenspersonen Sahakat, d.h. Lesbierinnen, und sie haben auch wirklich die verfluchte Gewohnheit, mit anderen ihres Geschlechts Schande zu treiben. Wenn unter den Frauen, welche sie um Rat fragen, sich eine Schönheit befindet, so verlieben sie sich in dieselbe so wie ein Jüngling in ein Mädchen und verlangen im Namen des Teufels den Beischlaf zur Bezahlung. Oft glaubt auch eine Törin, sie müsse dem Geist gefällig werden, und willigt ein.

Manche andere Weiber, die an diesem Spiel Vergnügen finden, wünschen auch wohl in ihre Gesellschaft aufgenommen zu werden, geben sich deshalb für krank aus und schicken jemanden zu ihnen; oft ist der dumme Ehemann selbst der Gesandte. Sie lassen ihr Verlangen den Wahrsagerinnen eiligst entdecken, und diese sagen dem Mann, seine Frau sei von einem bösen Geist besessen. Er müsse, wenn er ihre Genesung wünsche, erlauben, daß sie unter die Wahrsagerinnen aufgenommen werde und heimlich mit ihnen umgehe. Der Dummkopf glaubt das, willigt aus übergroßer Einfalt ein und läßt ein kostbares Gastmahl für die ganze Zunft anrichten. Am Ende desselben tanzt eine jede und ergötzt sich beim Schalle der von Negern gespielten Instrumente. Andere Ehemänner haben die Geister aus ihren Frauen durch tüchtige Prügel vertrieben. Noch andere haben sich selbst für besessen ausgegeben und die Wahrsagerinnen ebenso betrogen, wie dieselben ihre Gattinnen betrogen haben.«
(*Beschreibung Afrikas*, S. 122f.)
Lit.: Belguedj, Dermenghem, Doutté, During, Leo Africanus, Molé.
Siehe auch: Erotik, Fruchtbarkeit/Sterilität, Impotenz, Musik, Tanz, Tarab.

TRÄNEN (*dam^{c}a*, pl. *dumu^c*; *bint al-^{c}ain*: »Tochter des Auges«; *buka*: »Tränen«). In seinem berühmten *Buch der Geizkrägen* (*Kitab al-Bukhala*) schreibt al-Djahiz (776-868/69), der irakische Schriftsteller und Geschichtsschreiber, der eine wichtige Rolle in der Bewegung der Mu^{c}taziliten spielte, über die Tränen:
»Die Tränen haben ihr Gutes und wirken wohltuend, sofern sie weder unangemessen, noch übertrieben oder zum falschen Anlaß vergossen werden. Sie sind ein Beweis für Zartgefühl und Empfindsamkeit, und bisweilen zeugen sie vom kummervollen Gedenken an die (verlorenen) Freunde. Weinend sind die Frommen Gott am nächsten, wenn sie seine Barmherzigkeit erflehen.«
(*Le Livre des avares*, S. 8)
Djahiz macht sehr gut deutlich, was das Weinen für die Araber und die Muslime bedeutet. Auch abgesehen von dem hier gegebenen sozialen Kontext, können die Araber als die ›Liebenden in Tränen‹ gelten – es gibt mehr äußere Um-

stände, die die Trennung eines Paares bewirken, als solche, die zu seiner Vereinigung beitragen. Und so verwundert es nicht, daß die Träne, als äußeres Zeichen des Schmerzes oder der inneren Bewegtheit, in den Versen der Dichter häufig vorkommt. Der Dichter und Gelehrte Abu Bakr al-Khwarismi (gest. 993) klagte:

Saht ihr, o meine beiden Gefährten,
je Tränen, vergleichbar den meinen?
Ich habe mich verzehrt, Gott ist mein Zeuge!
Noch ehe sie sich aufgezehrt.
(Thaʿalibi, S. 139)

Von einem unbekannten Autor stammt das folgende Gedicht, in Form einer Zwiesprache:

Sie sagte zu mir:
– Warum sind deine Tränen so weiß?
Ich gab zurück:
– Geliebte, ich weine so lange schon, daß meine Tränen
wie meine Haare wurden so weiß.
(Zit. nach Martino / Bey Saroit, S. 269)

Besonders beliebt ist in den Gedichten das Bild der heißen Tränen *(haraqatni al-damʿa)*, die endlos und in Strömen fließen. Der Anfang einer *qasida** von al-Hariri (1054-1122), die sich in seinen berühmten *Maqamat* findet, zeigt das beispielhaft:

Lenk zu den Hügeln dein Reittier, mein Freund,
wo einst die Frauen der Rebab die Wohnstatt nahmen.
Verweile dort für einen Augenblick
und lasse der Tränen Wolkenbruch freien Lauf.
Ist es doch unter den Liebenden Brauch,
wenn sie betreten den Ort, wo die Liebste einst wohnte,
ganz zu versenken sich in ihren Schmerz.
(Zit. nach Silvestre de Sacy, Bd. 2, S. 40)

Sufische Weisheit: »Man erzählt, daß ein Hindu in ein junges Mädchen verliebt war, das zu einer Reise aufbrach. Er ging, um ihr Lebewohl zu sagen. Dabei weinte er mit einem Auge, mit dem anderen aber nicht. Das Auge, das nicht geweint hatte, hielt er daraufhin 84 Jahre lang geschlossen. Er öffnete es nie mehr, um es dafür zu bestrafen, daß es beim Abschied der Geliebten keine Tränen vergossen hatte.« (Qushairi, zit. nach Dermenghem, *PBTA*, S. 249)
Lit.: Dermenghem, Djahiz, Hariri, Ibn ʿArabi, Martino/Bey Saroit, Petit.
Siehe auch: »Liebe als Heilmittel«, Liebesleid, Weinen.

TRANSVESTISMUS *(takhannuth, istirdjal, mustardjil, tanakkur, mutanakkir:* »Frauenkleider tragend«, daher kommt auch *tankir:* »sein Geschlecht verleugnen«). Begriff für eine Frau, die sich wie ein Mann oder einen Mann, der sich wie ein Frau kleidet und/oder so verhält, unabhängig davon, ob es sich um eine sexuelle Abweichung handelt oder eine bloße Provokation.

Von Ibn Abbas, einem Gefährten des Propheten, stammt folgende Aussage:
»Der Gesandte Gottes verflucht die Männer, die die Frauen nachahmen, und die Frauen, die die Männer nachahmen.« (Bukhari, *TI*, Bd. 4, S. 120)
Der Prophet soll noch hinzugefügt haben: »Vertreibt sie aus euren Häusern«, was Omar, der zweite rechtgeleitete Kalif, augenblicklich tat. (Ebd., S. 395)
Der Schrecken, den ein Transvestit auslöst, zieht sich durch die Jahrhunderte. Leo Africanus (ca. 1483-1554) erwähnt in seiner *Beschreibung Afrikas* niederträchtige Wesen, mit denen man nicht verkehren soll:
»Die Wirte, um auch davon etwas zu sagen, sind alle von der Menschengattung, die man el-Hiwa nennt. Sie sind wie Weiber gekleidet und geputzt, ihr Bart ist geschoren, und sie ahmen die Frauenspersonen in allem, selbst in der Stimme nach, ja sie spinnen sogar. Jeder von diesen Verworfenen hat seinen Beischläfer, dem er eben das, was eine Ehefrau ihrem Manne leistet, gewährt.«
(*Beschreibung Afrikas*, S. 92)
Im künstlerischen Bereich ist Transvestismus ein verbreitetes Phänomen: Es ist z.B. bekannt, daß die Tänzerinnen auf den Jahrmärkten oder in Cabarets oft als Frauen verkleidete und wie diese geschminkte Männer sind, die so gut zurechtgemacht sind, daß sie mit Leichtigkeit die Gaffer zu täuschen vermögen.
Gérard de Nerval berichtet von einem Fall von Transvestismus, der ihn vollkommen getäuscht hat. Es handelt sich um eine Bauchtanzvorstellung in einem der Modecafés der Muski, dem großen Basar Kairos, der der Reisende und Dichter beigewohnt hatte:
»Und nun treten in einer Wolke von Staub und Tabakqualm die *Almen* auf. Sie verblüfften mich auf den ersten Blick durch die goldglitzernden Käppchen, die sie auf ihrem geflochtenen Haar trugen. Ihre auf den Boden hämmernden Absätze, deren harte Stöße die Arme wiederholten, brachten Glöckchen und Ringe zum Klingen; die Hüften zitterten in wollüstiger Bewegung; die Taille war nackt unter dem Musselinteil zwischen Weste und dem lockeren, reich verzierten Gürtel, der gleich dem Cestos der Venus sehr weit herabfiel. Es war kaum möglich, bei den schnellen Drehungen die Gesichtszüge dieser verführerischen Gestalten zu erkennen, deren Finger kleine Zimbeln in der Größe von Kastagnetten bewegten und die sich zu den schlichten Klängen von Flöte und Tamburin tapfer abmühten. Zwei davon waren sehr schön, mit stolzem Gesichtsausdruck, von Kohle umrandeten arabischen Augen, vollen, zarten Wangen, die leicht geschminkt waren; die dritte indessen, ich muß es leider sagen, verriet durch einen acht Tage alten Bart ein weniger zartes Geschlecht, so daß ich nach genauer Prüfung und nachdem ich, da der Tanz nun beendet war, auch die Züge der beiden anderen unterscheiden konnte, bald zu der Überzeugung gelangte, daß wir es hier mit ... männlichen Tänzerinnen zu tun hatten!«
(Nerval, S. 167f.)
Der Engländer Wilfried Thesiger scheint in den fünfziger Jahren ähnliche Überraschungen erlebt zu haben:
»›Hast du diese *dhakar binta* (wörtl.: mädchenhafter Jüngling) bei der Hochzeit von Abd al-Nabi gesehen? Bei Gott, was für ein Vergnügen, ihn tanzen zu sehen.‹ Ich fragte, was ein *dhakar binta* sei. Wahrscheinlich ein Homosexueller, dachte ich. Jahaish erklärte mir, ein *dhakar binta* sei ein professioneller Tänzer, aber

auch ein Mann, der sich prostituiert. (...) Mit seinem geschminkten Gesicht, seinen falschen, ausgepolsterten Brüsten und seinen verstohlenen Blicken ähnelte er vollkommen einer Zierpuppe und einer Prostituierten, aber es ist unbestritten, daß er zu tanzen wußte.« (Thesiger, S. 47f.)
Trotz dieser kulturellen Tradition ist Transvestismus in den Ländern der arabischen Welt verfemt und von gesellschaftlicher Akzeptanz weit entfernt. 1987 löste der erste Hungerstreik von Transvestiten in Istanbul eine heftige Polemik gegen die Intoleranz der türkischen Gesellschaft sexuellen Minderheiten gegenüber aus.
Lit.: Bukhari, Leo Africanus, Nerval, *1001 Nacht*, Thesiger.
Siehe auch: Bauchtanz, Homosexualität, Kuhl, Mannweib, Päderastie, Tzaᶜbil.

TREUE *(wafaʿ, safaʿ, amana zaudjiya)*. Die Treue, die den menschlichen Beziehungen im allgemeinen und vor allem den Liebesbeziehungen Halt gibt, gilt im Islam als eine der wichtigsten Tugenden, für den einzelnen wie für die Gruppe. Alle Moraltheoretiker betonen die entscheidende Rolle, die ihr zukommt, bereits im Koran heißt es dazu:
»Und Frömmigkeit zeigen diejenigen, die, wenn sie eine Verpflichtung eingegangen haben, sie erfüllen, und die in Not und Ungemach und in Kriegszeiten geduldig sind. Sie allein sind wahrhaftig und gottesfürchtig.« (Koran, 2, 177)
»Ihr Gläubigen! Erfüllt die Verpflichtungen, die Gott euch auferlegt hat!« (Koran, 5, 1)
»Und erfüllt die Verpflichtung, die ihr eingeht! Nach der Verpflichtung wird dereinst gefragt.« (Koran, 17, 34)
Im Prinzip ist die eheliche Treue ebenso vom Mann wie von der Frau gefordert. Nicht zuletzt weil das islamische Recht ihm mehrere Ehefrauen erlaubt, glaubt sich der muslimische Mann jedoch den Ehebruch gestatten zu dürfen, wenn nicht in der Wirklichkeit, so doch wenigstens in Gedanken – und zugleich überwacht er beständig die Treue seiner Frau.
Persische Redensart: »Man soll die Treue nicht bei einer Frau suchen – wachsen denn Blumen in einer Salzwüste?« (Rezvanian, S. 96)
Lit.: Abès, Ben Cheneb *(QAA.)*, Bukhari, Chardin, Farès, Ghazali, *Katabi kulzum naneh*, Koran, Rezvanian.
Siehe auch: Ehebruch, Eifersucht, Listen und Intrigen, Mann, Misogynie, Nymphomanie, Polygamie.

TRINKGELAGE *(khamriyat)*. Solche Gelage, bei denen man ausgiebig dem Wein und üppigen Speisen zuspricht, stiften Gemeinsamkeiten und Vertraulichkeit unter Männern. Daß diese Zusammenkünfte von großen Dichtern und Schriftstellern begeistert beschrieben wurden, hat ihnen einen Glanz verliehen, den sie in der Wirklichkeit kaum je besaßen.
Eigentlich sind die *khamriyat* nichts weiter als orgiastische Gelage, bei denen Männer unterschiedlichen Standes zusammenkommen, um sich dem Genuß des Weines hinzugeben. Eine große Rolle spielen natürlich die Gespräche, in denen man sich freizügig auch über anstößige Themen äußern darf: die Liebe, die Frauen, das Begehren, unbefriedigende Begegnungen mit der Geliebten, manch-

mal die Trennung. Im gemeinsamen Spott über den Lauf der Zeit kann der gehörnte Ehemann seinen Kummer ertränken, hier werden die Phantasien des Junggesellen genährt, hier kann sich der abgebrühte Beobachter über die tausendundeinen kleinen Bosheiten und Betrügereien der vornehmen Welt lustig machen. Der marokkanische Dichter Si Thami al-Mdaghri (19. Jh.) besingt in einem Prosagedicht mit dem Titel ›Die Trinker‹ (*al-khammara*), wie die Liebe zu einer Frau einen Mann zum Säufer macht:

»Bevor ich trank, war ich mein eigner Herr. In Ruhe lebte ich und wußte nichts von Liebe. Ich trank nicht Glas um Glas vom Wein, in meinem Herzen brannte nicht die Glut. Frei war ich und glücklich wie ein Pferd, das frei läuft auf der Weide, wie die Rose im *agdal** mit seinen Blumen. Ich kannte weder Brand noch Bitternis der Liebe, nichts raubte mir den Schlaf.

Friedvoll und wohlbehalten war ich, wußte nichts, o meine Schöne, von Glas, noch Becher, kannte nicht den Wein und nicht der Trinker Sitten und Gebräuche.« (Zit. nach *L'Islam et l'Occident*, S. 344)

Lit.: Abu Nuwas, Khayyam, *L'Islam et l'Occident*.

Siehe auch: Abu Nuwas, Ibn al-Farid, Khayyam, Trunkenheit, Wein.

TRUHE/KÄSTCHEN (*sunduq*, plur. *sanadiq*). Als ebenso nützliche wie schmucke Requisiten in jedem Haus spielen Truhen, Kästchen und Schatullen in den arabischen Geschichten, Märchen und Legenden eine ganz besondere Rolle und symbolisieren das wohlgehütete Geheimnis, die undurchsichtige Hülle, die unzugängliche Stelle sowie den Ort, an dem man verloren ist. Daher werden sie auch oft mit dem Herzen verglichen. Daneben symbolisiert die Truhe Verstellung und List; und schließlich kann sie auch den Ort repräsentieren, der kraft einer magischen Wirkung, wie es besonders oft in den Erzählungen aus *1001 Nacht* geschieht, zu der Kammer wird, in der sich das Bild eines Dschinn oder anderen Dämons fangen läßt (Elisséeff), während das Kästchen oder die Schatulle, da von kleinerem Format, häufig ein Verbündeter ist. Man verwahrt darin die kostbarsten Dinge wie Geschmeide, Amulette oder Gebetsketten, aber auch Bücher, die das eine oder andere Geheimnis, diese oder jene Zauberformel enthalten. In einer von G. Maspero aufgezeichneten Geschichte, die auf die ptolemäisch-ägyptische Epoche zurückgeht, treten ein Buch und ein Kästchen in einer Legende von Vereinigung und Vermählung sogar gemeinsam auf:

»Der Priester sprach zu Noferkephtah [einem ägyptischen Prinzen]: ›Das gesuchte Buch liegt in der Mitte des Coptos [= der Nil an einer bestimmten Stelle] in einem Kästchen aus Eisen. Das Kästchen aus Eisen liegt in einem Kästchen aus Bronze; das Kästchen aus Bronze liegt in einem Kästchen aus Palmenholz; das Kästchen aus Palmenholz liegt in einem Kästchen aus Elfenbein und Ebenholz; das Kästchen aus Elfenbein und Ebenholz liegt in einem Kästchen aus Silber; das Kästchen aus Silber liegt in einem Kästchen aus Gold, und in diesem Kästchen befindet sich das Buch.‹« (Maspero, S. 57)

Auch wenn sich der Kopist, wie Maspero eigens vermerkt, in der logischen Reihenfolge der verschiedenen Materialien offensichtlich geirrt hat, muß die qualitativ ansteigende Symbolik der Stoffe, aus denen sie beschaffen sind, dennoch

sofort ins Auge fallen. Die Geschichte funktioniert so, als würde das verwahrte Objekt, in diesem Fall das Buch, wie auf einer Versteigerung stetig an Wert und Bedeutung zunehmen.
Lit.: Elisséeff, Maspero.
Siehe auch: Geheimnis, Herz.

TRUNKENHEIT (*sukr, sakar, nashwa:* »Trunkenheit«; *sakran:* »trunken«). Trunkenheit ist Liebe. Gerade die arabischen Dichter fanden die schönsten Worte für dieses vielschichtige und in jeder Hinsicht überwältigende Gefühl, in dem sich die Wirkung des Weins mit der Wirkung der Verliebtheit vereint. Der Islam verbietet diese Art von Trunkenheit, er erlaubt nur den spirituellen Rausch, wie ihn die Sufis erlangen: »Ihr Gläubigen! Kommt nicht betrunken zum Gebet, ohne vorher wieder zu euch gekommen zu sein und zu wissen, was ihr sagt! (...)« (Koran, 4, 43).
Eigentlich dient das Alkoholverbot also dem Zweck, die Freunde des guten Tropfens von der Moschee fernzuhalten – dem Ruf zum Gebet soll nur folgen, wer vollkommen nüchtern ist. Seither ist die göttliche Weisung streng ausgelegt worden: Wein und alle anderen alkoholischen Getränke sind verboten, und dieses Verbot erstreckt sich praktisch auf alle Rauschzustände.
Typisch für die Behandlung des Themas sind die Gedichte von Omar Khayyam (gest. 1132); er vergleicht den Liebesrausch mit dem rascher zu erlangenden und durch den Rebensaft gesteigerten Rausch, den man in geselliger Runde erlebt:

Das ganze Jahr betrunken sein, geziemt dem ächten Weisen;
Wer stets in Rausch und Tollheit lebt, den muß ich selig preisen.
Sind bei Verstand wir, so vergällt uns Kummer jeden Tag,
Doch steigt uns erst der Rausch zu Kopf, so komme, was da mag!
(Khayyam, *Strophen*..., S. 41)

Literarische Wendung: »Was, im Überfluß genossen, trunken macht, ist auch in kleiner Menge nicht erlaubt« (*ma askara kathiruhu, fa-qaliluhu haram,* Belguedj).
Lit.: Belguedj, Belhalfaoui, Ibn al-Farid, Khayyam.
Siehe auch: Ibn al-Farid, Trinkgelage, Wein.

TSCHADOR s. Schleier.

TUHFAT AL-ᶜARUS (*Das Schmücken des Bräutigams*). Kurztitel eines Werkes von Mahmud al-Istanbuli, das sich zum Teil mit Erotik und Sexualität und zum Teil mit Fragen der Jurisprudenz beschäftigt, beides im Zusammenhang mit der Ehe und dem Liebesleben eines muslimischen Paares. Der vollständige Titel lautet *Tuhfat al-ᶜarus au al-zawadj al-islami al-saᶜid* (etwa: *Die Krönung des Bräutigams oder die glückliche Ehe im Islam*).
Es ist eines der seltenen Werke zum Thema Erotik, das in Verbindung mit Koranexegese und Kommentaren zu Aussprüchen des Propheten einen nahezu vollständigen Überblick über alle Aspekte des Liebeslebens gibt, denen ein Muslim im täglichen Leben begegnet. Zwar ist der Ansatz nicht gerade modern, sondern eher orthodox, ja mitunter frauenfeindlich, und die Antworten sind oft in

schwer interpretierbare religiöse Sinnsprüche gefaßt, dennoch findet dieses Buch im Maghreb wie im Mashreq* eine begeisterte Leserschaft.

Dieser Erfolg läßt sich leicht erklären: Sexualität wird allgemeinverständlich und ohne Hemmungen dargestellt, ohne Spitzfindigkeiten oder Umschweife. Themen wie Ehe, Liebe und Gefühl werden nicht aus der Warte der Gelehrten der Moschee oder der medizinischen Fakultät dargestellt, sondern sind auf ein allgemeines Publikum zugeschnitten. Dabei bleibt die Sprache des Buches wissenschaftlich exakt, und es wird eine breite Allgemeinbildung benutzt. Auf der Basis neuinterpretierter Koranverse, von Prophetenaussprüchen *(Hadith*)* und Überlieferungen als beispielhaft angeführter Verhaltensweisen der Prophetengefährten und anderer Vergleiche erörtert das Buch u.a. die Wohltaten der Ehe, die Bedeutung vorehelicher Keuschheit, die Wahl des Gatten und der Gattin, die muslimische Sicht der Liebe, das Verbot übermäßiger Brautgelder, die Geburt der Kinder, Vorteile der Familie usw.

Was das Buch jedoch so beliebt macht, sind die Details zur Praxis des Koitus. Außerdem ist die Rede von den Schwierigkeiten junger Leute in der Sexualität, von Geschlechtskrankheiten, Masturbation, nächtlichen Samenergüssen, Impotenz und übersteigertem sexuellen Verlangen. Im Kapitel »Die Kunst des Vorspiels, das Vorspiel als Kunst« behandelt der Autor folgende Fragen: die Jungfrau und die Witwe (die Vorteile ersterer gegenüber letzterer); Jungfräulichkeit und wie man sie beendet; Aphrodisiaka; der Fall, wo Frauen (ihren Freundinnen) den eigenen Ehemann beschreiben; der Koitus vor der Menstruation; der Koitus nach der Menstruation; wie man mit vorzeitiger Ejakulation umgeht; Koitus und rituelle Reinigung; Koitus und Gebet; wiederholter und intensiver Koitus vor Beginn der Fastenzeit und eine Vielzahl von Themen, die mit sinnlichem Genuß in Verbindung stehen:

»Die Masturbation der Klitoris *(itarat al-badhr)* muß sehr sanft sein! Denn dieses Organ ist sehr empfindlich, man kann sich fast nicht vorstellen, wie empfindlich. Die meisten Frauen haben es gern, wenn ihre Klitoris vor der Vereinigung zärtlich berührt wird, es empfiehlt sich, dies auch nach der Vereinigung zu tun, damit sie die höchste Lust empfinden können, wenn sie keinen Orgasmus hatten. Es kommt nämlich vor, daß Männer vorzeitig ejakulieren und ihre Partnerin noch nicht völlig erregt ist. Das ist bei vielen Gefährten, die sich nicht ganz korrekt verhalten, zu beobachten: Der Partner wählt den Moment und läßt sie in diesem Zustand. Deshalb sollten Männer die Klitoris stimulieren und sie so zärtlich berühren, daß Frauen völlig befriedigt werden und einen Orgasmus erleben.« (*Tuhfat al-ᶜarus*, S. 135)

Lit.: Istanbuli.

Siehe auch: Aphrodisiaka, Ehe, Ehelosigkeit, Erotik, Frauen im islamischen Recht, Jungfräulichkeit, Keuschheit, Koitus.

TÜRKE (JUNGER). Die türkischen Jünglinge mit ihren Schmachtlocken, ihren rosigen Wangen, und ihrer glatten, noch flaumlosen Haut übten eine besondere Faszination auf den persischen Dichter Hafiz aus. Er widmete ihnen zahlreiche Lieder mit zum Teil kühnen Metaphern:

Heut trat mein trunk'ner Türke
Voll Mordlust aus dem Haus:
Aus wessen Auge fließet
Nun wieder Blut heraus?
(*Der Diwan des großen lyrischen Dichters*, S. 228)

Nähme der Schiraser Türke
Hold mein Herz in seine Hand,
Schenkt ich seinem Indermaale
Buchara und Samarkand.
(Ebd., S. 12)

Der Türke mit dem Feengesicht,
Der gestern von uns weggegangen,
Welch einen Fehler hat er gesehen,
Daß er nach Chata fehlgegangen?
(Hafiz, *Der Diwan*, S. 155.)

Lit.: Hafiz, Navarian.
Siehe auch: Kosmetik, »Luwat khorasani«, Päderastie, Pädophilie, Schöner Jüngling, Schönheit.

TURTELTAUBE *(turghulla, qumri)*. Man schreibt ihr eine gewisse *baraka** zu, deshalb begegnet man ihr auch mit besonderer Hochachtung.
Siehe auch: Rebhuhn, Taube.

TZA'BIL (von *za'bala:* »gehen und dabei mit dem Hintern wackeln«. Man verwendet auch die poetischeren Begriffe *mais, mayyas, radjradja*, algerische Umgangssprache). Damit wird eine Frau beschrieben, die einen provozierenden Gang hat, der die Aufmerksamkeit eines Mannes wecken soll. Daß eine Frau aufreizend geht, zeigt, daß sie in der Kunst der Verführung versiert ist. Das drückt auch folgendes iranisches Volkslied aus:
»Gott! mein Herz ist entflammt, wenn ich an die Matte deines Zimmers denke, an die Nachtigall deines Gartens, an die Kerze deiner Lampe, an deine Suppe aus Sumach, an deinen Taftschleier, an deine abgelaufenen Schuhe.
– He! He! Ha! Ha! He ha! – Wie gut du dich in den Hüften wiegst! Wie gut du hin und her schaukelst!« (Massé, S. 497)
Ibn Hani al-Andalusi (9. Jh.) schreibt:
»Jedesmal, wenn deine zierliche Taille eine Bewegung in die Flanken sendet, setzt sich das Wiegen in der stolzen Kruppe fort und erweitert sie.«
(Zit. nach Yalaoui, S. 210)
In *1001 Nacht* schließlich, in der Geschichte des glücklichen Schönen, wird die aufreizende Bewegung der Frauen analysiert. Nachdem die Kupplerin Sitt Zahia den jungen Mann angekleidet und geschminkt hat, sagt sie:
»»Lob sei Gott in seiner Schöpfung! Jetzt, mein Sohn, mußt du die Gangart der Jungfrauen annehmen, nur kleine Schritte machen und dabei deine rechte Hüfte bewegen und die linke nach hinten schieben, wobei du ganz leicht mit deinem

Hintern wackelst. Bevor du ausgehst, mach erst einige Versuche!‹ Da begann der glückliche Schöne, die Bewegungen im Laden zu üben, und er tat es auf eine solche Weise, daß die Frau ausrief: ›Maschallah! Von nun an dürfen sich die Frauen nicht mehr rühmen! Was für wunderbare Bewegungen des Hinterns, und was für ein großartiger Hüftschwung! Damit das ganze jedoch noch prächtiger wird, mußt du einen schmachtenderen Gesichtsausdruck annehmen, dabei den Hals ein wenig neigen und Blicke aus den Augenwinkeln heraus aussenden …‹«
(*1001 Nacht*, M, Bd. V, »Histoire de Bel-Heureux et de Belle-Heureuse«)

Libanesisches Sprichwort: »Sie zwinkert mit ihrem Hintern« (Abela, S. 62)

Lit.: Abela, Massé, *1001 Nacht*, Yalaoui.

Siehe auch: Hintern, Transvestismus, Verführung.

ᶜUDHRI. Bezeichnung für die platonische Liebe der arabischen Troubadoure. *Al-hubb al-ᶜudhri* (wörtl. »udhritische Liebe«, auch »jungfräuliche Liebe« genannt) oder *hubb banu al-ᶜudhra*, die Liebe des Stammes ᶜUdhra aus dem Hedjaz (eine Gegend auf der arabischen Halbinsel), der sich früher durch die Reinheit seiner Liebe von anderen abhob. Das Gegenteil dieser Form von Liebe ist die rein fleischliche Liebe, *hubb ibahi*.
Siehe auch: Berühmte Liebespaare, Höfische Liebe, Liebe.

ᶜUDHRITISCHE LIEBE s. Höfische Liebe.

UMARMUNG *(inaq)*. »Ein arabisches Sprichwort sagt: Wenn zwei sich lieben, ist ihre Umarmung so innig, daß kein Lufthauch zwischen ihnen hindurch geht.« (Boisson, S. 109)
Lit.: Boisson.
Siehe auch: Koitus, Kuß.

UMM AL-WALAD (wörtl. Mutter des Kindes). In einer Gesellschaftsordnung, in der Polygamie und Konkubinat durch die heiligen Texte und den *fiqh** anerkannt sind, mußte ein Begriff für den Fall gefunden werden, daß eine Konkubine ein Kind zur Welt bringt. Gleichzeitig sollte der Unterschied zur legitimen Mutter und Ehefrau deutlich werden. In den Augen des muslimischen Gesetzgebers erfüllt die Bezeichnung *umm al-walad* diesen Zweck.
Siehe auch: Harem.

»UMM DLAL« (wörtl.: die Frau mit dem schönen Haar, *dlal*). Bezeichnung für die Geliebte aus der mündlichen Poesie des Maghreb.
Lit.: Belhafaoui.

UMM KALTHUM (**Fatima Ibrahim**, genannt Umm Kalthum). Ägyptische Diva (1898-1975), eine der größten Sängerinnen der arabischen Welt. Umm Kalthum, angebetet, bejubelt und vergöttert, galt eine Zeitlang als der lebende Mythos des arabischen Liedes. Ihr Tod 1975 löste eine Massenhysterie aus. Seit 1922 sang sie auf ihre unverwechselbare Art Lieder zu verschiedenen Themen; die Liebe ist das am häufigsten wiederkehrende Motiv. Ein Blick auf ihr Schallplattenverzeichnis bezeugt dies eindrücklich: *Al-hubb kullu (Die ganze Liebe); al-Qalb yaᶜshaq kull djamal (Das Herz liebt jede Schönheit leidenschaftlich); al-Hubb ka-dha (So ist die Liebe); Lailat hubb (Liebesnacht); Hakam ᶜalaina al-hawa (Im Bann der Liebe); Anta ᶜumri (Du bist mein Leben); La sabri hudud (Meine Geduld kennt keine Grenzen); Anta fin wa-l-hubb fin? (Wo bist du, wo ist deine Liebe?); Baᶜid ᶜanka (Fern von dir); Sirat al-hubb* (wörtl.: »Der Weg der Liebe«, gemeint ist sicher »Tri-

umph der Liebe«); Zalamna al-hubb (Die Liebe traf uns, wörtl.: »überfiel uns«); Ana bintizarak (Ich warte auf dich).
Im Lied *Ich warte auf dich (Ana bintizarak)* singt sie:

Dein Feuer blieb in meinen Adern zurück,
Ich erhob die Hand gegen meine Lust
Und wartete
Jede Sekunde deiner Abwesenheit
Lieber hätte ich gar nicht geliebt.

Und im Lied *Die Erste in der Liebe (al-Ula fi'l-gharam)*:

Die Nächte wurden länger für mich
Mein Geist ließ mich im Stich
Da bat ich die Tränen um Hilfe.
(Nassib, S. 184)

Lit.: Nassib.
Siehe auch: Liebeslieder, Musik, »Scheherazade-Komplex«.

UNFRUCHTBARKEIT (ʿaqm, ʿaqim: »der Unfruchtbare«) s. **Fruchtbarkeit/Sterilität.**

UNVERMITTELTE LIEBE. Eines der Charakteristika der arabischen Liebe ist ihre unvermittelte Heftigkeit. Darin erinnert sie an die ungestümen Wogen des Meeres, denen nichts widersteht, an einen reißenden Strom, an brechende Dämme. Der Cordobenser Ibn Hazm (991-1064) beschreibt im *Halsband der Taube* diesen Liebesrausch, bei dem man sich aufgrund einer bloßen Beschreibung, eines Blickes oder gar im Schlaf verliebt. In ihrer Geschwindigkeit wirkt diese Liebe wie ein Blitz, ja, wie ein Blitzschlag *(saʿqat al-hubb)* – was den Autor im übrigen beunruhigt:
»Ich kann mich wahrhaftig nicht genug über jeden wundern, der behauptet, sich auf den ersten Blick zu verlieben. Ich glaube ihm nicht so leicht, sondern halte seine Liebe lediglich für ein Aufwallen der Leidenschaft.«
(Tauq al-hamama – Das Halsband der Taube, S. 28)
Ibn ʿArabi (1165-1240) aus Murcia schreibt in der Folge:

Doch im ersten Moment, da ich sie schaute,
war ich von ihrem Blick wie erstarrt.
Die Nacht blieb ich in der Wirkung ihres Bannes,
ganz außer mir vor Liebe bis zum Morgengrauen.
(TA, S. 45)

Je unmittelbarer diese Liebe geäußert oder empfunden wird, desto größeren Stolz empfindet derjenige, der sie fühlt, desto mehr Gründe, hoffen zu dürfen, redet er sich ein und wird beinahe ungeduldig, wenn er dem begehrten Menschen nicht alsbald dessen Einverständnis entlockt. Es mag noch hingehen, zumal er blind auf die Welt gekommen war, daß Bashshar ibn Burd (8. Jh.), ein Dichter aus Basra, aus gegebenem Anlaß schrieb: »O ihr Leute! Mein Ohr hat sich in jemanden verliebt, und manchmal begehrt das Ohr, bevor das Auge begehrt.« Was aber soll man halten von diesem einzigartigen Vers der Frauen von Fes: »Mein Geliebter (…) hat mich mit Blicken getötet. Was wäre, wenn er auch noch Worte machte?« (zit. nach al-Fasi, *Chants anciennes des femmes de Fès*, S. 29)

Lit.: Dermenghem, Fasi, Ghazi, Ibn ʿArabi, Ibn Hazm, Miskawaih.

Siehe auch: Hawan, »Hukm al-Hubb«, Liebe, Liebeszauber, Märtyrer der Liebe.

UNREINHEIT *(djanaba).* Die islamische Jurisprudenz sieht eine Kodifizierung aller Absonderungen und Ausscheidungen vor. Menstruation *(haid)*, Sperma *(minan)*, Prostataflüssigkeit *(madi)*, Atem *(nafas)*, Urin *(baul)* und Fäkalien *(khara')*, gasförmige Absonderungen wie Rülpser oder Furz werden verfolgt, genau untersucht und bekämpft. Jede körperliche Ausscheidung oder Ausdünstung, die den Gläubigen unrein macht, zieht so eine entsprechende Hygiene- und Reinigungsvorschrift nach sich.

Nach Gottlosigkeit, moralischer Ausschweifung und Doppelzüngigkeit ist sexuelle Unreinheit die wichtigste Unreinheit im Islam. Der *effusio seminis* (Samenerguß) macht tatsächlich eine komplette Reinigung erforderlich, wenn auch die Frage, wie mit einem unfreiwilligen Samenerguß wie z.B. dem nächtlichen Samenerguß **(s. dort)** verfahren werden muß, von den Theologen nicht einhellig geklärt ist. Die ganz Orthodoxen wenden darauf dieselbe Vorschrift an, nämlich den *ghusl*, d.h. eine vollständige Waschung des Körpers.

Kein Muslim darf sich in die Moschee begeben, wenn er sich nicht von jeglicher Unreinheit und jeder aus einer sexuellen Handlung heraus entstandenen Absonderung gereinigt hat:

»Ihr Gläubigen! Kommt nicht betrunken zum Gebet, ohne vorher wieder zu euch gekommen zu sein und zu wissen, was ihr sagt! Und kommt auch nicht unrein zum Gebet – es sei denn, ihr kommt nicht eigentlich zum Gebet, sondern geht nur zufällig am Gebetsplatz vorüber –, ohne euch vorher zu waschen!« (Koran, 4, 43)

Bukhari berichtet vom Fall des Abu Huraira, der dem Propheten aus dem Weg gehen wollte, als er das Ehebett verlassen hatte:

»Abu Huraira berichtet:

Ich war einmal im Zustand der großen Unreinheit, als ich dem Gesandten Gottes (S) begegnete. Er nahm mich bei der Hand, und wir liefen durch die Stadt. Schließlich setzte er sich. Ich entfernte mich, um die große Waschung vorzunehmen. Als ich zurückkam, saß er noch an derselben Stelle. Er fragte: ›Wo warst du, o Abu Huraira?‹ Ich erzählte es ihm. Er sagte: ›Gott sei gepriesen, o Abu Huraira! Der Gläubige ist nie wirklich unrein!‹« (Bukhari, S. 78)

Dasselbe gilt für den Fastenden, der so lange unrein bleibt, wie er sich nicht vollständig gereinigt hat.

Lit.: Bousquet, Bukhari, Ghazali, Koran, Qairawani.

Siehe auch: Djanaba, Duft, Exzision, Hadath, Hammam, Menstruation, Nächtlicher Samenerguß, Reinigung, Sperma, Urin.

UNVERNUNFT s. Vernunft/Unvernunft.

UNZUCHT *(fisq, fahsha', zina')*. Wichtigste Quelle für die Definition der Unzucht ist der Koran:
»Wenn eine Frau und ein Mann Unzucht begehen, dann verabreicht jedem von ihnen hundert Peitschenhiebe! Und laßt euch ... nicht von Mitleid mit ihnen erfassen, wenn ihr an Gott und den jüngsten Tag glaubt!
Und wenn welche von euch ehrbare Ehefrauen in Verruf bringen und hierauf keine vier Zeugen für die Wahrheit ihrer Aussage beibringen, dann verabreicht ihnen achtzig Peitschenhiebe ...« (Koran, 24: 2, 4)
Im 32. Vers der 17. Sure (›Die nächtliche Reise‹) werden die Gläubigen ermahnt: »Und laßt euch nicht auf Unzucht ein! Das ist etwas Abscheuliches – eine üble Handlungsweise!«
Bei Ibn ᶜAbbas heißt es:
»Ich weiß nichts, das der zärtlichen Berührung so sehr gliche, wie jene Worte, die uns durch Abu Huraira vom Propheten überliefert sind: ›Gott hat bestimmt, in welchen Fällen der Sohn Adams ganz gewiß Unzucht begeht: Es sind dies die Unzucht des Auges, die durch Blicke bewirkt wird, und die Unzucht der Zunge, die durch Worte bewirkt wird; denn die Seele kennt die Verlangen und Gelüste, ganz gleich, ob diese nun von den Geschlechtsorganen befriedigt werden oder nicht.‹« (Zit. nach Bukhari, Bd. 4, S. 219)
Was die Bestrafung angeht, so empfiehlt der Rechtslehrer al-Mawardi (gest. 1058) das folgende:
»Wenn es um Handlungen geht, die dem Akt der Unzucht nahekommen, so muß man, nach Abu Abdallah Zubairi, genau prüfen, was vorgefallen ist: Wurde der Mann in dem Augenblick überrascht, als er dabei war, die sündhafte Handlung zu begehen, dann soll das höchste mögliche Strafmaß gegen die beiden Komplizen verhängt werden, nämlich 75 Hiebe; hat man die beiden unter einer Decke ertappt, ohne daß sie etwas zwischen sich liegen hatten, und während sie Zärtlichkeiten tauschten, aber ohne den Akt zu vollziehen, so soll jeder von ihnen 60 Hiebe erhalten, wenn sie sich nicht liebkosten, 50 Hiebe; findet man sie zusammen in einem Zimmer, in unschicklicher Haltung oder entkleidet, aber ohne sich zu berühren, 40 Hiebe; sind sie miteinander allein in einem Zimmer, aber beide bekleidet, 30 Hiebe; gehen sie zusammen einen Weg und plaudern, 20 Hiebe; überrascht man sie dabei, wie sie, ohne zu reden, einander Zeichen machen, zehn Hiebe für jeden; und erwischt man ihn dabei, wie er ihr folgt, ohne daß mehr zu beweisen wäre, so sollen einige leichte Schläge genügen.«
(Mawardi, S. 490)
Um gegen einen anderen den Vorwurf der Unzucht in einer Form zu erheben, die auch vor Gericht Bestand hat, müssen allerdings eine Reihe von Bedingungen gegeben sein; Mawardi nennt fünf Voraussetzungen in bezug auf den Beschuldigten, und drei, die der Bezichtiger erfüllen soll. Der Beschuldigte muß geschlechtsreif sein und bei klarem Verstand, er muß ein Muslim, ein freier Mann und ein Ehrenmann (ᶜafif) sein. Der Beschuldigende muß ebenfalls geschlechtsreif, bei klarem Verstand und ein freier Mann sein. Nur wenn alle diese Bedingungen erfüllt sind, kommt es zu einer Anklage vor Gericht, andernfalls treten zahlreiche andere Bestimmungen in Kraft, um den Rechtsfrieden wiederherzustellen. Auf eine falsche Anschuldigung wegen Päderastie oder Sodomie

steht die gleiche Strafe wie auf den falschen Vorwurf der Unzucht – der im übrigen offen ausgesprochen sein muß: ›O du Ehebrecher‹, oder ›Du hast Unzucht getrieben‹, oder auch ›Ich habe dich Unzucht treiben sehen‹. Sagt einer ›O du Wüstling‹, oder ›O du Tunichtgut‹, oder auch ›O du Schwerenöter‹, dann handelt es sich um allgemeine und austauschbare Bezeichnungen, die nicht strafbar sind, solange sie nicht als konkrete Bezichtigungen gemeint waren. Manche Religionsgelehrte der schafiitischen Schule (gegründet von al-Shafi'i, 767-820) sehen auch den Ausdruck ›Ehebrecher‹ als unbestimmten Anwurf, während andere ihn als gezielten Vorwurf verstehen, weil der Prophet gesagt hat: »Das Kind steht dem Herrn des Wochenbetts zu, und dem Ehebrecher gebührt ... die Steinigung.« Nach Meinung des Rechtsgelehrten Malik ibn Anas (715-795) wiederum, des Gründers der nach ihm benannten medinensischen Rechtsschule, sind sowohl Anspielungen wie eindeutige Äußerungen strafbar. Eine Anspielung liegt zum Beispiel vor, wenn jemand in einem Streit ausruft: ›Habe *ich* etwa Unzucht begangen!‹, und damit sagen will: ›Du hast Unzucht begangen!‹ Wie für Shafi'i ist auch für Abu Hanifa (700-767), den Begründer der hanafitischen Schule, eine Anspielung nur dann strafbar, wenn sie als konkrete Beschuldigung gemeint ist ... (Mawardi, S. 491). Ibn Taimiya (1263-1328) schließlich, ein Vertreter der hanbalitischen Schule, stellt fest: »Wer fälschlich *(muhsin)* einen anderen der Unzucht bezichtigt, muß gesteinigt werden.« (Zit. nach Laoust, H., S. 104)

Lit.: Bukhari, Ibn Taimiya, Koran, Mawardi.
Siehe auch: Fahisha, Homosexualität, Obszönität, Sexuelle Perversionen, Unzüchtige, Zina'.

UNZÜCHTIGE (Der, die) *(ma'kus, -a; zanin, zaniya).* Jeder, der sich nicht an die strengen Gesetze der Mäßigung, der Ehe und des sittlich reinen Lebenswandels hält, wird als Unzüchtiger betrachtet. Dieser vage Begriff soll bewußt den Eindruck sexueller »Abartigkeit« erwecken:
»Und ein Mann, der Unzucht begangen hat, kann nur eine ebensolche oder eine heidnische Frau (Polytheistin) heiraten. Und eine Frau, die Unzucht begangen hat, kann ihrerseits nur von einem ebensolchen oder einem heidnischen Mann (Polytheisten) geheiratet werden. Für die Gläubigen ist dies (d.h. die Heirat mit jemand, der Unzucht begangen hat) verboten.« (Koran 24, 3 »Das Licht«)
Bereits Omar Khayyam (1050-1123) klagt über die unerbittliche Strenge der Geistlichen ihm gegenüber:
»Verworfen nennt mich unablässig die Welt.
Und doch bin ich ohne Schuld.
O Männer der Heiligkeit! Prüft euch lieber selbst und seht, was ihr selber seid.
Ihr klagt mich an, ich würde wider die *scharia* [das koranische Gesetz] handeln; und doch beging ich keine Sünden außer dem Suff, der Männerliebe und der Unzucht.« (*Quatrains*, S. 48)
Ägyptisches Sprichwort: »Die Unzüchtige ist stets zu Tränen bereit«. **S. Ehebruch.**
Lit.: Bertherand, Burckhardt, Faure, Jacobus, Khayyam, Larguèche.
Siehe auch: Ehebruch, Homosexualität, Keuschheit, Mäßigung, Prostitution, Sexuelle Initiation, Zina'.

ÜPPIGKEIT (*dakhama, tawarrum, simna, badana, imtila' al-djism, khashana,* »Körperfülle«; *aghann,* femin.: *ghanna':* poetische Begriffe). Bis in die jüngste Zeit gilt Wohlbeleibtheit in der arabischen Welt als ein Merkmal vollendeter weiblicher Schönheit. Eine schmächtige oder einfach nur schlanke *(raquiqa, nahifa)* Frau hatte tatsächlich stets Mühe, einen Mann zu finden, weil Magerkeit oder gar Kachexie (»Blutarmut«) als untrügliche Zeichen der Unfähigkeit zur Mutterschaft gesehen wurden. Auch heute noch bedeutet die Magerkeit einer Frau einen Makel, zum Beispiel wenn Heiraten zwischen den Familien arrangiert werden. In den Augen einer Schwiegermutter in spe ist die äußere Gestalt ein sehr aussagekräftiger Hinweis auf die körperliche Verfassung einer Frau: Im Zweifel hat eine rundliche Kandidatin immer die besseren Chancen als eine magere oder einfach nur schlanke. Aicha Lemsine schildert, wie man sich in Algerien, im traditionellen Milieu, eine schöne Frau vorstellt:
»Malika wurde unter dem ehrfürchtigen Schweigen der ganzen Versammlung aufgerichtet. Zwei für diesen Dienst vorherbestimmte Verwandte lüfteten ihren an einer spitzen Haube befestigten Schleier. Sie präsentierten sie wie eine Puppe. Als sei sie in tiefen Schlaf versunken, so stand Malika mit geschlossenen Augen regungslos da. Mit völlig unbewegtem Gesicht war sie eine in Samt, Seide und Schmuck schillernde Erscheinung. Die Weißhäutigkeit ihrer drallen Arme stand in lichtem Kontrast zu ihren Kleidern. Die Frauen gerieten in Verzückung über das Oval ihres Gesichtes, über ihre kleine, gerade Nase. Glücklicherweise entsprach Malika mit ihren festen Rundungen dem Schönheitsideal einer Braut. Sie fand selbst die Zustimmung der blasiertesten Frauen.« (Lemsine, S. 129)
Diese Maßstäbe galten auch schon im 1. Jh. nach der Hidjra* (dem 7. Jh. n. Chr.): eine Frau, ob Ehefrau, Geliebte oder Angebetete, mußte so wohlbeleibt sein, daß man »ihre Knochen nicht sieht« (*jammu al-ʿazm,* s. Blachère, S. 104). Vom 9. bis zum 12. Jh. genossen die üppigen Frauen eindeutig den Vorzug vor den schlanken. Eine Szene aus *1001 Nacht* zeigt, wie sich eine dicke Frau den spitzen Bemerkungen einer Schlanken zu erwehren wußte:
»Die erhob sich, wies mit ihrer Hand auf die Schlanke (...), und sie hub an: ›Preis sei Allah, der mich erschuf und mir eine schöne Gestalt verlieh, der mich fett machte und gab, daß mein Fett so schön gedieh! Er machte mich einen schweren Aste gleich und an Schönheit und Anmut überreich. Auch dafür sei ihm Preis, daß Er mich durch hohen Vorrang ehrte, indem Er mich in seinem herrlichen Buche erwähnte; denn der Erhabene sprach: Und er brachte ein fettes Kalb. Er hat mich einem Garten gleich gemacht, mit der Pfirsiche und der Granatäpfel Pracht. Die Städter begehren das fette Geflügel und essen davon, aber magere Vögel lieben sie nicht; so begehren ja alle Menschenkinder das fette Fleisch und verzehren es. (...) Du hast doch nie jemanden vor dem Laden eines Fleischers stehen sehen, der nicht von ihm das fette Fleisch verlangt hätte. Und die Weisen sagen: Die Lust liegt in drei Dingen, Fleisch essen, auf Fleisch reiten und Fleisch in Fleisch stecken.‹« (*1001 Nacht,* Bd. III, S. 290)
Von der Begeisterung für die wohlbeleibten Frauen berichtet auch Prosper Alpin, ein Italiener, der im 16. Jh. Ägypten bereist hatte – er kann dabei seinen Abscheu kaum verbergen:
»So sind viele Frauen damit beschäftigt, ihre Körperfülle zu pflegen, weil hierzu-

lande die Männer der Fleischeslust völlig verfallen sind: Nur die fetten und besonders üppigen Frauen gelten ihnen als begehrenswert.«
Und weiter:
»Zu diesem Zweck nehmen sie häufig Bäder in lauwarmem Süßwasser. Sie bleiben lange im Bade, essen und trinken, lassen sich spezielle Klistiere mit Schmalz und anderen Fetten verabreichen, und außerdem schlucken sie allerlei Mittel in großer Zahl.« (Alpin, Bd.1, S. 294 f.)
Zwei Jahrhunderte später macht ein anderer Arzt aus dem Abendland die gleiche Beobachtung, wenn auch am anderen Ende des Maghreb. Als William Lemprière gerufen wird, um die Kranken im Harem des Königs von Marokko zu behandeln, stellt er fest:
»Wegen des hier zu Lande so herrschenden Begriffes, daß Wohlbeleibtheit das untrüglichste Zeichen von Schönheit sey, bedienen sich die Weiber eines Saamens, den sie Elhuba (Bockshornklee) nennen, um dadurch den Grad von persönlicher Vollkommenheit, nach dem sie streben, zu erlangen. Sie pülvern ihn nehmlich, und essen ihn mit ihrem Kuskasn (Kuskus). Aus eben der Absicht nehmen sie große Portionen Teig zu sich, den sie durch den Dampf von kochendem Wasser heiß machen und bissenweise hinunter schlucken. Es ist zwar gewiß, daß es in diesem Lande sehr viele korpulente Frauenzimmer giebt, aber wahrscheinlich rührt dies ebenso wohl von ihrer sehr eingeschränkten und unthätigen Lebensart her, als von irgend einem besonderen Mittel, das sie in dieser Absicht gebrauchen.« (Lemprière, S. 228)
Auch bei den Afar, an der Ostküste Afrikas, essen die Frauen Bockshornklee, um eine üppige Figur zu bekommen. Sie zerstoßen die Körner und machen daraus kleine Klöße, die mit Butter angereichert sind. In Mauretanien und bei einigen algerischen Beduinenstämmen gibt es noch andere aufwendige Methoden, dick zu werden. Das Schönheitsideal hat sich zwar gewandelt, aber unter der Landbevölkerung und in der städtischen Unterschicht ist nach wie vor die Überzeugung verbreitet, daß eine üppige Frau eher für Kindersegen bürgt als eine allzu schlanke.
Lit.: Abdeker, Alpin, Blachère, Chailley, Lemprière, Lemsine, Pérès, Rami, *1001 Nacht*.
Siehe auch: Ghanna', Hammam, Schlankheit, Schönheit, Weiblichkeitsideal.

URIN *(baul)*. William Marçais verweist auf zwei beschönigende Umschreibungen in den algerischen Dialekten für urinieren: *tayyar al-ma'* und *haraq al-ma'*: Wasser fließen, ausströmen lassen. Er vergleicht sie mit verschiedenen Pendants aus dem europäischen Sprachraum: (engl.) *to make water*, Wasser abschlagen und (frz.) *lâcher de l'eau*.
Urin gilt bei arabischen Ärzten als gängige Heilmethode für jede Art von Augenerkrankung; außerdem läßt er Rückschlüsse auf den Gesundheitszustand eines Menschen zu. Avicenna (Ibn Sina, 980-1037) diagnostiziert die Art der Erkrankung eines Patienten anhand der Farbe seines Urins, natürlich unter der Bedingung, daß dieser keine färbende Nahrung zu sich genommen hat (*Lehrgedicht zur Medizin*, S. 40f.). Razi (9. Jh.) hingegen hält fest, daß »der Urin Auskunft über den Zustand des Blutes gebe, weil er sich von diesem trenne« (Razi, S. 101). Lange vor ihnen stellte Plinius der Ältere (23-79) schon eine Verbindung zwischen dem

Urin der Eunuchen und der Fruchtbarkeit der Frauen her (*Naturalis Historia*, 18. Buch, Kapitel 5), während Herodot in seinen *Historien* darauf hinwies, daß die Libyer (Bd. 4, 187) und die Ägypter (Bd. 2, 111) Augenkrankheiten mit Urin behandeln. Der Urin der Eunuchen scheint auch Djahiz (780-869) beeindruckt zu haben, er nämlich stellt fest, nie etwas Widerlicheres gerochen zu haben (**s. Eunuch**).

Bei den Muslimen müssen die mit Urin verbundenen Körperteile einer Reinigung unterzogen werden, die man *istibra'* nennt. Sie besteht darin, Penis oder Scheide nach dem Wasserlassen gründlich zu waschen.

Der Urinstrahl eines Mannes gilt als Kriterium für seine Männlichkeit. Das findet sich immer wieder in Scherzen unter Heranwachsenden und ganz sicher auch in den Phantasien der Frauen. Hören wir, was in der folgenden Erzählung aus *1001 Nacht* berichtet wird:

»Die schöne Sulamit schickte, sobald Doreid außer Reichweite war, nach einer ihrer Dienerinnen, damit sie hinter ihm hergehe. ›Beobachte Doreid und folge ihm, wenn er sich von den Zelten entfernt, um seine Notdurft zu verrichten. Und schau genau auf den Strahl, achte auf seine Stärke und die Spur, die er im Sand hinterläßt. Dann können wir beurteilen, wie es um seine Manneskraft bestellt ist.‹ Die Dienerin gehorchte. Sie war so flink, daß sie nach kurzer Zeit wieder zurück war und ihrer Herrin folgendes mitteilte: ›Ein verschlissener Mann.‹«

(*1001 Nacht,* M, Bd. XIV, »Les Lucarnes du savoir et de l'histoire«)

Abschließend noch ein Hinweis auf John G. Bourkes Werk *Scatologic Rites of all Nations* (1891), der ebenfalls die bedeutende Rolle des Urins in der Medizin (s. o.) und bei den Liebestränken betont.

Lit.: Avicenna, Bourke, Herodot, Djahiz, Marçais, Plinius, Razî, *1001 Nacht.*
Siehe auch: Eunuch, Reinigung, Skatologie.

ᶜURWA UND ᶜAFRA. Berühmtes Liebespaar, das zur Zeit der Umayyaden* (650-750) gelebt hat. Masᶜudi (10. Jh.) erzählt in seinem *Buch der Goldwäschen*, wie ᶜAfra, die Tochter von ᶜIqah, am Grab ihres Geliebten ᶜUrwa ibn Hizam starb, nachdem eine Gruppe von Reitern, die durch ihr Lager gekommen war, ihr die Nachricht von seinem Tod überbracht hatte.

Lit.: Blachère (*HLA*), Masᶜudi.
Siehe auch: Berühmte Liebespaare, Leidenschaftliche Liebe, Liebe.

UTERUS (*rahim*, wie beim Begriff *silat al-rahim:* »die Verbindung zur Gebärmutter«). Avicenna schreibt dem Uterus in seinem *Lehrgedicht zur Medizin* die Funktion zu, Aufschluß über sichtbare oder nicht sichtbare Krankheiten zu geben. Um die Gebärmutter sind keine so eindeutigen Volksbräuche wie um Schwangerschaft, Abtreibung (**s. dort**) und Entbindung (**s. Geburt**) entstanden.

Lit.: Avicenna, Bertherand.
Siehe auch: Abtreibung, Geburt, Schwangerschaft.

VAGINA (*mahbil*, Pl.: *mahabil:* anatomischer Terminus technicus; *al-shafaratan al-saghiratan:* »kleine Schamlippen; *al-shafaratan al-ghalizatan:* »große Schamlippen«; *kuss:* »Vulva«; *ahtshun* in der Berbersprache). Phantasien und Vorstellungen über die Vagina (von Lateinisch *vagina:* »(Schwert-)Scheide«) und ihre verschiedenen Funktionen prägen das herrschende Bild der weiblichen Sexualität. Für jede unverheiratete Frau ist sie eng mit Jungfräulichkeit und Ehre verbunden, der Ehre der Familie oder des Stammes. Für eine verheiratete Frau ist sie das Zentrum ihrer sexuellen Erfüllung und eng mit ihrer Gebärfähigkeit verknüpft. In ihrer Funktion als Sexualorgan symbolisiert die Vagina *das Intime* schlechthin, über das der Schleier der Scham und das islamische Verbot der Blöße (ʿaura) gebreitet wurde. Ihre zweite Aufgabe ist die Reproduktion, d.h. Leben zu schenken. Per negationem werden auch frigide oder unfruchtbare Frauen über ihre vaginale Identität definiert. Hier wird deutlich, wie sehr Vorstellungen von Macht, Lust und Identität gerade auf diese Körperöffnung projiziert werden. Nicht zufällig lautet die gängigste Obszönität im Maghreb und Mashreq*: die Vulva der Mutter.
Es gibt zahlreiche Bezeichnungen für die Vagina: *qabil:* »der empfangende Ort«; *maʿzim*, Plur.: *maʿazim*; *khunuq:* »enge Schlucht«; *shuqqa, hadjm:* »eine Frau mit einer weiten Scheide«; *tizz* (Algerien). William Marçais führt auch *wasit* an: »in der Mitte befindlich«, auch in der Bedeutung von »Anus«, *ruh:* »Mensch« (wörtl.: »Seele«, »Geist«), *hidjr:* »Schoß« und den Begriff aus dem klassischen Arabisch ʿaura: »Schamteil«, d.h. »der Teil, den es zu bedecken gilt« (**s. Nacktheit**) (*EADAA*, S. 429). Bei Gasselin finden wir noch *hatshun* (Berber), *djakra:* »eine Frau mit einer weiten Vagina oder einer übel riechenden«; *shaqq, mashquq:* »Spalte«; *mutalahham:* »fleischig«; *mulsaq:* »Scheide, die klebt«; *kuss:* »Vulva«; *qabqab, karʿ, fatqa*.
Neben *fardj, kuss* und *shaqq* erwähnt Nafzawi folgende Namen:
El kelmoune, die Wollüstige. El ass, die Einfache. El zerzour, der Star. El cheuqq, der Riß. Abou tertour, die mit dem Schopf. Abou khochime, die mit einer kleinen Nase. El guenfond, der Igel. El sakouti, die Schweigsame. El deukkak, die Zermalmerin. El tseguil, die Zudringliche. El taleb, die Verlangende. El hacene, die Schöne. El neuffakh, die Schwellende. Abou djebaha, die mit dem Vorsprung. Elouasa, die Weite. El dride, die Große. Abou beldoum, die Unersättliche. El mokaour, die Bodenlose. Abou cheufrine, die Zweilippige. Abou aungra, die Bucklige. El rorbal, das Sieb. El hezzaz, die Rastlose. El lezzaz, die Verbindende. El moudd, die sich Anpassende. El moudine, die Gehilfin. El meusbul, die Lange. El molki, die Duellantin. El harrab, die Fliehende. El sabeur, die Ergebene. El moseuffah, die Verschlossene. El mezour, die Tiefe. El addad, die Beißende. El menssass, die Saugende. El zeunbur, die Wespe. El harr, die Heiße. El ladid, die Köstliche.
(*Der duftende Garten*, übers. v. Kolf/Weltmann, S. 262)

Auch in *1001 Nacht* gibt es Anspielungen auf die Vagina:
»Dann traten die Mädchen aus jenem Becken heraus, während Hasan sie sah, ohne daß sie ihn erblicken konnten. (...) Und als sein Blick auf die vornehmste Maid fiel und er sie betrachtete, wie sie nackt dastand, ward ihm sichtbar, was zwischen ihren Schenkeln lag, gleich einer herrlichen runden Kuppel, die auf vier Pfeilern ruht, und die wie eine Schale aus Silber oder aus Kristall erstrahlte.« (*1001 Nacht*, Bd. V, S. 347)
In einer anderen Geschichte muß der Held den richtigen Namen für die Vagina jeder der drei Damen finden:
»Als nun die Dame die Verse hörte, stieg sie heraus aus dem Bassin, kam und setzte sich auf seinen Schoß und zeigte auf ihr Ding und sagte: ›O mein Herrchen, was ist das?‹ Er antwortete: ›Die Krauseminze des Kühnen‹; da rief sie: ›Ach geh!‹ Er darauf: ›Der enthülste Sesam‹; sie aber: ›O nein!‹ Dann sagte er: ›Deine *rahim*!‹ Nun schalt sie ihn: ›Pfui, pfui! Schämst du dich nicht?‹ und sie schlug ihn auf den Nacken. Und welchen Namen er immer nannte, sie schlug ihn und rief: ›Nein, nein!‹ bis er schließlich sagte: ›Ihr Schwestern, wie heißt es denn?‹ Und sie erwiderte: ›Die Herberge des Abu Mansûr!‹ Worauf der Träger rief: ›Allah sei gepriesen für die sichere Rettung! Ha, die Herberge des Abu Mansûr!‹ Und die Dame ging hin und zog ihre Kleider an.« (*1001 Nacht*, Bd. I, S. 107f.)
Das Bild der Vagina in der arabisch-persischen Kultur ist insofern typisch, als hier ein einzelner Körperteil herausgehoben und verherrlicht wird – was in den meisten Fällen mit den Gefühlen, die ein Mann seiner Partnerin entgegenbringt, sowie mit ihrem eigenen Lustempfinden wenig bzw. gar nichts zu tun hat.

Lit.: Chebel *(IAM)*, Gobert, Haleby, Khawam, Marçais, Nafzawi, *1001 Nacht*.
Siehe auch: Genitalien, Kuß, Nacktheit, Schambereich, Vulva.

VERBRECHEN AUS LEIDENSCHAFT (*djarima gharamiya*). Aufgrund der traditionellen Diskretion der Araber in allem, was sexuelle Dinge betrifft, stößt die soziologische Erforschung der Verbrechen aus Leidenschaft in diesem Teil der Welt auf erhebliche Schwierigkeiten. Obwohl sich anhand der Gerichtsakten aus den einzelnen Ländern eine genaue Verbreitungskarte dieser Deliktart erstellen läßt, wird diese nur Fälle berücksichtigen, die vor Gericht gelangten, aber keine realistischen Aufschlüsse darüber geben, in welchem Umfang sie tatsächlich vorkommen. Die Hauptschwierigkeit besteht also darin, daß sich zuverlässige Statistiken kaum erheben lassen, da die Welt der Sexualität eine geschlossene, verschwiegene ist; die Dramen, die sich darin abspielen, werden aus Gründen der Ehre von der Familie mit einer Mauer des Schweigens umgeben.

Siehe auch: Ehre, Eifersucht, Gesetz der Vergeltung.

VERFÜHRUNG (*fitna*: »Aufruhr«, »Versuchung«; *djadhibiya*: »Anziehungskraft«, vom Verb *djadhaba*; *djilb, djulub, madjlub*: »angezogen«, »verführt«; *ighwa'*: »Verführung«; *adalla, tadlil*; *assara*; *sihr*: wörtl.: »Magie«; *shaghaf, mashghuf*: »flammende Leidenschaft«; *ghurur*: »Verblendung«, »Täuschung«; *ramasha*: »verstohlene Blicke zuwerfen«; *shikl*: »Koketterie« in Ägypten, im Libanon und in Syrien; *ruwa'*: »hübsches Aussehen«, Begriff, den Ibn Hazm verwendet). Verführungskunst, von Frauen wie Männern gleichermaßen, ist der am meisten besungene orientalische Wesenszug. Paradoxerweise birgt sie auch die größte Gefahr, denn mit ihr sind zwei gesellschaftlich enorm gefürchtete Gefühle verbunden: Aufruhr *(fitna)* und Verlockung *(ighwa')*. Die arabische Terminologie im Zusammenhang mit Verführung ist äußerst komplex: Begriffe wie *adalla, assara, djadhaba* oder *tadlil* sind üblich. Einige stammen aus dem höfischen Wortschatz, andere aus der Jurisprudenz. Sie bedeuten »täuschen«, »ablenken«, »bezaubern«. Verführerisch auf arabisch heißt: *fatiq, mughirr, djadhib, sahir, djamil* (schön), durch Anhängen einer *a*-Endung erhält man die entsprechende feminine Form: *djadhaba, djamila, sahira* usw. Charme wird manchmal mit dem Begriff *mafatin:* »Reize, Zauberkräfte« übersetzt wie z.B. bei *mafatin imra'a* (»der Charme einer Frau«). In meinem Buch über *Die arabisch-muslimische Vorstellungswelt* (»Verführung, Sinnlichkeit, Liebe«, S. 347-351) habe ich weitere Beispiele für die vielschichtigen Bedeutungsebenen dieser emotionalen Einstellung aufgeführt.

Ibn Hazm betrachtet Verführungskunst in seinem Buch *Über die Moral* als Element der perfekten Schönheit, ohne sie jedoch mit dieser zu verwechseln, denn diese beinhaltet andere Elemente: Anmut *(halawa)*, schönen Wuchs *(qawam)*, Charme *(husn)* und reizvolle Eleganz *(malaha)*. Schließlich gibt es noch eine speziell maghrebinische Terminologie in der Liebesdichtung und Prosa.

Im Glossar der Mustafa ben Brahim gewidmeten Lyrikanthologie finden wir neben den oben genannten Begriffen noch folgende Redensarten: *khitl:* »Schmeicheleien einsetzen«, »flirten«, »verführen«; *khaula:* »Gazelle«; *mukhawwal:* »wie eine Gazelle«; *umm dlal:* »Frau mit schönem Haar«; *halhal* oder *muhalhal:* »abnutzen«, »verführen«; *laʿib, laʿba:* Name einer Huri, d.h. einer der ewigen Jungfrauen des muslimischen Paradieses, die den Gläubigen nach seinem Tod im Paradies erwartet; *makhtur:* »schwach«, wahrscheinlich eine Deformation von *mukhaddar:* »berauscht«, »halluzinierend«, »unter Rauschgiftwirkung stehend«, in der Bedeutung, wie sie Reinhart Dozy (1820-1883) in seinem *Supplément* versteht (1, S. 353). Traditionelle Lieder aus Algier finden schöne Ausdrücke für Verführung: *al-djamal al-sabin* oder *djamaluha sabbani:* »ihre Schönheit hat mich verzaubert« (Azza, S. 159-219).

Da Verführung keinen festen Regeln folgt, entzieht sich diese erste Phase einer Kodifizierung durch die muslimische Jurisprudenz. Im fortgeschrittenen Stadium einer Beziehung jedoch gibt es klare Vorgaben für den Umgang zwischen Mann und Frau. Zwei Menschen, die sich umeinander bemühen und sich dessen bewußt sind, sind keine Fremden mehr füreinander. Auch wenn sie sich noch nicht einig sind, existiert doch bereits eine Vertrautheit zwischen ihnen, die die Möglichkeit einer entstehenden Verbindung begünstigt. In den Augen der Vertreter des Gesetzes jedoch »soll ein Mann keine Vertraulichkeiten mit einer Frau austauschen, die nicht zum verbotenen Verwandtschaftsgrad gehört« (Qairawani, S. 309). Mit anderen Worten: Es ist nicht zulässig, sich dem Vergnügen mit einem Menschen oder einer Situation hinzugeben, die an sich schon nicht zulässig ist (ebd., S. 301).

Es obliegt der Initiative des Mannes, ob es zur Verführung kommt. Seine erste Waffe ist das »Winken mit den Augen« *(ghamza, tarfat ʿain)*. Diese verstohlenen Blicke passen optimal zum Gepräge einer arabischen Stadt, denn sie ermöglichen es, den begehrten Menschen über eine klare Absicht in Kenntnis zu setzen, ohne daß ein Dritter Verdacht schöpfen kann oder der Zorn einer etwaigen Anstandsdame entbrennt. Jemandem zuzuzwinkern gibt diesem zu verstehen »ich will dich«, »ich begehre dich«. Wenn die angesprochene Person das erste Zwinkern positiv aufnimmt, beginnt ein wahrer Liebesreigen, der Wochen, manchmal auch Monate dauern kann. Eine arabische Frau gibt sich selten dem Mann hin, der sie begehrt, nur der Mann, der sie liebt – oder den sie liebt – kommt in den Genuß ihres Körpers. Dann entsteht ein Spiel von Eroberung und Widerstand, bis die Beziehung allmählich dauerhafter wird, auch wenn sie immer noch sehr keusch ist. Selbst wenn die Frau dabei nicht im eigentlichen Sinn aktiv ist, so steht sie dem Mann doch in nichts nach. Heutzutage gehört ein vertrauliches Zuzwinkern, ein vielsagender Blick, ein verliebtes Einverständnis oder Eroberung signalisierender Augenaufschlag gleichermaßen zum Repertoire eines Mannes wie einer Frau. Als Fundament jeder Sexualästhetik sperrt sich die Verführung, welche Form sie auch annehmen mag, immer gegen Routine und Normatives. Damit Verführung überhaupt stattfinden kann, muß es zu Blick- oder Körperkontakt, zu menschlichem Austausch, zwischen den Liebenden kommen, wenn auch Erotologen wie Ibn Hazm (994-1064) sogar Verführungen ohne jede körperliche Begegnung erwähnen. Leider wird die Sache dann kompliziert, wenn der Segen des Imams nicht auf dieser Begegnung ruht – weil der Kontakt der beiden rigoros verboten wurde. In dieser Situation sind die jungen Leute darauf angewiesen, ihre Vorzüge selbst entspechend zur Geltung zu bringen. Die Tunesierinnen singen:

Siehst du nicht, daß ich dunkelhaarig bin,
Mein Gott! Süß wie eine Dattel *(wallah, ahluwa kaifa al-tamra)*,
Und schöner als der Mond. Der Hauch meiner Lippen duftet nach Ambra.
Ach! Ach! Mein lieber Cousin, wenn ich dich sehe, stockt mir das Blut.
(Graf de La Salle, S. 165)

Lit.: Arkoun, Azza, Blachère *(PTPESOD)*, Chaouki, Chebel *(LS, IAM)*, Dagorn, Dehoï, Djahiz, Ghazi, Graf de La Salle, Ibn Hazm *(EM)*, Pérès, Qairawani, Rikabi, *1001 Nacht*, Vadet.
Siehe auch: Ahal, Alte Jungfer, »Anziehende Körperteile«, Begehren, Blick, Djamil und Buthaina, Galanterie, Höfische Liebe, Liebe, Orientalische Lebensart, Parfum, Rendezvous, Saba, Schönheit, Shaghaf, Tzaʿbil, »Winken mit den Augen«.

VERGÄNGLICHE LIEBE. Die Vergänglichkeit der Liebe, sei es als Prinzip (die Liebe *ist* vergänglich), oder aufgrund der Umstände (Nebenbuhler, Eifersucht, Unstimmigkeiten innerhalb der Beziehung usw.) ist ein häufig wiederkehrendes Thema der Literatur muslimischer Männer. Abu Hamid al-Ghazali (1058-1111) schrieb dazu einen Vers über die »gute Ehefrau«:

Klage nicht zu viel, das könnte die Liebe vertreiben,
so daß mein Herz dich nicht mehr mag, die Herzen sind ja wandelbar.
Denn wo ich Liebe und Verdruß in einer Brust vereint gesehn,
hielt die Liebe nicht stand, sondern machte sich davon.
(Von der Ehe, S. 110)

Libanesische Redensart: »Kommt das Elend zur Tür herein, entflieht die Liebe durchs Fenster.« (Abela, Bd. 1, S. 222)
Lit.: Abela, Lens, Doutté, Ghazali.
Siehe auch: Eifersucht, Liebe und Varianten, Liebeszauber, Rivalität in Liebesdingen, Wandel der Liebe.

VERLEUMDUNG / VERLEUMDER (ar. *namima/nammam*; *washin:* »Schmähredner«, »Verleumder«). Wird eine Frau von Rivalinnen schlechtgemacht, die sie von ihrem Geliebten zu trennen versuchen, oder wird ein Liebhaber zum Opfer übler Nachrede über seine zügellose Vergangenheit oder sein gegenwärtiges Lotterleben, so ist stets Verleumdung im Spiel, ein ebenso wirksames wie delikates Instrument, auf das alle Verleumder der Liebe unabhängig von Geschlecht oder Alter genüßlich zurückgreifen. In alter Zeit genoß die Verleumdung bei den orientalischen Stämmen den Rang einer höchst poetischen Waffe, bei der sich zu dem üblichen Spott *(hidja')* auch Diffamierung, eine Vorliebe für raffiniert gesponnenen Klatsch und böswilliges Gerede gesellten.

Abgesehen davon ist dieses Verhalten auch ein Kennzeichen des »machismo«, denn die Verleumdung des anderen dient dem Eifersüchtigen auch dazu, das eigene Versagen zu überspielen. Ungestraft eine Abfuhr oder einen »Korb« hinzunehmen, würde ja das Selbstwertgefühl des Verleumders verletzen, der vor der Entscheidung der geliebten Person nicht den geringsten Respekt hat und den Machtverlust über etwas, woran er mit ganzem Herzen hängt, nicht ertragen kann.

So riet denn schon der große arabische Dichter Omar ibn Abi Rabiʿa gegen Ende des 7. Jh.s :

Zieh los, sag ich, und zwar sofort
und horch dich um, wer der Verleumder war.
(Petit/Voisin, S. 70/251)

Lit.: *L'Islam et l'Occident*, Pérès, Petit/Voisin, Vadet.
Siehe auch: Eifersucht, Höfische Liebe.

VERNUNFT / UNVERNUNFT *(maʿqul/ghair maʿqul)*. Wahres Verliebtsein und Vernunft schließen sich von Natur aus gegenseitig aus. Vernunft neigt dazu, zu kontrollieren und Vorhersagen zu treffen, eine solche Haltung ist mit den überschäumenden Gefühlen von Verliebten nicht zu vereinbaren. Ibn ʿArabi (1165-1240) schreibt:

Eine Liebe, die sich vom Verstand leiten läßt,
verrät nichts Gutes.

Unvernunft fördert eher die aufkommende Leidenschaft – dann werden moralische und gesellschaftliche Vorbehalte wirkungslos, die Verwegenheit des Geliebten trifft auf die seiner Liebsten, Zeit wird relativ, jede Müdigkeit verfliegt, und die Nächte scheinen immer länger zu werden.
Lit.: Ibn ʿArabi.
Siehe auch: »Geraubtes Herz«, Leidenschaftliche Liebe.

VERSCHMELZUNG (*idhaba, dhawaban; ittihad al-qulub:* die Vereinigung der Herzen). In der Sprache der Liebe bedeutet die Verschmelzung den Zustand der höchsten Begeisterung und des ungetrübten Glücks der Liebenden, der nur in metaphorischen Begriffen ausgedrückt werden kann. Hier versagt oft das geschriebene Wort vor der schier unlösbaren Aufgabe, die Gefühle zu fassen. Nicht selten benutzt man metaphysische Begriffe, um diesen Rauschzustand zu beschreiben, der wie eine mystische Ergriffenheit erlebt wird. Bei al-Halladj (857-922) heißt es:
»Dein Geist hat sich mit dem meinen verbunden, wie sich das Ambra mit dem Moschusduft vereint. Wer dich berührt, berührt auch mich; das heißt: Du, das bin ich; nichts trennt uns mehr.« (Halladj, S. 86)
Lit.: Halladj, Ibn al-Farid.
Siehe auch: Trunkenheit.

VERSÖHNUNG s. Abschied/Wiedersehen.

VERSTECKEN DER BRAUT s. Rivalität in Liebesdingen.

VERSTOHLENER BLICK s. Verführung, »Winken mit den Augen«.

VERSTOSSUNG (*talaq*, wörtl.: »Trennung«). Verstoßung ist eine alte, in den Ländern des Islam sehr verbreitete Institution. Die Art und Weise, wie sie im Koran dargestellt wird, macht deutlich, daß diese Praxis früher völlig alltäglich war:
»Die Entlassung (mit dem Recht, die Frau zurückzunehmen) ist zweimal erlaubt.« (Koran, 2, 229)
»Wenn der Mann die Frau endgültig entläßt, ist sie ihm künftig nicht wieder als Ehefrau erlaubt, bevor sie nicht einen anderen Gatten heiratet.« (2, 230)
Dank des *muhallil* (wörtl.: »derjenige, der etwas für erlaubt oder legal erklärt«) wird eine verstoßene Frau, die ein zweites Mal heiratet, von der Gesellschaft wieder akzeptiert. Diese erneute Heirat hebt die Ächtung, die eine Verstoßung nach sich zieht, wieder auf. Allerdings, so der Koran:
»Es ist keine Sünde für euch, wenn ihr Frauen nach der Eheschließung ohne weiteres entlaßt, solange ihr sie noch nicht berührt habt, es sei denn ihr habt für sie einen Pflichtteil ausgesetzt.« (2, 236)
Die Frage der Verstoßung wird sowohl aus kanonisch-traditioneller Sicht als auch aus moralischer und rein gesetzlicher Sicht im Sinne des Korans gehandhabt. Die zitierten Koranverse und Aussprüche des Phropheten (Hadith*) liefern die Grundlage des islamischen Eherechts. Auch heute noch ist in vielen Ländern, in denen die Scharia* gilt, die Verstoßung ein Vorrecht der Männer. Genau dieses Privileg ist ein entscheidender Punkt im Kampf um Gleichberechtigung, den muslimische Frauen momentan führen und der je nach den besonderen Gegebenheiten des Landes und der Gesellschaft sowie den Sitten ihres Volkes entsprechende Formen annimmt:

Als er mit meiner Mutter eintrat,
Und sich ein wenig in den Schatten setzte,
Da war mir klar, was er mir damit mitteilen wollte ...
Doch gut! Ganz andere als ich,
Ganz andere Frauen als ich wurden schon verstoßen!
Die Männer sagen: »Die Frauen sind schlecht.«
Und die Frauen sagen, es gibt kaum gute Ehemänner.
Meiner, dieser Naive, ließ sich einfangen
Wie ein junges, gerade flügge gewordenes Rebhuhn.
Die andere wußte ihn zu verführen, und ich bedaure ihn,
So wie ich auch mich bedaure, die ich bald seinem Kind
Das Leben schenken werde, um das er sich kaum sorgt ...
(Mririda N'Aït Attik, *Les Chants de la Tassaout*, S. 39)

Männerphantasien zufolge neigt eine verstoßene Frau eher zu Liebesabenteuern, denn durch eine frühere sinnliche Beziehung sei ihr sexuelles Verlangen bereits entfacht worden, darum könne sie sich nicht mehr in die Zurückhaltung üben, die man eher bei einer scheuen 18jährigen voraussetzt. In dieser Hinsicht ist die verstoßene Frau derselben gesellschaftlichen Mißachtung ausgesetzt wie eine Witwe, weil ihr unterstellt wird, sie ziehe einerseits Verführer an und stoße andererseits Ehemänner ab.

Lit.: Borrmans, Bousquet, Bukhari, Mririda N'Aït Attik, Qairawani, Ragaï.

Siehe auch: Ehe, Jungfrau, Menstruation, »Schlafendes Kind«, Wiederverheiratung, Witwe, Zaid und Zainab.

VERSTÜMMELUNG *(djadhdh, batr, qat ʿun ʿudwun).* In den alten Zeiten war die Verstümmelung bei vielen Volksstämmen eine gebräuchliche Strafe, die als Teil des traditionellen Gesetzes der Wiedervergeltung ausgeführt wurde. Soweit sie rechtlich gefaßt war, richtete sich diese Strafe zumeist auf den Körperteil, der dem Übeltäter zur Ausführung seiner Tat gedient hatte. Der Extremfall war die Entmannung – inwieweit diese entsetzliche Praxis tatsächlich stattfand, läßt sich nachträglich kaum noch bestimmen. Nikita Elisséeff führt in seinem Verzeichnis der wichtigsten Themen in den Geschichten aus *1001 Nacht* genau fünf Fälle von Entmannung an. Dabei geht es um dunkelhäutige Männer – also um Sklaven. Die Strafe für die ehebrecherische Frau erfolgte nach den Gebräuchen der jeweiligen Region.

Lit.: Chebel, Elisséeff, *1001 Nacht.*

Siehe auch: Beschneidung, Ehebruch, Exzision, Gesetz der Vergeltung, Kastration, Sklave, *1001 Nacht.*

VERWÜNSCHUNGEN *(ihana, masabba, shatima)* **s. Böses Weib, Obszönität.**

VOLLMOND s. Mond.

VORHAUT *(ghulfa)* **s. Beschneidung.**

VORSPIEL *(muqaddimat al-hubb, idjra'at tamhidiya)*. Man kann davon ausgehen, daß jede Liebesbeziehung auch spielerische Anteile hat und aus einer Quelle schöpft, die Zärtlichkeit und Freude freisetzt. Das ist auch das erklärte Ziel des Vorpiels. Mit dem Partner schäkern, ihn liebkosen, sich mit ihm vergnügen, ihn liebevoll reizen und necken, all dies umfaßt der Begriff *mulaʿaba* (wörtl.: »Heiterkeit«).

Wieviel Bedeutung dem Vorspiel eingeräumt wird, kann von verschiedenen Faktoren abhängen. In einer Kultur, in der die Zeugung von Nachkommen eine große Rolle spielt, setzen sich traditionell denkende jungverheiratete Paare oft unter großen Druck, durch eine Schwangerschaft nach außen zu beweisen, daß ihre Ehe funktioniert. Die Auswirkungen dieses Wettlaufs mit der Zeit zeigen sich sogar bei den täglichen Umarmungen: Versagensängste und der Druck der Familie lassen die spielerischen Elemente der körperlichen Liebe zugunsten des bloßen Geschlechtsaktes zurücktreten.

Bei den sogenannten »modernen« Paaren, die ihre Liebe und Gefühle offen äußern und deren Paarverständnis von einer gleichberechtigten Beziehung der Liebenden ausgeht, ist vor allem die Verlobungszeit förderlich für die Entwicklung der *mulaʿaba*. Die moderne Sexualwissenschaft hat ausführlich auf die Bedeutung des Vorspiels für die körperliche Begegnung hingewiesen. Ja, es ist – zumindest für eine Frau – sogar unabdingbar, um das Begehren zu entfesseln (**s. Lust (sexuelle)**). Die spielerische Annäherung fördert das Vertrauen zwischen Mann und Frau, ihre gegenseitige Achtung und Sensibilität füreinander.

Die verschiedenen Arten des Liebesvorspiels begründeten in der klassischen Zeit bei den Arabern eine eigene und feste Liebeskultur. In *1001 Nacht* werden die verschiedenen Formen des Vorspiels mehrfach sehr detailliert beschrieben, beinahe in Vorwegnahme heutiger Sexualpraktiken.

Lit.: Ghazali, Ibn ʿArabi, Sournia, Tifashi.

Siehe auch: Ahal, Frigidität, Fruchtbarkeit/Sterilität, Galanterie, Ghazal, Klaps, Koitus, Moula'aba, Orgasmus, Sexuelle Initiation, Stellungen beim Koitus, Verführung, Zärtlichkeit.

VORSTELLUNG DER BRAUT. Gewöhnlich ist die Vorstellung der Braut eine andere Zeremonie als die Verlobung, weil sie nur den Frauen vorbehalten ist. Im Maghreb wie im Mashreq* ist die Vorstellung der Braut auch heute noch ein entscheidender Augenblick der großen Zeremonie der Hochzeit. Eine der besten Beschreibungen dieses vom weiblichen Geschlecht hochgeschätzten Zeremoniells stammt aus der Feder von Lady Mary Montagu, der Frau eines Botschafters der englischen Krone, die aus Istanbul 1717 in einem Brief berichtet:

»Ich war vor drei Tagen in einem der schönsten Bäder der Stadt und hatte dort Gelegenheit, den Empfang einer türkischen Braut mit allen bei solchen Anlässen gebräuchlichen Zeremonien zu sehen. Dies erinnerte mich an das Epithalamium [Hochzeitsgedicht] der Helena von Theokrit. Mir scheint, daß die gleichen Gewohnheiten von der Zeit her immer fortgedauert haben. Alle Freundinnen, Verwandten und Bekannten der beiden neu verbundenen Familien versammelten sich im Badehaus. Andere kommen aus Neugier, ich glaube, daß zweihundert Frauenzimmer da waren. Die Verheirateten und die Witwen setzten sich rund

herum in den Räumen auf die marmornen Sofas, die Mädchen aber warfen eiligst ihre Kleider ab und erschienen ohne allen Putz oder Hülle als ihr eigenes langes, mit Perlen oder Bändern durchflochtenes Haar. Zwei von ihnen empfingen an der Tür die von der Mutter und einer ältlichen Verwandten geführte Braut. Es war ein schönes, ungefähr siebzehnjähriges Mädchen, sehr reich gekleidet und von Juwelen glänzend. Allein in einem Augenblick war sie im Stand der Natur. Zwei Mädchen füllten vergoldete Silbervasen mit Weihrauch und führten den Zug an, die übrigen folgten paarweise, bis es sechzig waren. Die Führerinnen sangen ein Epithalamium, das die anderen im Chor beantworteten, die beiden letzten leiteten die holde Braut, die ihre Augen mit reizendem Anschein von Sittsamkeit auf den Boden geheftet hatte. So ging der Zug rundherum in den drei großen Räumen des Badehauses. Es ist nicht leicht, Ihnen die Schönheit dieser Szene zu schildern, da die meisten Mädchen von vollkommenem Ebenmaße waren und eine weiße Haut hatten, alle aber durch das öftere Baden glatt und glänzend. Nachdem sie ihren Zug vollendet, ward die Braut aufs neue durch alle Gemächer zu jeder Matrone geführt, die sie umarmte, ihr Glück wünschte und sie beschenkte, einige mit Juwelen, andere mit Stoffen, Halstüchern oder kleine Galanterien dieser Art, für die sie sich mit einem Handkuß bedankte.«
(*Briefe aus dem Orient*, S. 197f.)
Lit.: Montagu.
Siehe auch: Ehe, Ehestifterin, Hammam, Sexuelle Initiation.

VORWÜRFE *(laum, mulawama, mu'akhadha).* Anhand dessen, was Liebende sich gegenseitig vorwerfen, ist ersichtlich, ob sie eine gesunde Beziehung führen, ganz besonders zu deren Anfang. Vorwürfe werden im allgemeinen als zusätzlicher Beweis von Zärtlichkeit und als offensichtliches Zeichen der Zuneigung verstanden; deshalb kommt dieses Thema auch in der klassischen arabischen Erotikdichtung vor. Omar ibn Abi Rabiʿa schrieb Anfang des 8. Jh.s:

Als ich sie getroffen hatte, grüßte ich sie: sie hieß mich willkommen,
und sie hielt die Tränen in ihren Augen zurück.
Dann richtete sie Worte des Vorwurfs an mich:
Wir fanden dich
Hart und distanziert uns gegenüber.
(Petit/Voisin, S. 78)

Natürlich kommt es vor, daß die Vorwürfe schwerwiegender, gar gehässig werden und sich in unangenehme Vorhaltungen verwandeln oder in harten und ungerechtfertigten Tadel. Eine solche Situation bedeutet gewöhnlich die Vorstufe des Bruches. Ibn Hazm (993-1064) aus Córdoba schildert dies eindrücklich:
»Meiden und Tadeln kommen auch zusammen vor. Bei meinem Leben! Wenn sich dies in Maßen hält, bereitet es Vergnügen; wenn es aber ernsten Charakter annimmt, so ist es ein unerfreuliches Omen, ein Hinweis auf ungesunde Folgen und ein schlechtes Zeichen. Alles in allem ist es der Träger dauernden Meidens, der Vorläufer endgültiger Entzweiung, das Ergebnis falscher Beschuldigungen, der Anfang des Lästigseins, der Bote der Trennung, die Ursache von Haß und die

Vorhut der Abwendung. Nur dann kann man es als angenehm empfinden, wenn es in schwacher Form auftritt und aus zärtlicher Besorgnis erwächst.«
(*Das Halsband der Taube*, S. 89)
Eine typische Art des Vorwurfs richtet sich an die Geliebte, denn der Liebende des klassischen Zeitalters wird nicht müde, sich über ihre Abwesenheit und Unerreichbarkeit zu beklagen. Die Geliebte entgegnet, ihr Leben sei nicht weniger unglücklich, und zum Schmerz über die Trennung geselle sich noch der Schmerz, daß sie innerhalb ihrer Familie, ihres Stammes eingesperrt und auf den Bereich des Hauses beschränkt sei. Da die Liebenden sich nicht so oft sehen können, wie sie es wünschen, nimmt jeder Anteil am Martyrium, das der andere erduldet.

Sufiweisheit: »Ibn ʿAtha' sagte einmal, Liebe heißt, sich ständig Vorwürfe machen. Abu ʿAli hatte eine Sklavin namens Fairuz, die er sehr liebte, weil sie ihm schon lange gedient hatte. Eines Tages hörte ich ihn sagen, Fairuz behandelt mich schlecht und überhäuft mich mit Vorwürfen. Abu al-Hasan al-Qari, der zugegen war, sagte: ›Warum behandelst du diesen Scheich schlecht? – Weil ich ihn liebe, entgegnete sie.‹« (Quraishi, zit. nach Dermenghem, *LPBTA*, S. 249)

Lit.: Dermenghem, Ibn Hazm, Petit/Voisin.
Siehe auch: Abschied/Wiedersehen, Bote, Liebesleid.

VOYEURISMUS (*talassus; mutalassis:* »Voyeur«) **s. Augen, Blick, Sexuelle Perversionen, Verführung.**

VULVA (*fardj*, Plur.: *furudj; thughra, kuss*). Die Vulva als Symbol des weiblichen Geschlechts findet sich in vielen Darstellungen, die mit dem Intimbereich einer Frau sowie mit Fruchtbarkeit und Schutzzauber (Talismane, **s. dort**) zu tun haben, natürlich auch in medizinischen Darstellungen. Da sich die Sexualsymbolik auf eher rudimentäre und extrem stilisierte Formen wie z.B. Raute, Dreieck, Punkt in der Mitte eines Kreises usw. beschränkt, ist nicht immer unmittelbar deutlich, daß es sich um eine Vulva handelt. Im Volksglauben wird der Vulva eine unheilvolle Macht zugeschrieben, die Neugierigen Schaden zufügt. Man erzählt sich, daß der Sultan von Damaskus, Hasan ibn Ishaq, die Angewohnheit hatte, das Innere der Vulva einer Frau genau zu untersuchen. Als man ihm nahelegte, dies zu unterlassen, soll er geantwortet haben: »Gibt es ein größeres Vergnügen als das?« Bald darauf erblindete er. (Gobert, *Les Magies originelles*, S. 138)
Will man in Tunesien einen Mann mit schlechten Absichten beleidigen, dann sagt man von ihm: »Das ist einer, der heimlich Vulven anschaut.« (Ebd., S. 158)
Die Vulva ist auch Teil zahlreicher erotischer Initiationsgeschichten wie z.B. in folgender Erzählung aus *1001 Nacht*, in der sich ein Lastträger die Anatomie einer jungen Frau von dieser erklären läßt:
»(...) und sagte ›O mein Herr, wie heißt dies?‹ indem sie auf ihren Schoß zeigte. Er antwortete: ›Deine *rahim*.‹ Doch sie rief: ›Wie? Schämst du dich nicht?‹ und sie faßte ihn am Hals und schlug ihn. Dann sagte er: ›Deine *fardsch*‹; und sie schlug ihn nochmals und rief: ›Pfui, pfui, wie häßlich! Schämst du dich noch nicht?‹ Er aber sagte: ›Deine *kuss*‹; und sie rief: ›Wie? Schämst du dich nicht aus Ehrgefühl?‹ und sie stieß mit der Hand und schlug ihn. Da rief der Träger: ›Dein

zunbûr‹; jetzt aber fiel die älteste Dame mit Schlägen über ihn her und rief: ›So darfst du nicht sagen!‹ Aber welchen Namen er nur immer nannte, sie schlugen ihn immer mehr, bis ihm der Hals anschwoll von all den Prügeln; und so machten sie ihn zum Ziel des Gelächters untereinander. Schließlich aber fragte er: ›Und wie heißt es bei euch?‹ Und die Dame erwiderte: ›Die Krauseminze des Kühnen!‹ Da rief der Träger: ›Allah sei Dank für die Rettung; gut, o Krauseminze des Kühnen!‹« (*1001 Nacht*, Bd. I, S. 105f.)

Lit.: Gobert, *1001 Nacht*.
Siehe auch: Genitalien, Kuß, Schambereich, Vagina.

WA'D. Im vorislamischen Arabien wurden Mädchen nach der Geburt lebendig begraben *(wa'd)*. Eine Tochter bedeutete immer beträchtliche Kosten für die Familie, weil sie den Brautpreis für sie entrichten mußte, deshalb wurden Mädchen oft für die Armut verantwortlich gemacht. Ein anderer Grund für diese Kindstötung ist der verletzte Stolz des Vaters, weil er keinen männlichen Nachfolger gezeugt hat. Uns liegen allerdings keine genauen Quellen vor, die diese barbarische Praxis wirklich bestätigen könnten. **S. Frauen des Propheten.**

WADJD (Liebesschmerz). Versinnbildlicht die Schwierigkeit der leidenschaftlichen Bindung.

WAHRSAGERIN *(gazzana, sahira, mutanabbiya, bi-l-waraq)*. In der Konstellation der Liebe spielen die Kartenleserin *(mutanabbiya bi-l-waraq; shuwafa,* wörtl. »die Sehende«), die Magierin *(sahira)*, die Zauberin und die Wahrsagerin *(gazzana, sahira)* eine bedeutende Rolle. Bei den tausendundein Facetten jener faszinierenden Alchemie, genannt Liebe, die ebensoviel mit materiellen Faktoren wie mit der Lotterie der Gefühle zu tun hat, stehen sie regulierend, fördernd, voraussehend, beratend, lenkend und erläuternd zur Seite. Im Kontext des volkstümlichen Denkens, wonach Glück und Zufall immer noch die entscheidenden Elemente in einer Gleichung mit mehreren Unbekannten sind, muß nämlich unbedingt ein Mittel gefunden werden, um diese mit der Liebe in Einklang zu bringen. Die Kartenleserin betreibt also das Spiel, die Liebe mit Glück und Zufall zu versöhnen, ohne jedoch Garantien darüber abzugeben, wie die Sache am Ende ausgeht. Oft ist sie eine feinfühlige Psychologin, die es versteht, zu beobachten und zuzuhören: Ihre diversen Techniken der Magie verbindet sie dazu noch mit einer uralten Kunst, nämlich einer volkstümlichen Physiognomik oder Gesichtsausdruckskunde *(firasa)*, die sie auf ihre Weise handhabt, etwa wenn es darum geht, ihrer Patientin diese oder jene wahrscheinliche Entwicklung ihrer (Liebes-) Krankheitsgeschichte vorauszusagen.

Der Mathematiker, Astronom und nicht zuletzt große Weinkenner Omar Khayyam schrieb gegen Ende des 11. Jh.s:

Jüngst aus dem Buch der Liebe zog ich eben mir ein Loos,
Da hört' ich, wie ein Weiser sprach: »O dessen Glück ist groß,
Der eine schöne Freundin hat; und größer noch fürwahr,
Wenn eine Nacht er vor sich hat, die lang währt wie ein Jahr.
(Strophen des Omar Chijam, S. 60)

Lit.: Belguedj, Doutté, Khayyam, Lens, Mourad, *1001 Nacht.*
Siehe auch: Liebeszauber, Talisman.

WALAD AL-ZINA' (Kind der Sünde, uneheliches Kind) **s. Zina'.**

WALID s. Harem.

WALLADA (11. Jh.). Arabische Prinzessin und Dichterin zur Zeit des muslimischen Spaniens, die eine aufregende Beziehung zu Ibn Zaidun (**s. dort**) unterhielt.

Emile Dermenghem schreibt in seinem Buch *Die schönsten arabischen Texte:* »Nach dem Vorbild der schönen Damen am Hof Harun ar-Raschids, die regelmäßig literarische Salons besuchten, hatte sie Verse auf ihre Kleider gestickt. Auf einer ihrer Schultern stand folgendes: ›Bei Gott ... Ich bin imstande, die größten Dinge zu vollbringen, und schreite stolz auf meinem Weg weiter.‹ Wenn man sich hinunterbeugte, konnte man auf der anderen Schulter lesen: ›Ich schenke meine Wangengrübchen dem, der mich liebt, und küsse den, der es wünscht.‹ Trotz ihrer Kühnheiten hielt man sie nicht für unsittlich.« (*LPBTA*, S. 140)

Lit.: Cour, Dermenghem.

Siehe auch: Berühmte Liebespaare, Ibn Zaidun, »Scheherazade-Komplex«.

WANDEL DER LIEBE *(taghayyur al-hubb, taqallub al-hubb)*. Liebende, die sich auch gegen den Willen einer Gruppe oder ihrer Familie lieben, kennen die Qual, ihre Liebe gegen Dritte behaupten zu müssen. Ihre Verbindung geht aus einer solchen Situation oft gestärkt hervor, als Sieger eines erbitterten und ungleichen Kampfes, in dem das Paar zunächst mehr oder weniger hilflos der Allmacht einer ganzen Familie oder der Eifersucht von Rivalen ausgeliefert ist.

Aussichtsloser ist die Situation, wenn die Liebe innerhalb der Liebesbeziehung selbst umschlägt, von innen heraus zerstört wird. Einer der beiden Liebenden kann sich – im Vertrauen auf die Stabilität der Liebesbeziehung – völlig verändern, ein anderer bringt sein Leben in Gefahr, opfert sein Vermögen. Zuneigung, auch wenn sie keine Illusion ist, kann von vielen Zufällen abhängen (**s. Vergängliche Liebe**):

Sag dem schönsten aller Mädchen
das den Teint eines Granatapfels besitzt
Daß ich fromm war, bevor ich sie kannte
Ihr zuliebe hörte ich zu beten auf
Ich fiel Wein, Absinth
Tabak und Kif anheim
Die Wunderschöne verriet mich
Und ließ mich in trauriger Verfassung zurück
Sie zog Johannisbrot den Datteln vor.
(Mammeri, *ISM*, S. 261)

Der Wandel der Liebe ist eng verknüpft mit dem Liebesleid (**s. dort**), die Liebe war entgegen aller Erwartung vergänglich und verursacht nun Schmerzen. Das wird im folgenden kurzen Gedicht deutlich, das von marokkanischen Sängerinnen stammt und bei J. Jouin zitiert wird:

Der Freund, den ich liebe, liebt mich nicht,
Er verließ mich wegen einer anderen, stieß mich mit Verachtung von sich.
Nun schmeckt mein Essen bitter, und ich finde keinen Schlaf.
Ich gehe an Auszehrung zugrunde; ich suchte eine Arzt auf,
doch er konnte mir nicht helfen.
Die Liebe ist ein Tyrann; die Leidenschaft foltert den, der von ihr bedrängt ist.
(Jouin, *NPFRS*, S. 158)

Lit.: Ghazali, Ibn Hazm, Jouin, Mammeri.
Siehe auch: Eifersucht, Geduld, Liebesleid, Liebespakt, Listen und Intrigen, Rivalität in Liebesdingen, Vergängliche Liebe.

WANGE (*khadd, wadjna, ᶜarida,* gebr. pl.: *khudud*). Die Geliebte, deren Schönheit man besingt, hat rosige Wangen – darin sind sich die Dichter weithin einig. Rosige Wangen lassen natürlich an junge, zarte Haut denken, an Blässe und Reinheit.
In solchen Metaphern kommen auch die sozialen Unterschiede zu Ausdruck: Nur in der Schicht der Reichen bleiben die unverheirateten Frauen, die ihren Einzigen noch nicht gefunden haben, immer im Haus und setzen sich nie der Sonne aus.
Lit.: Rami.
Siehe auch: Körper.

WASCHUNGEN *(ghasl)*. In der arabisch-muslimischen Welt sind die rituellen Waschungen, deren Form und Anlaß genau geregelt ist (*ghasl,* »kleine Waschungen«, *ghasl akbar,* »große Waschungen«) nicht nur Ausdruck sorgfältiger Hygiene, sondern sie bilden eine Art Körperkult, der auto-erotische Züge aufweist. Das Ritual selbst könnte als eine Art Obsession verstanden werden.
Siehe auch: Autoerotik, Hammam, Reinigung.

WASSER (*al-ma'; nutfa ma':* ein Tropfen Wasser). Wasser ist das Symbol der Reinigung, der Fruchtbarkeit und der göttlichen Gnade. »(Wir haben) alles, was lebendig ist, aus Wasser gemacht«, heißt es im Koran (21, 30). Zugleich dient »Wasser« als Metapher für den Samen des Mannes; in vielen Volksbräuchen, die der Fruchtbarkeit gewidmet sind (etwa im Maghreb, wenngleich sich dieses Motiv in allen traditionellen Kulturen findet), wird dieses Element ausschließlich dem Mann zugeordnet. Wenn zwei Frauen im Gespräch von einem Mann sagen, daß »sein Wasser kalt ist«, dann soll das heißen, daß es ihm an Zeugungsfähigkeit mangelt.
Lit.: Chebel *(DSM),* Koran.
Siehe auch: Fortpflanzung, Impotenz, Sieben Wellen, Sperma.

WASSERMELONE (*dallaᶜ; battikh ahmar;* in Syrien *djabas*). Wie andere Kürbisgewächse gilt auch die Wassermelone als Fruchtbarkeitssymbol: Die algerischen Shawis brechen sie auf der Pflugschar auseinander, um die Schutzgeister günstig zu stimmen (Bréteau/Galley). In anderen Gegenden wird diese Frucht der Braut zum Geschenk dargebracht.

Im vulgären Sprachgebrauch bezeichnet die Wassermelone die Hinterbacken, den Podex der Frauen, den Hintern eines Mannes, den Po ganz allgemein, manchmal auch den Schlitz zwischen den Backen, ja sogar die Vulva.
Lit.: Bréteau/Galley, Chebel *(ES)*, *1001 Nacht*.
Siehe auch: Früchte, Hintern, Podex.

WATAᶜA s. Koitus.

WATHABA. Über jemanden herfallen wie ein Raubtier über seine Beute. Ghazali (1058-1111) überliefert folgende Aussage des Propheten: »Keiner von euch soll sich wie ein Tier auf seine Frau stürzen, sondern es soll zunächst ein Bote von einem zum anderen gehen.« Daraufhin wurde er gefragt, was er unter einem Boten verstehe, woraufhin er antwortete: »Küsse und sanfte Worte«. (*LBUMM*, S. 85)
Lit.: Ghazali.
Siehe auch: Erotik, Koitus, Leidenschaftliche Liebe, Verführung, Vorspiel.

WECHSELJAHRE (*iyas, quᶜud, sinn inquitaᶜ al-tamattuᶜ, irtifaᶜ al-haid, sinn al-ya's:* »Lebensalter der Betrübnis« in Ägypten [Saadawi]). Eine Frau in den Wechseljahren wird zwar eher scheel angesehen; aber außer gewissen Redewendungen, die das zum Ausdruck bringen, spielt das Thema keine große Rolle in den Überlieferungen und im Volksglauben. Nach der Menopause können Frauen sogar ihre soziale Rolle um einige Aufgabenbereiche und Verantwortlichkeiten erweitern, die ihnen zuvor verschlossen waren: Daß nun die Sexualtabus teilweise aufgehoben sind, bietet ihnen die Möglichkeit, in der Öffentlichkeit aufzutreten, in jenem Raum, der traditionell die Welt der Männer ist. Soweit das Aufhören der Monatsblutung (*irtifaᶜ al-haid*) ihr Gefühlsleben nicht beeinträchtigt, haben die Frauen außerdem die Chance, neue Bindungen einzugehen – diese Formen werden in der Regel gesellschaftlich geduldet. Allerdings gelingt es nur einer sehr kleinen Zahl von Frauen, aus dem Einschnitt, den die Menopause bedeutet, solche Vorteile zu ziehen. Nach wie vor bleibt die Vorstellungswelt der Männer deutlich bestimmt vom Ideal der jungen Frau, letztlich der Jungfrau.
Lit.: Bertherand, Bukhari, Ghazali, Saadawi.
Siehe auch: Harem, Menstruation, Reinigung, Sexualmythen.

WEIBLICHE KOMPLIZITÄT (*tawatu', rabiat al-musharika baina al-nisa'*). Befindet sich die Solidarität zwischen Frauen im politischen Sinn auch noch im Embryonalzustand, da die Männer in der Regelung des öffentlichen Lebens das Übergewicht besitzen, so ist ihre Solidarität innerhalb des Hauses nicht nur anerkannt, sondern auch von gefürchteter Effizienz. Gewöhnlich zählt man diese Komplizität zu den Listen und Intrigen, die die Frau aufgrund der »angeborenen Durchtriebenheit ihres Geschlechts« zu ersinnen weiß, etwa wenn es darum geht, eine Konkurrentin zu verunsichern oder ihren Gemahl gefügig zu machen, indem sie ihn dazu bringt, daß er sich ihren Wünschen entsprechend verhält. Der Begriff der Komplizität ist jedoch weiter gefaßt: »Alle Frauen des Stammes

unterstützen sich gegenseitig in ihrem Widerstand gegenüber der männlichen Autorität«, bemerkt Henri de Montety. »Wieviele galante Abenteuer werden daher durch die Komplizität der anderen Frauen gedeckt!« (Montety, S. 25)
Die allererste Komplizin, der die junge Frau im arabischen Milieu begegnet, ist ihre Mutter. Häufig versucht diese nämlich in ihrem heimlichen Wunsch, daß ihre Tochter es dereinst weiter bringen soll als sie selbst, ihr ein besseres Schicksal als ihr eigenes zu verschaffen.

Lit.: Montety, *1001 Nacht.*
Siehe auch: Listen und Intrigen, Rivalität in Liebesdingen.

WEIBLICHE LIST s. Geheimnisse, Hahnrei, Listen und Intrigen.

WEIBLICHKEITSIDEAL (*muhsina, imra'a kamila, imra'a wa nisf*, wörtl: »eine Frau und eine halbe«). Jede Gesellschaft, jede Zeit und jede soziale Gruppe hat ihre besonderen Vorstellungen von der weiblichen Schönheit. So gab es auch bei den Arabern unterschiedliche Frauenbilder. Stets wurden die Frauen als Liebende gesehen, auch wenn es, wie häufig, um Konkubinen oder Prostituierte ging; im übrigen waren die Schilderungen in hohem Maße idealisierend, und je nach ihrer sozialen Stellung brachten die Autoren immer auch ihre Träume, Wunschvorstellungen und konkreten Begierden ein. In seiner Studie über die erotische Dichtung in Damaskus zur Zeit der Umayyaden* (7. – 8. Jh.) hat Régis Blachère ein Bild des damaligen Frauenideals gezeichnet. Was die äußere Erscheinung betraf, so waren die Vorstellungen von weiblicher Schönheit noch stark von den Vorlieben der Beduinen geprägt: »Sie steht spät auf, ist träge und wohlgenährt.« Auch in der Dichtkunst fanden zunächst die kollektiven Phantasien der arabischen Stämme Ausdruck, die Ideale der Damaszener wurden erst später formuliert.

Der Autor führt eine Reihe von gängigen Ausdrücken an, die für ihn das Grundvokabular der Beschreibung von weiblicher Schönheit ausmachen:
bid (pl. von *baida*), Damen mit schönem Gesicht
ghawani (pl. von *ghaniya*), die sich nicht schön machen müssen
khafira (pl. *khifar* od. *khafirat*), Schamhafte
hisan (pl. von *hasan*), Schöne
hud (pl. *haud*), junges Mädchen von schlanker Gestalt
kharida (pl. *khara'id*), *kharud* (pl. *khurud*), züchtige Jungfrau
anisa (pl. *awanis*), zärtliche, angenehme Gesellschafterin
halil, hulla, Geliebte
habib (selten: *habiba*), Geliebte, Freundin
hurra (pl. *hara'ir*), Herrin, freie Frau
(Blachère, *Les principaux thèmes* ..., S. 103)
In der Umayyadenzeit ist das Schönheitsideal noch deutlich ›körperlich‹ bestimmt, während unter der Herrschaft der Abbasiden* das bestehende Frauenbild (von der Ägypterin und der Tscherkessin – es gab viele tscherkessische Sklavinnen – bis zur Nordafrikanerin, von der man nur vage Vorstellungen hatte) durch eine Ethik der Schamhaftigkeit und Keuschheit ergänzt wurde. Im nachhinein ergibt sich dennoch eine Art von allgemeinem Weiblichkeitsideal, ein

Frauenbild, das in der Dichtung mythische Züge trägt und zugleich die sexuellen Phantasien beflügelt, eine Frau, die nicht nur tausendundeine Wonne durch ihre zarte Haut zu spenden weiß, sondern darüber hinaus in sich vereint »die Wollust der Griechin und die Liebeskünste der Ägypterin, die sinnlichen Bewegungen der Tochter Arabiens und die Heißblütigkeit der Äthiopierin, die naive Scheu der Fränkin und die vollkommene Liebeskunst der Inderin, die Erfahrung der Tochter Tscherkessiens und die wollüstige Leidenschaft der Nubierin, die Koketterie der Yemenitin und die kraftvolle Lust der Frau aus Oberägypten, die gezügelte Erregung der Chinesin und die glutvolle Liebe der Tochter des Hedjaz, die ungestüme Kraft der Irakerin und die Raffinesse der Perserin.« (*1001 Nacht*, M, Bd. XI, «Histoire du jeune Nour avec la Franque ...«)

Zur Zeit von Ibn ᶜAbdun (12. Jh.), einem Geschichtsschreiber, Dichter und Ethnographen aus Evora, galten die Berberinnen als die besten Liebhaberinnen, die besten Ammen kamen aus Schwarzafrika und die besten Sängerinnen aus Mekka. Die Perserinnen standen im Ruf, sehr gute Lehrerinnen zu sein, während man den Frauen aus Byzanz besondere Talente in der Haushaltsführung nachsagte. Wegen ihres blonden Haars und der Farbe ihrer Augen waren auch Slawinnen sehr begehrt. Den Tscherkessinnen, von denen in *1001 Nacht* die Rede ist, entsprechen in späteren Geschichten arabischer Erzähler die *rumiyat – al-rum* war die Sammelbezeichnung für die Byzantiner und darüber hinaus für die gesamte Christenheit und die slawischen Völker.

Türkinnen, Ägypterinnen und Syrerinnen waren sehr geschätzt, jeweils um bestimmter Qualitäten willen, die sich nur bei ihnen fanden. Aber bei alledem äußerten die Araber doch auch ihre Zweifel, ob es die ideale Frau in der Wirklichkeit geben könne. Bei Ghazali (1058-1111) wird die folgende Redensart wiedergegeben: »Eine schöne Frau, so pflegten sie zu sagen, von gutem Wesen und mit großen dunklen Augen, mit langen Haaren und blasser Haut, die allein ihren Gatten liebt und nach keinem anderen schaut – das ist ganz und gar die Beschreibung einer Huri des Paradieses.« (*Le Livre des bons usages ...*, S. 62). Doch der berühmte Religionsgelehrte versäumt nicht, die Kriterien zu nennen, die eine perfekte Frau und gute Gattin zu erfüllen hätte. Abgesehen davon, daß das Brautgeld niedrig sein soll, damit die Verbindung zustande kommt, sind es die folgenden sieben Bedingungen: Frömmigkeit, guter Charakter, Schönheit, Fruchtbarkeit, Jungfräulichkeit, gute Herkunft und außerdem soll sie mit dem Ehemann nicht eng verwandt sein (ebd., S. 55 f.).

Dieses Bild der vollkommenen Frau, wie sie sich ein gelehrter Muslim des 11. Jh.s vorstellte, erinnert daran, wie im Koran selbst, in der 60. Sure (›Die geprüft wird‹), die Vorstellungen von der frommen Gläubigen, guten Frau und Gattin und guten Muslime zusammengefaßt sind:

»Prophet! Wenn gläubige Frauen zu dir kommen, um sich dir gegenüber zu verpflichten, Gott nichts als Teilhaber an seiner Göttlichkeit beizugesellen, nicht zu stehlen, keine Unzucht zu begehen, ihre Kinder nicht zu töten, keine von ihnen aus der Luft gegriffenen Verleumdungen vorzubringen und sich dir in nichts zu widersetzen, was recht und billig ist, dann nimm ihre Verpflichtung in aller Form entgegen und bitte Gott für sie um Vergebung.« (Koran, 60, 12)

Von al-Nafzawi, einem tunesischen Scheich, stammt die folgende Beschreibung:

»Laß dir, sagen, o Vezir – die Gnade Gottes ruhe auf dir! –, es gibt vielerlei Frauen; die einen verdienen Lob, die anderen Verachtung.

Eine Frau, die nach dem Geschmack des Mannes sein soll, muß eine vollkommene Figur besitzen und beleibt sein. Ihre Haare seien schwarz, ihre Stirn sei breit, ihre Augenbrauen seien schwarz wie die Äthiopier, ihre Augen groß und schwarz, das Weiß ihrer Augen klar, jede Wange soll ein vollkommenes Oval bilden, die Nase sei zierlich und der Mund anmutig, die Lippen seien rosig, wie auch die Zunge, ein angenehmer Duft entströme ihrem Atem, der Hals sei lang und der Nacken stark; breit sei die Brust und der Bauch groß, der Busen sei fest und voll, der Nabel sei gut entwickelt und tief, breit sei der untere Teil des Leibes, vorragend und fleischig der Schoß, der Gang des Schoßes sei eng und nicht feucht, weich anzufühlen und eine starke Hitze ausströmend, er rieche auch nicht übel; die Schenkel seien hart, die Lenden sollen breit und voll sein, die Taille sei scharf ausgeprägt, Hände und Füße seien anmutig, die Arme rund und die Schultern gut entwickelt.

Wer eine Frau von solchen Eigenschaften von vorn betrachtet, ist entzückt, wer sie von hinten anschaut, geht daran zugrunde. Sitzt sie, so gleicht sie einem gerundeten Dom, im Liegen bildet sie ein weiches Bett, und im Stehen gleicht sie dem Schaft einer Fahne.« (Nafzawi, *Der duftende Garten ...*, S. 249)

Spricht ein Beduine von seiner Angebeteten, so sagt er etwa:

»Ihr Hals ist wie der der Antilope, ihre Augen wie die der Gazelle, ihr Duft ist der eines Gartens, und ihre Gestalt ist wie ein grüner Zweig im Sand.«

Und Omar Khayyam besingt die Frauen von Rhei mit den folgenden Worten:

Trink Wein, mein Freund, sieh nur, wie den Schweiß er perlen läßt
auf den Wangen dieser Schönen aus Rhei, den Schönsten der Welt.
Oh, wie lange noch soll ich es wiederholen? Ja, ich brach alle meine Schwüre.
Ist es nicht besser, hundert Schwüre zu brechen, als zu zerbrechen einen Krug mit Wein?

(*Quatrains*, S. 222)

Die Araber, wie die Perser und Türken, haben ein Weiblichkeitsideal geformt, das durch seinen Vollkommenheitsanspruch unerreichbar bleibt, und eher für die Welt der Geschichten und Legenden taugt. Dieses wirklichkeitsferne Ideal, das die Frau als himmlische und makellose Gestalt erscheinen läßt, findet sich auch in der höfischen Liebe der Araber. Die Stellung der Frau in der Wirklichkeit dagegen war und ist, in den Augen des *fiqh** und damit der Männer, von niederem Rang.

Lit.: Blachère, Khayyam, Koran, Nafzawi, *1001 Nacht*, Walther.
Siehe auch: Böses Weib, Ehebruch, Gazelle, Höfische Liebe, Huri, Konkubinat/Konkubine, Schönheit, Sklave, Unzucht, Üppigkeit.

WEIHRAUCH *(bukhar, luban)*. Dem Weihrauch, der bei den Arabern und überhaupt bei den Muslimen in fast jedem Haushalt zu finden ist, wird vorbeugende, oft auch heilende Wirkung zugeschrieben. Wunderheiler benutzen ihn häufig, um den Teufel aus dem Körper einer Frau zu vertreiben, die unfruchtbar ist oder nicht lieben kann; den alten Frauen dient er als Mittel gegen die Besessenheit,

oder dazu, böse Geister zu fernzuhalten. Unglück, Krankheit, Ehelosigkeit, aber auch Impotenz, Frigidität und ähnliche psychische Blockaden sind typische Anlässe für das Abbrennen von Räucherwerk. In den ländlichen Gegenden wird der Weihrauch oft auch nur wegen seines Wohlgeruchs und seiner hygienischen Wirkung entzündet.
Siehe auch: Frigidität, Gewürze, Impotenz, Parfum, Räucherwerk.

WEIN (*khamr*, vom Verb *khamara:* »fermentieren«, »gären lassen«; *sharab:* »Getränk«, daher kommt auch das Wort Sirup; *nabidh:* »aus Datteln gewonnener Alkohol«; *rahiq:* Begriff aus dem Koran). In der arabischen Welt, der Türkei und im Iran war Wein immer das Getränk nächtlicher Ausschweifungen und Gelage, wie sie von den Dichtern häufig besungen wurden. Auf der anderen Seite soll Wein den Geist beflügeln und, schenkt man den Dichtern Glauben, eine Art Zaubertrank sein, der Perlen der Sprache und wunderbare Reime herbeizaubert.
In Koran, den *Hadithen** und später auch im *fiqh** wurde dieses Getränk eindeutig verurteilt:
»Man fragt dich nach dem Wein und dem Losspiel. Sag: In ihnen liegt eine schwere Sünde. Und dabei sind sie für den Menschen auch manchmal von Nutzen. Die Sünde, die in ihnen liegt, ist aber größer als ihr Nutzen.«
(Koran, 2, 219)
Es scheint allerdings, daß der Wein im jenseitigen Leben erlaubt ist – was jedoch als Allegorie zu verstehen ist, so z.B. in Sure 83, Vers 25 und 26: »Sie erhalten versiegelten edlen Wein zu trinken, dessen Siegel aus Moschus besteht (…)«. In folgenden Suren finden sich ähnliche Äußerungen: 27:44-46; 56:17-18; 76:5 und 77:16.
Der Islam sprach sich nicht von Anbeginn gegen Wein oder Alkohol aus. Der Tradition zufolge war diese Anordnung lediglich eine Reaktion auf die herrschende Maßlosigkeit und nicht etwa ein eindeutiges Verbot.
Nach und nach änderte sich jedoch die Haltung des Propheten. So war es streng verboten, Wein vor dem Gebet und in der Nähe der Moschee zu trinken, weil einige Gläubige sich dort ziemlich betrunken eingefunden hatten:
»Ihr Gläubigen! Kommt nicht betrunken zum Gebet, ohne vorher wieder zu euch gekommen zu sein und zu wissen, was ihr sagt!« (Koran, 4, 43)
Wein wie auch Magie, Aberglaube oder Glücksspiele gelten als unrein und werden daher im Koran verboten.
Trotz aller Verbote sind Wein und Trunkenheit ständig wiederkehrende Motive der Dichtung, leidenschaftliche Liebhaber widmeten ihnen zahllose Hymnen. So z.B. Omar Khayyam (gest. 1132), der ihn mit der Liebe selbst gleichsetzt und seinem Enthusiasmus in folgenden Vierzeilern Ausdruck verleiht:

Einst schwebte dieser Krug, wie ich, in Liebesbangen,
In dunkler Locken Netz war er, wie ich, gefangen;
Und was am Hals des Krugs als Henkel du erblickst,
War eine Hand einst, die der Liebsten Hals umfangen.
(*Die Sinnsprüche Omars des Zeltmachers*, S. 11)

Gestern zerschlug ich meinen Krug mit Wein
In meiner Trunkenheit an einem Stein.
Da sprach des Kruges Scherbe: »Wie du bist,
War ich, und wie ich bin, wirst du einst sein.«
(Ebd.)

Ich trinke nicht aus bloßer Lust am Zechen,
Noch um des Korans Lehre zu durchbrechen,
Nur um des Nichtseins kurze Illusion! –
Das ist der Grund, aus dem die Weisen zechen.
(Ebd., S. 35)

Der flüssige Rubin, der sich ergießt,
Und lachend aus dem Hals der Flasche fließt,
Ist eines Herzens Blut – und der Kristall
Ist eine Träne, die ihn rings umschließt.
(Ebd.)

O flüchtige Welt, ich will nur noch Ausflüchte hegen,
Mit funkelndem Wein und Freude mich pflegen,
Sie sagen: Geb' Allah dir bußfert'gen Sinn!
Er tut's nicht, – und tut er's, bin ich dagegen.
(*Omar Chajjam und seine Rubaijat*, S. 64)

Zahiri aus Samarkand (12. Jh.) schreibt:
»Reichtum, Jugend, Liebe, Frühlingsdüfte, alle sind beim Stelldichein! Wein, grünende Wiesen, klares Gewässer und das geliebte Antlitz bieten sich unseren Augen dar.
In diesem holden Augenblick gibt es nur zwei Vergnügen: die Musik in der Morgendämmerung und den Kelch am Frühlingsmorgen.
Welch eine Lust, bei Tagesanbruch zu trinken, zum Klagelied der Laute, zum hellen Klang der Harfe.
Verlange noch vom Wein, erneure deine Freuden, denn die ganze Welt erneuert sich.«
(*Le livre des sept vizirs*, S. 111)

Auch Hafiz aus Schiraz (um 1325/26-ca. 1389/90) preist den Wein:

Gott bewahr! Zur Zeit der Rosen,
Auf den Wein Verzicht zu tun.
Ich der mit Verstande prahle,
Wie vermöcht' ich dies zu tun?
(Hafis, *Diwan*, Zweiter Theil, S. 181)

In der Sprache der Sufis steht für Elixier des Glaubens die Metapher Wein, wobei nicht die Rede von Wein im eigentlichen Sinne ist. Ibn ʿAdjiba schreibt:
»Wenn die Sufis es ›Wein‹ nennen, dann weil sie, wenn es in die Herzen ausstrahlt, das Bewußtsein verlieren, so als ob sie richtigen Wein getrunken hätten. Oft bezeichnen sie den Rausch *(sukr)* an sich als Wein, sowie die Gemütsbewe-

gung und die mystisch-ekstatische Begegnung *(wadjd, widjdan)* (...). Wenn die Sufis vom »Kelch« *(ka's)* sprechen, aus dem dieser Wein getrunken wird, spielen sie auf den Glanz des göttlichen Lichtes in den Herzen an, die von leidenschaftlicher Liebe (zu Gott, A.d.Ü.) *(hayadjan al-mahabba)* erfüllt sind.«
(Ibn ʿAdjiba, S. 261)
An anderer Stelle vergleicht der marokkanische Mystiker den Weinkelch *(ka's)* mit den Herzen der Eingeweihten:
»Sind die Herzen der Scheichs nicht gar Kelche, gefüllt mit diesem Wein, mit dem sie all diejenigen laben, die zu ihnen kommen und die sie lieben?«
Die Analogie zwischen realer und spiritueller Trunkenheit steht mit im Zentrum der Symbolik der Sufis. Der Wein, der im Koran gepriesen wird, gehört zum Paradies der Muslime. Für die Sufis bedeutet er – immer im übertragenen Sinne – eine Stufe, über die sie sicherer zu den Himmelstoren gelangen können.
Von den banaleren Freuden und Gefahren des Weins erzählt al-Sharishi in folgender kleiner Anekdote:
»Eine alte Frau saß neben jungen Leuten, die Wein tranken. Sie gaben ihr ein Glas zu trinken: sie fühlte sich wohl; da gab man ihr ein zweites Glas; ihr Gesicht rötete sich, und sie lachte. Nachdem sie ein drittes Glas getrunken hatte, sprach sie zu ihnen: ›Sagt mir, ob eure Frauen im Irak dieses Getränk trinken.‹ – ›Ja‹, antworteten sie. – ›Beim Herrn der Kaaba, dann begehen sie Ehebruch und keiner von euch weiß, wer der Vater ist!‹« (Basset, *MUCRLA*, Bd. 2, S. 22)
Lit.: Abu Nuwas, Basset *(MURCLA)*, Benscheikh, Castellam, Dermenghem *(LPBTA)*, Erman/Ranke, Ibn al-Faridh, Hafiz, Khayyam, Zahiri aus Samarkand.
Siehe auch: Aphrodisiaka, Ehebruch, Erotik, Musik, Opium, Orientalische Lebensart, Trunkenheit.

WEINEN *(buka', damʿa, nahib:* »Schluchzen«; *mandab, nadb:* »Wehklagen«). Weinen und Schluchzen gelten als klassische Gefühlsäußerungen der Frau, die ihren Geliebten erwartet, ihn nicht sehen kann und deshalb voller Verdruß und Bitterkeit ist. Tränen *(damʿa,* Plur.: *dumuʿ)* sind also ein Mittel, einen übergroßen Kummer nach außen zu tragen. Ibn ʿArabi (1165-1241) zählt Weinen zu den zahlreichen Zuständen, die Liebende erfassen (*TA*, S. 125 und 150), gibt aber keine näheren Auskünfte über diesen Gefühlszustand.
Lit.: Ibn ʿArabi.
Siehe auch: Liebe, Liebesleid, Tränen, Vorwürfe.

WEISER *(hakim, shaikh).* In der orientalischen Vorstellungswelt ist ein Weiser ein Mensch, der die Geheimnisse des Universums zu durchdringen sucht, über das Hier und Jetzt vollkommen erhaben ist und dabei zu dem inneren Frieden gelangen konnte, der einer solchen Suche angemessen ist. Als weise in diesem Sinne gilt eine besondere Art von Muslimen: die Sufis. Weisen wird aber auch in allen Kulturen eine gewisse Gleichgültigkeit dem irdischen Leben und materiellen Dingen gegenüber zugeschrieben – ein unerschöpfliches Motiv für Geschichtenerzähler wie z.B. in der folgenden Geschichte, die in Ägypten und dem gesamten Nahen Osten bekannt ist. Sie wurde nach einem Text, der in Bulak erhalten ist, aus dem Arabischen übersetzt (*Die wollüstige orientalische Blume*, Oxford, 1882):

»In einer Stadt in Ägypten lebte einmal ein sehr frommer und weiser Mann, der seine Zeit damit zubrachte, den Koran und die Kommentare der heiligen Schriften zu lesen. Dieser Mann hatte eine sehr schöne Frau, die ihn zärtlich liebte. Eines Tages verkündete der Engel Azrael diesem Mann, daß der Allmächtige ihm gestatte, drei Wünsche zu äußern, die sofort in Erfüllung gehen sollten. Der Weise erzählte seiner Frau von diesem Wunder, und als die Nacht hereingebrochen war, gingen sie gemeinsam zu Bett. Da es Freitag war und der Mann die Gebote des Islam treu befolgte, der den Gläubigen nahelegt, in dieser Nacht ihre ehelichen Pflichten zu erfüllen, nahm er seine Frau in die Arme und kam seiner Aufgabe nach. Die Frau schrie in ihrer Liebesglut: ›Ach, mein Geliebter, ach ... welche Lust schenkt mir dein Phallus! Ach! Ich wünschte, dein Körper wäre ganz damit bedeckt!‹

›Liebste Frau‹, sagte der Mann, ›dein Wunsch sei dir erfüllt!‹

Er sprach seinen Wunsch aus, und alsbald war sein ganzer Körper mit erigierten Phalli bedeckt.

›Ach‹, schrie die Frau, ›welch unvorsichtigen Wunsch haben wir geäussert! Du bist ein entsetzliches Monster geworden! Wo willst du mir all diese Phalli einführen? Wie willst du es anstellen, wenn du das Haus verlassen mußt, um in der Moschee zu erscheinen oder deine Schüler zu empfangen?‹

›Möge das nicht bleiben‹, sagte der brave Mann. ›Ich wünsche, daß all diese Phalli wieder verschwinden.‹

Alsbald verschwanden sie alle, und der seinige mit ihnen. Die Frau blickte ihrem Mann sofort auf den Unterleib und stieß einen Schrei aus:

›O weh! Deiner ist auch nicht mehr da! Das Werkzeug der Lust ist abhanden gekommen! Weder du noch ich werden uns je wieder der süßen Liebe erfreuen.‹

›Gott bewahre uns davor‹, rief der Mann. ›Ich habe noch einen Wunsch frei und wüßte nicht, wie ihn besser verwenden.‹

Sofort sprach er seinen letzten Wunsch aus, und sein Phallus war wieder an der alten Stelle, genauso hart wie zuvor, als der erste und unvorsichtige Wunsch ausgesprochen worden war.

Die Frau bedeckte diesen Freund, den sie verloren geglaubt, mit Zärtlichkeiten und sagte zu ihrem Mann: ›Ach, mein Gatte, ich sah voraus, was geschehen würde, deshalb brachte ich dich dazu, einen unüberlegten Wunsch auszusprechen. Vielleicht hättest du dir gewünscht, reich und mächtig zu werden, und wer weiß, ob du dann nicht eine Prinzessin geheiratet und mich verstoßen oder auf den Platz der zweiten Ehefrau verbannt hättest? Nun bleiben wir, was wir vorher waren. Ich bin dein und du bist mein.‹

Der Mann war ganz verzaubert von der Liebe, die ihm seine Frau bewiesen hatte, und überschüttete sie mit Zärtlichkeiten. Und sie lebten noch viele Jahre glücklich und zufrieden.« (Boisson, Bd. 4, S. 226)

Lit: Boisson.

WIEDERVERHEIRATUNG (*zawadj thani*). Verstoßung ist eine gängige Praxis in der orientalischen Gesellschaft, gleichzeitig gilt Ehelosigkeit als verpönt. Darum befinden sich Witwen oder Frauen, die verlassen wurden, in einem Dilemma. Und dies um so mehr, als die strengen und traditionellen Prinzipien des

Anstandes *(hidjma)* einer geschiedenen oder verstoßenen Frau nicht erlauben, von sich aus den Wunsch nach einer Wiederheirat zu äußern. Die kleine Geschichte, die Ahmad al-Shirwani in *Nafhat al-Yaman* erzählt, illustriert diese Problematik, deutet allerdings auch Lösungsmöglichkeiten an:
»Al-Asmaʿi berichtet: Während ich die rituellen Umkreisungen um die Kaaba vollzog, sah ich einen Mann, der diese Pflicht mit einem Korb auf dem Rücken erfüllte, [in dem sich eine alte Frau befand]. Ich sagte zu ihm:
›Du machst die Umkreisungen mit einem Korb?‹
›Das ist meine Mutter, die mich neun Monate unter ihrem Herzen getragen hat; ich will ihr geben, was ich ihr schuldig bin.‹
›Soll ich dir einen Rat geben, dann kannst du deine Schuld ihr gegenüber abtragen?‹
›Was ist das für ein Rat?‹
›Verheirate sie.‹
›Du Feind Gottes‹, sagte er zu mir, ›mit welcher Kühnheit erlaubst du dir, mir einen solchen Rat für meine Mutter zu geben?‹
Die alte Frau hob die Hand, schlug ihren Sohn in den Nacken und sagte:
›Warum ereiferst du dich, wenn man dir etwas sagt, was seine Richtigkeit hat?‹«
(Basset, *MUCRLA*, S. 88)
Lit.: Basset, Borrmans, Bukhari, Ghazali.
Siehe auch: Ehe, Ehestifterin, Polygamie, Scham, Witwe.

WILD s. Jagd.

WIMPERN *(hudb*, plur.: *ahdab)*. Die Wimpern werden mit Speeren, in Schlachtordnung aufgereiht zum Kampf, verglichen. Die Frau verwendet sie wie Pfeile, abgeschossen von der Kriegerin in Richtung des Geliebten, der oft als ein alter ego betrachtet wird, das es zu erjagen gilt. Dieses Bild war in der arabischen Dichtung der vorislamischen Zeit das gebräuchlichste. Für die Wimpern gibt es aber eine Fülle weiterer Namen: *hudb*, plur.: *ahdab*; *shafr*, *hadjib* (Augenbrauen); *dshafn*, plur.: *adjfan* (Augenlider) und andere. Besonders schöne Wimpern werden mit anderen poetischen Metaphern umschrieben, am häufigsten neben der der Pfeile ist die der gespitzten Rohrfeder des Kalligraphen *(qalam)*, des Schwertes *(saif)* oder des Buchstaben *nun*. Sharif-addin Rami (15. Jh.) überliefert ein Zitat von Scheich Hasan, der einst schrieb:
»Als Er [Gott] auf die Seite der Schönheit den Buchstaben *nun* schrieb, der der Wimpernform der Schönen nachgebildet ist, fielen aus der Spitze des Federkiels, der die Schicksale niederschrieb, Fäden, diese hefteten sich über die Augen jener schönen Wesen und wurden ihre Wimpern.« (*Anis al-ʿUshshaq*, S. 35)
Lit.: Belkheir, Rami.
Siehe auch: Alphabet, Augenbrauen, Harkush, Verführung.

»WINKEN MIT DEN AUGEN« *(tarfat ʿain, ghamza)*. Angesichts der relativen, in manchen Fällen sogar absoluten Getrenntheit, die die Beziehung der jungen Leute zum anderen Geschlecht erheblich erschwert, wird das sogenannte »Winken mit den Augen«, der Austausch heimlicher, doch vielsagender Blicke, buch-

stäblich zu einem »visuellen Rendezvous«. Er erlaubt es nämlich auch bei Begegnungen, wo die Aussicht auf physische Berührung alles andere als sicher ist, einander sein Interesse zu bekunden und miteinander Zwiesprache zu halten.
Diese im Orient seit frühesten Zeiten übliche Augensprache hat mit schlichten Blicksignalen wie »Augenaufschlag« oder »verführerischem Lächeln« wenig gemein, denn sie verfügt über ein umfangreiches, hochdifferenziertes Vokabular, das sie zu einer der wirksamsten Waffen der männlichen und weiblichen Verführungskunst macht.
Im Halsband der Taube *(Tauq al-hamama)*, seinem berühmten Werk über die Liebeskunst, widmet Ibn Hazm (994-1064), der große Theologe, Staatsmann und vielseitige Schriftsteller aus dem islamischen Andalusien, dem »Winken mit den Augen« sogar ein eigenes Kapitel, das auch konkrete Beispiele dieser Augensprache enthält:
»Ein Zeichen mit dem äußeren Winkel eines Auges bedeutet das Verbieten einer bestimmten Sache, während ein sanfter Blick Einwilligung verrät. Das Verweilenlassen des Blickes auf einer Stelle ist ein Zeichen von Schmerz und Traurigkeit, Blinzeln hingegen ein Beweis von Freude. Zeigen, daß man die Augen schließt, bedeutet Drohung, und wenn man den Augapfel nach irgendeiner Seite wendet und ihn dann schnell wieder fortkehrt, dann macht man damit auf das aufmerksam, worauf man hingewiesen hat. Ein heimlicher Wink mit den äußeren Winkeln beider Augen ist eine Frage. Wendet man die Pupille schnell von der Mitte des Auges zum inneren Augenwinkel, so bedeutet dies Verweigern, und bewegt man beide Pupillen in der Mitte der Augen hin und her, so ist das Ausdruck eines allgemeinen Verbots.«
(Ibn Hazm, *Das Halsband der Taube*, S. 36f.)
Lit.: Ibn Hazm.
Siehe auch: Rendezvous, Verführung.

WITWE *(armala)*. Witwen standen traditionell in schlechtem Ruf, ja es gab Zeiten, zu denen man sie aller möglichen Hexereien und Niederträchtigkeiten verdächtigte.
Der Prophetengefährte Djabir ibn Abdallah berichtet von der Rückkehr von einem Feldzug:
»Ich trieb mein Kamel zur Eile an, denn es lief mir zu langsam. Ein Mann, der hinter mir ritt, stach mit seinem Speer nach meinem Kamel. Da stürmte es dahin wie die schnellsten Reitkamele, die es gibt. Jener Reiter war der Prophet (S). Er sagte zu mir: ›Warum hast du es so eilig?‹ Ich antwortete: ›Ich bin frisch verheiratet.‹ – ›Ist sie eine Jungfrau oder eine ältere Frau?‹ – ›Eine ältere Frau!‹ Er fragte: ›Warum hast du nicht ein junges Mädchen geheiratet, daß ihr miteinander spielen und scherzen könnt?‹« (Bukhari, S. 331)
Die Sexualität einer Witwe – wie die der verstoßenen Frau – wurde im allgemeinen mit Argwohn betrachtet, was teilweise so weit ging, daß sie als mehr oder weniger unrein galt, wenn nicht dämonisiert wurde. Man legte ihr die Verantwortung für das eine oder andere Mißgeschick zur Last oder verdächtigte sie der Nymphomanie – um sie desto besser verurteilen zu können. Der Grund dafür, daß Witwen auf diese Weise ins gesellschaftliche Abseits gedrängt wurden, ist

darin zu suchen, daß ihr Status als Übertretung begriffen wird. Immerhin ist sie eine Frau, die von den körperlichen Genüssen gekostet hat, und im Gegensatz zur Jungfrau muß sie ihre Keuschheit nicht mehr unter Beweis stellen. Darum könnte eine Witwe sich im Prinzip alle sexuellen Freiheiten erlauben, nach denen ihr der Sinn steht, ohne soziale Repressionen befürchten zu müssen. Das wiederum macht sie für so manchen Mann interessant, der nicht unbedingt die Absicht verfolgen muß, sie schnellstmöglich zu heiraten.

Im Zuge der sozialen Entwicklungen und Veränderungen, deren Auswirkungen auch in der Einstellung der Gesellschaft deutlich spürbar sind, hat sich der Status der Witwe inzwischen dem der anderen Frauen angeglichen, denen sie auch in rechtlicher Hinsicht gleichgestellt ist.

Lit.: Bukhari, Roux.

Siehe auch: Alte Jungfer, Jungfrau, Verstoßung.

WOLF s. Tiere.

WOLLUST *(ladhdha, shahwa hassiya)* s. Lust (sexuelle).

WUCHS *(qadd, qama)*. Bevor sich ein Liebhaber bei der Verführung der Hüfte zuwenden kann, schickt es sich, die schlanke Taille seiner Liebsten zu bewundern, sie ist anmutig, herrlich, wohlgestaltet und von festen Wölbungen umschmeichelt. Dichter und Liebhaber haben den schönen Wuchs besungen, mit ihm werden alle Raffinessen eines Körpers verbunden, seine Wölbungen, seine leidenschaftliche Glut, seine sichtbare und unsichtbare Schönheit. Er ist das Pendant zur geschwungenen Linie der Hüfte und der Brüste, und galt bei den alten Arabern als ein Merkmal weiblicher Schönheit. Beliebte Metaphern, um einen schönen Wuchs und eine schlanke Taille zu beschreiben, sind Bäume: *tuba:* »Paradiesbaum«; *ban:* »Baum«; *sadj:* »Teakbaum«; *nakhil:* »Palme«; *sanaubar:* »Pinie«; *ʿarʿar:* »Wacholder«. Eine Frau mit einer schmalen Taille nennt man *ahyaf,* von *hayaf:* die Schlankheit der Taille; auf Persisch *kamar:* »das, was jedes Lobes würdig ist«, wie Sharif-addin Rami (14. Jh.) meint, der noch zwei weitere Möglichkeiten im Zusammenhang mit Liebe nennt:

»Die Würdenträger des Hofes der Liebe räumen der Taille der Geliebten einen höheren Stellenwert als der Zypresse ein, weil sie schlanker und ranker ist, deswegen nennen sie sie *bala* (erhaben). Die Liebenden, die das Opfer eine Trennung von der Geliebten sind, nennen sie *balaye djan* (Seelenschmerz).«
(*Anis al-ʿUshshaq,* S. 82)

Die persischen Dichter bedienen sich noch sieben anderer Vergleiche, von denen einige aus dem Arabischen stammen: Zypresse, Ulme, Buchsbaum, Rosenstrauch, Pinie, Pfeil, Schilfrohr, *alif,* der erste Buchstabe des arabischen Alphabets.

Im täglichen Sprachgebrauch des Arabischen und Persischen finden sich noch andere Namen für die Taille: *khasira:* »Hüfte« und sein persisches Pendant *moyan* (Mitte), außerdem folgende persische Bezeichnungen: Kleinigkeit, Haar, Geheimnis, subtiler Gedanke, geheimer Gedanke.

Eigentlich ist es jedoch *1001 Nacht* zu verdanken, daß das orientalische Schön-

heitsideal der Taille, die schön und schlank wie ein von prächtigen Hügeln umgebenes Schilfrohr ist, so weit verbreitet ist:
»(...) an der Rückseite der Halle aber stand ein Lager aus Wacholderholz, mit Edelsteinen besetzt, über dem ein Baldachin schwebte aus rotem Atlas, der mit Perlen aufgesteckt war, so groß wie Haselnüsse und größer noch. Drinnen zeigte sich eine Dame von erlesener Schönheit, mit herrlichem Antlitz, bezaubernden Augen und weisen Mienen, von Aussehen so lieblich wie der Mond; und ihre Brauen waren gewölbt wie Bogen, ihr Wuchs war aufrecht wie ein I, ihr Atem hauchte Ambra, und ihre Lippen waren rot wie Karneole und süß wie Zucker. Ihres Gesichtes Glanz beschämte die strahlende Sonne; sie war wie einer der himmlischen Planeten oder wie eine vergoldete Kuppel, oder wie eine Braut in erlesenstem Schmuck oder ein edles Mädchen Arabiens. (...) und redete sie in Versen an:
Wenn ich deinen Leib mit einem grünen Zweig vergleiche,
Belade ich mich selbst mit Schuld und schwerem Vergehen;
Der Zweig ist am schönsten, wenn wir im Kleide ihn finden,
Du aber bist am schönsten, wenn wir dich nackend sehen.«
(*1001 Nacht*, Bd. I, S. 100 u. 107)
Lit.: Rami, *1001 Nacht*.
Siehe auch: Körper, Schönheit, Verführung, Zypresse.

WUNDER (ᶜ*adjab*, ᶜ*adjiba*, pl. ᶜ*adjaʿib*). Die Liebe gewinnt besonderen Glanz, wenn sie mit Wundern verknüpft ist – das zeigt sich in den phantastischen Erzählungen der Seefahrer ebenso wie in den Geschichten aus *1001 Nacht*. Wundersame Begebenheiten, wie sie etwa in den von L. M. Devic übersetzten *Merveilles de l'Inde* über die Amazonen und die geschlechtliche Vereinigung mit Tieren (Affen, Fischen, Eseln, Ziegenböcken) berichtet werden (**s. Amazonen, Sodomie**), spielen eine wichtige Rolle in den erotischen Phantasien der Heranwachsenden und erst recht in der Vorstellungswelt der Erotomanen. So kann die Liebe, die stets den Vergleich und die Ausgestaltung sucht, zuweilen seltsame Wege gehen.
Oft werden Beispiele aus Fauna und Flora zitiert, um die Einzigartigkeit der Geliebten ins rechte Licht zu rücken (**s. Flora, Tiere**). In ähnlicher Weise schöpfen auch die Geschichten aus *1001 Nacht* immer wieder aus der Vorstellungswelt der vorislamischen Zeit, mit ihren Gottheiten, Götzen und archaischen Bildern. Wo es um die Liebe geht, tauchen nicht nur Harut und Marut (**s. dort**), die Engel der Zauberei auf, sondern ebenso die ›falschen Gottheiten‹, auch ›Töchter Allahs‹ (*banat Allah*) genannt, die im Koran vorkommen: *Lat, Manat, al-ᶜOzza, Taghut*. Ebenso ist die Rede von den Paradiesbäumen (*tuba**), den wunderkräftigen Wasserläufen (*Salsabil*) und Quellen (*kauthar**), von legendären Gestalten (Salomo und Balkis), von den Huris (**s. dort**), den zauberhaft schönen Jungfrauen im Paradies der Muslime, und von Dämonen (*Iblis* [Satan], *djinniya* [weiblicher Dämon]). Eine solche Überschneidung zwischen den Bereichen sagt auch etwas über ihre Eigenheiten aus: In der Sprache des Koran wie in der vorislamischen Überlieferung finden sich zahlreiche Begriffe, die eine Art heidnisches Gedankengut der Liebe bewahren.

So spielt zum Beispiel *wadd* eine wichtige Rolle, eine uralte vorislamische Gottheit der Liebe und Zuneigung. Bei Gaudefroy/Denombynes heißt es dazu: »Wadd, ›die Liebe‹, der man Milchopfer darbrachte, findet sich in Zentralarabien: Khalid ibn Walid zerstörte ihre Standbilder, gegen den heftigen Widerstand ihrer Anbeter, im Wadi Qura und in Dumat al-Djanda. Laut Ibn al-Kalbi geht dieser Kult auf die Zeit des biblischen Noah zurück – damals soll Wadd, zusammen mit vier frommen Männern, Suwa, Yaghut, Ya'uq und Nasr, auf dem Berg Nod zur Gottheit erhoben worden sein.« (*Mahomet*, S. 36)
Weiterhin findet sich bei einigen Chronisten (etwa bei Ibn al-Kalbi [9. Jh.], dem wichtigsten Kenner des vorislamischen Arabien) die Legende von Isaf und Naila, einem Liebespaar vom Stamm der Djurhum, der in Mekka ansässig war und die Obhut über das uralte Heiligtum der Kaaba innehatte: Weil sie sich im geheiligten Bezirk zu unzüchtigen Handlungen, oder gar einer Kopulation, hinreißen ließen, wurden die beiden Liebenden von Gott zu Stein verwandelt und standen seitdem als Statuen vor dem Heiligtum. Doch in späterer Zeit, nachdem der Ort mehrfach erobert worden war, begannen die Nachbarstämme, die von der ursprünglichen Gotteslästerung nichts mehr wußten, diese Standbilder anzubeten. Darum erging schließlich der Koranvers:
»Und sie haben gewaltige Ränke geschmiedet. Und sie sagten: ›Gebt doch nicht eure Götter auf! Gebt weder Wadd auf, noch Suwa', Yaghuth, Ya'uq oder Nasr!‹« (Koran, 71: 22, 23)
Die Standbilder all dieser Gottheiten wurden daraufhin von den Muslimen zerstört.

Koran: *Al-'Ozza:* 53, 19. *Iblis:* 2, 34; 7: 11-18: 15: 31-42; 17: 61-65; 18, 50; 20: 116-117; 26, 95; 34, 20; 38: 74-85. *Lat:* 53, 19. *Manat:* 53, 20. *Salsabil:* 76, 18. *Taghut:* 2: 256-257; 4: 51, 60, 76; 5, 60; 16, 36; 39, 17.

Lit.: Gaudefroy-Denombynes, Koran, *Merveilles de l'Inde*, Rami, *1001 Nacht*.

Siehe auch: Amazonen, Flora, Harut und Marut, Huri, Indien, Paradies, Salomo und Balkis, *1001 Nacht*, Tiere, Zoophilie.

YATAGHAZALA / GHAZALA. Bei einer Liebeserklärung verführerische Worte machen, die nicht unbedingt ernst gemeint sein müssen.
Siehe auch: Ghazal, Höfische Liebe.

YONI. Indisches »Symbol der Vulva, das immer mit dem Lingam Shivas abgebildet ist« (Frédéric, *DCI*, S. 1159). Dieser Name für die Vagina wird besonders im *Kamasutra* verwendet, dem berühmtesten erotischen Werk aus Indien.
Lit.: Frédéric, Vatsyayana.
Siehe auch: Kamasutra, Linga/lingam.

YUSUF UND ZULAIKA s. Joseph und Suleika.

ZABI (Hirsch- oder Rehkalb). Metapher für den Geliebten oder die Geliebte.
Lit.: Abu Rub, Pérès.

ZÄHNE (*dirs*, plur.: *adras*, »Backenzahn«; *sinn*, plur.: *asnan*, »Zahn« allg.). Die Zähne tragen nicht wenig zur Vollendung der Gesichtszüge bei, und mit ihrem Zustand steht und fällt die Schönheit des Lächelns. Daher widmet man ihnen eine regelmäßige und eingehende Pflege. Die orientalischen Dichter kennen tausendundeine Art, ein strahlend schönes Gebiß zu beschreiben. So wurde es bereits im 8. Jh. von Bashshar ibn Burd, einem der größten »erotischen« Dichter, mit aller Leidenschaft und Poesie besungen:

Zähne voller Wohlgeschmack, in lockrer Reih und frisch in schönem
                                                                  Zahnfleisch,
Geschmack von flüssigem Honig in seinem Strahlen, gestreckt in süßestem
                                                                   Wasser.
Die Frauen, die ihm nahn, bemerken sein Arom von honigsüßem Moschus,
Arom von honigsüßem Moschus in einem Kelch voll Wein.
Zähne, fein und scharf, gereiht in braunem Zahnfleisch,
(naß vor) Speichel von begehrenswertem, schönem Wohlgeschmack.
(Zit. nach Roman, *Un poète et sa dame*, S. 333)

Will man sie metaphorisch als Kollier aufgereihter Perlen betrachten, so lassen sich fünfzehn Vergleiche finden, davon sieben allein im Arabischen: *nuwwar* (Blume), *hubub* (Luftblasen, Kügelchen), *habbatu baradin* (Hagelkörner), *thurayya* (Plejaden), *durra*, *lu'lu'* (Perle), *sin* (der Buchstabe des arab. Alphabets, welcher »seine Zähne zeigt«); und acht im Persischen: *tagarg* (Hagel), *shabnam* (Tau), *gauhar*, *morwarid* (Perle), *parwin* (Plejaden), *setare* (Stern), *mohre* (Talisman-Ziermuschel) sowie *sereshq* (Tränen). (Rami, *Anis al-ᶜUshshaq*, S. 64)
Saᶜdi (zwischen 1213 und 1219-1292) hatte dazu geschrieben:
»Käme Ibn Muqla [ein berühmter Kalligraph des 9./10. Jh.s] ein zweites Mal zur Welt und würde behaupten, er könnte mittels offensichtlicher Magie Wunder vollbringen,
So könnte er selbst mit flüssigem Golde weder ein so gerades *alif* wie deine Nase, noch mit geschmolznem Silber ein noch gleichmäßigeres *sin* als deine Zähne malen.« (Ebd. S. 65.)
Alif ist der erste, *sin* der zwölfte Buchstabe des arabischen Alphabets.
Lit.: Rami, Roman, Saᶜadi.
Siehe auch: Alphabet, Mund, Nase, Schönheit.

ZAID UND ZAINAB. Zainab ist der Name einer Ehefrau des Propheten. Ihre Geschichte beschäftigte die medinensische Chronik Anfang des 5. Jahres der Hidjra*; das entspricht 627 bzw. 628 christlicher Zeitrechnung. Tabari (838-923) berichtet folgendes:

»Eines Tages wollte Mohammed seinen Adoptivsohn Zaid ibn Haritha, genannt Zaid, der Sohn des Propheten, sprechen, er ging zu ihm und trat ohne anzuklopfen bei ihm ein. Zainab, die Tochter von Djahsh, die damals als die schönste Frau galt und Zaids Ehefrau war, trug ihr Haar offen, das wühlte den Propheten auf. Der Gesandte Gottes beherrschte sich zwar, rezitierte vorsichtshalber aber eine gebräuchliche Formel, um Iblis, den Dämon des Bösen und der Versuchung, von sich fernzuhalten: ›Gelobt sei Gott, der Allmächtige; gelobt sei Gott, Herr über Herzen und Augen!‹

Als Zainabs Mann nach Hause kam, erzählte sie ihm genau, was geschehen war. Zaid begriff, daß der Anblick Zainabs den Propheten aufgewühlt hatte, und obwohl er sie sehr liebte, ging er zu seinem Adoptivvater, um ihm zu verkünden, daß er seine Frau, die gleichzeitig die Cousine des Propheten war, verstoßen würde, damit sie für eine etwaige Vermählung mit ihm frei sei. Ohne es sich einzugestehen, war der Prophet froh, daß Zaid sich von seiner Frau trennen wollte. Der Prophet dachte, er beginge ein großes Verbrechen, wenn er sich diesem zärtlichen Gefühl für seine Cousine hingeben würde. Darum ermahnte er seinen Sohn, seine Frau zu behalten, weil Gott gesagt habe, wenn eine Frau nichts Schlechtes getan hat, solle ein guter Muslim sie bei sich behalten und sie nicht einfach verstoßen. In Wirklichkeit aber wuchs die Liebe des Propheten zu seiner Cousine schnell und wurde so stark, daß er, als er es nicht mehr verbergen konnte, um ihre Hand anhielt. Gott wollte ihn von allem Schmerz befreien und offenbarte ihm folgenden Vers:

Und als du zu demjenigen, dem sowohl Gott als auch du Gnade erwiesen hatten (gemeint ist Said ibn Haritha, der Freigelassene Mohammeds), sagtest: ›Behalte deine Gattin für dich und fürchte Gott!‹, und in dir geheimhieltest, was Gott offenkundig machen würde, und Angst vor den Menschen hattest, während du eher vor Gott Angst haben solltest! Als dann Said sein Geschäft mit ihr erledigt hatte (d.h. sich von ihr geschieden hatte), gaben wir sie dir zur Gattin, damit die Gläubigen sich künftig wegen der Ehelichung der Gattinnen ihrer Nennsöhne, wenn diese ihr Geschäft mit ihnen erledigt haben, nicht bedrückt fühlen sollten. Was Gott anordnet, wird ausgeführt.« (Koran, 33, 37)

Tabari, der diese Koranpassage kommentiert, fügt hinzu:

»Zainab brüstete sich mit diesen Worten und sagte zu den anderen Frauen des Propheten: ›Mit euch hat sich der Prophet selbst verheiratet, wohingegen ich von Gott mit ihm verheiratet worden bin.‹« (*Chron.*, Bd. 3, S. 222)

Lit.: Tabari.
Siehe auch: Ehefrau, Frauen des Propheten, Verstoßung.

ZANDAQA: Jede Einstellung, die mit dem religiösen Recht nicht konform geht. Der Begriff bezeichnete zunächst häretisches und non-konformes Gedankengut jeder Art, wurde dann schließlich im Zusammenhang mit Libertinage im weitesten Sinne, d.h. jeder Art von freizügigen Lebensgewohnheiten verwendet.

ZANIN (fem. *zaniya*, Pl. *zaniyun, zaniyat:* »unzüchtiger Mann«, »unzüchtige Frau«). Begriff, der über fünfundzwanzig Mal in verschiedenen Koranversen vorkommt, die vor der Versuchung des Fleisches, Ehebruch, Prostitution und jeder anderen Art von »Ausschweifung« *(fisq)* warnen sollen.
Siehe auch: Unzucht, Zina'.

ZARIF (pl. *zurafa'*) s. Eleganten (Die).

ZÄRTLICHKEITEN *(muda^{c}aba, tahabbub, tamalluq, mulamasa)*. Außerhalb des *mu^{c}asharat al-nisa'* (»Umgang« bzw. »Verkehr mit Frauen«) wird in der arabischen Literatur nur in sehr wenigen Szenen die Phase des Austauschs von Zärtlichkeiten geschildert. Und doch kann man angesichts der zahlreichen Begriffe, die sie bezeichnen, darauf schließen, daß bei der Begegnung mit einer Frau ein hohes Maß an Feinfühligkeit herrscht.
Normalerweise beschränkt sich die Beschreibung der Geliebten auf das, woran sich ihr Bewunderer noch erinnert; zuweilen konzentriert sie sich ausschließlich auf den Liebesakt selbst in der Form, wie er von den Theologen der Liebe dargestellt wird. Hier jedoch eine schon im Mittelalter von Ibn Khafadja beschriebene Szene, wo die Geliebte mit einem gezückten Säbel verglichen wird:

Ich sah, daß sie sich ihres Mantels entledigt hatte,
und schloß jenen gerade blankgezognen Säbel küssend in die Arme.
Wie zart bei der Berührung, wie schlank um die Taille,
wie bebend in den Flanken, welch Glanz einer Klinge! [...]
Meine Hände lustwandelten beide über ihren Leib, bald hinab zur Taille,
bald hinauf zu den Brüsten.
Während die eine hinabstieg in den Spalt ihrer Flanken wie hinab gen Tihama,
begab sich die andre hinauf zu den Brüsten wie auf den Weg in den Nedjd.
(*PBTA*, S. 133)

Hatte nicht bereits der Erste der Muslime, der Prophet Mohammed, die Männer dazu angehalten, mit ihren Ehefrauen zuerst ein wenig Zärtlichkeit mit Worten und Küssen zu pflegen, bevor sie ihnen beiwohnen? »Keiner von euch«, sagte er zu seinen Gefährten, »stürze sich auf sein Weib, wie es das Vieh tut, vielmehr soll zwischen ihnen ein Bote sein.« Als man ihn fragte, was für einen Boten er meine, antwortete er: »Küsse und Worte.« Und er fügte hinzu, daß es zu den Schwächen des Mannes gehöre, sich so zu verhalten, daß er »seiner Sklavin oder Frau sich naht und ihr beiwohnt, ohne ihr Zärtlichkeiten zu sagen und sie zu liebkosen, so daß er eher durch sie zu seiner Befriedigung gelangt als sie durch ihn zu der ihren«. (Ghazali, *Von der Ehe*, S. 89)
Dank Ghazali haben wir die Gewißheit, daß Zärtlichkeit die Liebe vor allem bewahrt, was sie zu gewaltsam und ungestüm nur allein auf das rein Sexuelle reduziert.
Zusatz: »Zärtlichkeiten sind«, so merkt Jose Gaos dazu an, »in der sexuellen Liebe ein außer- oder übersexuelles Element; die Zärtlichkeit ist nicht das Sexuelle innerhalb des Nicht-Sexuellen, sondern im Gegenteil das Nicht-Sexuelle innerhalb des Sexuellen.« (Zit. nach Jean Brun, *La Main*, S. 106)

Lit.: Brun, Dermenghem, Ghazali.
Siehe auch: Bismallah', Hand, Koitus, Kuß, Stellungen beim Koitus, Vorspiel.

ZAUBER *(sihr, fitna)*. Die körperliche Vereinigung ist Thema einer Vielzahl von magischen Vorstellungen. Nach der Überlieferung sehen die Dschinns, böse Geister aus den Tiefen der Erde, bei jeder Umarmung der Liebenden zu und mischen sich ein. Man muß ihnen folglich entgegentreten und ihre finsteren Machenschaften durchkreuzen. Vor allem zwei Formen des bösen Zaubers spielen dabei eine Rolle: *rabt*, das sogenannte Knotenschlagen (**s. dort**) und die »Verhärtung« der Jungfräulichkeit der Frau (*sfah, tasfah* im Maghreb). Soweit sich solche Praktiken auf die volkstümlichen Vorstellungen vom Geschlechtsakt beziehen, gehört zu jedem Zauber ein Gegenzauber, beide werden in der Regel von denselben alten Frauen ausgeführt. Mathéa Gaudry schildert im folgenden einen Zauber, den die Frauen im Aurès mit Hilfe von Nomadenfrauen aus Südalgerien praktizieren:

»Wenn es darum geht, sich bestimmenden Einfluß auf den Ehemann oder den Freund zu sichern, holen sich die Frauen in der Aurès-Region Rat bei den Nomadenfrauen aus dem Süden. Es gibt einen bestimmten Zauber namens *karesh*, der im Aurès besonders geschätzt wird: Man muß dem Mann ein Stück Fleisch, etwa von der Größe einer Mandel, zu essen geben, das einem Eselsfüllen direkt nach der Geburt zwischen den Ohren herausgeschnitten wurde. Natürlich würde es auffallen, wenn die Frauen im Aurès diesen Eingriff an den eigenen Tieren vornehmen würden, daher kommen ihnen die Fremden gerade recht, die durch die Dörfer ziehen und, wenn die Männer gerade nicht da sind, bei den Frauen auftauchen und fragen: ›Willst du *karesh*?‹ Die Frauen sind bereit, bis zu fünfzig Francs für das Stück Fleisch zu bezahlen. Der Zauber hat den Namen *habni bessif* (dial. ›Du mußt mich lieben‹).« (Gaudry, S. 242)

Lit.: Belguedj, Gaudry.
Siehe auch: Charme, Defloration, Knotenschlagen, Liebeszauber, Räucherwerk, Sexualmythen.

ZEICHEN *('alama)* s. **Verführung,** »**Winken mit den Augen**«.

ZEITEHE s. **Genußehe**.

ZIMT s. **Gewürze, Parfum**.

ZINA' (Unzucht, Ehebruch; *walad al-zina'*: wörtl.: Kind der Unzucht; d.h. uneheliches Kind). Jede atypische sexuelle Beziehung und jede sexuelle Handlung, die nicht durch einen Text oder eine muslimische Tradition legitimiert ist und die sich überdies außerhalb der Ehe abspielt, ist *zina'*. Die »Schuldigen«, *zanin*, fem. *zaniya* (**s. dort**), werden vom Koran heftig angegriffen; er sieht eine apokalytische Bestrafung vor. Die Frucht einer solchen Verbindung nennt man *walad al-zina'*, wörtl.: »Kind der Unzucht«, was ungefähr so abwertend wie der Begriff »Bastard« ist.

Lit.: Bouhdiba, Bousquet, Sicard.
Siehe auch: Unzucht, Zanin.

ZÖLIBAT *(ᶜuzuba)* s. Ehelosigkeit.

ZUBB (Plur.: *azbab:* Penis, Glied). Es scheint, daß dieser Begriff aus der Umgangssprache, vor allem des Spelunkenmilieus, nach Algerien gelangte, und zwar im Zuge der Kolonisation durch die französischen Soldaten.
Siehe auch: Dhakar, Koitus, Penis.

ZUCKER s. Sukkar.

ZUMURRUD (wörtl.: Smaragd). Name einer Figur aus *1001 Nacht*, Heldin einer Geschichte, die reich an lasziven Beschreibungen ist.
Siehe auch: Greis, *1001 Nacht*.

ZURAFA' (wörtl.: »die Eleganten«, »die Meister der Eleganz«). Der Begriff kommt oft im Plural vor, weil er eine Art Bruderschaft von Bonvivants bezeichnet, manchmal eher untätige und vermögende Dilettanten, die man einst in Mekka, Medina, Bagdad und Isfahan treffen konnte **(s. Eleganten (Die))**.

ZWILLINGE *(tau'am)*. In der Welt des Islam gilt eine Frau, die Zwillinge zu Welt bringt, als gesegnet: Zwillinge werden als ein Geschenk Gottes angesehen. Ältere Vorstellungen besagen, daß Zwillinge gezeugt werden, wenn beide Gatten im gleichen Augenblick ein Kind wünschen.
Lit.: Belguedj, Bertherand, Desparmet, Ghazali.
Siehe auch: Geburt, Schwangerschaft.

ZYPRESSE (*sarw*, von pers. *sarv*). Ein konventionelles Bild für die Schönheit und Schlankheit des Körpers in der persischen Dichtung. »Sklave bin ich von bezaubernden Augen – und der Taille einer Zypresse«, schreibt Hafiz aus der schönen Stadt Schiras. (*Anthologie de l'Amour arabe*, S. 73)
Gelegentlich wird die Geliebte auch direkt als Zypresse bezeichnet. Omar Khayyam assoziiert die Zypresse mit der Freiheit, denn, so sagt er einmal »obgleich zehn Sprachen sprechend, bleibt [sie] stumm« (*Quatrains*, S. 184). Bei ᶜImad Fariq, der von Sharif-addin Rami in seinem Traktat über die Schönheit (16. Jh.) zitiert wird, versinnbildlicht die Zypresse dagegen, auf die Geliebte bezogen, nur ihren Körper und nicht die Seele: »Ich will dich nicht Zypresse nennen, denn die Zypresse ist von der Wurzel bis zur Krone nur ein Leib, doch du bist eine Seele ganz und gar.« (*Anis al-ᶜUshshaq*, S. 84)
Robert Surieu hat seiner Untersuchung über die Liebe und die erotischen Darstellungen im alten Iran sogar überhaupt den Titel *Le Cyprès charmant* (›Die bezaubernde Zypresse‹) gegeben.
Der Einfluß der persischen Dichtung auf die türkische ist deutlich zu erkennen, denn auch dort wird immer wieder auf die Zypresse angespielt, so etwa in einem Gedicht von Fuzuli (16. Jh.), wo sie bereits im Titel *(O Zypresse)* beschworen wird:

Wogend gewundene Zypresse, dir gilt all mein Seufzen,
Strahlende Knospe, dir gilt all mein Schluchzen.
(Arzik, *Anthologie de la poésie turque*, S. 53)

Weiter unten vergleicht Fuzuli sogar den »Weg«, nämlich den zu Gott, mit einer Zypresse, womit wohl angedeutet werden soll, wievielen Unwägbarkeiten die spirituelle Suche aller Anstrengung zum Trotz unterworfen bleibt:

Das Wissen? Zitternde Tulpen im Wind,
Der Weg, so vage wie schillernde Zypresse.
(Ebd., S. 56)

Lit.: Arzik, Hafiz, Khayyam, Rami, Surieu, *1001 Nacht*.
Siehe auch: Liebes- und Sexualsymbolik, Schönheit, Tod, Wuchs.

Anhang

Glossar

Abbasiden (750-1258): zweite große Dynastie in der frühislamischen Geschichte mit Bagdad als Herrschersitz. Der Kalif Harun ar-Raschid (766-809), dessen Heldentaten auch in *1001 Nacht* gerühmt werden, ist eine der Figuren des Goldenen Zeitalters der Abbasiden.
Agdal: (Maghreb) Garten in der Stadt, mit oder ohne Springbrunnen.
Almohaden [*al-muwahhidun*, wörtl. Bekenner von Gottes Einheit] (1121-1269): nordafrikanische Dynastie, begründet von Mohammed ibn Tumart al-Mahdi.
Almoraviden [*al-murabitun*, von *ribat*, Grenzfestung] (1056-1147): Berberdynastie aus der Sahara. Sie einten den Zentralmaghreb und dehnten ihre Macht bis nach Andalusien aus.
Ayyubiden: muslimische Dynastie, die 1171 n.Chr. die Fatimiden in Ägypten stürzte.
Baklawa [*baqlawa*]: beliebtes orientalisches Gebäck, das aus Zutaten mit energetisierender oder aphrodisierender Wirkung besteht wie Nüssen, Honig, Mandeln, Zucker, Orangenblütenwasser, usw.
Baraka: Segen Gottes oder Segen einer/eines Heiligen.
Buyiden (945-1055): persische Dynastie, von Buyeh (arab. auch Buwaih) begründet.
Dar al-Islam: wörtl.»Territorium des Islam«. Bezeichnet alle Länder mit dem Islam als Staatsreligion. Der Begriff fand besonders zur Zeit des osmanischen Reiches Verwendung.
Div: persisch Dämon.
Diwan: Buch, Gedichtsammlung, Anthologie.
Dschinn [*djinn*, fem. *djinniya*, Pl. *djinnun*]: Dämon, Teufelchen, unheilvolles Wesen, das die arabisch-muslimische Welt heimsucht.
Gefährten zur Rechten: rätselhafter Begriff aus dem Koran, zur Bezeichnung der guten Muslime, d.h. derjenigen, denen Zutritt zum Paradies gewährt wird. Die Gefährten zur Linken hingegen werden abgewiesen.
Fatimiden (909-1171): schiitische Dynastie, die Kairo gründete.
Fiqh: islamische Jurisprudenz.
Funduq: Hotel.
Fuqaha' (Singular: *faqih*): muslimische Rechtsgelehrte, Theologen, Imame.
Djahiliya: wörtl.: Zeit der Unwissenheit. Vorislamische Zeit.
Hadith: Ausspruch des Propheten. Eine göttliche Äußerung, die dem Propheten zugeschrieben wird, die aber nicht im Koran steht, nennt man *hadith qudsi*.
Hafsiden: tunesische Dynastie (1228-1574).
Harissa (eigentl. Harisa): ölige Paste, die vor allem aus zerstoßenen roten Chilischoten besteht, mit verschiedenen Substanzen vermischt, die energetisierend wirken, u.a. Öl. Harissa ist heutzutage aus der arabischen Küche fast nicht mehr wegzudenken. Man schreibt ihm eine aphrodisierende Wirkung zu.
Khatun: vornehme Dame (Titel der Ehrerbietung).
Hidjra: Beginn der muslimischen Zeitrechnung. Das Jahr 1 der Hidjra entspricht dem Jahr 622 n.Chr.
Hodscha [arab. *hudjdja*; türk. *hoca*]: Mitglied der muslimischen Geistlichkeit in der Türkei und im Iran: Imam, Scheich oder Rechtsgelehrter. Er erhält den Titel Führer, Zeugnis (*hudjdjat al-islam*) oder Weiser.
Ihsan: Eigenschaft derjenigen, die zu einer guten Tat bereit sind: wie z.B. einem Bedürftigen ein Almosen geben, den religiösen Pflichten nachkommen, usw. Im Koran ist zu lesen: »Diejenigen, die die Schrift Gottes lesen, das Gebet verrichten und von dem, was wir ihnen beschert haben, geheim oder offen Spenden geben, dürfen auf einen Handel hoffen, dem kein Niedergang drohen wird.« (Sure 35, 29)
Isnad: mündliche Überliefererkette (als Teil eines Hadith), auf die sich die Traditionarier in ihren Sammlungen von Traditionen stützen: Person A sagte, was sie wiederum von Person B erfahren hat, usw., bis zu demjenigen, der persönlich die Worte des Propheten vernommen hat. Die Vorgehensweise, sich auf diese ausgewählten und bewährten Mittelspersonen zu stützen, nennt man Isnad.

Kaaba [ka'ba]: Mittelpunkt des Heiligtums in Mekka; Ort, auf den sich alle existierenden muslimischen Heiligtümer symbolisch und spirituell beziehen (Chebel, DSM).
Kadaifi [qata'if]: Kuchen aus Fadennudeln, der mit Mandeln, Zucker, Orangenblütenwasser, Zimt und Butter zubereitet ist.
Kadi [qadin]: muslimischer Jurist.
Kauthar: Name eines im Koran erwähnten Flusses im Paradies.
Koran: die heilige Schrift der Muslime (Chebel, DSM).
Kuloglu [arab. *quloghlu*]: jemand von türkisch-algerischer Herkunft, genauer mit einem türkischen Vater und einer nordafrikanischen Mutter.
Madrasa: Koranschule; Schule für Religionsunterricht.
Maghreb: Nordafrika bzw. der westliche Teil der arabischen Welt, umfaßt die Länder Tunesien, Algerien und Marokko; im weiteren Sinne auch Libyen, Westsahara und Mauretanien.
Mahallabiya: Süßspeise aus Stärke, Milch und zerstoßenem Reis, sehr beliebt im Mashreq.
Makame [*maqama*, Pl. *maqamat*]: Gedichtsammlung, Gattung der arabischen Reimprosa.
Malekiten: Anhänger der nach ihrem Gründer Imam Malik (716-795) benannten Rechtsschule im sunnitischen Islam.
Mashreq: arabischer Osten.
Mausim: (Marokko) Wallfahrt zu einer bestimmten Jahreszeit zu einem Heiligtum oder Heiligen, die die *baraka* besitzen (s. **zawiya**).
Medina: arabische Altstadt, manchmal auch Kasba [*qasba*] genannt.
Mihrab: Gebetsnische in der Moschee. Sie ist nach der Qibla (s.u.) ausgerichtet, die Richtung der heiligen Stätte der Muslime.
Mithqal: Gewichtseinheit zum Wiegen von kostbaren Metallen: »ein Dinar wiegt genau ein *mithqal*, die beiden Worte werden oft synonym verwendet« (Sauvaget, *Arabische Historiker*, Glossar).
Mu'allaqat [Singular: *al-mu'allaqa*]: wörtl.: die »Hängenden«. Lange Gedichte aus vorislamischer Zeit, denen das unvergleichliche Privileg zuteil wurde, an einer der Mauern der Kaaba aufgehängt zu werden, denn sie entsprachen den Ansprüchen an große arabische Literatur. Es handelt sich um sieben Gedichte (manchmal zehn), die Imru' al-Qais (500-540), Tarafa ibn al-'Abd (453-569), Amr ibn Kalthum (450-500), al-Harith ibn Hilliza (gest. um 580), 'Antara ibn Shaddad (525-615), Zuhair ibn Abi Sulma (530-627) und Labid ibn Abi Rabi'a (560-661) zugeschrieben werden.
Mu'tazilit: Anhänger der im 8. Jahrhundert entstandenen philosophischen Schule der Mu'tazila, die eine rationalistische Position zum Islam einnimmt.
Nay: Schilfrohrflöte, charakteristisch für die arabische Folklore, zunächst für rein beduinische Folklore, später auch städtische.
Peri: persisch Fee.
Pir: Weiser.
Purdah: indisch Schleier.
Qibla: vorgeschriebene Gebetsrichtung nach Mekka.
Ratl: Gewicht, das einem römischen Pfund entspricht (*ratl* kommt von *litra*; siehe auch Sauvaget).
Safawiden: arabische Dynastie, begründet in Aserbaidschan von Isma'il (gest. 1524), benannt nach seinem Nachfahren Safi al-Din (14. Jahrhundert). Da die Safawiden sich zur Schia [*shi'a*] hinwandten, kämpften sie gegen die Sunniten (15. Jahrhundert). Sie ließen sich in Persien, Irak und Armenien nieder und begründeten dort eine sehr feine Kultur.
Sahih: Bezeichnung für eine authentische Sammlung der Prophetentraditionen (Hadith), von denen es sechs gibt. Sehr unorthodoxe Theologen erkennen vierzehn Sammlungen als authentisch an.
Sassaniden (226-651): berühmte persische Dynastie. Ihr Herrschaftsgebiet erstreckte sich von Mesopotamien bis nach Chorasan. Der große arabische Historiker Tabari berichtet detailliert vom Niedergang des Sassanidenreiches und der Islamisierung Persiens.
Saz: türkischer Name eines Saiteninstruments, das gezupft wird und mit der arabischen Laute [*'ud*] verwandt ist, aber einen helleren Klang als diese besitzt.

Schafiiten: Anhänger einer der vier Rechtsschulen der Sunniten. Diese Rechtsschule trägt den Namen ihres Gründers, des Imams al-Shafi'i (767-820).
Scharia *[shari'a]*: islamisches Recht, das sich auf den Koran und die heiligen Texte stützt.
Schiiten: Anhänger der von den Parteigängern Alis im ersten Jahrhundert der Hidjra initiierten Bewegung der Schia *[shi'a]*. Sie bilden heute nach den Sunniten die zweitgrößte Gruppierung von Muslimen. Die meisten Schiiten leben im Iran und dessen Nachbarländern.
Sunna: Aussprüche und Gewohnheiten des Propheten.
Sunniten: die Muslime, die die Sunna befolgen. Über 80% aller Muslime der Welt vom Maghreb über den Nahen Osten, Arabien, Asien, Europa und Afrika sind Sunniten.
Talib: traditioneller Heiler und Spezialist für Talismane, Kräuterhandel und Aphrodisiaka.
Tayammum: auch »Trockenreinigung«. Es handelt sich um eine Reinigung, die als Ersatz im Gebetsritual vollzogen werden kann. Wenn kein Wasser vorhanden ist, kann der Gläubige eine Handvoll Sand oder einen Kiesel nehmen und damit die zu reinigenden Körperpartien abreiben.
Traditionarier: Bezeichnung für diejenigen, die die muslimischen Traditionen gesammelt haben. Nicht zu verwechseln mit den Traditionalisten, d.h. denjenigen, die die Rückkehr zur Tradition propagieren.
Tschador: Schleier (Iran).
Tuba: Baum im Paradies der Muslime.
'Ulama' [Singular: *'alim*]: wörtl. »Gelehrte«, hier »Theologen«.
Umayyaden [auch Omayyaden] (650-750): erste muslimische Dynastie, die Damaskus zum Herrschersitz wählte.
Umma: Glaubensgemeinschaft der Muslime.
Yoldash: Söldner, auch die Anrede der Janitscharen untereinander.
Zawiya: Marabut, Heiligtum im maghrebinischen Volksislam (s. auch Mausim).

Bemerkungen zur Zitierweise und Bibliographie

Die Transliteration der arabischen, persischen und türkischen Namen und Begriffe folgt weitgehend der englischen Umschrift, wobei sie sich in der Regel an der entsprechenden Hochsprache orientiert. Um den Umfang an Sonderzeichen so gering wie möglich zu halten, wurde darauf verzichtet, Silbenlängen und emphatische Konsonanten kenntlich zu machen. Desgleichen entfällt die Assimilation nach dem Artikel. Folgende vom Deutschen abweichende Sonderzeichen treten auf:

' sogenannter *glottal stop* oder Stimmabsatz, wie z.B. das *a* in *beachten*
c gutturaler Reibelaut

Für die Aussprache der folgenden Konsonanten gilt:

dh weicher Interdental, entspricht dem englischen stimmhaften *th* wie in *these*
dj stimmhaftes dsch wie im italienischen *giorno*, in Ägypten als g gesprochen
g entspricht dem deutschen g, es gibt im Arabischen kein Schriftzeichen für diesen Laut, der in vielen Dialekten existiert
gh Zäpfchen-r im Unterschied zum Zungen-r: r
kh rauhes *ch* wie in *Bach*
sh deutsches *sch*, entspricht dem türkischen s mit Cedille
th scharfer Interdental, entspricht dem englischen stimmlosen *th* wie in *thing*
q gutturales, dumpfes k
s stimmloses s
z stimmhaftes s

Die Schreibweise von im Deutschen fest eingebürgerten Namen und Begriffen wurde beibehalten, so z.B. Abdallah statt cAbdallah, Omar statt cUmar, Scharia statt Shari c a usw.
Zitate, die bereits in einer deutschen Übersetzung vorlagen, wurden nach Möglichkeit recherchiert und übernommen, alle anderen von den Übersetzern selber übertragen. Soweit in bereits vorhandenen Übersetzungen eine andere Transliteration verwandt wurde, blieb diese in der Regel erhalten, dadurch ergeben sich bisweilen Abweichungen in der Schreibweise, wie z.B. bei Namen wie Harun al-Raschid, der auch als Harûn er-Raschîd erwähnt wird.
Für die Übertragung der Zitate aus den *Erzählungen aus den Tausendundein Nächten* wurde grundsätzlich die Übersetzung von Enno Littmann herangezogen; nur wo sich der Autor aus inhaltlichen und sprachlichen Gründen ausdrücklich auf die franz. Ausgabe von Mardrus bezieht, wurden die entsprechenden Zitate von den Übersetzern neu übertragen.
In der Bibliographie wurde mit unterschiedlichen Transliterationssystemen so verfahren, daß die erste Nennung eines Autors immer nach dem oben dargelegten Sytem erfolgt. Existieren weitere Schreibweisen, die sich daraus ergeben, daß es sich um eine englische oder französische Übertragung handelt, so werden diese im Anschluß daran aufgeführt.

Bibliographie

Verzeichnis der Abkürzungen

AI: Annales d'islamologie, Kairo, IFAO.
AR: Arabica, Paris.
BEO: Bulletin d'études orientales, Damaskus.
CECMIAB: Congrès d'études des cultures méditerranéennes d'influence arabo-berbère
EI: Encyclopédie de l'Islam, nouvelle édition.
ERE: Encyclopaedia of Religion an Ethics.
IBLA: Institut des belles-lettres arabes, Tunis.
IEO: Institut d'études orientales, Algier.
IFAO: Institut français d'archéologie orientale, Kairo.
IFD: Institut français de Damas.
JA: Journal asiatique, Paris.
OM: Objets et Mondes, Paris.
RA: Revue africaine, Algier.
REI: Revue des études islamiques, Paris.
RHR: Revue de l'histoire des religions, Paris.
RMM: Revue du monde musulman, Maroc.
RTP: Revue des traditions populaires, Paris.
SI: Studia Islamica, Paris.

ABBAS IBN AL-AHNAF, *Diwan*, Kairo, 1953.
Abdeker ou l'art de conserver la beauté, Paris, 1748.
ABELA (F.J.), *Proverbes populaires du Liban-Sud*, Paris, Bd. I, 1981; Bd. II, 1985.
ABÈS (M.), »Chansons d'amour chez les Berbères«, in *France-Maroc*, Casablanca, 15. August 1919, S. 219-221.
ABOUL-HUSSEIN (H.) / PELLAT (CH.), *Chehérazade, personnage littéraire*, Algier, 1981.
ABU ABDALLAH MOHAMMED BEN AHMAD, *Diwan ibn Msayeb*, Algier, 1989.
ABU LUGHOD (L.), *Veiled sentiments. Honour and Poetry in a Beduin Society*, Los Angeles, 1986.
ABU NUWAS, *Le vin, le vent et la vie*, Paris, 1979.
ABU RUB (M.), *La Poésie galante andalouse au XIe siècle: typologie*, Paris, 1990.
AÏT SABBAH (F.), *La femme dans l'inconscient musulman*, Paris, 1982.
ALI-SHAH ELAHI (N.), *Esotérisme kurde, aperçus sur le secret gnostique de Fidèles de la Vérité*, Paris, 1966.
ALLEN (R.)/KILPATRICK (H.)/MOOR (ED DE), *Love and Sexuality in Modern Arabic Literature*, London, 1995.
ALLOULA (M.), *Le Harem colonial*, Genf, 1981.
ALPIN (P.), *La Médecine des Egyptiens, 1581-1584*, 2 Bde., Kairo, 1980.
ALRIC (A.), *Le Paradis de Mahomet (suivi de l'Enfer) d'après le Coran et le Prophète*, Paris, o.J.
ᶜAMIL (H. M., AL-) *al-Mutᶜa fi'l-Islam*, Beirut, 1962.
AMROUCHE (M. T.), *Le grain magique*, Paris, 1971.
ANEST (M.-CH.), *Zoophilie, homosexualité, rites de passages et initiation masculine dans la Grèce contemporaine*, Paris, 1994.
ANTAKI (D., al-) *Tazyin al-ashwaq fi akhbar al-ᶜushshaq*, Beirut, 1976.
ANTARA, *Diwan*, Beirut, 1966.
APAYDIN (T.), *Ferhat ile Shirin. Halk romani*, Ankara, 1965.
APULÉE, *Métamorphoses*, in *Romans grecs et latins*, Paris, 1958.
ᶜAQQAD (A.M., al-), *Al-Mar'a fi'l-qur'an al-karim*, Kairo, o. J.
ARAZI (A.), *Amour divin et amour profane dans l'Islam médiéval à travers le Diwan de Khâlid al-Kâtib* (zweisprachig französisch-arabisch), Paris, 1990.

ᶜAref (el-ᶜAref)/Tilley (H.W.), *Beduin Love: Law and Legend Dealing Exclusively with the Badu of Beersheba*, New York, 1974 (Nachdruck der Jerusalemer Ausgabe von 1944).
Arkoun (M.), »Ishq (désir)«, in *EI*, 2, IV, 1978, S. 124.
Arnaldez (R.), »Ibn Hazm«, in *EI*, Neuausg., III, 1975, S. 814-822.
– *Trois Messagers pour un seul Dieu*, Paris, 1983,1991. *TMPSD*.
Aroua (A.), *L'Islam et la morale des sexes*, Algier, 1990.
Arzik (N.), *Anthologie de la chanson populaire turque*, Ankara, 1964. *ACPT*.
– *Anthologie de la poésie turque (XIIIᵉ-XXᵉ siècle)*, textes choisis, Paris, 1968. *APT*.
ᶜAttar, Farid-addin, al-, *Mantiq al-tair*, Teheran, 1966-1967.
Attar, Farid ud-din, *Vogelgespräche*, Interlaken, 1988.
Audouard (O.), *Les Mystères du sérail et des harems turcs. Lois, moeurs, usages, anecdotes*, Paris, 1863.
Augustinus (A.), *Bekenntnisse*, München, 1986.
Avicenna (Siehe auch Ibn Sina):
Avicenna [Ibn Sina], *Urdjuza fi'l-tibb*, mit e. Geleitwort von B. Brentjes, e. franz. Vorwort von M. A. Sinaceur u. e. Einführung von S. Brentjes u. S. Chalhoub, Neudr. nach d. Handschrift MS Orient A 2032 d. Forschungsbibliothek Gotha, Leipzig, 1980.
Avicenne, *Risala fi'l-ᶜishq*, zit. von R. Tannahill in *Sexe en l'histoire*, Paris, 1982.
Azar (A. A.), »La ruse nuptiale de Shéhérazade«, in *Les Cahiers de l'Orient*, 1987, S. 160-180.
ᶜAzm (Sadiq Djalal, al-) *Fi'l-hubb wa'l-hubb al-ᶜudhri*, (Hg. Nizar al-Qabbani), Beirut, 1968.
Azza (A.), *Mestfa ben Brahim, barde de l'Oranais et chantre des Beni 'Amer*, Algier, 1979.
Bashir (A.), *L'Amour, le mariage, la justice dans le Koran*, Paris, o. J.
Baghdadi (A., al-) *Les Fleurs éclatantes dans les baisers et l'accolement*, Paris, 1973.
Baghli (S. A.), *Racim, Miniaturiste algérien (1896-1975)*, Algier, 1981.
Bammate (H.), *Visages de l'Islam*, Algier, 1991.
Barbier de Meynard (M.A.C.), »Surnoms et sobriquets dans la littérature arabe«, in *JA*, März-April 1907, S. 173-244; Mai-Juni 1907, S. 365-428; Juli-August 1907, S. 55.118; September-Oktober 1907, S. 193-273.
Barrer (G.), »Accordailles (Ahaggar)«, in *Encyclopédie berbère*, I, Aix-en-Provence, 1984.
Barth (F.), *Nomads of South Persia. The Basseri Tribe of the Khamseh Confederacy*, Bergen, 1980.
Barthold (W.), *Histoire des Turcs d'Asie centrale*, franz. Adaptation M. Donskis, Paris, 1945.
Basset (H.), »Les proverbes de l'Ahaggar«, in *RA*, 63, 1922, S. 489-502.
Basset (R.), »Notes sur Les Mille et une Nuits«, in *RTP*, 8 bis 18, 1893-1903.
– *Mille et Un Contes, récits et légendes arabes*, Bd. II: *Contes sur les femmes et l'amour*, Paris, 1926. *MURCLA*.
Bashshar ibn Burd, *Diwan*, 4 Bde., Kairo, 1950.
Bataille (G.), *Die Erotik*, München, 1986.
Bauer, (H.), *Islamische Ethik, Von der Ehe, Das 12. Buch von al-Gazalis Hauptwerk*, Halle, 1917.
Bausani (A.), »Ghazal II, Littérature persane«, in *EI*, Neuausgabe, II, S. 1058.
Béguin (A.), »L'androgyne«, in *Minotaure*, II, Mai 1938.
Bekhoucha (M.), *Poèmes érotiques*, Tlemcen, 1939.
Bekri (A.-O., el-), *Description de l'Afrique septentrionale*, Algier, 1911-1913, und Paris, 1965.
Belguedj (M.-S.), *La Médecine traditionnelle dans le Constantinois*, Straßburg, 1966.
Bel-Hadj (M. N.), *La Psychologie des animaux chez les Arabes, notamment à travers le Kitâb al-Hayawân de Djahiz*, Genf, 1977.
Belhafaoui (M.), *La Poésie arabe maghrébine d'expression populaire*, Paris, 1973.
Belkheir (M.) *Etendard interdit, poèmes de guerre et d'amour*, Paris, 1976.
Benscheikh (D.-E.), »Poésies bacchiques d'Abu Nuwâs. Thèmes et personnages, in *BEO*, XVIII, 1963-1964, S. 7-84.
Ben Cheneb (S.), *Mots turcs et persans dans le parler algérien*, Algier, 1922.
– »Quelques adages algériens«, in *Mémorial H. Basset*, Institut des Hautes études marocaines, 1928, Bd. I, S. 43-68. *QAA*.

- Chansons satiriques d'Alger (première moitié du XIVe siècle de l'hégire), textes, in RA, 74, 1933, S. 296-352. CSA.
- *La poésie arabe moderne*, Oran, 1945.
- »Chansons d'escarpolette«, in *RA*, 1945, 402-403, S. 89-102.

BENKHEIRA (H.), »L'érotologie en Islam«, in *Café*, 4, 1984, S. 91-96.
BEN HADJI SERRADJ (M.), »Traditions et usages féminins de la région de Tlemcen. Notes d'éthnographie et de folklore«, in *IBLA*, XIII, 1950, S. 49-65
BEN JELLOUN (T.), *Die tiefste der Einsamkeiten*, Reinbek bei Hamburg, 1989.
BEN SAHLI (R., vermuteter Autor), *Le Verger des caresses*. Conte bédouin, Paris, 1959, 1985.
BERCHET (J.-CL.), *Le Voyage en Orient. Anthologie des voyageurs français dans le Levant au XIXe siècle*, Paris, 1985.
BERNUS-TAYLOR (M.), *L'Art en terre d'islam*, Paris, 1988.
BERQUE (J.), *Les Dix Grandes Odes Arabes de l'Anté-Islam*, Paris, 1979.
BERTHERAND (E.-L.), *Médecine et hygiène des Arabes*, Paris, 1855.
BERTHOLON (L.)/CHANTRE (E.), *Recherches anthropologiques dans la Berbérie orientale*, Bd. I, Lyon, 1913.
BESANCENOT (J.), *Costumes du Maroc*, Aix-en-Provence, 1988.
BEURDELEY (M.)/BATAILLE (G.) et. al., *Jeux des nuages et de la pluie. L'art d'aimer en Chine*, Fribourg, 1969.
BEURDELEY (M.)/CHUJO (S.) et.al., *Le Chant de l'Oreiller. L'Art d'aimer au Japon*, Fribourg, 1973.
BEY (A. EL-H.), *L'Arabie heureuse. Souvenirs de voyages en Afrique et en Asie*, 3 Bde. (hg. v. Alexandre Dumas), Paris, 1860.
Bibel (Die -), oder *Die ganze Heilige Schrift des Alten und Neuen Testaments nach der Übersetzung Martin Luthers*, revidierter Text 1975, Deutsche Bibelstiftung Stuttgart, Stuttgart, 1978.
BITTARI (Z.), *O, mes soeurs musulmans, pleurez!* Paris, 1964.
BLACHÈRE (R.), »Les principaux thèmes de la poésie érotique au siècle des Omayyades de Damas«, in *Annales de l'IEO*, Algier, V, 1939-1941. PTPESOD.
- »Le ghazal ou poésie courtoise dans la littérature arabe«, in *Analecta*, IFD, 1975, S. 277-294.
- *Histoire de la littérature arabe des origines à la fin du XVe siècle de J.-C.*, 3 Bde., Paris, 1964, 1966, 1980.
- (Übers.), *Le Coran*, Paris, 1957.
- »Problème de la transfiguration du poète tribal en héros de roman ›courtois‹ chez les ›logographes‹ arabes du IIIe -IXe siècle«, in *AR*, VIII, 1961.

BLOCHET (E.), *Les Enluminures des manuscrits orientaux, turcs, arabes, persans de la Bibliothèque nationale*, Paris, 1926.
BOISSON (M.), *Anthologie universelle des baisers. Bd. I: Asie* (Hindoustan, Perse, Chine, Japon, Arabie, Asie mineure) und Bd. *IV: Afrique* (Algérie, Maroc, Tunisie, Soudan, Égypte, Madagascar), Paris, 1911.
BONNAFONT, *La Femme arabe dans la province de Constantine*, Paris, 1977.
BORRMANS (M.), *Statut personnel et de la famille au Maghreb de 1940 à nos jours*, Mouton, 1977.
BOUDOT-LAMOTTE (A.), »Notes sur des emplois métaphoriques des noms de quelques parties du corps humain«, in *AR*, XVIII, Juni 1971, S. 152-160.
- »L'expression de la malédiction et de l'insulte dans les dialectes arabes maghrébins«, in *AR* XXI, 1974, S. 53-71.
BOUHDIBA (A.), »Le hammam, contribution à une psychanalyse de l'Islam«, in *À la recherche des normes perdues*, Tunis, 1973.
- *La Sexualité en islam*, Paris, 1975.
BOUISSON (M.), *Le Secret de Shéhérazade, les sources folkloriques des contes arabo-persans*, Paris, 1961.
BOULLET (J.), *Le Symbolisme sexuel dans les traditions populaires*, Paris, 1961.
BOURKE (J. G.), *Scatalogic Rites of all Nations. A Dissertation upon the Employment of Excremen-*

titious Remedial Agents in Religion, Therapeutics, Divination, Witchcraft, Love-Philters, etc., in all Parts of the Globe, Washington D.C., 1891.

BOUROUIBA (R.), *Anecdotes, récits et contes maghrébins et andalous,* Algier, 1985.

BOUSQUET (G.-H.), »L'islam et la limitation volontaire des naissances«, in *Annales de l'IEO,* Algier, VI, 1948, S. 95-104.

– *La Morale de l'islam et son éthique sexuelle* (1953), später *L'Éthique sexuelle de l'islam,* Paris, 1966.

– »Bah (coït)«, in *EI,* 2, 1975, S. 938.

BOUTARFA (S. ED-D.), »Le voile«, in *IBLA,* XXVI, S. 297-321.

BOUTROS GHALI (W.), *Les Perles éparpillées. Légendes et contes arabes,* Paris, 1919.

BRANTÔME (*genannt* PIERRE DE BOUDEILLE), *La Vie des dames galantes,* Paris, 1962.

BRÉMOND (C.), »Fou, mystique, amoureux?«, in *Annales islamologiques,* XXV, 1991, S. 3-12.

BRÉTEAU (C. H.) und GALLEY (M.), »La pastèque et le couteau«, in *Littérature orale arabo-berbère,* Paris, 1970, S. 57-66.

BRÉTEAU (C. H.)/ZAGNOLI (N.), »L'honneur et la vengeance dans deux communautés rurales méditerranéennes: la Calabre méridionale et le Nord-Est constantinois« in *Actes du deuxième congrès international d'études des cultures de la Méditerranée occidentale,* II, 1978, S. 460-468.

BRIFFAUT (R.), *Les Troubadours,* Paris, 1945.

BRILLAT-SAVARIN (J. A.), Physiologie des Geschmacks, Leipzig 1983, Nachdruck von Braunschweig, 1865.

BROWN (E.), *Le Voyage en Égypte,* Kairo, 1974.

BRUN (J.), *La Main,* Paris, 1967.

BRUNOT (L.), »Cultes naturistes à Sefrou«, in *Archives berbères,* 3, 1918, S. 137-143.

BUKHARI:

BUHARI, AL-, *Sahih, Nachrichten von Taten und Aussprüchen des Propheten Muhammad,* Hg. u. übers. v. Dieter Ferchl, Stuttgart, 1991.

BOKHARI, EL-, *Les Traditions islamiques [Sahih],* Paris 1984, 4 Bde.

BUONAVENTURA (W.), *Die Schlange vom Nil. Frauen und Tanz im Orient,* Hamburg, 1990.

– *Bauchtanz, Die Schlange und die Sphinx,* München, 1993.

BURCKHARDT (J.L.), *Arabic Proverbs. The Manners and Customs of the Modern Egyptians,* London, 1984.

BURGEL (J.C.), »Love, lust and longing. Eroticism in early Islam as reflected in literary in sources«, *in* Sayyid-Marsot (A.L., al-, Hg.), *Society and the Sexes in Medieval Islam,* Malibu (California), 1959, S. 81-117.

BURTON (R.F.), *A Plain and Literal Translation of the Arabian Nights' Entertainments, now Entituled The Book of the Thousand and One a Night,* 10 Bde., Benares, 1885-1886.

– *Supplemental Nights to the Book of the Thousand and One a Night,* 6 Bde., Benares, 1886-1888.

CAMBY (P.), *L'Erotisme et le sacré,* Paris, 1989.

CAMPS (G.), *L'Afrique du Nord au féminin. Héroïnes du Maghreb et du Sahara,* Paris, 1992.

CAMPS-FABER (H.), »Bijoux«, in *Encyclopédie berbère,* Aix-en-Provence, 1991, Bd. X, S. 1496-1516.

CASAJUS (D.), »La passion amoureuse dans les poèmes et les chants des Touaregs de l'Aïr«, in *Tisuraf,* 4-5, 1979, S. 129-149.

CASANOVA (P.), »Notes sur les voyages de Sindbad le marin«, in *Bulletin de l'IFAO,* 20, 1922, S. 113-198.

CASTELLAN (A.C.), *Mœurs, usages, coutumes des Othomans, et abrégé de leur histoire,* 6 Bde., Paris, 1812.

CASTELLI GATTINARA (G.C.), *I Tuareg attraverso la loro poesia orale,* Rom, 1992. Bes. Kap. IV: »*La donna e la poesia d'amore*«, S. 353-506.

CÉNAC MONCAUT (J.E.M.), *Histoire de l'amour dans l'Antiquité chez les Hébreux, les Orientaux, les Grecs et les Romains,* Paris, 1862.

CENTILIVRES (P.), »Attitudes, gestes et postures en Afghanistan: du corps enculturé au corps modernisé«, in Hainard (J.)/Kaehr (R.) (Hg.), *Le Corps enjeu*, Musée d'ethnographie de Neuchâtel, 1984, S. 87-112.
CHAHINE (A.), *L'Amour et la nature dans l'œuvre de Khalil Gibran*, Beirut, 1979.
CHAILLEY (M.), *Notes sur les 'Afar de la région de Tadjoura*, Djibuti, 1980.
CHAMPAULT (D.), *Une Oasis du Sahara nord-occidental: Tabelbala*, Paris, 1969.
CHAND (K.), *Indian Sexology*, Neu Delhi, 1972.
CHANG (J.), *Das Tao der Liebe. Unterweisungen in altchinesischer Liebeskunst*, München, Stuttgart, 1990.
CHANG (S.), *Das Tao der Sexualität: von der tiefen Weisheit des Liebens*, München, 1992.
CHANG (W. Pseud.) *Die Erotik in China*, Basel, 1966.
CHAOUKI (M.), *Le Vocabulaire de l'amour courtois (al-Hubb al-'udhri) dans le recueil de Majnûn Laylâ. Étude lexicale et semantique*, Diss. an der Universität Paris III, Paris, 1991.
CHAPELAIN (A.), le, *Traité de l'amour courtois*, Genf, 1974.
CHARDIN, *Curieuse Persien und Ost-Indische Reisebeschreibung*, Leipzig, 1687.
  CHARDIN (CHEVALIER DE), *Voyage de M. le chevalier de Chardin en Perse et autres lieux de l'Orient*, Bd. X, Paris, 1723. Konsultierte Ausgabe: *Voyage de Paris à Ispahan*, 2 Bde., Paris, 1983.
CHARLES (R.), *L'Âme musulmane*, Paris, 1958.
CHARLES-DOMINIQUE (P.), »*Le système éthique d'Ibn al-Muqaffâ' d'après ses deux épîtres dites al-Saghîr et al-Kabîr.*«, in *AR* XII, Februar 1965, S. 45-66.
CHARNAY (J.-P.), »Communication et societé: variations sur parole, amour et cuisine dans la culture arabe«, in *L'Ambivalence dans la culture arabe*, Paris, 1967, S. 172-190.
CHARRIÈRE (G.), *La Signification des représentations érotiques dans les arts sauvages et préhistoriques*, Paris, 1970.
CHATILA (KH.), *Le Mariage chez les musulmans de Syrie. Étude de sociologie*, Paris, 1934.
CHEBEL (M.), *Le Corps dans la tradition au Maghreb*, Paris, 1984. CTM.
  – *Le Livre des séductions*, Paris, 1986. LS.
  – *L'Esprit de sérail, perversions et marginalités sexuelles au Maghreb*, Paris, 1988. ES.
  – *Histoire de la circoncision des origines à nos jours*, Paris, 1992. HC.
  – »L'amour en théologie musulmane«, introduction aux *Lois secrètes de l'amour en Islam* de Omar Haleby, Paris, 1992, S. I-XII.
  – *L'imaginaire arabo-musulman*, Paris, 1993. IAM.
  – »La danse du ventre«, in *Hommes et migrations*, 1170, November 1993, S. 30-34.
CHEIKH MOUSSA (A.), »La négation d'Éros ou le *'ischq* d'après deux épitres d'al-Jahiz«, in *SI*, LXXII, 1990, S. 71-119.
CHELHOD (J.), *Le Sacrifice chez les Arabes*, Paris, 1955.
  – »La face et la personne chez les Arabes«, in *RHR*, 51, 1957, S. 231-241.
  – »Hidjab«, in *EI*, Bd. 3, S. 370-372.
  – »Le mariage avec la cousine parallèle dans le système arabe«, in *L'Homme*, Juli-Dezember 1965, V, Bde. 3-4, S. 113-173.
CHEMALI (B.), *Mariage et noce au Liban*, Paris, 1915-1917.
  – *Mœurs et usages au Liban*, Paris, 1917-1918.
CHMIELOWSKA *(D.), La Femme turque dans l'œuvre de Nâbi, Vehbî et Vâsif*, Warschau, 1986.
CHOTTIN (A.), »La musique arabe«, in *Histoire de la musique*, Bd. I, Paris, 1960, S. 526-544.
CHOUKRI (M.), *Das nackte Brot*, Nördlingen, 1986.
Civilisation de la femme dans la tradition africaine (La), von der Societé africaine de culture organisierte Konferenz, Paris, 1976.
CLAVREUIL (G.), *Érotisme et littératures. Afrique Noire. Caraïbes. Océan indien* (Anthologie), Paris, 1987.
CLEVENOT (D.), *Une esthétique du voile. Essai sur l'art arabo–islamique*, Paris, 1994.
CLINTON (J.W.), »Madness and cure in the *Thousand and One Nights*«, in Bottigheimer (R.B.), *Fairy Tailes and Society: Illusion, Allusion and Paradigm*, Philadelphia, 1986, S. 35-51.

COLOGNE (A.), *L'Escole des amans ou les questions d'amours*, erweitert mit *La Boussole des amans*, Paris, o.J.

CONTE (CH.), »Mon Dieu, pourquoi tous ces interdits?«, in *Panoramiques*, 11, 1993.

CORBIN (H.), *Nâsir-e Khosraw. Étude préliminaire*, Teheran, Paris, 1953.

– *En islam iranien. Aspects spirituels et philosophiques*, 4 Bde., Paris, 1972.

– »Manichéisme et religion de la beauté«, in *Cahiers de l'Herne: Henry Corbin*, 1981, S. 168-171.

CORRIENTE (F.)/SAENZ-BADILLOS (A.) (Hg.), *Poesía estrófica*, Actas del primer congreso internacional sobre poesía estrófica arabe y hebrea y sus paralelos romances, Madrid Dezember 1989, Fakultät für Philologie, Universidad Complutense, Instituto de cooperación con el Mundo arabe, Madrid, 1991.

COUCHARD (F.), *Le Fantasme de séduction dans la culture musulmane*, Paris, 1994.

COUR (A.), *Ibn Zaidoûn: un poète arabe d'Andalousie*, Constantine, 1920.

Critique, Sonderausgabe *Mille et Une Nuits*, 394, März 1980.

CROPP (G. M.), *Le Vocabulaire courtois des troubadours de l'époque classique*, Genf, 1975.

CUISENIER (J.), »Endogamie et exogamie dans le mariage arabe«, in *L'Homme*, II, 2, Mai-August 1962, S. 80-105.

DABBAGH (A. R. ibn M., genannt AL-), *Kitab mashariq anwar al-qulub wa mafatih asrar al-ghuyub*, hg. von H. Ritter), Beirut, 1959.

DAGORN (R.), »Un traité de coquetterie féminine du haut Moyen Âge«, in *REI*, XLII, 1, 1974, S. 163-181.

DAUDPOTA (V.M.), *The Influence of Arabic Poetry on the Development of Persian Poetry*, Bombay, 1934.

DAUMAS (G.), *Mœurs et coutumes de l'Algérie*, Paris, 1853.

DAYLAMI (M., al-), *Le livre de l'inclinaison de l'alif uni sur le lâm incliné, (Kitab ᶜatf al-alif al-maᶜ-luf ᶜala 'l-lam al-maᶜtuf)*, hg. von J.-C. Vadet, Kairo, 1962.

DEHOÏ (E.F.), *L'Érotisme des Mille et Une Nuits*, Paris, 1961.

DELACAMPAGNE (CH.), »Orient et perversion«, in *En marge, l'Occident et ses »autres«*, Paris, 1978, S. 137-150.

DELAFOSSE (M.), »Coutumes et fêtes matrimoniales chez les musulmans soudanais«, in *RMM*, 11, Juli-August 1910, S. 405-421.

DELHEURE (J.), *Faits et dires du Mzab*, Paris, 1986.

DEL MARÈS, »Sortilèges pratiques à Mazagan pour préserver les jeunes épouses d'une maternité trop précoce«, in *Revue anthropologique*, 43, 1933, S. 477-478.

DENY (J.), »Le souffle dans l'islam«, in *JA*, CCXXXIV, 1943-1945, S. 436.

DERENBOURG (H.), »Femmes musulmanes et chrétiens de Syrie au XIIe siècle. Épisodes tirés de l'autobiographie d'Ousâma«, in *Mélanges Julien Havet*, Paris 1895, S. 305-316.

DERMENGHEM (É.), »Les grands thèmes de la poésie amoureuse chez les Arabes«, in *Le Génie d'Oc et l'homme méditerranéen*, Sonderausgabe der *Cahiers du Sud*, August-Oktober 1942, S. 26-38.

– »Le mythe de Psyche dans le folklore nord-africain«, in *RA*, l. und 2. Vierteljahr 1945, S. 41-81.

– *Les Plus Beaux Textes arabes*, Paris, 1951-1979. *PBTA*.

– *Le Culte des saints dans l'islam maghrébin*, Paris, 1954. *CSIM*.

– *Le Pays d'Abel. Le Sahara des Ouled-Naïl, des Larbaa et des Amour*, Paris, 1960. *PA*.

DESPARMET (J.), *Ethnographie traditionnelle de la Mettidja. L'enfance*, Algier, 1927.

DIB (S.), *Anthologie de la poésie populaire algérienne d'expression arabe*, Paris, 1987.

DINET (E.)/BEN IBRAHIM (S.), *Khadra, danseuse Ouled Naïl*, Paris, 1926.

DJABRI (M.Z.), *Rushd al-labib ila muᶜasharat al-habib (Anleitung des Einsichtigen hinsichtlich des Umgangs mit der geliebten Person) des Ibn Falita*, Kap. 9-11, Edition des arabischen Textes auf der Grundlage der Handschrift Gotha 2038 unter Hinzuziehung der Handschrift Paris 3051 und Ahlwardt 639, medizinische Diss. der Universität Erlangen-Nürnberg, Erlangen-Nürnberg, 1968.

DJAHIZ, AL-:
  DJAHIZ, AL-, *Rasa'il,* Edition Harun, Kairo, 1964-1979.
  – *Thalath rasa'il,* Edition J. Finkel, Kairo, 1962-63, S. 54-76.
  – *Mufakharat al-djawari wa'l-ghilman,* Beirut, 1964.
JAHIZ, AL-, *Le Livre des avares (Kitab al-bukhala'),* Beirut, 1951.
  – Le Livre de la couronne *(Kitab al-tadj fi-akhlaq al-muluk),* Paris, 1954.
  – *Le Cadi et la mouche. Anthologie du livre des animaux,* hg. von L. Souami, Paris, 1988.
  Excerpte und Übersetzungen aus den Schriften des Philologen und Dogmatikers Gahiz aus Bacra, übers. von O. Rescher, Stuttgart, 1931.
DJAMI' (A.D.), *Kitab-i Yusuf wa Zulaika,* Paris, 1927.
DJAMIL-BUTHAINA, *Diwan,* Beirut, 1966.
DJAWARI (AHMAD ᶜABD AL-SATTAR, al-), *al-Hubb ᶜudhri: nash'atuhu wa tatawwuruhu,* Kairo, 1948.
DJEDIDI (T. L.), *La Poésie amoureuse des Arabes. Le cas des 'Udrites,* Algier, 1973.
DONALDSON (D. M.), »Temporary mariage in Islam«, in *Muslim World,* 26, 1936, S. 358-364.
DORYS (G.), *La Femme turque,* Paris, 1902.
DOUGHTY (CH. M.), *Reisen in Arabia Deserta, Wanderungen in der Arabischen Wüste 1876-78,* Köln, 1979.
DOUMANI (J.-L.)/DUBOIS (M.), *Proverbes et fables traduits de l'arabe,* Paris, 1899.
DOUTTE (É.), *Magie et religion dans l'Afrique du Nord,* Paris, 1984.
DROUIN (J.), »Iblis tentateur et seducteur dans les poèmes touaregs nigériens«, in *Bulletin des études africaines,* 2, 1982.
  – »Sois belle et subtile ou l'art des connivences chez les Touaregs«, in *Littérature orale arabo-berbère,* 15, 1984.
DUBARLE (PÈRE A.-M.), *Amour et fécondité dans la Bible,* Toulouse, 1967.
DUBOULOZ-LAFFIN (M.-L.), *Le Bou-Mergoud, folklore tunisien. Croyances et coutumes de Sfax et de sa région,* Paris, 1946.
DULAURE (J.-A.), *Les Divinités génératrices,* Verviers, 1974.
DURING (J.), *Musique et extase. L'audition mystique dans la tradition soufie,* Paris, 1988.
EBERHARDT (I.), *Sandmeere,* 2 Bde., Reinbek b. Hamburg, 1983.
ÉCOCHARD (M.)/ LE CŒR (C.), *Les Bains de Damas,* Beirut, 1942-1943.
  – »Le *tarchoum* (petit faucon) de Ben 'Ali Cherif, poème marocain du genre *melhoûn*«, in *Hespéris-Tamuda,* Rabat, VI, 1965, S. 39-52.
ELIADE (M.), *Ewige Bilder und Sinnbilder, Über die magisch-religiöse Symbolik,* 2. Aufl., Frankfurt/Main 1988.
ÉLISSÉEFF (N.), *Thèmes et motifs des Mille et Une Nuits. Essai de classification,* Institut français von Beirut, 1949.
ELLIS (H. H.), *Etudes de la psychologie sexuelle,* Bd. 1: *La Pudeur, la périodicité sexuelle, l'auto-érotisme,* Paris, 1949.
EMRE (Y.), *Le livre de l'amour sublime,* vorgestellt von D. Halbout du Tanney und P. Seghers, Paris, 1987.
ENDERWITZ (S.), *Liebe als Beruf. Al-ᶜAbbas Ibn al-Ahnaf und das Gazal,* Stuttgart, 1995.
ENJOY (P. D'), »Le baiser en Europe et en Chine«, in *Bulletin de la Société d'anthropologie,* IVe siècle, VIII, 1897, S. 181-185.
ENNAJI (M.), *Soldats, domestiques et concubines. L'esclavage au Maroc au XIXe siècle,* Paris, 1994.
EPTON (N.), *Histoire de l'amour en France,* Paris, 1959.
ERLICH (M.), *La Femme blessée. Essai sur les mutilations sexuelles féminines,* Paris, 1986.
ERMAN (A.), *Aegypten und aegyptisches Leben im Altertum,* neu bearb. v. Ranke H., Tübingen, 1922.
»Érotiques« in *Revue d'esthétique,* 1-2, 1978.
ÉTIEMBLE (R.), *Yun Yu. Essai sur l'érotisme et l'amour dans la Chine ancienne,* Paris, 1969.
EVOLA (J.), *La Métaphysique du sexe,* Paris, 1989.

FAHD (T.), »L'abeille en islam«, in Chauvin (R., Hg.), Traité de biologie de l'abeille, Paris, 1968, S. 61-83.
— La Divination arabe, Paris, 1987.
FARÈS (B.), L'Honneur chez les Arabes avant l'islam. Études de sociologie, Paris, 1932.
FASI (M., EL-), Chants anciens des femmes de Fès, Paris, 1967.
FAUCONNEY (J.), La Prostitution à travers les ages depuis les temps les plus reculés, ou historique complet de la prostitution en Assyrie-Indes-Syrie-Phénicie-Perse-Lydie-Arménie-Palestine-Égypte, à Athènes-Corinthe-Sparte, à Rome, chez les Francs du Moyen Âge et sous la Renaissance, Paris, 1902.
FAURE (É.), D'autres terres en vue, Paris, 1932.
FAVRE (J.), »Contribution a l'étude du cannabisme au Maroc«, in Bulletin de l'Institut d'hygiène du Maroc (Rabat), XII, 1952, S. 229-240.
FAISAL (CH.), Tatawwur al-ghazal baina 'l-djahiliya wa'l-Islam, Damaskus 1959 und 1964.
FEGHALI (M.-M.), Proverbes et dictons syro-libanais, Paris, 1938.
FEKKAR (Y.), »La femme, son corps et l'islam«, in Le Maghreb musulman en 1979, Aix-en-Provence, Paris, 1981, S. 135-146.
FERCHIOU (S.), »Différenciation sexuelle de l'alimentation au Djerid (Sud tunisien)«, in L'Homme, 8, 2, April-Juni, 1968, S. 64-86.
FLACELIÈRE (R.), Plutarque, dialogue sur l'amour, Paris, 1953.
— L'Amour en Grèce, Paris, 1971.
FLAMAIN (A.)/NICOLAS (M.), Contes de Turquie, Paris, 1977.
FOLEY (H.), Mœurs et médecine des Touaregs de l'Ahaggar, Algier, 1930.
FORBERG (F.C.), Manuel d'érotologie classique, Monaco, 1979.
FOUCAULD (CH. DE), Poésies touarègues: dialecte de l'Ahaggar, 2 Bde., Paris, 1925.
FOUCAULD (CH. DE)/CHALASSANTI-MOTYLINSKY (A. DE), Textes touaregs en prose, Aix-en-Provence, 1984.
FOUCHET (M.-P.), L'Art amoureux des Indes, Lausanne, 1957.
FREYTAG (G.), Arabum Proverbia, 3 Bde., Bonn, 1838.
FROMENTIN (E.), Une année dans le Sahel, Paris 1981. (Siehe auch: Œuvres completes, Paris, 1984).
FUSULI, Leyla and Mejnûn, London, 1970.
GABUS (J.), Au Sahara. Arts et symboles, Neuchâtel, 1958.
GANDZ (S.), Die Mu'allaqa des Imrulqais, Wien, 1913.
GARDET (L.), Les Hommes de l'Islam. Approche des mentalités, Brüssel, 1977.
GAUDEFROY-DEMOMBYNES (M.), Les Cérémonies du mariage chez les indigènes de l'Algérie, Paris, 1901.
— Mahomet, Paris, 1969.
GAUDRY (M.), La Femme chaouïa de l'Aurès, Paris, 1929. FCA.
— La Société féminine au djebel Amour et au Ksel, Algier, 1931.
GAUTHIER (X.), Surréalisme et sexualité, Paris, 1971.
GHAZALI, AL-:
GHASALI, AL-, Das Elixier der Glückseligkeit, Düsseldorf/Köln 1959.
GHAZALI, Le Livre des bons usages en matière de mariage, Paris 1953,1989. LBUMM.
— Livre de l'amour, du désir ardent, de l'intimité et du parfait contentement, Université de Lille-III, 1986.
— Von der Ehe. Das 12. Buch von al-Gazali's Hauptwerk, übers. und erl. von H. Bauer, Halle, 1917.
GHAZI (M.-F.), »Un groupe social: les Raffinés (zurafâ')«,in SI, XI, 1959, S. 39-71.
— »Evolution de la sensibilité andalouse (du califat Umayyade aux reyes de Taïfas)«, in Études d'orientalisme dédiées à la mémoire de Lévi-Provençal, Bd. II, Paris, 1962, S. 525-542.
GIACOMO (L. DI), Une poétesse grenadine du temps des Almohades, Hafsa bint al-Hajj (XIIe siècle), Hespéris; Sonderdruck eines 1947 erschienen Artikels.

GIFFEN (L. A.), *Theory of Profane Love Among the Arabs: the Development of the Genre*, New York, London, 1971.
GINAT (J.), *Women in Muslim Rural Society: Status and Role in Family and Community*, New Jersey, 1982.
GLATIGNY (M.), »Le champ sémantique des parties du corps dans la poésie amoureuse de 1550«, in *Le Français moderne*, 1, Januar 1969, S. 7-34.
GOBERT (E.-G.), »Note sur les tatouages indigènes dans la région de Gafsa«, in *Revue tunisienne*, 1911, S. 32-51.
– »Le pudendum magique et le problème des cauris«, in *RA*, 95, 1951, S. 5-62.
– »Tunis et les parfums«, in *RA*, 105, 1961, S. 295-322; 106, 1962, S. 75-118.
– *Les Magies originelles*, Aix-en-Provence, 1969. Siehe bes. Kap. V, »La symbolique vulvaire«.
GOBLET (E.), *La Migration des symboles*, Brüssel, 1983.
GOICHON (A.-M.), *La Vie féminine au M'Zab*, Paris, 1927.
GOLISH (V. DE), *L'Inde impudique des maharjahs*, Paris, 1976.
GORGANI (FAKHR ED-DĪN ASʿAD), *Le Roman de Wîs et Râmîn*, Paris, 1959.
GOST (R.), *Der Harem*, Köln, 1994 (2. Aufl.).
GRABAR (O.), *La Formation de l'art islamique*, Paris, 1987.
GRAF DE LA SALLE (M.), »Contribution à l étude du folklore tunisien. Croyances et coutumes féminines relatives à la lune«, in Marçais (W.), *Mélanges*, Paris, 1950, S. 161-183.
GRANET (M.), *La Civilisation chinoise*, Paris, 1929, 1994.
GRIMAL (P.), *L'Amour à Rome*, Paris 1963; Neuausgabe 1995.
GROSBOIS (C.), *Japon. Shunga. Essai sur les représentations érotiques dans l'art japonais*, Paris, 1976.
GROSRICHARD (A.), *Structure du sérail. La fiction du despotisme asiatique dans l'Occident classique*, Paris, 1979.
GROTZFELD (H.), *Das Bad im arabisch-islamischen Mittelalter: eine kulturgeschichtliche Studie*, Wiesbaden, 1970.
GUBERNATIS (A. DE), *La Mythologie des plantes ou les légendes du règne végétal*, Paris, 1978.
HADDAD (T.), *Kitab nuzhat al-asbab fi-muʿasharat al-ahbab fi ʿilm al-bah*, Nürnberg, 1976.
HAFIZ:
    HAFIS, *Der Diwan*, a. d. Persischen von J. von Hammer, Stuttgart, Tübingen, 1812.
    HAFIS, *Dreiundsechzig Ghaselen des Hafis*, übers. von Friedrich Rückert, hg. von Wolfdietrich Fischer, Wiesbaden, 1988.
    HAFIS (S. M.), *Gedichte aus dem Divan*, übers. von R.-D. Keil, Düsseldorf, Köln, 1979.
    HAFIS, *Liebesgedichte*, übers. von Cyrus Atabey, Stuttgart, 1965.
    HAFIS, *Lieder und Gesänge des Hafis*, übers. von H. Bethge, Leipzig, 1910.
    HAFIS, *Eine Sammlung persischer Gedichte*, übers. von F. Daumer, Basel, 1945.
    HAFIZ, *Der Diwan des großen lyrischen Dichters*, übers. von V. Ritter von Rosenzweig-Schwannau, Faksim. nach Wien 1858/64, Teheran, 1984.
HALEBY (O.), *El-Ktab des lois secrètes de l'amour*, 1893. Neuausgabe Paris, 1992.
HALLADJ:
    HALLAJ (H.M.), *Diwan*, Paris, 1981.
HANOUM (L.), *Le Harem impérial au XIXe siècle*, Brüssel, 1991.
HANUM (M.), *Trente Ans dans les harems d'Orient. Souvenirs intimes de femme de S.A. le Grand Vizir Kibrizli-Mehemet Pacha (1840-1870)*, Paris, 1875.
HANRY (P.), *Érotisme africain. Le comportement sexuel des adolescents guinéens*, Paris, 1970.
HARIRI, *Die Verwandlungen den Abu Seid von Serug. Vierundzwanzig Makamen*, Stuttgart, 1966.
HAURANI, al-:
    HAWRANI (A. al-R., Al-), *Les ruses des femmes*, Paris, 1994.
HELLER (E.), *Arabesken und Talismane. Geschichte und Geschichten des Morgenlandes in der Kultur des Abendlandes*, München, 1992.
HELLER (E.)/MOSBAHI (H.), *Hinter den Schleiern des Islam: Erotik und Sexualität in der arabischen Kultur*, München, 1993.

HENG (CH.), *Le Tao de l'amour. La méthode du Dragon rouge*, Paris, 1994.
HENTSCH (T.), *L'Orient imaginaire. La vision politique occidentale de l'Est méditerranéen*, Paris, 1988.
HERBER (J.), »Tatouage du pubis«, in *Revue d'ethnographie et des traditions populaires*, Société française d'ethnographie, 9, 1922, S. 37-47.
– »La main de Fathma«, in *Hesperis*, VII, 1927, S. 209-219.
HERODOT, *Historien*, Erster Band, Bücher I-V, hg. von Josef Feix, München, Zürich, 1988.
– *Neun Bücher der Geschichte*, Essen, 1984.
HILMI (M. M.), *Ibn al-Farid wa'l-hubb al-ilahi*, Kairo, 1971.
HIND (A., AL-), *Les Merveilles de l'Inde*, Paris, 1878.
HIPPOKRATES, *Die Aphorismen des Hippokrates, nebst den Glossen eines Homöopathen*, Göttingen, 1979.
HIPPOKRATES VON KOS, *Der wahre Arzt*, Zürich, Stuttgart, 1959.
– *Werke des Hippokrates*, Stuttgart, Leipzig, 1934.
HOMBURGER (L.), *Noms des parties du corps dans les langues négro-africaines*, Paris, 1929.
HONNORAT (M.), *Démonstration de la parenté des langues indo-européennes et sémitiques*, Paris, 1933.
HUART (A. D')/TAZI (N.), *Harems*, Paris, 1980.
HUDJWIRI:
  HUDJWIRI, *Kashf al-mahdjub*, Teheran, 1957.
  HUJWIRI, *Somme théologique*, Paris, 1988.
IBN ABD-AL DJABBAR AL-FIGUIGUI (A.I.I.), *Rawdat al-Sulwan, Le Jardin de consolation* (hg. von H. Jahier und N. Abdelkader), Algier, 1959.
IBN ABI TAHAR TAIFUR, *Kitab balaghat al-nisa'*, Beirut, 1972.
IBN ʿARABI:
  IBN ARABI, *Traité de l'amour*, Paris, 1986.
IBN BATTUTA, *Reise des Arabers Ibn Battuta durch Indien*, Hamburg, 1911.
– *Reisen ans Ende der Welt*, neu hg. von H. D. Leicht, Stuttgart, 1985.
IBN DAWUD, *Kitab al-Zahra*, Beirut, 1932; zweispr. Ausg. engl.-arab. von A. R. Nykl, *The Book of the Flower*, Chicago, 1932.
IBN AL-DJAUZI (ABD AL-RAHMAN B. AHMAD), *Dhamm al-hawa*, Kairo, 1958.
IBN DJUBAIR:
  IBN DSCHUBAIR, *Tagebuch eines Mekkapilgers*, Stuttgart, 1988.
IBN FADLAN, *Voyage chez les Bulgares de la Volga*, Paris, 1988.
IBN AL-FARIDH (O.), *L'Eloge du vin (Al-Khamriya)*, Paris, 1980.
IBN AL-KHATIB, *Raudat al-ta'rif bi'l-hubb al-sharif*, Kairo, 1968.
IBN FALITA:
  IBN FOULAÏTA, *Rushd al-labib ila muʿasharat al-habib*, hg. von R. al-ʿAttar, Institut international des manuscrits, New York, 1984.
IBN HAZM AL-ANDALUSI:
  IBN HAZM AL-ANDALOUSI, *Le Collier de la colombe*, Paris, 1983 (es ist die hier gebrauchte Fassung). Siehe auch: *Le Collier du pigeon ou de l'amour et des amants*, zweispr. Text, Algier, 1947. CC.
– *Épître morale (Kitab al-akhlaq wa'l-siyar)*, Beirut, 1961.
  IBN HAZM AL-ANDALUSI, *Tauq al-hamama fî'l-ulfa wa'l-ullaf*, Beirut, 1992.
– *A Book Containing the Risâla Known as the Dove's Neck-Ring About Love and Lovers Composed by Abû Muhammad ʿAli Ibn Hazm al-Andalusi*, ausgehend vom einzigen Manuskript, das in der Universität von Leiden aufbewahrt ist, 1914, Paris 1931; s.a. *The Ring of the Dove*, London, 1953.
– *Das Halsband der Taube, Von der Liebe und den Liebenden*, Frankfurt/M., 1961 und Leipzig, 1990.
IBN KHALDUN:

IBN KHALDOUN, *Discours sur l'histoire universelle (al-Muqaddima)*, 3 Bde., Paris, 1967-1968.
IBN KHALDUN, *Buch der Beispiele. Die Einführung al-muqaddima*, Leipzig, 1992.
IBN MANGLI, *De la chasse*, Paris, 1984.
IBN QAYYIM AL-DJAUZIYA:
  IBN QAYYIM AL-DJAUZIYA, *Raudat al-muhibbin wa nuzhat al-mushtaqin*, Kairo, 1957; Damaskus, 1930. *(Raudat al-muhibbin wa nuzhat al-ᶜashiqin)*, Kairo, 1956.
  – *Kitâb akhbar al-nisa'*, (hg. von N. Ridha), Beirut, 1974.
IBN QAIYIM AL-GAUZIYA, *Über die Frauen: Liebeshistorien und Liebeserfahrungen a.d. Arab. Mittelalter*, München, 1986.
IBN QUTAIBA:
  IBN QOTAIBA, *Introduction au Livre de la poésie et des poètes (Muqaddimat Kitab al-shiᶜr wa'l-shuᶜara')*, Paris, 1947.
IBN SINA, *Traîtés mystiques (Risalat fi'l-ᶜishq)*, hg. von Mehren, fasc. 3, Leiden 1894; auch E. L. Fackenheim, Un traité d'amour d'Avicenne, in *Medieval Studies*, VII, 1945, S. 208-228.
IBN SULEIMAN:
  IBN SOULEYMAN, *Le Livre de volupté: pour que le vieillard recouvre sa jeunesse* (XVIᵉ siècle), Paris, 1979.
IBN TUFAIL:
  IBN THOFAÏL, *Hayy ben Yaqdhan. Roman philosophique*, Paris, 1983.
  IBN TUFAIL, *Der Ur-Robinson*, München, 1987.
IBN AL-WASHSHA', *Kitab al-muwashsha'*, Leiden, 1886; in Arabisch: Kairo, 1953.
IBN ZAIDUN, *Diwan*, Beirut, 1951.
– *Ibn Zaidun und Wallada*, Bammental, Heidelberg, 1990.
IDRIES SHAH, *Die Sufis, Botschaft der Derwische, Weisheit der Magier*, München, 1976, 7. Auflage 1990.
IDRIS (H.R.), *La Berbérie orientale sous les Zirîdes (Xᵉ-XIIᵉ siècle)*, 2 Bde., Paris, 1962.
IHARA (S.), *Cinq Amoureuses*, Paris, 1959.
Islam et l'Occident (l'), in *Cahiers du Sud*, Rivages, 1947; Neuausg. in Faksimile von É. Dermenghem.
ISFAHANI (A.F., AL-), *Kitab al-Aghani*, Beirut, 1957, 25 Bde. und Kairo, 1963, 16 Bde.
ISTANBULI (M. M., AL-), *Tuhfat al-ᶜarus au al-zawadj al-islami al-saᶜid*, Beirut, Amman, o. J.
IZEDDIN (M.), »Notes sur les mariages princiers en Orient au Moyen Âge«, in *JA*, 1969, S. 139-156.
JACOBUS (X.), *L'Amour aux colonies*, 1893, wurde dann: *L'Art d'aimer aux colonies*, Paris, 1927.
JACQUES-MEUNIE (D.), *Le Prix du sang chez les Arabes de l'Atlas*, Paris, 1964.
JAMES (E.O.), *Mythes et rites dans le Proche-Orient ancien (Égypte, Mésopotamie, Asie mineure, Syrie, Palestine, Inde et Iran, Égée, Grèce, Méditerranée)*, Paris, 1960.
JAUSSEN (A.), *Coutumes des Arabes au pays de Moab*, Paris, 1908.
JOHANN LEO AFRICANUS, *Beschreibung von Afrika*, A. d. Ital. übers. u. m. Anmerkungen versehen von G. W. Lorsbach, Bde. 1, 2, Herborn, 1805.
– *Beschreibung Afrikas*, hg. von Karl Schubarth-Engelschall, Leipzig, 1984.
JOLEAUD (L.), »Le rôle des coquillages marins fossiles et actuels dans la magie berbère«, in *Homenagen a Martins Sarmento*, Porto, 1933-1934, S. 150-174.
JOUIN (J.), »Iconographie de la mariée citadine dans l'islam nord-africain«, in *REI*, 1931, S. 313-339.
– »Valeur symbolique des aliments et rites alimentaires à Rabat«, in *Hespéris*, XLIV, 1957, S. 299-327. *VSARAR*.
– Nouveaux poèmes de Fès et de Rabat-Salé«, in *Hespéris*, LXV, 1.-2. Vierteljahr, 1958, S. 143-164. *NPFRS*.
– »Du langage imagé des citadines marocaines«, in *Actes du premier CECMIAB* (hg. von M. Galley und D. R. Marshall), Algier, 1973, S. 365-370. *LICM*.
Journées de Ribaute, *Le Vin dans les textes sacrés et les cultures mediterranéennes*, Paris, 1988.
KAHHALA (O. R.), *ᶜAlam al-nisa' fi ᶜalam al-ᶜArab wa'l-islam*, 5 Bde., Beirut 1982.

KAKAR (S.), *Intimate Relations. Exploring Indian Sexuality,* Chicago, 1990.
KAKAR (S.)/MUNDER ROSS (J.), Les *Pièges de l'amour érotique. Pour une psychanalyse des légendes amoureuses,* Paris, 1987. Siehe bes. Kap. II, »L'amour dans l'univers du Moyen-Orient. Layla et Majnun«, S. 45-74.
KASHAMURA (A.), *Famille, sexualité et culture. Essai sur les mœurs sexuelles et les cultures des peuples des grands lacs africains,* Paris, 1973.
KASRADJI (A.), *Diwan d'Al-'Abbas ibn al-Ahnaf,* Kairo 1953.
Katâb-i kulsûm naneh, ou Le Livre des dames de la Perse contenant les règles de leurs mœurs, usages et superstitions d'intérieur, Paris, 1845; engl. Übers.: *Customs and Manners of the Women of Persia and their Domestic Superstitions* (J. Atkinson), London, 1832.
KAYKAOUS BEN ESKANDAR, *Le Livre de Qabus (Qabous Nameh),* Bibliothèque orientale elzéverienne, Bd. XLVIII, Paris, 1886.
KEDDI (N.)/BECK (L.), *Women in the Muslim World,* London, Massachussets, 1978.
KEMP (P.)/ MIQUEL (A.), *Majnûn et Laylâ, l'amour fou,* Paris, 1984.
KERHUEL (Y. G.), »Chants et poèmes des berbères de l'Aurès«, in *Simoun* (Oran), 24, 1957, S. 11-26.
KHALIFA (Y.), a*l-Hubb al-mithali ᶜinda 'l-ᶜArab,* Kairo, 1971.
KHALIL, *Code musulman, rite malékite, statut réel,* Constantine, 1878.
KHATIBI (A.), *La Blessure du nom propre,* Paris, 1974.
– *Le Livre du sang (roman),* Paris, 1979. LS.
KHATIBI (A.)/SIJELMASSI (M.), *L'Art calligraphique de l'Islam,* Paris, 1994.
KHAWAM (R.), *Propos d'amour des mystiques musulmans,* Paris, 1960. PAMM.
– *La Poésie arabe,* Paris, 1960.
KHAYATI (M.), »Brèves remarques sur le poème libertaire *As-Sabr Lillah* ... et son auteur«, in *RMM,* 51, 1989-1, S. 137-142.
KHAYYAM, OMAR:
  HAIYAM, UMAR, *Die Sinnsprüche Omars des Zeltmachers,* übers. von F. Rückert, Frankfurt/Main, 1983.
  HAIYAM, UMAR, *Wie Wasser strömen wir, Die Rubaijat des Omar Chajjam,* übers. von C. Atabay, Düsseldorf, 1984.
  Die Vierzeiler des »Omar Chaijjams«, in der Auswahl und Anordnung von E. F. Gerald, Übers. und Nachdichtung von C. H. Rempis, Dessau, Leipzig, 1940.
  Strophen des Omar Chijam, deutsch von A. F. Graf von Schack, Stuttgart, 1878.
  Omar Chajjam und seine Rubaijat, nach alten und neuesten persischen Handschriften von M. Sommer, Wiesbaden, 1974.
KIERKEGAARD (S.), *Das Tagebuch des Verführers,* München, 1974.
KISACI (A.), *Raudat al-ᶜashshiq,* Topkapi, o.J.
Koran, der, übers. von Rudi Paret, Stuttgart u.a., 1979.
KUTHAYYIR CAZZA, *Diwan,* 2 Bde., (hg. von H. Pérès), Algier, 1928-1930.
KUNOS (I.), *De la poesie populaire turque,* Istanbul, 1925.
LABID IBN ABI RABIA, *Fünf Mo'allaqat,* übers. von Th. Nöldeke, Wien, 1900.
LACAU (P.), *Les Noms des parties du corps en égyptien et en sémitique,* Paris, Genf, 1970.
LACOSTE-DUJARDIN (C.), *Le Conte kabyle. Étude ethnologique,* Algier, 1991.
LAFFONT, *Coutumes obstétricales et gynécologiques en Afrique du Nord,* in der Pariser Medizinfakultät gehaltener Vortrag, Clinique Tarnier, März, 1936.
LAHY-HOLLEBECQUE (M.), *Schéhérazade ou l'education d'un roi,* Paris, 1987.
LALO (CH.), *La Beauté et l'instinct sexuel,* Paris, 1922.
LALU (P.), »Le mythe de l'enfant endormi, occasion d'examen gynécologique«, in *Maroc medical* (Casablanca), 1954, S. 642-643.
LAMA (P.), *La Musique populaire palestinienne,* Paris, 1982.
LA MARCHE (F. DE), »L'amour ghulami«, in *Gaie France,* August 1993, 4, S. 59-79.
LAMMENS (H.), *L'Islam, croyances et institutions,* Beirut, 1943.

LANE (E.W.), *The Manners and Customs of the Modern Egyptians*, London, 1860.
LAOUST (E.), *Noces berbères. Les cérémonies du mariage au Maroc*, Aix-en-Provence, Paris, 1993.
LAOUST (H.), *Les Doctrines sociales et politiques de Taki el-Din Ahmad b. Taimiya*, Beirut, 1948.
LARGUÈCHE (A. UND D.), *Marginales en terre d'islam*, Tunis, 1992.
LARIVIÈRE (M.), Les *Amours masculines. Anthologie de l'homosexualité dans la littérature*, Paris 1984.
LATAILLADE (L.), *Coutumes et superstitions obstetricales en Afrique du Nord*, Algier, 1936.
LAUGIER DE BEAURECUEIL (S. DE), *Khwadja 'Abdallah Ansari (1006-1089), mystique hanbalite*, Beirut, 1965.
LAZAR (M.), *Amour courtois et fin'amors dans la littérature du XIIe siècle*, Genf, 1964.
LAZARD (G.), Les *Premiers Poètes persans (IXe-Xe siècle)*, Teheran, Paris, 1964.
LAWRENCE (T. E.), *Les Sept Piliers de la sagesse*, Paris, 1992.
LEGEY, *Essai de folklore marocain*, Paris, 1926.
LEMAIRE (G.-G.), *L'Orient des cafes*, Paris, 1990.
LEMAIRE (J.-G.), »Amour (psychologie)«, in *Encyclopaedia Universalis*, Paris, 1968, Bd. I, S. 951-955.
LEMPRIÈRE, (W.), *Reise von Gibraltar nach Tanger, Salee, Santa-Cruz, nach Tarndaut, und von da über den Atlas nach Marokko*, Berlin, 1792.
LEMSINE (A.), *Die Entpuppung, Ein Entwicklungsroman*, Reinbek b. Hamburg, 1979.
LENS (A. R. DE), *Pratiques des harems marocains. Sorcellerie, médecine, beauté*, Paris, 1925.
LEVEY (M.), »Haschisch«, in *EI*, Bd. III, S. 274-275.
LIÈVRE (V.), *Danses du Maghreb d'une rive à l'autre*, Paris, 1987.
LITTMANN (E.), »Alf layla wa-layla«, *EI*, Neuausg., 1975, Bd. I, S. 369-375.
(Siehe auch *Tausend und eine Nacht*)
LO DUCA (J.-M.), *Érotique de l'art*, Paris, 1966.
– *Histoire de l'érotisme*, Paris, 1969.
LONDRES (A.), *Œuvres complètes*, Paris, 1992.
LORULOT (A.), *Sa Majesté l'Amour. Histoire universelle de l'amour. Dans la nature, dans l'histoire, dans la société*, Herblay, 1938.
LOTI (P.), *Les Désenchantées*, Paris, 1906.
LYTLE CROUTIER (A.), *Harems. Le monde derrière le voile*, Paris, 1989.
MAJNUN, *L'Amour poème*, Paris, 1984.
MAKAL (M.), *Un village anatolien. Récit d'un instituteur paysan*, Paris, 1963.
MALCOLM (J.), *Histoire de la Perse depuis les temps les plus anciens jusqu'à l'époque actuelle*, 4 Bde., Paris, 1821.
MALINOWSKI (B.), *La Sexualité et sa répression dans les sociétés primitives*, Paris, 1967.
MAMMERI (M.), *L'Ahellil du Gourara*, Paris, 1984.
– *Les Isefra de Si Mohand-ou-Mhand*, Paris, 1987. *ISM*.
MANSOUR (F.), *La Condition de la femme dans l'Islam*, Paris, 1990.
MANSUR (A.), *Alwan min al-hubb*, Beirut, o. J.
MARÇAIS (G.), *L'Art musulman*, Paris, 1981.
MARÇAIS (W.), »L'euphémisme et l'antiphrase dans les dialectes arabes d'Algerie«, in Töpolmann (A.), *Orientalische Studien. Theodor Nöldeke zum Siebzigsten Geburstag* (hg. von Carl Bezold), o. O.,1906, S. 425-438. *EADAA*.
– »Observations sur le texte du *Tawq al-hamama (Le Collier de la colombe)* d'Ibn Hazm«, in *Mémorial H. Basset*.
– »La femme dans *Les Mille et Une Nuits*«, in *Articles et conférences*, Paris, 1961.
MARÇAIS (W.)/GUIGA (A.), *Textes arabes de Takrouna*, Paris, 1925, Bd. II (Glossar).
MARCHAND (H.-F.), »La défloration digitale vindicative en milieu musulman«, in *Mélanges d'anthropologie et de sociologie nord-africaine*, Algier, 1951, S. 157-165.
MARMON (SH.), *Eunuchs and Sacred Boundaries in Islamic Society*, Oxford, 1994.
MARQUET (Y.), *La Philosophie des Ikhwan al-Safa*, Algier, 1975.
MARROU (H. I.), *Les Troubadours*, Paris, 1971.

MARTINEZ (G.), »L'amour-trace! Réflexions sur le *Collier de la colombe*«, in *AR*, XXXIV, 1987, S. 1-47.
MARTINO (F. DE)/BEY SAROIT (A.), *Anthologie de l'amour arabe*, Paris, 1902.
MASPERO (G.), *Les Contes populaires de l'Egypte ancienne*, Paris, 1882.
MASSÉ (H.), *Coutumes et croyances persanes*, Bd. II, Paris, 1938.
MASSEBŒUF (J.), *La Vie génitale de la femme dans l'Orient méditerranéen antique*, Diss., Algier, 1934.
MASSIGNON (L.), »Le souffle dans l'islam«, in *JA*, 1943-1945, S. 436-438.
– *Essai sur les origines du lexique technique de la mystique musulmane*, Paris, 1954 (Essai).
– »Notion de l'essentiel désir«, in *Mélanges Joseph Maréchal*, Bd. II, Paris, 1950, S. 263-296. *NED*.
– »Interférences philosophiques et percées métaphysiques dans la mystique hallajienne: notion de l'›Essentiel désir‹«, in *Opera Minora*, Bd. II, Beirut, 1963, S. 226-253.
– »Mystique et continence«, in *Parole donnée*, Paris, 1970, S. 295-304.
– *La Passion d'al-Hallâj*, Paris, 1975.
– *Le Divan d'al-Hallaj*, Paris, 1981.
MASRY (Y., EL-), *Le Drame sexuel de la femme dans l'Orient arabe*, Paris, 1962.
MAS'UDI (A., AL-), *Bis zu den Grenzen der Erde: Ausz. aus dem Buch der Goldwäschen*, Tübingen, Basel, 1978.
MATARASSO (M.), »Éloge de la double sexualité dans Les *Mille et Une Nuits:* la geste de Bondour«, in *Diogène*, 118, 1982, S. 15-47.
MATTON (S.), *La Magie arabe traditionnelle (Ibn Khaldûn, Al-Kindi' Ibn Wahshîya, Pseudo-Madjriti),* »Bibliotheca Hermetica«, Paris, 1977.
MAUCHAMP (E.), *La Sorcellerie au Maroc*, o.O., o.J.
MAUNIER (R.), *Coutumes algériennes*, Paris, 1935.
MAUPASSANT (G. DE), *Maupassant au Maghreb. Au soleil. La vie errante d'Alger à Tunis. Tunis vers Kairanan* (hg. von D. Brahimi), Paris, 1982.
MAURIN GARCIA (M.), *Le Henne, plante du paradis*, Casablanca, 1992.
MAWARDI:
    MAWERDI (A.-H.), *Les Statuts gouvernementaux ou règles de droit public et administratif (al-Ahkam al-sulataniya)*, Algier, 1984.
MEAD (M.), *Mœurs et sexualité en Océanie*, Paris, 1963.
MEEKER (M.), *Literature and Violence in North Arabia*, Cambridge, 1979.
MERCIER (P.), »Amour«, in Balandier (G.)/Maquet (J., Hg.), *Dictionnaire des civilisations africaines*, Paris, 1968, S. 18.
MERNISSI (F.), »L'Amour dans les pays musulmans«, in *Jeune Afrique Plus*, 4, Januar 1984.
– *Der politische Harem. Mohammed und die Frauen.* Frankfurt/M., 1989.
Merveilles de l'Inde (Les-, 'Ajaïb al-Hind), Übers. und Anmerk. von L. M. Devic, Paris, 1878.
MESSAOUDI (L.), *Proverbes et dictons du Maroc*, Paris, Agadir, 1987.
MICHON (J.-L.), *Le Soufi marocain Ahmad ibn 'Ajiba (1746-1809) et son mi'râj. Glossaire de la mystique musulmane*, Paris, 1973.
– *Mille et une nuits (Les)*.
Miquel (A.), *L'Islam et sa civilisation (VIIe-XXe siècle)*, Paris, 1977.
MISKAWAIH:
    – MISKAWAYH, *Traite d'éthique (Tahdib al-akhlaq)*, Damaskus, 1969.
MOKRI (M.), *Kurdish Songs*, Teheran, 1951.
– »Le symbolisme de la perle dans le folklore persan et chez les Kurdes fidèles de vérité *(Ahl el-haqq)*«, in *JA*, 1960, S. 463-481.
– »Le mariage chez les Kurdes«, in *Contribution scientifique aux études iraniennes*, Genf, 1970, S. 35-61.
MOLÉ (M.), »La danse extatique en islam«, in *Les Danses sacrées*, Paris, 1963, S. 145-279.
MONTAGU, (M.W.), *Briefe aus dem Orient*, Frankfurt, 1982.

MONTEIL (V.), *L'Islam noir,* Paris, 1964.
MONTETY (H. DE), *Femmes de Tunisie,* Paris, 1958.
MORAND (M.), »Les rites relatifs à la chevelure chez les indigènes de l'Algérie«, in *RA,* 1905, S. 237-243.
MORÈRE (M.), *Influence de l'amour courtois hispano-arabe sur la lyrique des premiers troubadours,* Cour d'appel de Pau, Melun, 1972.
MORIN-BARDE (M.), *Coiffures féminines du Maroc,* Aix-en-Provence, 1990.
 – *al-Hayat al-djinsiyya ᶜinda 'l-ᶜArab,* Beirut, 1958.
MOURAD (Y.), *La Physiognomonie arabe et le* Kitâb al-Firâsa *de Fakhr al-Dîn al-Râzî,* Paris, 1939.
MRIRIDA N'AÏT ATTIK, *Les Chants de la Tassaout,* Casablanca, 1992.
MUNADJID (S.-E., AL -), *Djamal al-mar'a ᶜinda 'l-ᶜArab,* Beirut, 1957.
MUQADDASI, (S.-A., AL-), *Description de l'Occident musulman au IVe-Ve siècle,* Algier, 1957 (Auszug aus *Ahsan al-taqasim fi maᶜrifat al-aqalim*).
MUSALLAM (B.F.), *Sex and Society in Islam. Birth Control Before the Nineteenth Century,* Cambridge, 1983.
MUSLIM, *Sahih,* 7 Bde., Kairo, o. J.
NAAMANE-GUESSOUS (S.), *Au-delà de toute pudeur,* Casablanca, 1991.
NAFZAWI (ᶜU. IBN M., AL-):
  NAFZAWI (ᶜU. IBN M., AL-), *al-Raud al-ᶜatir fi nuzhat al-khatir,* Tunis, o. J.
  NEFZAUI, *Der duftende Garten des Scheich Nefzaui,* hg. von Heilmann, Werner, übers. von Christopher Hartlech, München, 1991.
  Der Ananga Ranga des Kalyana Malla. – Der duftende Garten des Scheich Nefzaui. übers. von Kolb (E.) und Weltmann (J.), Hanau, o. J.
NASA'I (A.), *Kitab ᶜishrat al-nisa' min al-sinn al-kubra,* Beirut, 1988.
NASSIB (S.), *Oum,* Paris, 1994.
NAVARIAN (A.), *Les Sultans poètes (1451-1808),* Paris ,1936.
NAWADJI (M., AL-), *La Prairie des gazelles. Eloge des beaux adolescents,* Paris, 1989.
NAWAWI, Quarante Hadiths, in *Les Classiques de l'islamologie,* Algier, 1950, S. 103-135.
NELLI (R.), *Érotique et civilisation,* Paris, 1972.
 – *L'Érotique des troubadours,* Paris, 1974, 2 Bde. ET.
 – »Sur l'amour provençal«, in *Poésie mediterranée, Cahiers du Sud,* 347, August 1958; Neuausg. 1982.
NERVAL (G. DE), *Reise in den Orient,* München, 1986.
NEZAMI GANJAVI (A. M. Ilyas ibn Y., genannt), *Khamse- ye Nezami tashih va maqaddame Behruz Sarvatiyan;* bes. Bd. II, *Khosrow ve Shirin,* und Bd. III, *Leyli ve Madjnun,* Teheran, 1972-1973.
NICHOLSON (R. A.), »Love (Muhammadan)«, in Hastings (J.), *Encyclopaedia of Religion and Ethics,* Bd. VIII, Edinburgh, New York, 1915, S. 176-178.
NIPPA (A.), *Haus und Familie in arabischen Ländern: vom Mittelalter bis zur Gegenwart,* München, 1991.
NORIN (L.)/TARABAY (E.), *Anthologie de la littérature arabe contemporaine,* Paris, 1967.
OLIVIER (J.), *L'Alphabet de l'imperfection et malice des femmes,* Rouen, Besongne, 1683. BN: 8° Le Senne 4352.
OPITZ, KARL, Avicenna, Das Lehrgedicht über die Heilkunde, in Institut für Geschichte der Medizin und der Naturwissenschaften in Berlin (Hg.), *Quellen und Studien zur Geschichte der Naturwissenschaften und der Medizin,* Bd. 7, Heft 2/3, Berlin, 1939, S. 202f.
OTTO-DORN (K.), *L'Art de l'Islam,* Paris, 1967.
OUAGOUAG-KEZZAL (CH.), »Le costume et la parure de la mariée à Tlemcen«, in *Libyca,* XVIII, 1970, S. 253-268.
OVIDIUS, (N. P.) *Amores, Liebesgedichte,* lat. und dt., München, 1992.
PAREJA (F. M.) ET AL., *Islamologie,* Beirut, 1957-1963.
PARELLA (N. J.), *The Kiss Sacred and Profane. An Interpretative History of Kiss Symbolism and Related Religio-Erotic Themes,* Berkeley, Los Angeles, 1969.

Paris (M.), *Femmes et sociétés dans le monde arabo-musulman*, Aix-en-Provence, 1989.

Pasquier (A.), »Éros grec. Amour des dieux et des hommes«, in *Petit Journal*, Réunion des musées nationaux, 206, November 1989- Februar 1990.

Patai (R.), *L'Amour et le couple aux temps bibliques (Sex and Family in the Bible and the Middle East)*, Tours, 1967.

Paton (L. B.) »Love (Semitic and Egyptian)«, in *ERE*, VIII, 1908-1926.

Pauty (E.), *Les Hammams du Caire*, Kairo, 1933.

– »Vue d'ensemble sur les hammams de Rabat-Salé«, in *RA*, 400-401, 1944, S. 202-226.

Pellat (Ch.), *Langue et littérature arabes*, Paris, 1952.

– *Le Milieu basrien et la formation de Gâhiz*, Paris, 1953.

– »Les esclaves-chanteuses de Gahiz«, in *AR* X, 2, Juni 1963, S. 121-147. *ECJ*.

– *Arabische Geisteswelt, Ausgewählte und übersetzte Texte von Al-Gahiz*, unter Zugrundelegung des arabischen Originaltextes aus dem Französischen übertragen von Walter W. Müller, Zürich, Stuttgart, 1967.

– »Une *risâla* de Gahiz sur le ›snobisme‹ et l'orgueil«, in *AR*, XIV, 1967, S. 259-283.

– »Djins«, in *EI*, 2, 1977, S. 560-566.

– »Kayna«, in *EI*, 2, 1977, S. 853-857.

Penzer (N. M.), *The Harem, an Account of the Institution as it Existed in the Palace of the Turkish Sultans with a History of the Grand Seraglio from its Foundation to Modern Times*, London, 1936.

Pérès (H.), »La poésie à Fès sous les Almoravides et les Almohades«, in *Hespéris*, XVIII, 1, 1934, 9-40. *PFAA*.

– *La Poésie andalouse en arabe classique au XIe siècle*, Paris, 1953 (4. Teil). *PAAC*.

– »La poésie arabe d'Andalousie et ses relations possibles avec la poésie des troubadours«, in *L'Islam et l'Occident*, Rivages, 1947, S. 107-130.

– *La Littérature arabe et l'islam par les textes. Les XIXe et XXe siècles*, Paris, 1977.

Pérès-Mangion, *Les Mille et Une Nuits*, ausgew. Texte, Algier, 1961.

Perez (R.), La Rawdat al-Ta'rif bi'l-hubb al-sharif *(le Jardin de la connaissance du noble Amour), traité de mystique musulmane sur l'amour de Dieu, de Lisân al-Dîn Ibn al-Khatîb (713/1313-776/1374): présentation générale et analyse de la notion d'amour de Dieu*, Diss., Université Lyon III, 1981.

Peroncel-Hugoz (J.-P.), *Villes du Sud*, Paris, 1990; Neuausg. 1993.

Pesle (O.), *La femme musulmane dans le droit, la religion et les mœurs*, Rabat, 1966.

Pestalozza (A.), L'Éternel féminin dans la religion méditerranéenne, in *Revue d'études latines*, Brüssel, 1965.

Petit (O.)/Voisin (W.), *Poèmes d'amour de 'Omar ibn Abi Rabî'a*, Paris, 1993.

Picatrix, *Das Ziel des Weisen von Pseudo-Magriti*, Leiden, 1962.

Plantade *(N.), La Guerre des femmes. Magie et amour en Algérie*, Paris, 1988.

Platon, *Symposion*, gr. und dt., München, 1989.

Plinius Secundus Gaius, *Naturkunde*, lat.-dt., München, 1985-1995.

Plutarch, *Über Isis und Osiris, Erster Teil: Die Sage*, Darmstadt, 1967.

– *Von der Isis und dem Osiris*, Breßlau, Leipzig, 1748.

Pococke (R.), *Voyages de Richard Pococke en Orient, dans l'Égypte, l'Arabie, la Palestine, la Syrie, la Grèce, etc.*, Paris, 1772.

Poliakova (E.A.)/Rakhimova (Z.I.), *L'Art de la miniature et la littérature de l'Orient*, Taschkent, 1987.

Polo (M.), *Die Reisen des Marco Polo: seine Aufzeichnungen*, nacherz. von R. Eger, Hamburg, 1980.

Power Mathys (E., Hg.), *Eastern Love*, 10 Bde., London, 1929.

Praetorius (N.), »Les relations homosexuelles en Algérie et en Tunisie«, in *Anthropophyteia*, Wien, 1910.

Premare (A.-L. de), »La mère et la femme dans la société familiale traditionnelle au Maghreb:

essai de psychanalyse appliquée«, in *Bulletin de psychologie,* XXVIII, 314, Nr. 1-6, 1974-1975, S. 295-304.
- *La Tradition orale du Medjdûb. Recits et quatrains inédits,* Paris, 1986.
PROBST-BIRABEN, »La main de Fatma et ses antécédents symboliques«, in *Revue anthropologique,* 43, 1933, S. 370-375.
QAIRAWANI, AL-:
  QAYRAWANI, AL-, *La Risâla, ou Epitre sur les éléments du dogme et de la loi de l'islam selon le rite mâlikite,* Algier, 1949.
QALQASHANDI (A.), *Nihayat al-ᶜarab fi maᶜrifat al-nasab,* Kairo, 1959.
QASHANI, (A. AL-R., AL-), *al-Risala fi'l-qada' wa'l-qadar, Traité sur la prédestination et le libre arbitre,* précédé de Quarante Hadiths (zweisprachig), Paris, 1978.
RABICA (OMAR IBN ABI), *Diwan,* Kairo, 1952, Beirut, 1966.
RACHELWILTZ (B. DE), *Poesie d'amore dell'antico Egitto,* Verona, 1961.
- *Éros noir. Mœurs sexuelles de l'Afrique noire de la préhistoire à nos jours,* Paris, 1993.
RAGAÏ (D. SH.), *La Femme et le droit religieux de l'Égypte contemporaine,* Paris, 1940.
RAMI (SH.-ADDIN):
  RAMI (SH.-ADDIN), *Anis al-ᶜushshaq,* Teheran, 1946.
  RÂMI (CH.-ED-D.), *Anîs el-'ochchâq, Traité des termes figurés relatifs à la description de la beauté* (übertr. und mit Anmerk. von Cl. Huart), Paris 1875.
RASSIM (A.), *Chez le marchand de musc, proverbes populaires arabes,* Paris, 1988.
RAWSON (PH.), *L'Art érotique de l'Inde,* Paris, 1977.
RAZI, *Guide du médecin nomade. Aphorismes,* Paris, 1980.
RAZIQ, (ABD AR-, A.), *La femme au temps des mamelouks en Egypte,* Kairo, 1973.
REBREYEND (A.-D.), *Les Amours marocaines,* Paris, 1919.
REGOURD (A.), »L'amour de Dieu pour Lui-même chez al-Ghazâlî. Analyse et traduction du bayân 10, L.36 de *l'Ihyâ' 'ulûm ad-dîn*«, in *AR,* XXXIX, Juli 1992, S. 151-182.
Relation de la Chine et de l'Inde (Akhbâr al-Sin wa'l-Hind), anonymer Text 851 n. Chr. verfaßt, Paris, 1948.
REZVANI (M.), *Le Théâtre et la danse en Iran,* Paris, 1962.
REZVANIAN (H.), *Grains d'humour et de sagesse persane,* Paris, 1976.
RIKABI (J.), *La Poésie profane sous les Ayyubides et ses principaux représentants,* Paris, 1949.
RIMBAUD (A.), *Sämtliche Werke,* frz. und dt., Frankfurt/M., 1992.
RIYA (S., Pseudonym von RASID PACHA), *Harems et musulmanes. Lettres d'Egypte,* Paris, 1902.
ROMAN (A.), »Un poète et sa dame: Bachchar et 'Abda. Quelques essais traduits«, in *REI,* XXXVII, 1969, S. 327-336.
- *Bachchâr et son expérience courtoise. Les vers à 'Abda: texte arabe et traduction,* Beirut, 1972.
ROMI (Pseudonym von M. ROBERT), *Mythologie du sein,* Paris, 1965.
ROUACH (D.), »*Imma*«. *Rites et coutumes chez les femmes juives d'Afrique du Nord,* Paris, 1990.
ROUANET (J.), »La musique arabe« und »La musique arabe dans le Maghreb«, in *Encyclopédie de la musique et dictionnaire du conservatoire,* 1. Teil, Paris 1922, S. 2676-2844.
ROUGEMONT (D. DE), *Les Mythes de l'amour,* Paris, 1961.
- *L'Amour et l'Occident,* Paris, 1972.
ROUSSELET (P.), *Pour l'histoire du problème de l'amour au Moyen Âge,* Diss., Universität Paris, 1981.
ROUX (J.-P.), »Le lait et le sein dans les traditions turques«, in *L'Homme,* VII, 1967, Sonderdruck.
- »La veuve dans les sociétés turques et mongoles de l'Asie centrale«, in *L'Homme,* IX, 1969, Sonderdruck.
ROUX (J.-P.)/ÖZBAYRI (K.), *Les Traditions des nomades de la Turquie méridionale,* Paris, 1970.
ROY (B.) (Hg.), *L'Érotisme au Moyen Âge,* troisième colloque de l'Institut d'études médiévales, Montreal, 1977.
RUMI (DJALLAL-ADDIN):
  RUMI, *Das Lied der Liebe,* München, 1992.

– *Offenes Geheimnis*, übers. aus dem Engl. von Peter Kobbe, München, 1994.
– *Die Sonne von Tabriz*, Gedichte, Aufzeichnungen und Reden, ins Deutsche übertr. von C. Atabay, Düsseldorf, 1988.
RUMI (DJ.-ADDIN), *Le Livre du dedans (Fihi ma fihi)*, Paris, 1975.
– *Le Mesnevi. Cent cinquante contes soufis* (Texte ausgewählt von K. Erguner et P. Maniez), Paris, 1988.
RUZBIHAN (B.):
RUZBEHAN (B.), *Les Jasmins des Fidèles d'Amour (Kitab-i ᶜabhar al-ᶜashiqin)*, Teheran, Paris, 1958.
RYPKA (J.), »Dans l'intimité d'un mystique iranien«, in Grousset (R.)/Massignon (L.)/Massé (H.) (Hg.), *L'Âme de l'Iran*, Paris, 1990, S. 93-112.
SAADAWI (N.), *Tschador - Frauen im Islam*, Bremen, 1980.
– *Ich spucke auf euch. Bericht einer Frau am Punkt Null*, München, 1991.
SABA', (I.), *Ghazal al-nisa'*, Beirut, 1953.
SABBAGH (T.), *La Métaphore dans le Coran*, Paris, 1943.
SABRI (T.), *Risala fi'l-ᶜishq. Le Traité sur l'Amour divin. Traduction et étude*, Sonderdruck: *REI*, 1990.
SAFĀ (Z.), *Anthologie de la poésie persane (XIᵉ-XXᵉ siècle)*, Paris, 1964.
SALAMA IBN DJANDAL, *Diwan*, Paris, 1983.
SALA-MOLINS (L.), *La Philosophie de l'amour chez Raymond de Lulle*, Paris, 1967.
SALLEFRANQUE (CH.), »Périples de l'amour en Orient et en Occident. Les origines arabes de l'amour courtois«, in *L'Islam et l'Occident, Les Cahiers du Sud*, Marseille, 1947, S. 92-106.
SAMI-ALI (M.), *Le Haschich en Égypte. Essai d'anthropologie psychanalytique*, Paris, 1988.
SAMUEL (P.), *Amazones, guerrières et gaillardes*, Brüssel, Grenoble, 1975.
SANCHEZ-ALBORNOZ (CL.), *L'Espagne musulmane*, Paris, 1985.
SARRADJ (A.-M., al-) *Kitab Masariᶜ al-ᶜushshaq*, Beirut, o.J.
SAUSSEY (E.) *Les Mots turcs dans le dialecte arabe de Damas*, Beirut, 1929.
SAUVAGET (J.), »Un bain damasquain du XIIIᵉ siècle«, Sonderdruck der Zeitschrift *Syria*, 1930.
– *Historiens arabes*, Paris, 1946.
SAVIGNAC (P. H.), *Contes berbères de Kabylie*, Quebec, 1978.
SAYYID-MARSOT (A. L. AL-), *Society and the Sexes in the Medieval Islam*, Malibu, 1979.
SCHIFFAUER (W.), *Die Gewalt der Ehre. Erklärungen zu einem türkisch-deutschen Sexualkonflikt*, Frankfurt/M., 1983.
SCHIMMEL (A.), *Gärten der Erkenntnis, Das Buch der vierzig Sufi-Meister*, München, 1982, 3. Aufl. 1991.
– *Dimension des Islam*, München, 1995.
– (Hg), *Orientalische Dichtung*, in der Übersetzung F. Rückerts, Bremen, 1963.
– *Rumi, Ich bin Wind und du bist Feuer, Leben und Werk des großen Mystikers*, München, 1978.
SCHMIDT (J.-J.), *Les Mou'allaqât, poésie arabe pré-islamique*, Paris, 1978.
SCHOPENHAUER (A.), Metaphysik der Liebe, in ders., *Parerga und Paralipomena: kleine philosophische Schriften*, München, 1964.
SCHOTT (S), *Altägyptische Liebeslieder mit Märchen und Liebesgeschichten*, Zürich, 1950.
– *Liebeslieder der Pharaonenzeit*, Zürich, Stuttgart, 1959.
SCHWABLÉ (R.), *Les Recettes magiques par et contre l'amour*, Paris, 1978 (gefolgt von einem Ausschnitt aus *La Sorcellerie au Maroc* von Mauchamp).
SECRET (ED.), »Les hammams de Fès«, in *Bulletin de l'Institut d'hygiène du Maroc* (Rabat), Sonderausgabe, II, 1942, S. 61-77, 2 Fotos.
SÉLIMA (R.), *Harems et musulmanes d'Égypte*, Paris, 1902.
SERRADJ (M. B.), »Quelques usages féminins populaires à Tlemcen«, in *IBLA*, XIV, 1951, S. 279-289.
SERVIER (J.), *Les Portes de l'annee*, Paris, 1964; Neuausgabe 1994.

SHABISTARI:
: SABISTARI, *Mahmud Schebisteri's Rosenflor des Geheimnisses*, hg. von Hammer-Purgstall, Leipzig, 1838.
: SHABISTARI, *Gulshan-i raz*, Teheran, 1984.
: SHABESTARI, *La Roseraie du mystère, suivi du commentaire de Lahijî*, Paris, 1991.
SHARAR (A.), *Falsafatu al-hubb ᶜinda 'l-ᶜarab*, Beirut, 1960.
SHARUNI (Y., AL-), *Dirasat fi'l-hubb*, Kairo, 1966.
SHUKRI (G.), *Azmat al-djins fi'l-qissa al-ᶜarabiya*, Beirut, 1962.
SIAUVE (M.-L.), *L'Amour de Dieu chez Ghazâli. Une philosophie de l'amour à Baghdad au début du XIIe siècle*, Paris, 1986.
SICARD (F.), »L'amour dans la *Risâlat al-Qiyân*, Essai sur les esclaves chanteuses de Jâhiz (-868)«, in *AR*, XXXIV, 1987, S. 326-338.
SIDERSKY (D.), *Les Origines des légendes musulmanes dans le Coran et dans les vies des Prophètes*, Paris, 1933.
SIEVERRNICH (G.)/BUDDE (H.), *Europa und der Orient 800-1900*, Gütersloh, München, 1989.
SIRONVAL (M.), »Bichr et Hind«, in *Annales islamologiques*, XXV, 1991, S. 13-17.
SÖNMEZE (E.), *Turkish Women in Turkish literature of the 19th Century*, Leiden, 1969.
SONNECK (M.-C.), »Six chansons arabes en dialecte maghrébin«, in *JA*, Juli-Oktober 1899, XIII-XIV.
SOURDEL (S. UND J.), *La Civilisation de l'Islam classique*, Paris, 1983.
SOURNIA (J.-C.), *Médecins arabes anciens (X^e-XIe siècle)*, Conseil international de la langue française, Paris, 1986.
STENDHAL, *Über die Liebe*, München, 1969.
STEINBERG (L.), *La Sexualité du Christ dans l'art de la Renaissance et son refoulement moderne*, Paris, 1987.
STECKEL (W.), *La Femme frigide*, Paris, 1949.
– *L'Homme impuissant*, Paris, 1950.
STROBEL (M.), *Muslim Women in Mombasa, 1890-1975*, New Haven, London, 1979.
SULAMI, AL-, *Futuwah, traité de chevalerie soufie*, Paris, 1989.
– *Les Maladies de l'âme et leurs remèdes. Traité de psychologie soufie*, Mailand, 1990.
SUNDERMANN, WERNER (Hg. u. Übers.), *Lob der Geliebten, Klassische persische Dichtungen*, nachgedichtet von Martin Remané, Berlin, 1983.
SURIEUR (R.), *Perse. Essai sur les représentations érotiques et l'amour dans l'Iran d'autrefois. Sarv-é Naz*, Paris, 1975 (Originaltitel: *Sarv-é Naz, An essay on love and the representation of erotic themes in ancient Iran*), Genf, 1967.
SUYUTI (A., AL-):
: SOYOUTI (A., AL-), *Nuits de noces ou comment humer le doux breuvage de la magie licite*, Paris, 1972.
TAAL (A.), »Variations et usages du voile dans deux villes d'Iran«, in *OM*, II, 1970, S. 95-116.
TABARI, *Chronique traditionnelle*, 5 Bde., Paris, 1980.
TAGHER (J.), »Les cabarets du Caire dans la seconde moitié du XIXe siècle«, in *Cahiers d'histoire égyptienne*, VII, 3, Juni 1955, S. 186-195.
TAHTAWI (R. AL-), *Ein Muslim entdeckt Europa, Bericht über seinen Aufenthalt in Paris 1826-1831*, München, 1988.
TANNAHILL (R.), *Le Sexe dans l'histoire*, Paris, 1982; Kap. IX, »L'Islam«, S. 184-204.
TAUHIDI, al-, *Kitab al-imtaᶜ wa'l-mu'anasa* (hg. von A. Amin und A. Al-Zain), Kairo, 1953.
Tausendundeine Nacht
: – *Alf laila wa laila*, (1001 Nacht), Edition Saᶜid ᶜAli al-Khassus, Kairo, o.J., 2 Bde. (arabischer Text nach der Edition Bulaq).
: – *Franz. Ausgaben:*
:: – Übers. von Antoine Galland (1646-1715), *Les Mille et Une Nuits. Contes arabes*, 2 Bde., Paris, 1960.

- Übers. von Joseph-Charles Mardrus (1868-1949), *Le Livre des Mille Nuits et Une Nuit* in 16 Bden. *La Revue blanche*, 1900 (für die ersten 6); bei Eugène Fasquelle, zwischen 1903 und 1905, für die anderen 10: TB-Ausgabe bei Robert Laffont, 2 Bde., Paris, 1983, 1990, M.
- Übers. von René R. Khawam, *Les Mille et Une Nuits*, 4 Bde., Paris, 1986.
- Teilübers. von J.-E. Bencheikh und A. Miquel, *Les Mille et Une Nuits*, 2 Bde., Paris, 1991.
- Dt. *Übers.: Die Erzählungen aus den Tausendundein Nächten*, nach dem arab. Urtext der Calcuttaer Ausgabe aus dem Jahre 1839 übertr. von Enno Littmann, 6 Bde., Frankfurt/M. 1976.

TAUZIN (A.), *Contes arabes de Mauritanie*, Paris, 1993.

TAYMUR (A.), *al-Hubb wa'l-djamal ᶜinda 'l-ᶜArab*, Kairo, 1971.

THAᶜALIBI:
  THAĀLIBI, *La Beauté est le gibier des cœurs*, Paris, 1987.

THARAUD (J. UND J.), *La Fête arabe*, Paris, 15. Ausg., o.J.

THESIGER (W.), *Die Brunnen der Wüste: Mit den Beduinen durch das unbekannte Arabien*, München, 1959.

- *Les Arabes des Marais. Tigre et Euphrate*, Paris, 1983.

THIBON (G.), *Pensées sur l'amour*, Lyon, 1954.

TIBON (G.), *Le Nombril, centre érotique*, Paris, 1983.

TIFASHI (A., AL-):
  TIFACHI, *Les Délices des cœurs*, Paris, 1981.

TILLION (G.), »Les femmes et le voile dans la civilisation méditerranéenne«, in *Mélanges Charles André-Julien, Études maghrébines*, Paris, 1964, S. 25-38.

- *Le Harem et les cousins*, Paris, 1966. HC.

TOMICHE (N.), »La femme en islam«, in Grimal (P, Hg.), *Histoire mondiale de la femme*, Bd.III, Paris, 1974, S. 97-156.

TOPPER, UWE, *Sufis und Heilige im Maghreb*, München, 1984.

TRAVELLER (A.), *Pour le parfumeur*, Paris, 1934.

Tristan und Isolde des Gottfried von Straßburg, übers. von D. Kühn, Frankfurt/M., 1991.

TUCCI (G.), *Népal. Rati Lila. Essai d'interprétation des représentations tantriques des temples du Népal*, Genf, 1975.

TURKI (A.-M.), »Femmes privilégiées et privilèges féminins dans le système théologique et juridique d'Ibn Hazm«, in *Studia Islamica*, XLVII, 1978, S. 25-82.

UQBANI (M. AL-), »Tuhfat al-nadhir wa ghunyat al-dhakir«, *Bulletin d'études orientales*, Bd. XIX, 1965-1966.

UZAYZI (R. Z.)/CHELHOD (J.), »L'amour et le mariage dans le désert«, Auszug aus *OM*, IX, 3, Herbst 1969, S. 269-278.

VADET (J.-Cl.), »Une personnalité féminine du Hedjaz au Ier/VIIe siècle, Sukayna petite-fille de'Ali«, in *AR*, 4, 3, 1957, S. 261-287.

- »Littérature courtoise et transmission du hadith. Un exemple: Muhammad b. Gaʿfar al-Harâ'iti (gest. 938)«, in *AR*, VII, 1960, S. 140-166.

- *L'Esprit courtois en Orient dans les cinq premiers siècles de l'hégire*, Paris, 1968. ECO.

- »Ibn Dawoud«, in *EI*, Neuausg., III, 1971, S. 767-768.

VAJDA (G.), »Harout et Maroût«, in *EI*, Neuausg., III, 1971, S. 243-244.

VAN DER LEEUW (G.), *La Religion dans son essence et ses manifestations*, Paris, 1970.

VAN GULIK (R.), *La Vie sexuelle dans la Chine ancienne*, Paris, 1977.

VAN RIET (S.), »Joie et bonheur dans le traité d'al-Kindi sur l'art de combattre la tristesse«, in *Revue philosophique de Louvain*, 61, Februar 1963, S. 13-23.

VATSYAYANA, *Kamasutra*, bearb. von Peter Schalk nach Sir Richard Burton und F. F. Arbuthnot, München, 1970.

- *Le Kama Sutra*, illustrierte Ausgabe, Paris, 1994.

VAUDEVILLE (C.), »La Conception de l'amour divin chez Muhammad Jayasi«, in *JA*, Sonderdruck, 1962.

VENTURE DE PARADIS, *Alger au XVIIIᵉ siècle*, Tunis, o.J.
VERDIER (R.), *La Vengeance: études d'ethnologie, d'histoire et de philosophie*, Bd. I, Paris, 1981.
VIAL (C.), *Le Personnage de la femme dans le roman et la nouvelle en Égypte de 1914 à 1960*, Damaskus, 1979.
VIRE (C. L. E.), »Survivance du culte phallique chez les indigènes de l'Algérie«, in *Recherches, notes et mémoires, Société archéologique historique de Constantine*, XLV, 1911, S. 309-318; Neuausg. Musée de l'Homme, 1912.
VIROLLE-SOUBIÈS (M.), »Le Ray, côté femmes. Entre alchimie de la douleur et spleen sans idéal, quelques fragments de discours hédonique«, in *Peuples méditerranéens*, 44-45, Juli-Dezember 1988, S. 193-220.
VONDERHEYDEN (M.), »Le henné chez les musulmans de l'Afrique du Nord«, in *JSA*, IV, 1934, S. 35-61 und 179-202.
WAHID (M., ᶜABD AL-), *al-Islam wa'l-mushkila al-djinsiya*, Kairo, 1961.
WALTHER, (W.), *Die Frau im Islam*, Stuttgart, 1980.
WESTERMARCK (E.), *Les Cérémonies du mariage au Maroc*, Paris, 1921.
– *Survivances païennes dans la civilisation mahométane*, Paris, 1935.
YACINE TITOUH (T.), *L'Izli ou l'amour chanté en kabyle*, Paris, 1988.
– (Hg.), *Amour, phantasmes et sociétés en Afrique du Nord et au Sahara*, Paris, 1992.
YALAOUI (M.), *Un poète chiîte d'Occident au IVᵉ-IXᵉ siècle, Ibn Hani al-Andalousi*, Tunis 1976.
ZAHIRI DE SAMARKAND, *Le Livre des sept vizirs*, Paris, 1975.
ZAYAT (H.), *La Beauté du type damascain*, Beirut, 1950, Auszug aus *Machreq*, Juni-Dezember, 1949, S. 609-220.
– »Al-Mar'a al-ghulamiya fi'l-Islam«, in *Machreq*, 50, Beirut, 1956.
ZENI (A.), *Rushd al-labib ila muᶜasharat al-habib (Anleitung des Einsichtigen hinsichtlich des Umgangs mit der geliebten Person) des Ibn Falita*, Kap. 6, Teil 3, Edition, Bearbeitung und Übertragung des arabischen Textes auf der Grundlage der Handschriften Gotha Nr. 2038 und Paris 3051, medizinische Diss. an der TU München, München, 1978.

Enzyklopädien, Lexika und Wörterbücher

ALDERSON (A. D.)/IZ (F.), *The Concise Oxford Turkish Dictionary*, Oxford, 1959.
BALANDIER (G.)/MAQUET (J.), *Dictionnaire des civilisations africaines*, Paris, 1968.
BARBIER DE MEYNARD (M. A. C.), *Dictionnaire géographique, historique et littéraire de la Perse et des contrées adjacentes*, Auszüge aus dem *Muᶜdjam al-buldan* von Yaqut, Paris, 1861.
– *Dictionnaire turc-français*, 2 Bde., Paris, 1886.
BEAUSSIER (M.), *Dictionnaire pratique arabe-français* (1887), Algier, 1958.
BERK (C.)/BOZDEMIR (M.), *Dictionnaire français-turc*, Paris, 1994.
CHEBEL (M.), *Dictionnaire des symboles musulmans*, Paris, 1995. DSM.
DALLET (J. M.), *Dictionnaire kabyle-français. Parler des At Mangellat*, Paris, 1982.
DENIZEAU (C.), *Dictionnaire des parlers arabes de Syrie, Liban et Palestine* (Nachtrag zu *Dictionnaire arabe-français* von A. Barthelemy), Paris, 1960.
DOZY (R.), *Dictionnaire détaillé des noms de vêtements chez les Arabes*, Amsterdam, 1845.
– *Supplément aux dictionnaires arabes*, Leiden, 1881.
EUDEL (P.), *Dictionnaire des bijoux de l'Afrique du Nord*, Paris, 1906.
FOUCAULD (CH. DE), *Dictionnaire touareg-français*, dialecte de l'Ahaggar, 4 Bde., Paris, 1908; hg. von A. Basset, 1951, 1952.
FRÉDÉRIC (L.), *Dictionnaire de la civilisation indienne*, Paris, 1987.
FURETIÈRE (A.), *Le Dictionnaire universel (XVIIᵉ siècle)*, Paris, 1978.
GASSELIN (Hg.), *Dictionnaire français-arabe*, 2 Bde., Paris, 1886 (neuveröffentl. 1974).
GLASSÉ (C.), *Dictionnaire encyclopédique de l'Islam*, Paris, 1991.
Grand Dictionnaire Larousse du XIXᵉ siècle, Paris, 1866, Bd. I, art. »Amour«, S. 284-290.

GUIRAUD (P.), *Dictionnaire érotique*, Paris, 1978, 1993.
HENNING (J.-L.), *Dictionnaire littéraire et érotique des fruits et légumes*, Paris, 1994.
IBN MANZUR, *Lisan al-ᶜArab*, 20 Bde., Beirut, 1955-1956, 1992.
IDRISS (S.)/ABD-NOUR (J.), *al-Manhal, français-arabe*, 9. Ausg., Beirut, 1987.
JUNKER (H. F. J.)/ALAVI (B.), *Persisch-deutsches Wörterbuch*, Leipzig, 1965.
KASIMIRSKI (A. D. B.), *Dictionnaire français-persan*, Genf, 1883.
LÉON-DUFOUR (X.), *Dictionnaire du Nouveau Testament*, Paris, 1975.
LEWIS (B.)/MÉNAGE (V.L.)/PELLAT (CH.)/SCHACHT (J., Hg.), *Encyclopédie de l'Islam. (EI 1)*, 4 Bde., Leiden, Paris, 1913-1934, Nachtrag: 1938-1942.
– *EI 2*, Neuausgabe, Leiden, Paris, 1960, 1965, 1970.
Stichworte: »Alf Layla wa-Layla«, *EI*, Bd. I, 1975, S. 369-375 (E. Littman); »Bah (coït)«, *EI*, 2, 1975, S. 938 (G.-H. Bousquet); »Ibn Hazm«, *EI*, Bd. III, 1975, S. 814-822 (R. Arnaldez); »Ghazal II, Littérature persane«, *EI*, S. 1058 (A. Bausani); »Hidjab (voile)«, *EI, Bd. III*, S. 370-372 (J. Chelhod); »'Ishq (désir)«, *EI*, 2, Bd. IV, 1978, S. 124 (M. Arkoun); »Hashish«, *EI, Bd. III*, S. 274-275 (M. Levey); »Djins«, *EI*, 2, 1977, S. 564-566 (Ch. Pellat); »Harout et Marout«, EI, Bd. III, 1971, S. 243-244 (G. Vajda); »Kayna (esclave-chanteuse)«, *EI*, 2, 1977, S. 853-857 (Ch. Pellat); »Ibn Dawoud«, *EI*, Bd. III, 1971, S. 767-768 (J.-Cl. Vadet).
MOALLEM (M.), *Nouveau Dictionnaire persan-français*, Teheran, 1984.
MONGED, AL-, *Dictionnaire français-arabe*, Beirut, 1972.
al-Mundjid fi'l-lugha, 31. Ausg., Beirut, 1987.
NANXE (A. DE), *Dictionnaire d'amour*, Genf, 1964.
NOEL (F.), *Dictionnaire français-latin*, Paris, 1900.
PIERRUGUES (P.), *Glossarium eroticum linguae latinae*, Paris, 1826.
STEUERWALD (K.), *Deutsch-Türkisches Wörterbuch*, Wiesbaden, 1974.
– *Türkisch-Deutsches Wörterbuch*, Wiesbaden, 1972.
TRIMMER (E.)/SIMON (P.) (Hg.), *Encyclopédie du sexe*, Paris, 1979.
VERSAILLE (A.), *Dictionnaire de la pensée de Voltaire par lui-même*, Brüssel, 1994.
WEHR (H.), *Arabisches Wörterbuch für die Schriftsprache der Gegenwart. Arabisch-Deutsch*. 5. Aufl., Wiesbaden, 1985.
YALT (A. R.), *Grand Dictionnaire français-turc*, Istanbul, o. J.

Diskographie (Auswahl)

AFGHANISTAN: *Music of Afghanistan*, radio Kaboul, Ethic Folkways Library FE 4361, New York, 1961 *(Lovers' Meeting, Lover's Desire, Tall Girls, Red cup of Wine)*.
AFGHANISTAN und IRAN: Aufnahme von J.-C. et S. Lubtchansky, coll. musée de l'Homme, 1969 (chants d'amour uzbek et patchoun).
Tea House Music of Afghanistan, Peter Hoopen, Ethnic Folkways Library FE 4255, New York, 1977 (Farida Mahwash: *Come to me in the morning;* Djila: *Love Song;* Aziz Gaznavi: *Love Forever;* Chatam: *Come with me to the Priest* [to get married]; Hamida Rochshana: *My Love;* Moussa Kassimi: *Blue Eyes*).
INDIEN: *Qawwali chant soufi* et *Musiques de l'islam d'Asie*, Pakistan, Turquie, Inde, Indoesie, Malaisie, Bruneï. Maison des cultures du monde, inédit 2, 4-5, 1987.
JEMEN: Music from Yemen Arabie, Sanaani, Laheji, Aden, Ragnar Johnson, Lyrichord LLST 7283, New York, o. J.
KURDISTAN: *Chants d'amour*, document recueilli par M. Kendal, Disques Alvarès, o. J.
KURDISTAN: *Musique kurde*, Auvidis-Unesco Collection, 1974; Neuausgabe 1989.
Kurdish Folk Music from Western Iran, Dieter et Nerthus Christensen, Ethnic Folkways Library FE 4103, 1966 (*Behare*, love song; *Genc Xelîl*, love song; *Qetar and Pasbend*, love song; *Leyli çuye humam*, love song).

KALTHUM: Das Gesamtwerk von Umm Kalthum wird von Sono Cairo herausgegeben und in Frankreich von Horizon Music vertrieben.

PAKISTAN: *The Music of the Qawal (Wandering Minstrels),* Musical Atlas (UNESCO), commentaire d'Alain Daniélou, 1975.

TURQUIE: *Voyages d'Alain Gheerbrant en Anatolie (1956-1957),* Ocora, Radio France, 1985.

Cantigas de Santa Maria, Clemencic Consort, dir. René Clemencic, 4 CD, Arles, Harmonia Mundi, 1995.

Chants d'Espagne du XIIIe siècle, dir. Pedro Aledo, Al Sur, ALCD 103 (Gedichte von Ibn 'Arabi).

FAIROUZ, *Jérusalem in my Heart,* EMI VDL CD 510.

Les Nuits des amandiers, Apia AP 201 MSI 260.

L'orient de l'Occident. Flamenco et musique soufie ottomane. Hommage à Ibn 'Arabi, dir. Kudsi Erguner, Al Sur, AL CD 131.

Love's Illusion. Music from Montpellier Codex, XIIIth Century, Anonyme 4, CD Harmonia Mundi, 907109, 1994.

Speculum Amoris. Lyrique de l'amour médiéval, du mysticisme à l'érotisme, La Reverdie / CD Arcana-Michel Bernstein édit., 1993.